经以俗世
超须卷年

贺教务印

毛大汉间项目

心里念想

李政柏
二〇二十有八

教育部哲学社会科学研究重大课题攻关项目
"十三五"国家重点出版物出版规划项目

要素成本上升背景下
我国外贸中长期发展趋势研究

RESEARCH ON THE MEDIUM- AND
LONG-TERM DEVELOPMENT TRENDS
OF CHINA'S FOREIGN TRADE AGAINST THE
BACKGROUND OF RISING FACTOR COST

黄建忠
等著

中国财经出版传媒集团
经济科学出版社
Economic Science Press

图书在版编目（CIP）数据

要素成本上升背景下我国外贸中长期发展趋势研究/黄建忠等著.—北京：经济科学出版社，2019.1
教育部哲学社会科学研究重大课题攻关项目
ISBN 978-7-5218-0269-6

Ⅰ.①要… Ⅱ.①黄… Ⅲ.①对外贸易-贸易发展-经济发展趋势-研究-中国 Ⅳ.①F752

中国版本图书馆CIP数据核字（2019）第029812号

责任编辑：孙丽丽　纪小小
责任校对：王肖楠
责任印制：李　鹏

要素成本上升背景下我国外贸中长期发展趋势研究
黄建忠　等著
经济科学出版社出版、发行　新华书店经销
社址：北京市海淀区阜成路甲28号　邮编：100142
总编部电话：010-88191217　发行部电话：010-88191522
网址：www.esp.com.cn
电子邮件：esp@esp.com.cn
天猫网店：经济科学出版社旗舰店
网址：http://jjkxcbs.tmall.com
北京季蜂印刷有限公司印装
787×1092　16开　30.25印张　580000字
2019年2月第1版　2019年2月第1次印刷
ISBN 978-7-5218-0269-6　定价：105.00元
(图书出现印装问题，本社负责调换。电话：010-88191510)
(版权所有　侵权必究　打击盗版　举报热线：010-88191661)
QQ：2242791300　营销中心电话：010-88191537
电子邮箱：dbts@esp.com.cn

课题组主要成员

陈　雯　林季红　彭水军　武力超
杨　曦　张明志　张少军　郑甘澍

编审委员会成员

主 任　吕　萍
委 员　李洪波　柳　敏　陈迈利　刘来喜
　　　　樊曙华　孙怡虹　孙丽丽

总　序

哲学社会科学是人们认识世界、改造世界的重要工具,是推动历史发展和社会进步的重要力量,其发展水平反映了一个民族的思维能力、精神品格、文明素质,体现了一个国家的综合国力和国际竞争力。一个国家的发展水平,既取决于自然科学发展水平,也取决于哲学社会科学发展水平。

党和国家高度重视哲学社会科学。党的十八大提出要建设哲学社会科学创新体系,推进马克思主义中国化、时代化、大众化,坚持不懈用中国特色社会主义理论体系武装全党、教育人民。2016年5月17日,习近平总书记亲自主持召开哲学社会科学工作座谈会并发表重要讲话。讲话从坚持和发展中国特色社会主义事业全局的高度,深刻阐释了哲学社会科学的战略地位,全面分析了哲学社会科学面临的新形势,明确了加快构建中国特色哲学社会科学的新目标,对哲学社会科学工作者提出了新期待,体现了我们党对哲学社会科学发展规律的认识达到了一个新高度,是一篇新形势下繁荣发展我国哲学社会科学事业的纲领性文献,为哲学社会科学事业提供了强大精神动力,指明了前进方向。

高校是我国哲学社会科学事业的主力军。贯彻落实习近平总书记哲学社会科学座谈会重要讲话精神,加快构建中国特色哲学社会科学,高校应发挥重要作用:要坚持和巩固马克思主义的指导地位,用中国化的马克思主义指导哲学社会科学;要实施以育人育才为中心的哲学社会科学整体发展战略,构筑学生、学术、学科一体的综合发展体系;要以人为本,从人抓起,积极实施人才工程,构建种类齐全、梯队衔接的高校哲学社会科学人才体系；要深化科研管理体制改革，发挥高校人才、智力和学科优势，提升学术原创能力，激发创新创造活力，建设中国特色新型高校智库；要加强组织领导、做好统筹规划、营造良好学术生态，形成统筹推进高校哲学社会科学发展新格局。

哲学社会科学研究重大课题攻关项目计划是教育部贯彻落实党中央决策部署的一项重大举措，是实施"高校哲学社会科学繁荣计划"的重要内容。重大攻关项目采取招投标的组织方式，按照"公平竞争，择优立项，严格管理，铸造精品"的要求进行，每年评审立项约40个项目。项目研究实行首席专家负责制，鼓励跨学科、跨学校、跨地区的联合研究，协同创新。重大攻关项目以解决国家现代化建设过程中重大理论和实际问题为主攻方向，以提升为党和政府咨询决策服务能力和推动哲学社会科学发展为战略目标，集合优秀研究团队和顶尖人才联合攻关。自2003年以来，项目开展取得了丰硕成果，形成了特色品牌。一大批标志性成果纷纷涌现，一大批科研名家脱颖而出，高校哲学社会科学整体实力和社会影响力快速提升。国务院副总理刘延东同志做出重要批示，指出重大攻关项目有效调动各方面的积极性，产生了一批重要成果，影响广泛，成效显著；要总结经验，再接再厉，紧密服务国家需求，更好地优化资源，突出重点，多出精品，多出人才，为经济社会发展做出新的贡献。

作为教育部社科研究项目中的拳头产品，我们始终秉持以管理创新服务学术创新的理念，坚持科学管理、民主管理、依法管理，切实增强服务意识，不断创新管理模式，健全管理制度，加强对重大攻关项目的选题遴选、评审立项、组织开题、中期检查到最终成果鉴定的全过程管理，逐渐探索并形成一套成熟有效、符合学术研究规律的管理办法，努力将重大攻关项目打造成学术精品工程。我们将项目最终成果汇编成"教育部哲学社会科学研究重大课题攻关项目成果文库"统一组织出版。经济科学出版社倾全社之力，精心组织编辑力量，努力铸造出版精品。国学大师季羡林先生为本文库题词："经时济世　继往开来——贺教育部重大攻关项目成果出版"；欧阳中石先生题写了"教育部哲学社会科学研究重大课题攻关项目"的书名，充分体现了他们对繁荣发展高校哲学社会科学的深切勉励和由衷期望。

伟大的时代呼唤伟大的理论，伟大的理论推动伟大的实践。高校哲学社会科学将不忘初心，继续前进。深入贯彻落实习近平总书记系列重要讲话精神，坚持道路自信、理论自信、制度自信、文化自信，立足中国、借鉴国外、挖掘历史、把握当代、关怀人类、面向未来，立时代之潮头、发思想之先声，为加快构建中国特色哲学社会科学，实现中华民族伟大复兴的中国梦做出新的更大贡献！

教育部社会科学司

前　言

20世纪80年代以来的经济全球化不仅使西方国家摆脱了长期的经济"滞涨",而且借助科技与互联网革命提升了全球市场的一体化水平,实现了更加广泛的资源优化配置与规模经济,促进了包括发达国家、新兴经济体在内的各国经济增长。可以说,各国都是最近这一轮经济全球化不同程度上的获益者,中国作为发展中大国尤其如此。

然而随着2008年全球金融危机的爆发,我国对外贸易经济的国际环境发生了巨大的变化。一方面,伴随着美国新一届政府的上台,从欧美到亚太,世界范围内出现了逆全球化和民粹主义的浪潮,局部地区外交和军事对抗、恐怖袭击等国际热点不断出现,经济领域中欧盟出现的分裂倾向、TPP被废弃、美元加息和反移民、制造业回流和贸易保护主义有所抬头,使贸易摩擦不断增多,造成了世界经济复苏困难和经济增长乏力的局面,也使得全球化和世界经济增长的前景变得更加复杂和充满不确定性;另一方面,随着国际经贸格局的重构与各国经济政策加大调整,新兴经济体经济趋稳与"一带一路"沿线国家合作意愿、呼声的增强,尤其是中国作为世界第二大经济体采取的一系列引领、推动全球化的倡议与政策出台,各国工业革命重振制造业、科技创新所带来的新动能增加,亚太地区区域经济合作谈判(RCEP)、中欧双边投资协定谈判加快,以及WTO《货物贸易便利化协定》的达成生效,经济全球化和世界经济复苏的新的推动力量正在逐步形成。总体上,世界经济两个方向、两种力量以及各种利益的彼此角力变得更加复杂。

从发展对外贸易经济的内部条件分析,在经历多年的经济高速增长之后，我国不得不面对的一个基本事实是：劳动力、土地和自然资源、高技术含量资本的成本迅速上升，生态环境保护的内在要求大大提高，人民币汇率的自由度受到来自各方面的约束持续增强。2008年国际金融危机使我国对外贸易面临的上述问题与矛盾更加显性和激化，昭示了要素成本上升背景下中国对外贸易减速、转型时代的正式到来。

正是基于以上背景，本课题组通过申请获得教育部哲学社会科学重大课题攻关项目"要素成本上升背景下我国外贸中长期发展趋势研究"立项（13JZD010）。课题组于2013年底开题，启动了这一具有重大理论性与实践性的课题研究工作。经过三年的艰苦努力，除在国内外期刊发表大量相关学术论文外，还得成摆在读者面前的这部著作。

本书分作11章，从要素成本上升的贸易效应，日本、韩国和中国台湾外贸发展应对要素成本上升的经验借鉴，各要素成本上升对中国外贸中长期发展的影响，要素成本上升背景下对外直接投资的贸易效应，要素成本上升背景下的中间品贸易与技术进步，要素成本上升背景下的人民币汇率调整方式，以及要素成本上升背景下中国外贸中长期发展的趋势、目标和路径等方面入手，展开系统深入的理论分析和实证研究。具体如下。

第一章用大量的统计数据刻画了我国对外贸易要素成本上升的特征事实、影响机制，初步分析了要素成本上升的贸易效应，得出要素成本上升的长期不可逆转趋势，我国以低端加工贸易和一般制造品出口为主的贸易结构的不可持续性，以及过度依靠发达国家为终端需求带来的不稳定性结论。

第二章基于日本、韩国、中国台湾地区的经验比较，探讨要素成本上升背景下这些国家或地区外贸战略的调整与中长期外贸发展政策的选择。得到的结论是：一国或地区要素成本是伴随着经济发展水平的提高而不断提升的，需要客观看待要素成本上升这一事实的合理性。同时，技术进步和产业升级始终是一国经济与对外贸易长期发展的重要支撑力量，在此过程中，政府可以通过综合运用法律、财政、税收及货币政策等手段，促进市场竞争的公平性，提高竞争效率，同时帮助企业实现产品附加值的提升。此外，考虑到要素成本上升与国内外市场环境之间的相互影响，一国对外贸易中长期发展需要平衡好对外直接投资和对内直接投资、国外产品贸易与国内市场整合、跨国移民与国内劳动力结构优化等方面的关系，通过产业升级、结构优化等方式形成具有贸易竞争力的产业网络。针对严重的资源约束和环境污染问题，日本"大量生产""大量消费"和"大量废弃"导致的环境破坏和空气污染等问题现如今也出现在中国土地上，从日本的经验来看，有效的解决办法除了产业升级、节能减排计划以外，还需要在营造宽松的营商环境的同时，通过知识产权保护、技术升级和外资结构调整等手段，逐步提升产业的国际竞争力。

第三章从人口结构、劳动力市场变化入手，研究人口规模、最低工资、技术水平与对外贸易之间的长期均衡关系。本章着重要解决的问题是：人口增速的放缓和人口老龄化如何影响一国长期的对外贸易模式和贸易利得？除了劳动力供给结构的变动之外，最低工资等影响劳动力市场的政策安排又会怎样影响异质性企业的出口和一国外贸的长期变动？结合中国与世界各国的对外贸易实际数据，人口规模、技术水平和对外贸易成本等因素如何影响中国外贸的中长期均衡？人口规模的长期变动又会在多大程度上影响中国的贸易利得？如何定量评估贸易政策变动（例如单边或者多边贸易自由化）对中国外贸中长期发展的可能影响？从人口规模变动、贸易自由化和技术进步等情形的反事实分析和政策效应模拟结果来看，中国的对外开放使得世界各国消费者用于购买中国产品的比例支出上升，用于本国产品的支出比例下降。因此，积极保持贸易开放对于中国及世界其他国家而言都至关重要。更为重要的是，从福利分析结果来看，各国消费者均能从与中国的双边贸易自由化中得益，因此积极主张自由贸易是贯穿我国中长期贸易发展的主线。从人口规模变动的效应来看，人口规模下降所引起的中国劳动力成本上升会使得中国对外开放程度上升，然而中国的贸易利得并不必然下降，而中国人口规模下降也并非总是使得其他国家的贸易利得上升。类似地，中国人口规模上升不必然改善中国自身的贸易利得。决定贸易模式和贸易利得的因素除了人口规模之外，还包括技术进步、贸易成本等。因此，理性看待人口规模变动对一国贸易利得的影响至关重要。即使存在人口规模减小等不利因素，中国依然可以通过降低贸易成本、提高生产技术等方式实现贸易的中长期发展，本章的反事实分析结果从定性和定量分析上对上述结论进行了系统阐述和量化模拟。

第四章从行业、企业的视角，分析工资上升对中国出口贸易的影响。从行业分析的结果看，工资上升促进行业的技术构成转型；目前在我国，工资上升所带来的转型效果正处于关键时期，工资对出口贸易的影响正在逐步跨越拐点，劳动生产率变化中对生产效率的提升效应逐渐占据主导；劳动生产率距离拐点还有较大的距离，工资上升对出口贸易正面影响效应的激发仍需要劳动生产率的进一步支持，但随着劳动生产率的再度提升，工资上升的负面影响会得以削弱。从企业分析的情形观察，无论是全样本还是分样本的回归结果均显示，高工资意味着高劳动生产率，因此效率工资效应是存在的。在核心变量上，资本密集型企业的工资对劳动生产率的促进作用要小于劳动密集型企业。同时，无论是对全样本企业来说，还是对不同要素密集型的企业而言，工资上升所引致的劳动生产率提高对企业的出口均具有促进作用。本章还引入我国人口政策变化因素进行长期的数值模拟分析，得到的结论是在其他条件不变的情况下，"放开二孩"政策有利于在长期内缓解人口红利消融所带来的工资上涨，扭转工资上升造成的出口产品质量下降趋势。但新生代必须及时进入劳动力市场，这就意味着对新生代的教育和培养必须得到重视和支持，恰好和前文有关持续性技术进步的要求相符，即加强基础研究、保障基础教育、提升人口素质是长期工作的重中之重。

第五章基于碳关税与碳税政策的模拟评估，研究应对气候变化与中国出口贸易中长期发展之间的关系。从广义要素成本上升的视角出发，本章研究得出的结论和政策建议是：首先，我国应强烈反对发达国家对发展中国家实施碳关税的威胁。本章实证结果表明，碳关税措施并不是缓解减排国不对称减排引起竞争力损失的有效措施，反而对被实施区域的出口会造成非常大的负面影响。因此，发达国家不断威胁中国，试图用类似的政策以不实施减排限额为由对中国进行惩罚，中国目前应坚决抵制这种歧视性的"贸易"政策。其次，中国在制定国内减排政策时，应优先选择在国内征收一定幅度的碳税而不应该接受被征收碳关税的格局。为了掌握减排的主动权，促进企业逐渐内部化其减排成本，国家可以逐步提高现有排放标准，避免未来开征碳税时成本的突高，影响企业的长期发展。最后，抓住时机促进产业结构升级，提高企业出口竞争力。改变以劳动密集型为主的出口贸易模式，向低能耗、低排放、高效率、高收益的出口产品制造转变，是我国近年来政府引导的产业结构升级的趋势，产业升级时承接地区也要同时注意提高项目的资本、技术密集度，以产业升级推动生产部门投入结构和贸易结构的低碳化，使资源环境约束强化、要素成本上升对我国出口贸易的不利影响降低到最小。

第六章研究对外直接投资与我国对外贸易发展的关系。随着我国"走出去"企业的增多，我国对外直接投资存量逐步增加，产生了贸易促进作用。就进口贸易而言，在我国国内成本上升的背景下，对外直接投资一方面为我国保证了更为稳定便利的原材料来源，同时通过对外直接投资向外转移劳动密集型产业，有助于我国国内的产业升级；另一方面，对外直接投资带动生产转移，也有助于我国相关行业企业节约生产成本，帮助其生产的产品降低价格和更加接近最终消费市场，提升企业的经营效率。在出口方面，对外直接投资对出口贸易最主要的促进表现在对中间产品出口的增加，以及对一些国内存在产能过剩潜在可能性产品的出口促进。对外直接投资中以接近产品市场为目的的投资，促进了国内相关中间产品出口，进一步利用当地的劳动力、土地优势等进行加工生产，既有效地利用当地资源，又解决了国内生产的高成本问题。投资转移过剩产能的方式对于我国与东道国实际上是双赢的，促进了双方经济的发展。总体上看，对外直接投资有助于我国总体经济结构的调整。本章还对我国对外直接投资的对象国进行分类分析，进而提出了应该鼓励更多的投资流向发达国家；应该合理平衡流向发展中国家不同领域的投资，避免过多投资流向矿石采掘业，造成相关国家对我国直接投资的反感；应该合理规划目标，充分考察东道国的制度发展水平等一系列政策建议。

第七章基于要素成本上升的背景，分析中间品贸易与技术进步对我国对外贸易产生的影响。通过建立理论模型将中间品贸易自由化、企业技术选择与生产率联系起来，研究表明，中间品关税减让使应用高生产技术的企业拥有更低的边际生产成本，获得更多的利润，从而促使生产率较高的企业由低生产技术转向高生产技术。"入世"后中国实施的中间品贸易自由化政策主要促进出口企业技术升级，并且只促进中等生产率的企业技术升级。通过行业异质性分析，我们发现中间品贸易自由化对技术密集型企业生产技术的促进作用最强，对劳动密集型企业技术选择的影响最弱。研究得到的政策建议是：（1）应当继续鼓励中间品进口；（2）进一步完善进口政策，着力优化中间品进口结构，把进口贸易作为供给管理的重要手段，鼓励企业进口关键零部件和技术设备，以改善供给面；（3）进一步消除不必要的贸易壁垒，提高贸易自由化水平，加强中间品市场的竞争程度，从而有利于企业以更低的成本获得国外先进的机器、设备和零部件，这对企业技术水平和生产率的提升有重要作用；（4）发达国家对高技术产品出口的限制以及专利技术的垄断和掌控，阻碍了中国利用进口资本品来提高技术水平，我们应该鼓励企业加大研发投入，提升自主创新能力，克服发达国家限制高技术产品出口对中国制造业企业技术升级的阻碍。

第八章在第七章研究的基础上，深入考察企业研发、GVC与我国贸易竞争力的关系，从理论上回答了在现有的全球国际分工和全球价值链利益分配控制格局下，如何破解发达国家对中国经济的"结构封锁"，扭转"被锁定""被导向"等比较优势陷阱倾向，实现外贸的中长期可持续发展，避免重蹈拉美国家"贫困化增长"覆辙的政策思路。我们的研究结论认为，企业研发活动对于提高企业增值能力十分关键，持续研发企业比非持续研发企业的增加值率要高，而非持续研发企业的增加值率又高于不研发企业；不同所有制和行业的增加值率与研发之间的密切程度存在差异。国有企业进行研发的概率要高于非国有企业，且研发绩效要好于其他所有制企业，这些现象的原因在于国有企业获取关键要素的能力更强，进入壁垒造成的垄断因素使得国有企业在当前知识产权保护有限的情况下能够获得更高的收益。但在控制了其他因素后，国有企业与外资相比增值能力仍然不足；企业研发主要是通过降低中间产品投入的同时增加总产值来提高增值能力。

第九章集中探讨了人民币汇率波动对外贸商品结构的影响。国内外均有大量的研究成果证明，人民币汇率变动尤其是贬值不是中国大量贸易顺差的主要诱因。因此，本章集中探讨了人民币汇率波动对外贸商品结构的影响。得到的结论是，在要素成本上升的背景下，人民币汇率升值微弱抑制我国整体出口，但能够优化我国出口商品结构，其中升值方式的选择十分关键，因为不同的升值策略引起出口商品结构变动的路径是不同的。采取一揽子大幅升值的方式，对出口商品结构的冲击最大，会导致我国工业制成品出口占比的较大波动。具体而言，本币升值提高了国内工资和利率之比，劳动密集型产品的成本相对资本密型产品上升较快，使劳动密集型产品的国际竞争力下降、资本密集型产品的边际生产力提高，结果是劳动密集型产品的产量下降、资本密集型产品的产量增加。由于人民币汇率的长期弹性要大于短期，这种结构优化将是一个长期过程。所以，为了实现出口贸易的稳定发展，渐进的升值方式是较好的选择。

第十章基于马尔可夫链研究方法，从贸易竞争力和贸易结构角度分析中国外贸中长期发展的趋势。本章首先以马尔可夫链测度方法进一步确定了要素成本上升的基本趋势，进而结合显性比较优势等方法从贸易竞争力、贸易产品多样化指数等角度，分别对第一产业、第二产业不同商品的竞争力结构、多样化指数及其长期趋势进行对比分析，最终得出产品竞争力有强有弱、升降不一，而进出口商品多样化程度都在增加，因而对外贸易政策各有应倚重和偏向之处的结论。提出国际竞争优势来源需要从要素投入量转变为要素效率；要加快优化出口商品结构和实现产业升级，做好产业链纵深延伸；要调整进口结构，实现技术溢出，要开拓新兴市场，抓住契机参与"一带一路"建设，开拓多元化出口市场等政策建议。特别重要的是，在产业升级过程中应注意不能轻视传统劳动密集型行业的作用，一方面是因为资本密集型行业风险较大，传统行业出口波动性较小，因而有助于平衡资本密集型行业出口波动带来的整体贸易水平波动；另一方面，对于因为劳动力成本上升较快可能出口受损的劳动密集型产业，如HS60（针织物及钩编织物）、HS61（针织或钩编的服装）等，可以考虑将劳动密集型产业部分外包给东南亚国家等劳动力成本较低的国家，通过出境加工后再出口的方式，在保证国内出口质量与数量的同时，也有利于实现产业转移与升级。

在最后的第十一章，基于前述各章的研究结论，课题组对我国外贸中长期发展的前景、目标与路径进行了总体概括。课题组研究认为，我国对外贸易面对的要素成本上升是一个长期趋势，今后所面临的国际环境更加复杂化，但是中国对外贸易发展也不乏有利因素。根据国家《对外贸易发展"十三五"规划》提出的"外贸结构进一步优化，发展动力加快转换，外贸发展的质量和效益进一步提升，贸易大国地位巩固，贸易强国建设取得重要进展"的发展目标，对外贸易发展的长期可行路径是：（1）坚持全球化立场，推进贸易自由化和技术进步，这是中国对外贸易可持续发展的基本前提；（2）应当着力提升国内价值链的质量，实现我国全球价值链地位的不断攀升；（3）要继续扩大利用外资和推动外商投资产业结构升级，不断改善中间品投入质量；（4）要着力推进"一带一路"建设和"亚太自贸区"倡议；（5）着力转变对外贸易经营组织模式；（6）着力实现对外贸易发展方式的根本转变。从近期来看，必须稳步推进开放型经济的供给侧结构性改革，包括通过对外直接投资实现国际产能合作和输出部分过剩的生产能力；通过对外签订自由贸易协定、"大通关"改革推进国际贸易"单一窗口"建设，不断提高货物贸易便利化水平；增加人民币互换和离岸人民币数量以促进对外贸易发展；保持人民币汇率在适度弹性和灵活波动基础上的微弱、渐进式升值，促进我国出口商品结构升级；加强财政和金融政策的外贸扶持及其政策组合、搭配，提高外贸宏观调控能力和完善调控效果等。

在本课题立项、研究和形成初步成果的过程中，国内外经济形势发生了诸多深刻的变化，错综复杂的因素变化增大了课题研究的难度，有时甚至引发我们研究中的重大困惑，例如，能源与大宗商品价格波动问题，以及人民币汇率由升转贬问题等。但是，课题组始终坚持科学的态度和谨慎的判断，并积极参与国内外学术研讨，广泛地阅读参考学界和其他来源的研究文献，并深入到相关地区和企业进行务实有效的调研活动。在这些细致工作的基础上，最终完成了我们的研究。本课题得以初步完成，最重要的是得益于课题组各位中青年专家的不懈努力和卓有成效的研究工作，以及大量博士生的积极参与。本课题研究工作的分工是：张少军负责第一章，杨曦、张少军和武力超负责第二章，杨曦负责第三章，张明志、铁瑛完成了第四章，彭水军、韦韬完成了第五章，林季红、张馨月承担第六章，陈雯、张翊、苗双有、赵萍承担了第七、第八章，郑甘澍、蔡宏波、翁鑫承担第九章，武力超完成第十章，黄建忠完成第十一章。在组织课题研究与编撰最终成果的过程中，黄建忠为首席专家，张明志协助完成了大量艰苦细致的工作。

当然，重大课题研究强调须有重要的理论突破与重大的实践导向效果。与这一终极要求相比，我们的工作仍然存在很大的差距。从这个意义上说，我们对本课题的研究只是一个开端，许多设计中和涉及的重大问题还有待课题组成员进一步的努力探索。我们衷心期待学界同人和相关人士对我们的工作提出有益的批评意见。

摘　要

随着中国经济增长进入"新常态"阶段和经济发展模式逐步转型，要素成本上升的事实与趋势日益明显，包括劳动力、土地、高技术含量资本和环境成本在内的要素价格上升已经、并将继续对中国外贸的发展产生重大深远的影响。本课题围绕这一事实背景，从要素成本上升的贸易效应、日本、韩国和中国台湾外贸发展应对要素成本上升的经验借鉴、各要素成本上升对中国外贸中长期发展的影响、要素成本上升背景下对外直接投资的贸易效应、要素成本上升背景下的中间品贸易与技术进步、要素成本上升背景下的人民币汇率调整方式，以及要素成本上升背景下中国外贸中长期发展的趋势、目标和路径等方面入手，展开系统深入的理论分析和实证研究。从理论层面上看，本课题不仅从总体上刻画了要素成本上升对中国外贸发展既成的和可能产生的各种影响，而且从各要素成本的角度出发构建理论模型，揭示了要素成本上升影响中国外贸发展的作用机制。从经验研究层面来看，本课题不仅基于常见的计量经济学方法，而且利用反事实分析、全球多区域的可计算一般均衡模型以及马尔可夫链模型等前沿的实证研究方法，从各个不同层面上就要素成本上升对中国外贸发展的影响进行实证检验、经验事实评估及模拟预测。在理论分析和实证研究的基础上，本课题提出了要素成本上升背景下中国外贸中长期发展的总体目标、可行路径和若干政策建议。

Abstract

With China's economic growth into the "new normal" stage and the gradual transition of the economic development model, the fact and trend of the rising factor cost are increasingly obvious, including the increase in the price of factors such as labor, land, high technical capital and environmental costs, and will continue to produce a profound and far-reaching impact on the development of China's foreign trade. The project makes research on the trade effect of the rising factor cost, the experience of Japan, South Korea and Chinese Taiwan's foreign trade development to deal with the increase of factor cost, the impact of the rising cost of each factor on the medium- and long-term development of China's foreign trade, and the trade effect of foreign direct investment under the background of the rising factor cost. In the context of intermediate products trade and technological progress, the adjustment mode of RMB exchange rate under the background of the rising factor cost, and the trend, target and path of China's medium- and long-term development under the rise of factor cost, a systematic and in-depth theoretical analysis and empirical study are carried out. From the theoretical point of view, the project not only depicts the impact of the increase of factor cost on the development of China's foreign trade, but also constructs a theoretical model from the angle of the cost of each factor, and reveals the effect mechanism of the increase of factor cost on the development of China's foreign trade. From the perspective of empirical research, this project is not only based on the common econometrics methods, but also by using anti fact analysis, global multi region computable general equilibrium model and Markov chain model and other frontier empirical research methods, the impact of the increase of factors on the development of China's foreign trade from different levels. Empirical test, empirical fact assessment and simulation prediction are used in this research. On the basis of theoretical analysis and empirical research, this project puts forward the overall goal, feasible path and some policy suggestions for the medium- and long-term development of China's foreign trade under the background of the rising factor cost.

目录

第一章 要素成本上升的贸易效应：特征事实、影响机制与前景展望　1

  第一节　中国要素成本上升的特征事实　3
  第二节　要素成本上升对外贸的影响机制　10
  第三节　要素成本上升对中国外贸的不利冲击　17
  第四节　结论与启示　21

第二章 要素成本上升背景下的外贸战略调整与外贸中长期发展
   ——基于日本、韩国、中国台湾的经验比较　29

  第一节　要素成本上升背景下日本的外贸战略调整与外贸发展　29
  第二节　要素成本上升背景下韩国的外贸战略调整与外贸发展　41
  第三节　要素成本上升背景下中国台湾的外贸战略调整与外贸发展　49

第三章 劳动力市场调整、贸易比较优势变动与中国外贸中长期发展　64

  第一节　劳动力供给结构与劳动力市场政策的贸易效应：基于现有研究文献的梳理　65
  第二节　技术水平、劳动力供给与贸易比较优势：理论模型分析与参数校准　74
  第三节　技术进步、劳动力供给变动与中国对外贸易中长期发展的政策效应估算　82
  第四节　本章小结及政策启示　91

第四章 ▶ 工资上升对中国出口贸易的影响　96

第一节　特征事实与理论机制　97
第二节　工资上升对中国出口贸易的影响：基于行业的视角　116
第三节　工资上升对中国出口贸易的影响：基于企业的视角　130
第四节　工资上升对中国出口贸易的影响：数值模拟分析　148

第五章 ▶ 应对气候变化与中国出口贸易中长期发展：基于碳关税与碳税政策的模拟评估　167

第一节　引　言　169
第二节　包含气候政策的扩展 GTAP 模型　173
第三节　发达国家实施碳关税政策对中国出口贸易的影响　181
第四节　应对气候变化背景下征收碳税影响中国出口贸易的模拟分析　189
第五节　结论与政策启示　195

第六章 ▶ 对外直接投资与中国对外贸易发展　198

第一节　研究背景与文献综述　199
第二节　对外直接投资与中国外贸发展：总量角度　203
第三节　我国对外直接投资与对外贸易发展：东道国与贸易伙伴国角度　216
第四节　研究结论与政策启示　230

第七章 ▶ 要素成本上升背景下中间品贸易与技术进步　234

第一节　要素成本上升背景下进口中间品与中国制造业全要素生产率　235
第二节　中间品贸易自由化与中国制造业企业生产技术选择　256
第三节　本章小结及政策启示　272

第八章 ▶ 企业研发、GVC 与我国贸易竞争力　274

第一节　研发是否提升了中国工业企业的增值能力　274
第二节　全球价值链分工对我国贸易竞争力的影响　293
第三节　本章小结　313

第九章 ▶ 要素成本上升背景下人民币汇率调整方式对出口商品结构的影响　316

　　第一节　汇率变动影响出口商品结构的理论分析　317
　　第二节　人民币汇率变动影响我国出口商品结构的实证检验　329
　　第三节　本章结论与政策启示　345

第十章 ▶ 中国外贸中长期发展的趋势：基于贸易竞争力和贸易结构的分析　347

　　第一节　中国要素成本变化的中长期趋势分析　347
　　第二节　要素成本上升背景下中国贸易竞争力的中长期趋势分析　356
　　第三节　要素成本上升背景下中国贸易结构的中长期趋势分析：基于产品多样性视角　372
　　第四节　本章小结与政策启示　392

第十一章 ▶ 中国外贸中长期发展的前景、目标与路径　396

　　第一节　基于要素成本上升背景的中国外贸发展前景展望　396
　　第二节　要素成本上升背景下中国外贸中长期发展的总体目标与趋势　402
　　第三节　要素成本上升背景下中国外贸中长期发展的可行路径　406
　　第四节　稳步推进开放型经济的供给侧结构性改革　411

参考文献　415

Contents

Chapter 1　Trade Effects of Rising Factor Cost: Characteristics, Mechanisms and Prospects　1

1.1　Characteristics of Rising Factor Cost in China　3
1.2　The Influencing Mechanism of Rising Factor Cost on China's Foreign Trade　10
1.3　Adverse Impact on China's Foreign Trade due to Rising Factor Cost　17
1.4　Conclusion and Enlightenment　21

Chapter 2　The Strategic Adjustment of Foreign Trade and the Medium- and long-Tterm Development of Forcign Trade under the Background of the Rising Factor Cost——Based on the experience of Japan, South Korea and Chinese Taiwan　29

2.1　Japan's Foreign Trade Strategy Adjustment and Foreign Trade Development under the Background of Rising Factor Cost　29
2.2　South Korea's Foreign Trade Strategy Adjustment and Foreign Trade Development under the Background of Rising Factor Cost　41
2.3　Chinese Taiwan's Foreign Trade Strategy Adjustment and Foreign Trade Development under the Background of Rising Factor Cost　49

Chapter 3 Adjustment of Labor Market, Change of Trade Comparative Advantage and the Development of China's Foreign Trade in the Medium- and Long-Term　64

　　3.1　Labor Supply Structure and Labor Market Policy's Trade Effects: Based on the Existing Research Literature　65

　　3.2　Technology, Labor Supply and Trade Comparative Advantage: Theoretical Model Analysis and Parameter Calibration　74

　　3.3　Technological Progress, the Change of Labor Supply and the Policy Effect of Medium- and Long-term Development of China's Foreign Trade　82

　　3.4　Summary and Policy Enlightenment　91

Chapter 4 Impact of Rising Wages on China's Export Trade　96

　　4.1　Feature and Theoretical Mechanism　97

　　4.2　The Impact of Rising Wages on China's Export Trade: from the Perspective of Industry　116

　　4.3　The Impact of Rising Wages on China's Export Trade: from the Perspective of Enterprises　130

　　4.4　The Impact of Rising Wages on China's Export Trade: Numerical Simulation Analysis　148

Chapter 5 Climate Change and China's Export Trade Development in the Medium- and Long-term: Based on the Simulation Assessment of Carbon Tariff and Carbon Tax Policy　167

　　5.1　Introduction　169

　　5.2　The Extended GTAP Model of Climate Policy　173

　　5.3　The Effect of Carbon Tariff Policy in Developed Countries on China's Export Trade　181

　　5.4　Simulated Analysis of the Impact of Carbon Tax on China's Export Trade against the Background of Climate Change　189

　　5.5　Conclusion and Policy Enlightenment　195

Chapter 6 Foreign Direct Investment and China's Foreign Trade Development   198

    6.1 Background and Literature Review   199

    6.2 Foreign Direct Investment and China's Foreign Trade Development: Total Volume   203

    6.3 China's Foreign Direct Investment and Foreign Trade Development: from Host Country to Trade Partner Country   216

    6.4 Conclusion and Policy Enlightenment   230

Chapter 7 Intermediate Goods Trade and Technological Progress under the Background of Rising Factor Cost   234

    7.1 Total Factor Productivity of Import Intermediate Goods and China's Manufacturing Industry under the Background of Rising Factor Cost   235

    7.2 Trade Liberalization of Intermediate Goods and the Choice of Production Technology of Chinese Manufacturing Enterprises   256

    7.3 Conclusion and Policy Enlightenment   272

Chapter 8 Enterprise R & D, GVC and China's Trade Competitiveness   274

    8.1 Does R & D Improved the Value-Added Capability of Chinese Industrial Enterprises?   274

    8.2 The Impact of Global Value Chain Division on China's Trade Competitiveness   293

    8.3 Conclusion   313

Chapter 9 The Impact of RMB Exchange Rate Adjustment on the Structure of Export Commodities Based on the Background of Rising Factor Cost   316

    9.1 Theoretical Analysis of the Impact of Exchange Rate Movements on the Structure of Export Commodities   317

    9.2 An Empirical Test of the Impact of RMB Exchange Rate Movements on the Structure of China's Export Commodities   329

    9.3 Conclusion and Policy Enlightenment   345

Chapter 10　The Trend of China's Foreign Trade Development in the Medium- and Long-term: Based on the Analysis of Trade Competitiveness and Trade Structure　347

  10.1　The Medium- and Long-term Trend Analysis of Factor Cost Change in China　347

  10.2　The Analysis of the Medium- and Long-term Trend of China's Trade Competitiveness under the Background of Rising Factor Cost　356

  10.3　The Medium- and Long-term Trend of China's Trade Structure under the Background of Rising Factor Cost from the Perspective of Product Diversity　372

  10.4　Conclusion and Policy Enlightenment　392

Chapter 11　Prospects, Objectives and Paths of China's Foreign Trade Development in the Medium- and Long-term　396

  11.1　Prospects for China's Foreign Trade Development Based on the Background of Rising Factor Cost　396

  11.2　The Overall Goal and Trend of China's Foreign Trade Development under the Background of Rising Factor Cost　402

  11.3　Feasible Path of Medium- and Long-term Development of China's Foreign Trade Development under the Background of Rising Factor Cost　406

  11.4　Steadily Promotes the Supply Side Structural Reform of the Open Economy　411

References　415

第一章

要素成本上升的贸易效应：特征事实、影响机制与前景展望

当前，中国对外贸易在经历高速增长之后不得不面对的一个基本事实是：中国在国际生产与贸易体系中，主要依靠自身在劳动力、土地和自然资源等低端要素禀赋方面的优势，专业化于国际生产与贸易体系中低附加值的分工环节，由此产生了"被锁定""被导向"等比较优势陷阱倾向，并造成了产业失衡、区域失衡、环境失衡、收入失衡和国际收支失衡等内外部失衡问题。2008年国际金融危机使我国对外贸易面临的形势发生了新变化，上述问题与矛盾更加显性和激化，昭示了要素成本上升背景下中国对外贸易减速、转型时代的正式到来。

近年来，中国劳动力、土地、能源等要素成本延续上升态势，严重削弱了中国外贸企业的出口竞争力。目前，广东等沿海省份制造企业普通工人的月平均工资约为600美元，是部分东南亚国家的2倍以上。2010年以来全国105个主要监测城市工业地价累计涨幅达到17%，若综合考虑土地、能源价格等因素，成本差距还将进一步扩大。同时，东南亚、南亚等新兴经济体正积极承接出口加工产能转移，劳动密集型制造业能力不断提升，在发达国家市场对中国产品形成竞争和替代。

依据波士顿咨询公司的研究报告，2004~2014年，中国的制造业成本不断上升，相对美国的工厂制造业成本优势已经减弱到5%以下（见图1-1）。以福耀玻璃2014年兼并美国PPG公司下属工厂为例，美国汽车玻璃生产成本中，工资福利等劳动力成本占30%以上，而在国内这部分成本约占12%，目前出口运费、包装费占比分别约为15%和5%，节约的运费差不多抵消双方劳动力成本的差

额。此外，美国高素质人才非常多，制造业的税收为国内税收的一半，能源价格仅为国内能源价格的1/4，税收和能源价格优势明显，在美国直接设厂的生产成本与国内已相差无几。但在20世纪90年代，福耀玻璃在美国南卡罗来纳州建设自己的工厂，中美之间劳动力成本的巨大差距，成为压垮福耀玻璃美国工厂的致命稻草。于是1998年，福耀在美国的工厂变成了仓库：玻璃从中国运到南卡仓库，由当地的工人更换包装后，发给美国的客户。到了2001年，由于无法承受高额的员工成本，福耀只好将仓库卖掉，仓库又缩水成了销售处，全体员工被压缩到12人。

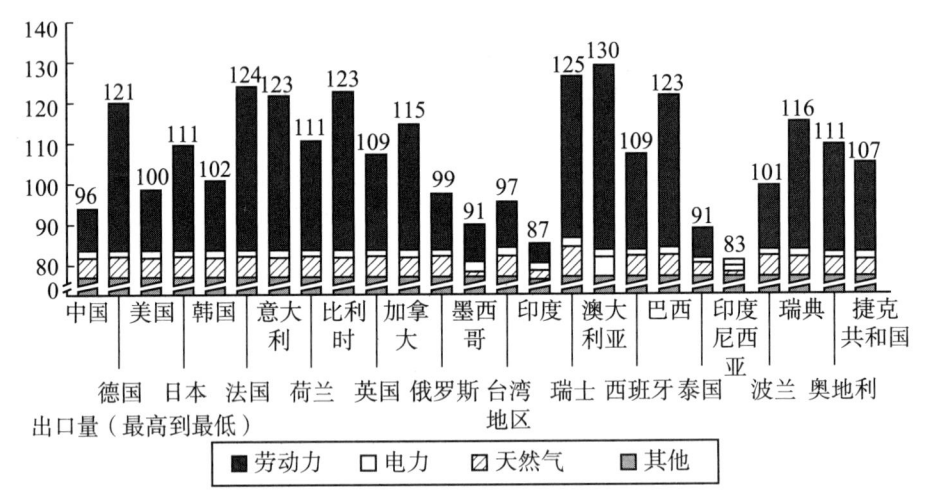

图1-1 全球前25位领先出口经济体的制造业成本指数

注：2014年（美国=100）。

资料来源：美国经济普查、美国劳工局、美国经济分析局、国际劳工组织、经济学人智库、波士顿咨询公司分析。

尽管中国与发达国家工人之间的工资仍然存在巨大差异，但快速上涨的工资已经极大地削弱了中国的出口竞争优势。虽然从2004年到2014年，所有全球前25位的出口国的制造业工资都出现上涨，但中国年均工资增长率达到10%~20%的情况已经持续超过10年，而其他经济体的年均工资增长率仅为2%~3%。十年前，根据生产率调整后的制造业平均工资在中国大约是4.35美元/小时，相比之下美国是17.54美元/小时。在十年间，中国根据生产率调整后的制造业平均工资翻了3倍，中国达到12.47美元/小时，而美国仅上升了27%达到22.32美元/小时。

在能源成本方面，自2004年来，由于页岩天然气资源的大规模开采，北美天然气的价格已经下降了25%~35%。相比之下，中国的天然气价格却大幅度上升。这对使用天然气作为生产进料的化工产业产生巨大影响。类似地，中国的工业用电价格也大幅上升。因此，中国的整体能源成本比 2004 年上升了 50% ~ 200%。从 2004 年到 2014 年，中国工业用电的成本估计上升 66%，而天然气成本则猛增 138%（见图 1 - 2）。俄罗斯也面临着相同的困境。

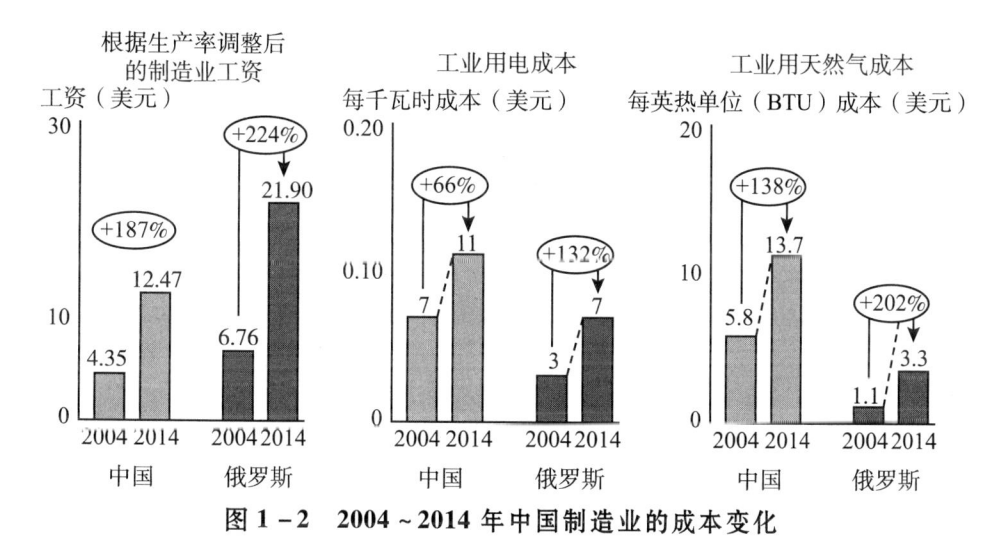

图 1 - 2　2004 ~ 2014 年中国制造业的成本变化

资料来源：美国经济普查、美国劳工局、美国经济分析局、国际劳工组织、经济学人智库、波士顿咨询公司分析。

第一节　中国要素成本上升的特征事实

一、劳动力成本的变化

改革开放以来，中国农村改革提高了农业劳动生产率，使得农村剩余劳动力大规模向城市转移，形成了具有无限供给特点的廉价劳动力，为中国外贸的爆炸式增长做出了巨大贡献。但 2000 年以后，中国东部沿海地区出现了"招工难""民工荒"现象，并不断向全国范围蔓延。2012 年中国劳动人口首次下降，标志着"刘易斯拐点"的到来。目前，中国劳动力市场呈现的若干特点，使得劳动力成本处于快速上涨期：第一，适龄劳动力人口增速大幅回落，劳动力人口占总人口的比重有所降低。2005 年，中国劳动力人口增长率开始持续回落，自 2008 ~ 2012 年，年均增速只有 0.2%。劳动力人口占总人口比重在 2005 年到达高点后也呈下降趋势。2002 年开始，我国 0～14 岁人口占总人口比重持续下降，说明我国潜在劳动人口呈下降趋势。第二，农民工的结构发生了变化。目前，农民工主体逐渐被"80 后""90 后"代替，他们对工作的目标和条件要求也有所提高，不仅限于解决温饱问题。他们已不满足于基本的生存层面的需求，而是追求自身价值的实现，包括工资待遇、社会地位、发展机遇、劳动环境和社会保障等。新生代农民工对劳动条件的要求，将推动劳动力成本持续上升。第三，国家的"三农"政策和社会保障制度，也推动了劳动力成本上升。近年来，我国农业补贴快速增长，在提升农民收入的同时，也增加了农业劳动力转移的机会成本，并对农民工工资上升产生正向影响。在推动城乡统筹、提高政府公共服务的背景下，政府将落实对农民工的社会保障政策，企业用工各项社保提留比例也相应增长。以农民工群体这一较低端的基准劳动力要素成本为例，平均每人月工资从 2000 年的 563 元上升到 2014 年的 2 864 元，2014 年该项指标是 2000 年的 5.09 倍，年均增速为 12.3%；考虑 CPI 上升的实际工资年均增速也达到 9.6% 这一较高水平，用美元市场汇率折算衡量 2014 年该项指标是 2000 年的 6.76 倍，年均增速更是高达 14.6%（见表 1-1）。

表 1-1　　1995～2016 年城镇单位就业人员平均工资和指数

年份	平均工资（元）				平均实际工资指数（上年=100）			
	合计	国有	集体	其他	合计	国有	集体	其他
1995	5 348	5 553	3 934	7 728	102	100	104	103
2000	9 333	9 441	6 241	11 238	111	111	108	110
2005	18 200	18 978	11 176	18 362	113	114	113	109
2006	20 856	21 706	12 866	21 004	113	113	113	113
2007	24 721	26 100	15 444	24 271	113	115	115	111
2008	28 898	30 287	18 103	28 552	111	110	111	111
2009	32 244	34 130	20 607	31 350	113	114	115	111
2010	36 539	38 359	24 010	35 801	110	109	113	111
2011	41 799	43 483	28 791	41 323	109	108	114	110
2012	46 769	48 357	33 784	46 360	109	108	114	109
2013	51 483	52 657	38 905	51 453	107	106	112	108
2014	56 360	57 296	42 742	56 485	107	107	108	108
2015	62 029	65 296	46 607	60 906	109	112	107	106
2016	67 569	72 538	50 527	65 531	107	109	106	105

资料来源：《中国统计年鉴 2017》。

在工资水平上升的同时，五险一金也在快速上升且占劳动力成本的比重显著上升。依据《中国劳动力成本问题研究》，2005年社会保障五险缴费占劳动力成本的15.4%，到2015年上升到19.4%；2005年住房公积金缴费占劳动力成本的2.6%，到2015年上升到5.7%。由于政府不断提高缴费标准，使得五险一金加重了企业的劳动力成本负担。

二、土地成本的变化

改革开放以前，中国实行的土地使用制度是无偿、无期限、无流动的行政划拨制度。改革开放以来，中国的土地使用制度开始向"有偿、有期限、有流动"转变。1987年，深圳为了解决城市基础设施建设的融资问题，借鉴并改造运用了香港的土地制度，打破了计划经济的禁忌，提出土地市场化的有偿使用，首次公开对土地使用权进行拍卖。经过1991年国务院《城市房屋拆迁管理条例》、1994年分税制、1998年住房制度改革和《土地管理法修正案》、2003年经营性土地全面招拍挂等一系列制度演变，土地收入成为支持中国公共基础设施建设最主要的财政来源，由此形成的廉价工业用地和优良基础设施，成为推动中国外贸高速增长的重要引擎。但是近年来，如下的一些原因使得中国的土地价格迅速上升。

第一，2008年金融危机后，超量宽松的货币涌入房地产市场，快速上升的房价使得住房为核心的不动产升值速度和幅度远超其他资产。房地产市场脱离居住需求，成为巨大的投资、投机和融资市场，反过来推动了地价的迅速上升。

第二，土地征用拆迁成本的增加。1989年土地有偿使用之初，财政部颁发《国有土地使用权有偿收入管理暂行实施办法》，规定城市土地出让收益的20%留给地方政府，用作城市建设和土地开发费用，其余80%按四六分成，中央政府占40%，地方政府占60%。据此推测，当时的土地成本（包括征收和开发）占土地出让收益的比例不应超过20%。2014年，全国土地出让收入42 940.30亿元，而土地出让支出竟高达41 210.98亿元。其中，用于征地拆迁补偿、土地出让前期开发、补助被征地农民等成本性支出33 952.37亿元，占总支出的82.4%。扣除成本性支出后，当年形成的土地出让收益仅为8 987.93亿元，占全国土地出让收入的20.9%（见图1-3）。

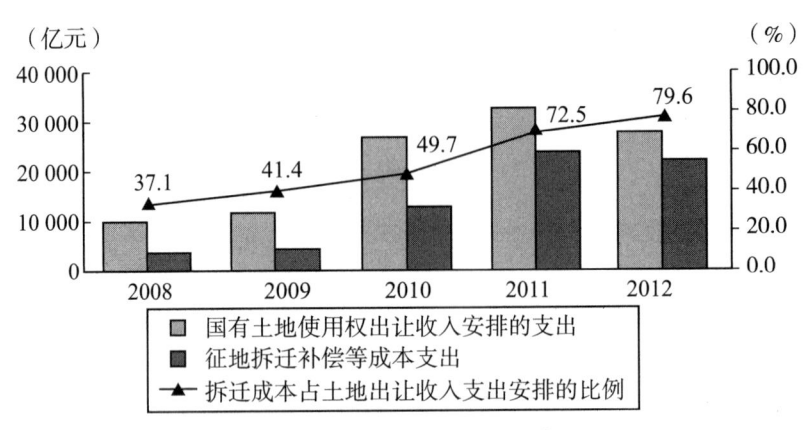

图 1-3 土地征用成本的变化

资料来源：财政部网站 2008~2012 年财政收支情况统计。

第三，在国有垄断城市建设用地体制与农村集体建设用地流转权改革滞后背景下，以及 18 亿亩耕地红线的约束下，市场机制难以较好发挥调节土地供求关系与抑制地价过快飙升的功能（见表 1-2）。

表 1-2　　　2001~2016 中国地价指数（2000 年 = 100）

年度	综合	商服	住宅	工业
2016	261	280	314	205
2015	244	250	285	197
2014	234	241	272	190
2013	218	230	257	173
2012	200	210	231	163
2011	193	202	224	157
2010	181	184	209	149
2005	130	134	139	115
2001	103	104	104	102

资料来源：中国地价网。

三、生态环境的约束

中国出口的产品具有高能耗、高污染和高排放的特征。在过去几十年中，中国的外贸高速增长是与化石能源消耗和碳排放增长密不可分的。目前，国内外形势的变化，使得生态环境对中国外贸的约束进一步加强，从而提高了中国产品的出口成本（见图 1-4）。

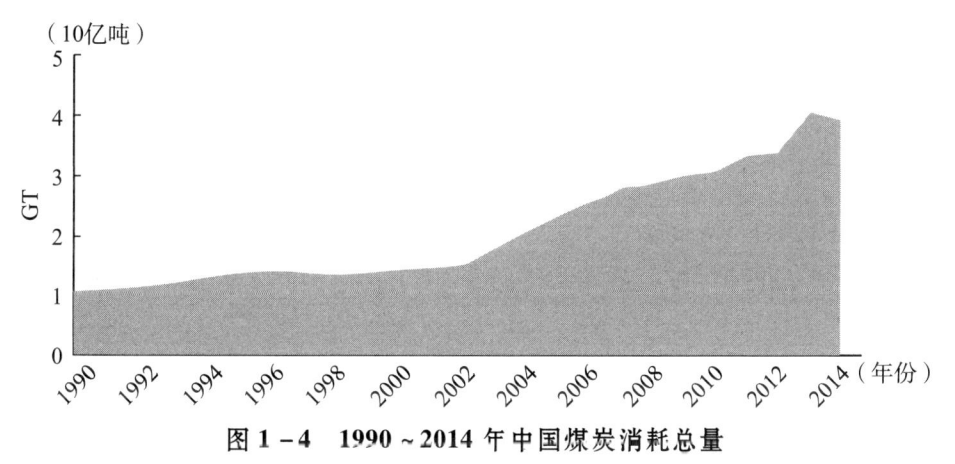

图 1-4　1990～2014 年中国煤炭消耗总量

资料来源：国家统计局。

第一，国际气候谈判的压力。在 2009 年的哥本哈根气候大会上，中国政府公布了控制温室气体排放的行动目标，决定到 2020 年单位国内生产总值二氧化碳排放比 2005 年下降 40%～45%。2015 年 APEC 会议期间，中美发表气候变化联合声明，公布了各自 2020 年后的减排目标，美国计划于 2025 年实现在 2005 年基础上减排 26%～28% 的全经济范围减排目标并将努力减排 28%；中国计划 2030 年左右二氧化碳排放达到峰值且将努力早日达峰，并计划到 2030 年非化石能源占一次能源消费比重提高到 20% 左右。

第二，国内生态文明建设的要求。经过三十多年的高速发展，中国的环境污染已经达到非常严重的程度。依据《2014 年中国环境状况公报》，2014 年废水中化学需氧量排放总量为 2 294.6 万吨，氨氮排放总量为 238.5 万吨；当年度，二氧化硫排放总量为 1 974.4 万吨，氮氧化物排放总量为 2 078.0 万吨；当年度，全国工业固体废物产生量为 325 620.0 万吨。2014 年，长江、黄河、珠江、松花江、淮河、海河、辽河七大流域和浙闽片河流、西北诸河、西南诸河的国控断面中，Ⅰ类水质断面占 2.8%，同比上升 1.0 个百分点；Ⅱ类占 36.9%，同比下降 0.8 个百分点；Ⅲ类占 31.5%，同比下降 0.7 个百分点；Ⅳ类占 15.0%，同比上升 0.5 个百分点；Ⅴ类占 4.8%，劣Ⅴ类占 9.0%，同比均持平（见表 1-3）。2014 年，161 个城市中，舟山、福州、深圳、珠海、惠州、海口、昆明、拉萨、泉州、湛江、汕尾、云浮、北海、三亚、曲靖和玉溪共 16 个城市空气质量达标（好于国家二级标准），占 9.9%；145 个城市空气质量超标，占 90.1%。中国各地的环境污染总体仍呈加重态势,生态环境压力增加已逼近红线,不仅给经济可持续发展造成巨大压力,而且在有些区域还直接威胁民众的生存和生命。为此,中国政府和民众提出的建设生态文明的要求,将使得环保监管力度与环保成本趋势性上升。

表1-3　　　　　　　　　　　水资源情况

年份	水资源总量（亿立方米）	地表水资源量（亿立方米）	地下水资源量（亿立方米）	地表水与地下水资源重复量（亿立方米）	人均水资源量（立方米/人）
2000	27 701	26 562	8 502	7 363	2 194
2005	28 053	26 982	8 091	7 020	2 152
2006	25 330	24 358	7 643	6 671	1 932
2007	25 255	24 242	7 617	6 604	1 916
2008	27 434	26 377	8 122	7 065	2 071
2009	24 180	23 125	7 267	6 212	1 816
2010	30 906	29 798	8 417	7 308	2 310
2011	23 257	22 214	7 215	6 171	1 730
2012	29 527	28 371	8 416	7 261	2 186
2013	27 958	26 839	8 081	6 963	2 060
2014	27 267	26 264	7 745	6 742	1 999
2015	27 963	26 901	7 797	6 735	2 039
2016	32 466	31 274	8 855	7 662	2 355

资料来源:《中国统计年鉴2017》。

四、汇率成本的变化

改革开放以来,中国的人民币汇率制度依据国内外形势的变化,不断深化改革,逐步向有管理的浮动汇率制演变。具体来说,人民币汇率制度主要经历了挂牌价和调剂价的双轨制阶段,汇率并轨后的柔性盯住美元制阶段,亚洲金融危机后的刚性盯住美元制阶段,2005年7月21日以中国人民银行(央行)发布的系列规定为基础,实行以市场供求为基础、参考一篮子货币进行调节、有管理的浮动汇率制度。1979~1994年汇率双轨制阶段是人民币贬值幅度最大的时期,由1979年的1.555元(1美元兑换)贬至1994年的8.619元(年度均价),贬值幅度达 4.5 倍。从 1994 年开始到 2005 年汇率制度改革以前，人民币兑美元一直维持在 8.27 元以上（1 美元兑换）。2005 年汇率制度改革以后，人民币兑美元和其他主要货币渐渐进入升值阶段。尽管受 2007 年全球金融危机影响，各新兴经济体经济发展态势不明，各国货币兑美元遭遇贬值，但人民币一枝独秀，人民币兑美元和其他货币全面升值（见表 1-4）。从 2005 年到 2014 年，人民币对美元升值 40.51%，实际有效汇率升值 51.04%。

表 1-4　　1985~2016 年人民币兑主要货币汇率（年平均价）

年份	100 美元	100 日元	100 港元	100 欧元
1985	293.67	1.25	37.57	
1986	345.28	2.07	44.22	
1987	372.21	2.58	47.74	
1988	372.21	2.91	47.70	
1989	376.51	2.74	48.28	
1990	478.32	3.32	61.39	
1991	532.33	3.96	68.45	
1992	551.46	4.36	71.24	
1993	576.20	5.20	74.41	
1994	861.87	8.44	111.53	
1995	835.10	8.92	107.96	
1996	831.42	7.64	107.51	
1997	828.98	6.86	107.09	
1998	827.91	6.35	106.88	
1999	827.83	7.29	106.66	
2000	827.84	7.69	106.18	
2001	827.70	6.81	106.08	
2002	827.70	6.62	106.07	800.58
2003	827.70	7.15	106.24	936.13
2004	827.68	7.66	106.23	1 029.00
2005	819.17	7.45	105.30	1 019.53
2006	797.18	6.86	102.62	1 001.90
2007	760.40	6.46	97.46	1 041.75
2008	694.51	6.74	89.19	1 022.27

续表

年份	100 美元	100 日元	100 港元	100 欧元
2009	683.10	7.30	88.12	952.70
2010	676.95	7.73	87.13	897.25
2011	645.88	8.11	82.97	900.11
2012	631.25	7.90	81.38	810.67
2013	619.32	6.33	79.85	822.19
2014	614.28	5.82	79.22	816.51
2015	622.84	5.15	80.34	691.41
2016	664.23	6.12	85.58	734.26

资料来源：《中国统计年鉴 2017》。

人民币汇率改革尽管是大势所趋，但自 2005 年汇改以来，人民币对美元、日元和欧元等主要国家的货币均出现了大幅度的升值，再考虑到美国、日本和欧盟也是中国主要的贸易伙伴，这就使得中国的出口成本增加，对外贸的发展产生不利影响。

第二节　要素成本上升对外贸的影响机制

一、全球价值链视角

近年来，全球价值链（global value chain，GVC）作为组织和治理国际贸易的重要力量，已经使国际贸易格局演变为三元结构：市场型贸易、公司内贸易和协作型贸易（co-ordinated trade）（Schmitz，2004）。在全球价值链的组织和治理下，发展中国家通过承接全球价值链中的低端要素密集型环节发展对外贸易，但全球价值链使得发展中国家的贸易始终面临着如下挑战：一是贸易条件的恶化。全球价值链进入壁垒的高低决定着全球价值链中各个环节的收入分配（Kaplinsky and Morris，2006）。发达国家承担全球价值链中研发和营销等高进入壁垒环节，发展中国家承担全球价值链中生产的低进入壁垒环节，导致二者在全球价值链收入分配中的不对称地位，发展中国家贸易条件普遍恶化的趋势（Maizels，2000）就是这种不对称地位的体现。二是"合成谬误"的困境。发达国家出于风险控制和分享发展等目的，主动将低端要素密集型环节在发展中国家之间进行分散；再加上低端要素密集型环节的进入壁垒比较低，若出现同类产品出口竞争者在该环节的过度进入，则发展中国家就会受到需求的"加总约束"，陷入"合成谬误"的困境。这种"合成谬误"的困境（Mayer，2002）是发展中国家必须长期面对的现实问题。可见，全球价值链可使发展中国家的贸易条件恶化，滑入"合成谬误"的困境。而无论是贸易条件的恶化，还是"合成谬误"的困境，都会使发展中国家继续从事低端要素密集型环节，发展对外贸易的路径难以持续。

在表1-5中，东亚各国和地区之间的半成品、零部件、资本品和消费品的出口比例相当高，表明东亚各国和地区通过承担全球价值链的不同环节形成了互相协作的生产网络。1980~2006年，在全球价值链组织和治理下的东亚生产和贸易网络，使得东亚与世界其他地区的贸易额增加了10倍（唐海燕和张会清，2008）。中国在要素成本上升的约束下，在其他发展中国家与发达国家（例如TPP和TTIP）的双重夹击中，将有可能被排斥出全球价值链组织和治理的国际生产和贸易体系，从而导致贸易总量和增速的大幅下降。

表1-5　部分东亚国家和地区各环节在东亚生产网络内部的出口比例

单位：%

国家和地区	1995年				2006年			
	半成品	零部件	资本品	消费品	半成品	零部件	资本品	消费品
日本	24.3	37.6	44.2	11.1	23.4	16.4	21.2	9.4
中国香港	15.9	11.0	9.6	16.2	11.0	17.0	9.2	12.1
中国台湾	12.6	8.2	9.8	8.5	10.4	15.6	9.6	3.8
韩国	12.0	8.5	5.6	7.6	11.8	9.2	10.8	4.3
新加坡	9.5	17.0	14.7	6.6	5.9	14.2	7.0	5.9
印度尼西亚	5.7	0.6	0.7	3.6	6.5	0.8	1.2	2.5
马来西亚	5.2	7.3	3.8	5.1	5.9	5.1	3.4	3.7
菲律宾	0.7	2.7	0.7	1.3	0.9	2.9	3.4	6.3
泰国	2.7	3.3	3.2	8.4	3.8	2.9	3.4	6.3
中国	11.5	3.9	7.6	31.7	20.3	15.9	32.9	51.3

注：摘自唐海燕和张会清（2008）。

二、产品种类视角

为了考察出口产品的技术结构，拉尔（Lall，2000）依据产品的技术含量将

SITC 三位数分类的产品划分为资源型、低技术、中技术和高技术产品。该划分方法已经在分析贸易结构变动和出口竞争力的研究中被广泛使用。但是，在国际分工深化到产品内部的情况下，传统的产业或产品划分法是有失偏颇的，包括依据生产要素的投入比例，将行业或产品划分为劳动密集型、资本密集型和技术密集型三大类等的划分方法。这是因为，国际产品内分工体系使得一个国家可能生产和进行贸易的只是高技术产品中的低端要素密集型环节，且其微观模式往往是外资代工；而在低技术产品中，一个国家可能从事的是品牌运营等需要投入高级生产要素的环节。因此，当前的国际生产与贸易模式的产业转移使得我们不能仅看产品或行业的技术含量，更要看一国所承担的生产环节的技术含量和附加值的高低。不只是高技术含量和高附加值的产品或行业，更是高技术含量和高附加值的环节和工序。

20 世纪 80 年代以来，在国际贸易领域中产生了一个十分吊诡的现象，即一些发展中国家，生产和出口了大量高技术产品，而这些高科技产品的生产和出口过去主要是由发达国家垄断的。这一"违背"比较优势理论的现象引起了学界的关注，事实上，发展中国家高技术产品出口"爆炸式"增长只是一种"统计假象"（Mani，2000；Srholec，2007），即在发达国家主导的国际产品内分工与贸易的情形下，发展中国家通过大量进口高集成度和高模块化的零部件，简单加工组装后再出口，从而形成了大量出口高科技产品的贸易现象。以中国为例，2001 年加入世界贸易组织以来，以 IT 产业为核心的高新技术产品出口和进口高速增长，2002 ~ 2008 年 7 年间，高新技术产品出口与进口的平均增速分别高达 36.8% 和 27%；高新技术产品出口占我国出口总值的比重从 2002 年的 20.8% 上升到 2008 年的 29.1%，进口比重从 28.1% 上升到 30.2%。在这一现象中，发展中国家的比较优势，仍然是廉价的劳动力等低端要素。若中国的要素成本上升，将可能被排斥出高科技产品的生产与出口，从而导致贸易总量和增速的下降。

三、资源环境视角

发展中国家加入当前的国际生产与贸易体系，某种程度上会导致自身污染排放的增加，其机制可以梳理为：一方面，加入国际生产与贸易体系导致的污染排放增加的转移效应。作为发展中国家，由于与国际技术前沿和创新体系存在相当的距离，这就导致发展中国家在加入国际生产和贸易体系时，只能立足于劳动力和自然资源等要素禀赋，从事高污染、高排放的加工组装环节。这样，污染排放的转移就很难避免。具体来说，转移效应的渠道主要有以下三个：第一，发展中国家立足于自身廉价而又充裕的劳动力优势，承担国际生产和贸易体系中的加工组装环节，这些加工组装环节不仅附加值低，而且往往具有高污染、高排放的特点；发达国家则保留了低污染和低排放的高附加值环节，这就导致了污染排放向发展中国家的转移。第二，发达国家在外包高污染、高排放的加工组装环节到发展中国家后，再从发展中国家进口最终产品，这样，发展中国家由此形成的贸易顺差也就意味着净贸易含污量（pollutant embodied in trade）的迅速扩大。第三，由于发展中国家的技术水平与发达国家存在差距，会导致发展中国家单位产值的污染强度大于发达国家，高污染、高排放的加工组装环节的转移尽管减少了发达国家自身的污染排放量，但发展中国家及全球的污染排放总量却增加了。另外，外包使得贸易中学效应不断递减，导致发展中国家无法持续地利用该效应节能减排。发达国家依据各国的比较优势，通过外包在全球配置相应的环节，从而可以利用发展中国家的低端要素和较弱的环境规制；与此同时，为了提升自身的系统竞争力，发达国家也会通过贸易中学效应帮助发展中国家完成较低级的工艺升级和产品升级，体现在环境方面就是实现节能减排。但是，作为国际分工新形式的外包从本质上来说，是一种"胡萝卜加大棒"的策略，它在帮助发展中国家完成工艺升级和产品升级之后，由于根本利益冲突会阻碍发展中国家从事较高级的功能升级和链条升级，将自身与发展中国家的技术外溢限制在安全的范围内。这就意味着贸易中学效应是随着发展中国家的升级过程不断递减的，最终可能导致发展中国家的低端锁定和"贫困式"增长，利用贸易中学效应实现节能减排也是不可持续的。

李和钟（Rhee and Chung, 2005）的研究表明，虽然韩国对日本呈现贸易赤字，但韩国出口货物中隐含的二氧化碳高于日本的相关数值，这揭示了一个普遍现象，即通过国际贸易的方式，发达国家对发展中国家存在碳泄漏。Machado（2000）用混合单元的投入产出法对巴西外贸中包含的碳进行了估计，发现巴西经济中各类商品的碳强度在1985～1995年呈上升趋势，其中进口增加得比出口快（因为进口总额的迅速增长），进口和出口中所包含的碳相抵消后，巴西是个碳的净出口国。随后，马查多等（Machado et al., 2001）研究了巴西的国际贸易对其二氧化碳排放量的影响程度，结果发现1995年巴西出口的非能源产品中的碳含量要明显大于进口中的含量，巴西每单位产值出口商品平均要比进口商品多40%～56%的碳，他们的研究结果对巴西调整相关政策起了重要的作用。穆霍帕德亚（Mukhopadhyay, 2004）通过分析印度贸易自由化进程中的商品贸易结构，利用投入产出分析方法计算进出口商品中的碳含量，构建贸易污染指数，研究结果发现在1993～1994年，印度出口的所有商品中的碳含量小于相应的进口商品，是一个碳的净进口国。对于中国来说，水和哈里斯（Shui and Harriss, 2006）基于1997～2003年中美两国贸易数据的研究表明，中国目前二氧化碳排放量中的 7% ~ 14% 是为美国消费者提供产品而产生的。国际能源署（2007）根据碳排放强度和贸易数据的研究表明，2004 年中国国内出口商品生产蕴含的与能源有关的二氧化碳排放量为 16 亿吨，占中国排放总量的 34%。沈利生和唐志（2008）利用投入产出模型实证分析了 2002 ~ 2006 年外贸对我国二氧化硫排放的影响，发现从总体来说，由于出口污染排放强度低于进口污染减排强度，故对外贸易有利于我国污染减排，但出口产品结构的恶化造成了我国对外贸易二氧化硫排放的逆差。张友国（2009）构建了 1987 ~ 2006 年的可比价格投入产出表，并以此为基础测算了贸易对中国二氧化硫排放的影响。结果表明，此期间出口含硫量增长迅速且增速快于相应的进口含硫量增速，同时二氧化硫的贸易条件也明显恶化。

四、产权视角

从跨国公司的投资动机来看，可以将外商直接投资（foreign direct investment, FDI）分为垂直型和水平型两种（Markusen, 1995）。垂直型 FDI 是指跨国公司依据各国的禀赋优势将生产过程分布在不同的国家，对东道国来说生产的产品主要用于出口；水平型 FDI 是指跨国公司将在东道国生产的产品面向该国销售，以使产品更接近当地市场。随着技术的进步、经济活动的增多和经济政策自由化等因素，生产要素跨界流动的成本越来越低。但是，生产要素的可流动性有自身的特点，不同生产要素的可流动程度是不同的，如资本和劳动的可流动性就强于土地的可流动性。特别是当生产要素跨国界流动时，由于种种利益的纠葛和权衡，国界往往成为生产要素流动的一道天然屏障。此时，发达国家的跨国公司通过垂直型 FDI，就可以充分利用发展中国家丰裕的生产要素，降低生产成本。

基于产品内分工的新型国际产业转移，发达国家可以将生产过程中低附加值环节转移到发展中国家，自己则保留了高附加值环节。这样，就形成了发达国家集聚高附加值环节和发展中国家集聚低附加值环节的二元结构。如表 1 - 6 所示，1997 ~ 2002 年跨国公司在欧洲进行了 11 183 项投资。其中在属于高附加值环节（总部、研发、物流和营销）的 5 967 项投资中，有 5 451 项投在经济发达的欧盟 15 国，占 91.4%；而投在新加入欧盟、经济欠发达的中东欧 8 国的只有 516 项，占 8.6%。在中东欧 8 国吸引的 1 820 项外资中，有 1 304 项属于低附加值环节（生产），占总投资的 71.6%；属于高附加值环节的投资只有 516 项，占总投资的 28.4%。可见，基于产品内分工的新型国际产业转移所形成的二元集聚结构，使得发达国家可以将附加值高的环节留在本国，避免了传统产业转移模式带来的

"产业空洞化",继续保持经济活动中心的位置。对于发展中国家来说,遵循自身比较优势,通过承接国际产业转移和采取鼓励出口加工的经济政策,主动加入国际生产和贸易体系,吸引垂直型 FDI 企业,形成以加工贸易为主要表现形式的出口导向战略,对本国对外贸易的发展有积极的促进作用。但是,发展中国家吸引和集聚低附加值环节主要是依赖于廉价和丰裕的低端要素,发达国家转移低附加值环节的目的是在全球寻求商务成本更低的发展环境。一旦特定的发展中国家失去了成本优势,发达国家就会将低附加值的环节转移到其他发展中国家。于是,这种"游牧式"的产业转移方式就会使该发展中国家成为"产业飞地",很容易陷入大规模的贸易坍陷中。

表1-6　　　价值链不同环节的集聚（1997~2002 年）　　　单位:项

价值链环节 \ 国家	欧盟15国	新加入欧盟的中东欧8国	总计
总部	840	19	859
研发	946	56	1 002
生产	3 912	1 304	5 216
物流	816	142	958
营销	2 849	299	3 148
总计	9 363	1 820	11 183

注:摘自 Dofovor（2006）。

五、汇率视角

汇率变动对贸易的影响机制,一般表现为:本国货币贬值有利于本国出口,不利于本国进口,最终增加本国贸易盈余;本国货币升值则不利于本国出口,有利于本国进口,最终减少本国贸易盈余。然而,全球价值链作为组织和治理国际贸易的重要力量,使得同一产品不同环节的生产流程在全球的空间分散,其在组装成为最终品之前,会引致不同国家之间的进出口贸易,从而使得中间品贸易（或者加工贸易）在国际贸易的比重越来越大。在1970~1990年,垂直专业化对出口增长的贡献率达到了30%,中间品贸易占国际贸易的比重越来越大（Hummels et al.,2001）。在1990~2000年,全球贸易的年均增长速度高达6.5%,而中间品贸易的年均增速更是高达9.1%（Jones et al.,2005）。1988~2006年,中间品贸易的增长速度从总体上看快于货物贸易的增长速度,并且随着时间的推移，这种增长速度的差距有拉大的趋势（见图1-5）。

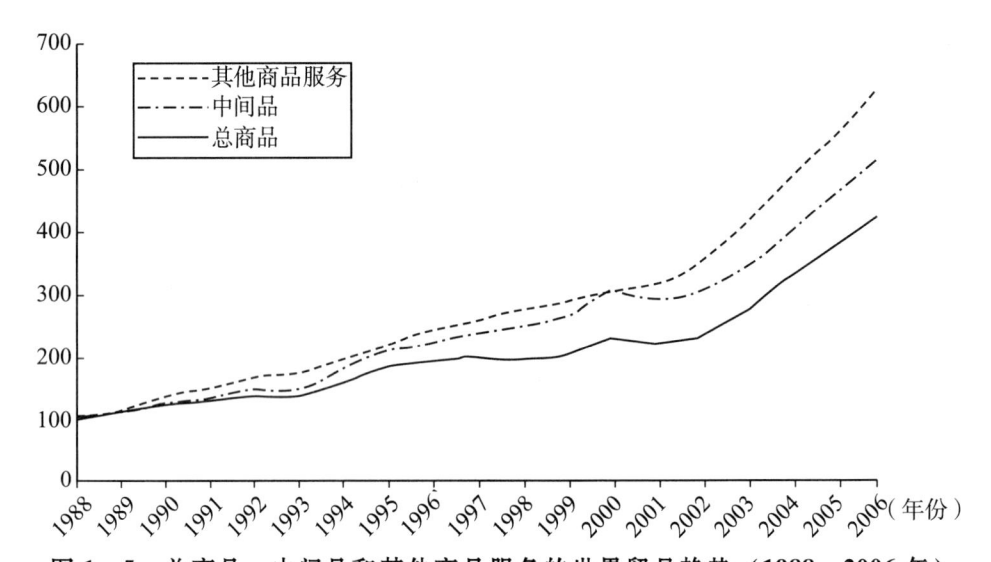

图1-5 总商品、中间品和其他商品服务的世界贸易趋势（1988~2006年）

注：（1）1988年的数据标准化为100；（2）中间品的分类标准参考Yeats（2001）。
资料来源：World Trade Report 2008，www.wto.org。

在当前国际贸易结构发生重大变化的情况下，汇率对贸易的影响机制就需要考虑具体的贸易方式。中国对外贸易从结构来说，主要由一般贸易与加工贸易组成。对于一般贸易来说，汇率变动对贸易的影响机制，仍然是本国货币贬值有利于本国出口，不利于本国进口，最终增加本国贸易盈余；本国货币升值则不利于本国出口，有利于本国进口，最终减少本国贸易盈余。对于加工贸易来说，本国货币贬值尽管有利于出口，但出口的增加相应地会导致进口的原材料、半成品和零部件增加，最终对贸易盈余的影响不大；本国货币升值尽管不利于出口，但出口的减少相应地会导致进口原材料、半成品和零部件的减少，最终对贸易盈余的影响也不大。中国加工贸易进出口之间互相引致的关系，不仅导致进出口同向变动，更使得汇率变动对中国贸易盈余和外汇储备影响不大。以2008年金融危机为例，对于中国这样的加工贸易起重要作用的国家来说，不仅出口连续7个月大幅下降，进口也出现了连续7个月的大幅下降，并且在多数月份降幅更大（见图1-6）。

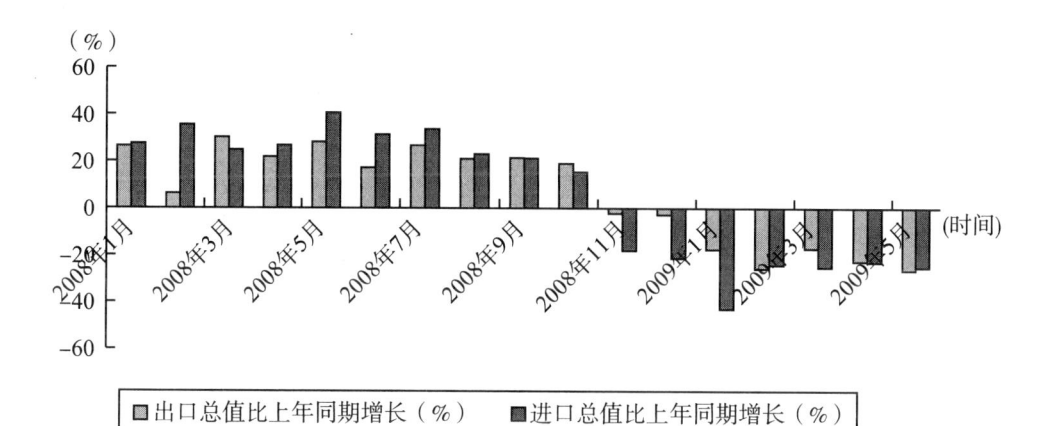

图 1-6 2008 年 1 月~2009 年 5 月中国出口与进口增速

资料来源：《中国经济景气月报》。

第三节 要素成本上升对中国外贸的不利冲击

改革开放以来，中国对要素价格实行了长期管制甚至扭曲的体制，推动了中国外贸的高速增长，此外还形成了加工贸易和外资贸易的比重大幅上升的特征。但是，在目前要素成本加快上升的背景下，中国外贸面临着巨大的挑战。

一、中国外贸的增速放慢

1978 年以后，中国通过不断扩大对外开放领域，提高对外开放水平，促进了对外贸易快速增长。2008 年中国进出口总值从 1978 年的 206 亿美元猛增到 25 616 亿美元，31 年增长了 123 倍，1978~2008 年年均增长 18.1%。特别是 2001 年加入世界贸易组织以后，中国对外贸易赢得了历史上最好最快的发展时期。2001 年我国进出口总值为 5 097 亿美元，2004 年首次突破 1 万亿美元大关，2007 年再破 2 万亿美元大关，2008 年达到 25 616 亿美元，比 2001 年增长了 4 倍多。2002~2008 年，我国进出口总值以年均 25.9% 的速度增长，7 年进出口总值合计 10.5 万亿美元，占中华人民共和国成立以来 60 年间进出口贸易总值的 71% 以上。但从 2008 年开始，由于受到国际金融危机和要素成本上升的冲击，中国外贸的增速呈现明显下滑的趋势，2009 年出现了 16% 的负增长，尽管在 2010 年出现了反弹，但从 2011 年开始大幅下滑，2015 年再次出现了 8% 的负增长。2009~2015 年，中国外贸的平均增速只有 5.4%，远低于 1978~2008 年年均增速 18.1%，更低于 2002~2008 年年均 25.9% 的增速（见图 1-7）。

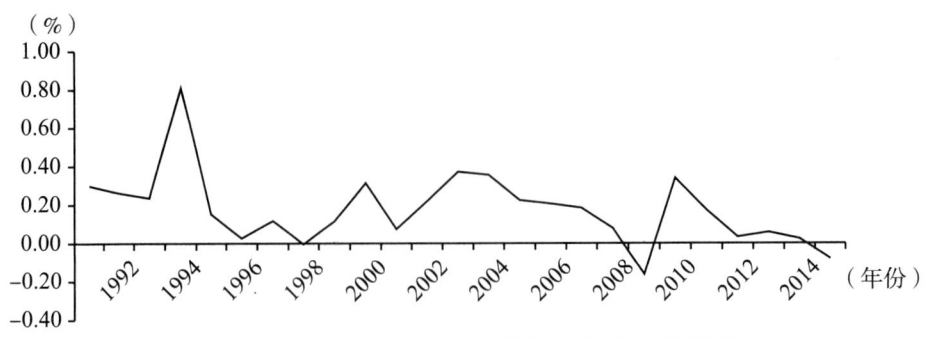

图 1-7　1991~2015 年中国货物贸易总额的增长率

资料来源：历年《中国统计年鉴》。

二、劳动密集型产品出口的增速和市场份额下降

依据《中国对外贸易形势报告（2015 年秋季）》，受劳动力成本上涨、汇率波动等因素影响，劳动密集型产业出口有所下降。2015 年前三季度，纺织品、服装、箱包、鞋类、玩具、家具、塑料制品等 7 大类传统劳动密集型产品出口 3 509.5 亿美元，下降 2.3%，占中国出口总额的 21.1%。东南亚、南亚等新兴经济体承接出口加工产能转移，劳动密集型制造业能力提升，在发达国家市场对中国产品形成竞争和替代。2015 年前 8 个月，中国 7 大类劳动密集型产品在美国进口中的份额从 2013 年同期的 47.7% 下滑至 46.7%，同期越南从 7.0% 提高到 8.8%，印度从 3.6% 提高到 3.8%（见图 1-8）。

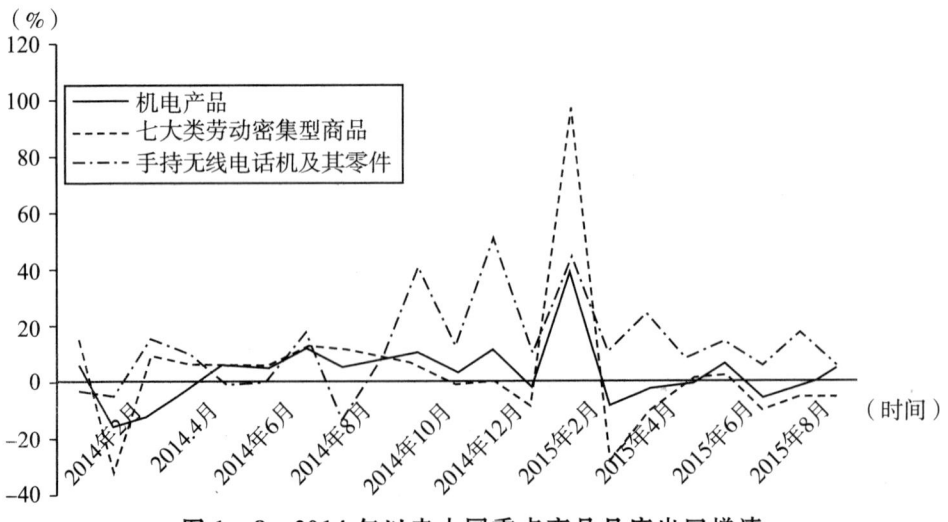

图 1-8　2014 年以来中国重点商品月度出口增速

资料来源：《中国对外贸易形势报告（2015 年秋季）》。

三、加工贸易比重的下降

改革开放以后，在大力开展一般贸易的基础上，中国通过吸引 FDI 利用本国的廉价劳动力，采用了来料加工、来样加工、来件装配、补偿贸易和进料加工等灵活多样的贸易方式，极大地促进了对外贸易发展。在中国对外贸易高速增长的过程中，对外贸易的结构相应地也发生了根本性变化，加工贸易逐渐取代了一般贸易成为对外贸易的主要部分。1981 年中国的加工贸易额为 26.4 亿美元，仅占进出口总额的 6%，而一般贸易所占比例达 93.5%。此后，一般贸易比重逐步下降，而加工贸易则逐年上升。到 1996 年加工贸易进出口比重首次超过一半，达 50.6%，1998 年最高上升到 53.4%，在 2007 年中国的加工贸易进出口总额则高达 9 860.35 亿美元，增加了 373 倍。加工贸易进出口总额占货物贸易总额的比重则由 1981 年的 6.0%，上升到 2007 年的 45.4%，在部分年份更是超过了 50%；而原来占据主要部分的一般贸易的比重则由 1981 年的 93.5%，下降到 2007 年的 44.5%。

但是，随着要素成本的上升，加工贸易这一中国最主要的对外贸易方式，从 2008 年开始发生了逆转。2008 年，一般贸易的比重为 48.2%，加工贸易的比重为 41.1%，一般贸易再次超过加工贸易成为中国的主要贸易方式。随后，加工贸易的比重逐年下滑，2014 年仅为 32.7%，比最高峰的 1997 年低了 20 个百分点（见图 1-9）。

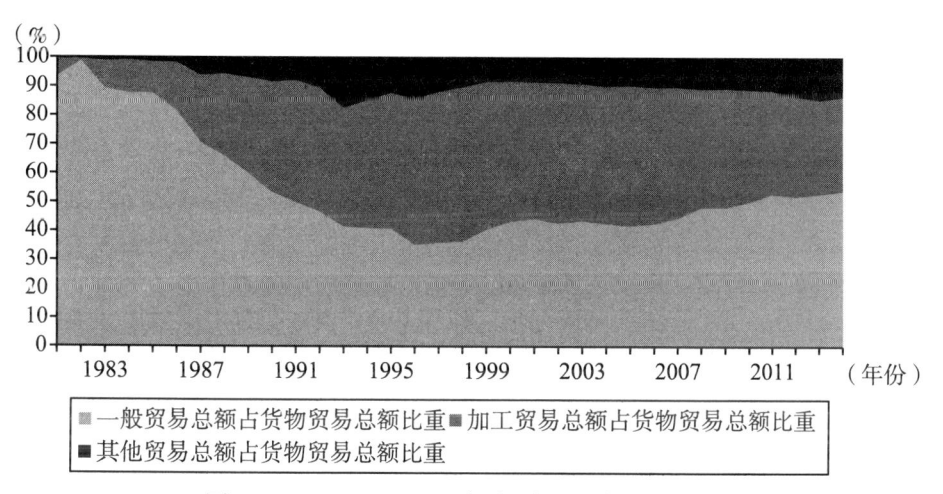

图 1-9 1981~2014 年中国加工贸易的比重

资料来源：《中国外贸进出口年度报告》。

四、外资企业贸易比重下降

改革开放初期,我国利用外资以对外借款,特别是政府贷款为主。进入 20 世纪 80 年代后期,外商直接投资迅速增加,且总体上呈现出数量扩张的特征,形成了以劳动密集型加工贸易为主的外商投资格局。90 年代,中央确定了积极合理有效利用外资的方针,吸收外资进入高速发展时期。1992~2000 年,实际使用外商直接投资 3 233 亿美元,年均利用外资金额达到 359 亿美元,是 1986~1991 年的 10 倍多。2000 年末,外商投资企业由 1980 年的仅 7 户增加到 20.3 万户。特别是加入世界贸易组织之后,外商投资规模迅速扩大。2007 年末,外商投资企业达到 28.6 万户;2001~2008 年实际使用外商直接投资 5 043 亿美元,年均 630 亿美元。2008 年我国实际使用外资 952.5 亿美元,比 1983 年增长 41 倍;外商直接投资 924 亿美元,增长 99.4 倍。2015 年,我国实际利用外资总额超过 1 200 亿美元。自 1992 年以来我国一直为世界吸收外资最多的发展中国家。

随着中国成为世界上吸引 FDI 最多的发展中国家,外商投资企业在中国对外贸易中的地位越来越重要。1986 年外商投资企业货物进出口总额为 29.85 亿美元,2007 年则上升为 12 549.28 亿美元,相应的外商投资企业货物进出口总额占全国的比重也由 4.04% 增加到 57.73%。外商投资企业已经成为中国对外贸易的主要力量。但是,随着中国要素成本的上升,外资开始逐渐撤离中国,相应的外商投资企业在中国对外贸易中的地位开始下降,2014 年已经下降到 46.1%,比最高峰的 2001 年下降了 4 个百分点。

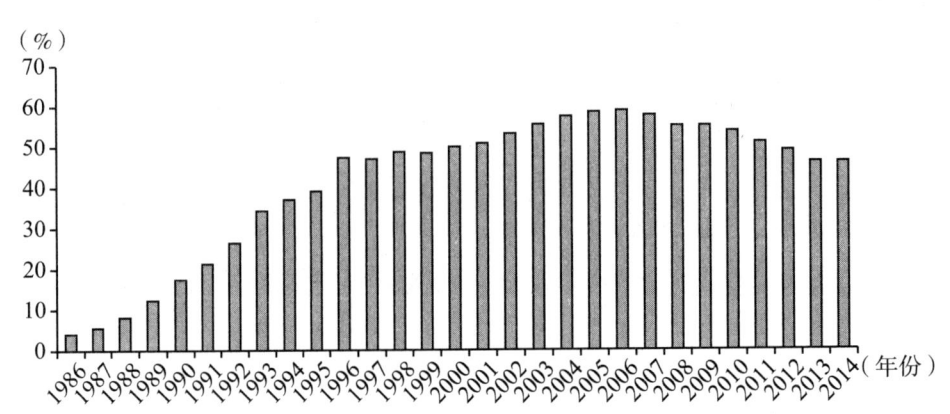

图 1-10　1986~2014 年外商投资企业进出口总额占全国比重

资料来源:《中国外贸进出口年度报告 2015》。

第四节 结论与启示

一、中国对外贸易的前景展望

中国的对外贸易是以加工贸易和低端制造为主体的。而中国加工贸易和低端制造为主体的对外贸易的高速增长,最大的挑战就是很容易受到国外需求不确定的冲击。这种冲击主要体现在以下几个方面。

第一,发达国家市场是唯一的终端需求,使得我国对外贸易面临需求不稳、贸易壁垒和汇率变动等风险。特别需要指出的是,近期全球经济政治领域发生的诸多事情——特朗普的"美国优先"、英国脱欧、国际移民问题、发达国家的"再工业化"等,使得"逆全球化"的可能性不断增加,贸易保护主义开始抬头(高柏,2016)。依据世界银行数据库,2008 年国际金融危机之后,世界贸易增速大幅放缓,2008~2016 年期间,世界货物出口增速年均仅有 2%,低于 1987~2016 年年均 8% 的增速。中国货物出口增速也由 1987~2007 年的年均 20%,2001~2007 年的年均 26%,下降到 2008~2016 年的年均 7%。世界贸易和中国贸易,已经从高速增长的旧常态演变为低速增长的新常态。

第二,在对外贸易中,跨国公司处于强势主导地位,获得大多数的贸易利得,而本国企业则面对改变接单工厂的挑战,亟待改善本国的贸易条件。具体来说,参与国际贸易的核心竞争力在于技术与品牌,进而由核心竞争力决定了定价权。中国的本土企业加入全球价值链组织治理的国际生产与贸易体系,虽然可以提升生产出口中使用的高技术含量的中间品的比重,但模块化的生产模式使得发达国家跨国公司的核心技术"隐藏"在中国进口的中间品中,技术溢出的效果就十分有限,难以获得核心技术。另外,中国加工组装后的产品,均是以贴牌的方式进入国际市场,本国自主品牌的培育和推广就无从实施。这样,中国的本土企业就难以获得核心技术和自主品牌,在国际贸易中缺乏核心竞争力,进而没有产品的定价权,最终贸易条件趋于恶化。

事实上,中国对外贸易加入 WTO 之后的惊人增长可能将不复存在,出口导向的经济增长也已经走到尽头。这是基于如下几点得出的判断。

第一,要素成本上升。中国之所以能成为全球经济中的"世界加工厂",低廉的要素成本是关键所在,但是这一竞争优势将不复存在。这一点本书前面已有详细论述，此处不再赘述。

第二，贸易依存度过高。以出口占GDP的比重来衡量一个经济的外向依存度，中国是世界大国中最高的之一。世界银行的统计资料显示，2005年中国美元计价的出口占GDP的比重为37.3%，高于全球平均的27%，在2007年全球十大经济体中仅次于德国（40.7%）和加拿大（37.9%），也高于同属"金砖四国"的俄罗斯（35.2%）、印度（19.9%）和巴西（15.1%）。2007年，中国进出口贸易额占GDP的比例更是高达73.4%。日本号称贸易立国，但中国对外贸易的依赖程度也比日本高2～3倍（见图1-11）。今后，中国若继续增加自己对外贸易的依存度，其难度和成本会越来越大；更重要的是，作为制度同发达国家存在很大区别的大国，过度依赖外部需求不符合自身长远的国民经济安全和国家战略利益。

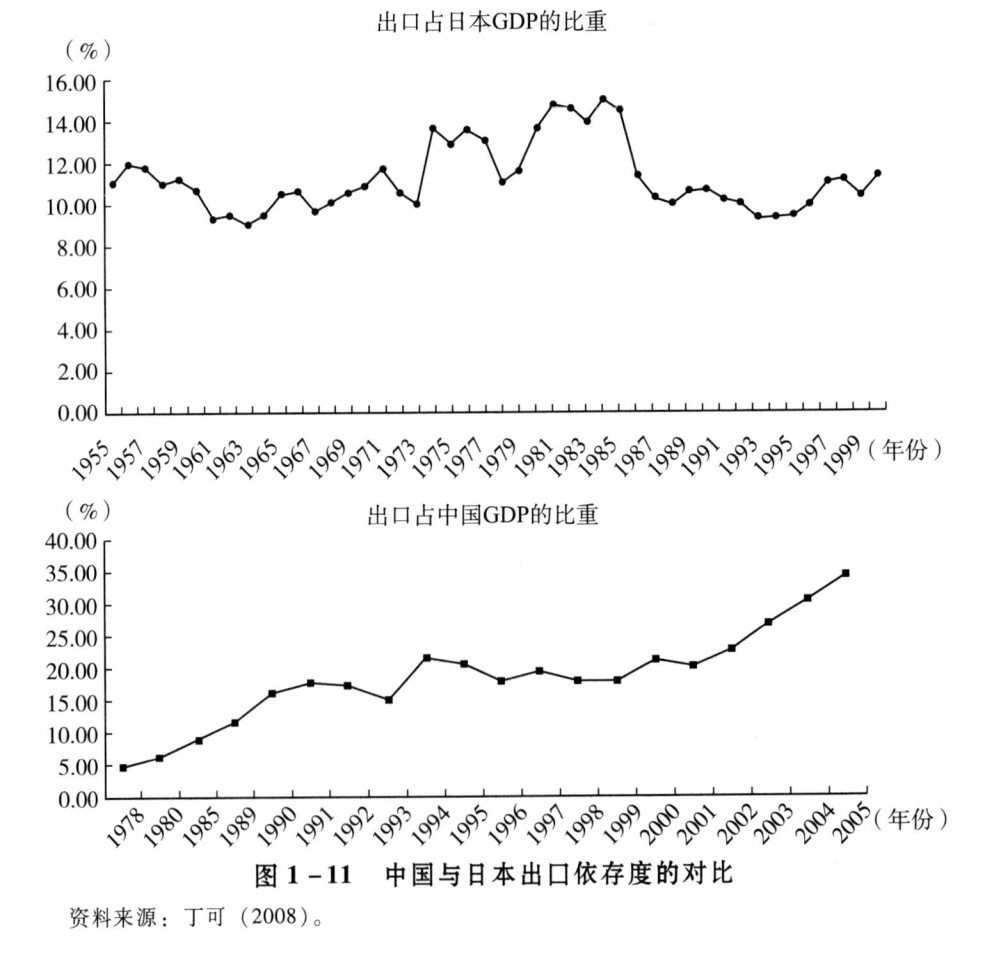

图1-11 中国与日本出口依存度的对比

资料来源：丁可（2008）。

第三，其他国家的外部压力。全球贸易的竞争格局也将从三个渠道遏制中国对外贸易的发展：首先，当发达国家第二次世界大战后的"婴儿潮一代"，也就是目前的主要消费人群逐渐退休之后，除非有突破性技术进步和制度创新出现，其经济发展能力势必会衰退，这将导致全球最重要的消费市场趋于低迷，最终导致中国所依赖的外部需求不复存在。其次，发达国家为了确保自身国家利益的安全，加强对全球生产体系的控制，势必会将越来越多的外包订单配置到其他发展中国家。这样既可以缓和国内舆论关于"中国威胁"的批评和谴责，也可加强国际供应链体系中低端环节的竞争，从而为自身谋求更大的利益。再次，在发达国家全球均衡配置生产能力的进程中，越来越多的发展中国家开始加入国际产品内分工之中。这些国家的劳动力成本低廉，年龄结构更加年轻，如越南人口平均比中国年轻10岁，印度人口平均比中国年轻25岁，这就使得中国在低端环节的竞争优势不复存在。最后，一旦任由中国对外贸易的加速增长，那么保持目前中国相对世界贸易的速度优势——即中国年均增长25%、世界年均增长10%，到2020年中国将占据世界出口总额的50%左右。发达国家主导的国际贸易格局无论从政治上还是国家安全角度，都不可能容忍对中国出口如此之高的依赖程度。这样，中国和发达国家甚至发展中国家之间的贸易冲突势必会爆发，进而波及其他领域，中国和平崛起的进程就将被打断。因此，对于中国来说，理性的选择就是控制自身贸易的发展速度，从追求贸易数量转型到追求贸易收益的道路上，致力于创建双赢共存的国际贸易格局和秩序。

当然，中国外贸在中长期发展过程中，仍然有回旋的余地。

第一，国际大宗商品价格的波动。由于技术进步和全球经济增长放缓等因素，近年来国际大宗商品价格大幅下降。以石油为例，2011年4月25日，原油期货价格为每桶112.28美元，自此之后呈现下降趋势，到2016年4月25日，已经下降为每桶42.64美元，五年期间累计下跌62%（见图1-12）。

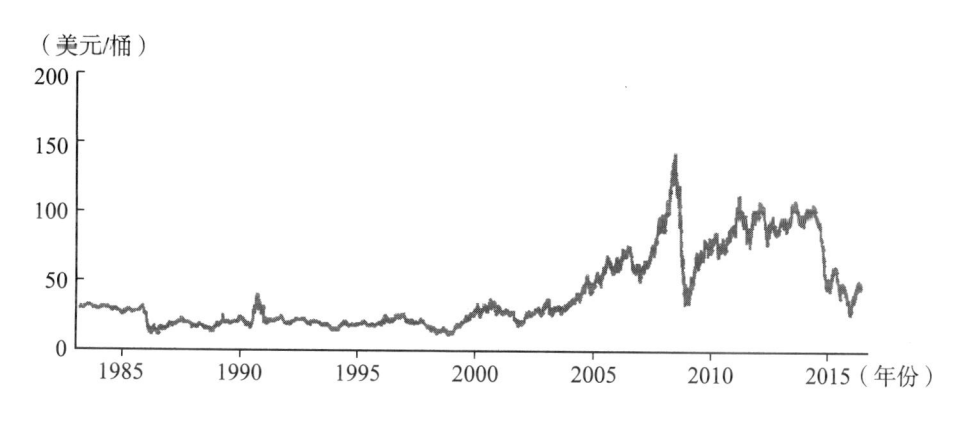

图1-12 OK原油期货价格

资料来源：http://www.eia.doe.gov/。

铜也不例外。2011 年以来，国际铜价总体波动下降，到 2015 年价格水平已跌至近年来最低。与 2011 年的历史高位相比，跌幅大约为 50%（见图 1-13）。

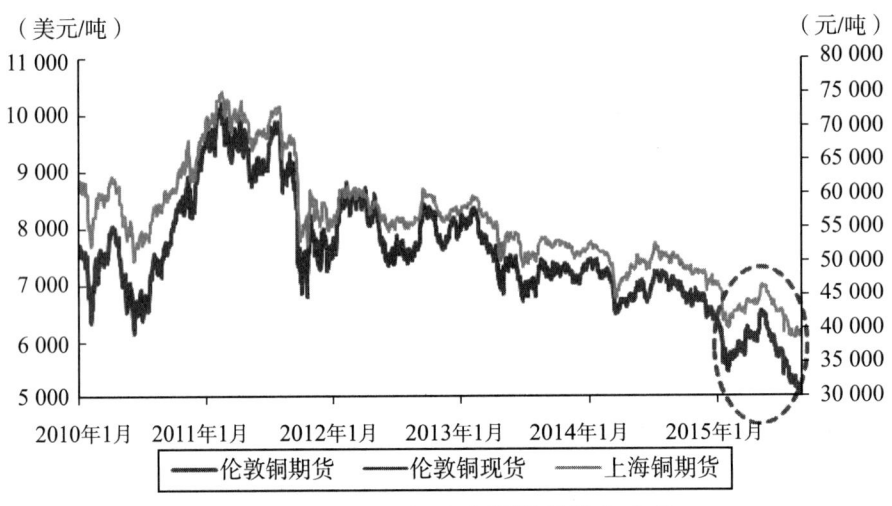

图 1-13　2010 年以来铜期货价格走势

资料来源：http://jgjc.ndrc.gov.cn/。

多数大宗商品价格降至国际金融危机以来的低位，使得中国进口原材料的成本大幅下降，进而有利于降低中国出口产品的成本。未来相对长的一段时期，国际大宗商品的价格也可能出现大幅波动的态势，中国可以利用国际大宗商品价格下降的时间窗口，加大进口力度，扩大储备，从而降低自身出口产品的成本，提高本国的贸易竞争力。

第二，贸易自由化的趋势不可逆转。2008 年的全球经济危机，以及之后的世界经济增长乏力，尽管会对短期内的国际贸易造成负面的冲击，但是不会爆发全面的贸易战；而从长期看，国际贸易仍将快速发展，贸易自由化的进程不可逆转。主要原因有：其一，全球化和国际贸易带来的收益，使得各国深刻地认识到只有对外开放融入世界，才能使本国经济加快发展。其二，国际产品内分工体系的发展，使得各国的生产过程和运营流程密不可分；并且越是经济发展水平高的国家，切入国际产品内分工体系就越深，控制国际产品内分工体系就越强，相应的从国际产品内分工体系获得的收益就越多。中间品贸易的兴起就是国际产品内分工体系的表现和结果。这种同一产品不同环节的生产流程在全球的空间分散，以及引致的不同国家之间的进出口贸易，使得各国的贸易保护主义往往伤害的是自身利益。因此，国际产品内分工体系的发展和深化，加大了贸易保护主义的操作难度。其三，以往的历史教训也在警示各国推行贸易保护主义的灾难性后果。1930 年美国政府通过《斯穆特—霍利关税法》，大幅提高超过两万种外国商品的进口关税,由此引发了全球贸易保护主义的浪潮,全球贸易总额从 1929 年的 360 亿美元下降到 1932 年的 120 亿美元,美国的出口总额也从 1929 年的 52 亿美元下降到 1932 年的 12 亿美元,最终加剧了经济大衰退。中国是近几十年贸易自由化的最大受益者之一,自身也成长为世界第一大贸易国。贸易自由化的趋势,将为今后中国外贸的持续发展提供有利的国际环境。

第三,"一带一路"倡议与自贸区建设。党的十八大以来,中央政府提出了构建开放型经济新体制的战略构想。考虑到本国产能过剩和外汇资产庞大,油气资源和矿产资源对国外的依存度高,邻国与中国加强合作的意愿普遍上升,以及开拓新市场等,中国提出了"丝绸之路经济带"和"21 世纪海上丝绸之路"的倡议。"一带一路"倡议将充分依靠中国与有关国家既有的双多边机制,借助既有的、行之有效的区域合作平台,借用古代丝绸之路的历史符号,高举和平发展的旗帜,积极发展与沿线国家的经济合作伙伴关系,共同打造政治互信、经济融合、文化包容的利益共同体、命运共同体和责任共同体。"一带一路"经济区开放后,承包工程项目突破 3 000 个。2015 年,中国企业共对"一带一路"相关的 49 个国家进行了直接投资,投资额同比增长 18.2%。2015 年,中国承接"一带一路"相关国家服务外包合同金额 178.3 亿美元,执行金额 121.5 亿美元,同比分别增长 42.6% 和 23.45%。通过"一带一路"倡议的实施,将为中国外贸的中长期发展培育新的市场。

当前,在 WTO 框架下的多边贸易谈判进展缓慢,以美国为首的跨太平洋伙伴关系协定(Trans-Pacific Partnership Agreement,TPP)和跨大西洋贸易与投资伙伴协议(Transatlantic Trade and Investment Partnership,TTIP)的区域一体化组织方兴未艾。TPP 与 TTIP,除了经济方面以外,还包含了许多非经济方面。成员方不仅要受到贸易机制的制约,而且还要受到法律法规、社会团体、生态环境、商业模式和公众评判等制约,是整体多层次发展的自由贸易新模式,是高标准的区域一体化组织。以 TPP 为例,涵盖了关税、投资、竞争政策、技术贸易壁垒、食品安全、知识产权、政府采购以及绿色增长和劳工保护等多领域,并包含了诸多高标准的条款,譬如,在货物贸易领域,要求最终实现全部贸易品零关税;在服务贸易领域,采用了"准入前国民待遇+最惠国待遇+例外条款"的方式,在服务贸易、金融服务、投资等领域均采用"负面清单"的模式;在知识产权领域,TPP 在地理指标、版权保护、反规避责任、专利保护、药品定价等方面提出的标准也明显高于 WTO《与贸易相关的知识产权协定》(TRIPS)的水平;TPP 协议中专门增设了劳工和环境条款,并与贸易相挂钩,通过强加于别国较高的劳工和环境标准等,将有助于发达国家借此对发展中国家出口产品实施贸易制裁;TPP 主张取消对国有企业的政策支持、财政补贴和其他福利待遇的贸易条款。为了应对 TPP 与 TTIP，中国一方面与韩国、澳大利亚等国开展自由贸易区的谈判与建设；另一方面在国内设立自由贸易区，2013 年 9 月中国（上海）自由贸易试验区正式成立。2015 年 10 月，商务部新闻发言人沈丹阳在例行新闻发布会上表示，上海自贸试验区成立两年来在四个方面取得了显著成效：以负面清单管理为核心的外商投资管理制度基本建立；以贸易便利化为重点的贸易监管制度有效运行；以资本项目可兑换和金融服务业开放为目标的金融制度创新有序推进；以政府职能转变为核心的事中事后监管制度初步形成。在此基础上，2014 年 12 月，国务院决定新设立中国（福建）自由贸易试验区、中国（广东）自由贸易试验区和中国（天津）自由贸易试验区，进一步扩大了自贸区的试点。通过中国自贸区的建设，可以提高中国对外开放的水平，加快国内改革的步伐，为构建开放型经济新体制积累经验，为中国外贸的中长期发展培育制度优势。

二、政策建议

第一，提升出口产品的附加值。中国通过从国外进口原材料、半成品和机器设备，在国内进行简单的加工组装之后，再出口到欧美等发达国家，从而形成了"两头在外"的加工贸易模式。但是，仔细分析"两头在外"的加工贸易模式，却发现在中国的加工组装环节所创造的附加值太低。而"两头在外"，导致加工贸易模式国内的部分太短，对国内的拉动作用太小，不利于国内各个产业的关联协调发展。2002 年中国对美国 1 000 美元的出口可以带来完全国内增加值为 368 美元；同时，2002 年美国对中国 1 000 美元的出口可以带来完全国内增加值为 868 美元（Lawrence J. Lau et al., 2007）。为此，中国应通过产业升级活动，提高自己出口产品的附加值，将贸易增长方式从贸易数量型转变到贸易收益型。

第二，通过发展国内贸易，将经济增长方式从外向型转变为内外并重型。具体说来，随着中国东部地区要素成本的上升、人民币的升值和贸易摩擦的增加等因素，集聚于此的加工贸易活动出现了扩散的趋势。为此，应该将集聚在东部地区的加工贸易活动向中西部转移，而避免这些活动外迁到其他发展中国家。也就是说，应该利用国内产业转移，延长和拉伸加工贸易活动在国内的环节。随着环节的增多和链条的拉伸，不同环节之间就可以协同互动，实现直接和间接的技术经济联系，从而促进国内贸易的发展和提高国内一体化程度。

第三，通过供给侧结构调整转变经济增长方式。中国经济改革开放进行到现在，结构性问题已经成为制约自身可持续发展的症结所在，譬如收入分配的不平等、地区差距的扩大、社会保障体系的缺失等等。那么这些结构性问题对中国从贸易视角看，造成的影响就是使得国内市场的规模与自身经济规模不匹配，国内市场存在分割，从而使得对国外市场形成了依赖。而通过改革收入分配体制，培育本国的中等收入阶层；通过区域协调发展，形成统一的国内大市场；通过完善社会保障制度，鼓励居民的消费行为等，建立统一开放的国内市场。此外，国内市场还可以为本土企业提供持续投资和创新的拉力，帮助本国企业在日益激烈的环境中获得核心竞争力。

第四，发挥国际战略大买家的作用。中国在和平崛起的过程中，始终面临着资源的约束和核心技术的压制。而随着自身经济水平的发展，国民生活水平的提高和经济增长方式转变的要求等，中国对资源和高端技术的需求势必将越来越大。因此，面对此次经济危机带来的全球贸易保护主义，中国应当积极动用自身庞大的外汇储备，利用发达国家之间的竞争关系和相对开放的市场结构，购买其先进的技术和设备，提升自身的技术水平和生产效率。此外，依据国际大宗商品的走势，适时购买原油、天然气和矿产品等战略物资，建立和健全自身的国家战略储备体系。这样，中国不仅可以缓解危机约束下庞大外汇储备的操作压力，而且可以采购关键资源和技术，提高本国经济体系的安全程度和技术水平，更可以抵制全球贸易保护主义，提升自身的国家形象，成为国际市场中的战略大买家。

第五，利用国际服务贸易发展的迅猛趋势，通过承接服务外包发展服务业。国际产品内分工体系的不断深化，使得外包活动从传统的制造业向服务业扩展，从而形成了服务全球化的趋势。服务外包的兴起，打破了国际经济学"服务不可贸易"的经典假定，成为推动国际服务贸易快速增长的新引擎。根据世界贸易组织公布的统计数据，2013年全球服务贸易总额达到89 650亿美元，相比2012年增长6.1%，相比全球商品贸易增速（2.1%）明显加快。伴随着服务贸易的增长，2013年服务贸易占全球贸易的比例达到20%。2015年服务贸易发展继续优于货物贸易，服务贸易占世界贸易比重较2014年提高1.1个百分点，上升至22.2%。可见，中国若希望继续保持自身对外贸易的增长态势，就必须抓住此次服务外包的机遇。进一步，中国经济发展当下面临外需放慢和结构转型的双重压力，迫切要求服务业成为经济转型的新引擎。而通过承接服务外包发展服务业不但可以发展生产者服务业，为中国的产业升级提供高级要素投入，而且可以创造就业岗位，缓解资源环境压力。

第六，国际贸易结构中，中间品贸易的兴起意味着零部件标准化和产品模块化的能力成为提升一国出口竞争力的关键所在。制造业未来的一个发展方向便是通过标准化的元器件来完成定制化的组合和外观。尽管手机外形各异，2007年中国出台了《移动通信手持充电器及接口技术要求和测试方法》文件，规定了手机充电器的通用标准，而在2009年6月29日，欧盟也决定手机充电器统一使用Micro-USB接口。零部件标准化之后，通过大批量生产可以大幅降低生产成本，这也意味着整个供应链成本的降低,由于型号不兼容所造成的浪费和环境二次污染也就降到了最低。最重要的是,标准化意味着同质情况下的价格竞争,品牌的价值影响便降到了最低。可见,标准化之后的国际贸易竞争,依赖的是运营和成本,对于以低价出口世界的中国制造来说,无疑是有比较优势的。模块化的成长伴随着零部件标准化。在没有核心技术的前提下,通过产品模块化整合现有技术,中国制造也能够在世界市场中提高自己产品的附加值。因此,应该利用中间品贸易背后的标准化和模块化趋势,在已有的或者有可能形成产品模块化的行业中,通过培育零部件标准化和产品模块化的能力,发挥中国制造的优势,提高自身在全球贸易中的国家利得。

第七,进一步融入全球价值链体系,规避非关税壁垒。受 2008 年全球金融危机的冲击,以及其后世界经济的复苏乏力,世界贸易增速出现了放缓。考虑到第二次世界大战以来建立的限制关税的多边自由贸易体系是避免关税大战的有力保障,各国目前纷纷通过各种非关税壁垒来推行贸易保护主义,如提高许可证标准、进口禁令、反倾销、区别性采购条款和补贴等等。中间品贸易占国际贸易的比重越来越大,并且是推动国际贸易迅速发展的主要力量之一。事实上,在中间品贸易迅速发展的背后是全球价值链,即在全球外包占主导地位的国际产品内分工体系中,几乎每件产品在最终被生产出来之前,其零部件都要多次进出国界。这种国际生产模式使得各国依赖进口投入品的厂商有可能反对贸易保护主义,以避免提高投入品价格,降低本国产业的国际竞争力。可见,全球价值链使得各国在推行贸易保护主义时更加谨慎。对于中国来说,只有进一步融入全球价值链,与其他国家形成"你中有我,我中有你"的国际分工格局,才可能从根本上避免贸易保护主义的冲击。

第二章

要素成本上升背景下的外贸战略调整与外贸中长期发展

——基于日本、韩国、中国台湾的经验比较

第一节 要素成本上升背景下日本的外贸战略调整与外贸发展

作为中国重要的邻国和贸易伙伴,日本自20世纪60年代以来,通过对外贸易和产业转型,实现了长时期的经济增长。与此同时,该国在经济快速增长过程中,也面临了劳动力成本上升、资源约束加强等问题。本节拟分三部分介绍日本要素成本上升背景下的中长期贸易发展战略演变:第一部分对日本的经济发展与要素成本长期变化做简要梳理;第二部分按时间先后顺序,介绍日本自20世纪60年代以来出现的要素成本上升背景;在此基础上,第三部分总结梳理日本政府经济转型及对外贸易中长期发展重要战略的演变历程。

一、日本的经济发展与要素成本变化

日本要素成本上升的背景与该国经济发展的阶段特征息息相关。图2-1列出了1961~2015年间日本经济总量和人均GDP的变动率。自20世纪60年代以来,日本先后经历了60~70年代的快速增长时期、70年代的石油危机时期、80年代的日元升值和频繁的贸易摩擦时期以及1990年以后的持续衰退时期。自

1960 年开始，日本经济实现了 30 年的快速增长，1960～1970 年、1970～1980 年和 1980～1990 年，实际 GDP 平均增长率分别达到 10%、5% 和 4%，人均实际 GDP 在这 30 年间也达到了年均 5% 的增长率。然而，自 1989 年底房地产和股票资产泡沫破灭后，日本经济持续低迷，20 世纪最后十年和 21 世纪前十年日本实际 GDP 的年均增长率分别仅为 1.5% 和 0.8%，人均实际 GDP 年均增长率也只有 0.9% 和 0.7%，长期的经济疲软使得日本经历了"迷失的 20 年"。

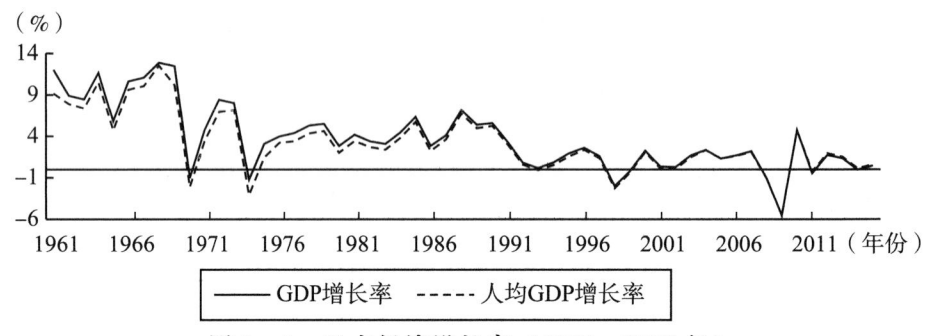

图 2-1 日本经济增长率（1961～2013 年）

资料来源：世界发展指数（http://wdi.worldbank.org/）。

随着日本经济发展的时期不同，该国所面临的要素成本约束也出现了变化。从劳动力成本来看，图 2-2 说明了 1950～2001 年间日本制造业工人每小时实际工资成本指数的变动，该指数已经修正了物价变动对劳动力工资水平的影响，同时为方便不同时期的比较，将 1950 年日本制造业每小时的工资成本指数标准化为 1。从图中可以看出，自 20 世纪 50 年代开始，实际工资成本呈现迅速上升的态势，1951～1960 年、1961～1970 年和 1971～1980 年，制造业工资成本年均增长率分别为 5%、8% 和 4%，1970 年制造业工资成本为 1950 年和 1960 年的 3.5 倍和 2.2 倍。1980 年以后，日本制造业工资成本增速呈现逐渐放缓的趋势，进入 2000 年以后，由于持续的通货紧缩，制造业工资成本增速接近为 0。

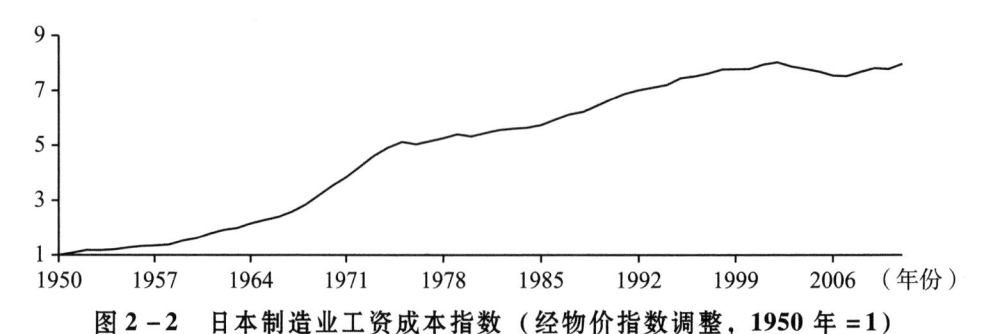

图 2-2 日本制造业工资成本指数（经物价指数调整，1950 年 = 1）

资料来源：美国劳工部劳动统计局，http://www.bls.gov/ilc/。

日本经济所面临的另一个要素约束是人口增速的持续放缓和人口结构的老龄化。表2-1列出了各个时期日本的人口数量及结构变动情况。人口增速自1990年开始显著降低，到了2009年日本总人口数则首次出现负增长，65岁以上人口的占比也在2013年首次突破25%。老龄社会的显现使得日本劳动力市场供给面临日益严峻的形势。对于日本经济和对外贸易长期发展而言，如何突破老龄社会带来的劳动力供给约束已经成为必须解决的重要课题。

表2-1　　　　　　日本人口数量及老龄人口所占比例

	1960年	1970年	1980年	1990年	2000年	2010年	2015年
人口总数（亿人）	0.93	1.04	1.17	1.24	1.27	1.28	1.27
人口增速（%）	0.90	1.13	0.78	0.34	0.17	0.02	-0.14
65岁以上人口比例（%）	5.73	7.03	9.05	11.95	17.18	22.94	26.34

资料来源：世界发展指数，http://wdi.worldbank.org/。

众所皆知日本是一个资源匮乏的岛国，能源匮乏是日本对外贸易长期面临的第三个重要约束。图2-3反映了1960~2014年日本能源进口占能源消费的百分比。伴随着1960~1970年的快速工业化，日本能源进口占比迅速上升，本国消费中能源净进口比重在这十年间上升一倍，1973年日本能源净进口占比高达91%。在此之后，由于第四次中东战争爆发等原因，日本的能源对外依存度逐步下降，即便如此，日本的能源消费中净进口的比例仍高达83%。如何克服能源及其他资源约束的负面效应是日本经济及外贸发展长期面临的另一个重要问题。

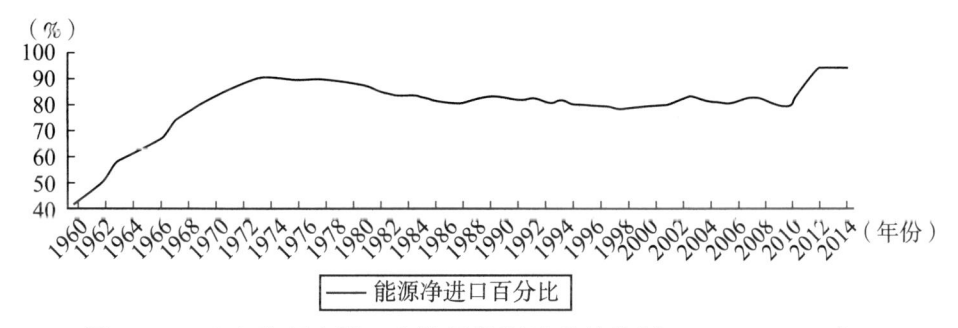

图2-3　日本能源净进口占该国能源消费的比例（1960~2014年）

资料来源：世界发展指数，http://wdi.worldbank.org/。

二、要素成本上升对日本对外贸易的影响

基于上文对日本经济发展不同阶段的划分,本部分描述不同时期日本要素成本上升的背景、特征以及要素成本上升背景下日本对外贸易的调整。

(一) 20世纪60~70年代:经济高速增长、劳动力成本上升与生态环境恶化

日本经济在20世纪60~70年代处于高速增长阶段,经济增长速度和经济增长质量都有显著提高,这阶段的成就一方面得益于该国投资和国内消费的快速增长;另一方面得益于日本政府推行的《国民收入倍增计划》。该计划于1960年11月制定,背景与1957~1958年间的"二战"后世界经济危机相关。此时,美、英等欧美发达国家的经济先后爆发了危机,日本的经济也受到波及,国内过剩的生产无法通过出口售清。在此萧条的经济环境下,日本国内针对"日本经济能否继续高速增长下去"的讨论愈演愈烈。其中,以下村治为代表的"高速成长论"派认为,尽管日本经济存在生产力的过剩,如果能采取措施,有效扩大国内需求,那么产能过剩的问题就可以较好地解决。下村治的建议得到了日本当局的采用,日本政府推出了国民收入倍增计划,旨在采取有效措施,扩大有效需求,通过降低失业、扩大高收入就业,缩小收入差距,解决过剩生产能力与社会需求之间的矛盾。国民收入倍增计划认为,通过实施适当的政策,日本经济将在1960年之后的十年实现人均收入提高1~2倍的目标。基于国民收入倍增计划,日本政府推行了最低工资制度正常化等一系列政策,使得劳动力年均劳动报酬年实际增长率在1960~1970年期间年均增长10%以上。1970年企业职工工资相当于1960年的2.05倍,扣除物价上涨因素,企业职工实际工资上涨了约0.7倍。

与此同时,伴随着经济的高速增长,重工业化是日本该阶段经济发展的另一个重要特征,"大量生产、大量消费、大量废弃"的问题日益严峻。实际上,从20世纪50年代中期开始,日本陆续爆出一系列严重的环境污染问题。例如,1953年,工厂废液中的含汞催化剂排放导致熊本县发生了水俣病。60年代初,继新潟县发生第二水俣病之后,三重县的四日市和富山县先后发生哮喘病和骨疼病,二者分别与硫化物和镉的排放相关。经济快速增长所导致的"四大公害"问题逐渐引起公众和社会媒体的关注。如何妥善地解决经济增长与环境保护之间的冲突成为日本政府发展本国经济过程中所面临的重要难题。

(二) 20世纪70年代：石油危机与能源价格上涨

进入20世纪70年代，日本经济高速增长的态势并没有持续下去。首先，1971年布雷顿森林体系宣告结束，主要发达国家放弃固定汇率制度，采用浮动汇率。日元升值，由1美元兑换360日元升值为1美元兑换308日元，对出口和经济增长造成不利影响。其次，日本国内出现了不理性的投资热潮，地价上涨引发土地投机并进一步推动资产泡沫，通货膨胀形势日益严峻。再次，1973年爆发了第四次中东战争，石油输出国组织达成共识限制和削减石油产量，提高国际石油价格，由此形成的"石油冲击"使得日本经济遭受严重打击。日本石油进口比例高达99.7%，由于本国缺乏足够的石油储备，石油冲击导致日本石油价格迅速提高，推动国内物价暴涨，仅1974年第一季度，日本批发物价就上涨了37%，消费物价上涨了26%，物价上涨反过来引发了工人工资的轮番上涨，继1974年工资提高24.1%之后，1975年日本工资又上涨了32.9%。最后，1978年末伊朗政局动荡引发第二次石油危机，原油价格由1979年末的每桶12.7美元暴涨至1980年末的每桶32美元，世界主要经济体都出现物价上涨、失业增加和生产停滞问题。

(三) 20世纪80年代：日元升值与贸易摩擦加剧

1980~1985年，日本对外出口规模迅速增加，贸易盈余由1981年的48亿美元迅速上升至1985年的492亿美元和1986年的858亿美元，这激化了日本与欧美其他国家之间的贸易摩擦。这期间日本贸易盈余迅速扩大的主要原因有两点：一是高新技术立国战略的实施，使得日本半导体等高新技术产业以及汽车产业迅速发展，电子产品和汽车的出口量持续增加；二是由于美国里根政府的高利率政策导致日元持续贬值，1984年1美元兑换251日元，相比1978年贬值大约30%，进一步放大了日本与主要经济体的贸易不平衡。

在此背景下，1985年9月，美国、英国、联邦德国、法国和日本五国签订了广场协议。由五国政府联合干预外汇市场，主导日元对美元大幅升值，由1985年9月的1美元兑换240日元迅速升值为1988年1月的1美元兑换120日元。日元的迅速升值，使得日本面临的贸易摩擦日益加剧。

(四) 20世纪90年代以后：经济持续衰退与老龄化社会

进入20世纪90年代，日本经济社会环境发生了巨大的变化，主要表现如下：第一，在经历了80年代的资产和股市泡沫破灭后，日本经济进入了长时期的低迷和衰退时期，政府的零利率政策和宽松财政政策对经济的刺激效果微乎其微。第二，农村劳动力转移结束，农林业的就业人数1990年为482万人，就业占比由1960年的32.6%下降到7.7%。第三，日本进入人口老龄化时代，人均寿命不断提高。1999年日本男性人均寿命为77岁，女性为84岁，总人口中65岁以上的人口的比例约为20%，是世界上老龄人口比重最高的国家。人口老龄化的迅速发展使得日本劳动力供给减少，老龄人社会保障支出负担日益加重。第四，日本技术水平达到世界领先地位，从外国引进的技术的数量逐年缩小。1993年开始日本对外技术贸易呈现贸易顺差并不断扩大的局面，1998年技术出口额大约为技术进口额的2倍。与此同时，继钢铁、化学工业之后，汽车和电气机器产业也逐渐进入衰退阶段。第五，国外经济形势发生显著变化。东亚各国特别是中国经济的迅速崛起，使得日本经济面临更多的机遇与挑战。由于劳动力成本优势和技术引进优势，外国产品的国际竞争力显著提升，对日本国内纺织、服装制造等行业的未来发展带来了挑战。

三、要素成本上升背景下日本的外贸战略调整及其效果

针对上文提到的劳动力成本上升、资源及环境约束加强、汇率升值及社会人口老龄化等问题，日本政府在不同时期推出了相应的经济转型政策和贸易战略演变，这些政策措施在一定程度上维持了日本产品在国际市场的高竞争力，也为其他国家对外贸易政策的调整提供了一定的启示。

（一）20世纪60~70年代开始的重化工业化与产业升级

伴随着国民收入倍增计划的实施，日本经济自1960年开始，迎来了"重工业化学工业化"（以下简称重化工业化）的迅速发展，由此推动了制造业的产业升级。日本重工业化产业政策的基本特征有两点：一是将产业结构现代化作为目标，实施积极的产业发展和政府扶持政策；二是充分发挥市场和企业两方面的作用，以市场机制为基础，又尊重企业的独立性，充分发挥企业在市场中的主体作用。

具体而言，重工业化产业政策包括以下几个方面的措施：第一，补助金政策和税收优惠政策。政府为了扶持特定产业的发展，采取补助金、特别折旧直接补助企业或者在税收处理上将各种储备金调整到亏损账目以减轻税收负担等方式，引导资本流入到相关产业。第二，提供相应金融政策的优惠。对于需要政策支援或者政策重点扶持的产业，提供优惠的商业贷款，或者利用邮政储蓄和其他政府掌管的政府系金融机构，想这些企业提供长期贷款。第三，通过政府政策目标和

远景规划，帮助企业投资转型。在此期间，比较典型的是日本 20 世纪六七十年代造船工业、机械工业的发展和七八十年代电气机器和汽车工业的迅速发展，到了 90 年代则是以半导体、计算机为代表的高新技术产业迅速发展的时期。

重化工业化对日本经济产业升级的影响十分深远：第一，重化工业集成了当时最新的科学技术，代表着高端的科技水平，重化工业的发展使得日本国内整体劳动生产率大幅提高。例如，电子学、半导体学、高分子化学、高能物理领域的科研成果，直接促成了重化工业的发展，并带动了一些新兴产业（如原子能工业、宇航工业等）的兴起。第二，重化工业的发展意味着日本产业结构成功实现了转型升级。事实上，直至 20 世纪 60 年代以前，日本制造业仍然以轻纺工业为主，而重工业化的实施使得日本制造业中轻纺工业的产值比重由 1960 年的 44.3% 下降到 1970 年的 37.8%。第三，重工业化的发展促进了大规模化生产方式的发展，日本国内的大企业的排名也随之发生显著变化，钢铁企业、电气、机械和汽车企业先后占据了最大企业的地位。60 年代，日立制作所、八幡制铁和东芝电机分别位居日本十大制造企业的前三名，随着汽车产业的迅速发展，1972 年八幡制铁和富士制铁合并而成的新日本制铁名列榜首，而第二、第三位分别为丰田汽车和日产汽车。在此之后，电气机械产业的发展势头十分迅猛，日本制造业前十大企业几乎被汽车、电机企业垄断。进入 21 世纪以来，随着信息技术的兴起，传统电气机器产业实现了产业转型，索尼、东芝、松下、日立等电气机器生产企业在传统电气机器生产基础上，开始涉足计算机、半导体等部门的生产经营。

总体而言，日本经济重化工业化有如下两个重要特征。

首先，日本重化工业的核心是机械工业的发展，日本政府在《国民收入倍增计划》中指出："机械工业，无论当作出口产业，还是当作最能吸收劳动力的产业，它都是最可寄予希望的产业。换句话说，机械工业具有符合经济飞跃发展与产业结构现代化的战略性地位。"一方面，机械工业的发展为国民经济其他部门的转型提供了必要的物质基础；另一方面，机械工业既是技术密集型产业，又是劳动密集型产业，其发展带来了大量工作岗位，解决了大量就业问题。日本国内机械工业的就业比例由 20 世纪 50 年代的 17% 迅速上升为 70 年代的 29%。同时，机械工业的发展还通过前后向产业关联，带动了钢铁等上游部门以及维修、商业服务等下游部门的增长，进一步吸纳了社会就业。以 1965 年为分界线，日本经济中的劳动力供给由过剩转为不足，其中，机械工业的迅速发展起到至关重要的作用。

其次，日本经济重化工业化的发展与"贸易立国"战略的实施密切相关。日本国土面积狭小、人口众多、资源匮乏。为了实现经济赶超发展，日本政策采纳了大来佐武郎提出的著名设想——"大来设想",主张通过加工贸易的方式实现经济发展,这一主张的实施,使得"贸易立国"成为日本的基本国策之一。伴随着重化工业化,其产品在出口产品中所占比重日益增大,1965年日本出口产品结构中,重化工业的比例上升至52%。由于重化工业远高于轻纺产品的附加值,日本的出口结构得到了有效改善,贸易条件和国际竞争力得到显著提升。

(二) 20世纪70年代开始的技术立国战略和能源减排计划

1973年和1978年的两次石油危机和日元在20世纪70年代的升值,对日本企业生产和产品出口造成不利的影响。能源价格、国内物价和生产成本的上升使得日本政府的经济发展战略由"贸易立国"转向"技术立国",该阶段日本成功地实施了产业转型,生产所需的能源消耗降低,同时日本企业的贸易竞争力大幅提高。具体而言,这段时期日本政府实施的经济战略包括:

(1) 提出技术立国的经济发展战略。1980年3月日本政府明确提出"通向技术立国之路""创造性的技术立国"战略设想,日本经济发展战略因此由"贸易立国"转向"技术立国"。需要强调的是,技术立国并不是对贸易立国的否定,相反,是贸易立国的肯定和强化。在该战略的指导下,日本开始减少资源、能源高耗性的重化工产品的生产和出口,转为高附加值、能源耗费低的知识密集型产品,进而提高日本在国际分工体系中的地位。重点振兴电子计算机等知识密集型产业和高精尖的加工组装型产业,使得知识密集型产业在经济发展中发挥主导作用。

(2) 1974年9月日本产业结构审议会发布了《产业结构长期设想》,强调日本产业政策重点需要将"资源能源多耗型"转变为"节省资源能源型产业"。具体而言,通过能源节约型和资源节约型技术革命和以微电子为核心的尖端技术创新,调整产业结构。1975~1979年,化学、钢铁、石油制品等部门的固定资产投资额下降了30%以上,而精密机械和电气机器的投资额翻了一倍。进入20世纪80年代后,集成电路兴起,日本抓住这次技术革命的机会,通过改造传统机械设备业,形成机械工业与集成电路相结合的组装工业,大力发展自动化生产,使得产品性能更为优良,出口结构显著优化,高附加值产品的出口比例逐年提升。1975年日本电机、电子产品出口占总出口比重约为30%,至1985年该比例已经上升至45%左右,成为日本出口持续有效增长的重要来源。

(3) 日本开展全民的节能化运动,通过多种途径,降低能源消耗。具体包括:第一,降低产业结构对原料和能源的消耗,支持加工组装型和知识密集型产业的发展,扩大家用电器、数控机床等部门的生产。第二,开发利用新能源。1974年6月日本通商产业省工业技术院制定了"阳光计划",该计划拟投资超过

1万亿日元，主要用于开发新能源，如天然气、氢能、太阳能和地热能等。计划提到，政府将承担所有经过批准修建的太阳能实验住宅。据估计，这项计划使得1995年大约26%的日本家庭安装太阳能设备。此外，日本政府积极推进原子能的开发和利用，原子能发电成为日本电力供应的重要来源。第三，积极采取措施，节约民用能源，节能电器的推广使得家用电器耗电显著降低，小排量汽车的推广则使家用汽车的油耗量也大大降低。例如，1973~1983年，日本家用电冰箱的耗电量降低了约61%，室内空调耗电量下降约41%，彩电、洗衣机等家用电器的耗电量也下降约30%以上。另外，相较于其他发达国家，日本汽车的油耗量明显较低，低油耗成为日本汽车在国外市场受到欢迎的重要原因。

（4）政府通过财政、金融等其他政府行政手段促进降低能源消耗。为鼓励节能减排，日本政府允许企业对节能设备提高折旧率至年均25%，并且对凡是以节约能源为目的的投资，实施相当于投资额10%的税收减免。此外，通过提供贷款优惠，鼓励企业开展节能和替代能源的投资。

通过上述战略和经济政策的实施，日本经济调整的成效显著。1981~1985年日本经济维持了年均4%左右的增长，高于美国、英国等主要发达经济体的增长速度。尤其是吸取了第一次石油危机的经验教训后，日本政府在节约能源和资源方面采取了积极有效的措施，1973~1980年每单位GNP所需能源下降约32%，每单位GNP所需资源下降约24%，日本经济对能源和资源的利用效率显著提升。

（三）20世纪80年代经济增长战略的重要调整：由外需主导型转向内需主导型

1985年9月，美国、英国、联邦德国、法国和日本五国签订了广场协议。日元对美元大幅升值，由1985年9月的1美元兑换240日元迅速升值为1988年1月的1美元兑换120日元。日元的迅速升值，使得日本面临的贸易摩擦日益加剧。日本被迫推行经济改革，分别于1986年4月和1987年4月发布"前川报告"和"新前川报告"。前川报告的出发点是，日本对外贸易的巨额顺差，不仅是经济周期的产物，而且是日本依赖对外贸易的必然结果。因此，只有把日本的经济结构由外需主导型转为内需型才能从根本上解决外贸不平衡问题。为实现这一目标，川前报告提出了三个原则、四大支柱和其他方案。其中，三个原则是：第一，以市场机制为原则，以民间经济活动为主体，调整经济结构；第二，站在全球的高度制定经济政策，建立国家间的协调和相互监督的体制；第三，通过中长期的努力解决巨额的经常账户顺差。而四大支柱则是：其一，扩大内需；其二，调整产业结构；其三，开放市场，扩大进口；其四，促进对外直接投资。另外，日本政府采取的措施包括：推行与经济国际化相适应的农业政策，改进日元汇率，改革税制，发挥民间经济活力，运用财政金融手段，发展内需主导型合作，推进国际经济合作等。

（四）1990年以后的对外贸易战略调整

1. 相关经济发展战略的提出

进入20世纪90年代以后，日本经济的增速下降明显。虽然国内政府频繁更替等不确定性因素对经济的发展存在隐患，但日本在经济发展战略方面，始终强调技术优先，同时积极拓展环境、社会建设等领域新的发展空间，制定了较为长期的经济增长战略。1995年，日本政府提出"科学技术创造立国"的发展战略，这是"技术立国"的发展战略的升级版本。这一战略的核心是以科技发明和技术创新推动技术进步，确保日本在科技领域达到世界一流水平，加强日本国际竞争力。根据科学技术基本法，日本政府先后制订了四个科学技术基本计划，其间涵盖1996～2015年度。最近的一期计划期间为2011～2015年，确立了日本科技政策的三个基本方针：第一，一体化地推进科学技术和创新政策；第二，进一步重视人才和组织的作用；第三，制定和实施与时俱进的科技政策。为确保科学技术基本计划的实施，优先确保了科研开发投资的政府支出。在此之后，日本先后又提出了"IT立国""知识产权立国""观光立国""投资立国""环境立国"和"创新立国"的经济和社会发展战略。

2. 贸易投资立国战略的提出

2005年，日本所得收支盈余首次超过贸易收支盈余，成为日本经常账户收支盈余的主要来源。基于对外投资对实现经常账户收支盈余的重要性，日本政府于2005年首次提出了"投资立国"的理念，强调日本要充分运用经营资源和先进的生产技术，开展全球性的投资活动，走向投资立国，其重点在于提高对外资产收益率，改善国际投资的结构和质量。需要强调的是，投资立国不是贸易立国战略的终结，相反，正如日本经济产业省2007年《通商白皮书》中所提及的，投资立国和贸易立国战略应并行发展，从而实现"新的贸易投资立国战略"。新战略的基本原则是：第一，注重出口增加和进口增加的双重好处，不片面追出扩大出口，而是要增大外贸总额；第二，通过对国内和国外直接投资的双向发展，获取新的技术和经营技术，提高生产率；第三，改善国际商务环境，推动日本贸易和投资的自由化。

3. 对内直接投资战略的调整：内向国际化发展

日本经济的对内直接投资发展相比对外贸易和对外直接投资而言稍显滞后，这与日本市场的封闭性和自身经济体制息息相关。根据2014年美国外交杂志公布的112个国家和地区外资吸引力排名，日本名列第70位。2012年末，日本对外直接投资高达 1 225 亿美元,而外来直接投资仅 17 亿美元。外来直接投资的相对滞后,严重制约了日本经济的国际化发展,使得日本经济无法利用外国直接投资推动本国产业结构调整,改善经济绩效。

针对日本经济对外开放落后的问题,日本政府于 2006 年提出了全球化战略,旨在促进经济"活性化"。实施这一战略的主要政策措施包括:第一,进一步开放市场。顺应经济全球化、区域经济一体化的潮流,在与新加坡、东盟、墨西哥、韩国和泰国发展双边自由贸易的基础上,推进东亚自由贸易区的发展,借助自由贸易推动国内的结构改革和产业调整,进而建立开放的市场经济格局。第二,吸引外国直接投资和吸纳人才流入。完善跨国并购的相关制度,提高政策透明度和信息公开性,改善地方投资环境,消除外来直接投资和跨国并购的各种障碍。放宽战略部门人才入境的限制,改善外国人在日就学、留学、研修和居住等方面的条件,更多地吸引和利用国外优秀人才。第三,为世界经济做贡献。推进 WTO 新回合的谈判,促进国际竞争规则、投资规则、电子商务交易规则和知识产权保护规则等的制定和实施;扩大文化艺术领域的留学生交流,继续援助外国留学生,继续派遣青年海外合作队,推进老年人海外志愿者事业,帮助发展中国家培养人才;制订亚洲宽带计划,与亚洲各国建立信息化方面的合作体制。

综合以上分析可以看出,日本对外贸易的长期发展趋势与经济发展的阶段性特征和政府的调整战略紧密相关,特别是进入 21 世纪以后,随着日本老龄化问题的日益严重,通过对外贸易提升本国经济成为影响日本经济中长期表现的关键措施。图 2-4 的结果则表明,提高对外开放程度既是日本经济 20 世纪 60~90 年代实现快速增长的重要因素,又将是日本今后对外贸易的发展的关键因素。

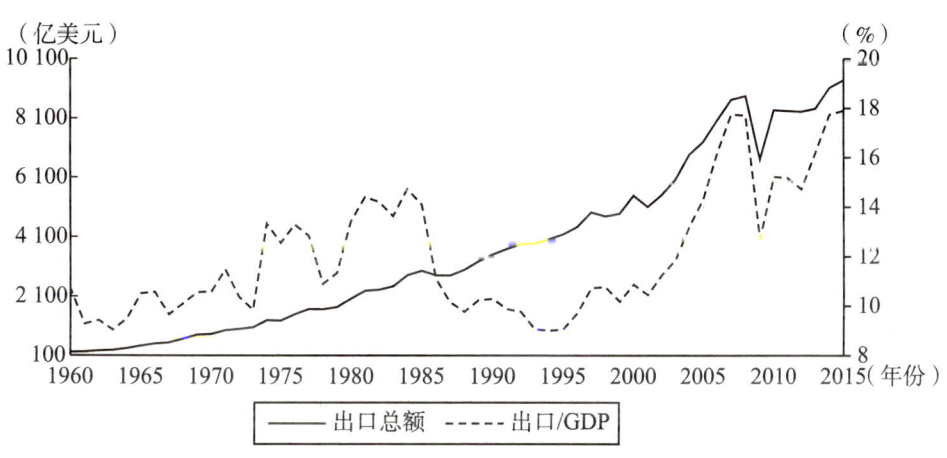

图 2-4 日本出口额及出口依存度变化情况(1960~2015 年)

资料来源:世界发展指数,http://wdi.worldbank.org/。

四、结论与启示

日本自 20 世纪 60 年代以来，通过对外贸易和产业转型，实现了长时期的经济增长。与此同时，该国在经济快速增长过程中，也面临了劳动力成本上升、资源约束加强等问题。日本的要素成本上升的背景与该国经济发展的特征息息相关，在不同的要素成本上升背景下日本的中长期贸易发展战略也不断演变。总体来看，自 20 世纪 60 年代以来，日本先后经历了 60~70 年代的快速增长时期、70 年代的石油危机时期、80 年代的日元升值和频繁的贸易摩擦时期以及 1990 年以后的持续衰退时期。随着日本经济发展的时期不同，该国面临的要素成本约束也出现了变化：自 1950 年开始，实际工资成本呈现迅速上升的态势，自 1980 年以后，日本制造业工资成本增速呈现逐渐放缓的趋势，进入 2000 年以后，由于持续的通货紧缩，制造业工资成本增速接近 0%。日本经济所面临的另一个要素约束是人口增速的持续放缓和人口结构的老龄化。人口增速自 1990 年开始显著降低，到了 2009 年日本总人口数则首次出现负增长，老龄社会的显现使得日本劳动力市场供给面临严峻的形势。

基于对日本经济发展不同阶段的划分，以下根据不同时期总结日本要素成本上升背景下日本对外贸易战略的调整内容、特征及效果：20 世纪 60~70 年代，日本处于经济高速增长、劳动力成本上升与生态环境恶化的阶段，日本政府通过推行《国民收入倍增计划》，旨在提高居民收入、扩大国内需求、降低失业，使得劳动力实际工资不断上涨。此外，重化工业化是日本"贸易立国"战略的重要体现，其基本特征有两点：一是将产业结构现代化作为目标，实施积极的产业发展和政府扶持政策；二是充分发挥市场和企业两方面的作用，充分发挥企业在市场中的主体作用。70 年代，受石油危机和日元升值的影响，日本能源价格、国内物价和生产成本上升，对出口造成不利影响。日本政府通过将经济发展战略由"贸易立国"转向"技术立国"，成功实施了产业转型，其重要举措之一为节能减排计划，而"技术立国"战略的实施也使得日本对能源和资源的利用效率显著提升。80 年代，由于技术立国战略的成功实施和里根政府的高利率政策导致日元贬值，进一步放大了日本与主要经济体的贸易顺差，1985 年美英等国与日本签订广场协议，主导了日本的大幅升值，日本的贸易摩擦加剧。该阶段日本的经济增长战略由外需主导型转向内需主导型，旨在改变日本的经济结构，从根本上解决外贸失衡问题。主要内容包括：扩大内需、调整产业结构、开放市场、扩大进口和促进对外直接投资。90 年代以后，日本的经济社会环境面临巨大的变化，经济持续衰退与老龄化问题突显：在发展战略上：第一，日本始终强调技术优先，"科学技术创造立国"的发展战略是技术立国战略的继承与发展，其核心是以科技发明和技术创新推动技术进步，确保日本在科技领域达到世界一流水平，加强日本国际竞争力；第二，日本又提出"贸易投资立国战略"，强调日本要充分运用经营资源和先进生产技术，开展全球性投资活动，走向投资立国，其重点在于提高对外资产收益率，改善国际投资的结构和质量；第三，调整对内直接投资，内向国际化发展，包括开放市场，吸引外国直接投资和吸纳人才流入等一系列措施，旨在增加日本对外国直接投资的利用。

可以看出，日本对外贸易的调整与该国经济发展不同阶段的要素成本变动特征密切相关。通过总结该国要素成本上升背景下的中长期贸易发展经验，给我们的启示包括：第一，一国要素成本是伴随着经济发展水平的提高而不断提升的，需要客观看待要素成本上升这一事实的合理性；第二，技术进步和产业升级始终是一国经济与对外贸易长期发展的重要支撑力量，在此过程中，政府可以通过综合运用法律、财政、税收及货币政策等手段，促进市场竞争的公平性，提高竞争效率，同时帮助企业实现产品附加值的提升；第三，考虑到要素成本上升与国内外市场环境之间的相互影响，一国对外贸易中长期发展需要平衡好对外直接投资和对内直接投资、国外产品贸易与国内市场整合、跨国移民与国内劳动力结构优化等方面的关系，通过产业升级、结构优化等方式形成具有贸易竞争力的产业网络。同时我们也注意到，作为资源和土地有限的岛国，日本在经济发展过程中也出现过严重的资源约束和环境污染问题。与日本类似，"大量生产""大量消费"和"大量废弃"导致的环境破坏和空气污染等问题现如今也出现在中国土地上，如何妥善解决经济发展、环境保护与要素成本变动之间的冲突和矛盾成为中国政府中长期对外贸易和经济增长所面临的关键课题。从日本的经验来看，有效的解决办法除了产业升级、节能减排计划以外，还需要在营造宽松的营商环境的同时，通过知识产权保护、技术升级和外资结构调整等手段，逐步提升中国产业的国际竞争力。

第二节 要素成本上升背景下韩国的外贸战略调整与外贸发展

第二次世界大战以后，韩国在取得了民族独立之后，推行出口导向战略，经济迅速起飞，不仅成为"亚洲四小龙"之一，而且跨入了发达国家行列。从20

世纪 60 年代到 90 年代中期，韩国经济增长的平均速度为 9%。具体到国际贸易领域，韩国对外贸易也迅速增长，且出口产品的技术含量也不断上升，成为全球化的大赢家（UNCTAD，2002）。因而，分析探究在要素成本上升的背景下，韩国外贸战略的变迁调整，就具有十分重要的借鉴意义。

一、韩国要素成本的变化

第二次世界大战后，韩国出口产业的竞争力主要来自廉价劳动力。特别是 20 世纪 60 年代开始，韩国进入高速增长阶段，通过振兴出口、吸引外资、引进技术的步骤，形成外向型经济。1961～1966 年，韩国制造业工人年平均工资由 3.1 万韩元增长到 6.5 万韩元，但由于通货膨胀，工人的实际工资基本保持在 240 美元左右。在此期间，韩国利用劳动力成本优势，建立了相应的出口产业。20 世纪 60 年代，韩国出口商品以铁矿石、无烟煤、生丝和农产品等初级产品为主；70 年代初期形成了以纺织产业为主的劳动密集型出口产业。1971 年，韩国出口额由 1962 年的 5 480 万美元增至 10.68 亿美元（见图 2 - 5）。

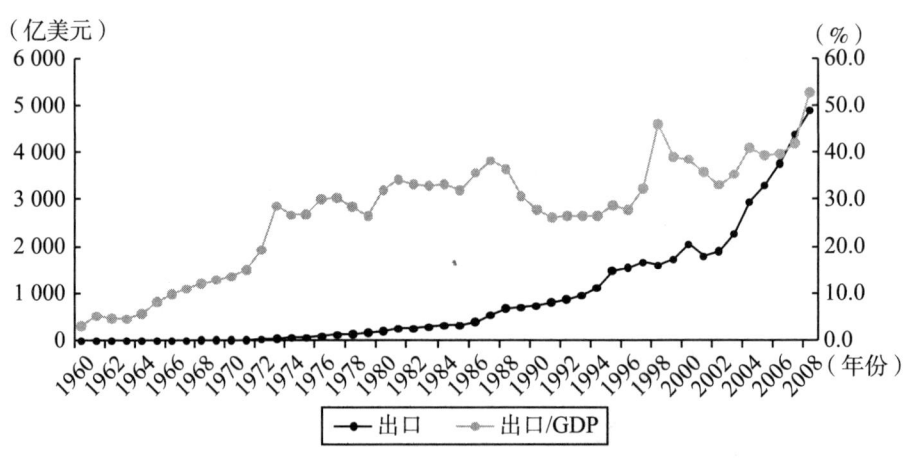

图 2 - 5 韩国出口额及出口依存度变化情况

资料来源：世界发展指数（2009）。

韩国 1972 年到达"刘易斯拐点"前后，其制造业的年平均实际工资才到达 500 美元左右，工资出现了第一次大幅度增长。从 1976 年开始，韩国工资水平大幅增长，1976 年、1977 年和 1978 年的实际工资增长率，分别为 20.1%、21.8% 和 20.6%，1978 年制造业工人工资以美元计为 2 860 美元，比 1970 年增长大约 6 倍。此外，韩国工人组织的工会在劳资谈判中十分强硬，大幅抬高了企业的用工成本，阻碍了国内劳动力市场的改革。依据韩国贸易投资振兴公社（KOTRA）

2009年公布的"针对在韩外企高管进行的问卷调查"结果显示，强硬工会和死板的劳动市场环境已经成为企业在韩国面对的最大障碍，对韩国的出口造成了不利的影响。韩国要素成本的上升，使得其劳动密集型产品的出口受到了不利的影响（见图2-6）。

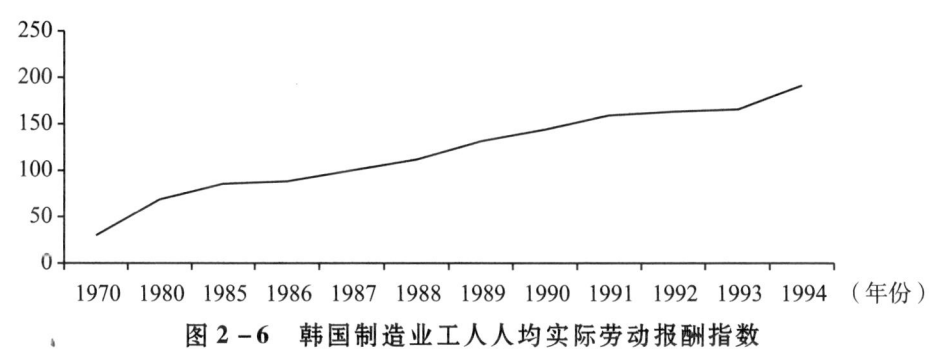

图2-6 韩国制造业工人人均实际劳动报酬指数

资料来源：《国际统计年鉴》。

在工资水平上升、社会保障负担加重、劳动市场僵化和人口结构老龄化等的冲击下，为了继续扩大出口，韩国1973年制订了重化工业发展计划，开始推动产业结构从劳动密集型向资本和技术密集型转型升级，将造船、汽车、钢铁、石化及有色金属等作为重点发展产业，对重化工业进行大规模投资，重化工业得到了长足发展，由此推动了出口的持续增长。1971年至1979年，出口由10.68亿美元猛增至150.6亿美元，年均增长39.7%。20世纪80年代上半期，韩国出口增长率超过进口，贸易赤字逐渐减少，1986年终于出现盈余。1986年以后，进入低汇率、低油价、低国际利率的所谓"三低"时期，使出口连续几年大幅度增加（见表2-2）。

表2-2 1970~2010年韩国人口老少比与年龄中位数

年份	人口老少比（%）	年龄中位数
1970	7.2	18.5
1980	11.2	21.8
1990	20.2	27
2000	34.3	31.8
2010	66.8	37.9

资料来源：韩国统计厅。

二、韩国外贸的战略调整

(一) 积极推进产业结构的转型升级,以保持出口的长期竞争力

由于韩国国土面积较小,自然资源匮乏,国内市场狭小,因此,20世纪60年代初,大部分西方发达国家正在进行产业结构调整,把国内夕阳产业转移到发展中国家,韩国政府决定充分面向世界市场,积极参与国际分工,发挥劳动力优势,发展以劳动密集型产业为中心的外向型经济。70年代,随着国内要素成本的上升,韩国政府适时将经济发展战略由"出口主导型"发展为"重化工业化",连续制定了7个《特别工业振兴法》,把产业重心转向资本和技术密集型的重化工业,发展外汇获得率高、对其他工业部门的关联效果大、能够吸引大量劳动力、较容易建成、在短时期内能形成国际市场竞争力的工业部门,确定钢铁、非铁金属、机械、造船、汽车、电子、石油化学、水泥、陶瓷器及纤维工业等10大战略产业实行重点投资,各方面给予优惠,使这些产业带动出口及整个经济的发展。80年代以后,韩国政府在坚持出口导向型经济发展战略的同时,提出了"产业结构高级化"的政策目标,加速了劳动和资本密集型产业向技术和知识密集型产业的转化,使得汽车、电子产品和半导体成为韩国的主要工业,产业结构更为优化,成功地克服了要素成本上升造成的不利影响(见表2-3)。

表2-3 1980~2000年韩国十大出口产品变化

	1980年 品名	金额(亿美元)	比重(%)	1990年 品名	金额(亿美元)	比重(%)	2000年 品名	金额(亿美元)	比重(%)
1	纤维	50.1	28.6	电子	172.1	26.5	半导体	260.2	15.1
2	电子	20	11.4	纤维	146.7	22.6	计算机	144.7	8.4
3	钢铁	18.5	10.6	鞋类	43.1	6.6	汽车	132.7	7.7
4	鞋类	9	5.2	钢铁	42.4	6.5	石化	94.7	5.5
5	船舶	6.2	3.5	船舶	28	4.3	船舶	82.7	4.8
6	机械	6.1	3.5	汽车	21.3	3.3	通信设备	81	4.7
7	合成树脂	5.7	3.3	机械	17.8	2.7	钢板	48.2	2.8
8	橡胶品	4.9	2.8	合成树脂	12.9	2	服装	46.5	2.7

续表

	1980 年			1990 年			2000 年		
	品名	金额（亿美元）	比重（%）	品名	金额（亿美元）	比重（%）	品名	金额（亿美元）	比重（%）
9	木制品	4.7	2.7	集装箱	10.3	1.6	合成纤维	37.9	2.2
10	金属制品	4.4	2.5	轮胎	8.7	1.3	电子部件	36.2	2.1
合计		129.8	74.1		503.2	77.4		964.8	56

资料来源：《韩国经济年鉴》。

（二）教育改革和人力资本的积累

"二战"以后，韩国政府着手进行教育改革。1968 年，韩国颁布了《国民教育宪章》，注重培养人的创新意识和精神。同时，韩国政府加大对教育的投入，兴办了大批国立大专院校和职业技术学校，并鼓励发动社会力量办学。1973 年韩国出台了新的《产业教育振兴法》，要求大企业与学校建立广泛的产学研合作。1995 年，韩国又制定了《建立新教育体制的教育改革方案》，努力推动建立"开放教育社会"和"终身教育社会"。上述措施使韩国青少年普遍接受了良好的文化素质教育和职业技术教育，提高了国民文化素质、道德素养和职业技能（王德复，2006）（见表 2-4）。

表 2-4　　　　　第二次世界大战后韩国的教育发展成就

年份	1945	1960	1970	1980	1990
入学率（%）					
初级教育	NA	86	94	100	100
中等教育	NA	27	42	76	88
大学教育	NA	5	8	16	39
教育水准（15 岁以上,%）					
文盲	86.6	43.8	31	13.3	8
初级教育	NA	36.2	39.1	28.3	16.1
中等教育	NA	17.4	25.3	49.2	61.9
大学教育	0.3	2.6	4.6	9.2	13.9

资料来源：韩国教育发展委员会，韩国教育指数，1993 年。

韩国也非常重视高端人力资本的积累，推行"提高高等教育、加强职业技术教育"的方针，通过自主培养，出国研修和引进人才等方式，积累了一批高端人力资本。首先，韩国一些大中型企业财团出资兴办企业院校，甚至研究生院，每年为本企业输送大批研发人才；其次，韩国鼓励出国留学，每年派遣数千名博士后出国研修，新一代留学生也有超过50%学成回国；最后，韩国制定了"聘用海外科学技术人才制度"，通过高薪和良好的工作条件，大力引进外国的科技人才。通过教育改革和人力资源的培养，韩国出口产业的比较优势，从人口红利成功转换为人力资源红利（见表2-5）。

表2-5　　　　　韩国人力资本的国际比较　　　　　单位：%

	至少接受过高级中等教育的成年人占比（2012年）					
	年龄组					
	25~64岁	30~34岁	25~34岁	35~44岁	45~54岁	55~64岁
韩国	82	98	98	96	78	48
OECD平均	75	82	82	79	73	64
EU21平均	77	84	84	81	75	66
	接受过高等教育的成年人占比					
韩国	42	66	66	52	29	14
OECD平均	32	40	39	35	29	24
EU21平均	30	38	37	33	26	22

资料来源：《教育概览——经济合作与发展组织（OECD）2014》。

（三）扶持本土大企业，使其成为"两创"和"两高"的主体

在韩国经济发展的过程中，韩国政府认为FDI不利于保护本国民族企业，FDI的作用十分有限。20世纪60年代以前，韩国引进的FDI极少。在1972~1976年期间，韩国吸收的FDI总额为4.6亿美元，人均12.8美元。即使在1979~1981年韩国政府放松对外资企业的限制后，FDI仍然面临着很多限制。因此，1987年，韩国FDI累计额相对于GDP的比重仅为2.3%。与此相反，韩国政府采取各种财政、信贷、贸易等优惠措施，大力扶持了被称作财阀企业的私人大企业，并向那些保持良好出口业绩的"骨干"出口企业提供了大量资金。譬如，60年代开始，韩国政府采取"个别育成"的方式，把有限的资金和外汇向大企业倾斜，以提高本土企业的国际竞争力。70年代开始，韩国政府扶植本国的大型贸易企业，指定三星物产、大宇企业、双龙国际商事等为第一批综合贸易商社。在韩国政府的政策倾斜下，以三星集团、LG集团、现代集团、SK集团和韩进集团等为代表的本土大企业迅速成长，使韩国产品增强了国际竞争力，促进了出口。

FDI 投资发展中国家，目的往往是利用当地的廉价生产要素，对当地的生产成本十分敏感。一旦发展中国家的生产成本上升，它们更可能的选择，并不是留在当地进行产业升级，而是进行产业转移，再到其他发展中国家寻找成本"洼地"。本土企业的选择却可能与外资企业有着本质的差异。在经济全球化前提下，企业经营投资没有国界，但是企业家有自己的祖国。由于文化的认同、血脉的相连、环境的熟悉等因素决定，在经营环境变化和生产成本上升后，本土企业在所立足的低端禀赋优势逐渐失去竞争力后，往往会产生巨大的产业升级的动力、压力和激励。即使是跨国经营，它们也会把增值量最大的功能，如总部基地、研发、品牌运作等留在自己的祖国。因而，在要素成本不断上升的约束下，韩国政府积极引导，使得本土大企业成为"两创"（技术创新和品牌创新）和"两高"（高科技产业和高附加值产业）的主体，成功实现了本国出口竞争力的升级转换（见表 2 – 6）。

表 2 – 6　　三星、LG、现代和 SK 四大财团占韩国 GDP 比重　　　　单位：%

	1995 年	1997 年	1999 年	2001 年	2003 年	2005 年	2007 年
资产	32.63	46.09	49.60	39.41	39.52	43.25	49.04
销售额	42.30	49.20	55.73	53.71	42.18	48.98	50.72

资料来源：2009 – 1 经济改革声援报告，http：//www.erri.or.kr。

（四）因地制宜的调整政策，促进加工贸易的转型升级

20 世纪 60 年代开始，韩国的赶超战略从进口替代战略转变为出口导向战略，开始利用本国的廉价劳动力，发展加工贸易，以进口原材料、半成品、机器设备等，加工组装再出口为特征的加工贸易在韩国对外贸易中确立了重要地位。即使随着要素成本的不断上升，由于韩国国内资源贫乏，加工贸易仍然占据着重要的地位，在 90 年代其进口中仍然有 40% 左右是用于再出口的。

在要素成本不断上升的约束下，韩国政府因地制宜的调整政策，促进了本国加工贸易的转型升级：第一，减免原材料和中间品进口的关税，降低了国内企业的生产加工成本，提高了韩国产品在国际市场上的价格竞争力。譬如，2001 年起，韩国将原来课征 8% 关税的液晶显示器制造设备纳入无关税项目，使得其相关产品全球市场占有率超过 40%。第二，为了保证加工贸易海外市场的稳定，扭转对发达国家的片面依赖，韩国通过放松海外投资限制、加强对发展中国家的技术援助、增加贸易贷款等方式，扩大了对发展中国家的出口。第三，20 世纪 70 年代以来，随着要素成本的上升，韩国产品在性能上面临发达国家的纵向遏制，在价格上又面临其他发展中国家的过度竞争，这就迫使韩国将加工技术升级

的重点放到自主研发上。1981年增加对技术开发的金融支持规模，鼓励企业设立附属研究所，1986年制定"产业技术研究组合法"，鼓励公共研究机构和企业的联合研发，同年又开始实施"工业发展法"。这些政策措施，使得研发支出占国民收入的比例不断上升，提高了本国加工贸易的技术含量。第四，扶持关键零部件的生产，提高加工出口品国产化率。韩国将1972年定为"自主出口力量确立年"，有选择地限制有关零部件的进口，促进机械类产品国产化率的提高。韩国还在零部件的技术引进和研发方面给予税收优惠和资金支持，对零部件、设备采取出口促进政策。20世纪80年代，韩国对零部件生产的扶持成为韩国推进国产化的重要手段。韩国提高国产化率的另一个重要特点，是选定重点产品的重点部件进行突破，从而能集中力量在关键零部件生产上较快取得比较优势（王建和陈宁宁，2007）（见图2-7）。

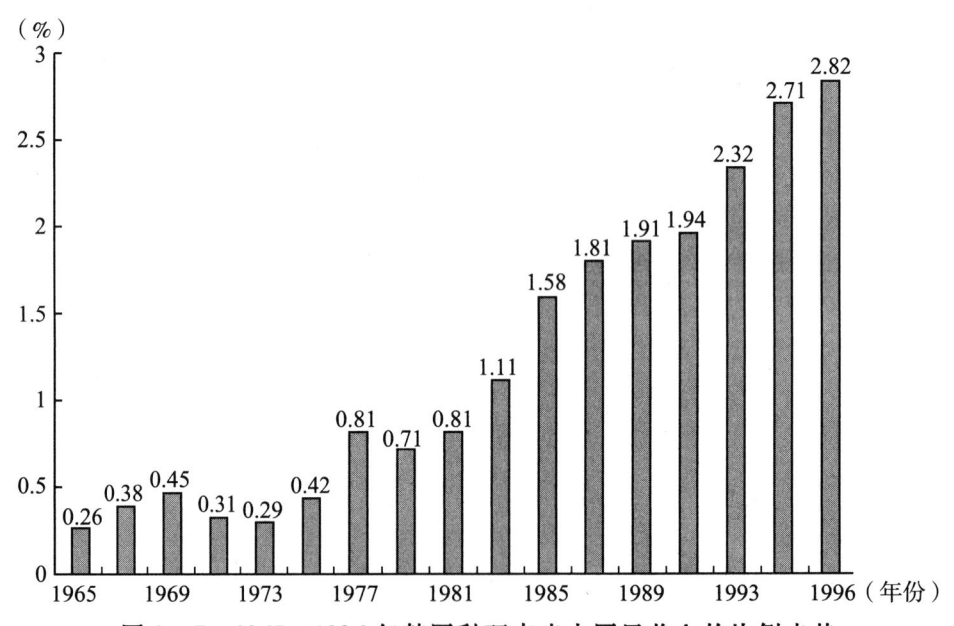

图2-7 1965~1996年韩国科研支出占国民收入的比例走势

资料来源：韩国产业技术振兴协会，《产业技术主要统计要览》（1997年）。

（五）充分发挥技术贸易的作用，实现出口驱动力的转换升级

韩国在经济起飞阶段，工业基础薄弱，技术水平落后，因此，积极从发达国家引进成套设备及技术。1982年，韩国总统全斗焕在主持召开的"第一次科学技术振兴扩大会议"上正式提出"科技立国"的口号。1982年，韩国正式取消了对技术引进的各种限制，实行技术引进自由化，1985年又颁布了《科技促进法》。此后，韩国把大量资源投向科技研发，大量从国外引进先进技术，鼓励技

创新。1982~1991年韩国引进各类技术共5 549件,是过去30年总和的73.7%。

通过技术引进,韩国有效克服了要素成本上升的困扰,大幅度提高了全要素生产率,实现了从以技术引进为主到以自主创新为主的转变,推动了出口的发展,实现了出口驱动力由要素成本向自主创新的转换。韩国的技术贸易主要有以下特点:第一,依法笃定。韩国依据本国的《外资引进法》,对外国技术的引进做了明确的规定,从而将本国的有限资金集中到符合比较优势的行业上,促使这些行业进行技术改造。第二,适时调整。随着韩国产业结构从劳动密集型向资本密集型和技术密集型升级,技术引进的重点和措施也适时调整,逐步放宽并最终取消对外许可证使用费和合同有效期的限制。第三,消化创新。韩国对国外技术的引进不是简单的被动跟随,而是在引进的基础上,通过为企业制定消化吸收目标、实施追踪反馈控制和考核以及推行"逆向工程",来进行消化吸收之后的再创新(廖炳才,1994)。通过技术贸易政策的推动,韩国的技术水平不断提高,在20世纪70年代末,韩国就开始出口成套设备及技术,实现了从技术引进国到技术出口国的历史性突破。

三、结论与启示

韩国作为"二战"之后为数不多成长为发达国家的追赶国家,其对外贸易的发展也在要素成本不断上升的背景下,从贸易大国蜕变为贸易强国。纵观韩国经验,可以有如下启示:第一,要素成本上升的环境,在某种程度上形成了倒逼机制,若利用得当,会成为一国贸易转型升级的动力。第二,贸易竞争力的来源在于产业的竞争力。因而,积极地进行产业升级,不断提高产品的技术含量和附加值,是成长为贸易大国的关键所在。第三,本国出口产品密集使用的要素,必须要由低端要素转换为高端要素。这样,通过研发和教育,积累技术和人力资本,就是实现贸易驱动力转换的命脉所系。

第三节　要素成本上升背景下中国台湾的外贸战略调整与外贸发展

自20世纪90年代以来,我国台湾地区形成了以高科技产业尤其是半导体工业主导的经济与贸易形态,2017年其对外贸易依存度达到了97.4%[①],且电机、

---

① 数据来自台湾统计资讯网。

电子制造业在出口总额中占比达到了五成。台湾经济极度依赖外需，但近年来全球各个国家和地区的经济形势普遍低迷，使得台湾地区的出口增长速度明显放缓。而由于生产要素成本上升，更使台湾地区企业的国际竞争力被逐渐削弱。台湾地区积极进行贸易战略的调整，并制定新的政策和措施来保持台湾地区企业的出口竞争力，以应对新时期的国际贸易挑战，从而获得源源不断的经济增长动力。近几年来，中国大陆的要素成本上升形势也很严峻，"供给侧改革"目前正如火如荼地开展，中国大陆厂商长期依靠低成本要素带来的价格优势在国际市场上竞争的策略已经逐渐失去施展空间，亟须改变贸易增长模式。因此，借鉴台湾地区经验进行外贸战略调整将对中国大陆贸易的转型升级大有裨益。

本书的结构安排如下：首先，对台湾地区经济发展作简要回顾；其次，分别从劳动力、土地、资金和能源供应等方面，阐述台湾地区面临的要素成本上升问题，进而讨论要素成本上升对台湾地区进出口贸易的影响；最后，对台湾地区面临要素成本上升所做的外贸战略调整和政策重新设计进行分析，并探讨其对中国大陆的影响和启示。

一、台湾地区的经济发展与要素成本变化

（一）台湾地区经济发展的简要回顾（见本章附表）

第二次世界大战期间，台湾地区原有的基础建设遭到极大破坏，财力、物力、人力极为匮乏。日本投降后，台湾地区积极恢复重建，到1956年，农业生产、交通运输等已恢复至第二次世界大战前最高水平。此后台湾地区开始实施进口替代政策，发展农业及简单的初级工业，并取得了一定的成效。1957~1960年，经济年均增长率达7.88%。随着进口替代政策的实施，岛内市场逐渐趋于饱和，生产设施呈现过剩现象。为了促进经济持续发展，解决失业问题及提高居民收入，台湾当局转而采用出口导向的贸易政策，以充分利用岛内廉价的劳动力资源及土地资源，并改善投资环境吸引外国投资者。在1961~1971年，采用出口导向贸易政策后，台湾地区经济得到极大发展，经济年均增长率为10.57%。1972~1983年，由于经历了两次石油危机，物价大幅上涨，世界经济衰退导致贸易保护主义盛行，台湾地区出口增速减缓，但其经济年均增长率仍维持在9.39%的高位水平（1974年增长率最低为2.67%）。1984~2000年，由于台湾当局实施出口导向政策累积了大量的外汇，同时与美国长期的顺差关系导致贸易关系恶化，贸易摩擦不断加剧，囤积的外汇也导致国内面临着通货膨胀的压力，不利于台湾地区经济社会的发展。因此，台湾地区开始加速推动经济自由化及国际化的

进程，主要措施包括在贸易方面降低关税，放宽进口限制，简化进出口手续；在金融领域废除利率管理条例，放宽外汇管制，贸易收支结算自由化等。在此期间，经济年均增长率达 7.56%；进入 21 世纪后，由于两次经济危机的冲击，台湾地区经济出现罕见的衰退，从而结束了高速增长的奇迹，图 2-8 描绘了1952~2015 年台湾地区经济年增长率，从此图数据可以看出，2001 年和 2009年为负增长率，2010~2015 年经济年均增长率为 3.69%。

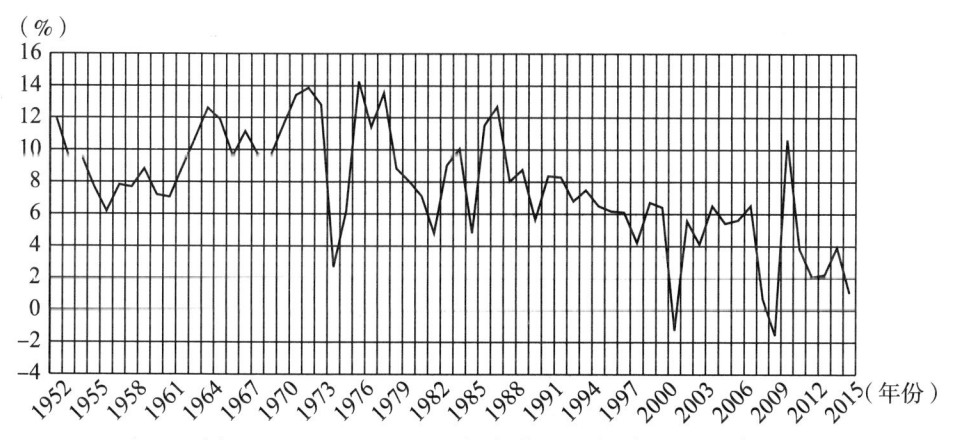

图 2-8　1952~2015 年台湾地区经济年增长率

资料来源：AREMOS 台湾经济统计数据库网络版。

根据"雁行理论"，台湾地区在 20 世纪 60 年代实行进口替代政策发展初级工业的基础上，利用国内廉价的生产要素优势，承接全球生产价值链的低端环节，实行加工贸易，增加了台湾地区的就业并促进了经济增长，实现了"四小龙"的腾飞。但是，随着人口素质的提升和生活水平的不断提高，工资水平的不断上升也进一步增加了劳动力的成本。其他发展中国家（地区）相继采取出口导向政策，与这些国家相比，台湾地区相对昂贵的地价及劳动力成本使其比较优势逐渐削弱。按照相关理论，要素成本的上升将削弱企业的价格竞争力，阻碍企业的扩大再生产，资本趋于流向其他要素成本较低的国家和地区，这将导致资本稀缺，企业的融资成本增加，进一步恶化企业的竞争力，最终将使得企业减少出口，逐渐被国际市场淘汰。

但是，上述理论描述的现象并没有在台湾地区出现。根据 1987 年台湾"行政院"经建会的报告①，20 世纪 70~80 年代台湾面临最大的贸易问题反倒是巨额的贸易顺差。贸易顺差使得台币发行量上升，增加了通货膨胀的压力；台湾地

---

① 侯继明、陈艳秀：《造成目前经济问题之原因与政府应采之因应政策》，台北市：中华经济研究院，1987 年。

区和美国之间的贸易摩擦也不断升级,美国相继施加压力,迫使台币升值,并限制某些产品的进口;囤积的大量外汇也没有得到合理有效的利用,阻碍了经济发展。面对这些问题,台湾"行政院"决定实行经济国际化及自由化,分阶段放开进口项目,降低关税及非关税壁垒,取消投资限制,加速金融改革,实现利率汇率自由化等。

图 2-9 反映了 1952~2000 年台湾地区净出口的变动状况。由图可知,在 1970 年之前,台湾地区的贸易余额都为负值,这是台湾当局实施进口替代政策及其后的出口导向政策期初,大量进口国外机器设备及原材料所致;1970 年以后,台湾地区的贸易收支由负转正,进出口余额由亏转盈并不断增长。在此期间,仅有两次余额为负或极低的情形,分别是第一次石油危机发生的后两年(1974 年和 1975 年)和第二次石油危机期间(1980 年),这是因为石油进口价格的剧涨,石油购买的支出大幅增加导致的贸易余额为负。而后随着危机后的经济复苏,进出口余额又再次由负转正,并持续增加;1988 年后台湾地区实行经济自由化策略,台币大幅升值,加之进出口并重等政策的实施,进出口余额虽保持为正但不断减少,即进口增长率大于出口增长率。进入 21 世纪后,贸易余额又呈不断上升的趋势。

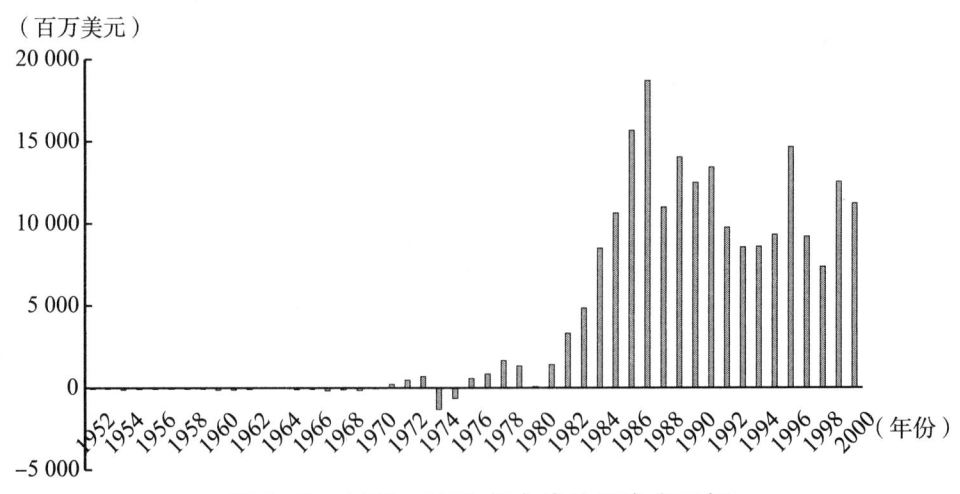

图 2-9　1952~2000 年台湾地区净出口额

资料来源:AREMOS 台湾经济统计数据库网络版。

那么在进入新时期后,台湾地区要素成本的上升呈现出哪些新特征?这些新态势又会对台湾地区经济带来怎样的影响呢?

(二) 台湾地区面临的要素成本上升问题

台湾地区要素成本的上升具体来看,主要体现为劳动力成本、土地成本以及能源、环境与资金成本三个方面。

1. 劳动力成本

台湾地区工资水平较高而劳动力供给数量增长停滞甚至呈现下降的趋势，给台湾地区经济带来严峻的挑战。台湾地区的劳动参与率不到60%，明显低于大部分发达国家和地区，同时极低的生育率也使少子化问题越来越严重，台湾地区企业在台湾当地面临严峻的劳动力短缺，人才缺失问题，这也使得企业招工的时间和金钱成本逐渐增加。而劳动力成本还包括保险和退休金等劳工税费，健保费、劳保费和退休金等，这些费用上涨，使得台湾地区企业招工面临着越来越昂贵的固定成本。企业雇佣劳动力的成本负担不断加重，是很多台商选择在中国大陆等具有劳动力成本优势的地区投资的重要原因之一。

2. 土地成本

台湾地区的人口密度较大，土地资源非常稀缺，再加上土地规划零碎，政府管理和售卖不当等原因，使得企业在台投资设厂不仅要面临高昂的土地价格，还要花费大量的时间和人力、物力来获得土地，这给企业在台湾地区本土的发展带来巨大阻碍。而大部分地区的土地价格增长很快，带动房价上涨，使办公用地成本也大幅增加。农业用地更是最为稀缺，价格最高时甚至数倍于其他发达地区，是全球农业用地最为昂贵的地区之一。

3. 能源、环境与资金成本

台湾地区以往一直享受着较低的能源价格，工业用电占台湾地区用电总量的七成以上，其中很大部分是能源密集型产业用电。台湾地区每生产1美元的国民生产总值，要比日本多消耗1.8倍的能源。而随着废除核电等环保主张的提出，电力能源价格逐步上涨，加之台湾地区对产品的高环保要求，采用优质原材料、减少和处理污染等环保成本也增加了企业负担。此外，台湾地区的短期资金成本过高，而长期资产报酬率却偏低，使得融资成本呈现上升的趋势，同时新台币在国际市场中处于弱势，都是台湾地区资金外流严重的重要原因。

综上所述，台湾地区生产要素成本的上升，对台湾本土企业发展，尤其是出口产业发展，还有对外国投资的吸引力都有着显著影响，调整对外贸易战略和制定外贸政策以刺激投资和出口增长势在必行。

二、要素成本上升对台湾地区对外贸易的影响

（一）出口贸易增速放缓

要素成本上升对台湾地区贸易的影响，最突出地体现在出口贸易增长速度显

著放缓。台湾地区的出口产品主要集中于中国大陆的供应链市场和欧美日等发达地区的最终消费品市场。从中国内地与香港地区市场来看，内地与香港地区很早就超越日本，成为台湾地区第一大出口贸易市场，在台湾地区出口贸易总额中占到四成。但随着大陆供应链市场的崛起，政府致力于推动进口替代，大力扶持面板、太阳能、发光二极体和石化等产业，加之台商采购的大陆本土化增加，台湾地区与大陆原有的垂直分工逐渐转变为水平竞争。大陆的产能输出又以低价策略为主，台湾地区则因为要素成本的居高而在国际市场上逐渐失去优势。

（二）海内外对台湾地区投资不足

台湾地区的生产要素成本在亚洲地区一直位于高位，内部投资动能长期不足，又缺乏对境外资本，尤其是前述要素密集型外资的吸引力，因此投资长期处于疲软状态。要素成本的上升，使台湾地区资本不断流向要素成本较低的地区，境外生产比重逐年攀升，而且返台投资的意愿难以被激发，又进一步减弱了出口动力。以台湾地区最大的电子产业集团"鸿海精密"为例，1977年鸿海集团赴大陆投资，之后广泛布局全球市场，如今已横跨欧、美、亚三个大洲拥有上百家子公司和机构，虽近年来提出将部分资本迁回台湾地区，但皆因土地和劳动力成本等原因未能实现。由于法律、政治、社会等诸多原因，台湾地区对境外资本开放程度和吸引程度一直都不足，要素成本的进一步上涨将使得这样的局面持续并难以改善。

（三）迫使台湾地区产业升级

台湾地区虽然有像鸿海集团这样的大型企业，但真正支撑台湾地区经济的却是数量众多的中小企业；生产要素成本的上升，无疑是困扰中小企业发展的最大因素。在台湾地区的中小企业中，相当部分是以出口为导向的企业，为了寻求低要素成本，在全球市场上获得价格优势，部分企业会选择将生产转移至境外，而对于只能在台湾地区本土生产的企业，就不得不面临成本问题，导致难以扩张甚至减产。另外，成本压力也会迫使中小企业摆脱传统的低利润产品制造，转向创新提高产品附加值，与低价产品进行区别，实现产业升级，从而促进产业多元化发展，降低产业集中度。

三、要素成本上升背景下台湾地区的外贸战略调整及其效果

为应对要素成本上升和全球经济不景气带来的挑战，台湾地区不断进行贸易

战略的调整和政策的重新设计，涉及出口加工区制度建设、出口拓销、区域经济整合和产业创新升级等四个方面。

(一) 完善出口加工区制度设计和实施细则

早期台湾地区通过设立出口加工区推行出口导向政策，第一个出口加工区于1966年在高雄设立，而后又相继在台中、屏东和云林分别设置出口加工区，并推行"奖励投资管理条例"和"出口加工区管理条例"以吸引投资。

1. 台湾地区加工贸易产业结构演变

根据出口加工区的产业结构演变，台湾地区加工贸易发展主要经历了五个阶段[①]：第一阶段是1966~1973年，当时全球市场上日用品普遍供不应求，发达国家的经济结构面临着战略性调整，台湾当局适应国际环境的变化，采取"进口—加工—出口"的出口扩张策略，通过对外贸易带动整个经济的发展。这一阶段出口加工区主要是发展100%劳动密集型产业，如成衣、针织、皮革、工艺品、制鞋、家具、玩具等。第二阶段是1974~1983年，由于两次石油危机以及东南亚国家的竞争，台湾地区劳动密集型产品在全球市场上的竞争力逐渐被削弱，台湾当局及时调整了加工贸易发展战略，从重点发展劳动密集型产业转向发展技术密集型产业，这一阶段仍以劳动密集型产业为主（占比60%），辅以技术贸易如收放机、电阻电容、PC板等初级电子产品。第三阶段为1984~1995年，台湾地区巨额的贸易顺差、世界经济的不景气使得西方的贸易保护主义抬头，而且台湾本地工资等生产成本的进一步上升迫使台湾当局进行产业调整，这一阶段加工出口的投资向大型化、资本密集和技术密集型产业发展，其中科技产业比重大于65%，劳动力密集型产业除了成衣外，几乎全部被淘汰，代以IC加工产品、光学产品、计算机及其周边设备及精密机械等。第四阶段为1996~2000年，台湾地区逐渐建立起自己的竞争优势，并拥有自己品牌和核心技术，同时，台湾当局以优惠政策吸引高科技跨国公司在台湾设立研发中心，对加工贸易转型给予政策优惠。这一阶段，高科技及大资本的密集型产业比重已大于80%，除上述技术密集型产品外，还有IC与计算机组合产品、数码光学产品等，服务型产业如仓储转运及贸易服务等占比不足10%。第五阶段是从2001年至今，台湾当局有意识地推行"知识导向"发展战略，积极推动创新研发和产品高附加值化，大力发展知识密集型服务业，使之逐渐替代制造业成为台湾地区经济发展的新动力。在此阶段，出口加工区出口产品中服务贸易比重大于60%，主要包括仓储转运服务、咨询服务、研发设计、贸易服务等，而高科技制造业占比小于40%，新增

[①] 张冰：《台湾加工贸易的转型升级及启示》，载于《对外经贸实务》2011年第5期。

高科技产业有生化科技、纳米科技等制造业。

至此，台湾地区在产品层面上，实现了从生产组装到研发设计和销售服务的转变，即从价值链底部向两端的延伸；在产业层面上，成功地从劳动力密集型产业调整为资本或技术密集型产业，再到高科技密集型和服务业，即实现产业结构的升级（见表2-7）。

表2-7　　　　台湾地区加工贸易产业转型升级历程

发展阶段	产业结构	具体产业类别
第一阶段（1966~1973年）	100%劳动密集型产业	成衣、针织、皮革、工艺品、制鞋、家具、玩具等
第二阶段（1974~1983年）	劳动密集型产业为主，占比60%；资本密集型为辅，占比40%	除上述劳动力密集型产品外，增加初级电子产品，如收放机、电阻电容、PC板等
第三阶段（1984~1995年）	转向资本密集与科技密集型产业，科技产业比重大于65%	劳动力密集型产业除了成衣外，几乎全部被淘汰，代以IC加工产品、光学产品、计算机及其周边设备及精密机械等
第四阶段（1996~2000年）	高科技及大资本的密集型产业比重已大于80%，服务业等占比不足10%	产品除上面所说的技术密集产品外，还有IC与计算机组合产品、数码光学产品等，另有服务型产业如仓储转运及贸易服务等
第五阶段（2001年至今）	服务贸易比重大于60%，高科技制造业占比小于40%	主要包括仓储转运服务、咨询服务、研发设计、贸易服务等，新增高科技产业有生化科技、纳米科技等制造业

资料来源：张冰：《台湾加工贸易的转型升级及启示》，载于《对外经贸实务》2011年第5期。

2. 与时俱进完善出口加工区制度设计

台湾地区在20世纪80年代实行了第一次产业转型，当时由于全球经济环境和岛内形式发生了重大变化，国际贸易保护主义盛行，岛内要素成本不断上升，台湾地区出口加工区的比较优势逐渐消失，走到了转型和升级的十字路口。1987年2月，台湾"经济部"向"行政院"提出了改进出口加工区的政策性建议，这些建议集中反映了出口加工区在制度设计方面的缺陷。为适应新的经济形势，自1965年"出口加工区管理条例"设立至21世纪，台湾当局对"出口加工区管理条例"进行了多次修改，主要包括两方面内容：第一，准许设立产业的调整。台湾地区出口加工区发展初期为增加就业准许设立17种类产业，其中大多是劳动力密集型产业如皮革、纺织、成衣等制造类。1988年，准许设立贸易业及咨询服务业。1994年，根据经济形势的变化，删除了许多劳动密集型行业，增加准许设立13种类产业，如精密机械、精密仪器、电子、光学等。1997年，增加到18种类，增加的种类多数为高附加值行业，如仓储、转运、货物组装、检测等。第二，出口区功能的调整。台湾地区出口加工区设立之初是为了吸引工业投资，拓展对外贸易，创造就业机会和引进最新技术。根据经济形势的变化，台湾当局于1996年把出口加工区的目标修改为强化产业竞争优势、结合国际市场需求，提升岛内技术水准和引进跨国企业投资。此后，为配合台湾地区"亚太运营中心"计划，调整出口加工区的功能，设置仓储转运专区。2000年，出口加工区确定的未来目标是要发展成为分销和全球物流中心，这些设置政策的调整为区内加工贸易产业的转型升级起到了积极的导向作用。

3. 出台出口加工区配套实施细则

对应于"出口加工区管理条例"，台湾当局又推出"出口加工区管理条例实行细则"，对"出口加工区管理条例"进行细则解释。例如，早期台湾严格禁止出口加工区内的加工贸易企业采购岛内原料、开展内销和委外加工业务，这样不仅不利于延长加工贸易产业链和带动岛内产业发展，而且岛内居民享受不到出口加工区优质廉价的外销品，延缓了加工贸易转型升级的速度。因此，台湾当局逐渐取消了内销限制、委外加工限制，并降低了所得税，增加免税项目，以鼓励区内厂商在岛内采购和吸引外资企业与岛内中间产品供应商合作，达到带动岛内工业的发展与技术层次的提升，促进岛内转型升级的目的。除了鼓励岛内加工业的发展，台湾当局还充分利用广大发展中国家的资源。例如，1991年台商投资大陆合法化，原先担心劳动力密集型产业的外移会造成产业空洞化，但实际上这类产业的外移推动了岛内的产业转型升级。事实证明，对外投资不仅确保了台湾地区所缺乏原料的供应，还带动岛内工业设备和原料的出口；同时，本土产业的海外扩展，也增强了产业的竞争力，使台湾地区企业走上了国际化的经营道路。

（二）大力推动出口拓销

出口拓销方面，在原来的"南向政策"受挫之后，台湾地区开始重新将市场策略扩展为欧美日发达市场、中国大陆市场、新兴市场三大市场并重，出口拓销政策也从原有的密集组团赴海外拓销发展至联合行销、创新形象、构建厂商出口能量"三管齐下"的策略，其主要目的之一，就是避免与竞争对手持续价格战。具体做法主要有：

1. 中小企业出口定制辅导

由于中小企业是台湾地区出口的中坚力量，台湾地区依托其良好的企业与政府沟通机制，针对中小企业需求的特性，提供专门定制的辅导资源，以帮助中小企业强化其国际行销实力。台湾当局先后设立"生产力及贸易中心""中小企业辅助工作小组"和"经济部联合工业研究所"为台湾地区加工贸易企业提供技术、贷款、市场研究、营销等方面的服务支持。2015年1月启用的"厂商出口能量线上诊断"系统，也从网络上为中小企业提供了涵盖金融补助、人才培训、行销推广、咨询辅导等全方位的辅助。

2. 推动新兴人才市场布局

为开发潜力巨大的非洲、南美洲、中东等新兴市场，针对语言、文化的特殊需要，台湾地区整合跨部会资源开展了"新兴市场培育人才行动计划"，其内容包括充实人才资料库、强化种子人才专业技能、扩大人才媒合、协助解决人才聘用问题四大方面，为台湾地区企业降低搜寻劳动力的成本、进入新兴市场提供良好的人力资源基础。

3. 台湾地区产业形象广宣计划

以往台湾地区的企业大多重产品轻行销，仅有优质的产品而没有响亮的品牌，产业形象广宣是台湾地区提升产业竞争力的关键手段。台湾地区产业广宣计划将以优质产业为宣传主题、优良产品为推广标的，兼顾台湾B2B、B2C的产业特性，运用整合行销传播工具，针对目标市场深耕台湾地区产业整体优质形象，创造出创新可信赖的"产品来源地"效应，进而争取市场商机。

4. 虚实整合拓销

台湾地区的电子商务起步较晚，存在巨大的发展空间。运用已有的台湾地区经贸网协助厂商开设网络商店、积极辅导台湾地区厂商以策略联盟形式入驻重点市场电子商务平台、于重要展览会设置电子商务专区、辅导电子商务业者迈向国际市场，这一系列措施都在线上对传统的出口拓销形成了有力的支撑和补充。

5. 加快全球物流建设与发展

随着加工贸易的飞速发展，台湾地区对物流的需求大幅增加。为适应此趋势，台湾当局在20世纪70年代推行"十大"建设，进行高速公路、机场与港口的建设，打通了台北、高雄两市交通，为物流的发展提供了良好支持。进入80年代后，经济部"着手推动流通自动化"，将自动化扩展到物流领域之中。而后受"亚太营运中心计划"的推动，台湾地区在高雄、台中港区及其附近区域，设置以海空联运为主轴的仓储转运专区，以带动邻近地区的通信、保险、研发等知识服务型产业的发展。发达的物流业为台湾地区吸引跨国公司服务外包、研发投资、原材料采购等提供了良好的环境支持，是加工贸易转型升级不可缺少的一个重要条件。

(三) 积极参与区域经济整合

在对外经贸合作方面，台湾地区目前正积极谋求参与区域经济整合，以摆脱开放不足、自由化不足的局面，力图降低关税成本来抵消部分要素成本上升的冲击。

1. 加快完成海峡两岸经济合作框架 (ECFA) 后续协商

自ECFA生效后，台湾地区产业对大陆的出口条件大大改善，中小企业在"早收"项目出口金额中占据一半以上，足以证明ECFA是有利于台湾经济长远健康发展的。大陆已经是台湾最大的出口市场，ECFA的后续协议应加速完成协商，并使其尽快生效以早日消除关税和其他贸易障碍，为台湾地区出口带来更巨大的增长空间。

2. 推动资讯科技协议 (ITA) 扩大谈判

电子产业是台湾地区出口的最主要拉动力，台湾地区在全球的IT贸易产量中占5%，ITA的扩大对台湾地区电子产业的发展无疑有极大的效益。ITA自2012年5月展开扩大谈判，目前谈判仍在进行中，若扩大谈判的成果生效，将为台湾地区的IT产品出口减让更多的关税，从而扩大台湾IT产品出口市场，为整体经济增长增添动力。

3. 积极与各国和地区洽签经济合作协议

近年来，全球各地掀起了区域经济合作的浪潮，台湾地区的贸易对手韩国已经与全球主要的贸易国家签订了自由贸易协定 (FTA)，东盟经济共同体也于2015年底成立。为避免在这一大趋势中被边缘化，台湾地区当前正积极谋求加入区域经济合作当中。为重新获得亚太地区重要的经济地位，台湾地区极力想要加入几个关键协议，其中包括跨太平洋伙伴关系协定 (TPP) 和区域全面经济伙伴关系 (RCEP)。

4. 推动本土经济自由化

为促进贸易、吸引外资，台湾地区在2013年成立了"自由经济示范区"(FEPZs)，在示范区内对市场进入限制及经贸法规大幅松绑，同时还选择了智慧物流和国际健康医疗等高端服务业作为示范对象。现阶段松绑的项目主要包括：放宽外国专业人士来台工作及短期进出的限制、放宽自由港区企业的外包关务限制、放宽对农业及非都市土地使用的限制等。这些项目在推动本土经济自由化的同时，也将创造有利于参与TPP和RCEP的条件。

(四) 推动产业升级和产业创新

在对内经济调整方面，台湾地区正极力提倡产业创新，提高产品附加值，持续推动产业转型升级，以获得持续强劲的贸易动能。

1. 产业升级：奖励投资条例——产业升级条例

早期台湾地区是通过设立出口加工区来推行"奖励投资管理条例"和"出口加工区管理条例"以吸引投资。1991年出台的"促进产业升级条例"，取代了"奖励投资条例"，以主动推动产业结构转型升级。"促进产业升级条例"主要通过鼓励加工贸易企业采用自动化的生产技术实现升级，并且在税收等方面制定优惠政策吸引高科技产业到出口加工区开展加工贸易。这一条例使加工贸易进一步向技术密集型转变，促进实现产业结构的成功转型和升级创新，有效避免经济的波动，为经济的平稳增长奠定了产业基础，在台湾经济增长的过程中起到了关键性的作用。

2. 产业创新：产业升级条例——产业创新条例

2011年4月16日，台湾有关当局通过了"产业创新条例"，结合新的情况对"促进产业升级条例"做出了进一步的制度创新。"产业创新条例"涵盖了鼓励从事创新、分配和利用无形资产、人力资源开发、资金援助、营造产业可持续发展环境的投资，以及土地取得等方面的规定。与"促进产业升级条例"的不同主要体现在，第一，针对研发的税收优惠，企业研发支出的15%可用于抵免当年的营业所得税，最多不超过营业所得税的30%且执行至2019年底；第二，重视绿色环保政策，要求主管机关协助企业开发和采用环保措施，包括减少温室气体排放、使用污染控制技术等，也鼓励政府进行绿色采购。此外，还包含了创新品牌推广、产学合作以及建立研发中心等内容。2014年5月，针对中小企业最新修订了"中小企业发展条例"，使中小企业为员工加薪、雇佣青年劳动力都可以获得税收抵免，其他创新与环保的税收优惠也有更长的适用期。

四、小结

在全球经济增长放缓的外部环境下，台湾地区劳动力、土地、能源与环境、资金等多方面的要素成本上升，显然给台湾的贸易增长带来了较大的内部压力，造成出口动能减弱、外资吸引不足。面对持续的成本难题，台湾选择了完善出口加工区制度建设、更高层次的出口拓销、谋求加入区域经济合作并推动经济自由化、鼓励企业进行创新，从而推动台湾的对外贸易上升到新的发展阶段。

近几年，中国大陆的要素成本上升形势更为严峻，外贸转型升级迫在眉睫。借鉴台湾地区经验，政府部门应该务实分析国内企业面临的困境，出台更具针对性和可操作性的实际措施来帮助进出口企业，还应该针对中小企业加大支持力度，并完善知识产权保护制度，激发创新，鼓励节能环保并淘汰落后产能。在经济自由化与区域经济整合方面，继续推动自贸区建设，与其他经济体建立更为紧密的贸易关系，企业也应主动抓住"一带一路"建设的倡议机遇，加强融入其他区域经济。

附表　　　　　　　　中国台湾各年主要经济指标

年份	经济增长率（%）	出口总值（百万美元）	进口总值（百万美元）	贸易余额（百万美元）
1952	12	116	187	-71
1953	9.49	128	192	-64
1954	9.64	93	211	-118
1955	7.72	123	201	-78
1956	6.17	118	194	-75
1957	7.81	148	212	-64
1958	7.68	156	226	-70
1959	8.81	157	231	-75
1960	7.2	164	297	-133
1961	7.05	195	322	-127
1962	8.93	218	304	-86
1963	10.74	332	362	-30
1964	12.63	433	428	5
1965	11.89	450	556	-106
1966	9.63	536	622	-86
1967	11.15	641	806	-165
1968	9.71	789	903	-114
1969	9.59	1 049	1 213	-163
1970	11.51	1 481	1 524	-43
1971	13.43	2 060	1 844	216
1972	13.87	2 988	2 514	475
1973	12.83	4 483	3 793	691
1974	2.67	5 639	6 966	-1 327
1975	6.19	5 309	5 952	-643
1976	14.28	8 166	7 599	567
1977	11.41	9 361	8 511	850
1978	13.56	12 687	11 027	1 660

续表

年份	经济增长率（%）	出口总值（百万美元）	进口总值（百万美元）	贸易余额（百万美元）
1979	8.83	16 103	14 774	1 330
1980	8.04	19 811	19 733	77
1981	7.11	22 611	21 200	1 412
1982	4.8	22 204	18 888	3 316
1983	9.04	25 123	20 287	4 836
1984	10.05	30 456	21 959	8 497
1985	4.81	30 726	20 102	10 624
1986	11.52	39 862	24 181	15 680
1987	12.7	53 679	34 983	18 695
1988	8.02	60 667	49 673	10 995
1989	8.75	66 304	52 265	14 039
1990	5.65	67 214	54 716	12 498
1991	8.36	76 563	63 142	13 421
1992	8.29	82 122	72 353	9 769
1993	6.8	85 957	77 393	8 564
1994	7.49	94 300	85 698	8 602
1995	6.5	113 342	104 012	9 330
1996	6.18	117 581	102 922	14 659
1997	6.11	124 170	114 955	9 215
1998	4.21	112 595	105 230	7 366
1999	6.72	123 733	111 196	12 537
2000	6.42	151 950	140 732	11 218
2001	-1.26	126 314	107 971	18 344
2002	5.57	135 317	113 245	22 072
2003	4.12	150 600.47	128 010.15	22 590.32
2004	6.51	182 370.38	168 757.6	13 612.79
2005	5.42	198 431.65	182 614.39	15 817.26
2006	5.62	224 017	202 698	21 319
2007	6.52	246 677	219 252	27 425

续表

年份	经济增长率（%）	出口总值（百万美元）	进口总值（百万美元）	贸易余额（百万美元）
2008	0.7	255 629	240 448	15 181
2009	-1.57	203 675	174 371	29 304
2010	10.63	274 601	251 236	23 364
2011	3.8	308 257	281 438	26 820
2012	2.06	301 181	270 473	30 708
2013	2.2	305 441	269 897	35 544
2014	3.92	313 696	274 026	39 670
2015	1.06	281 814	230 281	51 534
2016	2.32	287 368	232 534	54 834
2017	2.8	317 390	259 510	57 880

资料来源：AREMOS 台湾经济统计数据库网络版。

第三章

劳动力市场调整、贸易比较优势变动与中国外贸中长期发展

对一国经济增长和对外贸易而言，劳动力是至关重要的生产要素。改革开放以来，中国利用相对廉价的劳动力成本，积极参与国际贸易，提高对外开放水平，实现了经济的快速增长。然而，近年来随着中国劳动力成本的不断上升和国际市场需求的疲软，中国对外贸易增速放缓。如何突破劳动力成本上升对中国贸易产生的负面影响，实现外贸的中长期发展，成为学术和政策研究日益关注的重点。事实上，中国的劳动力成本上升，既与中国经济的快速增长密切相关，又受到中国劳动力市场的供给结构和劳动力市场政策等因素的影响。从劳动力供给结构来看，近年来我国的人口老龄化进程加快、劳动力供给增速下滑。2012年，中国15~59岁的劳动力人口比上一年减少345万人，劳动年龄人口数首次出现下滑，而中国劳动年龄人口占总人口的比重也从2012年的69.2%下降到2015年的66.3%。从劳动力市场政策因素来看，自2004年最低工资制度在全国实施以及2008年新《劳动法》颁布以来，中国各地最低工资频繁上调，工资成本的上升一定程度上影响了企业的出口。

本章基于中国劳动力成本上升的背景，分别从劳动力供给结构、劳动力市场政策和出口比较优势视角，分析劳动力成本变动对外贸中长期发展的影响及可能的政策启示。本章结构如下：第一节基于相关国际贸易文献的梳理，讨论劳动力人口结构变动和最低工资政策的贸易效应；第二节从贸易中长期均衡的视角出发，构建可数量化分析的多国比较优势贸易模型，探讨技术水平、对外贸易成本及劳动力供给变动对一国贸易中长期的影响；第三节利用现有的国际贸易数据，

结合参数校准和政策反事实分析的思路,研究中国对外贸易模式的决定因素,评估人口规模变动对中国贸易模式及贸易利得的影响,并针对贸易自由化、技术升级等政策调整如何影响中国外贸中长期发展等问题进行政策评估;第四节提出本章可能的政策启示。

第一节 劳动力供给结构与劳动力市场政策的贸易效应:基于现有研究文献的梳理

现有文献对国际贸易的研究主要包括李嘉图模型、HO要素禀赋模型、产业内贸易模型、企业异质性贸易模型等。然而这些研究较少关注劳动力市场供给方对跨国贸易产生的影响。例如,现有贸易文献一般假设劳动力市场完全竞争,工人作为劳动力的供给方,固定提供一单位劳动力,因此劳动力供给缺乏弹性,这一假设显然不符合实际。更为重要的是,现有文献中,鲜有研究考察劳动力供给结构对一国贸易中长期可能产生的影响。事实上,从生产要素积累的角度来看,一国人口结构的调整(例如老龄化、劳动力市场参与度下降等)势必会影响该国的要素禀赋结构,进而作用于贸易模式。

一、人口出生率变动对一国对外贸易的影响

现有文献中,萨扬(Sanyan,2005)通过构建包含OLG的动态贸易模型,说明人口增长水平的差异可以成为国家比较优势的来源。即使两国不存在初始要素禀赋和生产技术差异,由于人口增长率的不同,两国资本和劳动力要素禀赋内生变动,最终使得国家间形成不同的资本—劳动比例,由此产生贸易。具体而言,如果一国人口增长率较低,则长期均衡时,该国资本相对于劳动力更为丰裕,资本密集型产品的相对价格更低;相反,如果该国人口增长率较高,则长期均衡时,该国资本相对于劳动力更为稀缺,资本密集型产品的相对价格更高。产品相对价格的差异最终导致贸易的出现,人口增长率更低的国家最终出口资本密集型产品、进口劳动力密集型产品。

进一步地,该文考虑了人口出生率差异如何通过贸易渠道影响要素价格和贸易利得,基本结论如下:相比封闭经济而言,贸易使得人口出生率较低的国家工资下降、资本收益率上升,相反,贸易使得人口出生率较高的国家工资上升、资本收益率下降。原因与HO模型中的Stopler-Samuelson定理相关:贸易开放时,

人口出生率较低的国家出口资本密集型产品,该产品的相对价格也会相比较封闭经济情形上升,由此提高了资本的价格、降低了劳动力的价格。通过分析贸易对人均收入的影响,该文发现,如果一国出生率下降,则相比封闭经济而言,贸易降低了该国的人均收入水平,原因是更低的出生率降低了本国资本积累和资本收益。进一步地,相比封闭经济,贸易降低了低出生率国家的福利,改善了高出生率国家的福利,因此如果考虑人口出生率降低的长期影响,则对外贸易并不利于改善低出生率国家的福利水平。

下面我们对该文进行具体说明。该文假设两期模型,每一时间点 t 上存在两种类型的消费者,年轻人和老年人,消费者生存两期。假定年轻人生育 $(1+n)$ 个小孩,则人口增长率由 n 表示。个人在第一期工作,固定提供一单位劳动力,并选择生育小孩的个数以及消费与储蓄的规模。第二期个人退休,消费储蓄所得的全部收入。定义 w_t 为个人 t 期工作时的工资水平,A_{t+1} 为个人 t+1 期期初的储蓄,r_{t+1} 为 t+1 期的利率水平,$(1+r_{t+1})A_{t+1}$ 为 t+1 期的个人消费水平。定义 L_t 为第 t 期的人口数,则 $L_{t+1} = (1+n)L_t$ 为 t+1 期的人口数。

生产方面,假设存在两部门,每部门使用资本和劳动力分别生产两种产品 i = 1, 2。第 t 期两部门的生产函数分别为 $x_{1t} = k_{1t}^\alpha l_{1t}^{1-\alpha}$ 和 $x_{2t} = k_{2t}^\beta l_{2t}^{2-\beta}$,其中 $x_{it} = X_{it}/L_t$ (i = 1, 2) 表示部门 i 的人均产出,$k_{it} = K_{it}/L_t$ 为部门 i 的资本劳动比例,$l_{it} = L_{it}/L_t$ 为部门 i 的工人就业比例;假设 $\alpha > \beta$,即产品 1 使用更为资本密集型的技术,产品 2 使用劳动力密集型技术。定义产品 1 为单位产品 $p_1 = 1$,产品 2 第 t 期的价格为 p_t。

完全竞争情形下,企业给定产品和要素价格,选择要素投入最大化利润,要素市场出清。定义 $k_{1t} + k_{2t} = k_t = K_t/L_t$ 为第 t 期的资本—劳动比例。根据企业利润最大化和要素市场出清,可以求得要素需求函数,同时将要素价格表示为产品价格和要素投入的函数:

$$r_t = \alpha \left(\frac{l_{1t}}{k_{1t}}\right)^{1-\alpha} = p_t \beta \left(\frac{l_{2t}}{k_{2t}}\right)^{1-\beta}, \quad w_t = (1-\alpha)\left(\frac{k_{1t}}{l_{1t}}\right)^\alpha = p_t(1-\beta)\left(\frac{k_{2t}}{l_{2t}}\right)^\beta \quad (3.1)$$

消费方面,如果个人在第 t 期出生,定义其效用函数为 $U_t = C_t^\mu C_{t+1}^{1-\mu}$,其中 $C_t = C_{1yt}^\theta C_{2yt}^{1-\theta}$ 为个人年轻时的消费效用,由该期个人对两种产品的消费数量表示,$C_{t+1} = C_{1ot+1}^\theta C_{2ot+1}^{1-\theta}$ 为个人年老时的消费效用,由该期个人对两种产品的消费数量表示。个人消费跨期约束为:$C_{1yt} + p_t C_{2yt} + \frac{C_{1ot+1} + p_{t+1} C_{2ot+1}}{1 + r_{t+1}} = w_t$。根据效用最大化可以求得每一期消费者对两种产品的需求函数:

$$c_{1yt} = \mu \theta w_t, \quad c_{2yt} = \mu(1-\theta)\frac{w_t}{p_t} \quad (3.2)$$

$$c_{1ot+1} = (1-\mu)\theta(1+r_{t+1})w_t, \quad c_{2ot+1} = (1-\mu)(1-\theta)(1+r_{t+1})\frac{w_t}{p_{t+1}} \quad (3.3)$$

接着考虑市场出清条件。资本市场上，由于不存在资本动态积累，第 t+1 期资本存量与第 t 期的工人资本储蓄相等：

$$K_{t+1} = L_t(w_t - C_{1yt} - p_t C_{2yt}) \quad (3.4)$$

利用消费者效用最大化条件，式（3.4）进一步改写为 $k_t = \frac{(1-\mu)w_t}{1+n}$。产品市场出清时，每一种产品的产出 X_{it} 与该期的年轻人消费 $L_t C_{iyt}$ 与老年人消费 $L_{t-1} C_{iot}$ 之和一致：

$$X_{1t} = N_t C_{1yt} + N_{t-1} C_{1ot} + (K_{t+1} - K_t) \quad (3.5)$$

$$X_{2t} = N_t C_{2yt} + N_{t-1} C_{2ot} \quad (3.6)$$

根据消费者效用最大化条件、企业利润最大化条件、要素市场出清条件、产品市场出清条件以及资本积累表达式，稳态均衡时，产品相对价格固定 $p_t = p_{t-1} = p_s > 0$，由此得到稳态均衡时的要素比例变量 k_s 以及产品相对价格变量 p_s。在此基础上，我们求得要素价格和要素配置的均衡变量 $\{w_s, r_s, k_s, l_s\}$。通过进一步验证人口增长率的影响，以下不等式成立：$\partial k_s/\partial n < 0$，$\partial w_s/\partial n < 0$，$\partial r_s/\partial n > 0$。当人口增长率 n 下降时，一国经济中资本相对于劳动力更为丰裕，人均资本量上升，工人工资水平上升，资本利率下降。给定要素价格变动，产品价格的调整取决于生产技术的特征。由于产品 2 为劳动力密集型产品，随着劳动力相对于资本更为稀缺，产品 2 的生产成本上升，对应地，产品价格上涨（$\partial p_2/\partial n < 0$）。

在此基础上，考虑国家间贸易的情形。假设存在两国：国家 A 和国家 B。国家 A 人口增长率较低。自由贸易均衡时，产品价格相同。即使两国开始时不存在要素禀赋的差异，人口增长率的不同依然会使第二期国家 A 资本相对更为充裕，而国家 B 劳动力相对更为充裕。一方面由于人口增长率的差异，国家 B 的劳动力禀赋在第二期更高；另一方面，年轻人生育小孩，因此在第一期过后，国家 B 的总人口中年轻人的比例比国家 A 高，国家 B 的资本积累率低于国家 A，因此在第二期出现了国家间要素禀赋的差异，这一差异源自人口增长率不同对资本积累的影响。在此情况下，国家 A 因为资本更为丰裕，在第二期出口资本密集型产品，而国家 B 因为劳动力更为丰裕，在第二期出口劳动力密集型产品。此时，贸易模式与 HO 模型一致。

萨扬（2005）通过数值模拟的方法，比较了贸易与封闭经济下人口增长的福利效应。与传统的 HO 模型不考虑要素的动态积累不同，通过引入人口增长，贸易可能会恶化人口增长率较低国家的福利，在此情形下，相比封闭经济，贸易开放并不总是会带来福利上的帕累托改进。出现这一结果的原因与要素价格的变动相关。由于人口增长率的差异，国家 A 出口资本密集型产品，因此相比封闭经济而言，国家 A 劳动力工资下降，资本利率上升，而劳动力与资本价格的上升程度取决于生产环节的要素密集度。从国民收入角度来看，如果国家 A 工资所得下降超过资本所得的上升幅度，则国家 A 国民收入会出现下降。此时，国际贸易恶化了低人口增长率国家的福利水平。

二、劳动力市场政策调整对一国对外贸易的影响

本部分针对一国劳动力市场政策调整的贸易效应进行理论机制上的探讨。结合中国劳动力市场政策调整的具体背景，我们集中考察劳动力最低工资上升对一国外贸中长期发展的可能影响及作用机制。首先，我们在包含要素禀赋差异的模型框架下，探讨最低工资制度对贸易模式和贸易利得的影响途径；其次，我们借鉴新贸易理论的研究思路，引入企业异质性，探讨最低工资制度对异质性企业的生产和出口所产生的影响及作用机理；最后，我们允许企业离岸生产行为，探讨最低工资政策调整及要素成本上升对企业参与对外投资的微观影响机制。

（一）最低工资政策调整与对外贸易：基于要素禀赋的分析视角

除了分析人口结构变动对贸易的影响之外，另一个现有文献分析的是最低工资制度对国际贸易的影响。传统的做法基于 Heckscher‐Ohlin 贸易模型，通过引入劳动力最低工资及劳动力失业，比较贸易前后各国劳动力市场及贸易利得的变化。

现在我们介绍布雷彻（Brecher, 1974）和戴维斯（Davis, 1998）的模型。假设两国、两部门（部门 1 和部门 2）、两要素（劳动和资本），劳动和资本的价格分别为 w 和 r，部门 1 生产的产品更为资本密集，部门 2 的产品价格标准化为 1，部门 1 的产品相对价格标记为 p，资本禀赋为 $K = K_1 + K_2$，劳动禀赋为 $L = L_1 + L_2$，要素密集度定义为 $k = K/L$，部门间要素禀赋的差异由 $k_1(w, r) > k_2(w, r)$ 表示。两国消费者偏好相同且均为同类（homothetic）的，假设资本市场完全竞争且市场出清，但一国（例如国家 1）劳动力市场存在最低工资制度，另一国（例如国家 2）劳动力市场完全竞争且市场出清。

首先考虑封闭经济下最低工资的影响。图 3-1 的象限 I 说明了产品市场出清时，产品相对价格与资本密集度之间的关系。资本更充裕时，资本密集型产品的产出更多，产品市场出清时，资本密集型产品的相对价格更低。象限 II 说明了零利润条件下产品 1 相对价格和劳动力工资之间的关系。根据 Stolper‐Samuelson 定理，给定产品 1 生产更多使用资本，当产品 1 价格上升时，资本的价格上升，

劳动力的价格下降。象限Ⅳ给出了资本密集度的定义，给定资本禀赋 K，资本密集度 k = K/L 与劳动力雇佣 L 反向相关。如果不存在最低工资制度，则劳动力完全雇佣，就业量 $\hat{L}$ 即为劳动力禀赋规模 $\bar{L}$，资本密集度对应为 $\hat{k}$，产品 1 相对价格对应为 $\hat{p}$，劳动力工资对应为 $\hat{w}$。最低工资制度下，劳动力最低工资设定为 $\tilde{w} > \hat{w}$，此时为了保证零利润、资本市场出清及产品市场出清，产品 1 相对价格必须为 $\tilde{p}$，资本密集度必须为 $\tilde{k}$，劳动力就业量必须为 $\tilde{L}$，由此形成失业且失业率为 $U = (\bar{L} - \tilde{L})/\bar{L}$。

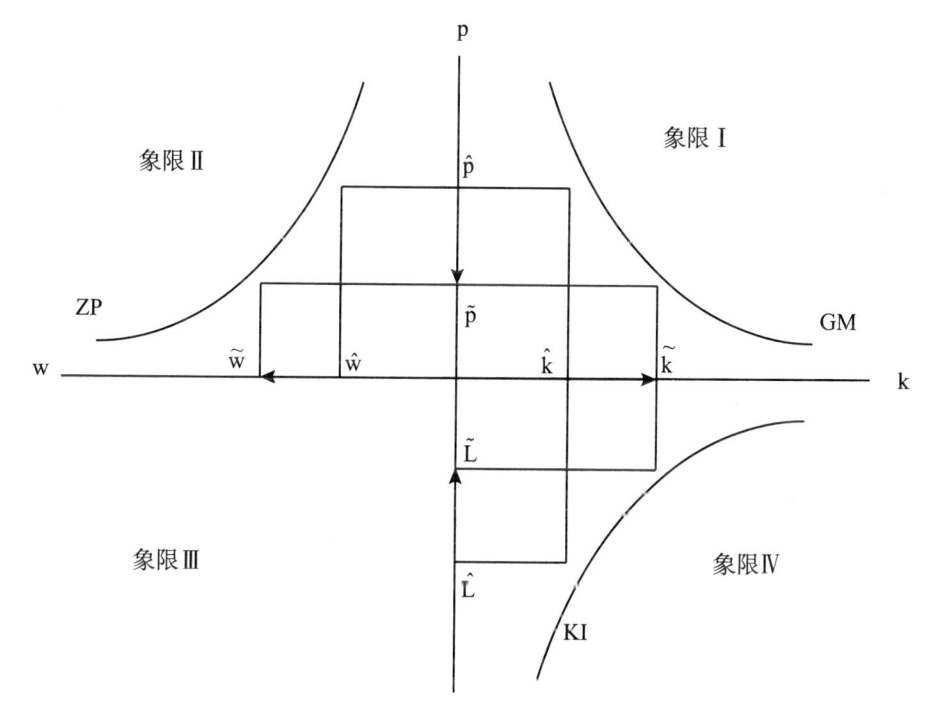

图 3-1　最低工资制度与封闭经济均衡

现在考虑两国情形。假设国家 1 和国家 2 在要素禀赋、生产技术及消费者偏好方面完全相同，国家 1 存在最低工资制度，国家 2 劳动力市场完全竞争且市场出清。如图 3-2 所示，两国生产可能性边界由 CC′ 表示。国家 1 最低工资为 $\tilde{w}$，产品相对价格为 p^*，对应这一相对价格的产品相对消费量为 $\alpha(p^*)$，生产组合为 A，消费组合为 A′，此时存在产品 1 的过剩需求，如果劳动力工资可以自由调整，则产品 1 相对价格上升会使工人工资下降。但是由于存在最低工资，产品 1 相对价格的上升只能通过提高产品 1 的相对供给实现，资本市场出清则意味着产品 2 的供给下降，因此国家 1 在没有贸易前的均衡生产和消费组合由 E 表示，劳动力存在失业。相反，由于国家 2 不存在最低工资制度，因此产品市场出清时，产品1相对价格高于p^*，劳动力工资低于$\tilde{w}$。

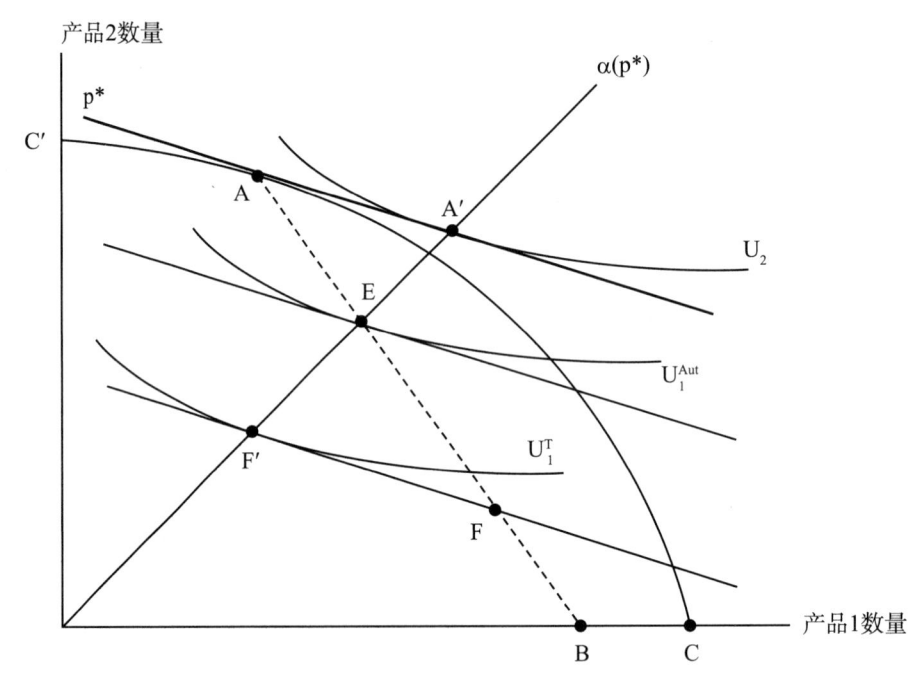

图 3-2 最低工资与贸易模式

接着分析两国自由贸易的情形。由于国家1存在最低工资，因此均衡时产品1相对价格依然为p^*。在此情形下，国家2的消费由A′表示，生产由A表示，国家2存在产品1的过剩需求，贸易均衡时，国家1需要出口产品1，产品1的生产相比封闭经济上升，产品2的生产则进一步下降，同时国家1的消费者需求组合由F′所示，给定相对价格p^*，产品生产则由F所示，此时国家1劳动力失业相比封闭经济进一步上升、劳动力实际工资进一步下降。相反，国家2出口劳动力密集型的产品2，劳动力实际工资上升。因此，开放经济下，一国最低工资制度会进一步导致该国失业率上升、劳动力实际工资下降，与此同时，国家间的贸易关联会使其他国家相对受益。

（二）最低工资政策调整与对外贸易：基于企业异质性的分析视角

根据戴维斯（1998）的分析，最低工资使得本国受损、外国受益。然而这一理论结果并没有得到实证研究的支持。相反，一些研究发现，一国可以将最低工资所造成的负面影响通过贸易渠道转移给其他国家（Felbermayr et al., 2009）。在此基础上，埃格等（Egger et al., 2012）基于异质性企业模型提出了最低工资贸易效应的新视角。

1. 封闭经济情形

首先考虑封闭经济。假设一国人口总数为 L，每人固定提供一单位劳动力。该国经济由最终产品部门和中间产品部门构成，最终部门完全竞争，使用中间部门提供的产品进行生产，生产函数为：

$$Y = M^{\frac{\eta}{1-\sigma}} \left(\int_{v \in V} q(v)^{\frac{\sigma-1}{\sigma}} dv \right)^{\frac{\sigma}{\sigma-1}} \quad (3.7)$$

其中 Y 为最终产品的产出，M 表示中间产品的种类数，$q(v)$ 为中间产品种类 v 的产量，$\sigma \geq 1$ 表示中间产品的替代弹性，$\eta \in [0, 1]$ 代表中间产品的外部规模效应（external scale effect），如果 $\eta = 0$，则中间产品种类数 M 上升会影响最终产品生产的单位成本，相反，如果 $\eta = 1$，则中间产品种类数 M 不影响最终产品的生产成本。最终产品用于消费或者企业投资。定义 P 为最终产品的价格，$p(v)$ 为中间产品 v 的价格且最终产品价格标准化为 1（P=1）。给定完全竞争及成本最小化，中间产品 v 的需求函数为：

$$q(v) = (p(v))^{-\sigma} \frac{Y}{M^{\eta}} \quad (3.8)$$

中间产品部门存在垄断竞争，生产时使用劳动力作为可变投入，使用最终产品作为固定投资，生产边际成本为 w/φ，其中 w 为劳动力最低工资，该变量由政府外生设定，φ 为企业生产率，给定需求函数（3.8），中间产品的定价为 $p(\varphi) = \frac{\sigma}{\sigma-1} \frac{w}{\varphi}$，企业生产率 φ 为随机分布，假设分布函数为 $G(\varphi) = 1 - \varphi^{-k}$。与梅里兹（2003）不同，该模型未考虑企业的进入和退出决策，相反，假设存在固定数量的进入者 N，这些进入者面临相同的生产率分布函数 $G(\varphi)$，每个进入者观察到自身生产率 φ 后，随机选择是否进行生产。

由于企业利润随生产率上升而增加，因此存在临界生产率 φ^*，企业只有在生产率高于 φ^* 时，才会选择生产，该生产率由下式决定：

$$r(\varphi^*) = (p(\varphi^*))^{1-\sigma} \frac{Y}{M^{\eta}} = \sigma \quad (3.9)$$

给定进入企业数 N，生产企业数由 $M = N(1 - G(\varphi^*))$ 表示。同时根据 CES 需求函数，定义平均生产率：

$$\tilde{\varphi} = \left[\int_{\varphi^*}^{\infty} \varphi^{\sigma-1} \frac{g(\varphi)}{1 - G(\varphi^*)} d\varphi \right]^{1/(\sigma-1)}$$

使得最终产品价格指数为 $P = M^{\frac{1-\eta}{1-\sigma}} p(\tilde{\varphi})$，据此可以将中间部门总收益表示为 $R = Mr(\tilde{\varphi})$，中间部门总的营业利润表示为 $\prod = M\pi(\tilde{\varphi})$。给定 Pareto 分布函

数，则 $\tilde{\varphi} = \left(\frac{k}{k-\sigma+1}\right)^{\frac{1}{\sigma-1}} \varphi^*$ 和 $r(\tilde{\varphi}) = \frac{k}{k-\sigma+1}\sigma$ 成立。

由于不存在企业的进入和退出决策，均衡时以下条件满足：第一，企业利润最大化，因此给定 CES 需求，企业定价为边际成本的固定加成，且存在临界生产率 φ^* 使得 $r(\varphi^*) = \sigma$ 成立；第二，产品市场出清，给定最终产品部门完全竞争且只使用中间部门产品进行生产，该部门总产出与中间部门的总收益相等：$Y = R = Mr(\tilde{\varphi})$；第三，由于劳动力只用于中间部门的可变投入，因此给定生产函数和 CES 需求，雇佣劳动力工资所得 $w(1-u)L$ 为中间部门总收益 R 的固定比例：$w(1-u)L = ((\sigma-1)/\sigma)R$，其中 $(1-u)L$ 为劳动力的就业规模。

结合以上条件得到封闭经济时的均衡变量，其中，均衡临界生产率为：

$$\varphi^* = \kappa w^{\frac{1-\sigma}{k(1-\eta)-\sigma+1}} N^{\frac{1-\eta}{k(1-\eta)-\sigma+1}} \qquad (3.10)$$

均衡生产企业数目为：

$$M = \frac{k\sigma}{k-\sigma+1} \kappa^{-k} w^{\frac{k(\sigma-1)}{k(1-\eta)-\sigma+1}} N^{\frac{1-\sigma}{k(1-\eta)-\sigma+1}} \qquad (3.11)$$

劳动力失业率为：

$$u = 1 - w^{\frac{k(\sigma-1)}{k(1-\eta)-\sigma+1}-1} N^{\frac{1-\sigma}{k(1-\eta)-\sigma+1}} \kappa^{-k} \frac{k}{k-\sigma+1} \frac{\sigma-1}{L} \qquad (3.12)$$

参数 $\kappa = \left(\frac{\sigma-1}{\sigma}\right)^{\frac{\sigma}{k(1-\eta)-\sigma+1}} \left(\frac{k}{k-\sigma+1}\right)^{\frac{1}{k(1-\eta)-\sigma+1}} > 0$。为保证模型始终存在解，假设 $k(1-\eta)-\sigma+1 < 0$ 始终成立，此时要求中间部门种类对最终产品生产的外部规模效应相对较弱，而中间产品种类增加所导致的最终产品需求上升也不会导致临界生产率一直下降。

式（3.10）~式（3.12）说明，最低工资 w 的提高导致了中间产品企业生产成本的上升，由此形成的利润降低使得生产效率较低的企业退出生产，临界生产率 φ^* 因此上升（$\partial \varphi^*/\partial w > 0$）。给定进入企业数 N，中间部门生产企业数下降（$\partial M/\partial w < 0$），该部门企业总收益 $R = Mr(\tilde{\varphi}) = M\sigma k/(k-\sigma+1)$ 以及最终产品产出 $Y = R$ 下降，劳动力工资的总所得降低，劳动力就业下降，失业率上升。因此，最低工资制度强化了劳动力市场的就业摩擦，降低了整个经济的运行效率。

2. 开放经济情形

接着考虑贸易情形。假设存在国家 1 和国家 2，国家 1 最低工资更高（$w_1 > w_2$）且劳动力不可以跨国移动，两国在最终及中间产品部门可以自由贸易，所有企业均可以出口产品到国外，中间部门的进入者数量也不存在差异。此时，所有中间产品企业在两国面临相同的最终产品需求，给定企业异质性，两国临界生产率企业收益满足 $r_1(\varphi_1^*) = r_2(\varphi_2^*) = \sigma$，由此进一步得到两国临界生产率的关系满足：$w_1/\varphi_1^* = w_2/\varphi_2^*$，国家1最低工资更高时，临界生产率也相应上升，原因与封闭经济情形似，最低工资上升导致企业生产成本增加，给定生产所需的固定投入，生产效率较低的企业退出市场。

由于各国最终产品部门可以进口国外中间产品，因此可以重新定义平均生产率 $\tilde{\varphi}_{it}$ 使得开放经济的价格指数满足：$P_{it} = M_t^{\frac{1-\eta}{1-\sigma}} p_i(\tilde{\varphi}_{it})$，此时 $M_t = M_1 + M_2$ 表示最终部门所得到的中间产品种类数，为两国中间产品种类数的和，而 $p_i(\tilde{\varphi}_{it})$ 代表的是对应平均生产率 $\tilde{\varphi}_{it}$ 的企业的定价：

$$p_i(\tilde{\varphi}_{it}) = \left[\frac{M_1}{M_t}(p_1(\tilde{\varphi}_1))^{1-\sigma} + \frac{M_2}{M_t}(p_2(\tilde{\varphi}_2))^{1-\sigma} \right]^{\frac{1}{1-\sigma}}$$

具体而言，$p_i(\tilde{\varphi}_{it})$ 为根据产品种类数加权平均得到的中间产品平均价格，自由贸易时，该价格 $p_i(\tilde{\varphi}_{it})$ 与国家 i 无关，$p_i(\tilde{\varphi}_i)$ 则表示的是本国平均生产率 $\tilde{\varphi}_i$ 企业的定价，即 $p_i(\tilde{\varphi}_i) = \sigma w_i/((\sigma-1)\tilde{\varphi}_{it})$。通过证明可以发现，$\tilde{\varphi}_{it} = \tilde{\varphi}_i$ 成立，即如果中间产品完全自由贸易，则开放经济下定义的平均生产率（该生产率覆盖本国及进口中间产品两部分）与本国国内企业临界生产率相一致。基于这一结果，开放经济下的零利润条件由式（3.13）表示：

$$\frac{\sigma}{\sigma-1}\left(\frac{k}{k-\sigma+1}\right)^{\frac{1}{1-\sigma}} \frac{w_i}{\varphi_i^*} = \left[M_i\left(1 + \left(\frac{w_i}{w_j}\right)^k\right)\right]^{\frac{1-\eta}{\sigma-1}} \quad (3.13)$$

当 $\eta = 1$ 时，中间部门产品种类对最终产品生产的外部规模效应消失，因此，即使存在中间产品的进口，本国中间产品部门企业的利润也不受影响，此时给定自由贸易，中间部门的临界生产率不会变动，相应地，中间部门的企业数和失业率也不会发生调整。相反，当 $\eta < 1$ 时，存在外部规模效应，通过进口中间产品，最终部门的生产成本降低，最终产出增加，由此形成的需求增加效应（来自最终产品部门）会超过竞争加剧效应（来自中间部门的进口），进而降低临界生产率，此时对外贸易增加了生产企业数目、提高了最终部门的产出和雇佣劳动力的工资总收入，给定最低工资由政府外生设定时，劳动力失业率下降。

在此分析的基础上，可以考虑国家间最低工资制度差异对各国的影响。假设国家1进一步提高最低工资水平，此时，国家1的生产成本上升，中间部门利润下降，低效率企业退出生产，临界生产率会因此上升，中间产品种类数下降。当 $\eta < 1$ 时，会导致两国最终产品部门面临更高的生产成本，国家2中间部门也会受到国家1最低工资制度的牵连，面临更低的最终产品需求，低效率生产企业退出市场，中间部门生产企业数及总产出下降，给定国家2最低工资不变，国家2就业下降，失业率上升。此时，由于存在国家间的贸易关联，国家1将本国最低工资制度所产生的负面效应，部分转嫁给了国家2，两国均受损，这一结论与戴维斯（1998）的完全不同。这里的作用机制与国家间要素禀赋差异无关，取决于

产业内的企业异质性。

3. 最低工资政策调整与跨国投资：基于企业离岸生产决策的分析视角

埃格等（2012）接着考虑了企业离岸生产与跨国最低工资制度差异之间的关系。和上面的分析一样，假设国家1最低工资高于国家2，存在离岸生产时，国家1的企业有动机选择工资较低的国家2进行生产，参照现有文献，假设离岸生产时，需要额外的固定投入，因此存在两个临界生产率变量：决定是否生产的临界生产率以及决定是否离岸生产的临界生产率，后者相对更高。重要的是，由于是国家1更有效率的企业利用国家2相对便宜的劳动力进行生产，产品贸易完全自由时，这会导致两国最终部门的生产成本下降，最终部门产出增加，由此带来两国中间部门的扩大，两国决定是否生产的临界生产率因此下降，但是由于存在离岸生产的自选择效应，中间部门平均生产率 $\bar{\varphi}_{it}$ 与国内生产企业平均生产率 $\bar{\varphi}_d$ 之间的比值上升。与此同时，伴随着最终及中间部门的产出增加，劳动力需求上升，两国失业率下降。因此，离岸生产的出现，提高了经济效率，并且同时降低了两国的失业水平。

如果国家1提高最低工资，则会存在两种效应：第一，国家更多的企业选择在国家2离岸生产，此时国家2的劳动力需求会进一步上升，国家2劳动力因此得益，而国家1的劳动力需求因为生产的跨国转移而受损。第二，由于国家1最低工资上升，国家1企业面临更高的劳动力成本，效率低的企业退出市场，给定进入企业数不变，中间产品种类数下降，如果存在中间产品种类的外部规模效应，则最终产品产出下降，这会降低两国的劳动力需求，提高两国的失业水平。因此，国家1最低工资提高了本国的失业率，但对国家2的影响不确定，这取决于外部规模经济的程度。如果不存在外部规模经济，那么国家2始终会因为生产的跨国转移得益。相反，如果外部规模经济程度足够高，则国家2也会因为国家1最低工资的上升而受损。因此，离岸生产弱化了一国最低工资制度对其他国家劳动力就业的积极效应，但并不必然带来两国就业的同时恶化。

第二节　技术水平、劳动力供给与贸易比较优势：
理论模型分析与参数校准

本节基于伊顿和科图姆（Eaton and Kortum，2002）的量化国际贸易模型和世界投入产出数据库（World Input Output Database，WIOD）的相关数据，参照伊顿和科图姆（2002）的做法，构建多国比较优势贸易理论模型，由此得出给定各国技术水平和国际贸易成本条件下,各国的产出和工资决定表达式,通过证明贸易均衡的存在及唯一性,校准得出各国技术水平的相关参数,以此分析技术及贸易成本等因素对中国当前贸易模式的影响。

一、模型基本设定

假设世界经济由 N 个国家构成,为方便下文分析,我们引入国家标记 i, n = 1, 2, …, N。其中,标记 i 为某一出口国(或者生产国)、标记 n 为某一进口国(或者需求国)。国家间允许存在技术水平、人口规模、贸易成本等方面的差异。同时,假设生产和消费集中在一个部门,该部门为完全竞争且存在产品贸易。生产环节,企业给定完全竞争环境、不同国家间的贸易成本以及生产技术,雇佣劳动力进行生产。消费环节,劳动力不能跨国移动,通过固定提供一单位劳动力,获得工资收入,用于本国及外国产品的消费。

(一) 消费者效用

代表性消费者的效用函数为:

$$U = \left[\int_0^1 Q(j)^\rho dj \right]^{1/\rho} \tag{3.14}$$

其中,U 为消费效用,消费产品种类由连续的指数 j ∈ [0, 1] 表示,Q(j) 为产品 j 的消费数量,不同产品间的替代弹性由 $\sigma = 1/(1-\rho) > 1$ 表示。定义工资收入为 w,则给定效用函数,代表性消费者对某一类产品 j 的需求函数为:

$$Q(j) = (p(j))^{-\sigma} \frac{w}{P^{1-\sigma}} \tag{3.15}$$

其中 p(j) 为消费者所面临的产品 j 的价格,P 为消费者面临的所有产品的价格指数,由下式表示:

$$P = \left[\int_0^1 (p(j))^{1-\sigma} dj \right]^{1/(1-\sigma)} \tag{3.16}$$

(二) 生产技术

现在我们分析企业生产。给定贸易环境,我们通过国家标记 i, n = 1, 2, …, N 区分产品生产及消费国家。所有企业生产时使用本国劳动力,定义 w_i 为生产国 i 的劳动力工资率。定义 $Z_i(j)$ 为国家 i 生产产品 j 时的效率水平,该变量为随机的 Fréchet 分布且分布函数的形式与产品指数 j 无关,同时国家间的分布相互独立。具体而言,$Z_i(j)$ 的分布函数由下式表示:

$$F_i(z) \equiv \Pr[Z_i(j) \leq z] = e^{-T_i z^{-\theta}} \tag{3.17}$$

其中，参数 T_i 表示国家 i 自身的生产技术，适用于所有产品 j 的生产技术分布。T_i 越高时，国家 i 技术越发达，参数 $\theta > 1$ 表示生产率分布的集中程度，适用于所有国家，反映了国家之间的技术差异程度。θ 越小时，国家之间的技术差异程度越大。

现在引入冰山贸易成本。假设 i 国企业出口一单位产品 j 到国家 n 时，需生产并运送 τ_{ni} 单位产品。若 n = i，令 $\tau_{ni} = 1$，表示国内自由贸易。若 $n \neq i$，令 $\tau_{ni} > 1$，表示存在国家贸易成本。注意这里的贸易成本，既包括国家间地理距离，也包括关税成本与其他非关税壁垒，贸易成本越大时，贸易流量相应减少。

（三）价格分布及贸易比例

给定生产技术分布和贸易成本，i 国企业生产并出口产品 j 到 n 国时的价格由 $p_{ni}(j)$ 表示，其中：

$$p_{ni}(j) = w_i d_i / Z_i(j) \tag{3.18}$$

完全竞争时，i 国企业出口到 n 国时的价格等于其出口的单位成本。而进口国 n 产品 j 的价格 $p_n(j)$ 由价格最低供给国的定价表示：

$$p_n(j) = \min_i p_{ni}(j) \tag{3.19}$$

由于式（3.17）中 $Z_i(j)$ 为随机分布，据此定义 $G_n(p)$ 为 $p_n(j)$ 的分布函数，其中：

$$G_n(p) = \Pr[\min_i p_{ni}(j) \leq p] = 1 - \exp[-\Phi_n p^{\theta}] \tag{3.20}$$

并且

$$\Phi_n = \sum_{i=1}^{N} T_i (c_i d_{ni})^{-\theta} \tag{3.21}$$

根据式（3.20），进口国 n 的价格分布与以下变量相关：第一是所有出口国 i 的技术水平 T_i，第二是所有出口国 i 的劳动力成本 w_i，第三是所有出口国 i 与进口国 n 之间的贸易成本 τ_{ni}。如果不存在贸易成本，则 Φ_n 在所有进口国均相等，此时同一产品在世界各国的售价相同。与此同时，如果国际贸易成本无穷大，则 Φ_n 只取决于国家 n 自身的劳动力成本、国内贸易成本及自身技术，因此一国某一产品的价格只取决于该国自身的特征。

与此同时，根据伊顿和科图姆（2002）的模型，如下三个重要特征成立：

第一，在所有出口国中，定义 π_{ni} 为国家 i 成为进口国 n 的价格最低供应国的概率，此时：

$$\pi_{ni} = \frac{T_i(w_i \tau_{ni})^{-\theta}}{\Phi_n} \tag{3.22}$$

式（3.22）与产品指数 j 无关，因此 π_{ni} 适用于所有产品，代表国家 n 支出中购买国家 i 产品的比例，该比例与生产国 i 技术 T_i 正相关，与生产国 i 的劳动力成本 w_i、该国与该国家的双边贸易成本 τ_{ni} 负相关，同时贸易环境下，其他国家的技术、劳动力成本及其与进口国的双边贸易成本也会影响国家 n 对国家 i 的支出比例（作用渠道由 Φ_n 反映），因此需要考虑国家 i 相对于所有国家的比较优势。

第二，给定国家 n 从国家 i 进口产品，此时 p_{ni} 的分布和国家 n 的价格分布 $G_n(p)$ 相同：

$$\Pr[p_{ni} \leq p \mid p_{ni} \leq \min_{s \neq i} p_{si}] = \frac{\int_0^p \prod_{s \neq i}[1 - G_{si}(q)]dG_{ni}(q)}{\pi_{ni}} = G_n(p) \quad (3.23)$$

式（3.23）有如下经济学含义：首先，从需求方来看，虽然进口国 n 的产品消费来自 i 国，但是价格分布 $G_n(p)$ 不仅取决于 i 国自身的技术水平、劳动力成本及两国双边贸易成本，还取决于 i 国之外的所有其他贸易竞争对手的技术水平、劳动力成本以及其与国家 n 的双边贸易成本。这一特征反映了完全竞争与贸易成本对一国价格的影响。其次，从供给方来看，对于出口国 i 来说，本国 T_i、w_i 及贸易成本 τ_{ni} 的变动，只会通过扩展边际（extensive margin）即出口产品的种类，影响该国出口到 n 国的贸易流量。由于 $G_n(p)$ 的表达式适用于 n 国的所有产品种类 j，贸易的内延边际（即每一种类产品的出口流量）与出口国 i 的特征无关。

第三，给定价格分布 $G_n(p)$，进口国 n 的价格指数 P_n 由下式表示：

$$P_n = \left[\int_0^1 p_n(j)^{1-\sigma}dj\right]^{\frac{1}{1-\sigma}} = \left[\int_0^\infty p^{1-\sigma}dG_n(p)\right]^{\frac{1}{1-\sigma}} = \gamma \Phi_n^{-\frac{1}{\theta}} \quad (3.24)$$

此时，P_n 与变量 Φ_n 负相关，参数 $\gamma = \left[\Gamma\left(1 + \frac{1-\sigma}{\theta}\right)\right]^{\frac{1}{1-\sigma}}$ 为常数。

（四）模型均衡

完全竞争均衡时，以下条件必须满足：首先，企业利润为零，国家 i 总收益 R_i 与该国劳动力工资支付 w_iL_i 相等。其次，贸易平衡，故国家 i 总收益 R_i 与该国总支出 X_i 相等。其中，$R_i = \sum_{n=1}^{N} X_{ni}$，即国家 i 总收益 R_i 为 i 国销售产品到所有国家的收益之和。同时，给定完全竞争，$X_i = w_iL_i$ 成立，表示国家 i 的总支出只来源于该国的劳动力收入。定义 $\lambda_{ni} = X_{ni}/X_n$ 为 n 国总支出中用于 i 国产品的贸易支出比例，根据式（3.22），$\lambda_{ni} = \pi_{ni}$ 成立，即 n 国总支出中用于 i 国产品的支出比例与该国任意一种产品由 i 国提供的概率相同。结合零利润条件和贸易平衡条件，经济均衡由劳动力成本 w_i 和贸易支出比例 λ_{ni} 决定：

$$w_i L_i = \sum_{n=1}^{N} \lambda_{ni} w_n L_n \qquad (3.25)$$

$$\lambda_{ni} = \frac{T_i (w_i \tau_{ni})^{-\theta}}{\sum_{k=1}^{N} T_k (w_k \tau_{nk})^{-\theta}} \qquad (3.26)$$

命题 1：给定国家间的技术水平 T_i、双边贸易成本 τ_{ni} 和贸易弹性 θ，方程组（3.25）和方程组（3.26）存在唯一的均衡工资向量 w_i^* 和贸易支出比例 λ_{ni}^* ①。

给定所有国家的技术水平 T_i 及贸易成本 τ_{ni}，我们可以根据式（3.25）和式（3.26）得到唯一的均衡工资水平 w_i^*（参见附录证明），进而得到均衡时的贸易支出比例 λ_{ni}^*。在此基础上，我们将国家 n 的消费效用表示为：

$$V_n = \frac{w_n}{P_n} = \gamma \left(\frac{A_n}{\pi_{nn}} \right)^{\frac{1}{\theta}} \qquad (3.27)$$

其中，$\gamma = \left[\Gamma \left(\frac{\theta - \sigma + 1}{\theta} \right) \right]^{\frac{1}{\sigma-1}}$ 为常数，$\Gamma(\cdot)$ 为 Gamma 函数。为保证价格指数有意义，参数条件 $\theta > \sigma - 1$ 须满足。

二、数据处理

我们计算的数据来源是欧盟提供的世界投入产出数据库（world input output database, WIOD），该表包含英国、法国、德国等 27 个欧盟国家，以及美国、加拿大、中国、日本、印度、巴西等 13 个世界主要其他国家，该数据库涵盖了 1995~2009 年（Timmer et al., 2012）40 个主要世界国家 35 个部门的双边投入产出表，能精确系统地反映不同国家间的双边贸易关系及各部门间的投入产出关系；我们的定量分析基于 WIOD 2008 年的数据。首先，将该投入产出表的国家及行业进行细微调整，得到 34 个主要世界国家、31 个部门间的投入产出关系；其次，需要指出的是，WIOD 统计了包含中间产品及最终产品的多部门投入产出关系，而在这里，我们没有考虑多部门的情形，因此，需要将部门间的投入产出系数纳入国家间贸易流量的计算。

具体而言，考虑 N(N=34) 个经济体，S(S=31) 个部门的跨国投入产出关系：$Y = AY + Z$，其中 Y 是维度为 NS×1 的产出矩阵，Z 是维度为 NS×1 的最终需求矩阵，A 是维度为 NS×NS 的中间投入矩阵。首先，需要根据 WIOD 计算得

---

① 具体证明参见附录。

到国家—行业间的直接投入产出系数矩阵 A。数据处理时，第一步，加总投入产出表各行数据，得到对不同国家各个行业的总需求矩阵 R（维度 NS×1）；第二步，基于投入产出表中的中间产品投入矩阵 V（维度 NS×NS）得到直接投入产出系数矩阵 A（给定 V = AR，则 A = VR^{-1}）。其次，给定 A，求得调整后的产出矩阵 **Y** = (I − A)$^{-1}$**Z**（维度 NS×1）及投入产出矩阵 **X** = A**Y**，该矩阵（维度 NS×NS）反映了经过调整行业间投入产出关系之后的国家—行业层面的贸易流量。在此基础上，定义 $X_{ni} = \sum_s X_{ni,s}$ 为国家 n 对国家 i 的总进口额，s = 1，2，…，S 为行业代码，$X_{ni,s}$ 为国家 n 对国家 i 产业 s 的进口额，在此基础上，得到国家 n 的总进口额 $X_n = \sum_i X_{ni}$ 以及国家 i 的总出口额 $Y_i = \sum_n X_{in}$，产品支出比例由 $\lambda_{ni} = X_{ni}/X_n$ 计算得到。

另外需要指出的是，通过加总得到的国家间贸易流量实际数据并不平衡，即一国总进口额（总支出）$X_i = \sum_n X_{in}$ 并不等于该国的总出口额（总产值），存在贸易赤字或者黑字的情况，而理论模型分析时，现有文献的分析需要依赖于贸易平衡的均衡条件。为了解决这一现实数据与理论模型之间的不一致，现有贸易文献主要参照两种做法：第一种是贸易赤字 $D_i = X_i - Y_i = \sum_n (X_{in} - X_{ni})$ 设定为外生给定，即使存在相关外生变量的冲击，贸易赤字额不会变动，此时 $Y_i + D_i = X_i = \sum_n X_{ni}$ 成立。这种做法的缺陷是有可能导致理论模型本身无法得到唯一解。因此，第二种做法是构建平衡的贸易流量矩阵，给定现实观察到的贸易支出比例 $\lambda_{ni} = X_{ni}/X_n$，反推基于这一比例且满足贸易平衡的总出口额变量，此时 $Y_i = \sum_n \lambda_{ni} Y_n$ 成立且存在唯一产出矩阵 {Y_i} 满足这一等式。求得产出矩阵 {Y_i} 后，可以根据实际观察到的贸易支出比例 $\lambda_{ni} = X_{ni}/X_n$，求得满足贸易平衡条件的贸易流量矩阵 $X_{ij} = \lambda_{ij} Y_j$。这种做法的好处是，给定模型设定，始终存在唯一的外生变量（例如 T_i）及工资、贸易流量等内生变量。因此，我们基于第二种方法，首先得到满足贸易平衡的产出及贸易流量矩阵，在此基础上，反向求解模型中的重要变量。

最后需要说明的是贸易成本的测算，此处我们参照海德和里斯（Head and Ries，2001）及诺维（Novy，2013）的做法，对贸易成本进行间接的测算。为方便分析，假设国家间的贸易成本对称（即 $\tau_{ni} = \tau_{in}$）且国内贸易成本为 1（$\tau_{ii} = \tau_{nn} = 1$），则我们可以根据式（3.26），将国家间贸易成本表示为贸易流量的函数，具体形式如下：

$$\bar{\tau}_{in} = \sqrt{\tau_{in}\tau_{ni}} = \left(\frac{\lambda_{nn}\lambda_{ii}}{\lambda_{ni}\lambda_{in}}\right)^{\frac{1}{2\theta}} \quad (3.28)$$

式（3.28）给出了国家间双边贸易成本的间接计算方法，该方法存在两个基本优势：第一，操作简便，只需要使用双边贸易流量数据和贸易弹性 θ 即可。第二，包含关税、贸易壁垒及非贸易壁垒等一般意义上的贸易成本，更具有一般意义。

三、参数校准及结果

根据式（3.25）和式（3.26），计算得到产出矩阵 $\{Y_i\}$ 后，我们可以结合均衡条件 $Y_i = w_i L_i$ 及各国劳动力就业量数据，通过设定贸易弹性参数 θ，求解方程组（3.25）和方程组（3.26），得到各国技术水平参数 A_i。

命题2：给定各国人均工资 w_i、人口规模 L_i、贸易成本 τ_{ni} 和贸易弹性 θ，存在唯一的技术水平向量 A_i 使得式（3.25）和式（3.26）成立[①]。

基于现有文献（Costinot and Rodríguez–Clare, 2014）对贸易弹性的取值，表3-1第一列给出了相应的模型计算结果，可以发现，相比其他国家，中国的技术水平参数依然较低，与巴西接近，但高于墨西哥、印度尼西亚及印度等其他发展中国家，而发达经济体（如澳大利亚、比利时、德国、日本、美国等）的技术均显著高于世界平均水平。因此，从长期来看，中国技术进步的空间依然很大，通过技术进步促进中国贸易中长期发展的措施十分必要。

为了进一步反映各国贸易程度及福利水平的差异，表3-1第二、第三列给出了相应的结果。其中，第二列表示各国支出中用于国内产品的支出比例，该比例越高，对外开放程度越低，与现有文献的发现一致：经济体规模越大时，对外开放程度越低。例如，中国、美国和日本本国支出中用于国内产品的支出比例均达到92%左右，而比利时、中国台湾或者丹麦等经济体的国内产品支出比例均只有73%左右。第三列反映了通过模型计算得到的各国实际工资水平（给定单要素、单部门的模型设定，各国的福利水平与该国的劳动力实际工资相等），即使考虑工资水平及技术水平对消费者价格指数的作用，结果显示，从世界范围来看，中国的劳动力实际工资（消费者福利水平）依然很低。例如，与比利时、日本和美国相比，中国劳动力实际工资分别为这三个国家实际工资水平的16%、17.4%和23.1%。在发展中国家中，中国的实际工资略低于巴西2.4个百分点，但显著高于印度尼西亚、印度等发展中国家。

[①] 具体证明参见附录。

表3-1　　　　　技术水平校准值、贸易开放度及实际工资

经济体名称	技术水平 A_n	国内产品支出比例 λ_{nn}	实际工资 W_n/P_n
澳大利亚	0.23181	0.899	0.994
奥地利	0.04016	0.754	0.726
比利时	0.10118	0.684	0.890
巴西	0.00002	0.927	0.146
加拿大	0.01379	0.840	0.573
中国	0.00001	0.921	0.142
捷克	0.00215	0.721	0.408
德国	0.09183	0.802	0.845
丹麦	0.06292	0.777	0.789
西班牙	0.00733	0.857	0.503
芬兰	0.03613	0.814	0.700
法国	0.02541	0.856	0.645
英国	0.01232	0.841	0.560
希腊	0.00003	0.865	0.171
匈牙利	0.00026	0.663	0.272
印度	5.41E-11	0.884	0.012
印度尼西亚	1.12E-06	0.906	0.086
爱尔兰	0.07351	0.637	0.847
意大利	0.04256	0.858	0.715
日本	0.08886	0.925	0.816
韩国	0.00529	0.809	0.477
墨西哥	2.14E-06	0.833	0.099
荷兰	0.07845	0.726	0.836
波兰	0.00016	0.793	0.239
葡萄牙	0.00008	0.836	0.204
罗马尼亚	3.35E-06	0.834	0.109
俄罗斯	0.00009	0.890	0.207
斯洛伐克	0.00051	0.736	0.305
斯洛文尼亚	0.00045	0.761	0.295
瑞典	0.05994	0.794	0.778

续表

经济体名称	技术水平 A_n	国内产品支出比例 λ_{nn}	实际工资 W_n/P_n
土耳其	0.00001	0.853	0.122
中国台湾	0.00303	0.728	0.436
美国	0.02170	0.914	0.617
其他经济体	2.87E − 08	0.846	0.042

第三节 技术进步、劳动力供给变动与中国对外贸易中长期发展的政策效应估算

在前文分析的基础上，本节根据德科等（Dekle et al., 2007）的反事实分析思路，定量估算中国技术水平变动、对外贸易成本调整及人口规模变动对贸易长期均衡的影响。具体地，我们基于上节的理论模型，模拟中国技术调整、对外贸易成本变动及人口规模变动等情形，分析上述变动对各国名义工资、贸易开放度和实际工资及福利水平的长期影响。

一、反事实分析：方法与模型求解

与德科等（2007）类似，式（3.25）和式（3.26）可以用于反事实分析（counterfactual analysis），检验相关外生变量冲击（如技术进步、贸易成本调整、人口规模变动等）如何在贸易环境下，影响不同国家的工资水平、贸易开放程度及贸易福利。该分析需要利用外生参数（例如，贸易弹性 θ）以及初期时的均衡变量（如初期均衡工资 w_i、初期贸易支出比例 λ_{ni}），基于式（3.25）和式（3.26）所代表的理论模型，求解外生变量冲击如何影响长期均衡时的工资、贸易支出比例及福利水平。

具体而言，由于我们考虑的是不同环境下的长期均衡，式（3.25）和式（3.26）必须在外生变量冲击前后都成立，因此我们可以借助这两个公式求得不同环境下的长期均衡。对于任意变量 x（如技术水平 T_i、贸易支出比例 λ_{ni} 等），假设外生变量冲击后的变量为 x′，我们标记变量 x 的相对变动为 $\hat{x} = x'/x$。基于这些标记，我们可以得到外生冲击变动对式（3.25）和式（3.26）的具体影响，如以下方程组所示：

$$\hat{w}_i w_i L_i = \sum_n \hat{\lambda}_{ni} \lambda_{ni} \hat{w}_n w_n L_n \qquad (3.29)$$

$$\hat{\lambda}_{ni} = \frac{\hat{T}_i (\hat{w}_i \hat{d}_{ni})^{-\theta}}{\sum_k \lambda_{nk} \hat{T}_k (\hat{w}_k \hat{d}_{nk})^{-\theta}} \qquad (3.30)$$

给定我们的模型设定（即多国单产业单要素、产品贸易、要素不可移动），外生变量的冲击不改变变动前后的均衡条件，因此贸易平衡条件始终成立，同时，给定单要素生产及完全竞争，一国总产值与其要素所得一致。在此基础上，通过求解方程组（3.29）和方程组（3.30），我们可以求得外生变量冲击对模型均衡的影响大小。需要指出的是，通过证明可以得到以下结论：固定全球名义总产出 $Y = \sum_i Y_i = \sum_i w_i L_i$，则方程组（3.29）和方程组（3.30）的均衡解 $\{\hat{w}_i, \hat{\pi}_{ni}\}$ 存在且唯一。

最后，我们分析一国福利的变动。由于模型中只存在劳动力一种生产要素且工人的消费只限于单部门产品，代表性消费者的福利变动与劳动力实际工资的变动一致。给定 CES 消费函数以及消费者支出份额的变动式（3.30），当不存在本国贸易成本的变动时（给定 $\hat{\tau}_{nn} = \tau_{nn} = 1$），消费者福利变动的表达式由下式说明：

$$\hat{V}_n = \frac{V'_n}{V_n} = \left(\frac{\hat{T}_n}{\hat{\pi}_{nn}}\right)^{\frac{1}{\theta}} \qquad (3.31)$$

这里我们考虑了国家 n 福利（劳动力实际工资）的变动，外生变量的冲击来源既包括 n 国国内外生变量的调整（例如该国技术水平的上升），又包括其他国家外生变量以及其他国家与 n 国之间的贸易成本的调整。国家 n 技术进步对本国福利的影响有直接和间接两方面。首先，技术进步直接提高了本国福利水平（$\hat{T}_n^{\frac{1}{\theta}}$ 项所示）；其次，由于存在产品贸易所造成的国家间相互影响，国家 n 的技术进步会通过其与不同贸易伙伴国的进出口，影响其他国家的工资水平，进而影响国家 n 自身对国内外产品的支出比例，因此技术进步对国家 n 福利的间接效应由 $\hat{\pi}_{nn}^{-\frac{1}{\theta}}$ 表示，反映了本国对外开放程度对福利的作用。类似地，如果外生变量的冲击来源不为本国的技术进步，则国家 n 福利的变动则来自该国贸易开放度的调整。当贸易开放程度上升（或者本国消费者用于本国产品的支出比例下降，$\hat{\pi}_{nn} < 1$）时，本国消费者更多地购买国外产品，说明外国产品相对本国而言更便宜，消费者通过进口更廉价的外国产品获得更高的福利；而给定 $\hat{\pi}_{nn}$ 时，消费者福利上升的幅度则取决于贸易弹性 θ 的大小，θ 越高时，消费者对本国与进口产品的替代程度越高，贸易开放对消费者福利的提升作用越大。

下面我们利用表 3-1 得到的跨国技术参数数据进行反事实分析，考虑技术进步、贸易成本下降等外生冲击对不同国家工资、开放度及福利的影响。

二、多边及双边贸易自由化的反事实分析结果

表3-2给出了第一类反事实分析。假设全球范围内的双边贸易自由化,对任意国家而言,贸易自由化使得该国与其他国家的双边贸易成本对称下降,即 $\hat{\tau}_{ni}<1(i=1, 2, \cdots, N; n=1, 2, \cdots, N; n\neq i)$。对应双边贸易成本下降10%和25%,我们分别考虑各国工资水平、本国产品支出比例的变动及消费者实际工资(即消费者福利)的调整。具体地,我们将冲击前后的全球名义总产出固定为 $1\left(Y=\sum_i Y_i=\sum_i w_i L_i=1\right)$,进而求得各国工资率冲击前后的大小及工资率变动。第一、第四列说明了名义工资率的变动情况。结果发现,如果固定全球名义总产出,则双边贸易成本的下降,更有可能降低原本开放程度较低的经济体(如美国、中国、日本等)的名义工资,提高原本开放程度较高的经济体(如德国、比利时等)的名义工资。第二、第五列说明了本国产品支出比例的变动情况。结果发现,双边贸易自由化使得各国经济都更为开放,本国消费者支出中用于进口产品的支出比例更高。同时,与德国、比利时等国相比,美国、中国及日本等国的对外开放程度提高程度相对较低,由此说明对于原本开放程度较高的经济体来说,双边贸易自由化的作用更大,这一点也可以从消费者福利变动的程度(第三和第六列所示)中看出。由于不存在任何技术面的冲击,贸易自由化对消费者福利的变动仅取决于 $\hat{\pi}_{nn}^{-1/\theta}$,因此如果发生对称的双边贸易自由化,则消费者实际工资在中国的变动幅度与在美国、日本的变动幅度接近,均低于其他国家的平均变动幅度。

表3-2　　　　　全球范围内贸易自由化的反事实分析

经济体名称	$\hat{\tau}_{ni}=0.9$			$\hat{\tau}_{ni}=0.75$		
	$\hat{w}_n$	$\hat{\lambda}_{nn}$	$\hat{V}_n$	$\hat{w}_n$	$\hat{\lambda}_{nn}$	$\hat{V}_n$
澳大利亚	0.998	0.936	1.013	0.994	0.762	1.056
奥地利	1.007	0.848	1.034	1.027	0.534	1.134
比利时	1.012	0.803	1.045	1.044	0.444	1.177
巴西	0.997	0.954	1.009	0.987	0.827	1.039
加拿大	1.002	0.897	1.022	1.010	0.640	1.093
中国	0.997	0.950	1.010	0.988	0.814	1.042
捷克	1.010	0.828	1.038	1.034	0.494	1.152

续表

经济体名称	$\hat{\tau}_{ni} = 0.9$			$\hat{\tau}_{ni} = 0.75$		
	$\hat{w}_n$	$\hat{\lambda}_{nn}$	$\hat{V}_n$	$\hat{w}_n$	$\hat{\lambda}_{nn}$	$\hat{V}_n$
德国	1.004	0.877	1.027	1.016	0.601	1.107
丹麦	1.006	0.861	1.030	1.022	0.563	1.122
西班牙	1.001	0.911	1.019	1.003	0.693	1.076
芬兰	1.004	0.884	1.025	1.013	0.617	1.101
法国	1.001	0.911	1.019	1.003	0.692	1.076
英国	1.002	0.902	1.021	1.006	0.669	1.084
希腊	1.000	0.916	1.018	1.001	0.707	1.072
匈牙利	1.014	0.791	1.048	1.049	0.423	1.188
印度	0.999	0.927	1.015	0.998	0.734	1.064
印度尼西亚	0.998	0.941	1.012	0.992	0.781	1.051
爱尔兰	1.016	0.769	1.054	1.059	0.379	1.214
意大利	1.001	0.912	1.019	1.003	0.694	1.076
日本	0.997	0.953	1.010	0.987	0.821	1.040
韩国	1.004	0.878	1.026	1.017	0.592	1.111
墨西哥	1.003	0.892	1.023	1.012	0.625	1.098
荷兰	1.009	0.830	1.038	1.034	0.494	1.151
波兰	1.005	0.872	1.028	1.017	0.591	1.111
葡萄牙	1.002	0.898	1.022	1.008	0.653	1.089
罗马尼亚	1.002	0.898	1.022	1.007	0.660	1.087
俄罗斯	0.999	0.931	1.014	0.995	0.752	1.059
斯洛伐克	1.008	0.838	1.036	1.030	0.517	1.141
斯洛文尼亚	1.007	0.852	1.032	1.025	0.544	1.129
瑞典	1.005	0.872	1.028	1.018	0.589	1.112
土耳其	1.001	0.908	1.019	1.004	0.684	1.079
中国台湾	1.010	0.824	1.039	1.039	0.470	1.163
美国	0.997	0.947	1.011	0.990	0.802	1.045
其他经济体	1.002	0.902	1.021	1.007	0.661	1.086

注：全球范围内的双边贸易自由化由 $\hat{\tau}_{ni} < 1$（$i = 1, 2, \cdots, N$；$n = 1, 2, \cdots, N$；$n \neq i$）表示。

下面我们进行第二类反事实分析。假设中国与贸易伙伴的双边贸易自由化（此时中国与任意贸易伙伴的贸易成本下降），但是其他国家之间不发生贸易自由化行为，此时 $\hat{\tau}_{ni}<1(i=CHN,n\neq CHN;n=CHN,i\neq CHN)$ 而 $\hat{\tau}_{ni}=1(i\neq CHN,n\neq CHN,n\neq i)$ 成立，反事实的分析结果由表3-3所示。第一、第四列说明了名义工资率的变动情况。在所有经济体中，澳大利亚、中国、韩国和中国台湾的名义工资上升，其他经济体的名义工资下降，由此可以看出中国在澳大利亚、韩国和中国台湾的对外贸易中具有至关重要的地位，双边贸易自由化能显著扩大各自的市场及劳动力需求，形成更高的工资水平。给定全球名义收入总和不变，其他国家的劳动力工资相对下降，由此说明了双边贸易自由化在不同国家间所产生的影响差异。从贸易开放度变动来看，第二、第五列的结果则说明，中国的对外开放既有助于本国工资率的下降，又能够提高贸易伙伴国的对外开放水平，贸易成本的下降使得各国消费者用于购买中国产品的比例支出上升，因而降低本国产品的支出比例。实际工资及福利分析的结果则表明，各国消费者均能从与中国的双边贸易自由化中得益。例如，当中国与伙伴国贸易成本下降25%时，中国自身实际工资上升约5.13个百分点，美国实际工资因此上升约0.64个百分点，而与中国贸易关系更为紧密的中国台湾和韩国实际工资则分别上升约4.3和2.8个百分点。

表3-3　中国与其他经济体双边贸易自由化的反事实分析

经济体名称	$\hat{\tau}_{ni}=0.9$			$\hat{\tau}_{ni}=0.75$		
	$\hat{w}_n$	$\hat{\lambda}_{nn}$	$\hat{V}_n$	$\hat{w}_n$	$\hat{\lambda}_{nn}$	$\hat{V}_n$
澳大利亚	1.000	0.980	1.004	1.000	0.918	1.017
奥地利	0.999	0.992	1.002	0.995	0.966	1.007
比利时	0.999	0.991	1.002	0.996	0.963	1.008
巴西	0.999	0.994	1.001	0.995	0.974	1.005
加拿大	0.999	0.990	1.002	0.996	0.958	1.009
中国	1.003	0.946	1.011	1.015	0.779	1.051
捷克	0.999	0.992	1.002	0.996	0.965	1.007
德国	0.999	0.988	1.002	0.997	0.950	1.010
丹麦	0.999	0.993	1.001	0.995	0.972	1.006
西班牙	0.998	0.998	1.000	0.993	0.990	1.002
芬兰	0.999	0.991	1.002	0.996	0.963	1.008
法国	0.999	0.994	1.001	0.995	0.976	1.005

续表

经济体名称	$\hat{\tau}_{ni}=0.9$			$\hat{\tau}_{ni}=0.75$		
	$\hat{w}_n$	$\hat{\lambda}_{nn}$	$\hat{V}_n$	$\hat{w}_n$	$\hat{\lambda}_{nn}$	$\hat{V}_n$
英国	0.999	0.994	1.001	0.995	0.976	1.005
希腊	0.998	0.998	1.000	0.993	0.991	1.002
匈牙利	0.999	0.990	1.002	0.996	0.960	1.008
印度	0.999	0.987	1.003	0.998	0.945	1.011
印度尼西亚	0.999	0.991	1.002	0.996	0.964	1.007
爱尔兰	0.999	0.988	1.002	0.997	0.949	1.011
意大利	0.999	0.994	1.001	0.995	0.977	1.005
日本	0.999	0.989	1.002	0.996	0.955	1.009
韩国	1.001	0.968	1.007	1.005	0.871	1.028
墨西哥	0.999	0.992	1.002	0.995	0.967	1.007
荷兰	0.999	0.989	1.002	0.997	0.953	1.010
波兰	0.999	0.995	1.001	0.994	0.980	1.004
葡萄牙	0.998	0.998	1.000	0.993	0.992	1.002
罗马尼亚	0.998	0.998	1.000	0.993	0.993	1.001
俄罗斯	0.999	0.990	1.002	0.996	0.959	1.009
斯洛伐克	0.999	0.992	1.002	0.996	0.965	1.007
斯洛文尼亚	0.999	0.996	1.001	0.994	0.984	1.003
瑞典	0.999	0.993	1.001	0.995	0.971	1.006
土耳其	0.999	0.995	1.001	0.994	0.979	1.004
中国台湾	1.003	0.951	1.010	1.011	0.811	1.043
美国	0.999	0.992	1.002	0.995	0.968	1.006
其他经济体	1.000	0.983	1.003	0.999	0.932	1.014

注：中国与贸易伙伴的双边贸易自由化由 $\hat{\tau}_{ni}<1$（i = CHN，n≠CHN；n = CHN，i≠CHN）而 $\hat{\tau}_{ni}=1$（i≠CHN，n≠CHN，n≠i）表示。

三、中国技术进步的反事实分析

上面的分析考察了贸易成本冲击的影响，我们现在考虑中国技术进步的反事实分析。表3-4给出了相应的结果。如果中国国内技术提高10%（如表3-4第一列所示），则本国工资率上升1.43个百分点，工资率上升幅度小于技术进步的幅度，中国企业生产成本更低，出口产品时价格优势更明显，因此国外企业受到来自中国的竞争更多、劳动力需求下降，国外工资率下降，但是由于存在多国贸易且存在贸易成本，中国技术进步对世界其他国家和地区的负面影响相对较小，国外工资率平均只下降0.3个百分点。技术进步对各国生产成本的影响，还可以通过对外贸易开放程度的变动反映出来（第二和第五列所示），随着中国本国生产成本的降低，消费者对国内产品支出的比例上升，但是由于进口产品随着国外工资率的下降同样变得便宜，中国消费者对本国产品支出比例的上升幅度不高，仅为0.07~0.17个百分点，因此技术进步所导致的成本优势使得中国对外开放程度略微上升。与之相关的是，其他国家的贸易开放度上升，原因是其他国家本国产品价格因国内工资下降的幅度小于进口中国产品时的价格下降幅度，中国产品相比国内产品价格更低，因此中国的技术进步有助于提高国外市场的开放程度，增加中国企业的对外出口比例。与工资率变动的幅度类似，给定多国贸易及贸易成本，当中国技术进步率为10%或者25%时，其他国家对外开放程度的变动微弱。最后，第三和第六列的福利变动结果显示，各国都会得益于中国的技术进步，实际工资及福利水平均呈现微弱的上涨。

表3-4 中国技术进步的反事实分析

国家和地区	$\hat{A}_{CHN}=1.1$			$\hat{A}_{CHN}=1.25$		
	$\hat{w}_n$	$\hat{\lambda}_{nn}$	$\hat{V}_n$	$\hat{w}_n$	$\hat{\lambda}_{nn}$	$\hat{V}_n$
澳大利亚	0.997	0.979	1.004	0.993	0.915	1.018
奥地利	0.996	0.992	1.002	0.988	0.965	1.007
比利时	0.996	0.991	1.002	0.988	0.962	1.008
巴西	0.996	0.994	1.001	0.987	0.973	1.006
加拿大	0.996	0.990	1.002	0.989	0.957	1.009
中国	1.018	0.947	1.030	1.049	0.784	1.098
捷克	0.996	0.991	1.002	0.988	0.963	1.007
德国	0.996	0.988	1.002	0.990	0.949	1.011
丹麦	0.996	0.993	1.001	0.988	0.971	1.006
西班牙	0.995	0.997	1.001	0.986	0.989	1.002
芬兰	0.996	0.991	1.002	0.988	0.962	1.008
法国	0.996	0.994	1.002	0.987	0.975	1.005
英国	0.996	0.994	1.001	0.987	0.976	1.005
希腊	0.995	0.998	1.000	0.986	0.990	1.002

续表

国家和地区	$\hat{A}_{CHN} = 1.1$			$\hat{A}_{CHN} = 1.25$		
	$\hat{w}_n$	$\hat{\lambda}_{nn}$	$\hat{V}_n$	$\hat{w}_n$	$\hat{\lambda}_{nn}$	$\hat{V}_n$
匈牙利	0.996	0.990	1.002	0.989	0.958	1.009
印度	0.996	0.986	1.003	0.990	0.943	1.012
印度尼西亚	0.996	0.991	1.002	0.988	0.963	1.008
爱尔兰	0.996	0.987	1.003	0.990	0.947	1.011
意大利	0.996	0.994	1.001	0.987	0.976	1.005
日本	0.996	0.989	1.002	0.989	0.954	1.009
韩国	0.998	0.967	1.007	0.998	0.868	1.029
墨西哥	0.996	0.992	1.002	0.988	0.966	1.007
荷兰	0.996	0.988	1.002	0.989	0.951	1.010
波兰	0.996	0.995	1.001	0.987	0.979	1.004
葡萄牙	0.995	0.998	1.000	0.986	0.992	1.002
罗马尼亚	0.995	0.998	1.000	0.986	0.992	1.002
俄罗斯	0.996	0.990	1.002	0.989	0.957	1.009
斯洛伐克	0.996	0.991	1.002	0.988	0.964	1.007
斯洛文尼亚	0.995	0.996	1.001	0.986	0.984	1.003
瑞典	0.996	0.993	1.001	0.988	0.971	1.006
土耳其	0.996	0.995	1.001	0.987	0.978	1.004
中国台湾	1.000	0.950	1.010	1.004	0.806	1.044
美国	0.996	0.992	1.002	0.988	0.967	1.007
其他经济体	0.997	0.983	1.003	0.992	0.930	1.15

四、中国人口规模变动的反事实分析

我们最后进行的反事实分析是中国劳动力人口变动的影响。2010年中国人口数13.41亿人，根据联合国人口署预测，中国人口数将在2030年达到顶峰，达到14.15亿人，比2010年人口增加约5.5%，在此之后人口数下降，到2060

年，中国人口数约为 12.77 亿人，相比 2010 年下降约 4.5%。因此，我们在前面分析的基础上，考虑开放经济下中国劳动力人口数上升 5% 和下降 5% 的可能影响，具体见表 3-5。结果表明，劳动力供给增加时，中国名义工资下降，相反劳动力供给减少时，中国名义工资上升。

表 3-5　　　　　　　　中国人口规模变动的反事实分析

国家和地区	$\hat{L}_{CHN}=1.05$			$\hat{L}_{CHN}=0.95$		
	$\hat{w}_n$	$\hat{\lambda}_{nn}$	$\hat{V}_n$	$\hat{w}_n$	$\hat{\lambda}_{nn}$	$\hat{V}_n$
澳大利亚	1.0008	0.9993	1.0001	0.9993	1.0007	0.9999
奥地利	1.0007	0.9997	1.0001	0.9993	1.0003	0.9999
比利时	1.0007	0.9997	1.0001	0.9993	1.0003	0.9999
巴西	1.0007	0.9998	1.0000	0.9993	1.0002	1.0000
加拿大	1.0007	0.9996	1.0001	0.9993	1.0004	0.9999
中国	0.9961	1.0018	0.9996	1.0042	0.9980	1.0004
捷克	1.0007	0.9997	1.0001	0.9993	1.0003	0.9999
德国	1.0007	0.9996	1.0001	0.9993	1.0004	0.9999
丹麦	1.0007	0.9998	1.0000	0.9993	1.0002	1.0000
西班牙	1.0007	0.9999	1.0000	0.9993	1.0001	1.0000
芬兰	1.0007	0.9997	1.0001	0.9993	1.0003	0.9999
法国	1.0007	0.9998	1.0000	0.9993	1.0002	1.0000
英国	1.0007	0.9998	1.0000	0.9993	1.0002	1.0000
希腊	1.0007	0.9999	1.0000	0.9993	1.0001	1.0000
匈牙利	1.0007	0.9997	1.0001	0.9993	1.0004	0.9999
印度	1.0007	0.9995	1.0001	0.9993	1.0005	0.9999
印度尼西亚	1.0007	0.9997	1.0001	0.9993	1.0003	0.9999
爱尔兰	1.0007	0.9996	1.0001	0.9993	1.0005	0.9999
意大利	1.0007	0.9998	1.0000	0.9993	1.0002	1.0000
日本	1.0007	0.9996	1.0001	0.9993	1.0004	0.9999
韩国	1.0008	0.9988	1.0002	0.9992	1.0012	0.9998
墨西哥	1.0007	0.9997	1.0001	0.9993	1.0003	0.9999
荷兰	1.0007	0.9996	1.0001	0.9993	1.0004	0.9999
波兰	1.0007	0.9998	1.0000	0.9993	1.0002	1.0000
葡萄牙	1.0007	0.9999	1.0000	0.9993	1.0001	1.0000
罗马尼亚	1.0007	0.9999	1.0000	0.9993	1.0001	1.0000

续表

国家和地区	$\hat{L}_{CHN} = 1.05$			$\hat{L}_{CHN} = 0.95$		
	$\hat{w}_n$	$\hat{\lambda}_{nn}$	$\hat{V}_n$	$\hat{w}_n$	$\hat{\lambda}_{nn}$	$\hat{V}_n$
俄罗斯	1.0007	0.9996	1.0001	0.9993	1.0004	0.9999
斯洛伐克	1.0007	0.9997	1.0001	0.9993	1.0003	0.9999
斯洛文尼亚	1.0007	0.9999	1.0000	0.9993	1.0001	1.0000
瑞典	1.0007	0.9998	1.0000	0.9993	1.0003	0.9999
土耳其	1.0007	0.9998	1.0000	0.9993	1.0002	1.0000
中国台湾	1.0009	0.9982	1.0004	0.9992	1.0018	0.9996
美国	1.0007	0.9997	1.0001	0.9993	1.0003	0.9999
其他经济体	1.0008	0.9994	1.0001	0.9993	1.0006	0.9999

虽然这一结果符合预期，但是我们需要做出以下几点说明：第一，劳动力规模与名义工资水平之间负向关系的结论与理论模型的设定有关。在我们的分析中，市场结构为完全竞争，决定一国比较优势的仅仅是名义工资、生产技术及双边贸易成本，一国劳动力规模增加时，该国进口增加，因此必须通过降低该国工资率增加该国出口，进而保证贸易平衡。相反，如果存在垄断竞争及规模经济，根据克鲁格曼（Krugman，1980）关于本国市场效应（home market effect）的分析，一国劳动力规模与工资变动之间则呈现正向关系，原因是规模经济及贸易成本会放大一国国内需求的作用，这一渠道在完全竞争的市场结构中无法体现。第二，数值结果显示，各国劳动力工资变动的幅度始终远远小于中国人口规模变动的幅度，这反映了贸易竞争及多边贸易框架对各国进出口及劳动力市场需求的影响。给定中国与其他国家贸易，中国劳动力市场的供给冲击，会通过产品销售和劳动力需求渠道影响世界各国，但是各国所受影响取决于该国与中国的贸易紧密度，因此与上文结论类似，我们发现中国台湾、韩国等经济体受到中国劳动力供给冲击的影响程度相对更高。

第四节 本章小结及政策启示

近年来，随着中国劳动力成本的不断上升，如何突破劳动力成本上升对中国贸易产生的负面影响，实现外贸的中长期发展，成为学术和政策研究日益关注的重点。中国的劳动力成本上升,既与中国经济的快速增长密切相关,又受到中国劳动力市场的供给结构和劳动力市场政策等因素的影响。本章针对人口结构、劳动力市场及中国外贸的中长期发展,分别针对以下问题进行了文献梳理和研究考察:第一,人口增速的放缓和人口老龄化如何影响一国长期的对外贸易模式和贸易利得?第二,除了劳动力供给结构的变动之外,最低工资等影响劳动力市场的政策安排又会怎样影响异质性企业的出口和一国外贸的长期变动?第三,结合中国与世界各国的对外贸易实际数据,人口规模、技术水平和对外贸易成本等因素如何影响中国外贸的中长期均衡?人口规模的长期变动又会在多大程度上影响中国的贸易利得?第四,如何定量评估贸易政策变动(例如单边或者多边贸易自由化)对中国外贸中长期发展的可能影响?

针对本章研究的第一个问题,我们经过文献梳理和理论机制阐述发现,人口增长率的差异可以成为国家间比较优势的来源。从动态角度来看,人口增长率在国家间的差异会使两国资本和劳动力要素禀赋内生变动,最终使国家间形成不同的资本—劳动比例,由此影响贸易。如果一国人口增长率较低,则长期均衡时,该国资本相对于劳动力更为丰裕,资本密集型产品的相对价格更低;相反,如果该国人口增长率较高,则长期均衡时,该国资本相对于劳动力更为稀缺,资本密集型产品的相对价格更高。产品相对价格的差异最终导致贸易的出现,人口增长率更低的国家最终出口资本密集型产品、进口劳动力密集型产品。从要素价格和要素收益率的变动方向来看,贸易使人口出生率较低的国家工资下降、资本收益率上升,相反,贸易使人口出生率较高的国家工资上升、资本收益率下降。贸易开放时,人口出生率较低的国家出口资本密集型产品,该产品的相对价格也会相比较封闭经济情形上升,由此提高了资本的价格、降低了劳动力的价格。如果一国出生率下降,则相比封闭经济而言,贸易降低了该国的人均收入水平,原因是更低的出生率降低了本国资本积累和资本收益。进一步地,相比封闭经济,贸易降低了低出生率国家的福利,改善了高出生率国家的福利,因此如果考虑人口出生率降低的长期影响,则对外贸易并不利于改善低出生率国家的福利水平。

针对本章研究的第二个问题,我们经过理论机制梳理发现,最低工资制度等政策因素也会影响一国外贸的中长期变动。例如,存在最低工资制度时,劳动力要素价格不能自由调整,此时一国提高最低工资,则该国劳动力失业相比封闭经济进一步上升、劳动力实际工资进一步下降。相反,其贸易伙伴国会通过出口更多的劳动力密集型产品,获得实际工资的上升。此时,最低工资制度使得本国受损、外国受益。然而,如果存在异质性企业和生产资源在不同生产效率企业之间的重置效应,那么最低工资所导致的生产成本上升,会使生产效率更低的企业退出市场，这会产生两个效应：一是行业内生产资源向更高效率企业的重置；二是生产企业数和产品种类数的变动。如果考虑到上下游产业之间的投入产出关系，那么上游行业产品种类数的调整也会对下游行业的企业生产及产品出口产生影响，同时这一影响的效应大小与下游行业的外部经济程度相关。最后，如果存在中间产品的全球供应链，那么一国最低工资制度所产生的成本冲击也会对世界其他国家产生相同的影响。需要指出的是，如果存在企业在不同国家之间的离岸生产，那么最低工资对一国外贸所产生的负面效应则会相对较小。从这点来说，如何帮助企业更好地利用全球价值链与离岸生产，避免工资成本上升对企业生产和贸易所产生的不利影响，是中国外贸中长期政策调整需要关注的重点问题。

针对本章研究的第三个问题，我们基于量化国际贸易模型和世界投入产出数据库（WIOD）的相关数据，针对决定中国对外贸易的技术、劳动力成本等因素进行校准，在此基础上，基于反事实分析的方法，模拟了人口规模变动、技术进步等因素对中国及世界其他国家的工资、贸易开放度及贸易福利的影响。从校准结果来看，技术水平在中国对外贸易中所发挥的作用相对较弱，与其他国家相比，中国的技术水平还相对落后。因此，从长期来看，中国技术进步的空间依然很大，亟须通过技术进步促进贸易的中长期发展。我们也注意到，从贸易开放度指标来看，我国的贸易开放程度与美国、日本等世界其他经济大国类似，低于其他小经济体的对外开放水平，这符合大国经济体用于本国产品支出比例更高、对外开放度相对较低的理论判断。这一特征也意味着，对于我国经济而言，除了继续对外开放之外，如何有效持续地提高国内市场需求，发挥内需拉动经济增长的作用，同样是我国中长期经济政策所需关注的重点。

从人口规模变动、贸易自由化和技术进步等情形的反事实分析和政策效应模拟结果来看，中国的对外开放使得世界各国消费者用于购买中国产品的支出比例上升，用于本国产品的支出比例下降。因此，积极保持贸易开放对中国及世界其他国家而言都至关重要。更为重要的是，从福利分析结果来看，各国消费者均能从与中国的双边贸易自由化中得益，因此积极主张自由贸易是贯穿我国中长期贸易发展的主线。从人口规模变动的效应来看，结果显示，人口规模下降所引起的中国劳动力成本上升会使中国对外开放程度上升，然而中国的贸易利得并不必然下降，而中国人口规模下降也并非总是使得其他国家的贸易利得上升。类似地，中国人口规模上升不必然改善中国自身的贸易利得。产生这一结果的原因是，除了人口规模之外，决定贸易模式和贸易利得的因素还包括技术进步、贸易成本等。因此，理性看待人口规模变动对一国贸易利得的影响至关重要。即使存在人口规模减小等不利因素，中国依然可以通过降低贸易成本、提高生产技术等方式实现贸易的中长期发展，本章的反事实分析结果从定性和定量分析上对上述结论进行了系统阐述和量化模拟。

本章附录证明

命题1：给定国家间的技术水平 T_i、双边贸易成本 τ_{ni} 和贸易弹性 θ，方程组（3.25）和方程组（3.26）存在唯一的均衡工资向量 w_i^* 和贸易支出比例 λ_{ni}^*。

证明：标记 w 为各国工资水平的向量，定义国家 i 的过剩劳动力需求函数为 $\max\limits_{i} Z_i(w) \to \infty$

$$Z_i(w) \equiv \frac{1}{w_i}\left(\sum_n \frac{T_i(w_i\tau_{ni})^{-\theta}}{\sum_k T_k(w_k\tau_{nk})^{-\theta}} w_n L_n - w_i L_i\right)$$

其中，$Z_i(w)$ 满足如下特征：

（1）对于任意非负的工资向量 $w > 0$，$Z_i(w)$ 为连续函数。

（2）$Z_i(w)$ 为零次齐次函数，即 $Z_i(\beta w) = Z_i(w)$ 成立。

（3）瓦尔拉斯法则成立，即 $\sum_i w_i Z_i(w) = 0$ 满足。

（4）对于任意非负的工资向量 $w > 0$，存在非负值 $s = \max\limits_{i} L_i > 0$，使 $Z_i(w) > -s$ 对于任意国家 i 均成立。

（5）假设向量 w 趋同于向量 $w^0 > 0$ 且 w^0 存在部分零元素，则此时 $\max\limits_{i} Z_i(w) \to \infty$。

（6）对于任意 $n \neq i$，$\frac{\partial Z_i(w)}{\partial w_n} > 0$ 始终成立。

根据马斯柯莱等（Mas-Colell et al., 1995）的 Proposition 17.C.1 和 Proposition 17.F.3，$Z_i(w) = 0$ 始终存在唯一的非负工资向量 w^*，对应于唯一的工资向量，给定贸易成本及技术水平，存在唯一的贸易支出比例 λ_{ni}^*。

命题2：给定各国人均工资 w_i、人口规模 L_i、贸易成本 τ_{ni} 和贸易弹性 θ，存在唯一的技术水平向量 A_i 使得式（3.25）和式（3.26）成立。

证明：定义函数 $Z_i(T) = w_i L_i - \sum_n \frac{T_i(w_i\tau_{ni})^{-\theta}}{\sum_k T_k(w_k\tau_{nk})^{-\theta}} w_n L_n$。$Z_i(T)$ 满足如下特征：

（1）$Z_i(T)$ 为 T 的连续函数。

（2）$Z_i(T)$ 为 T 的零次其次函数。

（3）$\sum_i Z_i(T) = 0$ 成立：

$$\sum_i Z_i(T) = \sum_i w_i L_i - \sum_i \sum_n \frac{T_i(w_i \tau_{ni})^{-\theta}}{\sum_k T_k(w_k \tau_{nk})^{-\theta}} w_n L_n = \sum_i w_i L_i - \sum_i w_i L_i = 0$$

（4）对于任意 $n \neq i$，$\dfrac{\partial Z_i(T)}{\partial T_n} > 0$ 始终成立：

$$\frac{\partial Z_i(T)}{\partial T_n} = \sum_n \frac{T_i(w_i \tau_{ni})^{-\theta} w_n L_n (w_n \tau_{nn})^{-\theta}}{\left(\sum_k T_k(w_k \tau_{nk})^{-\theta} \right)^2} > 0$$

第四章

工资上升对中国出口贸易的影响

改革开放以来，中国经济长期保持高速增长，创造了世界经济增长的奇迹。虽然近年来中国经济的增长速度有所放缓，但仍维持在一个较高的水平上。毋庸置疑，外向型的经济发展战略对中国经济的快速增长发挥了核心作用，其中对外贸易的增长扮演了重要角色。出口导向型的经济增长模式在中国之所以能够取得成功，很大程度上是因为它立足于中国低端要素的禀赋优势所带来的成本优势，这种优势也是中国出口竞争力的核心所在（林毅夫等，1994）。然而，不能不看到的是，低端要素的禀赋优势来自中国特殊的人口结构在经济转型背景下所带来的人口红利。近10年，中国人口结构逐步调整，人口红利逐渐消失，人口老龄化趋势日益明显，部分地区和部分行业的劳动力绝对量开始出现短缺，劳动力需求与供给出现了结构性的不匹配。从1984年到2014年长达20年内，工资维持上涨的态势，并且这一趋势截至2014年依然没有放缓迹象。直观上，既然我国出口长期依赖于低工资所带来的竞争优势，那么面对工资的不断上涨，我国出口应当因成本压力而表现出下行趋势。但事实上，我国出口在2000年后依然保持了强劲的增长，直到2010年后增长趋势才逐步放缓，虽然2001年"入世"、2008年全球金融危机发生等外部需求因素不能忽略，但这种一边工资上涨，另一边出口依然在增加的情况依然值得我们深思，可能我们对工资上涨的作用考虑得不够全面，它的影响远不止我们直观感受到的。我们过多关注了工资上升在成本方面的作用，却没有充分考虑工资上升的一系列正外部性影响。同时，我们对出口发展的评估也可能是不完整的，一直以来我们大量的研究围绕工资对出口"量"的影响展开，却尚未在更深层次"质"的层面上进行充分的考察。

究竟工资上升在中国外贸发展中扮演着一个什么样的角色？考虑到工资的多重性，我们在探讨有关工资的问题时，是否应该将多重要素全面考虑进来？如果这样，我们又该如何表现工资上升的积极影响？这一积极的影响又是如何传导至中国出口？工资上升对出口的"量"和出口的"质"影响是否相同？如果不同，又会是什么样的原因导致？我们如何进行刻画？这些都是在如今险恶的内外环境中，要实现工资上升背景下中国出口的转型升级所亟须解决的问题。

第一节 特征事实与理论机制

本节重点在于构建本章研究的理论模型，以此来说明工资上升对我国出口的"量"与"质"两方面的影响。在此之前，简单描述一下我国出口贸易的特征事实，从现象上提供感性的认识；之后，借鉴已有的异质性企业理论的成果和博弈分析的框架，在梅里兹（Melitz，2003）的基础上，考虑异质性的劳动，并将工资决定方面纳入博弈分析框架，说明效率工资的出现，构建出基准模型；而后在扩展部分引入投入结构差异，将基准模型中的"效率工资"作为结论引入扩展模型；在此基础上，借鉴已有"质量异质性"方面的成果，构建出扩展模型，在扩展部分引入"效率工资"；最后，通过显性化模型为实证计量部分提供依据。

一、我国出口贸易特征事实

（一）中国平均年出口贸易的变动情况

如图4-1所示，总体上看，中国出口一直保持上升势头，资本密集型行业的平均出口明显高过劳动密集型行业。从重要的三个时间节点（即刚加入世贸组织之后的2002年、人民币汇率形成机制改革的2005年和国际金融危机后的2009年）来看，汇率形成机制的改革对我国出口几乎没有造成太大的影响，我国出口更多地受到外部需求因素的影响，比如"入世"后出口增速明显提升，而国际金融危机所带来的外部需求的萎靡对我国出口造成了明显的负面影响。

（二）中国行业层面的平均工资变动情况

由图4-2可见，1999~2012年我国行业层面平均工资水平出现明显的上升

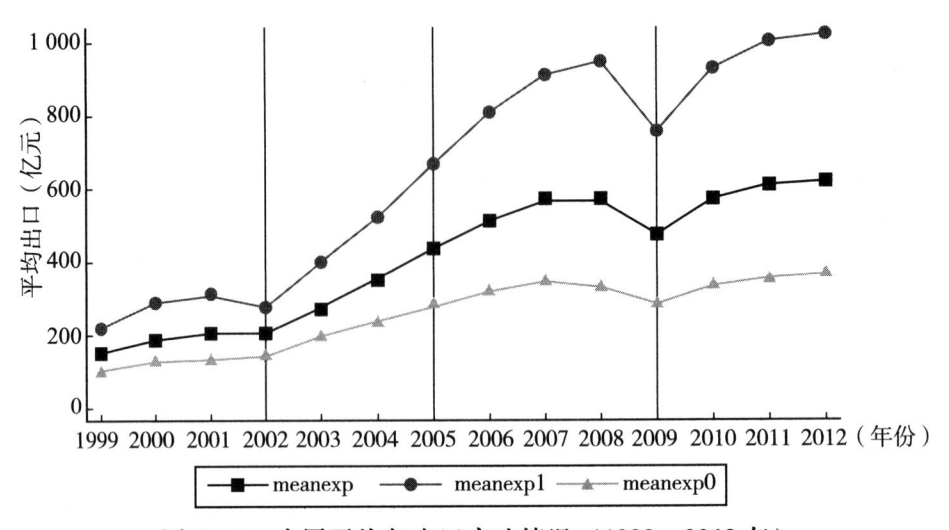

图 4-1 中国平均年出口变动情况（1999~2012 年）

资料来源：由笔者根据 UN comtrade 数据库计算得出。

趋势，并且在后期上升幅度几乎趋于一致，从直方图（即工资的行业间差异）来看，差异基本上在 0 附近震荡；从时间拟合线来看，这一时期工资差异一直下降，并逐步收敛至 0。

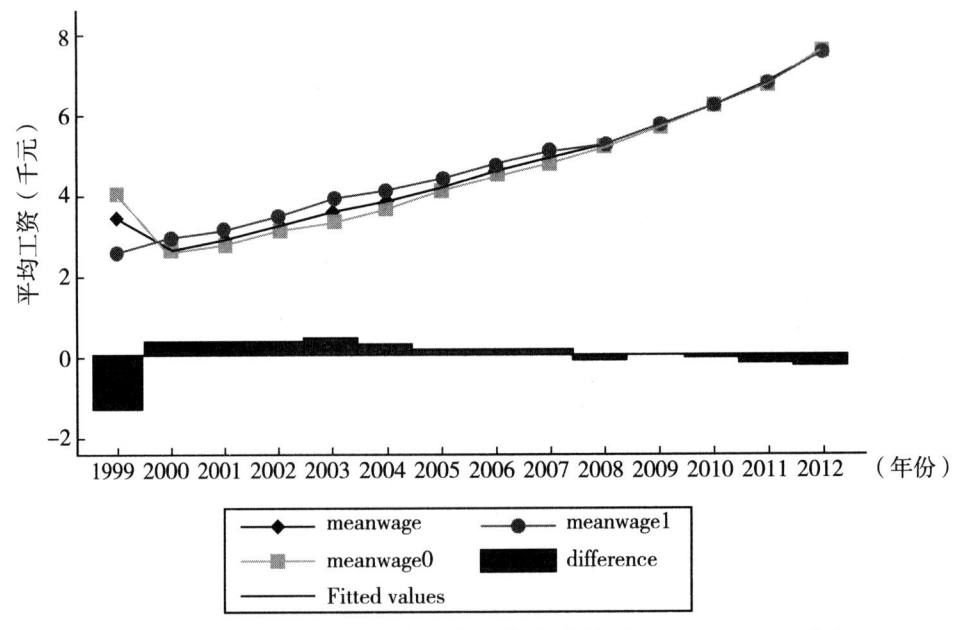

图 4-2 中国行业层面的平均工资变动情况（1999~2012 年）

资料来源：《中国劳动统计年鉴》。

（三）中国行业层面的劳动生产率与单位劳动力成本变动情况

我们采用 L-P 方法对生产率进行估计，结果如图 4-3 所示。从总体来看，我国劳动生产率虽有所波动，但整体呈现上升趋势，其中资本密集型行业的生产率水平明显高于劳动密集型行业，从生产率差异的时间拟合线来看，这一差异还在逐步扩大。本书选取了两个典型的时间节点，即中国加入世界贸易组织后的 2002 年和实行有管理的浮动汇率政策的 2005 年，可以观察到这两个时间点上，我国劳动生产率均出现了下滑情况，但这两次下滑的机制却可能不同。第一次下滑可以理解为是随着中国"入世"，订单大大增加，短期内很难调整投入结构，只能通过提高劳动力雇佣量来实现，即更显著的是分母扩大。第二次下滑则不同，一方面受到工资上升的压力；另一方面，人民币的升值也造成了负面影响，成本的提升导致部分企业亏损甚至破产，即更显著的是分子减小。

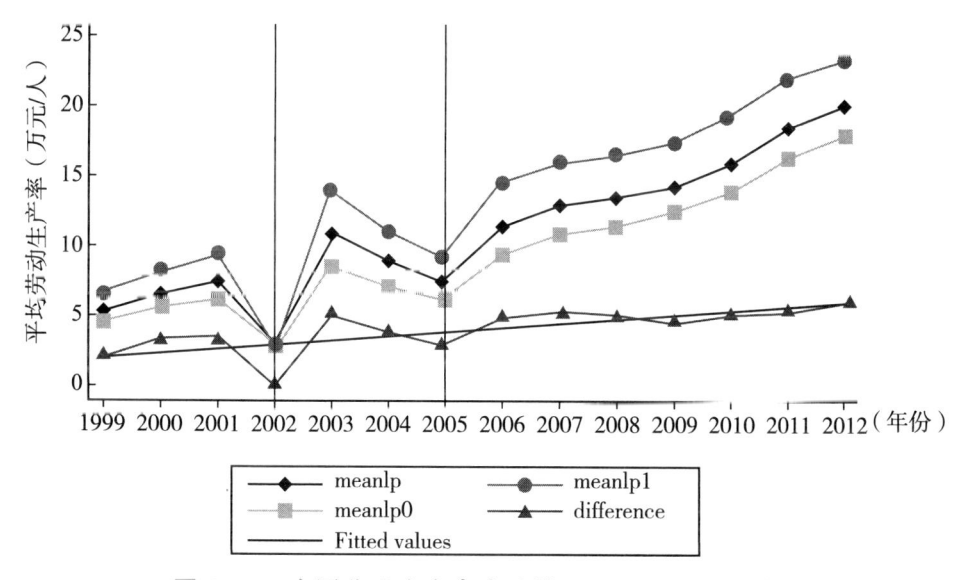

图 4-3　中国劳动生产率变动情况（1999~2012 年）

资料来源：由笔者计算得出。

从图 4-2 和图 4-3 可以看到，一方面各行业的平均工资呈现上升趋势；另一方面，劳动生产率也在上升，那么从劳动力成本的角度来看，关键的问题是劳动生产率上升所带来的生产效率的提升是否有可能弥补绝对工资上升所带来的成本压力。因此本书用平均工资除以劳动生产率来获得单位劳动力成本，进而观察相对劳动力成本的变化。

需要说明的是，劳动力成本包括的内容要比工资宽泛一些。中国在劳动力成本的统计口径上仍然以工资为主，相较于外国而言，中国在劳动力成本统计方面的其他数据非常不全面。贺聪等（2009）借鉴国务院发展研究中心（DRC, 2003）的研究方法，使用中国工人总体的保险福利费用与中国工人工资总额的比值，而后根据制造业工人平均工资推算制造业工人劳动力成本。但我们认为，单纯从成本的角度看，可能采用工资的做法会更贴切，限于数据，同时本书这里也只是为了观察单位劳动力成本的变动情况，此处用工资代替劳动力成本。

由图 4-4 不难发现，总体上看，除去两次比较明显的波动之外，单位劳动力成本的走势比较稳定，同时，劳动密集型行业的单位劳动力成本高于资本密集型行业，但从时间拟合线来说，这一差距在逐渐缩小。这里同样观察刚"入世"后的 2002 年和刚实行有管理的浮动汇率政策的 2005 年的情形，容易看出，在这两个时点上，劳动生产率遭受了负面的冲击，而工资遭受的影响则不明显，因此单位劳动力成本都出现了异常的上升，但值得注意的是，第一次的影响远远大于第二次。

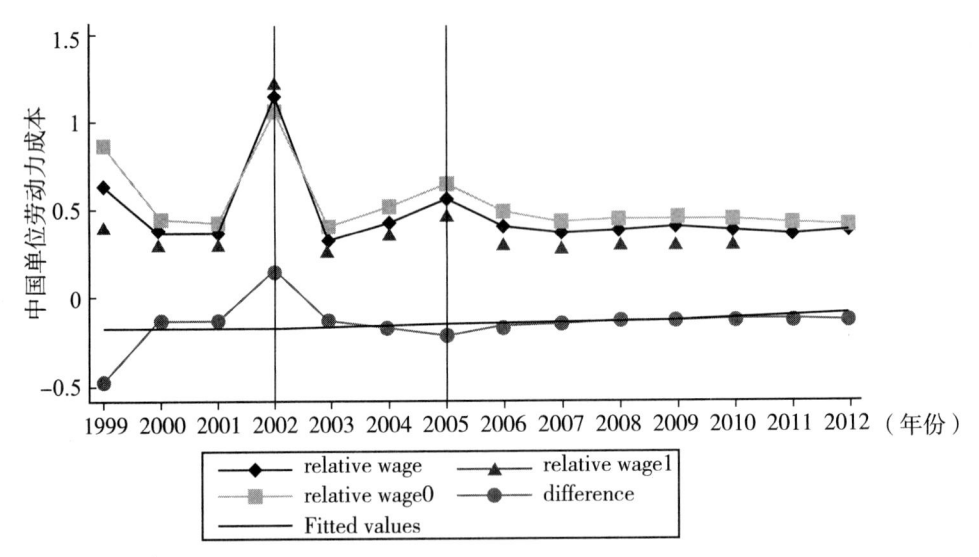

图 4-4　中国单位劳动力成本变动情况（1999~2012 年）

资料来源：《中国劳动统计年鉴》和笔者计算。

（四）基于微观企业层面的特征事实

由表 4-1 可以看到，工资除 2004 年外逐年持续上升，劳动生产率和出口额也基本逐年上升，这些基本事实与我们的感受大体一致。值得注意的是虽然程度比较轻，但出口产品质量却在逐年下降，这与张杰等（2014）的发现大体一致。张杰等（2014）认为，是一些小型资本密集型企业的频繁进出造成了这样的结果,同时我们也没有发现倒"U"型的趋势。我们进一步考察了按要素密集度区分的结果。使用资本的对数除以劳动的对数得到资本劳动比,资本采用工业企业数据库的固定资产净值,劳动采用工业企业数据库的全部职工数。而后,我们对资本劳动比取分位数,将70%分位数以上的划分为资本密集型企业,将30%分位数以下的划分为劳动密集型企业。

表 4-1　2000~2006 年企业层面工资、劳动生产率与出口的基本事实

年份	2000	2001	2002	2003	2004	2005	2006
工资对数值	7.837	7.811	7.829	7.850	7.823	7.964	8.016
劳动生产率对数值	1.687	1.689	1.714	1.748	1.783	1.809	1.837
出口额对数值	13.434	13.424	13.591	13.657	13.704	13.881	13.881
出口产品质量	0.614	0.611	0.606	0.603	0.595	0.593	0.585

资料来源:出口额来自海关数据库,工资数据来自工业企业数据库,其他数据由笔者测算得到。质量测算方法本书采用的是通过需求函数倒推质量的方法,类似的方式可以参见 Hallak (2006)、Hallak 和 Sivadasan (2009)、施炳展 (2013)、施炳展和邵文波 (2014) 及樊海潮和郭光远 (2015)。

如表 4-2 所示,纵向来看,劳动密集型企业与资本密集型企业各主要变量在时间趋势上与总体情况基本相同,只是在工资上升方面均从 2005 年才开始明显地上升。横向来看,我们发现了几个有意思的地方:第一,劳动密集型企业相对拥有更高的工资规模、劳动生产率水平、出口额及出口产品质量;第二,劳动密集型企业与资本密集型企业在工资规模、劳动生产率水平和出口额方面变动方向、变动幅度基本一致,但是劳动密集型企业的出口产品质量下降幅度大于资本密集型企业。

表 4-2　按要素密集度区分,工资、劳动生产率与出口的基本事实

年份	2000	2001	2002	2003	2004	2005	2006
	劳动密集型	劳动密集型	劳动密集型	劳动密集型	劳动密集型	劳动密集型	劳动密集型
工资对数值	8.208	8.148	8.193	8.205	8.172	8.341	8.434
劳动生产率对数值	2.094	2.139	2.166	2.218	2.243	2.293	2.342
出口额对数值	13.849	13.840	14.007	14.102	14.121	14.292	14.311
出口产品质量	0.632	0.629	0.624	0.622	0.613	0.611	0.603

续表

年份	2000 资本密集型	2001 资本密集型	2002 资本密集型	2003 资本密集型	2004 资本密集型	2005 资本密集型	2006 资本密集型
工资对数值	7.247	7.169	7.181	7.200	7.190	7.340	7.430
劳动生产率对数值	1.730	1.721	1.745	1.788	1.820	1.881	1.918
出口额对数值	12.954	12.871	13.080	13.121	13.163	13.378	13.422
出口产品质量	0.592	0.586	0.583	0.579	0.572	0.571	0.565

资料来源：出口额来自海关数据库，工资数据来自工业企业数据库，其他数据由笔者测算得到。质量测算方法本书采用的是通过需求函数倒推质量的方法，类似的方式可以参见Hallak（2006）、Hallak and Sivadasan（2009）、施炳展（2013）、施炳展和邵文波（2014）及樊海潮和郭光远（2015）。

为了更加直观，我们将上述表格整理为图4-5~图4-8。

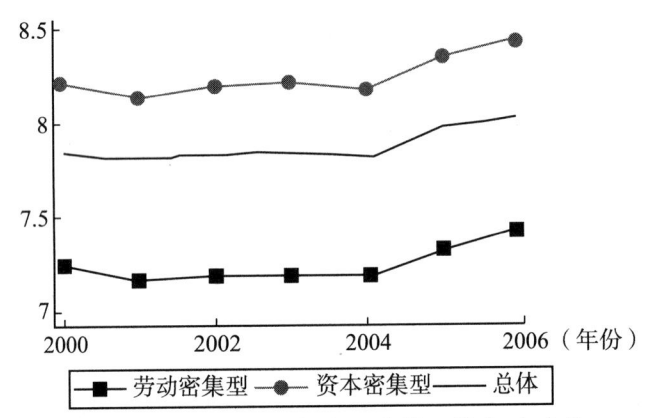

图4-5 按要素密集度区分的工资年度变化

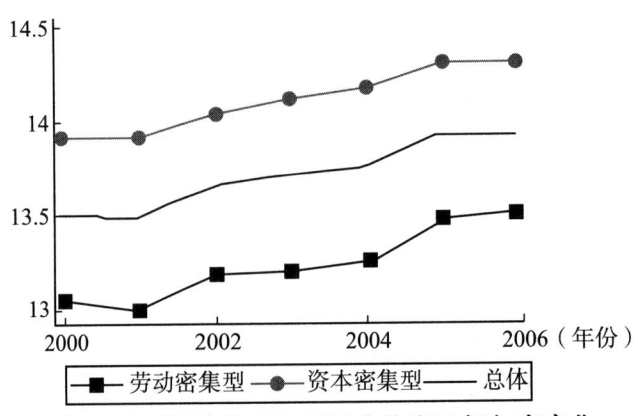

图4-6 按要素密集度区分的出口额年度变化

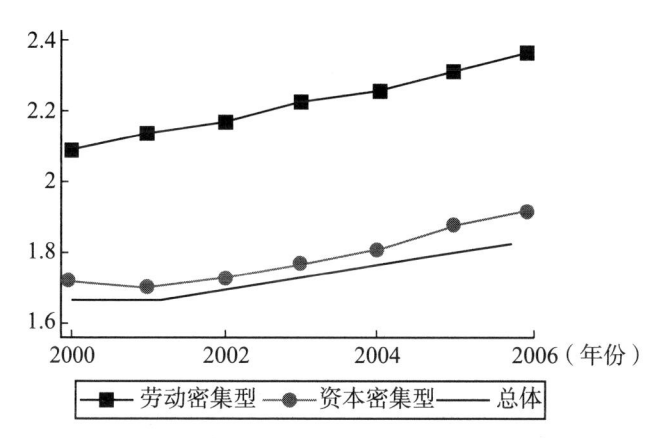

图 4-7　按要素密集度区分的劳动生产率年度变化

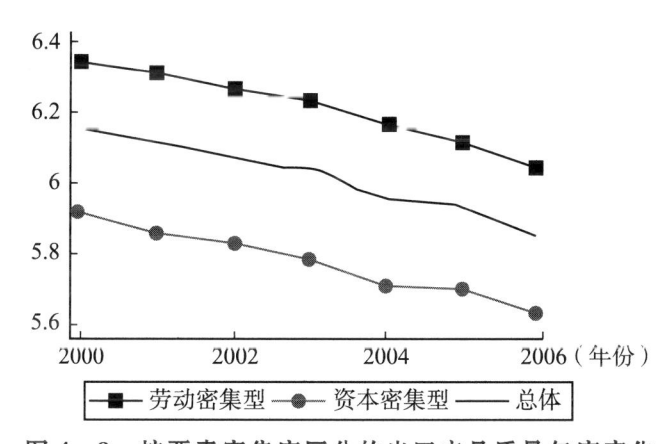

图 4-8　按要素密集度区分的出口产品质量年度变化

由图 4-5~图 4-8，我们进一步发现，在劳动生产率方面，总体的甚至比劳动密集型与资本密集型企业的还要低。由笔者的分类方法可以发现，还有一部分企业位于劳动密集型与资本密集型之间，这些企业在我们的样本中构成了短期进入退出企业的重要部分，其劳动生产率往往比较低，因而相应拉低了总体的劳动生产率。

我们进一步剔除企业进入退出因素，即仅考虑一直存在于出口市场的企业，这也更符合我们理论模型中的描述，获得了 27 944 个观测值。从基本事实来说，如表 4-3 所示，重要的差异出现在质量方面，出口质量大体上保持了稳定，即我国出口产品质量的下降很有可能是短期进入出口市场的企业所造成的。其他变量和之前分析的基本相同。

表4-3　　　　　　　　　剔除企业进入退出后的基本事实

年份	2000	2001	2002	2003	2004	2005	2006
	总体	总体	总体	总体	总体	总体	总体
工资对数值	8.006	8.094	8.208	8.310	8.450	8.556	8.664
劳动生产率对数值	2.318	2.322	2.346	2.378	2.410	2.440	2.467
出口额对数值	14.287	14.509	14.659	14.791	14.954	15.027	15.022
出口产品质量	0.603	0.603	0.603	0.603	0.603	0.603	0.603
	劳动密集型	劳动密集型	劳动密集型	劳动密集型	劳动密集型	劳动密集型	劳动密集型
工资对数值	8.404	8.482	8.577	8.700	8.837	8.945	9.051
劳动生产率对数值	2.480	2.493	2.512	2.550	2.568	2.620	2.731
出口额对数值	14.608	14.795	14.953	15.114	15.269	15.304	15.316
出口产品质量	0.631	0.628	0.629	0.630	0.630	0.627	0.628
	资本密集型	资本密集型	资本密集型	资本密集型	资本密集型	资本密集型	资本密集型
工资对数值	7.494	7.534	7.630	7.713	7.848	7.957	8.079
劳动生产率对数值	2.142	2.112	2.127	2.128	2.168	2.188	2.215
出口额对数值	13.905	14.103	14.196	14.308	14.510	14.583	14.591
出口产品质量	0.571	0.568	0.564	0.562	0.565	0.565	0.567

资料来源：出口额来自海关数据库，工资数据来自工业企业数据库，其他数据由笔者测算得到。

（五）工资变动的影响——基于非参数方法的初步判断

本书在这部分通过非参数拟合来考察工资变动对劳动生产率、出口额以及出口产品质量的影响。本书所得到的非参数拟合结果均来自 Stata 12 及相关模组，所用的核函数如非特别说明，均使用 Epanechnikov 函数。如图4-9所示，我们可以发现，随着工资的上升，劳动生产率存在逐渐上升的趋势，即统计角度上"效率工资效应"是存在的。如图4-10所示，随着工资的上升，出口额也逐渐上升，但当工资到达一定程度后，存在下降的趋势，由于样本量的约束，这一趋势没有很好地拟合出来。如图4-11所示，出口产品质量的变动与出口额除了波动幅度，其他方面基本一致，即工资上升到一定程度后，质量可能会下降。

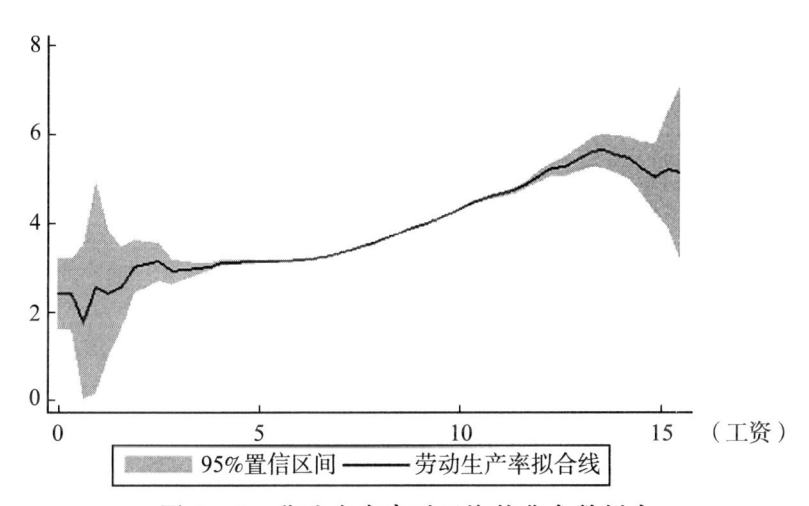

图 4-9 劳动生产率对工资的非参数拟合

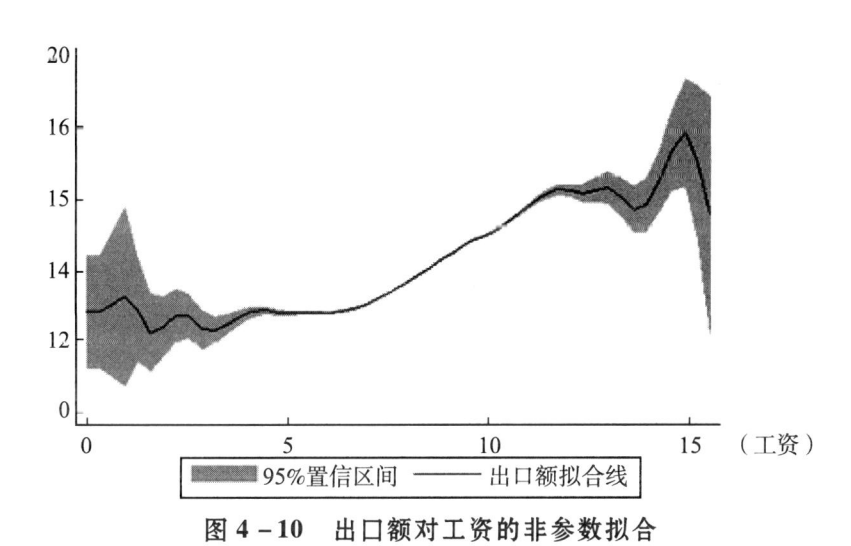

图 4-10 出口额对工资的非参数拟合

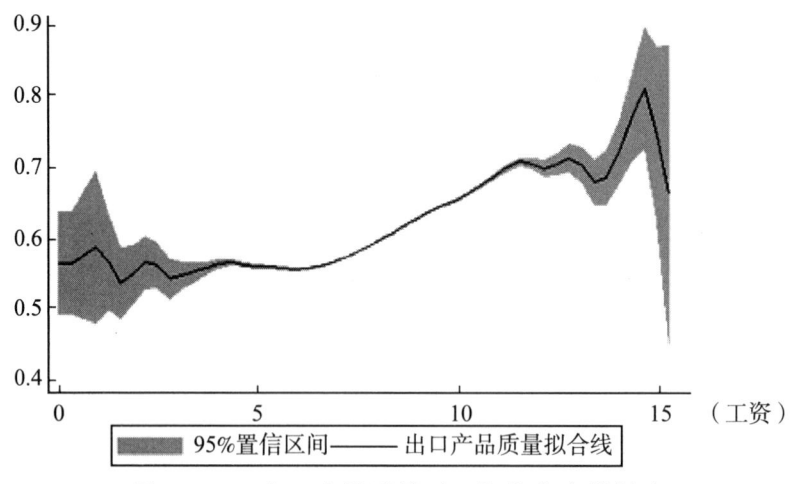

图 4 - 11　出口产品质量对工资的非参数拟合

本部分的非参数拟合和上一部分的基本事实出现了一个较大的不一致。即从基本事实来看，我们发现的是工资上升，质量水平逐渐下降。但此处，我们却很好地拟合出工资上升带来了质量水平的上升，并且这一上升趋势是有条件的，当工资充分高时，质量会随工资进一步上升而下降。出现这一差别可能是因为基本事实方面，用的是年度的平均值，短暂进出出口市场的企业可能对结果造成了较大的影响，而在非参数拟合中，我们按照工资高低进行排列，短暂进入出口市场的企业只是构成了一组观测值，其影响程度被大大降低了。此外，有可能是因为"效率工资效应"在其中进行干扰，对基本事实方面的干扰较小，但对按照工资排列的数据可能干扰较大。我们在下面也进一步考察了劳动生产率变动与出口额和出口产品质量的关系。

如图 4 - 12 与图 4 - 13 所示，虽然中间略有起伏，但总体来看，劳动生产率与出口额和出口产品质量都正向变化。而前面的起伏也在一定程度上佐证了理论模型部分有关劳动生产率与出口额及出口产品质量之间的复杂关系。

相比于存在企业进入退出的情形，工资与劳动生产率的正向关系更明显，并且劳动生产率关于工资的弹性也更大；工资与出口额、出口质量之间的正相关关系也更明显，同时当工资上升到一定水平后，也出现了拐点，但囿于观测值，这一趋势不能很确切地拟合出来，见图 4 - 14 ~ 图 4 - 16。

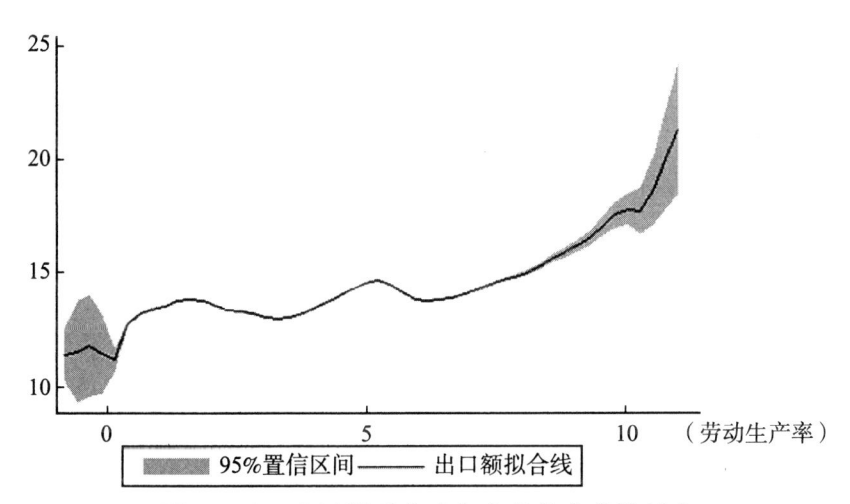

图 4-12　出口额对劳动生产率的非参数拟合

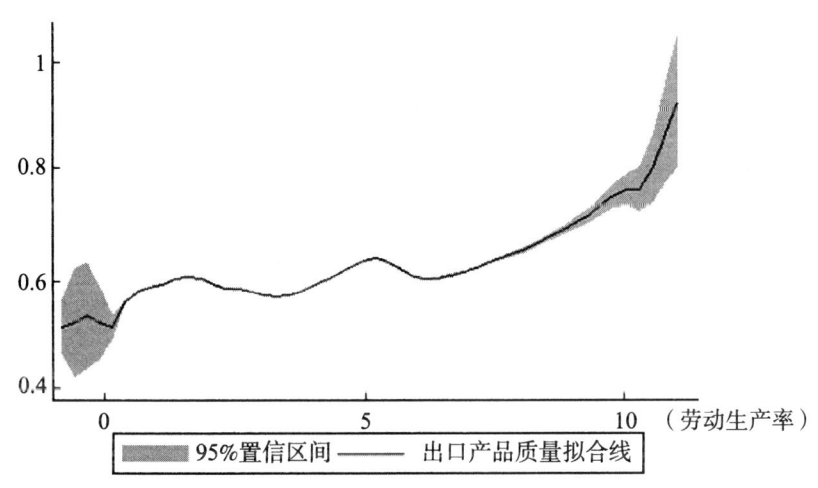

图 4-13　出口产品质量对劳动生产率的非参数拟合

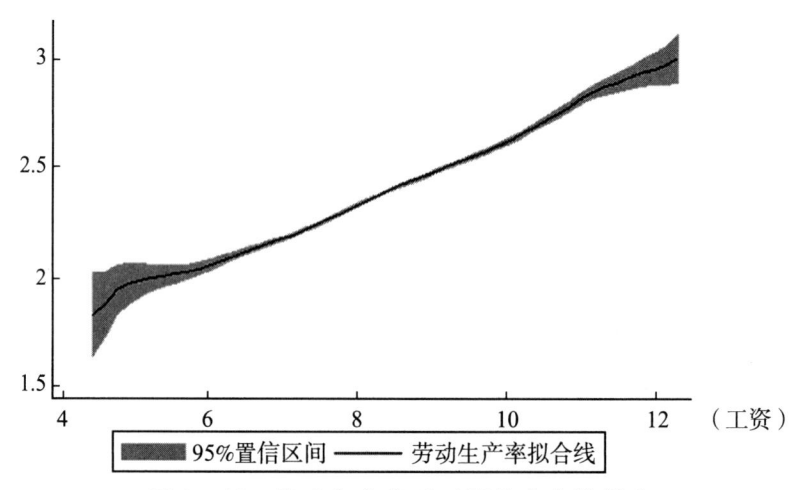

图 4-14 劳动生产率对工资的非参数拟合

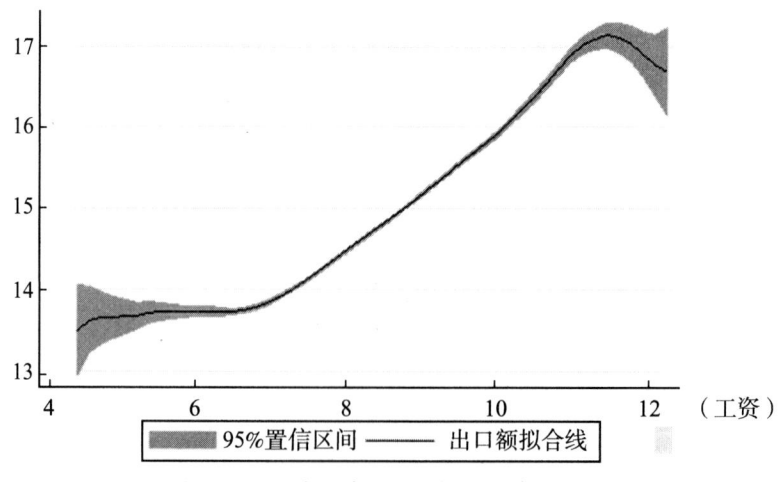

图 4-15 出口额对工资的非参数拟合

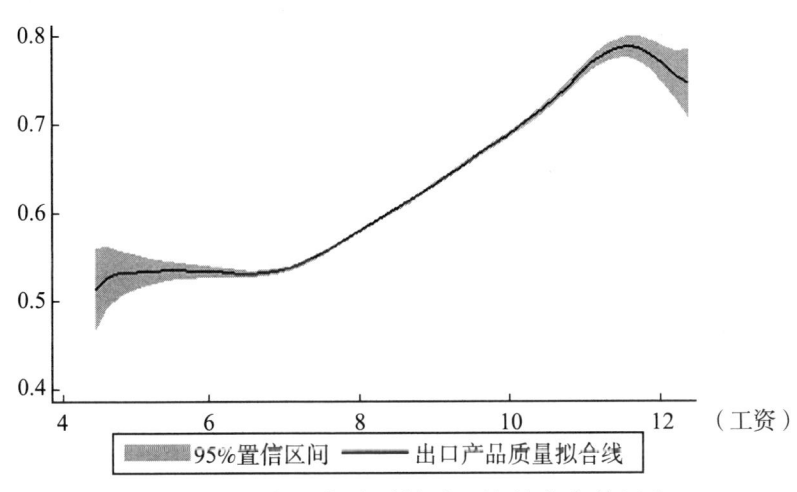

图 4-16 出口产品质量对工资的非参数拟合

我们同样也考察了劳动生产率与出口额及出口产品质量之间的关系。通过图 4-17 和图 4-18 发现，相比于存在企业进入退出的情形，劳动生产率与出口额及出口产品质量之间的正相关关系更明显，而且原本的波动更平滑。

需要指出的是，上述非参数拟合将工资与劳动生产率从小到大排列，并没有考虑它们来自不同的个体，个体的因素也没有充分考虑进来。因此，我们的非参数拟合仅仅是从统计上说明二者的关系及相应的变化趋势。

通过对特征事实的考察，我们得出以下初步结论。

第一，我国工资表现为持续上升的态势，同时劳动生产率与出口额也持续上升，这一基本态势在劳动密集型行（企）业与资本密集型行（企）业中都存在。

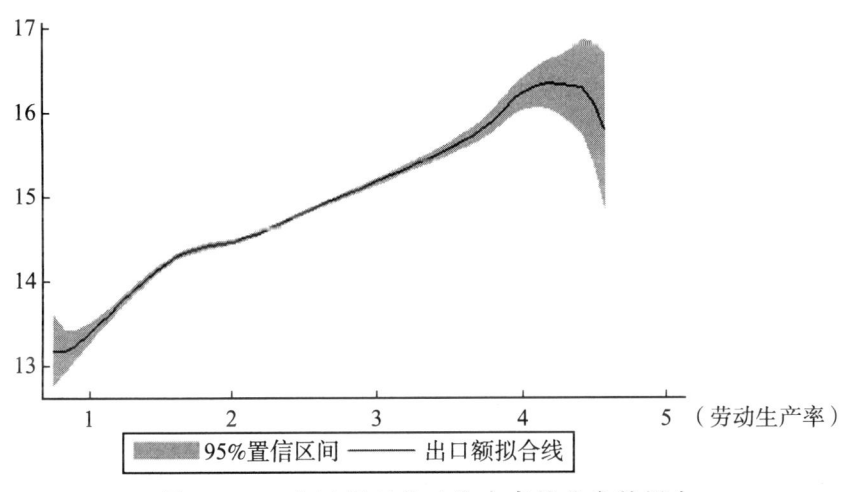

图 4-17 出口额对劳动生产率的非参数拟合

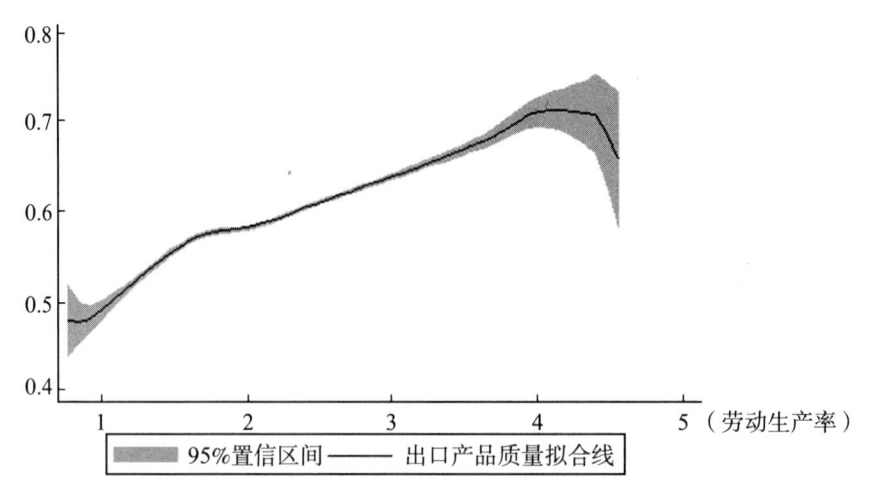

图 4-18　出口产品质量对劳动生产率的非参数拟合

第二，我国出口依然依赖劳动密集型企业，它们在出口额、出口产品质量以及劳动生产率等方面均超过资本密集型企业。这可能是由于我们没有对出口加工企业进行区分的缘故。

第三，我们观察到，我国的出口产品质量是在逐年下降的，但如果剔除了企业的进入退出因素，那么我国的出口产品质量基本保持稳定。因而部分小型企业频繁进出出口市场可能拖累了我国的出口产品质量。

第四，通过非参数的估计，我们观察到，劳动生产率关于工资存在正向的统计性关系，"效率工资效应"可能是存在的；出口额和出口产品质量关于工资也基本存在正向的关系，但从趋势来看，随着工资的上涨，这一正向关联在下降，在末端有可能出现由正转负的拐点，且末端估计存在较大的误差，这有待进一步的验证。

综合上述结论，我们发现工资上升、出口也上升这一"谜团"并未解开，但给我们指明了两个可能的方向，一是劳动生产率的影响；二是投入结构的差异，有待我们进一步验证。工资上升对出口以及出口产品质量的作用可能是复杂的，并不能单纯地表现为促进或是抑制。更引起我们兴趣的是，工资上升的影响可能存在拐点，这一拐点如何出现、为什么会出现可能是解开工资与出口之间关系的关键。

二、理论机制

（一）基准模型

假定消费者效用：

$$U = \left(\int c_i^\rho di\right)^{1/\rho}$$

其中 $\rho \in (0, 1)$，

那么需求可表达为：

$$c_i = C(p_i/P)^{-\sigma}$$

其中，$\sigma = 1/(1-\rho) > 1$，

价格指数 $P = \left(\int p_i^{\sigma-1} di\right)^{1/(\sigma-1)}$，

进一步，对于产品 i 与产品 j，有 $\dfrac{c_i}{c_j} = (p_i/p_j)^{-\sigma}$。

每个厂商支付异质性的工资 w_i，其边际成本为 w_i/φ_i，其中 φ_i 表示企业的劳动生产率水平。

依据加成定价：$p_i = \dfrac{w_i}{\rho \varphi_i}$，

假定社会中的工人分为两类，他们在能力上存在差异，分为高能力者与低能力者，用 θ 代表劳动者的能力，下标 H 代表高能力者，下标 L 代表低能力者。并假设企业的劳动生产率受劳动者努力水平的调节，由此得到类似于 Solow（1980）的形式，即 $\varphi_i = \tilde{\varphi}(\theta_i) \cdot \dfrac{e(\theta_i)}{\theta_{type}} \cdot x$，$\tilde{\varphi}(\theta_i)$ 表示单纯由能力决定的劳动生产率水平，$e(\theta_i)/\theta_{type}$ 表示努力水平的调整，x 表示当工资超出其应得水平时的激励，为 $(w_i - \theta_L)^\tau$，其中 $0 < \tau < 1$，描述边际效应递减，如果工资小于其应得水平则为 1，表示不存在激励。

我们定义有效的"效率工资"区间为这一情形：高能力工人不"偷懒"，并且"激励"低能力工人达到高能力工人努力水平的工资选择，由博弈模型分析得出该区间为：

$$w_H - \dfrac{e(\theta_H) - e(\theta_L)}{\theta_L} \geq w_i \geq w_L + \dfrac{e(\theta_H) - e(\theta_L)}{\theta_H}$$

下文的均衡分析均在这一有效的"效率工资"区间内展开。

产品市场的均衡条件：$c_i = \tilde{c}\left(\dfrac{w_i}{\varphi_i} \Big/ \dfrac{\tilde{w}}{\tilde{\varphi}}\right)^{-\sigma}$。

出口 $ex_i = (1-\vartheta)c_i$。假定 ϑ 是一个 0 到 1 之间的不变的参数，即出口与产出呈现固定变动比例的正相关关系，因此要讨论出口仅需要对产出加以考察即可。

将劳动生产率的表达式代入，得到 $ex_i = (1-\vartheta)c_i = D \cdot w_i^{-\sigma}$ $\left(\tilde{\varphi}(\theta_i) \cdot \dfrac{e(\theta_i)}{\theta_{type}} \cdot x\right)^\sigma$，$D \equiv \tilde{c}\left(\dfrac{\tilde{w}}{\tilde{\varphi}}\right)^{-\sigma}(1-\vartheta)$ 为常数。如果企业雇用了高能力的

工人，那么在有效的"效率工资"区间内，工资上升导致出口下降。但如果企业雇用了低能力的工人，那么这个分析将会相对复杂，如下式：

$$ex_i = D \cdot w_i^{-\sigma} \left(\tilde{\varphi}(\theta_L) \cdot \frac{e(\theta_H)}{\theta_L} \cdot (w_i - \theta_L)^\tau \right)^\sigma$$

一方面，工资上升会带来成本上升，从而不利于企业的出口，我们称之为工资上升的"成本效应"，表现在 $w_i^{-\sigma}$ 上；另一方面，工资上升会带来对低能力劳动者的激励，带来劳动生产率的提高，我们称之为工资上升的"效率工资效应"，它表现为两部分，一是对努力水平的激励 $\frac{e(\theta_H)}{\theta_L}$，二是高于均衡工资的激励 $(w_i - \theta_L)^\tau$。

因而，在有效的"效率工资"区间内，雇用低能力工人的企业，其工资上升对出口的影响有可能为正，也有可能为负，它受到劳动生产率水平的调节。而雇用高能力工人的企业，其工资上升对出口的影响为负。但随着工资进一步上升，脱离了有效的"效率工资"区间，雇用低能力工人的企业，其工资水平对出口的影响趋于负向，而雇用了高能力工人的企业，由于高工资的激励，其工资水平对出口的负向影响会得以缓解，并可能在短期内表现为正向作用。如果工资继续上升，两种企业的工资关于出口的作用都会倾向于负向抑制作用。

（二）扩展分析——纳入投入结构差异

保持消费部分不变，我们引入常替代弹性生产函数（CES）：$y_i = \varphi_i(\beta_i k_i^{\eta_i} + l_i^{\eta_i})^{1/\eta_i}$，其中，$\eta_i < 1$，从而两种要素投入的替代弹性为 $\epsilon_i = 1/(1-\eta_i)$，依据加成定价，$p_i = (\beta_i \alpha_i^{\eta_i} + 1)^{\frac{\eta_i - 1}{\eta_i}} w_i / \rho \varphi_i \equiv A_i / \rho$，其中，$(\beta_i \alpha_i^{\eta_i} + 1)^{\frac{\eta_i - 1}{\eta_i}} w_i / \varphi_i \equiv A_i$。通过要素报酬的均衡可以消去 β_i，从而得到 $A_i = \dfrac{\left(\dfrac{r\alpha_i}{w_i} + 1\right)^{\frac{1}{1-\epsilon_i}} w_i}{\varphi_i}$，再将要素价格的均衡条件 $r = \beta_i w_i \alpha_i^{\eta_i - 1}$ 代入企业异质性特征 A，得：

$$A_i = (r\alpha_i / w_i + 1)^{\frac{\eta_i - 1}{\eta_i}} w_i / \varphi_i = (r\alpha_i / w_i + 1)^{1/(1-\epsilon_i)} w_i / \varphi_i$$

为方便分析，对 A 的表达式做一个正向单调变换：

$$\ln A_i = \ln w_i - \ln \varphi_i + \frac{1}{(1-\epsilon_i)} \ln\left(\frac{r\alpha_i}{w_i} + 1\right)$$

设定努力程度 $e = e(w)$，$e'(w) > 0$，$e''(w) < 0$，满足稻田条件并设 $\varphi_i(w_i, \alpha_i) = \dfrac{1}{\alpha_i} e(w_i)$，则：

$$\ln A_i = \frac{1}{(1-\epsilon_i)} \ln\left(\frac{r\alpha_i}{w_i} + 1\right) + \ln w_i - \ln \frac{1}{\alpha_i} e(w_i)$$

$$\frac{\partial \ln A_i}{\partial w_i} = \frac{1}{w_i}\left(1 - \frac{1}{1-\epsilon_i}\left(\frac{r\alpha_i}{w_i + r\alpha_i}\right) - \frac{w_i e'(w_i)}{e(w_i)}\right)$$

假设此处存在一个劳动密集型企业（下标为1）和一个资本密集型企业（下标为2），$w_1 < w_2$ 且 $\alpha_1 < \alpha_2$。两个企业同时发生边际的工资上升，则二者的劳动生产率变动分别为 $\frac{1}{\alpha_1}e'(w_1)$ 和 $\frac{1}{\alpha_2}e'(w_2)$。由 $e(w)$ 的性质可知劳动密集型企业的努力上升幅度 $e'(w_1)$ 大于资本密集型企业的努力上升幅度 $e'(w_2)$，使得劳动密集型企业因工资上升获得的效率提升更强于资本密集型企业，同时要素投入结构的加成作用 $\frac{1}{\alpha_1} > \frac{1}{\alpha_2}$，效率提升的差距又会得到要素投入结构调节作用的放大。也就是说，对初始工资水平相同这一假定的放松扩大了不同要素密集度企业效率工资效应的差别，劳动密集型企业因较低的初始工资水平获得更强的效率工资效应。

同时意味着在一阶导数的正负定性上，多出了一个影响渠道，即除去基准情形中所述及的要素投入结构的影响外，努力水平关于工资的弹性也是一个重要的影响因素，令 $\frac{\partial \ln A_i}{\partial w_i} < 0$，得：

$$\frac{1}{1-\epsilon_i}\left(\frac{r\alpha_i}{w_i + r\alpha_i}\right) > 1 - \frac{w_i e'(w_i)}{e(w_i)}$$

由 $e(w)$ 的性质可知，当 w 较小时，其关于 w 的弹性较大，否则较小，不等式右边关于工资从负无穷递增到1，不等式左边在 $\epsilon < 1$ 时关于 w 从大于1的某个值递减到0，在 $\epsilon > 1$ 时关于 w 从某一负值递增到0。因此当 $\epsilon < 1$ 时，存在确定的拐点，使得任何比这个拐点低的工资水平均可以使得上述不等式成立，当 $\epsilon > 1$ 时，则要取决于具体的替代弹性取值，当 ϵ 在一个合理的范围内时，较低的工资水平也可以保证上述不等式的成立。

由此，我们得出待验证的假说：

假说 4.1：企业出口与工资水平、劳动生产率密切相关，且工资和劳动生产率之间存在互相影响作用。

假说 4.2：劳动密集型企业的"效率工资"效应强于资本密集型企业。

假说 4.3：企业的工资上升可通过刺激劳动生产率的提高从而实现降低成本和促进出口的目标。

（三）扩展模型——纳入质量异质性

消费者 j 的效用设定如下：

$$U_j = \left(\int_{i \in I} q_i^\rho di\right)^{1/\rho}$$

其中，$0 < \rho < 1$，I 表示社会产品的全集。

预算约束如下：

$$\int_{i \in I} p_i \gamma(\theta_i, w_j) q_i di \leq w_j$$

其中，w_j 表示消费者的收入，θ_i 表示第 i 类产品的质量，$\gamma(\cdot)$ 是一个心理调节变量，描述相对于价格，消费者在消费时更注重的是性价比。$\frac{\partial \gamma(\theta_i, w_j)}{\partial \theta_i} < 0$，表示相同价格下，质量更高的产品在消费者看来更为"便宜"，更值得买；$\frac{\partial \gamma(\theta_i, w_j)}{\partial w_j} < 0$，表示相同价格下，收入越高的消费者越愿意接受高价格的产品。

求解效用最大化问题，得消费者 j 对任意两种产品 m 和 n 的需求，并满足条件：

$$\frac{q_m}{q_n} = \left(\frac{p_m \gamma(\theta_m, w_j)}{p_n \gamma(\theta_n, w_j)}\right)^{1/(\rho-1)}$$

在垄断竞争的市场上，企业按照边际成本进行加成定价：

$$p_i = MC_i(\theta_i, w_i, \varphi_i, \alpha_i)/\rho$$

结合需求的局部均衡条件，并选定某一基准企业，社会整体收入水平由一个代表性的收入为 $\bar{w}$ 的个人来表示，从而企业面对的需求可以被改写为：

$$q_i = \left(\frac{p_i \gamma(\theta_i, \bar{w})}{p^* \gamma(\theta^*, \bar{w})}\right)^{1/(\rho-1)} q^*$$

企业通过选择生产产品的质量来实现利润的最大化：

$$\max_{\theta_i} \pi_i(\theta_i, w_i, \varphi_i, \alpha_i) = \frac{(1-\rho)}{\rho}(MC_i(\theta_i, w_i, \varphi_i, \alpha_i))$$
$$\left(\frac{MC_i(\theta_i, w_i, \varphi_i, \alpha_i)\gamma(\theta_i, \bar{w})/\rho}{p^* \gamma(\theta^*, \bar{w})}\right)^{1/(\rho-1)} q^* - F,$$

求解得到

$$-\rho \cdot e_{MC}(\theta_i) = e_\gamma(\theta_i)$$

其中，$e_{MC}(\theta_i) = \dfrac{\dfrac{\partial MC_i(\theta_i, w_i, \varphi_i, \alpha_i)}{\partial \theta_i}\theta_i}{MC_i(\theta_i, w_i, \varphi_i, \alpha_i)}$，即边际成本关于质量的弹性；

$e_\gamma(\theta_i) = \dfrac{\dfrac{\partial \gamma(\theta_i, \bar{w})}{\partial \theta_i}\theta_i}{\gamma(\theta_i, \bar{w})}$，即心理调节变量关于质量的弹性。

定理：企业的质量决定条件是在既定要素投入结构、工资水平和劳动生产率水平下，边际成本关于质量的弹性与心理调节变量关于质量的弹性之比为定值。该定值与产品的替代弹性相关，并等于 $-(\sigma-1)/\sigma$。

（四）模型显性化

设定心理调整因素具体的函数形式为：

$$\gamma(\theta_i, \bar{w}) = 1/(\theta_i \bar{w})$$

物质产品生产边际成本近似设定为：

$$MC_{i,phy} = w_i/(\alpha_i^\tau \varphi_i)$$

质量部分设定为：

$$MC_{i,qua} = (\theta_i/\bar{\theta}_i)^\beta w_i^\mu$$

其中 $\beta > 1$，满足生产质量部分的边际成本关于质量的一阶导和二阶导都大于 0。$\mu > 0$，代表生产质量部分要素投入的成本强度。

两部分边际成本进行 CES 复合成为企业总体的边际成本如下：

$$MC_i(\theta_i, w_i, \varphi_i, \alpha_i) = (MC_{i,phy}^x + MC_{i,qua}^x)^{1/x}$$

其中 $0 < x < 1$。

代入求解得：

$$\beta \ln\theta_i = \beta \ln\bar{\theta}_i + (1-\mu)\ln w_i - \ln\varphi_i - \tau\ln\alpha_i + \beta\ln D$$

其中 $D \equiv (\beta\rho - 1)^{-\frac{1}{\beta x}}$，$\beta\rho > 1$ 是个常数。

观察该式可得：

推论1：产品质量具有持续性，可达到（或已经达到）的质量水平越高，产品质量相应越高。

推论2：劳动生产率和工资对出口产品质量的影响都存在正反两方面的效应。

引入工资上升的"效率工资效应"，$\varphi_i = e(w_i)/\alpha_i$，具体化劳动生产率的技术水平效应：$\theta_i = \varphi_i^{1/\mu}$，$(1/\mu)$ 表示劳动生产率转化为质量的转换率，也表示预期质量关于劳动生产率的弹性。经计算，得：

$$\frac{\partial \theta_i}{\partial w_i} = D \frac{\alpha_i^{\frac{1-\tau}{\beta}-1}}{w_i}\left[\frac{1-\mu}{\beta}w_i^{\frac{1-\mu}{\mu}} + \left(\frac{1}{\mu} - \frac{1}{\beta}\right)e(w_i)^{\frac{1}{\mu}} - \frac{1}{\beta} \cdot \frac{e'(w_i)w_i}{e(w_i)}\right]$$

推论3：工资在较低水平（对应的劳动生产率水平也较低）发生上升，它有助于提升产品的质量，但当工资水平（劳动生产率水平）到达一定程度后，这一效应会转而为负向。

推论4：劳动密集型企业相对于资本密集型企业，其出口产品质量更容易受到工资上升的负面影响。

综合上述各推论，我们提出待检验的假说如下：

假说 4.4：质量具有持续性，已达到的质量会正面影响新的质量选择。

假说 4.5：工资和劳动生产率对出口产品质量的影响受到彼此的调节，随着二者的上升，它们对出口产品质量的影响均会呈现出由正向促进转为负向抑制的态势。

假说 4.6：工资对出口产品质量的影响会因要素密集度差异而不同，相对于资本密集型企业，工资上升对劳动密集型企业出口产品质量的影响更容易表现为抑制作用。

第二节 工资上升对中国出口贸易的影响：基于行业的视角[①]

一、数据来源与变量说明

（一）计量回归模型的设定

本部分的研究基于 1999~2012 年 33 个工业行业数据和 1999~2012 年部分宏观经济数据，其中涉及金额单位的变量统一按 GDP 平减指数换算至 1978 年不变价，并将金额单位都换算为人民币"元"。在出口贸易增长的影响因素中，本部分重点关注工资和劳动生产率这两个变量，除此之外，本书引入用来刻画需求面、供给面和整体经济环境的多个控制变量，设定回归模型如下：

$$lnexp_{it} = \beta_0 + \beta_1 lnwage_{it} + \beta_2 lnout_{it} + \beta_3 lnprice_{it} + \beta_4 lntariff_t$$
$$+ \beta_5 lnreer_t + \beta_6 lnimp_{it} + \beta_7 lnlp_{it} + \varepsilon_{it}$$

其中，被解释变量为出口额（exp），解释变量包含平均工资（wage）、劳动生产率（lp）、总产值（out）、出口价格指数（price）、国外市场开放程度（tariff）、实际有效汇率（reer）、进口额（imp）；ε_{it} 为误差项；i 和 t 分别表示行业和时间；各变量的前缀 ln 表示取其对数值。

[①] 铁瑛、张明志：《工资上升对中国出口贸易的影响——基于工业行业面板数据的实证研究》，载于《国际贸易问题》2015 年第 11 期。

（二）要素密集型行业的划分

借鉴已有文献的做法，如盛斌（2002）的《中国对外贸易政策的政治经济分析》[①]，本书将33个工业行业按照要素密集度的不同分为劳动密集型行业和资本密集型行业。其中，劳动密集型行业包括煤炭开采和洗选业、石油和天然气开采业、黑色金属矿采选业、有色金属矿采选业、非金属矿采选业、饮料制造业、烟草加工业、纺织业、服装及其他纤维制品制造业、皮革毛皮羽绒及其制品业、木材加工及竹藤棕草制品业、家具制造业、造纸及纸制品业、印刷业和记录媒介的复制、橡胶制品业、非金属矿物制品业、金属制品业、仪器仪表及文化办公用机械制造业、电力煤气及水生产供应业、煤气生产和供应业共20个行业。资本密集型行业包括文教体育用品制造业、石油加工及炼焦业、化学原料及化学制品制造业、医药制造业、化学纤维制造业，塑料制造业、黑色金属冶炼及延压加工业、有色金属冶炼及延压加工业、普通机械制造业、专用设备制造业、交通运输设备制造业、电气机械及器材制造业、电子及通信设备制造业共13个行业。

（三）变量的相关参数预期符号及其数据来源说明

1. 被解释变量与核心解释变量

本书实证研究的被解释变量是各行业年度出口总额（exp），核心解释变量是各行业平均工资（wage）和各行业劳动生产率（lp）。

行业年度出口总额（exp）：首先，从UN Comtrade数据库中得到5位码商品的出口总额，然后，借鉴盛斌（2002）的做法，将其分行业进行加总得到行业年度出口总额。需要说明的是，由于我国的国民经济行业分类在2012年发生变化，橡胶制造业与塑料制造业合并为一个行业，本书沿用了之前的分类方法分别加总；由于交通运输设备制造业分拆为汽车制造业和铁路、船舶、航空航天和其他运输设备制造业，为了与之前的样本保持一致，本书选择沿用交通运输设备制造业，而将后两类行业进行加总。

行业平均工资（wage）：行业层面的工资数据来自相关年份的《中国劳动统计年鉴》。在2012年行业调整后，橡胶制造业与塑料制造业采用合并后的橡胶塑料制造业所报告的工资，而交通运输设备制造业则采用它所分两类行业的工资水平按从业人员加权平均后的结果。基于前面的理论分析，行业平均工资对出口贸

[①] 盛斌在《中国对外贸易政策的政治经济分析》（2002版）的附录中提供了《中国国民经济行业分类（GB/T 4754—2002）与国际贸易标准分类（SITC，Rev3）对照表》及《国际标准产业分类（ISIC，Rev3）与国际贸易标准分类（SITC，Rev3）对照表》。

易的影响存在不确定性,因此其对被解释变量的预期影响符号无法判断。

行业劳动生产率(lp):本书采用各行业总产值除以从业人员的方式来衡量各行业的劳动生产率。由于我国分行业增加值数据只汇报到 2007 年,之后汇报的数据为应交增值税,从 CEIC 数据库等所得到的仅有 2007 年之后的月同比变化数据,但缺少基期的月度数据,因此本书用各行业的总产值而非增加值来除以从业人员以获得各行业劳动生产率数据。行业总产值和行业从业人员的数据来源为 1999~2012 年的《中国统计年鉴》。行业劳动生产率的上升意味着行业生产效率的提升,但如果行业劳动生产率的上升是通过企业选择效应而带来的,那么其上升有可能抑制行业出口贸易的增长。因此,行业层面的劳动生产率提高对行业出口贸易的影响是正面的还是负面的无法作出判断。相对于资本密集型行业,劳动密集型行业更为密集地使用劳动要素,其受工资上升的影响应当相对更大一些。

2. 供给面控制变量

行业总产值(out):它是影响行业出口贸易的供给面控制变量,也是计算劳动生产率的重要组成部分,数据来自《中国统计年鉴》。从直观上看,行业总产值对行业出口贸易的预期影响符号为正。相对于资本密集型行业,由于劳动密集型的产品更难拥有市场势力,因此它们受行业总产值的影响应该会小些。

3. 需求面控制变量

国外市场开放程度(tariff):国外开放程度可以理解为海外市场的可抵达性,或是到达海外市场所需付出的成本,其数据是将《世界银行报告》的世界关税水平,按照制造业加权后得到。预期国外市场开放程度与出口贸易之间呈现负向关系,而且劳动密集型行业受到的影响应当会大于资本密集型行业。

出口价格指数(price):它反映了一国在一定时期内所出口商品的平均价格变化。由于出口额的变化本身就包含了出口价格的变动和出口数量的变化,因此本书选取出口价格指数作为控制变量,以便在一定程度控制住出口额变动中出口价格变化的影响。1999~2004 年的出口价格指数,数据来源为海关总署发行的《中国对外贸易指数》,2006 年及之后的数据来源为 CEIC 数据库,其中缺失 2005 年的数据,本书采用 2004 年与 2006 年的平均来填充,统一以 1998 年为基期,2012 年因受行业调整的影响,其数据处理方式与上文关于出口与工资方面的做法一致。

4. 经济环境类控制变量

实际有效汇率(reer):汇率对一国出口贸易具有直接的影响。一般认为,一国货币的贬值有利于出口而升值有利于进口,但近年来,学者普遍发现上述结论在中国的实证研究中无法得到很好的支持。鉴于中国已经深度融入国际垂直专业化分工体系,出口贸易对汇率的变动可能不敏感,因此实际有效汇率的预期影响符号无法判断。

产业内贸易因素用同行业进口（imp）来衡量。数据处理与出口的做法相同，数据来源同为 UN Comtrade 数据库。从预期符号上来说，它同样存在不确定性，因为对于介入国际垂直专业化并不深入的行业来说，进口更多表现为对本国生产的替代，因此会和出口呈现负向关系；而对于介入国际垂直专业较为深入的行业来说，由于进口是为了满足出口的需要，因此进口和出口会呈现正向的关系。

二、基准回归估计

（一）基准回归的结果及其分析

表 4 – 4 是基于 OLS 方法和面板估计方法而得到的基准回归结果，其中，模型（1）为全样本估计的结果，模型（2）和模型（3）分别为资本密集型行业子样本与劳动密集型行业子样本估计的结果，对此，后文不再赘述。

表 4 – 4　　工资上升对行业出口贸易的影响：基于 OLS 估计和面板估计的基准回归

变量	OLS 估计 (1)	OLS 估计 (2)	OLS 估计 (3)	面板固定效应 (1)	面板固定效应 (2)	面板固定效应 (3)	面板随机效应 (1)	面板随机效应 (2)	面板随机效应 (3)
被解释变量：lnexp									
lnwage	-1.81***	0.61	-1.73***	-0.27	0.19	-0.27	-0.43**	0.09	-0.39*
lnlp	-0.50***	-0.63***	-0.64***	-0.17**	0.22**	-0.36***	-0.20**	0.18*	-0.39***
lnout	1.30***	0.54***	1.38***	0.45***	0.26**	0.53***	0.53***	0.28***	0.59***
lnimp	0.34***	0.59***	0.35***	-0.05	-0.32***	0.02	0.01	-0.20**	0.05
lnreer	4.28***	0.44	5.14***	1.29**	1.15*	1.40*	1.56***	1.19**	1.67**
lntariff	-2.78***	-0.63	-2.76***	-1.88***	-2.54***	-1.56***	-1.95***	-2.40***	-1.64***
lnprice	-1.26***	-0.51**	-1.57***	0.03	0.1	-0.15	-0.06	0.08	-0.22
_cons	-3.11	5.02	-5.84	14.23***	16.23***	14.14***	12.45***	13.99***	12.83***
Adj R^2	0.60	0.67	0.52						
R^2（within）				0.53	0.85	0.39	0.53	0.85	0.39
R^2（between）				0.46	0.43	0.5	0.57	0.13	0.53

注：***、**、* 分别表示回归系数在 1%、5% 和 10% 水平上显著。

从表4-4的基准回归结果来看，在全样本上，工资与出口贸易之间呈现出负相关的关系，即工资上升抑制了行业出口贸易的增长。核心控制变量也基本保持稳定且符合预期，比如，供给方面的产出与出口贸易之间显著正向关联，需求方面的外国开放程度（世界关税水平）与出口贸易显著负向关联，其中比较不合常理的是汇率的回归系数符号为正，由于IMF报告的是间接标价法下的汇率，汇率上升表示升值，根据传统理论，汇率的回归系数符号应当是负的，关于这一问题，下文再讨论。此外，劳动生产率的回归系数为负，说明行业劳动生产率的上升对出口贸易产生了抑制作用，基于前面的理论分析，这很可能是企业选择效应和行业内转型升级的缘故。

从子样本的结果来看，核心解释变量即行业平均工资在两个子样本中的回归系数并不一致，在劳动密集型行业中表现为对出口的显著抑制作用，而在资本密集型行业中表现为对出口的促进作用，但不显著；从面板固定效应和随机固定效应的估计结果来看，行业劳动生产率在两个子样本中对行业出口贸易的影响作用也表现出不一致的特点，在劳动密集型行业中表现出对出口贸易显著的抑制作用，而在资本密集型行业中则表现为显著的促进作用。

综合以上分析，本书的一个核心观点得到了验证，即工资上升对行业出口贸易的增长具有抑制作用，同时各行业由于要素密集度的不同，其受工资变化的影响也不一样。由于子样本的估计结果与全样本是可比的，由表4-4不难看出，在两种估计方法下，从系数绝对值上看，资本密集型行业的出口贸易受到工资上升的影响总是小于全样本的结果，而劳动密集型行业受到的影响与全样本的结果几乎总是相当，劳动密集型行业出口贸易受工资上升的影响总是大于资本密集型行业。

（二）基准回归中可能存在的内生性问题

在基准回归模型中，一方面，测量误差的存在有可能导致内生性；另一方面，解释变量本身可能同时受到被解释变量的影响，即存在联立性偏误。为此，本书对所设定的回归模型进行Hausman检验，结果表明拒绝不存在内生性的零假设，即所设定的回归模型的确存在内生性问题。但Hausman检验只能对模型整体的内生性进行考察，并不能指出内生性的具体来源，即哪些变量存在内生性依然是不知道的。已有文献的做法往往是根据经济理论将可能存在内生性的变量挑出，但这种方法具有很强的随意性，不能保证能够准确地挑选出导致内生性的变量，并且只能针对联立性偏误问题，因此往往会遗漏一些内生性变量。

基于上述考虑，本书基于逐步回归的思路，对计量模型做进一步的内生性检验。具体做法是，将被解释变量与每一个解释变量进行两两检验，同时为了避免错误将外生变量因为核心变量缺失所造成的内生性而检验为存在内生性的变量，本书采取了逐步添加变量的方式进行检验，结果显示，内生性的主要来源是供给面与需求面的控制变量，即行业产出（out）和行业价格指数（price）。不难理解，中国作为出口导向型的发展中国家，出口贸易不仅对出口价格指数具有影响作用，而且对产出也会产生重要的影响，因此所设定的计量模型的内生性来源应当是联立性偏误。

（三）广义矩估计两阶段法回归

此处尝试采用 GMM 方法（广义矩估计法）来克服内生性问题。具体而言，本书选择行业产出（out）和行业出口价格价格指数（price）的滞后一期（变量名前面加前缀 lag）作为相应的工具变量进行估计，结果见表 4-5。

表 4-5　工资上升对行业出口贸易的影响：基于 GMM 估计的回归结果

变量	（1）	（2）	（3）
被解释变量：lnexp			
lnwage	-2.18*** (0.34)	1.17* (0.63)	-2.08*** (0.48)
lnlp	-0.52*** (0.16)	-0.51* (0.30)	-0.62*** (0.22)
lnprice	-1.26*** (0.26)	-0.54** (0.26)	-1.67*** (0.45)
lnout	1.40*** (0.15)	0.23 (0.35)	1.44*** (0.16)
lnimp	0.33*** (0.06)	0.73*** (0.15)	0.36*** (0.08)
lnreer	4.89*** (1.14)	0.10 (1.14)	6.12*** (1.76)
lntariff	-3.00*** (0.63)	-0.39 (0.76)	-3.29*** (0.90)
_cons	-4.29 (4.77)	3.9 (4.53)	-8.28 (7.31)
centered R^2	0.6143	0.683	0.5461
uncentered R^2	0.9957	0.9987	0.9938

续表

变量	（1）	（2）	（3）
不可识别检验（p-值）	0.0000	0.0000	0.0000
弱工具变量检验（统计量）	512.20	36.973	432.12
弱工具变量检验（临界值）	7.03	7.03	7.03
过度识别检验	恰好识别	恰好识别	恰好识别
观测数	429	169	260
存在内生性的变量：	lnout, lnprice		
回归方程外的工具变量：	laglnout, laglnprice		

注：***、**、*分别表示回归系数在1%、5%和10%水平上显著，括号内为异方差稳健标准误。

由于工具变量个数与具有内生性的变量个数相同，因此模型是恰好识别的，无须考虑过度识别的问题。识别不足检验零假设为原模型是识别不足的，所构建统计量即 Kleibergen-Paap rk LM statistic 的结果为134.325，p值为0.0000，拒绝原假设。弱工具变量检验所构建的统计量为512.20，远大于Stock-Yogo弱工具变量临界值即7.03（10% maximal IV size），说明所选取的工具变量是有效的。

由表4-5可见，从全样本来看，估计结果相对于之前的估计并没有发生太大的变化，只是具体参数值出现了些微的差异。本书所关心的核心解释变量即工资依然负向影响到出口贸易，其他控制变量与之前的估计符号也基本相同。在子样本方面，最核心的假说同样得到证实，即工资上升对劳动密集型行业的出口具有抑制作用，但对资本密集型行业的出口却具有促进作用。这一差异很可能源于工资上升所带来的要素替代作用，由于在劳动密集型行业，工资是产品生产成本的重要组成部分，在工资上升的背景下，企业不容易实现资本对劳动的替代，导致劳动密集型产品国际竞争力的降低，从而抑制行业出口贸易增长。但工资成本很可能不构成资本技术密集型产品的主要生产成本，不仅如此，在工资上升的背景下，资本密集型行业更倾向于也更容易实现资本对劳动的替代，从而工资上升反而能够提高劳动生产率，促进出口贸易的增长。

有意思的是，无论是对全样本而言，还是从两个子样本来看，劳动生产率的提高显著地抑制了出口贸易的增长。究其原因，我们认为，在工资逐步上升的背景下，迫于成本上升的压力，许多低劳动生产率的企业被迫退出了市场从而导致行业劳动生产率的提高，但同时由于许多经验研究所表明的，中国存在着生产率悖论，即出口企业的生产率普遍低于非出口企业，如李春顶（2010），因此，中国低劳动生产率出口企业的退出在导致行业劳动生产率提高的同时却抑制了行业出口贸易的增长。

从其他控制变量来看，基本上符合理论预期。比如，外国开放度的提升（即关税水平的下降）对我国出口贸易有促进作用，特别是对劳动密集型行业来说更是如此；在中国深度融入国际垂直专业化的背景下，以行业进口贸易来衡量的产业内贸易发展，显著地带动了出口贸易的发展，这一影响作用在资本密集型行业表现得尤为突出；行业产出的增加对出口具有促进作用，对劳动密集型行业出口的促进作用比较显著，而对资本密集型行业的促进作用则不显著。

唯一有悖于常理的一个变量是实际有效汇率，一般说来本币升值有利于进口，而本币贬值有利于出口，但本书的实证结果却和这个常规判断并不一致，特别是针对劳动密集型行业时，汇率的符号为正。关于这一问题，国内已有许多实证研究发现，汇率变动并不能显著影响中国的贸易收支，学术界将这种现象称为"汇率调整之谜"并尝试解释，如封思贤（2007）和陈国进等（2011）等。

三、稳健性检验

为了考察本书实证回归结果的稳健性，本书分三个方面进行稳健性检验：一是将 GMM 估计的结果与基准回归结果进行对比；二是就估计的标准差进行稳健化处理与对比；三是对本书所选用的变量进行部分替代处理。

（一）与基准回归结果的对比

将 GMM 估计的结果与基准回归的结果进行对比可以发现，在核心解释变量方面，本书的所有结论均成立，其中出现明显变化的是资本密集型行业子样本，其工资上升对出口贸易的促进作用从不显著变成显著了。之所以如此，很可能是因为工资上升导致了资本密集型行业加快资本要素对劳动要素的替代，而这一变化在基准回归中由于内生性问题而被掩盖。从其他控制变量上来看，估计结果没有发生太大变化。总体上看，模型估计方法的改变并没有对估计结果造成颠覆性的影响，前后估计的结果基本一致。

（二）对 GMM 估计结果的标准误进行稳健性修正

前文在进行 GMM 估计时使用的是异方差情况下的稳健标准误，这里进一步通过两种方法对标准误进行修正：一是"自抽样 bootstrap"方法，"bootstrap"的核心在于对估计量方差的估计，其基本思路是对样本多次进行重复的抽样，每一次估计出相应统计量，最后根据多次估计出的统计量放在一起计算出其标准误，这样估计的结果无疑会更加稳健，一般的做法是进行 50~200 次的抽样；二是聚类稳健标准误的方法，即允许模型残差存在自相关，每个"聚类"内部相关，"聚类"之间不相关，并对此进行修正，本书对行业进行聚类稳健标准误修正和分析。对 GMM 估计结果的标准误进行稳健性修正如表 4-6 所示，针对全样本 50 次、200 次和 500 次抽样的结果及其与 GMM 稳健标准误进行比对的结果来看，标准误变化并不大，并且没有对变量显著性造成根本性影响。进行聚类稳健标准误的修正结果来看，所有变量的标准差都有所上升，显著性水平在不同程度上有所下降，但依然保持了较好的显著性水平，这充分说明本书的回归结果是比较稳健的。

表 4-6　　聚类稳健标准误、"bootstrap" 方法稳健标准误及其与 GMM 的比对

变量	GMM 稳健标准误	聚类稳健标准误及显著性变化	bootstrap 稳健标准误		
			50 次	200 次	500 次及显著性变化
lnwage	0.343	0.964 *** → **	0.345	0.349	0.346 *** → ***
lnlp	0.156	0.294 *** → *	0.138	0.167	0.151 *** → ***
lnprice	0.255	0.614 *** → **	0.270	0.277	0.269 *** → ***
lnout	0.148	0.451 *** → ***	0.129	0.140	0.143 *** → ***
lnimp	0.058	0.182 *** → *	0.056	0.054	0.056 *** → ***
lnreer	1.145	2.017 *** → **	1.201	1.130	1.212 *** → ***
lntariff	0.633	1.092 *** → ***	0.631	0.651	0.686 *** → ***
_cons	4.767	4.200—	4.874	4.755	4.735—

（三）对模型设定的稳健性分析

对模型设定的稳健性分析，包括两个方面：一是通过替换部分控制变量，看是否对核心结论造成影响；二是通过对工具变量的调整来考察其对估计结果的影响。

一方面，我们采用中国十大稳定贸易伙伴开放度的加权平均值替代世界关税水平，之所以在之前的回归估计中不用这个指标，是因为较之于贸易伙伴开放度，世界关税水平具有更强的外生性。作为对模型核心结论稳健性的检验，贸易伙伴开放度显然是世界关税水平这一变量很好的替代。回归结果如表4-7所示。可以看出，在更换贸易开放度指标的情形下，本书的核心结论依然是成立的，即工资上升对中国出口贸易总体上具有抑制作用，但对劳动密集型行业出口贸易的影响不同于资本密集型行业。

表4-7　　　　　稳健性检验：开放度指标更换

变量	（1）	（2）	（3）
被解释变量：lnexp			
lnwage	-1.77***	0.85*	-1.74***
lnlp	-0.76***	-0.50*	-0.84***
lnprice	-1.19***	-0.57**	-1.70***
lnout	1.46***	0.23	1.47***
lnimp	0.32***	0.73***	0.36***
lnreer	2.17**	-0.20	3.28**
lnopenness	1.84**	1.42*	2.60**
_cons	2.50	5.95	-0.89
centered R^2	0.6046	0.6895	0.5387
uncentered R^2	0.9956	0.9988	0.9937

注：***、**、*分别表示回归系数在1%、5%和10%水平上显著。

另一方面，通过对工具变量进行调整考察模型设定的稳健性。本书所用到的工具变量为各行业产出与价格指数的滞后一期，考虑到对工具变量使用的严格限制，若要让稳健性检验具有意义，那么和内生变量相关性较强的工具变量无法随意去除，因此本书加入新的工具变量来进行可能的过度识别估计。这里引入世界GDP（gdp）这一工具变量，它用来衡量世界经济发展的整体水平，代表中国出口所面临的国际市场需求情况。显然，世界GDP具有较好的外生性，对它的处理与外国开放程度类似，采用对中国前十大贸易伙伴国的GDP按贸易额进行加权，数据来源为世界银行。

估计结果如表4-8所示,不难看出,检验结果与之前的估计偏差并不明显,核心结论依然成立。资本密集型行业子样本中行业平均工资对行业出口贸易的影响变得不显著了,但依然维持着正向相关的关系。我们注意到,根据Hansen-J检验的结果,对该子样本的估计存在过度识别的问题,因此很可能是因为此处模型设定的错误(即加入新的工具变量)导致它的不显著。

表4-8　　　　　　　稳健性检验:工具变量加入lngdp

变量	(1)	(2)	(3)
被解释变量:lnexp			
lnwage	-2.10***	0.59	-2.06***
lnlp	-0.51***	-0.81***	-0.62***
lnprice	-1.29***	-0.41*	-1.68***
lnout	1.35***	0.71***	1.43***
lnimp	0.34***	0.53***	0.36***
lnreer	4.75***	0.12	6.09***
lntariff	-2.96***	-0.24	-3.28***
_cons	-3.62	6.38	-8.11
Hansen-J test	p=0.3796	p=0.0527	p=0.8840

注:(1)本书在过度拟合检验上采用了Hansen-J检验,因为惯常所使用的Sargan检验应用的前提是同方差假设,在异方差情形下Sargan检验的结果是不稳健的。Hansen-J检验能够匹配异方差情形的要求,其缺陷在于检验效力会随工具变量增多而下降,本书工具变量数量处于一个较为适宜的范围,因此主要汇报了Hansen-J检验的结果。(2)***、**、*分别表示回归系数在1%、5%和10%水平上显著。

通过上述的稳健性检验我们发现,相比之前估计的结果,所有的参数几乎没有发生大的变动,核心解释变量更是始终保持一致。在使用稳健标准误前后,对参数估计值的显著性也没有造成大的变化。与之前的基准回归进行对比,虽然基准回归部分的结果或多或少存在一些偏误,但在核心解释变量与控制变量上均与GMM估计的结果保持着一致。因此,本书所进行的实证研究,其结论是稳健的。

四、拓展性分析

关于工资上升对出口贸易的影响,还有三个方面的问题值得深入探讨:一是工资不仅影响当期,其影响存在滞后性的可能性很大,而且其影响可能随时间推移而发生根本性的改变,国内已有的文献已经注意到这一点,如程承坪等

(2012); 二是只从线性的角度来展开分析可能是不够的,因为工资上升的影响存在正反两方面的效应,特别在当前我国经济加速转型的背景下,工资对出口的影响存在着非线性的多种可能,正如孙楚仁等(2013b)所分析的;三是工资和劳动生产率之间存在相互影响的可能,如姚先国和曾国华(2012)等的分析,由此劳动生产率的变化可能影响到工资对出口的作用。因此本书在前文实证研究的基础上对上述三个问题分别做进一步的实证检验和分析。出于行文简洁的考虑,未特别说明的变量均表示可以通过不可识别检验和弱工具变量检验。

(一) 工资对出口贸易的滞后影响

针对第一个问题,采取考察变量滞后项的做法予以检验。考虑到样本的时间长度和估计方法的一致性,本书主要分别对工资的一期滞后和二期滞后进行考察。先用滞后一期的工资(laglnwage)来替换原本的工资变量,再对滞后二期的工资(lag2lnwage)进行考察,估计结果如表4-9所示。

表4-9　　　　　　核心变量滞后一期和二期的估计结果

变量	lnwage 滞后一期			lnwage 滞后二期		
	(1)	(2)	(3)	(1)	(2)	(3)
被解释变量:lnexp						
lnwage	-1.66***	1.65**	-1.47***	-1.39***	2.21***	-1.17**
lnlp	-0.64***	-0.52*	-0.77***	-0.79***	-0.46	-0.95***
lnprice	-1.32***	-0.57**	-1.83***	-1.31***	-0.63**	-1.90***
lnout	1.39***	0.1	1.43***	1.38***	-0.11	1.40***
lnimp	0.33***	0.79***	0.38***	0.34***	0.89***	0.39***
lnreer	3.78***	-0.32	5.06***	3.46***	-0.68	5.13***
lntariff	-2.29***	-0.01	-2.43**	-1.82**	0.07	-2.12*
_cons	-1.58	3.86	-5.86	-0.18	3.03	-4.83
centered R^2	0.6044	0.6815	0.534	0.6046	0.6907	0.5339
uncentered R^2	0.9956	0.9987	0.9936	0.9956	0.9988	0.9936
观测数	429	169	260	396	156	240
存在内生性的变量:lnout, lnprice							
回归方程外的工具变量:laglnout, laglnprice							

注:***、**、*分别表示回归系数在1%、5%和10%水平上显著。

限于数据量,不能对更多期的滞后进行考察,仅仅从这两期滞后来看,我们获得了一些有意思的发现。依照表4-9,从稳健性来说,与之前的估计结果没有大的出入，核心解释变量与主要的控制变量都保持了稳定。在子样本方面，劳动密集型行业子样本与资本密集型行业子样本的差异依旧存在，即工资对资本密集型行业的出口贸易有正向的促进作用，而对劳动密集型行业的出口贸易有抑制作用。从控制变量来看，估计的结果与前面基本保持一致。我们注意到，从全样本来看，工资变动的影响在逐渐减弱，估计参数值的绝对值不断下降，这说明工资上升对出口贸易的不利冲击在递减。全样本下的变化可以从两个子样本的变化中得到说明：一方面，随着时间流逝，在资本密集型行业中，工资上升因为要素替代而对出口贸易的促进作用得到了逐步的强化；另一方面，劳动密集型行业出口贸易受工资上升的不利影响在逐步递减。

（二）工资对出口贸易的非线性影响

针对第二个问题，本书通过加入对数工资的二次项来进行考察，依然采用广义矩估计方法，并对异方差标准误修正后得到加入二次项估计的结果，如表4-10所示，其中，lnwage2 表示对数工资的二次项。不难看出，其他控制变量与前文的线性估计结果基本保持一致，因此在此主要关注二次项加入后，工资对出口贸易影响的变化。从全样本来看，我们发现工资对出口贸易的影响呈现"U"型趋势，其拐点大约为 lnwage = 9.86。从子样本来看，在15%的置信水平下，资本密集型行业子样本同样呈现"U"型趋势，但其拐点要小于全样本，约为 lnwage = 7.74；劳动密集型行业子样本也呈现"U"型趋势，其拐点大约为 lnwage = 9.55，明显要大于资本密集型行业子样本。

表4-10　　　　　加入二次项和交互项的回归结果

变量	加入二次项的回归结果		加入交互项的回归结果	
	(1)	(2)	(3)	(4)
被解释变量：lnexp				
lnwage	-14.60***	-14.24 [p=0.15]	-18.14***	-11.03***
lnwage2	0.74**	0.92 [p=0.11]	0.95***	
lnlp · lnwage				0.42**
lnlp	-0.54***	-0.49*	-0.70***	-4.04**
lnout	1.39***	0.21	1.42***	1.37***
lnimp	0.35***	0.73***	0.38***	0.36***

续表

变量	加入二次项的回归结果		加入交互项的回归结果	
	（1）	（2）	（3）	（4）
lnreer	4.89***	-0.44	6.51***	-3.20***
lntariff	-3.48***	-0.7	-4.12***	4.85***
lnprice	-1.31***	-0.65**	-1.70***	-1.30***
_cons	48.71**	71.77	60.03**	69.55**
centered R^2	0.6186	0.6854	0.5546	0.6184
uncentered R^2	0.9958	0.9987	0.9959	0.9958
观测数	429	169	260	429
存在内生性的变量	lnout, lnprice			
回归方程外的工具变量	laglnout, laglnprice		laglnout, laglnprice, lngdp	
过度识别检验	恰好识别		Hansen J statistic = 0.126 p = 0.722	

注：***、**、*分别表示回归系数在1%、5%和10%水平上显著。

结合表4-11给出的对数工资和对数劳动生产率的描述性统计，可以发现，资本密集型行业子样本基本都已跨过拐点，在之前的线性估计中也确实表现出了正向影响，而全样本与劳动密集型行业子样本则相反，依然在"U"型线的递减部分，也与前文的估计达成一致。从估计的实际意义上来说，进一步观察表4-11中2012年的相关数据，我们发现，工资在全样本和劳动密集型行业子样本中虽然仍处于负向影响出口贸易的区间，但部分行业已经出现触及拐点的迹象，因此如何发挥工资上升对出口贸易的正面促进作用，推动出口贸易的平稳转型，是我国当前做好转型工作需要重点考虑的。

表4-11　样本区间内对数工资和对数劳动生产率的描述性统计

	lnwage			lnlp
	全样本	资本密集型行业子样本	劳动密集型行业子样本	全样本
均值	8.33	8.38	8.29	20.52
标准差	0.46	0.37	0.51	0.79
最小值	7.34	7.61	7.34	18.16
最大值	10.53	9.17	10.53	22.66
2012年均值	8.90	8.91	8.89	21.25
2012年最小值	8.56	8.61	8.56	20.27
2012年最大值	9.79	9.17	9.79	22.66

(三) 工资与劳动生产率的交互作用及其对出口贸易的影响

针对第三个问题,本书选择加入工资与劳动生产率的交互项,但检验发现该交互项存在内生性问题,并且无法找到较好的工具变量予以解决,这一内生性问题在子样本的分析中更加严重,因此本书只对全样本进行研究。在全样本研究中不必迁就与子样本分析估计方程的一致性,为进一步提升回归结果的准确性,将世界 GDP 的对数(lngdp)作为工具变量加入回归,估计结果如表 4-10 最右边一栏所示。

由表 4-10 可见,其他控制变量与之前的估计基本一致,因此我们在此重点分析工资与劳动生产率之间的关系。首先,考虑前两项,将 lnwage 提取出来,可以发现 lnwage 前的系数会变为 (0.42lnlp-11.03),工资对出口的影响是受到劳动生产率调整影响的,工资影响由负转正的拐点大约为 lnlp=26.26,当劳动生产率充分高时,工资上升的影响将被正面作用所主导;其次,考察第二项与第三项,将 lnlp 提取,发现 lnlp 前的系数为 (0.42lnwage-4.04),劳动生产率关于出口的影响由负转正的拐点大约为 lnwage=9.62。

结合表 4-11,可以发现类似前文所讨论的转型特点,即工资上升所带来的转型效果正处于关键时期,工资对出口贸易的影响正在逐步跨越拐点,劳动生产率变化中对生产效率的提升效应逐渐占据主导;劳动生产率距离拐点还有较大的距离,工资上升对出口贸易正面影响效应的激发仍需要劳动生产率的进一步支持,但随着劳动生产率的再度提升,工资上升的负面影响会得以削弱。

第三节 工资上升对中国出口贸易的影响:基于企业的视角

一、数据来源与变量说明

(一) 数据来源及处理说明

本书使用的企业数据来自中国工业企业数据库,样本期为 2000~2007 年,由于中国工业企业数据库缺失 2004 年的出口交货值,因此本书的实证分析没有纳入 2004 年的数据。对应年度的宏观层面数据主要来自国际货币基金组织和世界银行。对于来自中国工业企业数据库的数据处理，说明如下：首先，由于本书关注的问题是工资水平对企业出口的影响，因此，在数据处理上，将出口交货值小于等于0的样本全部剔除。其次，由于工业企业数据库中存在一定程度的测量误差问题，因此本书借鉴蔡和刘（Cai and Liu，2009）的思路，选取关键指标，包括从业人员、固定资产年平均余额、工业总产值、工资、出口交货值、增加值（税）等，对每年的数据进行异常值的剔除。与蔡和刘（2009）不同的是，为了保证在去除异常值的同时能够兼顾观测数保证大样本特质，本书先对关键变量取分位数，而后对上下5%的极端值进行剔除，如此可避免因剔除顺序而带来的额外样本损失。我们在实际的数据处理中发现，往往不合理的数据大多被包含在上述的极端值当中，而在已有的研究中先剔除不合理的数据再做0.5%的处理并不能保证异常值的剔除足够充分。最后，剔除明显不合理的数据，包括不符合会计原则（比如总资产小于流动资产等）、明显有误影响匹配的数据（比如电话号码为"123""1234567"等）。

本书在进行不同年份的数据匹配时，借鉴聂辉华等（2012）所建议的"交叉匹配"思路，并且根据数据的实际情况，以2003年为界，之所以以2003年为界，是因为2003年开始企业的编码方式发生改变了。将匹配分两个阶段进行：在第一阶段，按照企业代码初步匹配了2000~2002年、2003年、2005~2007年三个区间段的数据，对于年份内代码重复的往往是重复记录或错误记录的问题，笔者通过人工方式进行选择。而后进一步分别根据由粗到细的次序对匹配结果按照邮政编码、电话号码、企业名称、主营产品、法人姓名进行人工校对，剔除一些不合常理的观测值；在第二阶段，对2000~2002年、2003年与2005~2007年数据进行统合，由于之前所采用的多个匹配指标无法满足条件，因此这部分主要采用电话号码进行匹配，根据第一阶段的处理，电话号码不同然而依然被保留的样本是存在的，因此为了尽可能匹配到更多的数据，采用2002年（2003年）的电话号码与2005年的电话号码进行初步匹配（存在号码重复的多为任意填写选择剔除；存在部分年份缺失的选择顺延一年的或者逆推一年的；中间发生电话号码改变的，会进行二次匹配，匹配结果之间进行对比选择），而后同样按次序对邮政编码、主营产品、法人姓名进行校对，一般邮政编码发生改变的会被剔除，主营产品改变和法人姓名同时发生根本性变化的会考虑剔除。最后，我们对企业产出、工资总额等按照CPI进行了平减。最终得到2000~2007年面板数据观测值共9 541个。

（二）变量说明

本书计量模型所涉及的相关变量说明如下：被解释变量（ex）代表企业的出口，用出口交货值表示；核心解释变量工资（wage），用应付工资表示；核心解释变量劳动生产率（ltfp），由上文所述的方法求出并获得；企业层面供给方面的控制变量中间投入（input），用"中间投入合计"表示；反映企业特性的控制变量企业规模（capital），采用企业固定资产年平均余额来表示。以上数据均来自中国工业企业数据库。宏观层面的控制变量实际有效汇率（reer），反映我国贸易商品的国际竞争力，数据来源为 IMF；宏观层面的需求因素控制变量外国开放程度（tarrif），代表国外市场的可抵达性，用世界银行报告的以制造业加权的世界关税水平来反映；核心解释变量的调节变量即劳动生产率与工资的交互项（lnltfplnwage），使用上文测算的劳动生产率的对数，再乘以工资的对数，用于反映工资和劳动生产率之间的相互作用。前缀 ln 表示对应变量的自然对数值。

二、模型设定与实证设计

本部分所用实证模型构建于基准理论模型之上，主要借助如下三个公式：

$$c_i = \tilde{c}(A_i/\tilde{A})^{-\sigma}$$

$$ex_i = (1-\theta)c_i$$

$$A_i = (r\alpha_i/w_i + 1)^{1/(1-\epsilon_i)} w_i/\varphi_i$$

将需求与异质性企业特征代入即可得到出口关于工资、劳动生产率、市场规模、社会平均水平等因素的表达式。我们在实证中除了工资与劳动生产率外，另加入中间投入与企业规模因素，这两个因素在本书理论模型中没有涉及。用实际有效汇率变动和外国关税水平以及个体的固定效应来刻画宏观因素变化对企业行为的影响。考虑到"效率工资效应"，我们在主体回归部分加入工资和劳动生产率的交叉项来描述二者的相互作用。此外，借鉴已有研究，我们加入企业规模因素、垂直一体化程度及外部需求因素作为控制变量。

本书在主体部分的交叉项引入除了检验工资上升对出口的影响受劳动生产率的调节外，还可以探讨工资与劳动生产率间相互关系的重要性，可以动态地看待工资上升对出口的影响。在拓展性分析中，我们通过递归型联立方程组模型重点区分了工资上升的"成本效应"与"效率工资效应"。通过"委托工资回归法"验证了工资上升引致劳动生产率上升，进一步推动出口增加的传导机制，并定量地估计了这一效应的大小。

三、基于 FGLS 的基准回归分析

本书利用 2000～2007 年企业层面面板数据进行实证分析。由于样本特征表现为一个显著的短面板（个体数量远大于时间长度），因此采用面板估计的方法

进行实证分析。所用软件为 Stata 12 及其相关程序。基于本书的研究目标,考虑到工资和劳动生产率之间作用的复杂性,本书在实证方法上采用引入交互项的方式来考察工资对企业出口的影响,并在之后的回归分析中就工资与劳动生产率的相互作用及其对企业出口影响的传导机制进行实证检验。

(一) 引入工资与劳动生产率交互项的实证考察

Hausman 检验结果:p 值为 0.0000,应选择固定效应模型。同时由于本书所用样本的短面板特性,个体之间的差异可能会造成比较严重的异方差问题,因此本书进一步进行了 White/Koenker 异方差检验,零假设为同方差假设,统计量为 718.005,p 值为 0.0000,证实异方差的存在性。直接采用固定效应模型进行估计无法克服异方差问题,从而会导致估计失去有效性,相关显著性检验无法成立,而广义最小二乘方法只能适用于随机效应模型。针对上述问题,本书首先对样本进行去固定化处理,使之满足随机效应模型的条件,然后再进行可行广义最小二乘(FGLS)估计。全样本回归结果如表 4-12 所示。

表 4-12 工资水平对企业出口的影响:全样本回归结果

变量	(1)	(2)	(3)	(4)	(5)	(6)	(7)
被解释变量:lnex							
lnwage	0.410*** (0.0085)	0.050*** (0.0068)	0.030*** (0.0038)	0.010*** (0.0038)	0.005 (0.0047)	-0.004 (0.0040)	-0.112*** (0.0221)
lnltfp		1.351*** (0.0108)	0.175*** (0.0088)	0.321*** (0.0105)	0.320*** (0.0105)	0.315*** (0.0104)	0.267*** (0.0154)
lninput			0.832*** (0.0045)	0.750*** (0.0058)	0.736*** (0.0057)	0.733*** (0.0058)	0.728*** (0.0056)
lncapital				0.097*** (0.0036)	0.095*** (0.0037)	0.091*** (0.0037)	0.094*** (0.0037)
lnreer					-0.370*** (0.0288)	-0.160*** (0.0369)	-0.163*** (0.0369)
lntarrif						-0.098*** (0.0095)	-0.100*** (0.0095)
lnltfplnwage							0.023*** (0.0044)
_cons	9.369*** (0.0230)	4.071*** (0.0440)	0.675*** (0.0314)	0.012 (0.0366)	1.920*** (0.1544)	1.171*** (0.1762)	1.454*** (0.1905)

注:括号内为标准误,***、**、*分别代表1%、5%、10%显著性水平。

由表 4-12 可见，在逐步加入变量的过程中，除工资水平外，其他变量均保持相对稳定。工资水平则随着控制变量的引入，系数不断减小，且逐渐从正向显著变为正向不显著，进而变为负向不显著，最终在控制工资水平与劳动生产率的交互项之后，系数显著为负。这一回归结果说明：工资水平对企业出口的作用是复杂的，受诸多可能因素的影响，而随着这些可能的因素被尽可能地剥离，工资水平对企业出口的直接影响才得以真正表现出来。在对企业出口的影响因素中，工资水平与劳动生产率的交互影响显然起到了重大的作用。本书在随后的稳健性检验中会进一步检验同等方法及条件下，表 4-12 中的（7）式是稳健的，而（6）式是不稳健的，以证实交互项的重要作用。

基于表 4-12 中（7）式的实证结果，可以发现：第一，在控制住但又不考虑工资与劳动生产率交互作用的情况下，工资水平对企业出口具有抑制作用，即工资水平越高的企业出口越少。这一结果符合经验直觉，因为工资水平越高的企业其生产成本也越高。第二，在工资水平相同的情况下，劳动生产率越高的企业不仅出口越多（劳动生产率的系数为正），而且工资的负向影响越小（交互项系数为正）。第三，工资水平对企业出口的总体影响取决于劳动生产率的水平，即存在"门槛效应"，当劳动生产率对数（lnltfp）超过 4.93 时，工资对企业出口的总体影响会表现为促进作用，反之则为抑制作用。

从控制变量的回归结果来看，均符合经验直觉和理论预期。比如，从供给因素来看，中间投入越多，企业出口也越多，并且系数保持相对稳定；从宏观变量的影响来看，由于 IMF 所报告的实际有效汇率采用间接标价法，因此其上升代表升值，下降代表贬值，实际有效汇率的系数为负说明升值不利于出口，符合我们的一般预期；外国开放程度的系数为负，说明外国关税水平越高，即市场越不开放，我国企业的出口也越少。

（二）基于资本劳动比的分样本考察

前面的理论模型分析表明，工资水平对企业出口的影响会因为要素投入结构的不同而出现差异。因此，有必要基于资本劳动比进行分样本考察。我们对资本劳动比（ratio）这一变量取分位数，将全部样本分为三组，即资本劳动比最高和最低的 30% 企业各为一组，中间的企业为一组，分别表示要素投入结构倾向于资本密集、劳动密集和无特别倾向的企业，对应表 4-13 中的第（1）、（2）、（3）列。

表 4-13 的回归结果显示，工资水平和劳动生产率因为企业要素密集度的不同对出口所起到的影响作用具有非常重大的差别，中间类型企业的估计结果和全样本比较接近，而资本密集型企业和劳动密集型企业的估计结果与全样本相比有

较大的不同。具体而言，第一，在控制住但又不考虑工资与劳动生产率交互作用的情形下，从工资的直接影响作用来看，工资水平对资本密集型企业的出口有强烈的负向影响作用，而对劳动密集型企业的出口却呈现出正向的影响作用；而从劳动生产率的直接作用来看，尽管劳动生产率对不同要素密集型企业的出口均表现为显著的正向促进作用，但从影响的绝对值大小来看，作用的强度有所不同，劳动密集型企业最高，中间型企业次之，而资本密集型企业则最小。第二，在考虑工资水平与劳动生产率交互作用的情形下，工资水平对企业出口的整体影响作用发生了变化。对资本密集型企业来说，当劳动生产率的对数大于 4.43 时，工资水平对企业出口有正向的促进作用，而对劳动密集型企业来说，当劳动生产率的对数大于 4.95 时，工资水平对企业出口的影响作用却与资本密集型企业大相径庭，工资水平对企业出口的整体影响表现为抑制作用，即工资更多反映为成本因素，工资水平越高的企业出口越少。第三，同样在考虑工资水平与劳动生产率交互作用的情形下，对于资本密集型企业来说，较高的工资水平有利于提升劳动生产率对企业出口的促进作用，但对于劳动密集型企业来说，较高的工资水平反而降低了劳动生产率对企业出口的促进作用；此外，全样本中并没有出现的工资"门槛"效应在分样本下有所反映，即体现在劳动密集型企业中，当工资的对数低于 13.03 时，劳动生产率才能对出口形成促进作用。

表 4-13　　工资水平对企业出口的影响：基于资本劳动比的分样本考察

变量	（1）	（2）	（3）
被解释变量：lnex			
lnwage	-0.419*** (0.0462)	0.235*** (0.0272)	-0.106*** (0.0180)
lnltfp	0.256*** (0.0317)	0.618*** (0.0183)	0.452*** (0.0130)
lninput	0.548*** (0.0102)	0.563*** (0.0062)	0.589*** (0.0047)
lncapital	0.236*** (0.0066)	0.171*** (0.0046)	0.229*** (0.0036)
lnreer	-0.281*** (0.0626)	-0.391*** (0.0386)	-0.091*** (0.0335)
lntarrif	-0.230*** (0.0153)	-0.046*** (0.0088)	-0.060*** (0.0102)

续表

变量	(1)	(2)	(3)
lnltfplnwage	0.095*** (0.0105)	-0.047*** (0.0057)	0.031*** (0.0038)
_cons	2.513*** (0.3183)	1.948*** (0.1969)	0.285* (0.1616)

注：括号内为标准误，***、**、*分别代表1%、5%、10%显著性水平。

之所以出现上述结果，结合前面理论模型的分析，原因如下：首先，由于本书是根据资本劳动比对全样本企业进行划分的，劳动密集型企业和资本密集型企业实际上指的是按资本劳动比进行排序后位于两端的企业，它们往往对特定要素即资本或劳动具有较强的依赖性，当面对工资水平的变动时，难以进行要素投入结构的调整。由此，劳动密集型企业密集使用劳动要素，工资上升会更强烈的表现为成本的上升，其特性决定了它受到工资的影响更为剧烈，而资本密集型企业本身较少使用劳动要素，这就导致它们进一步通过资本来替代劳动的空间有限，工资上升带来的成本效应很难通过其他途径来抵消，因此它对工资变动的反应也比较剧烈。其次，劳动密集型企业密集使用劳动要素，提升劳动生产率显然对它们有更重大的作用，资本密集型企业密集使用资本要素，对它们来说，提升资本的使用效率从直接作用上来说可能意义更为重大。最后，正因为上述要素投入结构的特性，导致了工资对企业出口的影响存在着劳动生产率的"门槛"差异。对于资本密集型企业来说，因为劳动要素的投入较少，工资上升所带来的成本增加有限，只要企业的劳动生产率达到一定水平，高工资可能意味着更高的劳动生产率，即企业的效率工资发挥作用，从而推动企业出口的增加。但高工资对劳动密集型企业来说则意味着承担更高的成本，劳动生产率提高所带来的收益也更大，但当劳动生产率提升到一定水平之后，再想进一步提升劳动生产率水平则较为困难，也更难以通过高工资来激励劳动生产率的提升，而高工资的成本效应却不会因工资上升而递减，因此劳动密集型企业的劳动生产率的"门槛"效应作用与资本密集型企业是相反的，当劳动生产率到达一定"门槛"后，再提高工资将凸显工资水平对企业出口的负向影响作用。正是基于同样的原因，我们在现有模型设定下不仅未能检验出劳动密集型企业的效率工资效应，而且工资上升还会降低劳动生产率对出口的促进作用。针对模型设定的这一局限性，本书后面会做进一步的讨论，通过别的途径进行进一步的检验。除去上述原因外，还有一点非常重要，即本书的样本是2000~2007年一直存在并持续出口的企业，即企业的进入与退出特性并没有在模型中被纳入，从而上述结论也只针对一直存活的企业成立。

四、稳健性检验

本书的稳健性检验包括两个方面：一是引入交互项的模型设定及回归结果标准误的再处理；二是用随机抽样的子样本估计的方法对稳健性进行考察。为简洁起见，之后的回归结果均只汇报其显著性，省略标准误。与惯常的稳健性检验不同的是，从我们逐步加入变量的回归过程可以发现，仅仅证明表4－12中第（7）列回归方程的稳健性是远远不够的，我们还需要能够在同样的稳健性检验下发现在没有引入交互项的情形下其回归结果是存在问题的。这样才能充分说明我们引入交互项之后的回归方程是可靠的，并且是现有各回归模型中最优的。

（一）引入交互项的模型设定及回归结果标准误的再处理

表4－14针对表4－12中全样本回归的（7）式进行稳健性检验。如表4－14所示，前两列对控制变量进行处理，分别去除了需求面宏观变量和供给面控制变量。与原估计模型进行对比，可以发现控制变量的增删并不会对估计结果造成实质性的影响。第（3）列采用迭代的方式进行广义最小二乘估计，对标准误进行修正后发现显著性稍有下降，但整体特性没有发生变化。第（4）列采用bootstrap自抽样50次的方式对标准误进行修正，同样导致显著性略微下降，但不影响估计的整体特性。第（5）列采用较为粗糙的面板固定效应模型，对异方差仅通过个体固定效应进行控制。第（6）列进一步进行了聚类标准误的修正，均发现显著性稍微有所下降，但无论是参数值还是主要变量的性质均没有发生大的变动。

表4－14　　针对核心回归结果（7）式的稳健性检验

变量	（1）去除需求面控制变量的估计	（2）去除供给面控制变量的估计	（3）迭代法	（4）自抽样分析	（5）个体固定效应面板估计	（6）聚类修正的个体固定效应面板估计
被解释变量：lnex						
lnwage	－0.0733***	－0.1518***	－0.0341**	－0.1118***	－0.1820***	－0.1820*
lnltfp	0.2750***	1.1567***	0.1774***	0.2665***	0.2702***	0.2702***
lninput	0.7490***		0.8440***	0.7279***	0.6570***	0.6570***
lncapital	0.0970***		0.0603***	0.0937***	0.1141***	0.1141***
lnreer		－0.6831***	－0.0873***	－0.1631**	－0.2592***	－0.2592**

续表

变量	（1）去除需求面控制变量的估计	（2）去除供给面控制变量的估计	（3）迭代法	（4）自抽样分析	（5）个体固定效应面板估计	（6）聚类修正的个体固定效应面板估计
lntarrif		-0.3967***	-0.0642***	-0.100***	-0.1466***	-0.1466***
lnltfplnwage	0.018***	0.0275***	0.0051*	0.0227**	0.0379***	0.0379*
_cons	0.2350***	8.8433***	0.5536***	1.453***	2.5044***	2.504***

注：***、**、*分别代表1%、5%、10%显著性水平。

表4-15针对表4-12中全样本回归的（6）式进行稳健性检验。可以看到，在调整控制变量的过程中，核心变量出现了明显的根本性改变（系数符号发生变化了），甚至这一改变本身也是不稳健的。此外，其他几种方式的回归都造成了核心变量的P值大幅度上升，远超过稳健的变动幅度，说明表4-12中的（6）式是不稳健的，是缺少了重要变量即工资与劳动生产率交互项的结果。

表4-15　　　　针对回归结果（6）式的稳健性检验

变量	（1）去除需求面控制变量的估计	（2）去除供给面控制变量的估计	（3）迭代法	（4）自抽样分析	（5）个体固定效应面板估计	（6）聚类稳健标准误修正的个体固定效应面板估计	（7）原估计结果
被解释变量：lnex							
lnwage	0.0100***	-0.021***	-0.007**	-0.0039 (p=0.65)	-0.0041 (p=0.74)	-0.0041 (p=0.80)	-0.0039 (p=0.33)
lnltfp	0.3208***	1.228***	0.1901***	0.3147***	0.3705***	0.3705***	0.3147***
lninput	0.7496***		0.8456***	0.7334***	0.6583***	0.6584***	0.7335***
lncapital	0.0966***		0.0597***	0.0913***	0.1132***	0.1133***	0.0913***
lnreer		-0.675***	-0.075***	-0.1603*	-0.2507***	-0.2507***	-0.160***
lntarrif		-0.395***	-0.064***	-0.0979***	-0.145***	-0.1446***	-0.098***
lnltfplnwage							
_cons	8.4655***	0.0123	0.4187***	1.1706***	1.9865***	1.9865***	1.1705***

注：***、**、*分别代表1%、5%、10%显著性水平。

(二) 基于随机抽样80%和60%的子样本估计分析

本书采用不放回抽样,分别抽取全样本的80%和60%的观测值,同时按照表4-12中的(6)式与(7)式分别进行回归,总计各反复进行了15次。结果显示,(7)式均保持了稳定,(6)式则出现较大差异。为简洁起见,我们分别选取3次的结果如表4-16和表4-17所示。从子样本估计的结果来看,对应全样本估计即表4.12中的(7)式的参数值和显著性均没有大的变化,而对应(6)式的参数值和显著性均发生根本性变动。值得注意的是,在(6)式发生根本性变动的情况下,(7)式依然可以保持相对的稳定。显然,从子样本分析的角度来说,(7)式相较于(6)式是更优的。

表4-16 基于随机抽样80%的子样本估计结果

变量	结果(1) 针对(6)式	结果(1) 针对(7)式	结果(2) 针对(6)式	结果(2) 针对(7)式	结果(3) 针对(6)式	结果(3) 针对(7)式
被解释变量:lnex						
lnwage	-0.0105**	-0.1455***	-0.0072*	-0.1040***	0.0048	-0.1114***
lnltfp	0.3249***	0.2681***	0.2909***	0.2429***	0.2922***	0.2303***
lninput	0.7283***	0.7195***	0.7375***	0.7351***	0.7382***	0.7366***
lncapital	0.0961***	0.0999***	0.0950***	0.0965***	0.0861***	0.0868***
lnreer	-0.1401***	-0.1528***	-0.1815***	-0.1796***	-0.1495***	-0.1530***
lntarrif	-0.0949***	-0.0971***	-0.0973***	-0.0994***	-0.1094***	-0.1107***
lnltfplnwage		0.0280***		0.0203***		0.0244***
_cons	1.0512***	1.4494***	1.3090***	1.5442***	1.2116***	1.5342***

注:***、**、*分别代表1%、5%、10%显著性水平。

表4-17 基于随机抽样60%的子样本估计结果

变量	结果(1) 针对(6)式	结果(1) 针对(7)式	结果(2) 针对(6)式	结果(2) 针对(7)式	结果(3) 针对(6)式	结果(3) 针对(7)式
被解释变量:lnex						
lnwage	0.0019	-0.0533**	-0.0031	-0.1342***	0.0250***	-0.0983***
lnltfp	0.2877***	0.2725***	0.3027***	0.2315***	0.2972***	0.2442***
lninput	0.7308***	0.7250***	0.7251***	0.7216***	0.7029***	0.6957***
lncapital	0.0913***	0.0938***	0.0966***	0.0976***	0.1103***	0.1123***

续表

变量	结果（1）		结果（2）		结果（3）	
	针对（6）式	针对（7）式	针对（6）式	针对（7）式	针对（6）式	针对（7）式
lnreer	-0.0868**	-0.1195***	-0.3210***	-0.3153***	-0.2291***	-0.2635***
lntarrif	-0.0955***	-0.0917***	-0.0932***	-0.1009***	-0.1381***	-0.1367***
lnltfplnwage		0.0115**		0.0277***		0.0259***
_cons	0.9638***	1.2259***	2.0050***	2.3528***	1.6848***	2.1568***

注：***、**、*分别代表1%、5%、10%显著性水平。

五、拓展性分析

在理论模型分析和对主体回归实证结果的解释中，均涉及了效率工资效应及其传导机制问题。本书对此做进一步验证，验证思路如下：一是在已有计量模型的基础上及理论模型的指导下，用递归型联立方程组的方式检验效率工资效应是否存在；二是利用"委托工资回归法"，对工资通过劳动生产率影响出口的传导机制加以检验，检验工资是否会影响劳动生产率，以及由工资变化引致的劳动生产率变化与出口之间的关系。

（一）效率工资效应的存在性：基于联立方程模型的验证

本书在此首先在主体回归部分的计量模型基础上，构建递归型联立方程组模型，同时也在理论模型的基础上，构建传统的联立方程组模型。二者均可用来对"效率工资"的存在性进行探讨，递归型联立方程组模型更倾向于对主体部分的计量模型的补充，它相当于采取递归的形式，在理论模型的指导下，以方程组的方式取代交互项的作用，对传导机制有个较为明晰的考察；而依据理论模型构建的传统联立方程组模型则更为强调结构性的特征，也更为重视内生变量间的互动，在探讨工资、劳动生产率和出口的关系上，它是递归型联立方程组模型的一个有益的补充。

递归型联立方程组模型除去联立方程组模型的结构性特征外，还可以有效针对可能存在的联立性偏倚加以处理。虽然本书主体部分的回归在设计的稳健性检验下被证明是比较可靠的，但直观感觉上依然有可能存在工资、劳动生产率和出口之间的联立性偏倚。因此笔者在此处采取递归型联立方程组模型，在对"效率工资"效应的存在性进一步挖掘的同时，也能进一步对主体回归中内生性问题的程度加以评估。本书此处递归型联立方程组模型的设计专门针对工资、劳动生产率和出口之间可能存在的联立性偏倚，将三者作为内生变量，外生变量方面总体上依照前文的回归模型，但受限于模型的识别，中间投入（input）只进入出口的方程；工资的方程加入外生变量企业的产出（output）；参考理论模型部分的推导，劳动生产率的方程加入外生变量资本劳动比（ratio）来衡量投入结构。回归结果如表4–18所示。

表4–18　　　　　　基于递归联立方程组模型的回归结果

变量	（1）	（2）	（3）	（4）
被解释变量：lnwage				
lnoutput	0.1310***	0.2162***	0.2197***	0.2004***
lnreer	-0.1638	-0.1931	-0.2437	-0.0779
lntarrif	-0.6693***	-0.5259***	-0.6884***	-0.7916***
lncapital	0.0750***	0.0282**	-0.0914***	-0.0749***
_cons	2.1233***	1.8735	2.8296**	2.4857***
被解释变量：lnltfp				
lnwage	2.8167***	2.0504***	2.7798***	2.4729***
ratio	-1.9533***	-0.9835***	-0.0277	-3.3770***
lnreer	0.5401	0.8833	0.3798	0.2395
lntarrif	1.9202***	1.3340***	1.6643***	1.9880***
lncapital	-0.3227***	-0.3179***	-0.0971***	-0.1500***
_cons	-1.4852	-2.4197	-4.6992	1.5025
被解释变量：lnex				
lnltfp	0.6773***	0.7228***	2.6012***	0.3081***
lnwage	-0.5650***	-0.4680***	-3.9734***	0.09456
lninput	0.4268***	0.2881***	0.0573	0.5261***
lnreer	-0.5501**	-0.8225	-0.8653	-0.2781
lntarrif	-0.6564***	-0.6929***	-2.2108***	-0.2533**
lncapital	0.2338***	0.3159***	0.5568***	0.0813***
_cons	5.4305***	6.9550***	8.5526***	4.0097**
内生变量	lnwage、lnltfp、lnex			
外生变量	lninput、lnreer、lntarrif、lncapital、ratio、lnoutput			

注：***、**、*分别代表1%、5%、10%显著性水平。

其中（1）代表全样本的回归结果，（2）、（3）、（4）分别代表资本密集型子样本、劳动密集型子样本、中间类型子样本的回归结果。以递归型联立方程组模型的估计结果与加入交互项的结果相比,在核心结论方面是基本一致的:全样本下,工资与劳动生产率之间存在正相关关系,出口与劳动生产率正相关而与工资负相关。同时,联立方程组模型还可以让我们得到一些更有意思的结论:第一,工资上升对劳动生产率有促进作用,即存在"效率工资"效应,并且劳动密集型企业的效应要强于资本密集型企业;第二,在"效率工资"效应存在的情况下,工资对出口的直接作用全样本下体现为负向,同时劳动密集型企业要受到更强的负面影响,中间类型的企业由于自身进行投入结构调整的便利性,对工资变化不敏感;第三,在"效率工资"效应存在的情况下,劳动生产率对出口维持正面影响,但对不同投入结构的企业的影响有所差异,劳动密集型企业受到更强烈的促进作用。此外,在出口的方程中,各控制变量与加入交互项的回归在定性方面变化不大,上文已有分析,此处不再赘述,这也从侧面证实了主体部分加入交互项的回归是比较可靠的。

而且需要指出的是,加入交互项的回归虽然不能如联立方程组这般帮助我们直接找到工资、劳动生产率和出口之间的关系,但它的作用也不能被联立方程组模型所简单取代。因为交互项的意义不仅仅在于指出工资和劳动生产率之间可能存在的相互影响,它更能给予我们一个类似于非线性的考察,即劳动生产率对出口、工资对出口的影响不是一成不变的,而是受到对方的影响和调整的,这种动态性的考察同样是重要的,因此这就是即使我们考虑到可能存在联立性偏倚的情况下,依然坚持保留交互项回归结果的原因,并且是在此处设计递归型联立方程组模型来对这一联立性偏倚的严重程度进行考察的初衷。

递归型联立方程组模型更多依照我们的计量模型设计,在结构性上稍弱,因此我们进一步根据理论模型,构建传统的联立方程模型,重点针对"效率工资"效应进行考察。从理论模型出发,对出口的影响因素为企业的工资、劳动生产率、要素投入结构以及宏观因素,同时劳动生产率与工资、要素投入结构相关。考虑到联立方程组的结构性特征、识别条件以及我们所研究的问题,工资进入劳动生产率的方程而不进入出口的方程,同时结合许多学者发现的"出口中学"效应和进一步突出与递归型联立方程组模型的差异,让出口进入劳动生产率的方程,联立方程回归结果如表 4-19 所示。

表 4-19   效率工资效应的存在性:基于联立方程模型的验证

变量	(1)	(2)	(3)	(4)
被解释变量:lnex				
lnltfp	1.395***	1.818***	1.110***	1.544***
lnreer	-0.678***	-0.442***	-0.764***	-0.464***
lntarrif	-0.335***	-0.243***	-0.262***	-0.300***

续表

变量	(1)	(2)	(3)	(4)
ratio	-0.738***	-0.885***	-0.032	-0.482***
_cons	8.803***	6.534***	8.942***	6.752***
R-sq	0.3822	0.2966	0.4385	0.4018
被解释变量：lnltfp				
lnwage	0.121***	0.057***	0.163***	0.099***
lnex	0.337***	0.334***	0.388***	0.376***
ratio	0.186***	0.248***	-0.318***	0.072
_cons	0.470***	0.228	0.947***	0.265
R-sq	0.3897	0.0607	0.4667	0.3203
内生变量	lnltfp、lnex			
外生变量	lnwage、ratio、lnfee1、lntarrif			

注：***、**、*分别代表1%、5%、10%显著性水平。

表4-19中的第（1）列为全样本估计的结果，第（2）、第（3）、第（4）列分别对应资本密集型企业、劳动密集型企业和无特别倾向企业的分样本估计的结果。可以发现：第一，从全样本结果来看，效率工资效应是存在的，具体表现为工资越高的企业，劳动生产率也越高，而越高的劳动生产率也意味着越高的出口；第二，效率工资效应在不同的要素密集度企业其对出口的影响有所不同。对于资本密集型企业来说，虽然出口更强烈地受到劳动生产率影响，但工资对劳动生产率的促进作用却是较弱的，显然应当有比工资更重要的因素决定着资本密集型行业的劳动生产率。就劳动密集型企业而言，虽然劳动生产率对出口的直接促进作用小于其他两个分样本，但工资对劳动生产率的促进作用却是最大的，效率工资效应在劳动密集型企业中体现得最为强烈。这些结论恰好印证了前面理论模型推演所获得的结论。此外，在劳动生产率的方程中，要素投入结构的作用仅在劳动密集型下与理论模型的推演一致，在资本密集型企业中则完全相反，其原因我们认为理论与实证中要素投入结构的地位与作用是有所差异的，在理论模型中，要素投入结构是一个调节变量，重点衡量的是不同投入结构下劳动生产率对成本的重要程度，而在实证中其作用却要大得多，作为一个解释变量无法将其仅仅控制在上述的调整作用上，从而发生上述的不一致。要素投入结构与出口之间呈现为负向的相关关系，其中，资本密集型企业更为明显，反映出中国劳动要素丰裕，出口以劳动密集型企业为主这一事实。

结合两个方程的估计结果，我们可以清晰地判断出：虽然不同的子样本下作用略有差异，但整体上，工资上升对劳动生产率有促进作用，劳动生产率提升对出口也有显著的促进作用，两者是同时成立的。即存在工资上升带动劳动生产率上升，并进一步带动出口增加的可能性。

将它与递归型联立方程组模型进行对比，我们可以发现，虽然在模型结构和控制变量上有所差异，但在"效率工资"这一核心观点上的判定是完全一致的。这也说明无论从计量模型出发或者理论模型出发设计的联立方程组模型在大的方向上是一致的，二者可以互为补充，互相佐证。

以往的许多研究表明出口对工资具有反向作用（如 Feenstra and Hanson，1999；Acemoglu，2003；Verhoogen，2008；Amiti and Davis，2011；Brambilla and Porto，2015 等），同时出口对劳动生产率也会产生反向影响，即出口学习效应（Greenaway and Kneller，2007；Bernard et al.，2007），张杰等（2009）和钱学峰等（2011）等文献均证实了中国的企业出口存在着出口学习效应。微观经济学的经典理论表明工资长期由劳动生产率所决定。因此，除去我们所关心的"工资—劳动生产率—出口"外，可能还存在"出口—劳动生产率—工资"这一反向影响链条，如果忽略了这一反向关系，可能导致我们过高估计工资对出口的"成本效应"，因此我们进一步将两者置于联立方程组模型框架下进行估计，对工资上升的"成本效应"与"效率工资效应"进行进一步纠偏。

在实际回归中，根据现有理论，限于识别性，在工资的方程中我们加入雇佣规模（num），在劳动生产率的方程中加入企业的要素投入结构，即资本劳动比（ratio），出口的方程沿用上文的实证模型，只是去除了工资和劳动生产率的交互项。此外，当三个内生变量作为解释变量时，均需要对其进行一阶滞后，来刻画"事后"这一特征，在这种情形下，每个方程的解释变量实际上不包括内生变量，但同一个主体的特征，使得一些无法观察的因素可能导致它们的扰动项相关，即同期相关性，我们在回归后进行的 Breusch-Pagan LM 检验的 p 值为 0.0000，也证实了这一点。基于此，本书采用似不相关回归（SURE）方法，并给出 OLS 的结果作为对照。在当前的模型结构下，SURE 方法的估计结果与联立方程组三阶段估计的结果是等价的，而 OLS 估计的结果与联立方程组两阶段估计的结果是等价的。我们在实证中也分别对"工资—劳动生产率—出口"与"出口—劳动生产率—工资"进行了考察，并与将二者合并的估计结果进行对比，估计结果如表 4 – 20 所示。

表4-20　　工资、劳动生产率与出口的联立方程估计结果

变量	(1) 正向关联 SURE 结果	(2) 正向关联 OLS 结果	(3) 反向关联 SURE 结果	(4) 反向关联 OLS 结果	(5) 整体 SURE 结果	(6) 整体 OLS 结果	(7) 整体 SURE 时间固定	(8) 整体 OLS 时间固定
被解释变量：lnwage								
lnex			0.057*** (0.008)	0.037*** (0.008)	0.023*** (0.008)	0.037*** (0.008)	0.026*** (0.008)	0.037*** (0.008)
lnltfp			0.034*** (0.011)	0.061*** (0.011)	0.071*** (0.011)	0.061*** (0.011)	0.071*** (0.011)	0.061*** (0.011)
lninput	0.237*** (0.008)	0.235*** (0.008)	0.188*** (0.010)	0.190*** (0.010)	0.194*** (0.010)	0.190*** (0.010)	0.193*** (0.010)	0.190*** (0.010)
lncapital	0.121*** (0.006)	0.120*** (0.006)	0.137*** (0.007)	0.147*** (0.007)	0.150*** (0.007)	0.147*** (0.007)	0.150*** (0.007)	0.147*** (0.007)
lnnum	-0.344*** (0.009)	-0.336*** (0.009)	-0.353*** (0.009)	-0.359*** (0.009)	-0.360*** (0.009)	-0.359*** (0.009)	-0.360*** (0.009)	-0.359*** (0.009)
_cons	0.997*** (0.070)	0.985*** (0.070)	0.681*** (0.079)	0.691*** (0.079)	0.718*** (0.079)	0.691*** (0.079)	0.710*** (0.079)	0.691*** (0.079)
被解释变量：lnltfp								
lnwage	0.028** (0.013)	0.070*** (0.013)			0.071*** (0.013)	0.065*** (0.013)	0.071*** (0.013)	0.065*** (0.013)
lnex			0.041*** (0.009)	0.055*** (0.009)	0.102*** (0.009)	0.052*** (0.009)	0.101*** (0.009)	0.052*** (0.009)
lninput	0.468*** (0.010)	0.462*** (0.010)	0.454*** (0.011)	0.445*** (0.011)	0.401*** (0.011)	0.434*** (0.011)	0.402*** (0.011)	0.434*** (0.011)
lncapital	0.298*** (0.009)	0.298*** (0.009)	0.308*** (0.009)	0.307*** (0.009)	0.302*** (0.009)	0.303*** (0.009)	-0.302*** (0.009)	-0.303*** (0.009)
ratio	-0.633*** (0.035)	-0.657*** (0.035)	-0.540*** (0.034)	-0.543*** (0.034)	-0.604*** (0.036)	-0.607*** (0.036)	-0.605*** (0.036)	-0.607*** (0.036)
_cons	3.439*** (0.088)	3.441*** (0.088)	3.179*** (0.099)	3.123*** (0.099)	2.962*** (0.099)	3.172*** (0.100)	2.967*** (0.099)	3.172*** (0.100)

续表

变量	(1) 正向关联 SURE 结果	(2) 正向关联 OLS 结果	(3) 反向关联 SURE 结果	(4) 反向关联 OLS 结果	(5) 整体 SURE 结果	(6) 整体 OLS 结果	(7) 整体 SURE 时间固定	(8) 整体 OLS 时间固定
被解释变量：lnex								
lnwage	-0.188*** (0.016)	-0.136*** (0.016)			-0.158*** (0.016)	-0.136*** (0.016)	-0.166*** (0.017)	-0.149*** (0.017)
lnltfp	0.201*** (0.015)	0.161*** (0.015)			0.259*** (0.015)	0.161*** (0.015)	0.256*** (0.015)	0.159*** (0.015)
lninput	0.620*** (0.014)	0.631*** (0.014)	0.695*** (0.012)	0.697*** (0.012)	0.588*** (0.014)	0.631*** (0.014)	0.584*** (0.014)	0.627*** (0.014)
lncapital	0.0268** (0.011)	0.00801 (0.011)	-0.063*** (0.009)	-0.064*** (0.009)	0.046*** (0.011)	0.008 (0.011)	0.047*** (0.011)	0.011 (0.011)
lnreer	-0.505* (0.302)	-0.560* (0.303)	-0.542* (0.306)	-0.504 (0.307)	-0.547* (0.301)	-0.560* (0.303)		
lntarrif	-0.286*** (0.0700)	-0.324*** (0.0702)	-0.298*** (0.0705)	-0.267*** (0.0706)	-0.305*** (0.0699)	-0.324*** (0.0702)		
_cons	5.862*** (1.363)	6.268*** (1.368)	6.527*** (1.383)	6.294*** (1.385)	5.900*** (1.361)	6.268*** (1.368)	2.939*** (0.112)	3.222*** (0.112)

注：括号内为标准误，***、**、*分别代表1%、5%、10%显著性水平。

第（1）和第（2）列是仅仅考虑"工资—劳动生产率—出口"这一传导机制的估计结果，第（1）列采用SURE方法估计，第（2）列采用OLS方法估计；第（3）和第（4）列是仅仅考虑"出口—劳动生产率—工资"这一传导机制的估计结果，第（3）列采用SURE方法估计，第（4）列采用OLS方法估计；第（5）和第（6）列是核心的回归估计结果，将两个链条置于同一框架下，对前两个考察进行纠偏，其中第（5）列采用SURE方法估计，第（6）列采用OLS作为对照与稳健性考察；第（7）和第（8）列是用年份固定效应替代实际有效汇率和关税水平进行的回归结果，作为稳健性检验，第（7）列采用SURE方法估计，第（8）列采用OLS方法估计。对比上述估计结果，我们发现所有变量无论从定性的角度还是定量的角度都没有发生大的变化，说明核心回归的结果是比较稳健的。

比较第（5）列的结果，由上文所示，"出口—劳动生产率—工资"和"工资—劳动生产率—出口"两大机制均是存在的，如果我们单独只考虑一方面，则会导致因遗漏而造成的估计偏误，因而在估计结果（5）中，我们将上述两大链条在同一框架内进行分析。与估计结果（1）和结果（3）相比，我们发现，如果遗漏了"出口—劳动生产率—工资"而仅考虑工资的作用，虽然我们仍能得出与核心回归类似的结论，但这种做法会使我们高估工资的"成本效应"，而低估了其"效率工资效应"，进而也低估了劳动生产率对出口的促进作用。如果遗漏了"出口—劳动生产率—工资"而仅从出口的反向作用来看，同样会得到与核心回归类似的结论，但也会得到与上述类似的偏误，即高估出口对工资的直接作用，低估其对劳动生产率的促进作用，进一步低估劳动生产率对工资的影响。因而，借助联立方程组模型的框架，我们在结果（5）中进一步对偏误进行了纠正，但上述分析与结论依然成立。

（二）工资通过劳动生产率影响出口的传导机制：基于委托工资回归法的检验

芬斯特拉和汉森（Feenstra and Hanson，1999）及哈斯克尔和斯劳特（Haskel and Slaughter，2003）最早提出了可用于实证检验传导途径的"两步法"回归思想，也被称为委托工资回归法。本书采用这一方法，进一步验证工资通过劳动生产率影响出口的传导机制问题。实证检验思路如下：第一步，在控制影响劳动生产率的其他因素的前提下，实证剥离出由工资变动引致的劳动生产率的变动；第二步，将通过第一步测算出的由工资变动引致的劳动生产率的变动对企业出口进行回归，此时估计所得的参数，其含义为由工资变动引致的劳动生产率变动对企业出口所产生的影响作用。参照杜蒙特等（Dumont et al.，2005）的做法，我们对第二阶段标准误进行了修正。

在第一步的回归中，在控制变量中加入企业规模（用固定资本年平均余额来表示）、劳动投入（用全部职工数来表示）、中间投入以及资本劳动比反映要素投入结构。企业的 R&D 数据存在多年缺失，并且从数据结构来看，可能存在较大的统计误差，因此没有纳入控制变量之中。回归结果如表 4-21 所示，其中第（1）、第（2）、第（3）和第（4）列分别为全样本、资本密集型分样本、劳动密集型分样本和中间类型分样本的回归结果。

表 4-21　　　工资通过劳动生产率影响出口的传导机制：
　　　　　　　基于委托工资回归法的检验

变量	(1)	(2)	(3)	(4)
Stage 1：被解释变量 lnltfp					
lnwage	0.0718***	0.0508***	0.1246***	0.0727***
lncapital	-0.1875***	-0.1892***	-0.5158***	-0.0509***

续表

变量	(1)	(2)	(3)	(4)
lnnum	-0.1520***	-0.0601**	0.2753***	-0.3804***
lninput	0.4763***	0.4018***	0.4954***	0.4854***
ratio	0.2799***	0.3576***	2.1788***	-0.5873***
_cons	1.5355***	1.3790***	-0.8151***	2.8595***
Stage 2：工资引致的劳动生产率变化对出口的影响				
	0.019***	0.009***	0.034***	0.018***

注：***、**、*分别代表1%、5%、10%显著性水平。

从第一阶段的回归结果来看，由表4-21可见，无论是全样本还是分样本的回归结果均显示，高工资意味着高劳动生产率，因此效率工资效应是存在的。在核心变量上，资本密集型企业的工资对劳动生产率的促进作用要小于劳动密集型企业；规模越大的企业，劳动生产率越低，劳动密集型企业尤其如此，这可能是因为在样本中，规模较大的企业一般都是国有企业；从劳动投入这一变量上看，劳动密集型企业劳动力投入和劳动生产率正相关，其余均为负相关，中间类型企业的负相关程度最大，这与企业的要素密集度带来的要素投入依赖特性是相吻合的；中间投入均表现为对劳动生产率的正向促进作用；除去中间类型的企业，资本劳动比对劳动生产率的影响均表现为正向促进作用，资本密集度对中间类型企业的劳动生产率起到促进作用可能是因为大量的资源错配与扭曲的存在。

从第二阶段的回归结果来看，无论是对全样本企业来说，还是对不同要素密集型的企业而言，工资上升所引致的劳动生产率提高对企业的出口均具有促进作用。但这一促进作用在三种不同要素密集型企业中的表现存在显著的差异：劳动密集型企业最为显著，中间类型企业和全样本企业差不多，资本密集型企业明显要少得多。

第四节 工资上升对中国出口贸易的影响：数值模拟分析

本节内容在理论模型的基础上，利用已通过非参数估计以及实证检验所发现的事实，对结构式模型的相关参数进行校准，以实现对未来加以预测，对现阶段几大热点政策的效果加以模拟。

本节重点如下：一是利用已有样本校准"成本效应"和"效率工资效应"，

发现二者随工资变化的趋势，并且考察出口产品质量关于这两个效应的敏感性；二是实现样本外的预测，发现出口产品质量关于工资的变化规律；三是实现对政策效果的模拟，提升本书的现实意义。

本节最后对当今热点的三大政策进行了模拟，包括加强基础科研投入、户籍制度改革、全面放开"二孩政策"等，这三项政策有的还在讨论，有的已经付诸实施。笔者希望本节的工作可以在政策上给予政府以指导和启发，借由出口产品质量实现我国出口的转型与升级。

一、模型校准方法简述

当前计量估计方法和模型校准数值模拟的方法已经成为宏观经济学的两大主流研究方法。虽然二者最开始的论战始于宏观经济学经验研究方法领域，但到如今，两种研究方法实际上已经具有很强的普适性。为了能够更好地说明本书对研究方法选择的合理性，以及可以更好地对本书的研究思路逻辑进行诠释，笔者选择对模型校准方法和计量估计方法，包括二者的比较、二者选择的争议以及二者的融合趋势进行简单的陈述。具体可参见汉森和萨金特（Hansen and Sargent, 1988）、基德兰德和普雷斯科特（Kydland and Prescott, 1991）、胡佛（Hoover, 1995）、张明志等（2014）等的文献。

利用宏观计量经济学的估计方法，20 世纪五六十年代菲利普斯曲线在经验上获得了支持，即失业率与通货膨胀率之间存在一种相对稳定的负相关关系。但 70 年代的石油危机却使失业与通货膨胀之间所存在的稳定关系出现了经验性失效。

由菲利普斯曲线的经验性失效所引发的理论思考是，尽管在现实中可能存在失业率与通货膨胀率之间的这种统计性的负相关关系，但并不意味着政府可以利用这种替代关系。尽管宏观计量模型也能够准确地估计出二者之间的数量关系，但当时的计量模型没有一个是以一致的最优化设定为基础，所以不是结构模型，不能用于政策评价。特别是对于总量变量之间的许多关系而言，预期很可能是重要的。而政策的变化很可能影响那些预期，结果是政策的变化可能改变总量变量之间已存在的关系。简言之，如果政策制定者企图利用这种统计关系，通过预期所产生的效应可能使这些关系失效。这就是著名的卢卡斯批判（Lucas, 1977）。

为了评估不同政策准则的影响，我们需要一种新的研究范式。在这种新的研究范式下，行为主体对政策的反应是基于一些固定的特性（如偏好和技术），这些特性不会随着政策的变化而改变。卢卡斯（Lucas, 1980）强烈要求宏观经济学家应该建立结构模型，即以在经济中各种代表性行为个体的最优化行为为基础的模型。正是基于这种考量,基德兰德和普雷斯科特(Kydland and Prescott,1982)创立了真实商业周期模型并提供了一种经验评估模型表现的全新方法,即校准和模拟,由此有效地避开了卢卡斯批判所指出的问题,同时也开创了现代宏观经济学研究的新纪元。

对经济现象背后运行规律寻求方式的不同注定了校准方法和估计方法之间存在着无法逾越的鸿沟。它们之间的差别绝非逻辑推演方向的不同这么简单。从根本上说,这是两种完全不同的方法,它们在思想上有着根本性的差异,而它们在其他方面的所有差异也不过是这个根本性差异在具体问题上的体现。

校准方法与估计方法的根本性区别可以追溯到米尔顿·弗里德曼在他1953年所发表的著名论文《实证经济学方法论》(被誉为战后经济学方法论的中心著作)中关于经济学理论及其假设的现实主义问题的讨论。该论文的中心论题是经济学家不必为使他们的假设"现实"而烦恼。弗里德曼指出,理论被看作是一个主要是假说的实体,对它应该用它所要"解释"的那一类现象的预言力来评判。实际上,在弗里德曼看来,重要的不是理论及其假设的现实性问题,而是理论的解释能力和预测能力。

校准方法与估计方法的出发点是完全背离的。校准方法的出发点是一个稳定的理论模型,一旦最优求解完毕,那么它将是不变的,而后的参数校准和经验评估等工作全部是在这个模型的基础上展开的;而估计方法的出发点则是现实的数据,虽然它们也会借助某特定的经济理论来建立可供经验研究的计量模型,但经济理论模型存在的意义却不是一切工作的终点,恰恰相反,它只是一个起点,在计量估计方法中,经济理论模型可能被证实或被修正甚至被证伪。估计方法对经验评判的标准即它的终点是,一个最"好"的模型一定是最符合现实数据的模型。

胡佛(Hoover,1995)将校准方法描述为"适应性战略"(adaptive strategy),而将估计方法描述为"竞争性战略"(competitive strategy)就非常精辟地反映了这个差异。校准的目的是要让校准后的模型能够模拟出现实的特征,从而使现实适应于所选定的经济理论或是模型,"竞争性战略"则是有一系列的模型或是理论可以作为备选,这些模型或是理论要互相竞争,最终最符合当前数据的那个模型将被认为是"对"的。

虽然模型校准与计量估计方法的争论看起来是"你死我活"的,但实际上,两种方法具有非常强的互补性。模型校准方法的核心优势在于规避卢卡斯批评,理性预期的引入以及结构式的模型结构使得对未来的预测相对可靠,但它缺乏牢固的实证基础(Hansen and Heckman,1996),尤其是自由参数的选择具有很强的随意性。而计量估计方法更专注于现实,对相关数据进行的拟合更容易突出历史的特征,但如利默(Leamer,1983)所指出的,计量估计方法在实证模型设定上具有很强的随意性，主要体现在控制变量的选择上，这导致其估计结果往往是脆弱的。

　　两种方法的优缺点表现非常鲜明，因而自校准方法诞生以来，两种方法在应用上就表现出强烈的融合趋势。早期，马纳利和萨金特（Manuelli and Sargent，1988）、格雷戈里和史密斯（Gregory and Smith，1990）等尝试将校准方法纳入计量估计方法范畴，称其为"通过模拟来估计"，当然这种做法是站在计量估计方法的角度，并没有将二者置于同样的高度，因此其融合是具有偏向性的。在之后的学者一般应用校准方法帮助确定计量估计中的控制变量，如汉森和萨金特（1988）等；同时应用计量估计方法来帮助实现参数的校准，如斯梅茨和武泰（Smets and Wouters，2007）等，德尔内格罗和绍尔夫海德（Del Negro and Schorfheide，2004，2006）进一步规范了在贝叶斯估计体系下，具有最高后验密度的模型应该被选为基准模型。

　　综合上述观点，我们认为，计量估计方法在用于对历史数据进行拟合时是非常适当的，但对未来的预测应当建立在稳定的结构式方程的基础上，因而预测更应借重模型校准方法来实现。同时，笔者认为，如果要进行较好的经验研究，我们所致力于控制的一是计量回归模型设定的随意性，二是自由参数校准的随意性。计量回归模型的设定，我们通过将实证模型严格建立在理论模型的基础上来控制；自由参数的校准，我们基本上在模型的基础上，通过估计的方式来得到。

　　在确定上述的思路后，笔者发现理论模型的重要性大大加强了，虽然弗里德曼（Friedman，1953）认为假设的现实性是无关紧要的，重点在于模型的解释力，模型相当于一个拉卡多斯（Lakatos）内核。但笔者认为，理论模型至少应可以部分地解释已发生的历史，即这一内核的外延应当受到适当地调整。因此，为了限制模型构建的随意性，我们将梅里兹（Melitz，2003）作为内核，加以部分现实性因素来匹配我国的实际情况，这些现实性的"外延"大多来自已有数据的统计性特征。最终，同时也是模型设定检验的关键部分，通过对历史数据的计量估计来检验理论模型的主要结论，以确定理论模型现实性的"外延"设计是否合理。

　　因此，本书在研究方法上的逻辑是以所构建的理论模型为基石。在此基础上应用历史数据进行实证估计，这部分的实证研究一方面用于对理论模型主要结论的检验，来考察理论模型设定是否合理；另一方面，对历史的拟合也可以更直观地揭示出我们想要通过理论模型来阐述的观点，此外，还可以在参数校准方面给予一定的参考。最后，我们通过校准方法进行模拟与预测，第一，我们在对自由参数校准中基本都使用估计的方法来实现；第二，先对历史加以模拟，并与现实对照，来确定参数校准结果的优劣，并确定基准的模拟结果；第三，在基准结果之上，我们进行了政策性的模拟，对当下热门的几个话题进行了模拟，并预测了其政策效果。

二、参数校准

根据本书的理论模型,抽出预期质量决定方程、效率工资方程、质量决定方程,组成本书数值模拟部分的模型结构,借助计量估计部分的回归结果与模型,对它们进行显性处理,得到如下线性结构:

$$\ln \bar{\theta}_i = \frac{1}{1+\mu} \ln \varphi_i \tag{4.1}$$

$$\ln \varphi_i = \ln e(w_i) = \delta \ln w_i \tag{4.2}$$

$$\ln \theta_i = \beta_\theta \ln \bar{\theta}_i + \epsilon(1-\mu)\ln w_i - \epsilon \ln \varphi_i \tag{4.3}$$

与原模型相比,质量决定方程中,我们去掉了常数项,加入参数 β_θ 表示质量的延续性(原模型中 $\beta_\theta = 1$,这其实是一种简化,此处还原了这一简化)。

利用已有数据和联立方程组的回归结果,设定 $\beta_\theta = 0.9$;根据联立方程组估计结果,设定 $\epsilon = 0.013$。依据理论模型,效率工资强度参数 δ 和工资对质量成本的影响参数 μ 会随着工资发生变动,因此对这两个参数的校准是本部分的关键。

首先对效率工资强度参数 δ 校准,本书利用已有数据,第一步采取滚动回归的方法,得到 δ,第二步进一步对工资回归,得到二者的变动规律。具体而言,按照工资从小到大重新对数据排序,被解释变量选用 L-P 方法估计出的劳动生产率,解释变量参照回归估计部分选取工资(wage)、资本劳动比(ratio)、中间投入(medinput)、企业规模(capital),由于样本量较大,选用总样本的 6/7 为基础,以 10 为步长进行滚动回归,每次回归以工资的参数估计值为 δ,同时计算出当前回归样本中的平均工资,二者构成新的两组数据。第三步,再用 δ 对工资进行回归,得到二者之间的关系,$\delta = 0.44 - 0.036 \ln w_i$。除此之外,我们还通过加入工资二次项进行估计,以及按要素密集度划分估计 δ,结合平均工资粗略拟合出 δ 与工资的关系。我们对这几种方式得到的参数形式均利用真实的工资代入进行了模拟,并与现实进行对比,发现第一种结果拟合效果最佳。

由表 4-22 可以看到模拟值与真实值基本吻合,说明我们对效率工资方程的校准是比较好的。

表 4-22　　劳动生产率的模拟结果与真实结果对比

	均值	标准差	最小值	最大值
模拟值	2.501813	0.35827	1.029255	4.205282
真实值	2.383021	0.550618	0.762351	4.566406

其次，校准工资对质量成本的影响参数 μ，这也是最大的难点。因为从理论模型来看，参数 μ 的影响至关重要，直接决定了工资上升对出口质量影响的正负。而对于它，我们很难利用现有数据进行估计，因此我们依据实证回归，对（4.3）式进行变形，通过网格搜索的方法来寻找 μ 和工资的关系。具体来说，借鉴回归的思路，我们利用质量的滞后项作为可达到的质量的代理变量，同时将劳动生产率标准化为 1，$\ln\theta_i = \beta_\theta \cdot L.\ln\theta_i + \partial(1-\mu)\ln w_i$，而后假定工资的对数值每变动 1 个单位，$\mu$ 变动 x 个单位，我们的目标就是找到最适合的 x，使得模拟出的质量最接近数据中的质量，此后再将校准出的 μ 与其他参数一起代到线性结构中，模拟出质量并与真实结果进行比对。我们以 0.001 为步长，从 0 开始进行搜索，最终在 0.04 到 0.05 之间搜索到局部最优，选定 x = 0.045。此后我们进行了模拟，重点在于考察是否能够得到相似的工资拐点，如图 4 - 19 和图 4 - 20 所示。

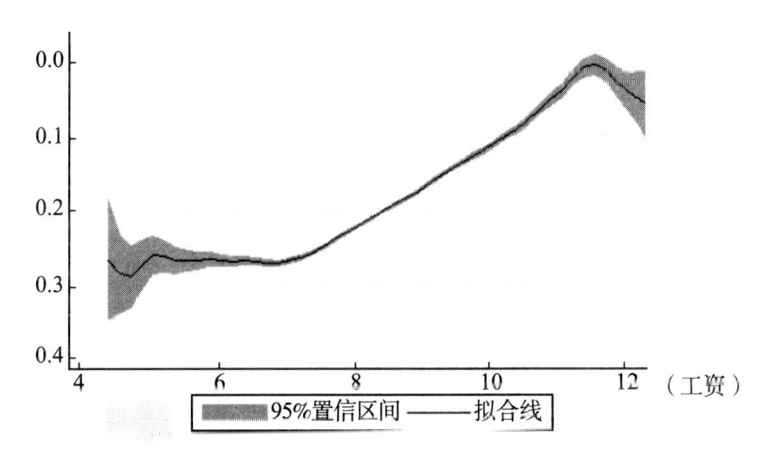

图 4 - 19　真实值质量对工资的非线性拟合

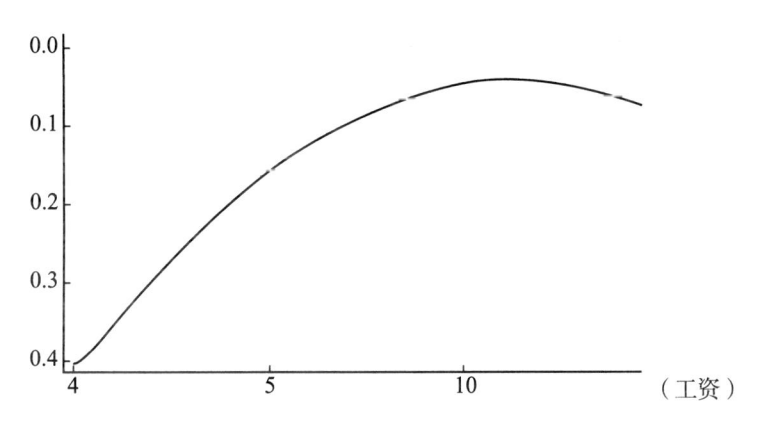

图 4 - 20　模拟值质量对工资的拟合线

由图 4 – 19 和图 4 – 20 可以看出，我们的模拟结果基本还原了真实的曲线，我们对于 μ 的校准是比较可靠的。

最后，我们将所有参数放入线性结构中，模拟了工资的对数从 0 增加到 15 质量的变化结果，并截取工资 4.5 到 11 之间与真实结果进行对比如表 4 – 23 所示。

表 4 – 23　　　　　　　质量模拟结果与真实结果的对比

	均值	标准差	最小值	最大值
模拟值	0.76	0.253	0	1.004
真实值	0.60	0.121	0.021	1

整体来看，我们的模拟结果与真实结果除了标准差稍高，其他方面基本吻合。上述的参数校准是比较合适的。

三、静态模拟

静态模拟部分，我们考察的重点在于参数 δ 和参数 μ。如理论模型部分所阐述的，这两个参数决定了工资变动对质量的全部效应，参数 δ 决定了工资上升的"效率工资效应"对质量的影响，它决定了工资通过劳动生产率影响预期质量进一步影响质量的渠道；参数 μ 决定了工资上升的"成本效应"，它决定了工资上升带来成本上升时，企业如何在提升质量与降低质量间决策，同时也通过预期质量间接影响到质量。因而对这两个参数进行考察是必要的，也有助于启发我们有关政策方面的设计。

我们给定工资水平等于 8.3，即样本内工资的均值，继而将初始 δ 相应校准为 0.15，初始 μ 校准为 0.37。

首先，我们给定 μ 不变，考察 δ 变化对质量的影响。初始 δ 的值为 0.15，我们考察 δ 从 0.1 变动到 0.2，质量与预期质量相应的变动。将 $\delta = 0.1$，$\mu = 0.37$ 代入，得到初始劳动生产率为 0.83，初始预期质量为 0.61，初始质量为 0.60，从而在工资不变的情况下，"效率工资效应"强度变动对质量及预期质量的影响如图 4 – 21（delta 代表参数 δ）所示。

其次，我们给定 δ 不变，考察 μ 对质量的影响。给定初始 δ 的值为 0.15，初始 $\mu = 0$ 时，初始劳动生产率为 1.25，初始预期质量为 1.25，初始质量为 1.21，进而考察不同的 μ 对质量和预期质量的影响，如图 4 – 22（miu 代表参数 μ）所示。

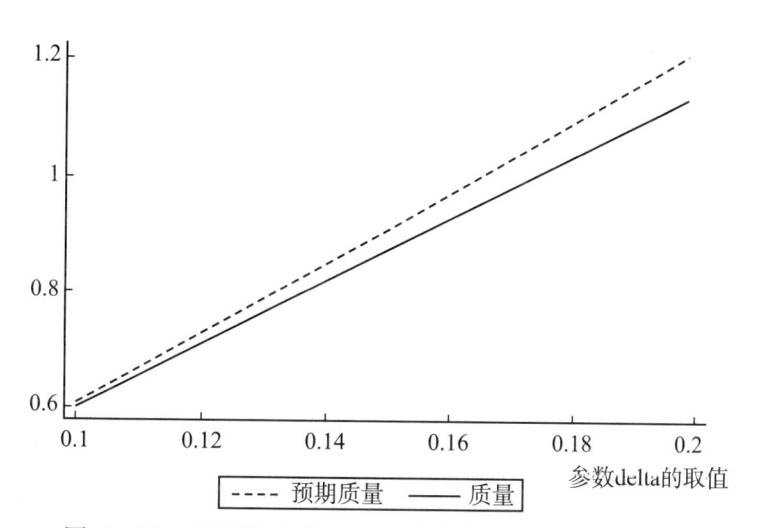

图 4-21　不同的参数 delta 对质量与预期质量的影响

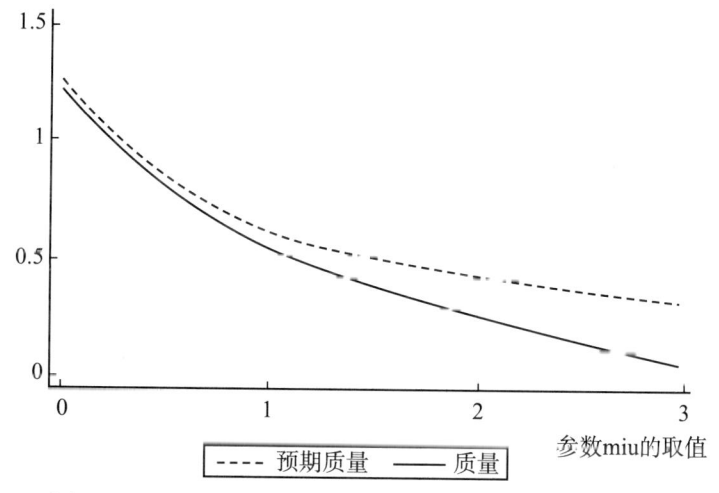

图 4-22　不同的参数 miu 对质量及预期质量的影响

可以看到，给定工资水平，随着参数 δ 的增大，质量与预期质量都会趋于上升，而质量上升更多是预期质量上升所带动的；随着参数 μ 的增大，质量与预期质量均会相应下降，即工资对质量生产边际成本的影响越大，质量相应越低。并且质量总是在预期质量之下，无论质量上升或下降，这一差距均会逐渐变大。

最后，我们将上述思路进行组合，即在工资为 8.3 且不变的情况下，综合考察 δ 与 μ 的变化。第一，分别选取 μ 的三个特殊值 0、1、2 代入考察 δ 从 0.1 变动到 0.2，质量的相应变化；第二，分别选取 δ 的三个特殊值 0.1、0.15、0.2 代入考察 μ 从 0 变化到 3，质量的相应变化。与前面类似，首先确定各主要变量的初始值，然后将参数代入模拟，结果如图 4-23（delta 代表参数 δ）、图 4-24（miu 代表参数 μ）所示。

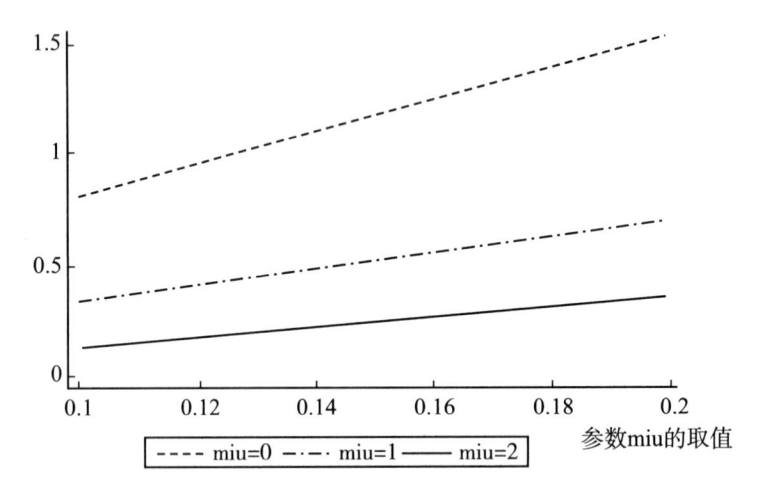

图 4-23 miu 取三个特殊值时，参数 delta 变动对质量的影响

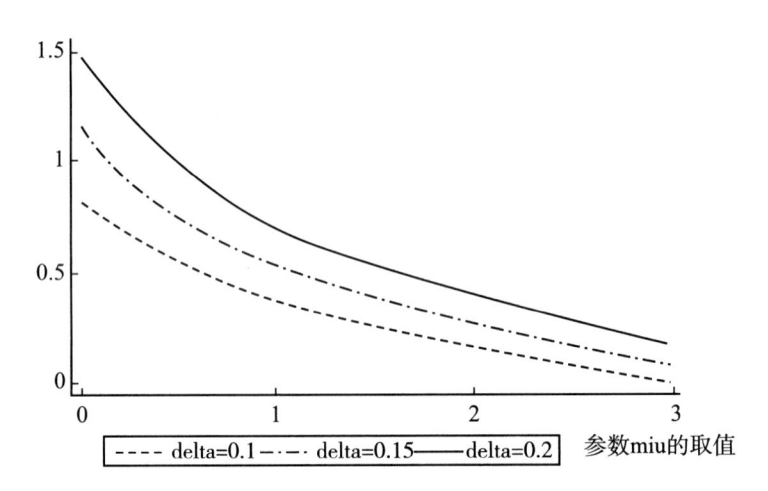

图 4-24 delta 取三个特殊值时，参数 miu 变动对质量的影响

可以看到，μ 越小，随着 δ 的变大，质量水平逐渐提升，较小的 μ 对应的质量明显大于较大的所对应的质量，同时不同的 μ 之间的质量差异逐步扩大；δ 越大，随着 μ 的增大，质量水平逐渐降低，但较大的 δ 对应的质量明显大于较小的所对应的质量，同时不同的 δ 之间的质量差异逐步缩小。

四、基准动态模拟

在静态模拟中，我们考察了分别代表工资上升的"效率工资效应"的参数 δ 与"成本效应"的参数 μ，并在这一部分将上文的线性结构动态化，借助静态模拟中的各初始值，将 μ 与 δ 的校准结果代入，考察工资上升对质量的影响。我们在这部分分别对持续性的工资上升与一次性的工资上升冲击进行了模拟,并最后将两种情况合并,考察质量随工资上升的变化。持续性的工资上升用来刻画我国人口结构变动所带来的工资上升,一次性的工资上升用来刻画"民工荒",即劳动市场的供需不匹配所引起的工资上升。

我们首先考察工资的长期持续上升,从初始工资 0 开始,每期均匀增加,模拟结果如图 4-25 所示。其次,我们考察工资的一次性上升,并且该上升是暂时的,用上标弯表示与初始值相比的上升幅度,假定上升幅度服从一阶自回归形式,$\widetilde{wage} = \beta_w L. \widetilde{wage}$,其中 $\beta_w = 0.9$,刻画结构性的不匹配会逐步调整,我们分别对工资上升 10%、15%、30% 进行了模拟,结果如图 4-26 所示。

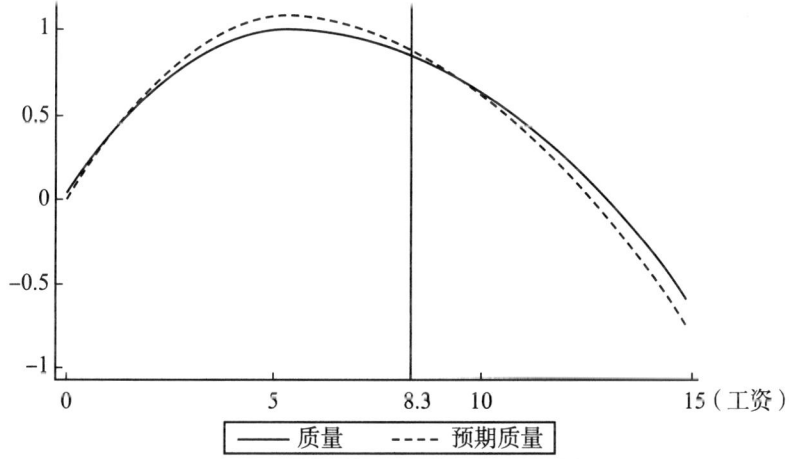

图 4-25 工资持续上升情况下对质量的模拟

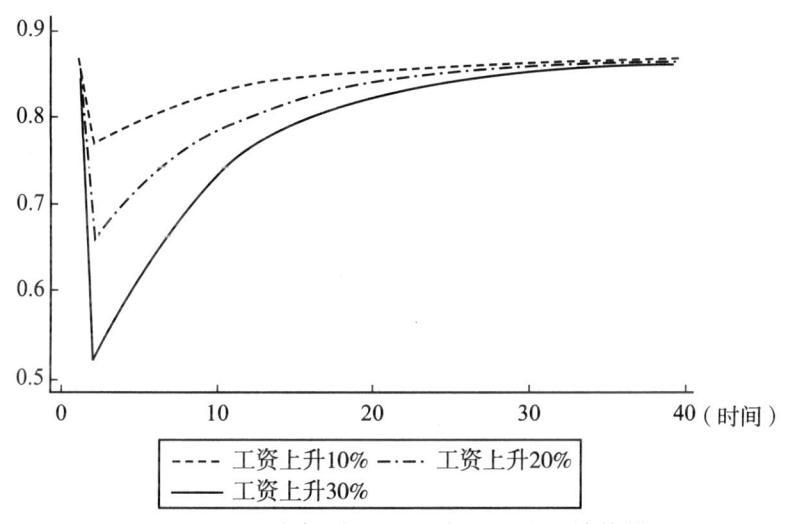

图 4-26 工资暂时性上升情况下对质量的模拟

由图 4-25 可以清楚地看到，我们选取的初始值 8.3 恰好处于质量由上升逐渐转为下降的关键点附近，在跨越 8.3 后，质量下降趋势明显。同时值得注意的是，预期质量的下降和上升速度都相对更快，在上升阶段，质量追赶预期质量并且差距逐步拉大，在下降阶段，质量与预期质量之间的差距逐步消弭，而后质量超过预期质量，并且差距逐渐拉大。

由图 4-26 我们发现，暂时性的工资上升在短期内会对质量造成严重的损害，而后逐步回归初始状态。不同幅度的工资上升对质量影响的差别也比较直观，上升幅度越大，短期损害越大，并且工资变动 1% 的损害程度随着工资上升幅度变大而变大。

我们进一步将工资的持续上升与暂时的上升合并考察，依然选择相同的初始工资 8.3，让工资每期匀速的上升 0.01，同时加入不同程度的一次性上升冲击，分别为上升 5% 与上升 20%，模拟了暂时性变动超过长期变动及暂时性变动小于长期变动的情形，如图 4-27 所示。

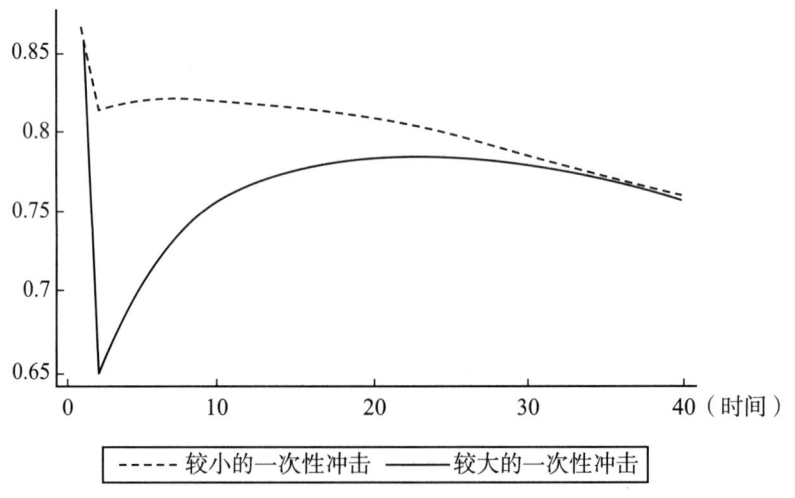

图 4-27　混合持续性工资上升与暂时性工资上升的模拟

可以看出，最终起到决定性作用的是持续性的工资上升，即来源于人口结构变化的影响，而暂时性的工资上升只会起到短期的调节作用。暂时性的工资上升依然会带来直接的损害，并随着上升幅度的加大，损害程度不断加剧。如果暂时性的工资上升小于长期的工资上升，则出口产品质量回调的余地非常有限，而如果暂时性的工资上升大于长期的工资上升，出口产品质量会呈现"断崖式"下降，而后逐步回调，此后再转为平滑下降，回调过程会出现"超调"现象，这是质量变动的一致性的结果。

依据样本内特征事实的描述，我们将图 4-27 中的虚线作为我们动态模拟的基准情形,即工资持续性每期上升 0.01,同时受到上升 5% 的一次性冲击。从我们的基准模拟结果来看,在其他情况不变时,因为劳动市场供需结构性原因所造成的工资短期上升会使出口产品质量产生"断崖式"下降,最后起到根本性作用的还是人口结构转型所带来的工资持续性上升。从模拟结果来看,随着工资进一步上升,我国出口产品质量下行压力在加大。

我们在下面进一步考虑了政策性的因素并进行了拓展性的模拟。

五、拓展性动态模拟

(一) 纳入技术变动的模拟

在基准的动态模拟的基础上,保持其他不变,加入持续性的技术进步,类似于我们刻画工资持续性上升的做法,让劳动生产率每期均匀上升,分析在存在持续性技术进步的情形下,工资持续性上升与暂时性上升复合冲击对出口产品质量的影响。笔者对不同程度的技术进步进行了模拟,并与基准情况进行对比,图 4-28 ~ 图 4-30 分别描述了每期劳动生产率上升 0.001、0.002、0.003 的情况,截至工资暂时性上升的效应基本消失(约 40 期)。图 4-30 ~ 图 4-33 进一步探讨上述三种情况在较长期的表现(100 期)。

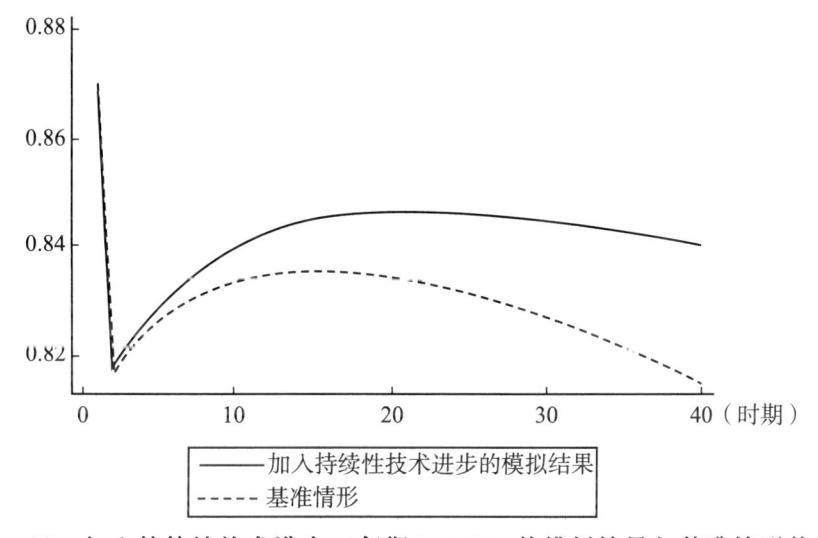

图 4-28 加入持续性技术进步(每期 0.001)的模拟结果与基准情形的对比

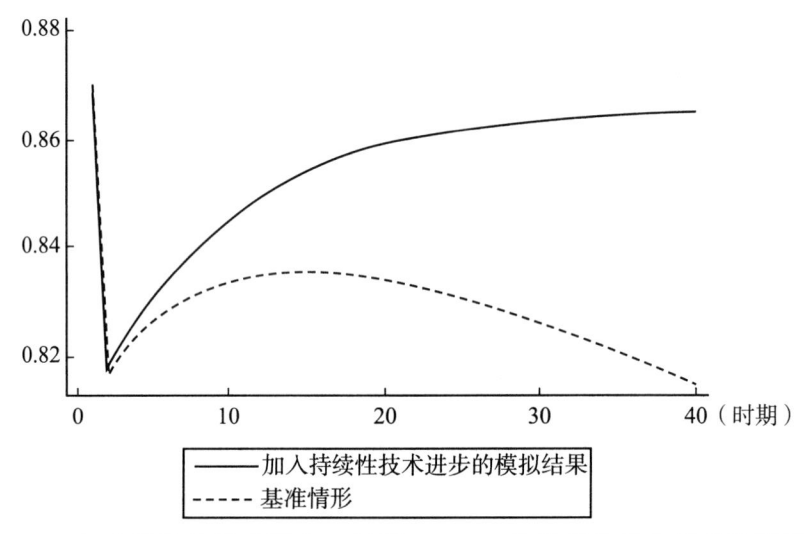

图 4-29　加入持续性技术进步（每期 0.002）的模拟结果与基准情形的对比

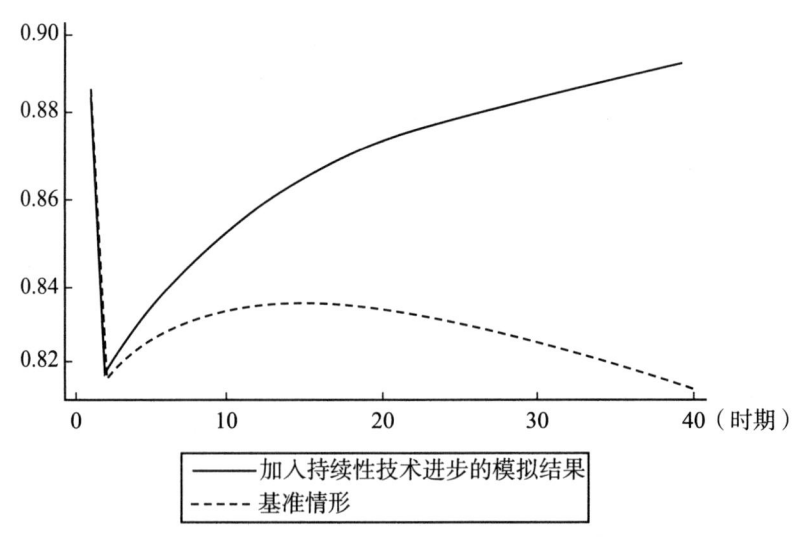

图 4-30　加入持续性技术进步（每期 0.003）的模拟结果与基准情形的对比

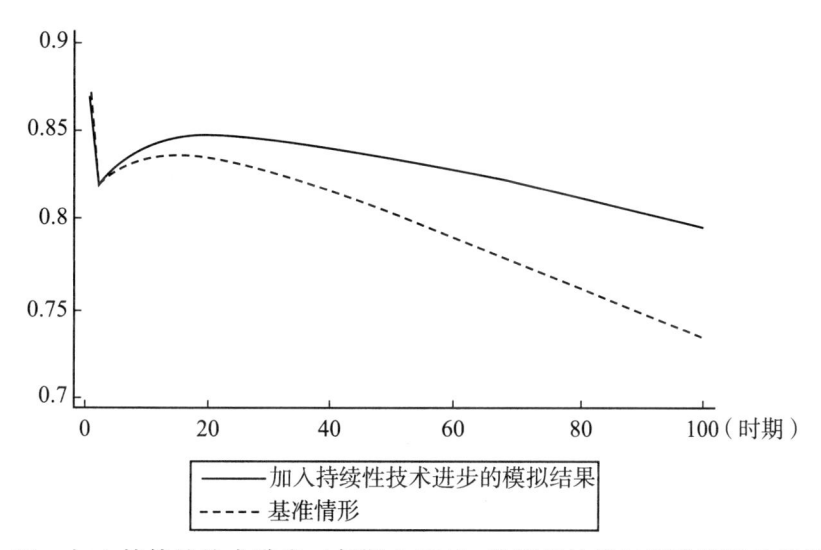

图 4-31　加入持续性技术进步（每期 0.001）的模拟结果与基准情形的长期对比

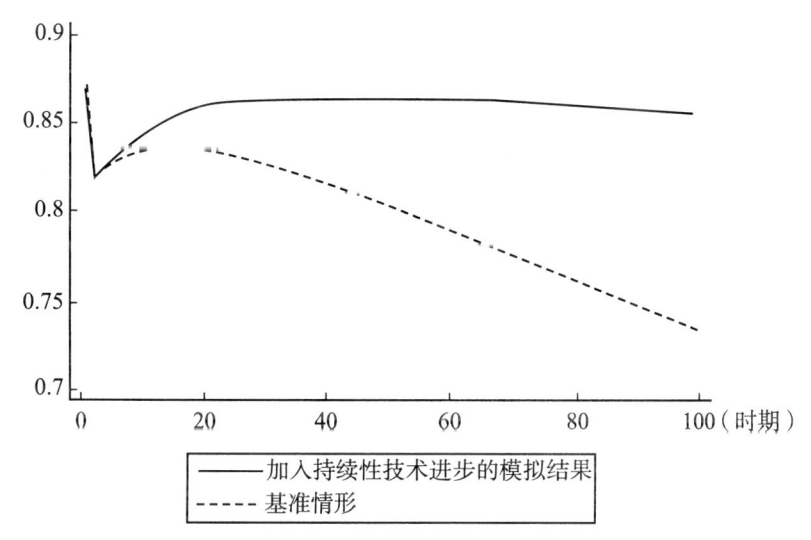

图 4-32　加入持续性技术进步（每期 0.002）的模拟结果与基准情形的长期对比

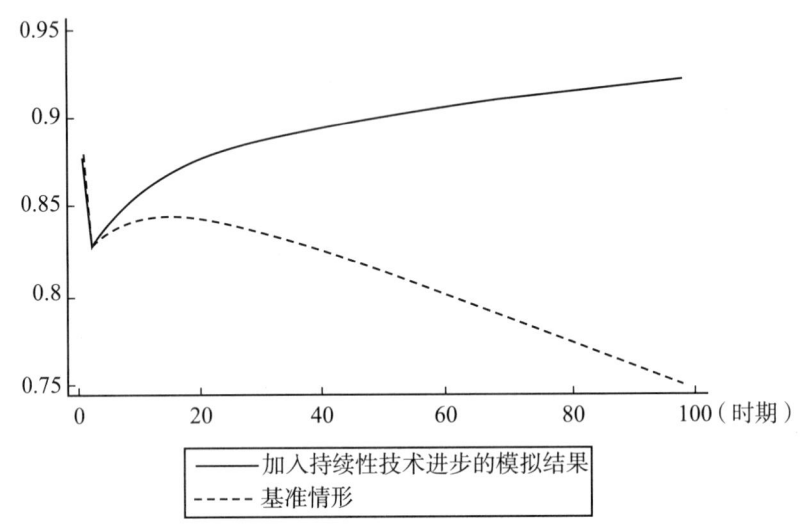

图4-33　加入持续性技术进步（每期0.003）的模拟结果与基准情形的长期对比

由上述六图可以清楚地看到，持续性的技术进步可以显著地缓解工资上升所带来的成本下行压力，并且从长期来看，技术进步完全有可能抵消工资上升的压力，至少也可以提升出口质量对工资上升的耐受力。但我们发现它不能缓解暂时性的工资上升冲击所带来的损害，它只能提升冲击发生后质量回调的速度。

下面我们在较低的持续性技术进步（每期上升0.001）的基础上，进一步加入短期的技术冲击，设定这一技术冲击也服从AR（1）形式，并且拥有和短期工资冲击相同的持续性。在图4-34~图4-36三图中，我们分别刻画了三种不同程度（0.05%、0.1%、0.5%）的技术冲击。

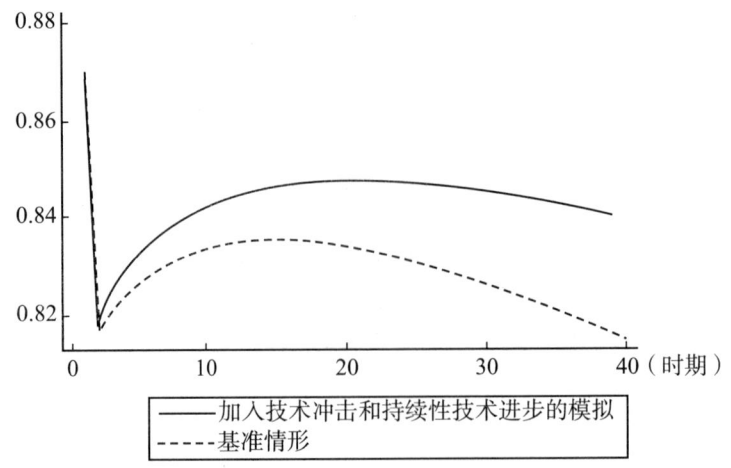

图4-34　加入技术冲击（0.05）和持续性技术进步的模拟结果与基准情形的对比

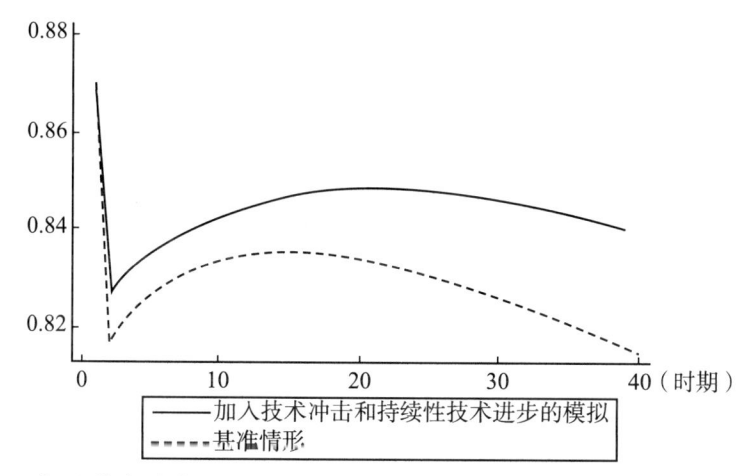

图 4-35　加入技术冲击（0.1）和持续性技术进步的模拟结果与基准情形的对比

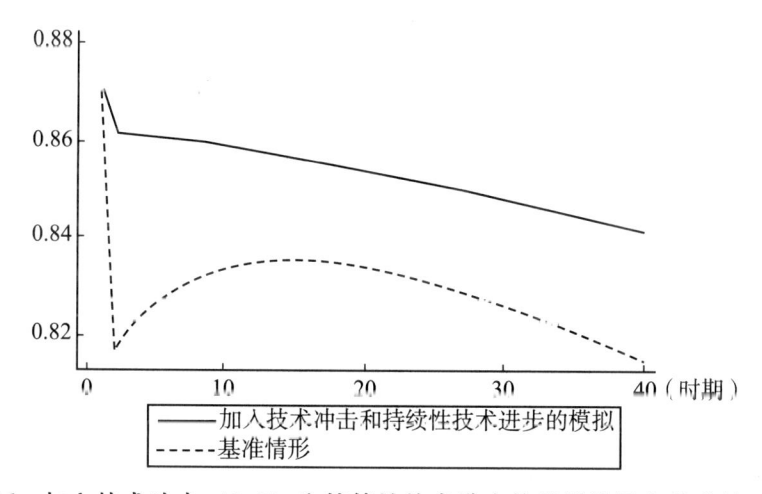

图 4-36　加入技术冲击（0.5）和持续性技术进步的模拟结果与基准情形的对比

可以看到，正常的技术冲击同样无法有效遏制工资暂时性上升带来的质量"断崖式"下降（至少要 30% 以上才有明显的效果）。技术冲击在短期作用较差的原因很大程度上归结于较低的初始劳动生产率水平。当劳动生产率较低时，技术冲击带来的劳动生产率增加甚至无法超过"效率工资"的作用，但技术冲击的作用是逐步增强的，随着"效率工资"潜力逐步耗竭，技术冲击的作用才得以显现。从我国现阶段情况来说，技术冲击并不是解决问题的方法。

因此，从政策含义来说，我们将持续性技术进步对应人口素质的提升，而将技术冲击对应应用技术的创新。那么显然，为了应对工资上升的挑战，我们应将重点放在基础教育方面，推动整体人口素质的提升，首先夯实社会整体科研的基础，再进一步推动应用性的创新。

（二）考虑户籍制度改革的模拟

假定户籍制度改革打破城乡二元结构，使得劳动力可以在城乡间充分流动。从我们的模型结构来看，它的变动主要表现在暂时性的工资上升方面，一方面，降低了劳动市场结构性不匹配的程度，使得冲击总量下降，对应基准情况的5%，我们用3%来模拟；另一方面，冲击发生后，调整速度会更快，我们将AR（1）结构中的参数β_w重新校准为0.8。为了更加清晰，我们在图4-37和图4-38中将冲击总量和调整速度进行了分解。

通过图4-37~图4-39我们可以看到，短期冲击总量的下降可以有效减轻出口产品质量短期的"断崖式"下降，调整速度的加快可以让出口产品质量更快回调，并且也相对更高。虽然说对长期结果没有太大作用，但户籍制度改革对短期冲击的平抑作用显著。

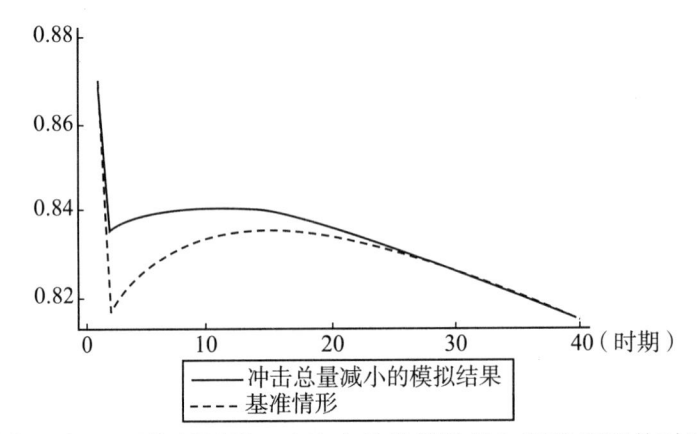

图4-37 工资暂时性3%冲击的模拟结果与基准情形的对比

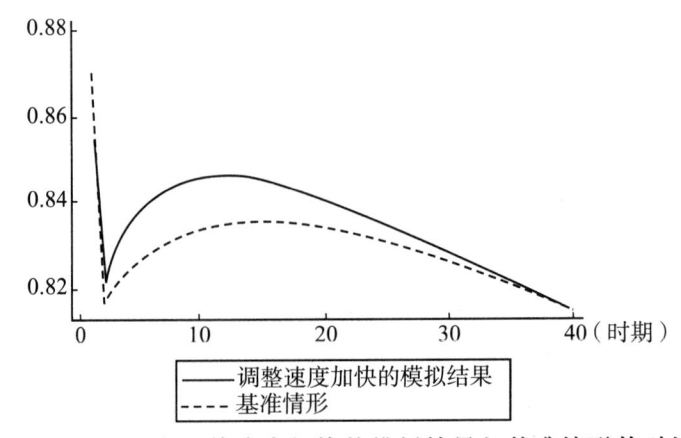

图4-38 工资调整速度加快的模拟结果与基准情形的对比

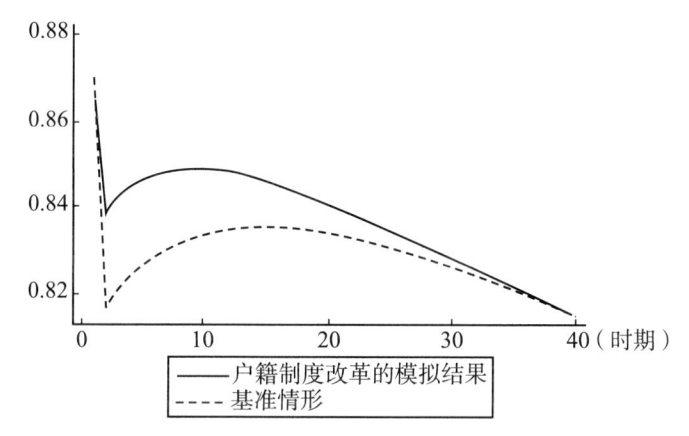

图 4-39　户籍制度改革的模拟结果与基准情形的对比

(三) 考虑人口政策变动的模拟

我们考察放开"二孩政策",通过调整工资的持续性上升来模拟这一政策效果。人口结构的变化是一个长期过程,因此我们相应模拟了更长的期数(500期),同时,重新设定工资持续性上涨规则。全面放开"二孩政策",在一段时间内可能会进一步加剧劳动力的短缺,因为更多的劳动力被束缚在家庭中,我们按照一期一月的方式计算,考虑到教育年限,新生儿一代投入劳动市场的时间大约会在 300 期,而 300 期这一时点也意味着工资的最高峰,考虑到新生儿的抚养者也会逐步投入劳动市场,我们将工资持续性上涨的规则设定如下:

$$\text{wage} - L.\text{wage} = \begin{cases} b \times (n - \bar{n})^2, & \text{if } n \leq \bar{n}, \\ -b \times (n - \bar{n})^2, & \text{if } n > \bar{n} \end{cases}$$

其中 L. 为滞后算子,n 为期数,$\bar{n}$ 设定为 300,b 是调整参数,设定为 0.0000005,主要为了量纲上与基准模拟的统一。二次型的前半部分用于描述中短期劳动力离开劳动市场,投身家庭,而后逐步回归的过程,因而 100 期内工资上升更大,100 期后逐步趋于平缓;二次型的后半部分描述新生一代逐步投入劳动市场,供给逐步上升的过程,工资因而加速下降。在模拟中,除去和基准情形的对比外,还加入如果新生儿一代未能及时进入劳动市场的模拟,如图 4-40、图 4-41 所示。

可以看出,放开"二孩政策"与基准情形相比,在中短期甚至会造成出口产品质量更快速地下降,这一下降趋势在新生代逐步进入劳动市场后才得以遏制,但在这之后,出口产品质量逐步回升,从长期来看,它可以显著改善工资上升压力带来的出口产品质量下降。然而,如果新生代不能及时进入劳动市场,那么"二孩政策"下造成的损害甚至会超过基准情形。

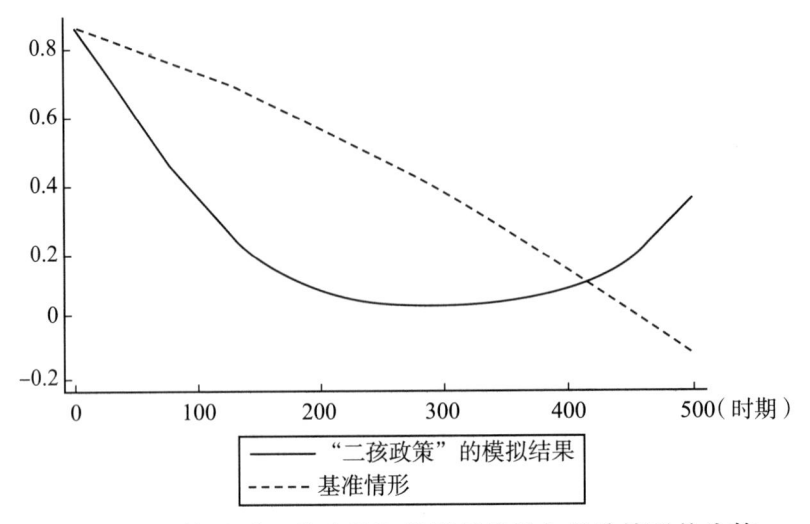

图 4-40 放开"二孩政策"的模拟结果与基准情形的比较

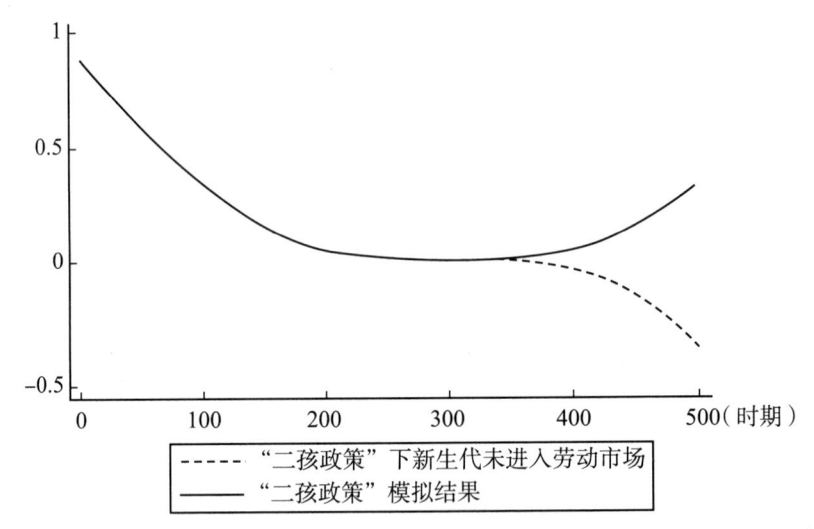

图 4-41 放开"二孩政策"新生代是否进入劳动市场模拟结果的比较

综上所述，其他条件不变时，"二孩政策"放开有利于在长期缓解人口红利消融所带来的工资上涨，扭转工资上升造成的出口产品质量下降趋势。但新生代必须及时进入劳动市场，这就意味着对新生代的教育和培养必须得到重视和支持，恰好和前文有关持续性技术进步的要求相符，即加强基础研究，保障基础教育，提升人口素质是长期工作的重中之重。

第五章

应对气候变化与中国出口贸易中长期发展：基于碳关税与碳税政策的模拟评估

20世纪70年代以来，以贸易和投资自由化为特征的全球化迅猛发展。与此同时，酸雨、水体污染、土地荒漠化、物种灭绝、臭氧层破坏等区域性和全球性的环境问题日益凸显。当前，由工业革命以来大规模人为温室气体排放（主要是碳排放）导致的全球气候变化（climate change）问题已成为国际社会面临的最大挑战之一。与此同时，随着收入和生活水平的提高，人们更加关心环境的质量。为了应对全球气候变暖这一关乎全人类生存与发展的问题，世界各国都在不断探索应对气候变化的方法和路径。经过20余年的实践检验，全球气候治理成为国际社会应对气候变化的唯一选择。然而，减缓气候变化的政策和行动，对国际贸易的分配格局和贸易产品的内容会产生重要影响。尤其是随着经济的高速发展，我国资源和能源消耗量不断增加，已成为全球第一碳排放大国，欧美等发达国家近年来不断向中国施压，要求我国承担约束性减排目标。因此，在风云变幻的大国博弈与日益激烈的国际竞争中，有必要从环境成本上升的角度考察其对中国企业出口贸易的影响，以求得稳定的发展空间并增强自身的经济社会与生态环境的安全系数，实现从贸易大国向贸易强国的转变。

为此，基于上述背景，我们在本章根据一般均衡理论的原理，通过构建全球多区域CGE模型来考察企业在减排成本上升背景下我国外贸的中长期发展趋势，进而为产业升级和对外贸易转型提出相应的政策建议。在组织结构上，本章一共包含五部分：第一部分是引言；第二部分构建包含气候政策的扩展GTAP模型；第三部分模拟分析发达国家实施碳关税政策对中国出口贸易的影响；第四部分模拟分析征收碳税对中国出口贸易的影响；第五部分根据模拟结果对我国对外贸易中长期的发展趋势提出对策建议。

为了考察碳关税对中国出口贸易的影响，第三部分基于全球多区域 CGE 模型模拟分析了附件 I 国家①单边减排的同时针对中国 EITE 部门和所有部门的出口征收碳关税的效应。本节的实证研究结果发现，附件 I 国家对中国的能源密集部门出口征收碳关税，减排国的出口竞争力增加效果不明显，反而会导致中国这些部门的出口额大幅下降，但有利于其他不被征收碳关税部门的出口；若扩大征收碳关税的范围至所有部门，虽然缓解了能源密集部门的出口下降，但加剧了能源生产部门和其他部门的出口下降，总体上对中国的总出口是非常不利的。因此，碳关税的实施有可能伤害贸易伙伴国的关系，引发新一轮"贸易战"。从碳关税政策对中国部门出口量流向的影响来看，该政策的实施大幅降低了中国对减排国的部门出口，虽然部分出口转移到了其他非减排区域，但总体上导致了中国多数部门的出口下降，从而降低了中国的总出口。

第四部分模拟分析了中国主动征收碳税对出口的影响效应，实证结果表明，中国在国内征收碳税对自身出口额的负面影响小于被征碳关税的情形，且中国征碳税并不利于大多数附件 I 国家的出口总额，表明发达国家逼迫中国采取国内减排措施对提升其出口竞争力是无效的。同时，中国在国内征收碳税不会恶化自身能源密集部门的出口，如果其他发展中国家也加入征收碳税的减排阵营，更有利于中国能源密集部门的出口，但对非能源密集部门的出口存在负面影响。总体上来说，不管是对中国的部门出口还是总出口，碳税的负面影响都小于中国被征收出口碳关税的情形。从部门出口量流向来看，附件 I 国家与中国同时在国内征收碳税，中国大多数部门（电力与燃气除外）的总出口量较被征碳关税情形有所改善，且总出口量降幅减少；其他非附件 I 国家加入共同减排阵营对中国的能源密集型部门出口有利，但对非能源密集型部门出口不利且前者小于后者，导致最终中国总出口降幅增加，但仍然小于碳关税调节措施情形下的降幅。

第五部分总结了本书主要的经验研究结果，并在广义要素成本上升的背景下为我国对外贸易发展提供了重要的启示。首先，中国应强烈反对发达国家对发展中国家实施碳关税的威胁。发达国家认为，其自身对国内生产商实施更严格的减排标准或征收排放税，会对其生产商造成额外的生产成本，从而降低他们的国际竞争力，因而应实施边境税调节以"公平竞争"；而且这些减排措施可能导致碳泄漏，从而提出碳关税措施以解决这一碳泄漏问题。本章实证结果表明，碳关税

---

① 附件 I 国家：英国、法国、德国、意大利、荷兰、比利时、卢森堡、丹麦、爱尔兰、希腊、葡萄牙、西班牙、奥地利、瑞典、芬兰、波兰、匈牙利、捷克、斯洛伐克、斯洛文尼亚、爱沙尼亚、拉脱维亚、立陶宛、罗马尼亚、保加利亚、澳大利亚、加拿大、日本、美国、俄罗斯、巴西、土耳其。

措施并不是缓解减排国不对称减排引起竞争力损失的有效措施，反而对被实施区域的出口会造成非常大的负面影响。因此，发达国家不断威胁中国，试图用类似的政策来对不实施减排限额的中国进行惩罚，中国目前应坚决抵制这种歧视性的"贸易"政策。其次，中国在制定国内减排政策时，应优先选择在国内征收一定幅度的碳税而不应该接受被征收碳关税的格局。虽然征收国内碳税会对不同的行业产生不同的影响，能源密集型行业受到抑制，而清洁产业受到影响较小，且当碳税率不高时，中国出口受到的总体影响小于被征收碳关税情形。因此，为了掌握减排的主动权，促进企业逐渐内部化其减排成本，国家可以逐步提高现有排放标准，避免未来开征碳税时成本的突高，影响企业的长期发展。最后，抓住时机促进产业结构升级，提高企业出口竞争力。改变以劳动密集型为主的出口贸易模式，向低能耗、低排放、高效率、高收益的出口产品制造转变，是我国近年来政府引导的产业结构升级的趋势，产业升级时承接地区同时也要注意提高项目的资本、技术密集度，以产业升级推动生产部门投入结构和贸易结构的低碳化，使资源环境约束强化、要素成本上升对我国出口贸易的不利影响降低到最小。

第一节 引 言

政府间气候变化专门委员会（Intergovernmental Panel on Climate Change, IPCC）的 5 次报告一次比一次肯定了人口和经济增长是驱动温室气体排放引起温室效应造成气候变化的主要因素这一结论。为了应对全球气候变暖这一关于全人类生死存亡的问题，世界各国都在不断探索应对气候变化的方法和路径。经过 20 余年的实践检验，全球气候治理成为国际社会应对气候变化的唯一选择。然而，减缓气候变化的政策和行动，对国际贸易的分配格局和贸易产品的内容会产生重要影响。首先，现存的多边气候协议，如《联合国气候变化框架公约》《京都议定书》等在减排上的分配对现有的国际贸易分工必然产生影响；其次，各国控制温室气体排放的政策和措施的不平衡引发了一些工业化国家对碳泄漏和竞争力问题的担忧，碳边境调节措施多次被提出，这增加了贸易摩擦的风险，也给多边贸易体制提出了新的问题；最后，当前已经启动的气候友好型产品贸易自由化进程，又将给国际贸易带来新的动力。因此，随着经济的高速发展、中国成为世界第二大经济体，资源和能源消耗量不断增加，中国也成为全球第一碳排放大国，随后，西方国家开始鼓吹中国"环境威胁论""中国气候威胁论""中国气候责任论"等论调。这些论调以不考虑国情差别的主观推测，将全球温室气体排放责任的矛头直指中国和印度这样的发展中国家，迫使发展中国家承担减排义务。为此，在风云变幻的大国博弈与日益激烈的国际竞争中，有必要从环境成本上升的角度考察各类气候政策对中国出口贸易的影响，以求得稳定的发展空间并增强自身的经济社会与生态环境的安全系数，实现从贸易大国向贸易强国的转变。

由于全球性、代际性和紧迫性的特点，气候变化问题比一般环境问题更加复杂，研究涉及的面也更广。当前全球应对气候变化的行动具有自上而下的特点，即首先通过具有国家主权的缔约方推动国际多边机制，设定全球行动目标，明确行动和合作的原则，然后各国在国内制定和实施相关的法律法规和政策措施。而发达国家和发展中国家气候政策的不对称可能导致边境气候政策措施的实施。气候政策通常包含国内、边境和多边气候政策三个层次。国内气候政策主要包含碳税或能源税、补贴、技术规制（如能效标准、生态标签等）以及政府采购政策等；边境气候政策主要包括碳关税、进口数量限制、反补贴以及边境税收调节等；多边气候政策主要是指《京都议定书》建立的三种灵活减排措施，包括碳排放权交易（emission trading，ET）、清洁发展机制（clean development mechanism，CDM）和联合履行（joint implementation，JI）。

控制温室气体的排放是当今国际合作的重要领域，涉及各国的政治和经济利益，是各国在环境容量和发展空间上的竞争。多边气候治理是一个复杂、持续的政府间互动过程，既有协调合作又存在控制竞争。1992年通过的《联合国气候变化框架公约》确立了发达国家和发展中国家在减排责任上的"共同但有区别的责任"原则。随后联合国多次召开气候峰会，讨论建立全球碳减排合作机制，签订了一系列的合作框架协议（见表5-1）。其中2005年生效的《京都议定书》是第一个具有法律约束力的气候协定，议定书中规定了附件Ⅰ国家的量化减排目标和时间表，而非附件Ⅰ国家（主要为发展中国家）暂时不受约束。例如，欧盟、日本承诺在2020年将其温室气体排放量在1990年的基础上减少20%~30%和25%。但发达国家宣称这种不对称的减排措施会使其他非减排国家获取竞争优势并增加排放（即"碳泄漏"）。而目前学术界也有研究认为单边气候政策确实会损害减排国国际竞争力和造成碳泄漏，特别是对能源密集型和贸易暴露（energy-intensive and trade-exposed，EITE）行业损害较大（如 Reinaud，2008；Elliott et al.，2010等）。因此，在议定书的第一承诺期（至2012年）结束后国际社会相继举行的多次缔约方会议迫使发展中国家（主要针对中国）承担减排义务。否则，发达国家宣称为了保护本国国际竞争力和经济不受影响，也为了促进全球碳减排，将试图采取一些边境碳调节措施来缓解单边减排政策引致的本国竞争力损失和碳泄漏，其常见形式有"边境碳调整""边境税调整"或"碳关税"。

例如美国 2009 年 6 月通过的《美国清洁能源安全法案》就包括碳关税条款，即授权美国政府从 2020 年起可对不实施减排限额的国家（主要是中国、印度等发展中国家）出口到美国的产品征收碳关税。此外，欧盟也以环境保护为由，积极推行碳关税。2009 年 9 月，法国联合德国对未做出足够减排承诺的国家向联合国提出引入"适当调节税"，由于存在操作困难及潜在的贸易战风险未获通过；2010 年 3 月，欧盟部长会议再次将碳关税提上议程，讨论是否在欧盟边境上征收该税。

表 5-1　　　　　　　　　国际气候谈判的主要进程

会议	时间	地点	主要成果
COP1	1995.04	柏林	通过了《柏林授权书》等文件
COP2	1996.07	日内瓦	未就"议定书"起草达成协议
COP3	1997.12	东京	制定了《京都议定书》，为发达国家规定了定量减排义务和三种机制
COP4	1998.11	阿根廷	达成了《布宜诺斯艾利斯行动计划》，解决《议定书》三机制运行规则
COP5	1999.10	波恩	讨论《公约》附件Ⅰ所列缔约方国家信息通报编制指南等内容。使《行动计划》的关键方面得以达成一致意见
COP6	2000.11	海牙	完成重要议题的谈判，以促使《京都议定书》于 2002 年前生效
COP6 续	2001.07	波恩	达成《波恩协议》，对《议定书》三机制的细则、遵约程序、不遵约的后果等做了规定
COP7	2001.01	马拉喀什	达成《马拉喀什协定》及关于资金、技术转让、能力建设等的决定草案
COP8	2002.01	新德里	通过《新德里宣言》。使"清洁发展机制"具备了所有的运作条件。提出了在可持续发展的框架下解决气候变化的问题思想
COP9	2003.12	米兰	进一步确定和完善实施议定书所需的一些技术规则
COP10	2004.12	阿根廷	无显著成效，关于技术转让、资金机制、能力建设等重要问题进展不大
COP11	2005.11	蒙特利尔	通过了《议定书》执行决议，决定启动针对 2012 年后温室气体减排的谈判进程，并开始商讨减缓全球变暖的中长期战略

171

续表

会议	时间	地点	主要成果
COP12	2006.11	内罗毕	讨论发达国家第二承诺期温室气体减排指标，达成"内罗毕工作计划"
COP13	207.12	巴厘岛	通过了"巴厘岛路线图"，启动双轨制谈判
COP14	2008.12	波兹南	决定启动"适应基金"，并通过了2009年工作计划
COP15	2009.12	哥本哈根	形式不具法律约束力的《哥本哈根协议》
COP16	2010.11	坎昆	通过两份应对气候变化的协议，发布了《坎昆协议》，继续推进国际气候谈判
COP17	2011.11	德班	就《议定书》第二承诺期问题作出安排，启动了绿色气候基金，进一步细化了适应、技术、能力建设和透明度的机制减排。但未能全部完成"巴厘岛路线图"谈判
COP18	2012.11	多哈	宣布2013年开始实施《议定书》第二承诺期。制定了德班平台谈判的时间表。推动了绿色气候基金的执行。但未规定发达国家第二承诺期减排目标
COP19	2013.11	华沙	明确了通向2015年巴黎会议的路线图。但谈判裹足不前，发达国家未提出有雄心的减排目标。仍未提出损失损害补偿机制、资金问题的时间表
COP20	2014.11	利马	基本通过巴黎大会协议草案
COP21	2015.12	巴黎	签署《巴黎协定》，全部（193个）成员承诺减排，达成国家自主贡献（INDC）减排框架，发达国家承诺向发展中国家提供气候资金援助

资料来源：作者根据历次国际气候谈判会议整理得到。

因此基于上述背景，我们在本章主要考察在实施碳关税和碳税政策时，企业面临减排成本上升情形下我国的出口贸易发展趋势如何。为此，本章基于一般均衡理论的原理，通过构建全球多区域 CGE 模型来考察企业在减排成本上升背景下我国外贸的中长期发展趋势，进而为我国产业升级和对外贸易转型提出相应的政策建议。相比于已有文献，本章的贡献是：(1) 在研究视角上，本章基于广义要素成本上升的背景，弥补了现有研究主要关注劳动力成本与人民币升值等传统成本的不足；(2) 在研究方法上，现有研究更多地采用计量经济模型分析，无法考察经济系统内部的连锁效应，而本章采用可计算一般均衡模型考察发达国家征收碳关税对我国出口贸易的影响，并进一步考察我国主动征收碳税对部门出口贸易的中长期影响，为我国贸易发展和转型升级提供政策建议。

本章其余部分安排如下：第二部分构建包含气候政策的扩展 GTAP 模型；第三部分模拟分析发达国家实施碳关税政策对中国出口贸易的影响；第四部分模拟分析征收碳税对中国出口贸易的影响；最后第五部分根据模拟结果对我国对外贸易中长期的发展趋势提出对策建议。

第二节 包含气候政策的扩展 GTAP 模型

由于气候政策对经济的影响非常复杂，局部均衡分析不能充分反映其间接效应，而 CGE 模型能够从宏观上定量分析气候政策的实施对经济各个变量的影响，因此本章拟通过构建全球气候政策 CGE 模型来分析气候政策对中国出口贸易的影响。CGE 模型是建立在瓦尔拉斯一般均衡理论基础之上的一种经济数学模型，本章采用的 CGE 模型为全球贸易分析—能源—环境（energy-environmental extension of the global trade analysis project model，GTAP – E）模型。为了满足对能源利用政策的分析，GTAP – E 模型对标准 GTAP 模型的能源模块进行了改进，主要考虑了各种能源之间以及资本和能源之间的替代关系（Burniaux and Truong，2002）。相对于标准 GTAP 模型，GTAP – E 模型的改进主要体现在各种能源之间，以及资本和能源之间的替代关系。由于气候政策分析不仅涉及贸易问题，而且与碳排放和能源使用直接相关，GTAP – E 模型保留了 GTAP 模型的全球性特点，同时对能源种类和利用进行了更准确地刻画。其在描述国内经济活动和国际经贸活动上与标准 GTAP 模型基本相同，不同在于前者将能源作为一种生产要素引入生产结构中，能源数据来自国际能源署（International Energy Agency，IEA）。

GTAP – E 模型的经济主体有厂商、家庭、政府、全球银行和国际贸易运输部门。每个国家都假设存在一个代表性的区域统计单位、一个收入账户（汇集了该地区所有收入来源），区域统计单位会在政府消费、家庭消费和储蓄（储蓄流入全球银行）之间分配资金。GTAP – E 模型假设产出取决于该国（地区）的家庭与政府部门的消费和储蓄行为，而储蓄进入一个虚拟的全球银行（global bank）后由其根据特定的投资机制决定资金在全球范围内的投资去向。在封闭体系中，区域总收入主要来自劳动、资本等生产要素的报酬与政府所得的各种税收（包含碳交易净收入和碳税）收入；厂商的收入来自家庭、政府的消费支出与中间产品的销售收入，所有行为主体均满足支出等于收入的约束，从而得出产品或要素的均衡价格。在开放体系下，由于世界其他地区的加入，家庭消费与政府消费支出均细分为国内产品消费与进口产品消费两部分，同时，一国生产者使用的中间产品部分来自本国厂商，部分来自外国厂商，而本国厂商生产的产品部分内销，部分出口。最终，GTAP-E 模型通过双边与多边的贸易联结与均衡，将各国产品的流通过程纳入模型，形成一个全球的一般均衡模型，从而可以同时决定各国产出水平、物价水平、生产要素的供求变化和贸易状况等。

一、GTAP-E 模块介绍

在参照国内外学者关于 CGE 建模理论的基础上，结合笔者所研究问题的实际情况，笔者将 GTAP-E 模型构架分为生产模块、消费模块、市场出清模块、碳税等模块。

（一）生产模块

在标准 GTAP 模型中，增加值为资本、劳动力和土地要素投入的 CES 合成，而扩展后的 GTAP-E 模型则为资本—能源投入和劳动力、土地、自然资源投入的合成，因而原增加值变量的含义也相应地发生了变化，其价值量同时包含了要素投入和能源投入的成本。即在 GTAP-E 生产模块中，采用六层嵌套的函数形式，如图 5-1 所示。首先，采用常替代弹性（CES）生产函数，将燃气、原油与石油产品进行加成，得到非煤炭组合，进而将其与煤炭进行加成得到非电力组合，进一步与电力加成得到能源组合，又将能源组合与资本加成得到资本—能源组合，再将其与其他初级要素（自然资源、劳动与土地）加总得到初级要素—能源组合（即总产出的增加值部分），而国内生产和进口的中间投入构成了非能源中间投入，二者满足 Armington 假设。最后，采用 Leontiff 生产函数将初级要素—能源组合与非能源中间投入组合作为生产投入得到总产出。之所以将生产要素层层分解（尽管第二层至第六层均采用的 CES 函数），是由于不同要素之间的替代关系不同，从而替代弹性也不同；而 Leontiff 函数认为投入品之间的替代弹性为零。

（二）消费模块

在 GTAP 模型的最终消费结构中，区分了家庭消费、政府消费和储蓄。假设政府部门的支出为柯布-道格拉斯（Cobb-Douglas）函数（所有商品之间的替代弹性为1），这意味着各项商品的支出占总支出的比例固定；而家庭需求为非齐序（non-homothetic）的固定差异弹性（constant difference of elasticity，CDE）效用函数，并以平均每人为基础。同样，GTAP-E 模型沿用了 GTAP 模型对效用函数的设置。

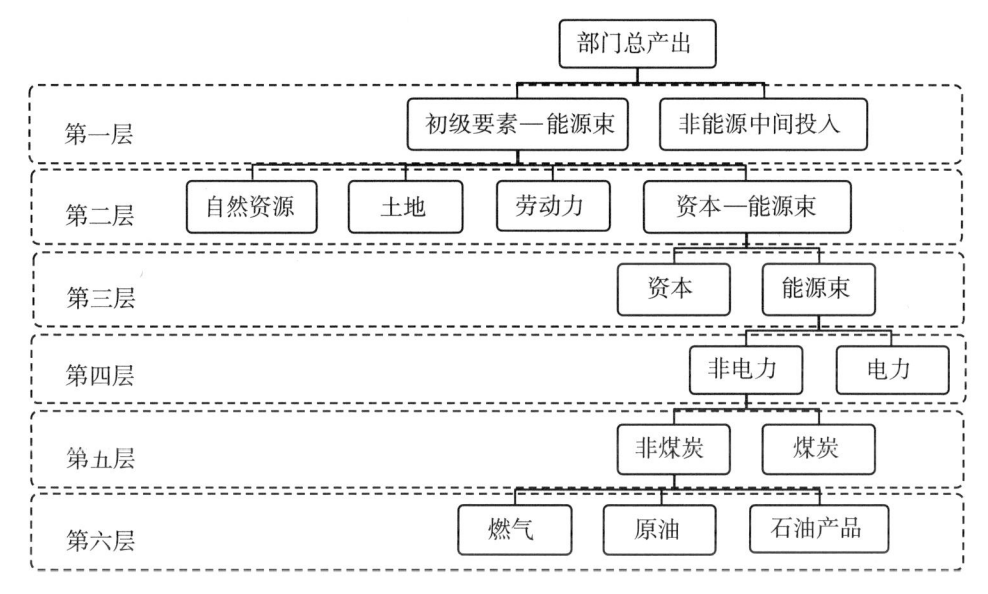

图 5-1 生产模块结构

(三) 贸易模块

在 GTAP-E 模型的开放体系下,政府消费与私人消费均包含国内产品和进口产品两部分,与其他 CGE 模型类似,来自不同地区的产品满足阿明顿(Armington)假设,即进口来自不同国家的同类商品不能完全相互替代,然后再利用 CES 函数对综合进口品和国产品进行嵌套,最后得到一个满足最终需求的综合商品。GTAP-E 模型中国内总产出一部分内销,一部分出口,二者的分配采用 CET 转换函数形式(转换弹性不为无穷大)。

(四) 均衡模块

当市场达到一般均衡状态时要求所有市场出清,即国内商品和要素市场供给等于需求、总投资等于总储蓄和国际收支平衡,最终实现整个宏观经济体系均衡。GTAP-E 模型中假设存在一个虚拟的全球银行,其汇集各地区的储蓄供给,再通过一定的投资配置机制,将总储蓄提供给各个地区以满足其投资需求,实现总储蓄与总投资相等;此外,由于在现实经济中该服务是由各个国家(地区)的相关运输部门来提供的,但是建模型时几乎不可能获得每种商品的每个贸易路线的运输服务实际供需的详细数据,因此,该模型假设存在一个国际运输服务部门来处理国家(地区)间进行贸易的运输服务问题,在一般均衡时,运输服务的总供给等于各个区域的各种商品运输服务需求的总和。而运输费用即用离岸价格

(FOB)与到岸价格（CIF）之间的差额来衡量，运费误差问题采用美国贸易记录系统所使用的 CIV（customs import value）来处理。

（五）宏观闭合模块

CGE 模型建立的目的是通过求解出方程中的均衡解，获取更多信息，而为了得到模型的唯一解，CGE 模型中的方程总数应当与内生变量总数相同。但很多情形下，模型中的方程总数与变量总数并不一定相同，这就需要对该模型求解所必需的外生变量进行一系列确定和赋值，即所谓的宏观闭合。对不同的宏观闭合，通常根据相应的经济学理论来命名，因此，CGE 模型中经常运用到的闭合规则主要有新古典主义（Neoclassical）宏观闭合、凯恩斯（Keynes）宏观闭合，路易斯（Lewis）宏观闭合三种。

GTAP-E 模型的闭合一般采用新古典宏观闭合规则：假设投资是内生变量，通过自动调节总投资使其等于总储蓄水平。在各区域的宏观闭合条件中，假设区域内投资是内生变量，其由国内总储蓄和流入的外资决定。在全球范围内，资金按照各区域的投资预期收益分配，全球总投资等于全球总储蓄，此外，在完全竞争市场价格机制下，要素市场和产品市场同时达到均衡。

（六）CO_2 排放和碳税模块

GTAP-E 数据库在 GTAP 数据基础上增加了各个国家的 CO_2 排放量，该数据自下而上统计了各个国家的各个部门通过使用不同能源产品（煤、石油、天然气等）而排放的 CO_2 量。GTAP-E 模型假设相同能源产品的单位 CO_2 排放系数是固定的，但不同能源产品的单位 CO_2 排放系数是不一致的。

GTAP-E 模型对于碳税的设计，区分了名义碳税和实际碳税，碳税会影响产品的市场价值，而碳税收入构成了区域总收入的一部分。

二、模型的数据来源与参数设定

本书求解 GTAP-E 模型运用的数据来自全球贸易分析项目的核心——GTAP 数据库。GTAP 数据库主要由各个区域的投入产出表编制而成，其包含了完整的双边贸易数据和非常细致的产业分类，该数据库已被广泛应用于全球经济问题的应用一般均衡（applied general equilibrium, AGE）分析，且 GTAP 数据库会不断地进行更新，并不断地完善修整和平衡各国数据所采用的方法。到目前为止，GTAP 数据库已发行了九版，最新的版本是 2015 年发行的 GTAP 9.0 数据库，该最新版包含 2004 年、2007 年和 2011 年的基础数据，并将全球划分为 140 个地区，每个地区包含 57 个产业部门。

（一）区域及部门的加总

国内外学者利用 GTAP 模型进行政策评估时，通常会根据特定研究对象，对原始数据库进行区域合并和行业加总（aggregation），以构建所需要的评估模型进行仿真分析。

1. 区域合并

GTAP 9.0 数据库把世界划分为 140 个区域。由于本书主要分析采取不同的气候政策对附件 I 国家（即《联合国气候变化框架公约》中承担量化减排义务的缔约国家）和非附件 I 国家，尤其是新兴经济体国家的环境贸易影响，因此本书利用普渡大学全球贸易研究中心开发的 GTAPAgg 软件将 140 个区域加总为 10 个地区，即欧盟、美国、日本、其他附件 I 国家（RoA1）、中国、印度、巴西、俄罗斯、低收入国家（LIC）以及世界剩余地区（RoW）。

2. 部门合并

GTAP 9.0 数据库把产业部门划分为 57 个。GTAP 数据库中的商品主要按照国际行业标准分类 ISIC（international standard industry classification）的标准进行分类，但由于 ISIC 对农业与食品制造业的分类不够详细，因此 GTAP 中对这些商品的分类改用 CPC（central product classification）产品分类标准。由于本书主要考察气候政策的环境贸易影响，更多地针对高能耗高排放的制造业，因此本书通过 GTAPAgg 软件将上述 57 个产业部门加总为 16 个产业部门，即农业、煤、原油、燃气、电力、石油产品及煤制品、非金属矿产及制品、化学橡胶及塑料制品、有色金属冶炼加工业、非有色金属冶炼加工业、运输业、食品加工与纺织服装业、交通运输设备制造业、机械设备制造业、其他制造业和其他服务业[①]。

3. 基础数据的升级

GTAP 9.0 数据库包含了 2004 年、2007 年和 2011 年的基础数据，本书以最新的基础数据 2011 年为基准，将 GTAP 第 9 版数据的 GDP、人口、劳动力和资本数据[②]进行升级，得到 2020 年的数据，即为本书的参考情景（BAU），以考察从 2020 年开始实施碳税与碳关税政策的影响。

---

① 从非金属矿产及制品至运输业的五个部门为能源密集部门，即 EITE 部门。
② 增长率数据来源于 International Monetary Fund，World Economic Outlook Database，October 2015。

（二）模型的参数设定

在用于政策模拟的气候变化 CGE 模型中，各项行为参数代表了一组技术信息并规范了模型如何回应外生政策冲击，因此，在进行政策模拟之前需要设定一系列外生参数，在本书所构造的 CGE 模型中，参数主要指 CES 生产函数、Armington 和 CET 函数中的替代弹性系数。尤其对于生产函数中涉及的替代弹性大小直接决定了各种投入要素和产品之间的替代难易程度，由此可能对各种外部冲击政策对整个经济系统产生的影响起关键性的作用。但由于替代弹性系数不容易确定，估计这些参数一般通过经济计量方法，国内外很多学者对这方面做了研究（如 Kemfert，1998；贺菊煌，2002；吕振东等，2009；Zha and Zhou，2014 等），结果表明其数值对函数形式、不同的数据测量方法和数据结构均较为敏感。同样，Armington 和 CET 函数中的替代弹性也有不少学者进行了估计（如 Shiells et al.，1986；Hertel et al.，2007；Németh，2011；Olekseyuk et al.，2016 等），但弹性数值也存在较大差别。

本书利用麦克杜格尔和戈卢布（McDougall and Golub，2007）对 GTAP – E 模型的估算参数，确定资本与能源以及煤与其他非电力的替代弹性值为 0.5，电力与非电力以及其他初级能源之间的替代弹性值为 1，而增加值—能源的替代弹性在 0.2～4 波动。Armington 替代弹性和 CET 转换弹性均值分别在 3.6 和 7.7 左右波动。

三、碳税与碳关税政策设计

气候政策设计的主要目的是减少二氧化碳排放，其中最重要的是确定碳价格，因此其政策设计通常有两种方式：一是事先设定各国（区域）的碳税税率，然后通过模型求解得到均衡状态下该各国（区域）的减排率；二是事先设定各国（区域）的减排率，然后通过模型求解得到各国（区域）的均衡碳税税率（即碳价）。本章在实施碳关税和碳税政策的情景中，考虑 5% 与 20% 两档减排率（附件 I 国家基于 1990 年、其他减排国基于 2012 年的 CO_2 排放），由于政策设计需要确定碳价，所以先通过第二种方式获得碳税与碳关税，再根据第一种方式设置相关政策情景进行模拟。

（一）碳税政策设计

碳税（carbon tax），是"二氧化碳排放税"的简称，指针对煤、天然气等化石燃料使用所引起的碳排放的外部不经济问题所征收的税。英国经济学家庇古（Pigou）认为，应当由国家采用征税或补贴等政策干预的手段使外部性内部化，即所谓的庇古税（pigovian tax）。而从福利经济学角度来看，碳排放引起气候变化的实质就是外部不经济问题，因此，碳税就是一种庇古税，即根据化石燃料中的碳含量或碳排放量征收的一种间接税。目前我国的碳税征收尚处于研究阶段，而世界各国对碳税的设计，诸如征收对象、税率、征收环节，以及碳税的循环使用上各有不同。

1. 征收对象

理论上，碳税应该以石化能源的实际碳排放量作为计税依据。虽然目前有联合国政府间气候变化专门委员会（IPCC）编制的《国家温室气体减排放清单指南》，但碳排放量的监测问题在技术上难于操作且征管成本较高，以实际碳排放量为计税依据不太现实，仅有欧洲部分国家采用。第二种计征依据是对能源燃料的消耗量征税，因为能源的含碳量与燃烧所释放的 CO_2 成比例关系。第三种计征依据是根据燃料燃烧所释放的热量征收 BTU（british thermal unit）税，主要针对矿物与非矿物能源（如电力）征税。

2. 碳税税率

从碳税税率的计征方式来看，由于碳排放对环境的破坏与其排放数量直接相关，而与其价值量无关。因此，实践中多采用从量计征（定额税率）的方式。目前，由于各国之间的能源结构、减排目标等差异，导致各国之间的税率差别较大，因而国际上关于碳税征收还未形成统一的税率。例如在欧洲国家，挪威和瑞典的碳税税率相对较高，2005 年挪威政府对石油按每吨 CO_2 征收 41 欧元碳税，对轻油和重油分别征收 24 欧元和 21 欧元；瑞典则对煤炭和焦炭、天然气排放每吨 CO_2 分别征收 200 欧元以上和 170 欧元左右的碳税；而英国则只对煤、天然气和电力排放每吨 CO_2 分别征收 7 欧元、13 欧元和 14 欧元；丹麦的碳税税率约为 12.1 欧元；同期日本碳税方案中提出的税率仅为每吨 CO_2 征收 655 日元（约 5.7 美元）。2008 年，芬兰的碳税税率接近 20 欧元/吨 CO_2，瑞典约为 40 美元/吨 CO_2，日本的碳税税率为 2 400 日元（约 23 美元）/吨 CO_2。2013 年芬兰的碳税税率为 48 美元/吨 CO_2，瑞典的碳税税率为 168 美元/吨 CO_2[①]。因此，总体来看各国碳税税率有逐步提高的趋势。目前我国国内还没有实施碳税政策，但从现有研究来看，财政部提出了短期的碳税税率为 10 元/吨 CO_2，长期的碳税税率为 40 元/吨 CO_2，姚昕和刘希颖（2010）通过建立模型研究认为最优的碳税税率为 18.28 元/吨 CO_2，接近环保部提出的 20 元/吨 CO_2。

---

① World Bank, State and Trends of Carbon Pricing, Washington DC, 2014: 32, 51-52.

3. 碳税征收环节

碳税的征收环节主要有两种模式："PPP 模式"（即"污染者付费"原则）和"UPP 模式"（即"使用者付费"原则）。前者指按化石能源的产量向生产企业征收碳税，后者指按化石能源的消耗量向消费者征收碳税。选择生产环节征收碳税通常来说面临的压力更小，但由于能源市场的不完善性，难以有效地将价格信号传递给下游的能源消费者，碳税的刺激作用将大打折扣。若在能源消费环节征收碳税，更符合税收的公平原则，也有利于提高能源消费者减少能源消耗和促进能源消费结构转型的意识。目前关于到底选择哪一种模式征收依然争议很大，但在具体的操作实践中，由于征收碳税的目的旨在控制企业的碳排放，因此，大多数国家选择了在能源消费环节征收碳税。

（二）碳关税政策设计

很多学者对单边气候政策的实证模拟结论普遍认为，不对称的单边气候措施会对一国产业的国内和国际竞争力、宏观经济和福利等产生负面影响，造成碳泄漏问题，很难达到实现减排目标的同时又不影响一国的经济发展。为了保护和促进本国绿色产业的发展，减轻来自发展中国家进口产品的国际竞争压力，并以保护温室气体减排效果、避免碳泄漏，减缓全球气候变化为名，美、法等发达国家在 2009 年提出了"边境税调节"措施（border tax adjustments，BTAs），其中，最著名的就是"碳关税"，而美法的碳关税矛头直指以我国为首的发展中国家。由于发达国家征收碳关税的目的之一是减少自身单边减排行动造成的产品竞争力下降，则他们向别国征收的碳关税应该与其本国征收的碳税值相等。

GTAP - E 模型中并不存在碳关税变量，但我们可以将其视为进口关税的一种，因此可以通过考察进口关税的变化来模拟碳关税的变化。接下来需要将上文设置的从量碳关税税率转换为从价税税率。

首先，求出某一地区 s 向地区 n 出口产品所排放的 CO_2。GTAP - E 模型基础数据库中有以部门为单位的 CO_2 排放数据和部门总产值，分别用 $C_j(s)$ 和 $Q_j(s)$ 表示 s 地区 j 部门的 CO_2 排放量和产值；用 $VXMD_j(s, n)$ 表示 s 地区 j 部门流向 n 地区的出口值，但这一值没有考虑运输过程中的增值，故本书用 s 地区出口 n 地区产品 j 的到岸价值 $VIWS_j(s, n)$ 来替代。则 s 地区向 n 地区出口产品 j 所排放的 CO_2 为：

$$EC_j(s, n) = \frac{VIWS_j(s, n) \times C_j(s)}{Q_j(s)} \quad (5.1)$$

其次，求出口地区 s 向进口地区 n 出口产品 j 征收的碳关税税额。设碳关税征收标准为 t 美元/吨 CO_2，则出口地区 s 向进口地区 n 出口产品 j 征收的碳关税税额可以写成：

$$CTAX_j(s,n) = t \times EC_j(s,n) \tag{5.2}$$

最后,将从量碳关税转化为从价税率。在 GTAP – E 模型中定义关税强度等于进口产品市场价值与进口产品到岸价值的比值,即,$tms_j = VIMS_j/VIWS_j$,$VIMS_j$ 为进口产品 j 的市场价值(包含进口关税),则关税强度 tms_j 的百分比变化可以写为:

$$\hat{tms}_j = \frac{\dfrac{VIMS_j + CTAX_j}{VIWS_j} - tms_j}{tms_j} \tag{5.3}$$

将 (5.1)、(5.2) 式代入 (5.3) 式则关税强度百分比变化可以简化为:

$$\hat{tms}_j = \frac{t \times VIWS_j \times C_j}{VIMS_j \times Q_j} \tag{5.4}$$

在 GTAP – E 基础数据库中提供了 (5.4) 式中相关变量的信息,因而可以通过变动相应的关税强度变化百分比来间接实现碳关税的政策冲击。

第三节 发达国家实施碳关税政策对中国出口贸易的影响

为了应对全球气候变化带来的挑战,《京都议定书》明确规定了附件 I 国家应完成其承诺的定量减排目标和时间表,而发展中国家暂时不受约束。例如,欧盟、日本承诺在 2020 年将其温室气体排放量在 1990 年的基础上减少 20% ~ 30% 和 25%。但发达国家宣称这种不对称的减排措施会使其他非减排国家获取竞争优势并增加排放(即"碳泄漏")。因此,在国际气候变化谈判中,为了保护本国的国际竞争力和经济不受影响,也为了促进全球碳减排,发达国家试图采取一些边境碳调节措施来缓解不对称减排政策引致的本国竞争力损失和碳泄漏,其常见形式有"边境碳调整""边境税调整"或"碳关税"。

例如,美国 2009 年 6 月通过的《美国清洁能源安全法案》就包括碳关税条款,即授权美国政府从 2020 年起可对不实施减排限额的国家(主要是中国、印度等发展中国家)出口到美国的产品征收碳关税。此外,欧盟也以环境保护为由,积极推行碳关税。2009 年 9 月,法国联合德国对未做出足够减排承诺的国家向联合国提出引入"适当调节税",由于存在操作困难及潜在的贸易战风险未获通过;2010 年 3 月欧盟部长会议再次将碳关税提上议程,讨论是否在欧盟边境上征收该税。因此基于上述背景,本节首先考察附件 I 国家在国内实施碳税政策,并对中国采取"碳关税"措施对中国的出口贸易的影响。

一、政策情景设计

碳关税情景设计需要考虑的因素和相应的设定如表 5 – 2 所示。考虑到影响碳关税的因素很多，如果按照表 5 – 2 的 6 项因素进行组合的话，笔者需要考察的情景有几十种，因此，为了简化情节设计，第 1 项因素只考虑单一情形，即征收碳关税的标准采用单位产出的综合排放，其定义为单位产出的直接 CO_2 排放加上单位产出消耗的电力所对应的一次间接排放。综合排放公式可以写成：

$$TCO2_{ir} = \sum_{j \in EN} CO2_{jir} + \frac{Input_{ELE,ir}}{Output_{ELE,rj \in EN}} \sum CO2_{j,ELE,r} \quad (5.5)$$

其中，(5.5) 式右边第一项表示 r 地区 i 部门消耗的 j 种能源直接排放的 CO_2 汇总，第二项表示 r 地区 i 部门消耗 j 种能源产生的一次耗电间接排放的 CO_2 汇总，$Input_{ELE,ir}$ 表示 r 地区生产 i 产品的电力中间投入，$Output_{ELE,r}$ 表示 r 地区总的电力产出，因此二者之比代表 i 部分使用电力所占份额，$CO2_{j,ELE,r}$ 表示 r 地区 i 部门消耗的第 j 种能源直接排放的 CO_2。

表 5 – 2　　　　　　　　　　碳关税情景设定相关因素

	相关因素	情景设定
1	征收碳关税的标准	直接排放系数，综合排放系数（直接排放 + 耗电一次间接排放）
2	实施碳关税的地区	欧美日单独实施，附件 I 国家同时实施
3	被实施碳关税的地区	中国，中国 + 印度，所有非附件 I 国家
4	碳税与碳关税税率范围	按模拟得到的实际碳税率
5	实施碳关税的商品范围	能源密集型商品，所有商品
6	碳关税调节范围	进口征税 + 出口退税

由于本章后文的模型在冲击碳税时，辐射范围是减排国的所有部门，为了可比，对于第 5 项因素，本节选择分别针对能源密集型（EITE）部门和所有部门实施碳关税措施；对于第 2 项和第 3 项因素的选择，只考虑附件 I 国家同时对中国实施碳关税措施的情形；而对于第 6 项因素，本书设定实施碳税的减排国从中国进口商品时征收碳关税，征收标准为中国的综合排放系数；同时减排国出口商品到中国时将国内征收的碳税退还给出口商，退还标准为减排国综合排放系数。此外，本节基于第二节的气候政策设计，考虑到减排率和参与减排的区域差异，设置 5% 和 20% 两档减排率（附件 I 国家基于 1990 年的 CO_2 排放），分别模拟得

到附件Ⅰ国家的边际减排成本（即实际碳税税率），因此，对于第 4 项因素碳税与碳关税税率范围，笔者就选取这一实际碳税率作为减排国的国内减排政策，同时，碳关税税率与实际碳税率保持一致。

因此，本章在模拟碳关税政策效应时，根据上文 6 项因素选择的结果，组合得到的碳关税政策情景设定如表 5－3 所示。

表 5－3　　　　　　　　碳关税政策情景设计

情景	情景设定	情景符号
参考情景	附件Ⅰ设定低高碳税率进行减排	AI5，AI20
碳关税政策情景	附件Ⅰ设定低碳税率进行减排，并设定相同税率对中国实施碳关税措施	AI－CN5
	附件Ⅰ设定高碳税率进行减排，并设定相同税率对中国实施碳关税措施	AI－CN20

二、模拟结果分析

本节利用 GTAP－E 模型模拟了附件Ⅰ国家各自在国内实施碳税政策的同时对中国征收碳关税时对中国的出口贸易的影响，主要结论如下。

（一）征收碳关税对各国出口总额的影响

附件Ⅰ国家在国内减排的同时对中国征收碳关税情景下，各国的出口额变化如表 5－4 所示。当附件Ⅰ国家仅在国内征收碳税使本国碳排放减少 20%，而不对中国征收碳关税措施时，美国、日本和其他附件Ⅰ国家的出口总额较 BAU 情景增加了 7.1%、4.22% 和 0.65%，仅有欧盟和俄罗斯的出口总额有所下降（0.61% 和 3.19%）；从发展中国家阵营来看，尽管不被征收碳关税，它们的总出口额均出现了不同程度的下降，其中降幅最大的是巴西（8.61%），其次是中国（3.14%）和印度（2.5%），最终导致整个世界贸易额下降了 0.14%。这一结论表明，附件Ⅰ国家实施单边减排措施并不像其所声称的那样一定会削弱本国的出口竞争力而使减排国获得竞争优势，当然，碳税的实施确实会对世界贸易额产生负面影响。

表 5-4　附件 I 国家对中国实施碳关税措施时对各国出口总额的影响

单位：%

区域	不征收碳关税		对 EITE 部门征碳关税		对所有部门征碳关税	
	AI5	AI20	AI-CN5	AI-CN20	AI-CN5	AI-CN20
欧盟	-0.35	-0.61	-0.32	-0.54	-0.32	-0.53
美国	4.59	7.10	4.58	7.08	4.45	6.86
日本	1.24	4.22	1.17	4.15	0.96	3.72
RoAI	0.11	0.65	0.14	0.71	0.17	0.74
俄罗斯	-1.82	-3.19	-1.79	-3.13	-1.77	-3.09
中国	-1.48	-3.14	-1.71	-3.63	-2.29	-5.01
印度	-1.18	-2.50	-1.15	-2.45	-1.10	-2.33
巴西	-4.04	-8.61	-4.02	-8.58	-4.03	-8.60
LIC	-0.43	-0.86	-0.41	-0.83	-0.39	-0.78
RoW	-0.46	-0.96	-0.46	-0.95	-0.43	-0.90
世界	-0.03	-0.14	-0.04	-0.15	-0.11	-0.31

当附件 I 国家在国内征收碳税，并对中国的能源密集型（EITE）部门出口征收碳关税时，各国出口总额的变化方向与不征碳关税时相同，其中欧盟和俄罗斯的出口总额降幅有所下降（11.48% 和 1.88%），其他附件 I 国家的出口总额增幅上升了 9.23%，美国和日本的出口总额增幅反而下降了 0.28% 和 1.66%；由于中国的能源密集部门被征收了碳关税，所以其总出口降幅增加了 15.61%，是所有国家中出口额变化最大的国家，其他发展中国家的出口额降幅均稍有减少，但由于碳关税的实施，对经济造成了一定程度的扭曲，世界总贸易额降幅继续上升。若附件 I 国家选择对中国的所有部门的出口征收碳关税，除巴西外，其他国家的出口额变化方向与只对中国的 EITE 部门征收碳关税时一致，中国的总出口额降幅大幅上升了 38.02%，同时世界总出口额也出现了很大幅度的下降。这一结论说明附件 I 国家通过对中国实施碳关税措施，欧盟、俄罗斯和其他附件 I 的出口额受到一定正面影响，美国和日本的出口额增幅虽稍有下降，但仍较 BAU 情景下是增加的，表明碳关税措施对增强减排国的出口竞争力效用不明显，反而使被征收国的出口额受到很大负面影响，从而有可能伤害贸易伙伴国的关系，引发新一轮"贸易战"。

（二）征收碳关税对中国部门出口额的影响

上述分析表明，附件 I 国家对中国出口征收碳关税会对中国的出口贸易造成较大负面影响,尤其是针对所有部门出口征收时,那么,这些负面影响主要表现在哪些具体的部门呢?接下来我们比较中国被征收出口碳关税前后的部门出口额,如表5-5所示,结果发现,当附件Ⅰ国家单边减排20%且不对中国征收碳关税(AI20)时,中国大多数能源密集部门的出口额较BAU情形有所增加,如有色金属冶炼、运输业和非金属矿产及制品的出口额增加了7.22%、5.45%和2.92%;能源生产部门除电力部门的出口大幅增加外均呈下降趋势,尤其是煤和原油的生产出口;相反,中国的所有非能源密集部门的出口额全部表现出下降,如机械设备制造业、交通设备制造业、其他制造业和其他服务业的出口额分别下降了6.77%、3.77%、4.13%和4.57%,因而最终中国的出口总额仍呈下降趋势(3.14%),说明附件Ⅰ国家的单边减排使中国的EITE部门出口竞争力稍有增强,但由于其他部门的出口竞争力的下降,中国的整体出口竞争力并未增强。

表5-5 附件Ⅰ国家对中国实施碳关税措施时对中国部门出口额的影响

单位:%

行业/部门	不征收碳关税		对EITE部门征碳关税		对所有部门征碳关税	
	AI5	AI20	AI-CN5	AI-CN20	AI-CN5	AI-CN20
农业	-0.06	-0.25	0.18	0.28	0.22	0.29
煤	-10.90	-18.30	-10.10	-16.60	-18.20	-25.50
原油	-7.01	-14.60	-6.16	-12.90	-6.02	-12.20
石油产品及煤制品	-1.11	-2.28	-0.87	-1.76	-1.86	-3.82
燃气	0.40	-3.52	3.60	3.62	-15.80	-19.40
非金属矿产及制品	1.31	2.92	-4.19	-9.57	-3.71	-8.49
食品加工与纺织服装业	-0.90	-2.20	-0.34	-0.95	-1.62	-4.10
其他制造业	-1.93	-4.13	-1.07	-2.19	-2.63	-5.83
化学橡胶及塑料制品	-0.70	-1.40	-6.44	-14.00	-5.01	-10.80
有色金属冶炼	3.04	7.22	-1.73	-3.79	-0.58	1.10
非有色金属冶炼	1.05	2.64	-8.01	-15.40	-6.27	-11.50
交通设备制造业	-1.69	-3.77	-0.79	-1.77	-0.49	-1.08
机械设备制造业	-3.18	-6.77	-2.09	-4.33	-2.00	-4.07
电力	16.30	42.80	17.20	45.84	10.80	22.90
运输业	2.03	5.45	0.32	1.20	0.58	1.82
其他服务业	-1.90	-4.57	-1.35	-3.36	-1.29	-3.36

当附件Ⅰ国家单边减排20%并对从中国进口的能源密集型产品征收碳关税

时（AI-CN20），与不征收碳关税时（AI20）比较发现，如表 5-5 所示，EITE 部门出口受到的负面打击非常大，化学橡胶及塑料制品出口从下降 1.4% 增加到下降 14%，非金属矿产及制品、有色金属冶炼与非有色金属冶炼的出口额从上升均变成下降，尤其是非有色金属冶炼降幅最大，运输业出口额的增幅也下降了 77.98%；其他不被征收碳关税的部门的出口额的降幅均有所减少，其中农业和燃气部门的出口额由原来的下降变成上升，电力部门的出口额增幅稍有增加，但最终中国的出口总额较不征税情形依然下降了 7.14%。而当附件 I 国家单边减排 20% 并对从中国进口的所有产品征收碳关税时，与只对 EITE 部门征收碳关税时比较发现，EITE 部门出口受到的负面影响有所下降，如有色金属冶炼、化学橡胶及塑料制品与非有色金属冶炼的出口额降幅分别下降了 70.98%、22.86% 与 25.32%；但除原油出口额降幅稍有下降外，其他能源生产部门的出口额受到较大负面影响，如煤、石油产品及煤制品的出口额降幅分别上升了 53.61% 与 117.05%，燃气的出口额从增加 3.62% 变为下降 19.4%，电力的出口额增幅下降了 49.56%；食品加工与纺织服装业、其他制造业的出口额降幅也存在较大上升，剩余部门的出口额受到一定正面影响，但最终中国的总出口额降幅又扩大了 38.02%。上述结论表明，附件 I 国家对中国的能源密集部门出口征收碳关税会导致中国这些部门的出口额大幅下降，有利于其他不被征收碳关税部门的出口；若扩大征收碳关税的范围至所有部门，虽然缓解了能源密集部门的出口下降，但加剧了能源生产部门和其他部门的出口下降，总体上对中国的总出口是非常不利的。

（三）征收碳关税对中国部门出口量流向的影响

附件 I 国家不管是针对中国 EITE 部门还是所有部门征收碳关税，对中国的能源密集部门乃至中国的总出口额都会造成较大的负面影响。那么这些出口额的下降主要表现在哪些贸易伙伴国呢？本小节以附件 I 国家单边减排 20% 并对来自中国所有部门的出口征收碳关税为例，并剔除价格变化的影响，用出口量指标来考察被征收碳关税后中国各部门的出口量流向变化，如表 5-6 所示。与不征收碳关税情景相比，中国流向附件 I 国家的出口除机械设备制造业和其他服务业之外，其他部门的出口量都大幅下降，尤其是对能源密集型部门的出口打击最大，如非有色金属冶炼、非金属矿产及制品、有色金属冶炼和运输业的出口量分别从上升 0.05%、0.19%、7.86% 和 10.53% 变为下降 46.21%、22.15%、31.22% 和 7.87%，同时能源生产部门受到的影响也很大，最终导致中国流向附件 I 国家的出口总量下降了 13.08%，远高于同一情景下附件 I 国家流向中国的出口量增加（3.69%）；中国流向印度和其他非附件 I 国家大多部门的出口量较

BAU 情形呈上升趋势（除煤和原油），而与不征收碳关税情景相比，所有部门的出口均有改善，且从征收碳关税前的出口下降变成了征收碳关税后的出口上升；中国流向世界的部门出口量除电力之外，均呈下降趋势，与不征收碳关税情景相比，非有色金属冶炼、有色金属冶炼、非金属矿产及制品和运输业几大能源密集型部门的出口量均从上升 0.04%、4.7%、0.36% 和 8.53% 变成下降 12.87%、2.41%、9.57% 和 1.12%，交通设备制造业、机械设备制造业、其他服务业和农业的出口降幅有所下降，总体上中国的出口总量较参考情景下降了 6.47%，比没有碳关税措施时出口量损失更大。

表 5-6　　附件 I 国家对中国实施高碳关税措施时对中国部门出口流向的影响

单位：%

行业/部门	附件 I	印度	N-NAI	世界
农业	-4.89 (-2.35)	4.55 (-0.67)	2.61 (-2.43)	-0.68 (-2.36)
煤	-86.78 (-45.52)	-3.63 (-9.81)	-5.05 (-11.29)	-26.38 (-20.17)
原油	-49.83 (-27.92)	-5.44 (-10.20)	-10.00 (-14.30)	-11.25 (-14.18)
石油产品及煤制品	-25.68 (-13.73)	0.56 (-0.93)	3.20 (1.48)	-3.02 (-1.85)
燃气	-86.12 (-6.24)	38.50 (10.80)	21.44 (-3.18)	-19.63 (-4.36)
非金属矿产及制品	22.15 (0.19)	4.10 (0.89)	3.54 (0.51)	-9.75 (0.36)
食品加工与纺织服装业	-10.76 (-5.64)	5.60 (-0.66)	3.00 (-2.88)	-5.33 (-4.53)
其他制造业	-11.73 (-7.70)	5.51 (-1.48)	3.39 (-3.80)	-7.14 (-6.47)
化学橡胶及塑料制品	-26.07 (-4.06)	2.95 (-3.02)	3.43 (-3.20)	-11.89 (-3.63)
有色金属冶炼	-31.22 (7.86)	9.19 (3.35)	9.42 (3.41)	-2.41 (4.70)

续表

行业/部门	附件Ⅰ	印度	N – NAI	世界
非有色金属冶炼	-46.21 (0.05)	12.20 (1.94)	9.20 (-0.39)	-12.87 (0.04)
交通设备制造业	-8.96 (-8.88)	5.21 (-1.16)	2.83 (-3.89)	-2.47 (-6.09)
机械设备制造业	-11.25 (-11.78)	5.55 (-2.29)	2.63 (-5.43)	-5.42 (-9.05)
电力	20.46 (101.46)	32.40 (24.40)	21.73 (14.43)	21.52 (39.76)
运输业	-7.87 (10.53)	11.80 (6.91)	9.94 (5.23)	-1.12 (8.53)
其他服务业	-7.80 (-8.65)	2.49 (-2.48)	0.21 (-4.64)	-4.80 (-7.12)
出口总量	-13.08 (-7.31)	5.14 (-1.50)	3.47 (-3.12)	-6.47 (-5.60)

注：N – NAI 表示不含中国和印度的其他非附件Ⅰ国家。括号内数值表示不征收碳关税情形下的模拟结果。

综上分析发现，附件Ⅰ国家实施单边减排措施使中国的 EITE 部门出口竞争力稍有增强，但由于其他部门的出口竞争力的下降，中国的整体出口竞争力并未增强。若附件Ⅰ国家对中国的能源密集部门出口征收碳关税，减排国的出口竞争力增加效果不明显，反而会导致中国这些部门的出口额大幅下降，有利于其他不被征收碳关税部门的出口；若扩大征收碳关税的范围至所有部门，缓解了能源密集部门的出口下降，但加剧了能源生产部门和其他部门的出口下降，总体上对中国的总出口是非常不利的，因此，碳关税的实施有可能伤害贸易伙伴国的关系，引发新一轮"贸易战"。从碳关税政策对中国部门出口量流向的影响来看，该政策的实施大幅降低了中国对减排国的部门出口，虽然部分出口转移到了其他非减排区域，但总体上导致了中国多数部门的出口下降，从而降低了中国的总出口。

第四节 应对气候变化背景下征收碳税影响中国出口贸易的模拟分析

2015年12月通过的《巴黎协议》第106条（a）款明确规定"所有尚未批准和执行《京都议定书》修正案的缔约方批准和执行该修正案"；而在2012年多哈气候会议中通过了上述修正案，法律上确保了《京都议定书》第二期承诺从2013年开始实施。其中，中国和印度也承诺实现2020年碳排放强度比2005年分别下降40%~45%和20%~25%。截至2015年底，中国单位GDP二氧化碳排放比2005年下降了38%左右。未来五年，中国须进一步加大控制温室气体排放力度，争取到2020年实现上述减排目标；同时，在《巴黎协议》的"国家自主贡献"（INDC）中，中国进一步承诺2030年单位GDP的二氧化碳排放量比2005年下降60%~65%，并努力争取CO_2排放总量在2030年左右达到峰值。此外，IPCC第五次评估报告给出实现21世纪末全球温升不超过工业革命前2℃的目标下未来的减排路径：全球温室效应气体排放2020年左右达到峰值，2030年比2010年减排40%。

然而，纵观中国历年的气候谈判立场，预计在中国完成工业化之前不会做出量化减排的承诺，但本书为了方便与前文碳关税的结果进行对比，假设中国在《京都议定书》第二期承诺结束时实现量化减排（基于2012年），印度和巴西与中国采用相同的减排约束，世界其他国家（RoW）以BAU为基准进行减排，最低收入国家（LIC）不受减排约束，利用上一节的方法求出中国的实际碳税税率，从而考察中国在国内主动征收碳税和被动接受附件Ⅰ国家碳关税对中国出口贸易的影响差异。

一、政策情景设计

虽然目前基于CGE模型对碳税的研究文献非常丰富，但由于研究对象、评估模型、减排情景设置、数据来源等的差异，不同研究得到的结果差异较大。本节沿用前文5%和20%的减排率，分别模拟得到各国的实际碳税税率，减排区域设置两种情形，即本节的政策情景一为附件Ⅰ国家和中国同时在国内征收碳税，考察其对中国出口贸易的影响；政策情景二为考察全球所有国家（不包含最低收入国家LIC）同时在国内征收碳税，以评价面临全球要素成本上升背景下对中国出口贸易的综合影响，情景设置及符号标识见表5-7。

表 5-7　　　　　　　　　碳税政策情景设计

情景	情景设定	情景符号
情景一	所有附件Ⅰ国家与中国设定低高碳税率进行减排	AI + CN5、AI + CN20
情景二	全球所有国家在国内设定低高碳税率进行减排	ALL5、ALL20

二、模拟结果分析

本节利用 GTAP-E 模型模拟了附件Ⅰ国家和中国,以及全球所有国家同时实施碳税政策时对中国出口贸易的影响,主要结论如下。

(一) 征收碳税对各国出口总额的影响

附件Ⅰ国家与中国同时征碳税和全球共同实施碳税情景下,各国的出口总额变化如表 5-8 所示。当附件Ⅰ国家与中国在国内征收碳税使本国碳排放减少 20% 时,各国出口总额的变化方向与对中国 EITE 部门征碳关税时一致,其中欧盟和俄罗斯的出口总额降幅分别增加了 16.3% 和 2.88%,美国、日本和其他附件Ⅰ国家的出口总额增幅分别下降了 5.08%、16.14% 和 11.13%;相反,中国的总出口从碳关税情形下的减少 3.63% 变为碳税情景下的增加 0.32%,其他发展中国家(除 LIC)的出口额降幅均稍有上升,但从表 5-8 我们可以发现,附件Ⅰ国家与中国同时征收碳税对世界贸易的影响与附件Ⅰ国家对中国征碳关税时不同,前者却引起了世界总贸易额的增加。若全球所有国家同时征收碳税,有利于欧盟与其他附件Ⅰ国家的出口,但美国、日本与俄罗斯的出口状况差于仅附件Ⅰ国家与中国征碳税情形,且中国的出口总额又出现了下降,但比被征收碳关税情形要好,其他发展中国家(除 LIC)的出口额降幅又稍有下降且比碳关税情形下的降幅更小;最终世界总出口额较 BAU 情形增加了 0.49%。这一结论说明中国在国内征收碳税对自身出口额的负面影响小于被征碳关税的情形,且中国征碳税并不利于大多附件Ⅰ国家的出口总额,表明发达国家逼迫中国采取国内减排措施对提升其出口竞争力是无效的。

表 5-8　　中国实施碳税措施时对各国及全球出口总额的影响　　单位:%

区域	对中国 EITE 部门征碳关税		附件Ⅰ与中国征碳税		全球所有国家征碳税	
	AI - CN5	AI - CN20	AI + CN5	AI + CN20	ALL5	ALL20
欧盟	-0.32	-0.54	-0.36	-0.63	-0.34	-0.55
美国	4.58	7.08	4.47	6.72	4.35	6.06

续表

区域	对中国EITE部门征碳关税		附件I与中国征碳税		全球所有国家征碳税	
	AI-CN5	AI-CN20	AI+CN5	AI+CN20	ALL5	ALL20
日本	1.17	4.15	1.00	3.48	0.70	1.97
RoA1	0.14	0.71	0.10	0.63	0.14	0.80
俄罗斯	-1.79	-3.13	-1.82	-3.22	-1.95	-3.85
中国	-1.71	-3.63	-0.33	0.32	-0.39	-0.07
印度	-1.15	-2.45	-1.21	-2.60	-0.63	-1.54
巴西	-4.02	-8.58	-4.25	-9.29	-3.59	-6.28
LIC	-0.41	-0.83	-0.39	-0.76	-0.40	-0.77
RoW	-0.46	-0.95	-0.47	-0.98	-0.04	0.70
全球	-0.04	-0.15	0.05	0.10	0.17	0.49

(二) 征收碳税对中国部门出口额的影响

接下来我们考察中国征碳税与被征收出口碳关税对各部门出口额的影响差异，如表5-9所示。当附件I国家与中国在国内征收碳税使碳排放减少20%时（AI+CN20），能源密集部门（除非有色金属冶炼）的出口额较BAU情形均有不同程度的上升，如非金属矿产及制品、有色金属冶炼和运输业的出口额分别增加了2.9%、3.94%和6.56%，能源生产部门的出口额较BAU情形均呈下降趋势，且与征收碳关税情形（AI-CN20）相比，征收碳税严重恶化了中国的石油产品及煤制品、燃气与电力部门的出口，而能源密集部门及其他部门的出口都得到较大改善，如非金属矿产及制品、化学橡胶及塑料制品、有色金属冶炼、食品加工与纺织服装业和交通设备制造业的出口额的变化均从下降变成了上升，增幅达到130.3%、100.38%、203.96%、287.63%和132.99%，从而中国的出口贸易额较基准情形（BAU）上升了0.32%。

表5-9　　　中国实施碳税措施时对中国部门出口额的影响　　　单位：%

行业/部门	对中国EITE部门征碳关税		附件I与中国征碳税		全球所有国家征碳税	
	AI-CN5	AI-CN20	AI+CN5	AI+CN20	ALL5	ALL20
农业	0.18	0.28	0.85	2.73	0.66	1.60
煤	-10.10	-16.60	-7.83	-8.64	-8.02	-19.30
原油	-6.16	-12.90	-4.42	-7.58	-6.59	-19.60

续表

行业/部门	对中国 EITE 部门征碳关税		附件 I 与中国征碳税		全球所有国家征碳税	
	AI－CN5	AI－CN20	AI＋CN5	AI＋CN20	ALL5	ALL20
石油产品及煤制品	－0.87	－1.76	－1.08	－2.39	－1.68	－5.93
燃气	3.60	3.62	－40.30	－83.50	－35.20	－77.80
非金属矿产及制品	－4.19	－9.57	1.32	2.90	1.60	4.30
食品加工与纺织服装业	－0.34	－0.95	0.39	1.79	0.15	0.51
其他制造业	－1.07	－2.19	－0.45	0.33	－0.52	－0.02
化学橡胶及塑料制品	－6.44	－14.00	－0.18	0.05	－0.15	0.34
有色金属冶炼	－1.73	－3.79	2.11	3.94	3.03	8.67
非有色金属冶炼	－8.01	－15.40	0.09	－0.63	0.46	0.96
交通设备制造业	－0.79	－1.77	－0.23	0.58	－0.49	－0.86
机械设备制造业	－2.09	－4.33	－1.67	－2.34	－1.80	－3.06
电力	17.20	45.40	－9.83	－34.50	－3.57	－7.75
运输业	0.32	1.20	2.40	6.56	2.66	8.10
其他服务业	－1.35	－3.36	－0.32	0.26	－0.53	－0.88

若考虑全球所有国家同时实施碳税措施减排20%的情形，从表5－9最后一列可以看出，当其他发展中国家加入减排阵营时，相比只有附件 I 和中国减排的情形，中国各部门的出口额变化方向不一致，六大 EITE 部门的出口增幅均得到进一步加强，尤其是化学橡胶及塑料制品与有色金属冶炼的增幅上升了549.06%与120.05%，非有色金属冶炼的出口额由降低0.63变成增加0.96%；煤、原油与石油产品及煤制品三大能源生产部门的出口额均受到较大负面影响，导致最终中国的总出口额较基准情形（BAU）降低了0.07，但这一降幅仍远小于中国被征收碳关税情形下引起中国出口额的减少。这一结论表明中国在国内征收碳税不会恶化自身能源密集部门的出口，如果其他发展中国家也加入征收碳税的减排阵营，更有利于中国能源密集部门的出口，但对非能源密集部门的出口存在负面影响，但总体上来说，不管是对中国的部门出口还是总出口，碳税的负面影响都小于中国被征收出口碳关税的情形。

（三）征收碳税对中国部门出口量流向的影响

最后，仍然为了剔除价格的影响，我们进一步采用出口量指标来考察中国征收碳税后中国各部门的出口量流向变化，如表 5-10 与表 5-11 所示。当附件 I 国家与中国同时征碳税情形下（见表 5-10），中国有色金属冶炼、运输业与农业部门流向附件 I 国家的出口较 BAU 情形分别增加了 3.09%、13.87% 和 1.48%，其他部门流向附件 I 国家的出口仍然是下降的，但与中国所有部门被征碳关税（AI-CN20）情形相比，除了电力部门之外，流向附件 I 国家的部门出口量降幅都出现了较大程度的减少，如有色金属冶炼、非金属矿产及制品、非有色金属冶炼和化学橡胶及塑料制品降幅分别减少了 109.9%、98.3%、91.36% 和 90.1%；相反，中国流向印度和其他附件 I 国家除煤、原油和其他服务业之外，其他部门出口量的增幅下降了、甚至有的部门出口量出现了下降，与碳关税情形相比，这些部门出口整体出现了下降。但是，中国征收碳税后，大多数部门（电力与燃气除外）的总出口量较被征碳关税情形有所改善，且总出口量降幅减少了 73.8%。这一结论表明，中国在国内主动征收一定幅度的碳税有可能有利于国内的部门出口和总出口量。

表 5-10　　附件 I 国家与中国征收碳税政策对中国部门出口量流向的影响

单位：%

行业/部门	附件 I	印度	N-NAI	世界
农业	1.48 (-4.89)	3.20 (4.55)	1.11 (2.61)	1.31 (-0.68)
煤	-38.05 (-86.78)	1.73 (-3.63)	0.96 (-5.05)	-9.19 (-26.38)
原油	21.16 (-49.83)	-1.53 (-5.44)	-6.60 (-10.00)	-6.32 (-11.25)
石油产品及煤制品	-14.05 (-25.68)	-1.28 (0.56)	1.13 (3.20)	-2.19 (-3.02)
燃气	-84.85 (-86.12)	-82.40 (38.50)	-84.50 (21.44)	-84.63 (-19.63)
非金属矿产及制品	-0.38 (-22.15)	0.24 (4.10)	0.01 (3.54)	-0.18 (-9.75)
食品加工与纺织服装业	-0.99 (-10.76)	4.27 (5.60)	1.63 (3.00)	0.07 (-5.33)
其他制造业	-2.81 (-11.73)	3.56 (5.51)	1.21 (3.39)	-1.55 (-7.14)

续表

行业/部门	附件 I	印度	N - NAI	世界
化学橡胶及塑料制品	-2.58 (-26.07)	-1.83 (2.95)	-1.84 (3.43)	-2.22 (-11.89)
有色金属冶炼	3.09 (-31.22)	-0.67 (9.19)	-0.77 (9.42)	0.36 (-2.41)
非有色金属冶炼	-3.99 (-46.21)	-2.08 (12.20)	-4.28 (9.20)	-3.93 (-12.87)
交通设备制造业	-4.08 (-8.96)	3.45 (5.21)	0.87 (2.83)	-1.31 (-2.47)
机械设备制造业	-7.10 (-11.25)	2.41 (5.55)	-0.62 (2.63)	-4.32 (-5.42)
电力	-23.23 (20.46)	-52.10 (32.40)	-55.71 (21.73)	-46.26 (21.52)
运输业	13.87 (-7.87)	10.10 (11.80)	8.31 (9.94)	11.77 (-1.12)
其他服务业	-2.60 (-7.80)	3.84 (2.49)	1.44 (0.21)	-1.06 (-4.80)
总出口量	-3.11 (-13.08)	1.58 (5.14)	0.36 (3.47)	-1.69 (-6.47)

注：N - NAI 表示不含中国和印度的其他非附件 I 国家。括号内数值表示附件 I 对中国所有部门征收碳关税情形下的模拟结果。

当全球共同实施碳税时，如表 5 - 11 所示，与只有附件 I 国家与中国同时征碳税情形（AI + CN20）相比，中国出口到附件 I 国家的能源密集型产品（除化学橡胶及塑料制品外）降幅均有所下降，而非能源密集型出口受到较大负面影响；同时，中国出口到印度和其他非附件 I 国家的大多能源密集型产品较 AI + CN20 情形有所增加，如流向印度的有色金属冶炼和非金属矿产及制品分别增加了 503.56% 和 309.96%，流向其他非附件 I 国家的增加程度更大，而非能源密集型出口受到的负面影响较大；从中国各部门的总出口量来看，同样存在着能源密集型部门出口改善，非能源密集型部门出口恶化，最终导致中国总出口降幅较 AI + CN20 情形增加了 61.01%。也就是说其他非附件 I 国家加入共同减排阵营对中国的能源密集型部门出口有利，但对非能源密集型部门出口不利，且前者小于后者，导致最终中国总出口量降幅增加，但仍然小于碳关税措施情形下的降幅。

表 5 – 11　　全球同时实施碳税政策对中国部门出口量流向的影响　　单位：%

行业/部门	附件 I	印度	N – NAI	世界
农业	0.54	1.32	– 0.93	– 0.24
煤	– 41.53	10.80	– 13.49	– 20.19
原油	– 26.27	– 9.47	– 19.40	– 17.67
石油产品及煤制品	– 13.50	– 1.92	– 2.52	– 4.81
燃气	– 84.80	– 83.80	– 75.72	– 79.20
非金属矿产及制品	– 0.01	0.99	1.03	0.49
食品加工与纺织服装业	– 1.83	0.90	1.73	– 1.76
其他制造业	– 3.19	1.69	– 1.30	– 2.55
化学橡胶及塑料制品	– 2.76	– 2.22	– 2.21	– 2.50
有色金属冶炼	4.87	2.72	4.17	4.29
非有色金属冶炼	– 3.61	– 1.68	– 2.97	– 3.09
交通设备制造业	– 4.52	1.13	– 2.67	– 3.41
机械设备制造业	– 7.28	0.59	– 3.81	– 5.69
电力	– 16.57	– 35.60	– 27.86	– 24.71
运输业	15.51	10.20	11.09	13.83
其他服务业	– 3.26	1.15	– 2.60	– 2.92
总出口量	– 3.44	0.33	– 1.80	– 2.73

第五节　结论与政策启示

本章使用 GTAP 9.0 数据库中 2011 年的原始数据并升级到 2020 年的基准情形后，通过 CGE 模型对广义要素成本上涨背景下的我国出口商品的变化趋势进行了模拟，主要得到以下结论。

第一，附件 I 国家对中国的能源密集部门出口征收碳关税，减排国的出口竞争力增加效果不明显，反而会导致中国这些部门的出口额大幅下降，但有利于其他不被征收碳关税部门的出口；若扩大征收碳关税的范围至所有部门，虽然缓解了能源密集部门的出口下降，但加剧了能源生产部门和其他部门的出口下降，总体上对中国的总出口是非常不利的，因此，碳关税的实施有可能伤害贸易伙伴国的关系，引发新一轮"贸易战"。从碳关税政策对中国部门出口量流向的影响来看，该政策的实施大幅降低了中国对减排国的部门出口，虽然部分出口转移到了其他非减排区域，但总体上导致了中国多数部门的出口下降，从而降低了中国的总出口。

第二，中国在国内征收碳税对自身出口额的负面影响小于被征碳关税的情形，且中国征碳税并不利于大多附件Ⅰ国家的出口总额，表明发达国家逼迫中国采取国内减排措施对提升其出口竞争力是无效的。同时，中国在国内征收碳税不会恶化自身能源密集部门的出口，如果其他发展中国家也加入征收碳税的减排阵营，更有利于中国能源密集部门的出口，但对非能源密集部门的出口存在负面影响，但总体上来说，不管是对中国的部门出口还是总出口，碳税的负面影响都小于中国被征收出口碳关税的情形。

第三，从部门出口量流向来看，附件Ⅰ国家与中国同时在国内征收碳税政策，中国大多数部门（电力与燃气除外）的总出口量较被征碳关税情形有所改善，且总出口量降幅减少；其他非附件Ⅰ国家加入共同减排阵营对中国的能源密集型部门出口有利，但对非能源密集型部门出口不利，且前者小于后者，导致最终中国总出口降幅增加，但仍然小于碳关税调节措施情形下的降幅。中国在国内主动征收一定幅度的碳税有可能有利于国内的部门出口和总出口。

通过本章的实证分析，在广义要素成本上升的背景下为我国对外贸易发展提供了重要的启示。

首先，中国应强烈反对发达国家对发展中国家实施碳关税的威胁。发达国家认为其自身对国内生产商实施更严格的减排标准或征收排放税，会对其生产商造成额外的生产成本，从而降低他们的国际竞争力，因而应实施边境税调节以"公平竞争"；且这些减排措施可能导致碳泄漏，从而提出碳关税措施以解决这一碳泄漏问题。本章实证结果表明，碳关税措施并不是缓解减排国不对称减排引起竞争力损失的有效措施，反而对被实施区域的出口会造成非常大的负面影响。因此，发达国家不断威胁中国，试图用类似的政策来对不实施减排限额的中国进行惩罚，中国目前应坚决抵制这种歧视性的"贸易"政策。

其次，中国在制定国内减排政策时，应优先选择在国内征收一定幅度的碳税而不应该接受被征收碳关税的格局。虽然征收国内碳税会对不同的行业产生不同的影响，能源密集型行业受到抑制，但清洁产业受到影响较小，且当碳税率不高时，中国出口受到的总体影响小于被征收碳关税情形。因此，为了掌握减排的主动权，促进企业逐渐内部化其减排成本，国家可以逐步提高现有排放标准，避免未来开征碳税时成本的突高，影响企业的长期发展。

最后，抓时机促进产业结构升级，提高企业出口竞争力。我国出口的实际状况是以高资源消耗为代价的技术含量较低的出口为主，使得贸易顺差低效增长，改变以劳动密集型为主的出口贸易模式，向低污染高收益的出口产品制造转变，是我国近年来政府引导的产业结构升级的趋势，产业升级时承接地区也要同时注意提高项目的资本、技术密集度，以便以后加工贸易的发展。目前我国要素成本上升的压力主要来自美、日、欧等国家和地区，我国对这些地区的出口受影响较大。因此，我们可以实现产业升级，积极开拓新兴市场，进行多元化操作，有效规避风险，以便使要素成本上升对我国出口贸易的不利影响降低到最小。

第六章

对外直接投资与中国对外贸易发展

对外贸易特别是出口在我国经济中扮演着重要角色。这其中,出口作为拉动我国经济的"三驾马车"之一,自我国改革开放以来在我国经济中始终发挥着重要的作用。特别是自 2001 年加入世界贸易组织(WTO)以来,我国出口的年均增长速度一度超过 20%。在这样高速增长的作用下,我国也于 2009 年超过德国成为世界第一出口大国。然而,2008 年金融危机后,全球经济增长乏力,出口受阻;与此同时,国内生产成本上升,我国出口逐步从超高速增长阶段进入平稳阶段。在我国出口增速放缓的情况下,在"十二五"规划中,国家调整了我国对外贸易发展策略,主体思想为"稳出口,扩进口,调结构"。在此背景下,不仅出口,进口在未来我国经济发展中的作用也同样值得关注。我国长期以来出口导向型的发展模式累积了超过 3 万亿美元的外汇储备。通过发展对外直接投资(OFDI)优化外汇储备的使用,同时服务于本国经济增长的思路在学术界和决策层均引起了关注。OFDI 一方面增加了资本流出,稀释一国外汇储备,同时将产能向外转移,有可能降低一国产出。这些作用的具体净效应与 OFDI 的贸易作用有关。另一方面,OFDI 对进口贸易,特别是同东道国的进口贸易存在影响,若 OFDI 促进了从东道国进口,则会进一步放大 OFDI 增加资本净流出,减少国内产出的作用。综合考虑,我们认为对外直接投资(OFDI)对我国对外贸易有重要影响。在一个统一框架下,本章集中研究我国对外直接投资对我国对外贸易的影响。本章的具体安排如下:第一节简述了问题的研究背景,同时对现有相关文献进行梳理。第二节与第三节是具体的实证研究部分,这两节分别从 OFDI 存、流量角度和我国 OFDI 不同东道国角度,具体研究我国 OFDI 的贸易作用。最后基于研究结果，本章第四节在总结研究结论的基础上，结合我国当前实际，提出了一些政策建议。

第一节 研究背景与文献综述

一、问题的提出

改革开放伊始，我国依靠以加工贸易为主的外向型发展思路实现了经济的迅速发展。总体上看，我国积极发展劳动力密集型产品出口的贸易方式创造了巨大的外贸收益，并由此获得了"世界工厂"的称号。但是近年来，这样的贸易发展方式遇到了严峻的挑战，而最为主要的挑战恰恰源自国内劳动力供给特别是低端劳动力供给的大幅削减。

随着人口结构的快速转变和第一个老龄人口增长高峰的到来，我国的劳动力供给正在发生实质性的变化，最突出的表现是劳动力供给在相当长的时期里首次出现且将长期延续负增长。根据国家统计局发布的《2012年国民经济和社会发展统计公报》，2012年我国15~59岁（含不满60周岁）的劳动年龄人口数为93 727万人，比上年减少345万人，这是改革开放40年来，我国劳动力供给绝对数量第一次出现下降。王金营、顾瑶（2012）构建布拉斯劳动参与率模型的测算结果也表明，未来40年我国劳动力供给将减少1.48亿人左右。这表明，相较改革开放之初，我国的要素禀赋优势已经发生改变。劳动力尤其是低端劳动力供给下降与持续快速发展的制造业对劳动力需求的迅速增加，使原本丰裕而廉价的劳动力正变得越来越稀缺而昂贵；与此同时，在长期的人口红利与改革红利的驱动下，我国经济社会持续快速发展，居民储蓄率上升，原本稀缺的资本正变得越来越丰裕而廉价。这种劳动力与资本要素间比较优势的转变，必将促使我国的对外经济发展方式乃至经济增长模式发生改变。

我国生产禀赋优势的变化，决定着比较优势的变化。我国已不再具有低端劳动力的绝对数量优势，此前的生产成本优势因此逐步丧失，这意味着我国此前的传统出口优势产品——劳动密集型产品的出口优势正在逐渐消失。我国的出口贸易需要寻找新的增长驱动力。同时，伴随着我国国内市场的扩大，无论是国内生产中对进口原料的需求，或是国内消费市场对进口产品的需求，都有所上升。这种出口优势与进口需求的变化决定了我国的对外贸易结构也需要逐步调整，在促进出口进一步发展的同时,如何促进我国进口的发展,提高进口产品的质量已经成为当下与未来发展的一个重点课题。

如何利用我国正在成长起来的资本优势,应对经济发展中存在的问题与挑战?我们认为,发展对外直接投资,鼓励我国相关企业"走出去"是一个可行的渠道。通过对外直接投资,我国长期积累的资本比较优势可以在全球范围内得以发挥。因此,我们关注在经济发展面临挑战与机遇时,我国对外直接投资蓬勃发展的影响,特别是对促进我国对外贸易与化解国内成本压力的作用。

二、文献综述

对外直接投资与贸易之间存在关系。吸收外商直接投资对于东道国的出口具有促进作用[1][2]。一些研究也证明了这种出口促进作用可能带来向母国以及第三国的出口的增加(Zejan,1989;Crespo and Fontoura,2007;Harding and Javorcik,2012)。

一般认为,对外直接投资对东道国具有贸易促进效应,但是对母国贸易效应不确定。基于H—O理论的研究认为,FDI促进国家间要素流动进而与国家间贸易形成替代关系[3]。相反地,在HOS理论框架下,也有理论指出FDI与贸易间是互补而非替代关系[4]。在实证研究方面,布罗尼根(Blonigen,2001)利用美国和日本间FDI及贸易数据的研究发现美国向日本的OFDI减少了美国最终产品的出口,但增加了其中间投入品的出口。类似的结论在此后的研究中也得到证明(Head and Rise,2001,Swenson,2004;Mucchielli and Soubaya,2002)。张纪凤、黄萍(2013)利用35个国家的面板数据,研究发现我国对外直接投资对我国出口具有促进效应,并且该促进效应在发展中国家和发达国家东道国的案例中均显著。蒋冠宏、蒋殿春(2014)的研究中,运用倍差法考察微观层面我国企业的对外直接投资与出口贸易关系,其结论也证明对外直接投资提升了企业的出口活动,拉动了我国企业的对外出口。毛其淋、许家云(2014)的研究证明,企业对外直接投资促进了企业的出口,表现为提升企业出口占总销售的比重,增加了企

---

[1] Crespo, Nuno, and Maria Paula Fontoura. 2007. "Determinant Factors of FDI Spillovers-What Do We Really Know?" *World Development*, 35 (3): 410 – 425.

[2] Harding, Torfinn, and Beata Smarzynska Javorcik. 2012. "Foreign Direct Investment and Export Upgrading." *Review of Economics and Statistics*, 94 (4): 964 – 980.

[3] Mundell, Robert A. 1957. "International Trade and Factor Mobility." *The American Economic Review*, 47 (3): 321 – 335.

[4] Schmitz, Andrew, and Peter Helmberger. 1970. "Factor Mobility and International Trade: The Case of Complementarity." *The American Economic Review*, 60 (4): 761 – 767.

业的出口概率。因此,迄今已有的研究总体上支持企业大规模"走出去"活动存在出口贸易促进效应的结论。我们以下从存量、流量两方面具体考察我国OFDI的出口贸易效应。

也有一些研究关注OFDI与母国进口贸易间的关系。针对东道国吸收外商直接投资的研究基本证明,吸收外商直接投资对东道国的出口具有促进作用(Crespo and Fontoura, 2007; Harding and Javorcik, 2012),一些研究也证明了这种出口促进作用可能带来向母国以及第三国的出口的增加(Zejan, 1989; Crespo and Fontoura, 2007; Harding and Javorcik, 2012)。但是直接关注OFDI与母国同东道国进口间关系的研究有限且研究结论不一。有关法国和美国间OFDI的研究指出,这两国的OFDI与双方进口呈现替代关系(Fontagne and Pajot, 1997)。但有的研究认为,OFDI与母国进口间的关系不确定,当东道国以低于母国成本生产母国市场必需品以及技术管理经验的转移提升了东道国竞争力时,OFDI将促进母国的进口(Wilamoski and Tinkler, 1999)。

国内现有研究很少关注中国对外直接投资的进口效应。我国的贸易政策在改革开放以来的一段时间,具有重商主义的特征,重视出口忽视进口。近年来,我国进口贸易规模上升,进口贸易在经济中的作用被更为全面地认识、评价。相应地,针对进口贸易相关的研究也有所增加。当前对于我国进口贸易的研究主要集中于进口贸易的动因、结构、贸易利得分析等方面。赵锦春、谢建国(2014)从重叠需求的角度分析中国进口贸易的动因,其研究结果指出,重叠需求是中国与贸易伙伴国间进口贸易活动发生的重要原因。魏浩(2014)分析中国进口结构与对不同国家出口的依赖度,其研究发现我国进口对中高技术制成品的依赖逐渐上升,我国对发达国家工业制成品进口依赖度较高,我国与一些国家存在我国进口依赖与伙伴国出口依赖不平衡的现象。陈勇兵等(2011,2014)则主要从我国进口贸易产品结构和质量的角度分析我国进口贸易的利得,特别是对消费者福利的影响,其研究结论证实了扩大进口可以从进口产品种类质量等方面提升我国的贸易利得,增进消费者的福利水平。我们将在本章的研究中考察OFDI的进口贸易效应,弥补此前研究的不足。

现有研究围绕我国对外直接投资对我国进口贸易影响的考察有限并且各研究结论存在较大差异。一些研究认为,中国对外直接投资存在显著的进口替代效应,我国向东道国直接投资越多,则向该投资东道国的进口越少[①]。项本武(2009)运用2000~2006年我国对50个国家(地区)直接投资和进出口的面板

[①] 项本武:《中国对外直接投资的贸易效应研究——基于Panel Data的地区差异检验》,载于《统计与决策》2007年第24期。

数据，利用面板协整模型和面板误差修正模型，对我国对外直接投资的长短期贸易效应进行了检验。其研究发现，我国对外直接投资在长期来看具有显著的进出口贸易促进效应，能够有效拉动我国的进出口。其他一些研究也在一定程度上证明了我国 OFDI 存在进口促进作用[1]。分国别的研究表明，我国对外直接投资的出口促进效应存在国别差异，同时我国对外直接投资不存在显著的进口促进效应[2]。这方面研究的缺乏以及现有研究的不足，表明我们进一步考察这个问题的意义重大，针对这个问题进行研究是必要的。

伴随我国国内生产成本主要是劳动力成本、土地成本的上升，我国对外贸易的发展受到了较大冲击。在对外贸易受到冲击的同时，中国企业大规模"走出去"，这一现象对中国对外贸易的影响也备受瞩目。我们认为，中国 OFDI 有助于降低中国出口的成本，促进中国对外贸易进一步发展。OFDI 可以通过以下几种渠道降低中国出口贸易的成本。首先，OFDI 有助于寻找到更为低廉的原材料，降低生产成本。中国 OFDI 中有一部分具有显著的资源寻求目的，这类投资通常发生在矿石能源等领域，寻求更为廉价、高品质的能源供给。这类投资通过由东道国向国内出口矿石原材料等完成，为国内生产提供了低成本的原材料供给，进而有助于降低国内生产成本，促进以这些原材料为基础的其他产品的出口。其次，中国投资于其他发展中国家的直接投资，大多以转移国内成本上升的产业为目的。将这类产业转移到其他发展中国家，可以更好地接近其最终市场，同时这些转移产业中包含大量中间品生产。在东道国以更低廉的成本生产的中间品再次通过进口方式进入国内参与生产，有效降低了最终产品的生产成本，有利于降低相关产品的生产总成本，有利于产品的出口。最后，中国向发达国家的投资，其目的多为技术寻求。这类投资的最终成果即向国内母公司提供更为先进的生产技术。随着新技术的引入，技术升级有助于优化生产工艺、流程，新技术的使用也同样有利于降低生产成本，最终技术寻求型的直接投资通过促进国内相关生产的技术革新降低其生产成本，有利于相关产品出口。此外，中国 OFDI 本身有利于加强中国同更多国家的经济联系，从而降低了其出口的沟通、寻求市场、分销等成本，从这个角度看，中国对外直接投资同样有利于中国出口的成本降低。

总体上，目前针对 OFDI 的出口促进作用研究较为完善，但是对 OFDI 的进口效应的研究较少，特别是我国国内的相关研究更为有限。基于此，我们将扩大

---

[1] 周昕、牛蕊：《中国企业对外直接投资及其贸易效应——基于面板引力模型的实证研究》，载于《国际经贸探索》2012 年第 5 期。
[2] 王胜、田涛、谢润德：《中国对外直接投资的贸易效应研究》，载于《世界经济研究》2014 年第 10 期。

OFDI 东道国的样本范围，合理选取样本国家及时间区间，同时从 OFDI 流量与存量两个角度，更为全面合理地考察在我国国内生产成本上升背景下，OFDI 对我国对外贸易活动的影响。

第二节　对外直接投资与中国外贸发展：总量角度

对外直接投资（OFDI）作为改革开放进一步发展时期实现经济结构调整的重要战略，以鼓励我国企业大规模"走出去"为载体，其存量迅速增加同时流量不断加大，这对我国对外贸易产生的影响是本部分试图探究的问题。

我们主要研究 OFDI 对我国对外贸易的影响，借鉴针对国家间双边贸易研究的相关文献，采用扩展的引力模型进行研究。脚标 c 表示我国，i 表示 OFDI 的东道国，t 表示时间，具体回归模型设定如下式（6.1）。

$$\ln tra_{ict} = \beta_0 + \beta_1 \ln(ofdi_{it}) + \beta_2 \ln(cg_t) + \beta_3 \ln(hg_t) + \beta_4 \ln dis_{cit} + \beta_5 X_{cit} + \varepsilon_{cit}$$
(6.1)

具体变量方面，用 tra 表示我国与东道国间的贸易金额，包括我国向东道国出口（exp）以及我国向东道国进口（cim）两个方面。我们分别从进出口两个角度出发，全面考察我国 OFDI 的贸易影响。我国对外贸易的数据来自我国国家统计局各年度的统计年鉴。

研究中最为重要的解释变量即我国对外直接投资（OFDI）。根据《中国对外直接投资公报》提供的数据，我们从 OFDI 存量（OFDI stock, ofs）以及 OFDI 流量（OFDI flow, off）两个角度全面地考察我国企业"走出去"的影响。值得注意的是，从贸易影响角度考虑，OFDI 存量作为我国对外直接投资的累积结果，包含了更多的信息，因此对于我国贸易的影响更大，也因此在此前的研究中成为关注的重点。但是我们在考察 OFDI 存量影响的同时，也引入 OFDI 流量进行考察。这是为了保证研究的稳健性与全面性；更为重要的是，OFDI 流量有助于我们从动态变化的角度考察我国 OFDI 的影响，由此帮助我们更好地把握我国 OFDI 对贸易产生影响的趋势。

其他研究双边贸易的重要变量即经典引力模型中包括的如贸易双方的经济总量、地理距离等变量我们也纳入研究进行考察。我们用各国的国民生产总值（GDP）表示国家的经济总量，具体有我国 GDP（cg）以及东道国的 GDP（hg）。另外，随着科学技术的发展，简单的地理距离已不能完全地代表贸易双方间的距离，对于交通运输等因素必须加以考虑。因此我们的研究中，以国家间加权距离（dis）[①] 参与回归。

此外，研究中我们适当地引入了其他对于双边贸易可能产生影响的变量。首先，一个重要的可能影响因素是汇率，我们使用 excc 表示东道国货币与人民币间汇率，excc 值越高意味着相对于东道国货币，人民币升值。其次，另一个可能影响我国同东道国间贸易的变量是东道国制度发展水平。已有的研究文献表明，对发展中国家的国际直接投资往往对制度发展水平要求较低。考虑到我国 OFDI 既存在向发展中国家的顺势直接投资，同时又存在向发达国家的逆势直接投资，两类直接投资的目的存在差异，对于对外贸易的影响也因此不同，我们引入东道国制度发展水平作为控制变量，有利于更为全面地考察我国 OFDI 的贸易影响，更好地分析 OFDI 对于贸易影响的发展趋势。因此在具体的实证研究中，我们引入了六个变量，从不同角度考察制度因素的影响。最后，为保证研究中各变量在不同年份间具有可比性，我们将所有价值以 2005 年不变美元价格表示。

我们的实证研究涉及 111 个东道国，时间跨度从 2006 年到 2013 年，共计 8 年。研究中数据来自以下相关统计：我国各年度进口总额来自《中国统计年鉴》、我国 OFDI 存量与流量数据来自《2013 年中国对外直接投资公报》；我国与东道国 2006~2013 年国民生产总值及汇率数据来自世界银行的 WDI 数据库；国家间加权地理距离数据来自 CEPII；国际油价来自 IMF；各国制度发展水平来自世界银行的 WGI 数据库。具体的指标来源及其他信息见表 6-1。

表 6-1　　　　　　　变量列表

变量名称	变量说明	变量符号	数据来源
中国进口总额	中国分国别各年进口总额	cim	中国统计年鉴
中国出口总额	中国分国别各年出口总额	exp	中国统计年鉴
中国对外直接投资（存量）	中国分国别对外直接投资总额	ofdis（ofs）	中国对外直接投资公告
中国对外直接投资（流量）	中国分国别对外直接投资总额	ofdif（off）	中国对外直接投资公告
中国国民生产总值	中国各年国民生产总值	cgdp（cg）	WDI
东道国国民生产总值	东道国各年国民生产总值	hgdp（hg）	WDI

---

① 以 CEPII 提供的国家间距离为基础，进一步考虑运输成本的因素，使用国家间加权距离同当年国际平均油价水平相乘后的国家间加权距离（dis）表示我国同东道国间的贸易距离。

续表

变量名称	变量说明	变量符号	数据来源
中国与东道国间加权距离	地理距离与原油价格加权计算	dis	CEPII、IMF
汇率	东道国与中国间汇率	excc	WDI
制度发展水平			
政府反腐	政府反腐力度指标	cc	WGI
政府效能	政府执政效率指标	ge	
政治稳定程度	政治稳定指标	ps	

我国与世界上大多数国家间存在贸易往来，同时伴随着近年来我国对外直接投资的发展，贸易伙伴国中也有越来越多的国家成为我国的投资东道国。选择研究样本时，为了保证数据的连贯性，我们将 2006～2013 年间我国对外直接投资数据可获取观测值少于 3 个的样本删除。东道国方面，考虑到开曼群岛、百慕大群岛等"避税天堂"吸收的我国对外直接投资事实上极少涉及双边贸易，因此对于这类性质特殊的东道国，研究中我们也予以删除。最终，保留了 111 个投资东道国。表 6-2 对相关数据进行了描述性统计。

表 6-2　　　　　　　　　　描述性统计

变量符号	观测值	平均数	标准差	最小值	最大值
ofs	887	215 000	1 851 000	9.702	32 500 000
off	887	41 970	331 600	331 600	5 414 011
cim	887	893 000	2 189 000	71.819	17 300 000
exp	887	1 206 000	3 450 000	6.439	33 100 000
cg	887	3 691 000 000 000	756 000 000 000	2 540 000 000 000	4 860 000 000 000
hg	887	425 000 000 000	1 430 000 000 000	595 000 000	14 500 000 000 000
dis	887	676 900	338 000	6 638	1 770 000
excc	887	108.102	368.445	0.036	3 378
cc	887	-0.0521	1.58	-2.07	1.141
ge	887	-0.096	1.005	-2.324	1.630
ps	887	-0.136	0.994	-2.185	1.668

本章余下部分，将运用上述数据和适当的计量方法，考察在要素成本上升背景下，我国以转移生产方式、调整生产结构、寻找生产原材料来源为目的，鼓励

企业以对外直接投资为方式"走出去"这一过程中，对外直接投资对我国对外贸易的多方面产生的影响。

一、对外直接投资对我国进口贸易的影响

我国对外直接投资的东道国，既有资源、劳动力优势明显的发展中国家，也有生产技术优势突出的发达国家。总体来看，我国对外直接投资的目的包括自然资源寻求、劳动力寻求、技术寻求、标准品市场寻求等多种类型。实现我国对外直接投资目的的方式多种多样，但是其中以直接进口相关产品最为便捷。这一点在资源寻求型投资和技术寻求型投资两类投资中表现得尤为明显：资源寻求型OFDI通过进口能源、矿石原材料等满足国内生产，而技术寻求型OFDI则通过进口相关的高技术产品实现对外直接投资的逆向技术溢出，最终有助于我国的产业结构升级。因此，考察我国对外直接投资的进口贸易效应，有助于我们合理地评价我国对外直接投资的实际效益。

关注OFDI进口效应的又一意义，在于考察OFDI对我国贸易结构改善的作用。我国对外贸易具有重商主义的倾向，表现为对出口贸易的高度重视而长期忽视进口贸易。这种不平衡的贸易发展方式使得我国获得大量贸易顺差，促进了我国经济发展的同时，也带来了一些问题。一方面是巨额贸易顺差带来的外部贸易摩擦压力；另一方面则是进口发展不足限制了我国吸收利用国外优质产品、技术的机会。因此近年来，我国强调重视进口贸易和贸易平衡。考察我国对外直接投资对进口贸易的影响，有助于我们厘清发展对外直接投资在我国经济发展这一时期的意义，也有助于我们更加有效地将我国经济结构调整、贸易结构调整与鼓励企业"走出去"三大战略相结合。具体而言，我们将分别考察对外直接投资存量与流量对我国进口贸易的影响。

（一）OFDI存量对我国进口贸易的影响

我们运用扩展的引力模型，采用逐步引入控制变量的方法，研究对外直接投资存量对我国进口贸易的影响。我们首先采用对采用固定效应或随机效应模型进行研究进行了检验，豪斯曼检验的结果拒绝原假设，即认为回归中应采用固定效应模型进行研究。进一步我们采用固定效应模型估计式（6.1），研究表明，我国OFDI能够显著地促进我国从东道国的进口贸易，主要变量（中国对外直接投资，OFDI）的符号与预期相符，同时主要控制变量即中国与东道国经济发展水平的影响也与预期相符。但是回归结果中两国距离变量等其他控制变量的影响估计结果存在异常。对外直接投资是国家经济发展到一定阶段的产物。我国也是在近年

来，随着经济发展水平提高，在国内相关比较优势的变化等因素的共同作用下才逐步鼓励大量企业"走出去"，从而创造了大规模的对外直接投资。这意味着，我国对外直接投资规模与我国经济发展即 GDP 间存在较强联系，这导致简单的固定效应回归中可能存在较为严重的内生性问题。进一步构建 DWH 检验，检验 P 值为 0.9001，即拒绝原假设，回归中存在内生性问题。检验结果表明模型中确实存在较为严重的内生性问题，因此最终我们决定进一步引入工具变量，运用两阶段最小二乘法，消除内生性的影响进行回归。具体我们将 OFDI 滞后一期、中国 GDP 和东道国 GDP 各自差分项，分别作为这三个变量的工具变量。此外，回归中各国各制度变量间存在较为严重的共线性问题，我们最终分别引入制度控制变量进行估计。具体的回归结果见表 6-3[①]。

表 6-3   中国 OFDI 存量的进口贸易效应

变量	（1）	（2）	（3）	（4）
lnofs	0.261*** (4.09)	0.261*** (2.90)	0.260*** (4.18)	0.293*** (3.77)
lnhg	0.874*** (6.04)	0.875*** (3.63)	0.861*** (6.47)	0.809*** (4.58)
lncg	0.694 (1.54)	0.694 (1.43)	0.714 (1.58)	0.572 (1.20)
lndis	-0.178* (-1.71)	-0.178* (-1.74)	-0.204** (-2.00)	-0.156 (-1.52)
excc	0.00033*** (2.71)	0.00033*** (4.14)	0.00028*** (2.60)	0.00035*** (2.97)
cc		-0.00078 (-0.01)		
ge			-0.095 (-1.48)	
ps				0.173* (1.67)

---

① 因篇幅限制表中仅展示了控制腐败（cc）、政府执行效率（ge）和国家政治稳定程度（ps）三个变量的结果。

续表

变量	(1)	(2)	(3)	(4)
_cons	-30.43** (-2.13)	-30.44* (-1.78)	-30.30** (-2.15)	-25.83* (-1.65)
Hansen	恰好识别	恰好识别	恰好识别	恰好识别
N	775	775	775	775
R^2	0.693	0.693	0.694	0.694

注：(1) *、**和***和分别表示10%、5%和1%水平下显著；括号内为t值，余下各表相同。(2) Hansen表示Hansen-J检验，余下各表相同。

观察表6-3的回归结果可以看到，我国对外直接存量对进口贸易的促进作用十分显著。在国内生产成本上升的背景下，对外直接投资事实上有两重积极、重要的意义。一是为我国寻找更为稳定、价格更为低廉的矿石资源等原材料供应渠道。向具有丰富矿石资源的地区投资，通过在当地建立矿石采掘、选料等相关企业，将供应稳定的、成本较低的原材料以进口方式运往国内，满足国内的生产需求，契合了我国近年来国内生产成本上升引致的比较优势的变化。二是我国对外直接投资存在着逆向技术溢出的作用。通过向技术密集型东道国（主要是发达国家）进行直接投资，以并购等方式获得具有较高生产技术的企业的股权，可带来逆向的技术溢出。这种逆向技术溢出有助于中国国内产业技术升级，进而降低国内相关生产成本，有助于在成本上升情况下我国出口活动的稳定增长。由此可见，对外直接投资不仅促进了进口贸易，更是增加了进口的技术复杂度，拓宽了技术获取的渠道，从而有利于我国经济结构的调整。同时，资源寻求和技术寻求两种类型的直接投资，可以通过降低原材料成本和提高生产技术两个不同层面降低国内相关企业、行业的生产成本，为中国出口在成本上升背景下的继续发展提供支持。

观察表6-3的回归结果，值得注意的是制度发展水平对我国对外直接投资促进进口的影响不一。主要考察政府执政效能的控制腐败（cc）和执政效率（ge）水平的上升不利于我国OFDI的进口引致作用，这与亚化都和利恩（Asiedu and Lien, 2010）的研究结果一致。我国的OFDI中较大部分引致进口为能源类产品，这些OFDI的投资东道国也主要是发展中国家。随着这些国家政府执政能力的上升，对本国经济掌控能力上升，为了保护本国不可再生资源，同时也是对国家民间需求的反馈，往往会降低这类产品的出口，由此带来了中国OFDI引致的进口下降。另外，东道国政治环境越稳定则越有利于中国OFDI的进口引致。良好稳定的政治环境是贸易持续稳定进行的重要保证，因此东道国政治环境稳定有利于吸引更多 OFDI 进入进一步引致中国的进口，也能够促进现有 OFDI 成果进一步增加进口引致规模。

国家经济规模与进口贸易间的正向联系得到证实。汇率、贸易双方距离对于进口贸易的作用存在，但作用有限。这说明在全球经济一体化不断深化、科学技术高度发展和生产运输方式变革，交易方式便捷化的条件下，传统上对国家间双边贸易存在重要影响的因素的作用也在逐渐发生改变。

（二）OFDI 流量对我国进口贸易的影响

在我国要素成本上升和比较优势发生急剧变化的当下，我国越来越多的企业选择"走出去"，OFDI 流量日益扩大。2015 年，我国对外直接投资与利用外资的规模几乎相当，已经成为全球对外直接投资的大国之一。因此，我们有必要对 OFDI 流量的进口效应进行考察，这有助于我们从动态变化的角度分析 OFDI 对我国进口贸易的影响。具体实证研究的结果见表 6-4。

表 6-4　　　　　　　　中国 OFDI 流量的进口贸易效应

变量	（1）	（2）	（3）	（4）
lnoff	0.212*** (4.77)	0.206*** (3.68)	0.212*** (4.94)	0.234*** (4.60)
lnhg	0.921*** (9.43)	0.943*** (6.24)	0.904*** (10.16)	0.872*** (7.73)
lncg	0.882** (2.09)	0.900** (2.07)	0.899** (2.13)	0.789* (1.81)
lndis	-0.187* (-1.81)	-0.191* (-1.85)	-0.214** (-2.08)	-0.165 (-1.60)
excc	0.00029*** (2.79)	0.00027*** (3.33)	0.00023** (2.36)	0.00030*** (3.02)
cc		-0.0603 (-0.39)		
ge			-0.113* (-1.83)	
ps				0.143* (1.67)

续表

变量	(1)	(2)	(3)	(4)
_cons	-36.01*** (-2.85)	-37.01*** (-2.69)	-35.75*** (-2.85)	-32.56** (-2.45)
Hansen	恰好识别	恰好识别	恰好识别	恰好识别
N	722	722	722	722
R^2	0.707	0.707	0.710	0.709

与前文相似，我们运用工具变量法（2SLS）研究对外直接投资流量的进口贸易效应。我们发现，在消除内生性的影响后，OFDI的逐年增加显著地促进了我国从东道国的进口贸易。这表明，我国OFDI的进口促进作用时滞效应不明显，基本上当期就能够产生促进从东道国进口的直接效果。因此，对外直接投资缓解国内生产成本上升压力的作用迅速而有效。这种作用不仅有利于我国经济结构的调整，也有助于东道国的经济发展，从而为双边投资、贸易合作持续扩大创造了更好的条件。

在上述对外直接投资流量的进口效应分析中，东道国制度对进口贸易的影响作用较为显著。除东道国政治稳定程度（ps）上升会对我国进口贸易产生促进作用外，其他制度因素可能限制了我国的进口贸易，存在负面影响。这是因为，政治稳定是保证一国经济发展的必要条件，只有在稳定的政治环境下，我国才会向东道国扩大投资，进而直接投资也才能促进我国进口贸易。但是，随着东道国环保制度的强化、资源与经济安全敏感程度的上升等，某些制度对其产品的生产、出口会有一定的限制作用。

（三）OFDI对我国进口贸易影响的稳健性分析

为了保证基础回归结果的稳健性，我们采用了改变估计方法，运用迭代GMM方法进行估计［见表6-5第（1）列、第（4）列］；选用其他工具变量［表6-5中第（2）、第（5）列选用OFDI存量或流量、东道国GDP、中国GDP各自的一次差分项作为对应各变量工具变量；第（3）、第（6）列选用OFDI存量或流量、东道国GDP、中国GDP各自的一阶滞后项为对应各变量工具变量］等方法对OFDI对我国进口贸易的影响进行了稳健性分析，具体回归结果见表6-5[①]。

[①] 由于篇幅原因只展示了引入东道国政治稳定水平（ps）的回归结果，对出口贸易影响的稳健性检验（见表6-8）与之相同。

表 6-5　　　　　中国 OFDI 进口贸易效应稳健性分析

变量	OFDI 存量			OFDI 流量		
	(1)	(2)	(3)	(4)	(5)	(6)
lnofs	0.293*** (3.77)	0.271*** (9.06)	-0.166 (-0.64)			
lnoff				0.234*** (4.60)	0.237*** (8.25)	-0.0255 (-0.31)
lnhg	0.809*** (4.58)	0.860*** (31.37)	0.696*** (4.08)	0.872*** (7.73)	0.860*** (30.59)	0.751*** (5.31)
lncg	0.572 (1.20)	0.665** (2.07)	2.727** (2.13)	0.789* (1.81)	0.839** (2.57)	1.934*** (3.66)
lndis	-0.156 (-1.52)	-0.155 (-1.57)	-0.656** (-2.20)	-0.165 (-1.60)	-0.170* (-1.68)	-0.531*** (-3.30)
excc	0.00035*** (2.97)	0.00037*** (4.92)	0.00046*** (3.20)	0.00030*** (3.02)	0.00029*** (3.83)	0.00042*** (3.65)
ps	0.173* (1.67)	0.147*** (2.76)	0.202** (1.96)	0.143* (1.67)	0.149*** (2.63)	0.167* (1.77)
_cons	-25.83* (-1.65)	-29.62*** (-3.26)	-24.40** (-2.39)	-32.56** (-2.45)	-33.65*** (-3.66)	-55.89*** (-3.90)
Hansen	恰好识别	恰好识别	恰好识别	恰好识别	恰好识别	恰好识别
N	775	775	775	722	722	722
R^2	0.694	0.696	0.557	0.709	0.709	0.646

从表 6-5 的回归结果中可以看出，中国对外直接投资存量和流量对中国进口的引致作用较为稳健。中国 OFDI 增加能够显著地引致中国向东道国的进口。同时，相关研究中也会运用 OFDI 流量的研究结果作为对应 OFDI 存量研究结果的稳健性检验，我国 OFDI 存量与流量对进口影响的一致性也进一步证明了回归结果的稳健有效。

二、对外直接投资对我国出口贸易的影响

OFDI 是我国经济发展到一定阶段的产物。国家鼓励企业大规模"走出去"，该政策导向的一个重要背景是，2008 年后全球经济放缓，进入长期经济下行通

道,我国对外贸易的外部市场需求受到了一定程度的影响。同时,国内生产成本的上升也进一步削弱了我国对外出口贸易的传统优势。因此,对外直接投资与出口贸易发展之间的关系,理应受到更多的关注。在本章中,我们分别从我国对外直接投资存量与流量两个角度,研究在国内生产成本上升的压力下,我国 OFDI 发展对我国与东道国间出口贸易的影响。

(一) OFDI 存量对我国出口贸易的影响

我们运用扩展的引力模型研究对外直接投资存量对我国出口贸易的影响,实证研究结果见表 6-6。首先仍然运用固定效应模型考察我国对外直接投资对出口的影响,控制了东道国之间的影响后,我们发现对外直接投资于我国出口贸易的促进作用十分有限,并且主要控制变量的影响也与预期存在一定差异。与此前对中国进口贸易受到中国对外直接投资的影响研究相类似,我们同样考虑了内生性问题的影响。与前文相似,通过 DWH 检验证实了回归中内行性问题的存在,我们使用相同工具变量,运用最小二乘法法(2SLS)进行研究。在制度控制变量的引入方面,基于类似考虑我们依然在各个回归中分别引入从不同角度反映一国制度建设水平的制度控制变量。具体的研究结果见表 6-6。

表 6-6　　　　　　中国 OFDI 存量的出口贸易效应

变量	(1)	(2)	(3)	(4)
lnofs	0.290 *** (10.08)	0.316 *** (8.31)	0.290 *** (10.09)	0.293 *** (8.69)
lnhg	0.511 *** (9.23)	0.424 *** (4.57)	0.518 *** (9.74)	0.505 *** (7.42)
lncg	0.465 * (1.79)	0.392 (1.42)	0.455 * (1.76)	0.454 * (1.70)
lndis	-0.467 *** (-8.40)	-0.457 *** (-7.70)	-0.454 *** (-7.95)	-0.465 *** (-8.28)
excc	-0.00001 (-0.10)	-0.00007 (-0.77)	-0.00002 (-0.20)	-0.00001 (-0.08)
cc		0.203 ** (2.22)		
ge			0.0490 (1.41)	

续表

变量	(1)	(2)	(3)	(4)
ps				0.0165 (0.36)
_cons	-10.29 (-1.34)	-6.386 (-0.74)	-10.36 (-1.35)	-9.854 (-1.21)
Hansen	恰好识别	恰好识别	恰好识别	恰好识别
N	775	775	775	775
R^2	0.755	0.737	0.758	0.754

研究结果表明，我国对外直接投资存在显著的出口促进作用，我国 OFDI 在不同领域的投资均能有效地带动出口。我国的 OFDI 具有转移生产活动的特征，随着国内生产成本的上升，不仅初级加工品等具有劳动密集型特征的产业逐渐向外转移，一些标准化生产的商品也开始逐步向外转移。标准化产品以寻求市场为目的，对外直接投资的东道国更为接近最终产品的消费市场。这决定了这类投资大多是将最终产品的组装装配过程以 OFDI 的形式在当地投资建厂来完成。中间产品，特别是具有较高技术含量的中间品往往需要在国内由母公司完成生产，再将其出口。这一过程无疑促进了我国相关产品的对外出口。

我国的对外直接投资，特别是以广大较为落后的发展中国家为东道国的投资中，较大一部分流向基础设施建设领域，如我国对水力、电力、交通设施工程，高铁建设等的投资。近年来，这些投资有进一步增加的趋势。这类基础设施的建设需要大量的相关设备和配套产品，如电力设备、大型机械、钢铁、水泥等工业产品。大量工业产品的需求，在东道国难以提供时，来自中方的相关投资建设企业会选择向国内的供应商寻求合作，由此促进国内的相关产品出口。因此，针对基础设施领域的 OFDI 也会带动我国相关产品的大量出口，产生出口促进作用。

OFDI 促进我国出口的第三个可能渠道是密切双方的经贸往来，或增辟新的合作领域。我国与一些国家间原有经贸联系较少，我国出口的产品较少涉足这些国家市场。我国企业对外直接投资在一定程度上密切了双边经贸往来，同时也为我国出口开辟了新的市场，促进了我国出口贸易的发展。

从出口成本角度考察，也不难发现，OFDI 本身通过密切中国与东道国间的联系，便利双方经贸往来。OFDI 降低了出口中的不确定性，降低了出口的隐性成本，实际上也有助于中国的出口贸易。

与 OFDI 进口引致效应中，东道国不同维度制度建设水平发挥的作用存在差异相反，东道国制度水平的提升可以显著地促进中国向 OFDI 东道国出口。在东道国制度建设中,政治越稳定(ps),政府效率(ge)越高或相关的监管水平(cc)越好,越有助于我国出口贸易的扩大。制度水平的提升促进了东道国市场的发展,市场活动频繁并且更有保障,从而增加我国的相关产品出口。

(二) OFDI 流量对中国出口贸易的影响

存量反映了我国对外直接投资发展中的积累,流量作为每年对外直接投资增加最直观的表现,反映了我国对外直接投资动态变化的趋势。遵循这一思路,我们对 OFDI 流量对我国出口贸易影响进行回归分析,具体的回归结果见表6-7。

表6-7　　　　　　　中国 OFDI 流量的出口贸易效应

变量	(1)	(2)	(3)	(4)
lnoff	0.252*** (7.90)	0.267*** (6.70)	0.251*** (7.96)	0.252*** (6.78)
lnhg	0.537*** (7.70)	0.479*** (4.49)	0.541*** (8.18)	0.536*** (6.41)
lncg	0.659** (2.31)	0.613** (2.05)	0.655** (2.29)	0.658** (2.23)
lndis	-0.435*** (-7.03)	-0.424*** (-6.57)	-0.428*** (-6.70)	-0.435*** (-6.91)
excc	-0.00008 (-0.75)	-0.00003 (-0.27)	-0.00007 (-0.60)	-0.00008 (-0.76)
cc		0.152 (1.40)		
ge			0.0304 (0.73)	
ps				0.00178 (0.03)
_cons	-16.06* (-1.87)	-13.55 (-1.42)	-16.13* (-1.89)	-16.02* (-1.76)
Hansen	恰好识别	恰好识别	恰好识别	恰好识别
N	722	722	722	722
R^2	0.711	0.699	0.713	0.711

我国对外直接投资流量增加同样显著地促进了我国对东道国的出口贸易。在运用 2SLS 方法消除内生性影响的情况下，对外直接投资显著有利于我国相关产品的出口。随着我国 OFDI 的逐年增加，不免有人担忧 OFDI 是否替代了我国的出口。但我们的研究结果表明，事实恰好相反，在国内生产成本上升的情况下，我国对外直接投资通过开拓更多的出口市场，发掘东道国更多样化的需求，促进了我国出口贸易的发展。这也在一定程度上解释了我国在生产成本上升特别是劳动力成本上升的情况下，我国出口仍能保持一定增长量的原因。

通过对其他控制变量的考察可以发现，我国自身经济体量的增大对出口产生的促进作用并不显著。这一方面可能与母国市场效应发挥的已经较为充分有关，在没有新的国内需求开发出来的情况下，我国经济规模已不再是影响我国出口最为重要的因素之一；另一方面，东道国市场规模的扩大显著促进了我国出口。这个事实证实了我国对外直接投资具有标准品市场寻求的特征，由此，东道国的内需市场较大才会吸引这类投资的进入。因此，东道国市场规模扩大对我国出口贸易增加具有显著的促进作用。最后，无论是 OFDI 存量或流量对我国出口贸易影响的回归中，我国汇率变动对出口的影响均不显著，这在一定程度上表明我国出口产品对汇率的敏感性有所下降，我国出口产品的竞争优势更多地来自产品自身的质量等因素，而非简单地依靠降低本币币值带来的低价格。

（三）OFDI 对我国进口贸易影响的稳健性分析

为了保证基础回归结果的稳健性，我们改变了估计方法，运用迭代 GMM 方法进行估计［见表 6-8 第（1）、第（4）列］；选用其他工具变量［表 6-8 中第（2）、第（5）列选用 OFDI 存量或流量、东道国 GDP、中国 GDP 各自的一次差分项作为对应各变量工具变量；第（3）、第（6）列选用 OFDI 存量或流量、东道国 GDP、中国 GDP 各自的一阶滞后项为对应各变量工具变量］等方法对 OFDI 对我国进口贸易的影响进行了稳健性分析，具体回归结果见表 6-8。表 6-8 的回归结果表明中国对外直接投资对中国向东道国出口的促进作用是稳健有效的。

表 6-8　　　　　中国 OFDI 出口贸易效应稳健性分析

变量	（1）	（2）	（3）	（4）	（5）	（6）
lnofs	0.293*** (8.69)	0.239*** (12.95)	0.125 (0.63)			
lnoff				0.252*** (6.78)	0.222*** (10.80)	0.108 (1.43)

续表

变量	(1)	(2)	(3)	(4)	(5)	(6)
lnhg	0.505*** (7.42)	0.643*** (33.46)	0.403*** (3.68)	0.536*** (6.41)	0.631*** (29.57)	0.369*** (3.53)
lncg	0.454* (1.70)	0.565*** (2.93)	2.412** (2.44)	0.658** (2.23)	0.599*** (2.74)	2.246*** (4.68)
lndis	-0.465*** (-8.28)	-0.452*** (-8.72)	-0.920*** (-3.96)	-0.435*** (-6.91)	-0.423*** (-7.13)	-0.943*** (-6.52)
excc	-0.00007 (-0.08)	-0.00006 (-0.73)	0.00010 (0.78)	-0.00008 (-0.76)	-0.00003 (-0.27)	-0.00009 (-0.71)
ps	0.0165 (0.36)	0.0527* (1.80)	0.0433 (0.67)	0.00178 (0.03)	-0.0488 (-1.48)	0.0359 (0.54)
_cons	-9.854 (-1.21)	-16.17*** (-2.93)	-23.98** (-2.28)	-16.02* (-1.76)	-16.61*** (-2.66)	-48.36*** (-3.84)
Hansen	恰好识别	恰好识别	恰好识别	恰好识别	恰好识别	恰好识别
N	775	775	775	722	722	722
R^2	0.754	0.774	0.524	0.711	0.731	0.490

第三节　我国对外直接投资与对外贸易发展：东道国与贸易伙伴国角度

迄今为止，我国对外直接投资的东道国已多达184个，其中亚洲地区是我国最主要的投资区域，其次是拉美地区。发展中国家（地区）是我国对外直接投资的主要目的地，流向发达经济体的直接投资占比较少[①]。从总体上看，由于我国对外直接投资分布广泛，涉及不同类型的东道国，使得我国对外直接投资的目的、方式以及投资效果存在较大的差异性，因此，我们有必要对对外直接投资的东道国进行分类，分别考察我国对不同类型东道国进行投资对我国对外贸易产生的影响。本部分从东道国与贸易伙伴国角度入手划分样本，利用不同类型国家组

[①] 中华人民共和国商务部、中华人民共和国国家统计局、国家外汇管理局：《2013年我国对外直接投资公报》，中国统计出版社2014年第1版第3页。

成的分样本进行研究,以求客观、全面地评价我国对外直接投资的贸易影响。

本节结构安排如下:第一部分讨论对不同发展水平的东道国进行直接投资带来的贸易影响,第二部分考察对不同地理区位国家进行直接投资带来的贸易影响。

一、对外直接投资对贸易的影响:以东道国不同经济发展水平划分

东道国的经济发展水平与我国进行对外直接投资的动机、投资的具体领域等有着重要的关系,这种投资目的、领域分布的差异会导致其产生不同的贸易影响。为了更为全面、准确地把握我国对外直接投资的贸易促进作用,有必要对投资东道国的经济发展水平进行细分研究。

我们将样本中111个我国对外直接投资的东道国(地区)依据其经济发展水平及区位分别进行划分。依据IMF2015年标准,本书将样本中国家分为发达国家与发展中国家,考察我国对外直接投资对不同经济发展水平国家的进口效应。具体研究方法方面,我们运用与第二节一致的方法,引入OFDI的滞后项,中国经济发展水平(cg)和东道国经济发展水平(hg)各自的差分项目,三者分别作为对应变量的工具变量,利用最小二乘法(2SLS)展开实证研究。

(一)对外直接投资存量对不同发展水平东道国的贸易效应

我们首先考察对外直接投资存量的贸易效应,其具体研究结果见表6-9、表6-10。

表6-9　　OFDI存量与向不同经济水平东道国的进口贸易引致

变量	发展中国家			发达国家		
	(1)	(2)	(3)	(4)	(5)	(6)
lnofs	0.321 (1.44)	0.337* (1.91)	0.400** (2.21)	0.192** (2.51)	0.219** (2.57)	0.216** (2.52)
lnhg	1.041** (2.11)	0.994** (2.29)	0.947** (2.02)	0.597*** (3.27)	0.627*** (3.19)	0.638*** (3.06)
lncg	0.496 (0.64)	0.480 (0.70)	0.251 (0.37)	0.374 (0.56)	0.144 (0.20)	0.133 (0.19)

续表

变量	发展中国家			发达国家		
	(1)	(2)	(3)	(4)	(5)	(6)
lndis	-0.0554 (-0.37)	-0.100 (-0.78)	-0.0694 (-0.56)	0.0380 (0.14)	0.113 (0.39)	0.139 (0.49)
excc	0.00026** (2.53)	0.00020* (1.92)	0.00024* (1.91)	0.00166*** (4.87)	0.00142*** (3.98)	0.00157*** (4.57)
cc	-0.0858 (-0.23)			-0.437*** (-5.48)		
ge		-0.133 (-1.36)			-0.0263 (-0.45)	
ps			0.246*** (3.19)			0.462*** (3.24)
_cons	-30.95 (-1.00)	-28.86 (-1.09)	-21.96 (-0.81)	-16.65 (-0.85)	-11.37 (-0.53)	-12.07 (-0.57)
Hansen	恰好识别	恰好识别	恰好识别	恰好识别	恰好识别	恰好识别
N	579	579	579	196	196	196
R^2	0.623	0.628	0.634	0.793	0.763	0.786

表 6-10　　OFDI 存量与向不同经济水平东道国的出口贸易引致

变量	发展中国家			发达国家		
	(1)	(2)	(3)	(4)	(5)	(6)
lnofs	0.449*** (4.61)	0.408*** (5.13)	0.383*** (5.05)	0.254*** (5.27)	0.263*** (6.26)	0.245*** (5.45)
lnhg	0.160 (0.80)	0.216 (1.19)	0.214 (1.24)	0.630*** (5.37)	0.540*** (5.24)	0.614*** (5.55)
lncg	0.340 (0.73)	0.435 (1.03)	0.548 (1.30)	-0.307 (-0.62)	-0.385 (-0.86)	-0.220 (-0.46)
lndis	-0.468*** (-4.70)	-0.403*** (-4.24)	-0.439*** (-4.83)	-0.512*** (-2.72)	-0.448** (-2.56)	-0.545*** (-3.05)
excc	0.00004 (0.41)	-0.00007 (-0.66)	-0.00002 (-0.19)	-0.00176 (-0.72)	-0.00050 (-0.22)	-0.00124 (-0.54)

续表

变量	发展中国家			发达国家		
	（1）	（2）	（3）	（4）	（5）	（6）
cc	0.338** (1.96)			0.167*** (2.66)		
ge		0.136** (2.47)			0.130** (2.10)	
ps			0.116** (2.32)			0.124 (1.63)
_cons	0.406 (0.03)	-4.326 (-0.31)	6.901 (-0.50)	10.37 (0.72)	13.87 (1.08)	8.657 (0.63)
Hansen	恰好识别	恰好识别	恰好识别	恰好识别	恰好识别	恰好识别
N	579	579	579	196	196	196
R^2	0.469	0.512	0.509	0.797	0.807	0.797

表 6-9 的回归结果表明，我国对外直接投资的进口贸易促进效应在发展中国家与发达国家东道国均为显著。这说明，我国对外直接投资较为全面地促进了源于不同发展水平国家的进口贸易。

对不同类型国家的进口促进效应进行比较可以发现，OFDI 对发展中国家的进口促进效应更为显著。一方面，我国对外直接投资的东道国中，发展中国家所占比例达 80% 以上，大量发展中东道国由于吸收源自我国的直接投资达到一定规模，产生了体量或规模优势，因此更容易产生直接的贸易促进效应；另一方面，这种明显、直接的进口促进作用与双方产品需求的重叠、相似性有关。此外，在国内生产成本上升的压力下，我国通过对外直接投资的方式将不再具有比较优势的产品的生产向外转移的同时，也引致中间或最终产品进口的增加。从降低生产成本的角度考察，也可以发现，发展中国家更多地提供成本更低的原材料、初级产品等，因此向发展中国家的 OFDI 引致更多的进口也同时契合了我国降低国内生产成本，调整贸易结构，鼓励出口发展的目标。

我国对于发达国家的投资具有显著的进口促进作用。我国流向发达国家的对外直接投资中许多具有技术寻求的特征，通过并购等方式获得发达国家先进技术，再将其以进口的方式输入国内，最终实现了逆向的技术溢出。但是与向发展中国家进行的直接投资相比，向发达国家进行的直接投资进口促进弹性较小。首先，发达国家在我国对外直接投资东道国中占比较小，并不是我国对外直接投资的主要目的地国。其次，虽然我国对发达国家的中高技术制成品、高技术产品，乃至一些国家的矿石资源都具有较高的进口意愿，但是发达国家本身向我国出口的意愿有限，甚至存在出口控制或禁止，这导致对外直接投资能发挥的进口促进作用有限。再次，技术寻求型的对外直接投资，其技术吸收效益不仅体现在中高技术产品的进口，也表现为国外子公司相关技术管理经验的习得等。进口并不是实现技术寻求的唯一方法。最后，我国向发达国家进行的直接投资中，一部分是差异化服务提供型的，这类直接投资通过设立办事处为东道国市场提供服务，如相关的金融行业投资。这类对外直接投资的目的是服务于东道国市场，而非生产创造，因此其能提供的进口创造效应有限。

我国对外直接投资显著促进了我国向发展中东道国的出口（见表6-10）。我国对发展中国家的投资集中于标准化产品制造、劳动密集型初级产品制造、矿石原材料采掘以及基础设施建设方面。其中，标准化产品生产以及劳动密集型初级产品的生产对外转移是我国国内成本上升背景下，不再具有这些产品生产比较优势的直接结果。这样的直接投资与国内生产消费环节关系紧密，这类投资中大量技术、设备、上游中间投入需要由国内的相关生产活动提供。我国与广大发展中东道国的经济发展阶段类似，具有更多的重叠需求。因此这类投资为增加我国向东道国的出口提供了动力。

考察我国向发达国家进行的直接投资的特征，可以发现，我国向发达国家进行投资带来的出口促进作用略小于向发展中国家投资的效应。一方面，这是因为我国向发达国家出口的大量制成品主要是利用我国的成本优势制造生产的。即使是在我国国内生产成本上升的情况下，发达国家本身也不具备这种成本方面的比较优势，自然无法吸引我国相关投资，最终无法形成通过向发达国家进行对外直接投资促进出口的效果。另一方面，我国对发达国家的直接投资是以技术寻求型和差异化服务提供为主要目的。这两类投资均不具有较强的吸引母国出口的特征。这些原因综合导致了向发达国家直接投资带来的出口促进作用略小于发展中国家。但是对外直接投资作为有效渠道，密切了双边经济交流往来，使得我国同发达国家间的贸易向着更为良好的方向发展，这一点是毋庸置疑的。

最后，我们考察东道国制度建设的作用。总体上东道国制度水平对中国进口引致与出口引致的作用与全样本一致。东道国政治稳定程度越高，越有利于中国OFDI的进口引致作用，而政府监督和执政效率提高对进口引致的负面影响存在但并不显著。同时，随着东道国规制完善程度的提高，我国对外直接投资引致更多的出口。总体看，东道国制度发展对OFDI贸易引致的影响在发展中东道国更为明显。OFDI贸易促进作用对制度发展变化具有较高的敏感性。发达国家的制度水平普遍较高，制度建设提升空间有限，其边际影响作用也较小。相反，处于变化与上升时期的发展中国家，制度水平的提升具有更大的边际影响力，因此表现出对我国对外直接投资的贸易效应具有较大的影响。

(二) 对不同经济发展水平东道国OFDI流量的贸易效应

在考察对外直接投资存量的贸易效应基础上,我们进一步针对不同的东道国进行直接投资流量的贸易效应研究。根据相关统计分析,我国对外直接投资近年来更多的流向发展中国家。我们对这个问题进行研究的具体结果见表6-11、表6-12。

表6-11   OFDI流量与向不同经济水平东道国的进口贸易引致

变量	发展中国家			发达国家		
	(1)	(2)	(3)	(4)	(5)	(6)
lnoff	0.236* (1.96)	0.266*** (2.68)	0.314*** (3.24)	0.171** (2.41)	0.191** (2.52)	0.191** (2.48)
lnhg	1.156*** (4.67)	1.103*** (4.76)	1.102*** (4.82)	0.595*** (2.95)	0.624*** (2.93)	0.628*** (2.75)
lncg	0.701 (1.18)	0.659 (1.14)	0.479 (0.82)	0.570 (0.76)	0.408 (0.51)	0.334 (0.43)
lndis	-0.0368 (-0.26)	-0.0894 (-0.66)	-0.0432 (-0.33)	0.0121 (0.04)	0.0716 (0.24)	-0.102 (0.33)
excc	0.00021* (1.92)	0.00013 (1.17)	0.00018* (1.66)	0.00159*** (4.47)	0.00136*** (3.61)	0.00152*** (4.14)
cc	-0.203 (-0.89)			-0.395*** (-4.26)		
ge		-0.190** (-2.36)			-0.00886 (-0.13)	
ps			0.262*** (3.10)			0.434*** (2.74)
_cons	-38.69** (-1.97)	-35.67* (-1.92)	-31.27* (-1.68)	-21.29 (-0.94)	-17.71 (-0.74)	-16.46 (-0.69)
Hansen	恰好识别	恰好识别	恰好识别	恰好识别	恰好识别	恰好识别
N	533	533	533	189	189	189
R^2	0.618	0.628	0.624	0.779	0.751	0.770

表 6-12　　OFDI 流量与向不同经济水平东道国的出口贸易引致

变量	发展中国家			发达国家		
	(1)	(2)	(3)	(4)	(5)	(6)
lnoff	0.351*** (3.69)	0.328*** (4.08)	0.305*** (4.03)	0.220*** (5.01)	0.223*** (6.08)	0.208*** (5.28)
lnhg	0.335* (1.73)	0.354* (1.89)	0.355** (1.97)	0.642*** (5.15)	0.553*** (5.17)	0.622*** (5.34)
lncg	0.690 (1.52)	0.730* (1.70)	0.814* (1.95)	-0.0879 (-0.16)	-0.154 (-0.31)	0.0344 (0.07)
lndis	-0.350*** (-3.75)	-0.316*** (-3.27)	-0.337*** (-3.73)	-0.574*** (-2.77)	-0.527*** (-2.79)	-0.620*** (-3.21)
excc	-0.00004 (-0.36)	-0.00001 (-0.12)	-0.00004 (-0.29)	-0.00307 (-1.18)	-0.00058 (-0.24)	-0.0024 (-0.99)
cc	0.218 (1.23)			0.229*** (3.02)		
ge		0.0854 (1.44)			0.129** (1.99)	
ps			0.121** (2.30)			0.178* (1.86)
_cons	-13.96 (-0.91)	-15.94 (-1.12)	-18.01 (-1.31)	5.441 (0.33)	8.752 (0.61)	2.917 (0.19)
Hansen	恰好识别	恰好识别	恰好识别	恰好识别	恰好识别	恰好识别
N	533	533	533	189	189	189
R^2	0.493	0.513	0.527	0.755	0.761	0.757

我国向不同类型东道国进行直接投资的流量对于我国同东道国之间的贸易而言，均有显著的促进作用。这与此前针对 OFDI 存量的研究结论一致。对发展中东道国，我国对外直接投资因具有寻找各类资源，寻求更低的生产成本等优势，带来了相较于对发达国家的直接投资更为显著的进口促进作用。

出口促进效应方面，对外投资流量上升对我国向发达国家的出口促进作用更为显著。我国向发达国家的投资，主要地集中于高技术领域的并购及差异化服务的提供。其中，差异化服务的提供往往是针对我国相关先期投入的服务类项目。这类投资的上升从侧面反映了市场对我国提供的具有一定技术含量的产品使用率的上升，因此需要差异化的服务提供配套。我国对外直接投资促进向发展中国家出口的作用略小于向发达国家的出口促进效应，这与我国面临国内生产成本上升背景下的产业转型密切相关。发展中国家正在逐步成为我国劳动密集型产业转移的目的地国，由于这些国家对此类产品具有较大的消费需求，我国产业结构调整推动的对外直接投资，使得此前一些出口的产品变为在当地销售。因此，对外投资存在一定的出口贸易替代效应；而我国对外直接投资对发展中国家"适用性技术"的转移和生产设备的输出，更是带来了较长周期的出口贸易替代效果。但是，鉴于我国与发展中国家经贸合作范围、领域在不断扩大，OFDI 流量对发展中国家出口贸易总量的促进作用仍然是较为显著的。

总体上看，对于不同经济发展水平的东道国进行的 OFDI 对我国同东道国间的贸易存在促进作用，这种显著的促进作用为我国 OFDI 的进一步发展提供了有利的条件。

二、对外直接投资与对外贸易：东道国按不同区域划分

我国 OFDI 的投资东道国广泛分布在世界各大洲。根据《2013 年中国对外直接投资公报》，亚洲是我国最重要的对外投资地区，其次是拉丁美洲以及非洲地区。从我国主要的投资东道国来看，在不考虑百慕大群岛、维京群岛等情况下，美国、澳大利亚等发达国家每年吸引我国对外直接投资额也超过 10 亿美元。处于不同大洲的国家，在法律、文化、历史传统等方面存在差异，这些差异对我国 OFDI 的流向选择必定会产生影响，进而导致在对外直接投资的贸易效应方面出现差异。因此，我们有必要从地理区位的角度，对我国流向不同地区 OFDI 的贸易效应进行分析。

我们依据 CPEII 提供的数据，将样本内国家划分为亚洲、非洲、欧洲、拉美、大洋洲及北美洲国家。考虑到样本数量过少和同属于发达国家，我们将大洋洲、北美洲的数据合并计入欧洲，进行回归考察。

（一）分区域 OFDI 存量的贸易效应

1. 进口贸易效应

首先，我们从 OFDI 存量的角度出发，考察我国对分属不同地区的东道国 OFDI 存量的进口效应，相关研究的具体结果见表 6 – 13。①

---

① 由于篇幅限制，分地区回归结果（表 6 – 13 ~ 表 6 – 16）只展现引入政治稳定程度（ps）的回归结果。

表6-13　　　　OFDI存量与进口贸易效应：不同地理区位东道国

变量	非洲 （1）	亚洲 （2）	欧洲 （3）	拉美 （4）
lnofs	0.473*** (6.00)	0.283*** (5.51)	0.246*** (4.94)	-0.0888 (-0.68)
lnhg	0.662*** (7.01)	1.063*** (21.79)	0.611*** (9.65)	1.174*** (19.43)
lncg	0.588 (0.87)	0.0479 (0.09)	0.386 (0.96)	0.489 (0.54)
lndis	-1.839*** (-3.48)	-0.411* (-1.86)	-0.163 (-0.58)	-2.475*** (-4.33)
excc	0.00237*** (5.03)	0.00037*** (5.38)	0.00053 (0.21)	0.0017 (0.61)
ps	0.0476 (0.38)	0.396*** (4.34)	0.672*** (7.30)	-0.0373 (-0.13)
_cons	-17.69 (-1.02)	-23.67 (-1.52)	-19.65 (-1.64)	-65.79*** (-2.68)
Hansen	恰好识别	恰好识别	恰好识别	恰好识别
N	244	237	210	84
R^2	0.469	0.747	0.789	0.849

我国对各大洲进行的对外直接投资均具有进口促进效应，且这一效应对除拉丁美洲外的国家均显著。

我国对不同大洲国家的进口引致途径存在差异。亚洲地区是我国对外直接投资最为密集的区域，我国直接投资在这一区域的兴起不但与双方地理距离接近密切相关，更与这一地区较为丰富廉价的劳动力、土地和资源禀赋密切相关。在我国国内生产成本逐步上升的背景下，我国向亚洲大部分国家和地区进行的直接投资主要涉及利用当地的资源优势，转移国内相关产能。近年来逐步兴起的，利用东南亚地区较为廉价和充足的生产力，保证工厂以较低的成本进行生产的跨境加工活动即是鲜明的事例。这类对外直接投资，在境外子公司完成生产后，产品再进口回到国内市场销售或是进一步加工，较好地利用东道国资源，有效地降低了我国企业的生产成本，同时促进了向东道国的进口，有利于我国经济的发展。在非洲地区，我国对外直接投资密集度也较高。我国企业向非洲的对外直接投资多以矿产资源寻求为目的，因此同样具有较为显著的进口贸易促进效应。

值得一提的是，对外直接投资的发展与我国同相关国家签订的自贸区协定或是区域经济合作有一定的关系。我国对相关东道国对外直接投资增加的同时，伴随着双边贸易障碍的逐步削减，双边经济往来加深，对外直接投资的进口贸易促进作用与技术双向溢出效应进一步发挥。这种与区域经济一体化进程加深相伴随的对外直接投资进口促进作用在同我国地理接近、区域经济合作程度较深的亚洲及非洲地区较为普遍，对双方经贸关系的促进也具有更大的作用。在世界经济下行、国内生产成本上升的背景下，增进双边经贸合作，对我国外贸的进一步发展有十分显著的作用。

欧美、大洋洲地区东道国的经济发展水平较高，欧盟、美国是我国最重要的经济贸易伙伴，我国对这类国家生产的高技术制成品存在较高的进口需求；此外，加拿大、澳大利亚等国的铁矿石等原材料是我国进口的重要商品。长期以来，发达国家对华高技术领域、资源类产业不仅存在输出限制，还设置了相关的投资壁垒。对外直接投资有利于我国企业通过公司内贸易获取技术，在保证资源类产品进口渠道稳定方面也具有一定作用。因此，虽然我国在这些地区的对外直接投资密度较亚洲和非洲地区小，但是其对进口贸易同样具有显著促进作用。

我国向拉美地区的对外直接投资虽然总体规模较大，但这其中较大一部分流向了百慕大群岛等"避税天堂"，产生的生产与贸易效应十分有限；此外，拉美向我国出口的意愿有限，渠道多以政府间合作实现，因此我国对外直接投资在拉美地区的实际贸易引致效应有限。

东道国制度的发展对我国对外直接投资及其贸易引致作用有重要的影响。可以明确的一点是，无论东道国的地理区位如何，稳定的政治环境对吸引投资，进而促进贸易的作用是相同的。只有稳定的东道国投资的情况下，我国对外直接投资的进口贸易促进作用才能够有效、充分地发挥。

2. 出口贸易效应

我们进而遵循相似的思路，对我国向不同地区东道国进行投资的对外直接投资存量的出口贸易效应进行了研究，具体研究结果见表 6 – 14。

表 6 – 14   OFDI 存量与出口贸易效应：不同地理区位东道国

变量	非洲	亚洲	欧洲	拉美
	(1)	(2)	(3)	(4)
lnofs	0.221 ***	0.337 ***	0.205 ***	0.319 **
	(5.23)	(12.51)	(6.56)	(2.10)
lnhg	0.499 ***	0.618 ***	0.546 ***	0.759 ***
	(6.71)	(21.19)	(10.06)	(23.80)

续表

变量	非洲 (1)	亚洲 (2)	欧洲 (3)	拉美 (4)
lncg	0.361 (0.92)	0.406 (1.39)	-0.647** (-2.26)	0.798 (1.07)
lndis	-0.749*** (-2.78)	-0.422*** (-4.90)	-0.503** (-2.29)	-0.210 (-0.31)
excc	-0.00075** (-2.06)	-0.00002 (-0.19)	-0.00010*** (-4.28)	-0.00429** (-2.14)
ps	0.268*** (3.19)	0.110** (2.42)	0.138** (1.97)	0.764*** (3.79)
_cons	-23.33** (-2.23)	-12.29 (-1.47)	9.122 (1.10)	-35.57** (-2.21)
Hansen	恰好识别	恰好识别	恰好识别	恰好识别
N	244	237	210	84
R^2	0.524	0.841	0.819	0.705

我国对各地区东道国的投资都产生了显著的出口促进作用。我国对外直接投资与出口贸易间的互补关系有助于二者协同发展，为我国今后的对外经济发展提供新的增长点。

在不同地区，我国对外直接投资的出口促进作用实现机制也有所不同。在亚洲地区直接投资集中于劳动密集型产品，以国内产业向外转移为契机逐渐发展起来。这类投资的特点引致了我国相关中间产品向东道国的大量出口，促进了出口。此外，降低生产成本为目的的直接投资的产品如果作为中间投入品进入国内生产后，再次出口到东道国的所占比重也较大，因此表现出显著的出口促进效应。在经济一体化方面，我国与东盟等国的经济一体化进程无疑为我国的出口提供了广阔的市场，东盟成为我国 OFDI 的出口促进作用最为显著的典型案例。

对于非洲和中亚、东欧部分独联体国家的投资主要以矿石、油气等自然资源的寻求为目的。这类投资对我国出口的促进作用也较为显著。这类投资由于初期投入建设和交通运输等基础设施改造的需求，会从我国国内引致相关生产设备和产品（如钢铁、水泥等）的出口需求。我国以基础设施建设投入为主的相关对外直接投资，有助于逐步消化国内的过剩产能，进而促进我国产业的转型与升级。此外，利用当地油气资源进行的直接投资，同时促进了当地经济的发展。这在一定程度上提升了当地市场的消费能力，间接地促进了我国向东道国的出口。

最后，总体而言，我国 OFDI 具有密切我国与东道国双边经贸关系的重要作用。我国以 OFDI 为渠道，不但寻找了新的更低成本的生产区位，更稳定的原材料进口供应等，同时也寻找到更多新的出口市场。例如，我国与拉美各国此前经贸联系较弱，双边间以政治联系为主。我国向拉美的对外直接投资使我国企业更为贴近拉美市场，从而有效地带动了相关出口；对于欧洲地区国家的出口促进则与我国对外直接投资有效提供的差异性服务有关。对外直接投资有助于我国扩大进口与出口贸易，吸引外资与对外直接投资的平衡发展。

（二）OFDI 流量的贸易效应

我国对外直接投资每年均以较快的速度增长。根据相关统计，2013 年我国向亚洲、拉美以及非洲地区的对外直接投资呈现增长态势，但向欧洲、北美等发达国家为主的地区的对外直接投资流量却有所下降。研究我国向不同地区投资的流量变化对我国与这些国家间双边贸易的影响是十分有必要的。以下我们将针对这个问题，分别从出口和进口贸易两个方面，展开深入研究。

1. 进口贸易效应

首先，我们考察我国向东道国直接投资流量变化对我国从东道国进口贸易可能存在的影响，具体研究结果见表 6 – 15。

表 6 – 15　　　　OFDI 流量的进口贸易效应：不同地区东道国

变量	非洲 （1）	亚洲 （2）	欧洲 （3）	拉美 （4）
lnoff	0.470 *** (4.30)	0.270 *** (5.22)	0.223 *** (4.64)	-0.316 (-0.57)
lnhg	0.571 *** (5.26)	1.050 *** (21.37)	0.570 *** (7.34)	1.308 *** (4.44)
lncg	0.0477 (0.07)	0.0303 (0.05)	0.302 (0.70)	1.472 (0.65)
lndis	1.423 ** (2.31)	0.324 (1.43)	0.362 (1.19)	2.451 *** (3.65)
excc	0.00218 *** (4.34)	0.00029 *** (4.21)	0.00463 ** (2.03)	-0.00317 (-0.56)

续表

变量	非洲 (1)	亚洲 (2)	欧洲 (3)	拉美 (4)
ps	0.0423 (0.28)	0.323*** (3.46)	0.592*** (6.13)	-0.277 (-0.39)
_cons	-24.68 (-1.27)	-21.16 (-1.35)	-17.98 (-1.42)	-95.86 (-1.40)
Hansen	恰好识别	恰好识别	恰好识别	恰好识别
N	219	218	204	81
R^2	0.369	0.761	0.775	0.783

除拉美地区东道国外，我国向其他地区东道国投资流量的增加都促进了东道国向我国的出口，产生了显著的进口贸易促进作用；我国对非洲直接投资流量增加带来的进口促进作用表现最显著。一方面，我国对非洲地区存在较强的进口需求，直接投资作为有效的渠道，其流量的增加自然促进了非洲相关东道国对我国的出口；另一方面，我国向非洲进行的直接投资是我国对非洲援助的商业性补充，自然能促进了我国从非洲的进口。总之，增加非洲同我国间贸易的贸易利得是我国对非洲进行直接投资的题中应有之义。

对欧洲地区直接投资带来的进口促进效应表明，我国通过并购等方式吸收高技术的生产方式是可行的。对欧洲的直接投资以吸收进口为渠道促进我国高技术产品的进口，进一步鼓励了我国自身技术进步，这一路径具有重要的现实意义。

最后，我国对外直接投资流量增加显著促进了我国同亚洲各国的进口贸易。这表明在国内生产成本上升的情况下，向亚洲地区转移国内已不具有比较优势的产品生产，此后通过进口方式满足国内生产消费需求不仅是可行的，同时能够在有限时间内实现降低生产成本，有效降低国内生产活动成本，提升国内产业结构。简言之，在我国国内生产成本上升的背景下，鼓励对外直接投资高效进行，对保证我国国内生产和消费都具有重要意义。

2. 出口贸易效应

接下来，我们对OFDI流量对我国出口贸易的影响加以考察，具体结果见表6-16。

表 6-16　　OFDI 流量的出口贸易效应：不同地区东道国

变量	非洲 (1)	亚洲 (2)	欧洲 (3)	拉美 (4)
lnoff	0.227*** (3.75)	0.333*** (10.48)	0.194*** (5.69)	1.074 (0.90)
lnhg	0.409*** (4.78)	0.612*** (18.66)	0.496*** (7.20)	0.297 (0.46)
lncg	0.331 (0.73)	0.645** (1.96)	0.844** (2.51)	-2.436 (-0.51)
lndis	0.771** (2.36)	-0.454*** (-4.41)	0.682*** (2.62)	0.0737 (0.05)
excc	-0.00092*** (-2.67)	-0.00008 (-0.79)	-0.00135*** (-4.06)	0.00115 (0.99)
ps	0.353*** (3.68)	0.148*** (2.64)	0.201** (2.42)	1.675 (1.30)
_cons	-20.26* (-1.65)	-18.03* (-1.88)	14.41 (1.49)	66.94 (0.47)
Hansen	恰好识别	恰好识别	恰好识别	恰好识别
N	219	218	204	81
R^2	0.435	0.788	0.775	-0.223

我国对外直接投资流量总体上对向各东道国的出口具有促进作用，这种促进作用除对拉美地区外，其他各地区国家均表现显著。投资流量的持续增加，对于我国出口贸易的发展是有利的。这一点破除了许多人对对外直接投资会替代我国出口的担忧。

投资流量变化与存量变化对出口贸易的促进作用总体上类似。在个别地区存在差异的原因是流向不同地区的投资进入不同产业，因此发挥作用的时间存在差异。最典型的例子即我国对外直接投资对我国向拉美地区出口的作用，从存量和流量角度出发度量存在较大差异。投资流量增加对拉美地区的出口促进作用显著性有限，其原因可能与向拉美地区进行的投资发挥影响力需要的时间较长有关，因此表现为对外直接投资存量存在显著的促进作用，而流量的促进作用并不十分显著。

对于其他地区，投资流量增加存在显著的出口促进作用。这表明，我国对外直接投资对我国对外贸易的正向影响,既与投资总量的积累相关,同时也有赖于新增投资。这种现象的存在鼓励更多的企业进行对外直接投资,同时也鼓励着已经进行对外直接投资的企业进一步扩大其投资规模。通过流量与存量的双重作用,我国对外直接投资对于我国出口贸易的发展才能发挥更为重要的作用,双方间的互补关系才能更好地发挥。

第四节　研究结论与政策启示

经过自改革开放以来的快速发展,我国已跃居为世界第二大经济体。这种经济飞速发展的背后,是投资、消费、外贸等共同拉动的结果。对外贸易在其中发挥了重要的作用。但我国经济发展正面临转型的巨大压力,其中,我国外贸特别是出口面临的挑战更大。

我国出口面临来自国内与国外双重的挑战。国内的挑战主要来自生产成本的上升。随着我国的劳动力红利的逐渐丧失,我国长期依赖的低廉的劳动力成本带来的比较优势也正逐步消失,这意味着我国出口中比较优势的消失,我国出口需要寻找新的出口增长点。国外方面的挑战,首先是因为世界经济形势总体低迷导致的世界市场不景气,我国传统的贸易伙伴国如美国、日本、欧盟等进口需求下降,导致我国出口市场萎缩,出口不振。同时,我国长期以来带有重商主义特征的对外贸易方式,对出口予以更高的关注,相反对进口的关注较少。这种进出口贸易的不平衡发展带来同各国的贸易中我国存在较大的贸易顺差。巨大的贸易顺差成为我国对外经济发展中常被诟病的问题,对我国外贸的进一步发展构成一定威胁。因此总体看,我国未来对外贸易发展中,一方面需要提振出口,开发新的出口市场;另一方面,则需要平衡进口贸易与出口贸易的发展。只有在这两个方面做出突破,才能更好地促进我国对外贸易乃至经济的发展。

近年来,国家鼓励更多企业"走出去"。对外直接投资的发展,是我国经济发展到一定水平的产物,同时也是国家政策推动的结果。大规模的对外直接投资,对在国内生产成本上升、国际市场发展面临压力的我国的对外贸易的影响值得我们关注。本部分集中关注我国对外直接投资对我国对外贸易的影响。

我国对外直接投资具有显著的贸易促进作用,具体表现在以下几个方面。

首先,从存量看,随着我国"走出去"企业的增多,我国对外直接投资存量逐步增加,产生了贸易促进作用。在进口方面,对外直接投资促进东道国向我国出口原材料、劳动密集型产品以及高新技术产品。在我国国内成本上升的背景下，对外直接投资一方面为我国保证了更为稳定便利的原材料来源；同时通过对外直接投资向外转移劳动密集型产业，有助于我国国内的产业升级。另一方面，对外直接投资带动生产转移，也有助于我国相关行业企业节约生产成本，帮助其生产的产品降低价格和更加接近最终消费市场，提升企业的经营效率。在出口方面，OFDI 有助于促进我国相关产品寻找和扩大出口市场。对外直接投资对出口贸易最主要的促进表现在对中间产品出口的增加，以及对一些国内存在产能过剩潜在可能性产品的出口促进。对外直接投资以接近产品市场为目的的投资促进国内相关中间产品出口，利用当地的劳动力、土地优势等进行加工生产，有效地利用当地资源，解决了国内生产的高成本问题。投资转移过剩产能的方式对于我国与东道国实际上是双赢的，促进了双方经济的发展。总体上看，对外直接投资有助于我国总体经济结构的调整。

其次，从流量出发，我国每年迅速增加的对外直接投资对我国贸易也具有显著的促进作用。这种促进作用在进出口方面均显著，说明我国对外直接投资对贸易的动态驱动作用持续增强。

在针对不同东道国的研究方面，我们也有所发现。具体来说，我们将研究的关注点进一步集中到各投资东道国上，对投资东道国的经济属性（分为发展中国家和发达国家）以及自然属性（分属不同大洲）两个方面的因素对我国对外直接投资的贸易效应可能产生的影响进行分析研究。由此更为深入全面地探究了我国对外直接投资的贸易效应。

研究发现，我国对外直接投资的贸易促进作用受到投资东道国的影响较小，地理区位不同、经济发展程度不同的投资东道国均能够有效地以吸收我国投资为纽带促进双边贸易。这是因为不同的投资东道国吸引的我国对外直接投资，由于其不同的投资寻求目的，均能对我国的进出口贸易产生正向影响。因此，我国对外直接投资的贸易促进作用是广泛存在的。以我国国内生产成本上升为背景迅速发展的企业大规模"走出去"，不仅实现了我国企业生产布局的全球化，同时对我国对外贸易的发展也具有显著的促进作用。这种广泛的贸易促进作用，对正处于经济结构转型调整阶段的我国，具有深远的意义。这也决定了未来我国对外直接投资继续发展是有必要有意义的。

最后，东道国制度水平对我国同东道国间贸易的影响也是复杂的。总体来看，东道国稳定的政治环境对我国同东道国的贸易具有促进作用。相反，东道国制度的其他方面的改善对我国同东道国的贸易并没有显著的促进作用，甚至表现出显著的阻碍作用，如东道国的民主程度的提高往往不利于双方间的贸易。这一方面与我国以对外投资为纽带进口的商品具有高不可替代性、高技术含量的特征有关。这些产品的出口往往被认为不利于东道国自身经济的发展。因此伴随民主程度提高，为了获得国内相关支持，东道国政府会增加对相关产品出口的限制。另一方面，我国的迅速崛起引发了世界范围内一些国家的担心与忧虑，由此甚至产生一些负面评价。同时，在世界经济形势走低的情况下，贸易保护主义有所重现，各国政府贸易限制措施有所增加。国内民主程度等的提高可能会限制中国相关产品的出口，由此影响双方的贸易活动。因此，为了保证在世界经济走低、我国国内生产成本上升的情况下中国贸易的发展，对外直接投资作用的进一步发挥，改善一些国家对中国的错误认识也是十分有必要的。

通过研究在我国国内生产成本上升背景下的我国对外直接投资与中国同东道国之间的贸易关系，我们认为，为了促进未来一段时间内，我国对外直接投资与对外贸易的共同发展，同时也为了促进我国国内经济结构调整、贸易结构的调整等，可以从以下几个方面对中国对外直接投资的发展加以规划。

第一，鼓励我国企业继续大规模"走出去"。我国的对外直接投资虽然有所发展，但是发展的水平仍然有限，即使现在对外直接投资的存量达到了一定水平，但并不是投资的饱和。我们应该继续鼓励我国企业"走出去"，将不再具有国内生产比较优势的生产向外转移，优化国内生产结构。同时，通过对外直接投资，保证我国国内生产的矿石原材料等需求，稳定相关产品供给，避免大幅度成本变化对国内生产、经济发展造成额外的冲击。

第二，鼓励更多的投资流向发达国家。我国对发达国家对外直接投资的趋势近年来有所放缓，对欧洲、美国等投资下降。但是，我们的研究结果表明，我国对发达国家直接投资有助于我国企业获得相关的先进生产技术，促进国内生产创新与产业结构的调整。此外，以对外直接投资为纽带，进一步促进我国向发达国家进行出口这一渠道也被证明是有效的。我们同样有理由相信，我国同发达国家间的贸易顺差可以因为我国对外直接投资对发达国家与我国贸易间的双向促进作用有所缓解、改变。因此，鼓励我国企业增加向发达国家的投资是有必要、有重要意义的。

第三，合理平衡流向发展中国家不同领域的投资，避免过多投资流向矿石采掘业，造成相关国家对我国直接投资的反感。虽然通过向发展中国家的矿石相关行业进行投资有助于我国国内生产的原材料的稳定供应，但是过多这样的投资会造成中国 OFDI 相关的负面情绪，不利于我国对外直接投资的国际声誉，不利于我国向这些国家进行直接投资的进一步发展。因此，我们有必要适度调整我国对外直接投资流向发展中国家的领域、速度、规模等，为其继续发挥作用提供保证。

第四，合理规划目标，充分考察东道国的制度发展水平，从而才能更好地促进我国 OFDI 与外贸的共同发展。研究中我们已经发现东道国的制度发展水平对我国对外直接投资的贸易促进作用存在影响。因此我国在进一步布局OFDI，特别是以促进我国相关产品进口为目的的投资时，应该对东道国的制度发展水平给予充分的重视，保证这种进口促进作用的合理发挥。

第五，对投资流向也应该加以引导。虽然我国流向拉美地区的投资仅次于流向亚洲地区的投资，但是我国对外直接投资大量进入拉美地区并不是以从事生产为目的。相反，是以寻求税收优惠为目的。由此造成大量流向拉美地区的投资并没有创造出实际生产价值、贸易价值。对这种避税形式等或其他非生产目的的大量资本的外流我们应该给予足够的重视，采用适当的手段引导资金流向。

第六，在未来的发展中，对我国对外直接投资的作用及其与我国外贸的发展、经济发展的关系应该给予更多的关注。积极利用我国对外直接投资这一有力渠道，在我国国内生产成本上升，世界各国经济发展总体放缓的背景下，为我国经济的发展提供有力的新的驱动力。具体在应对中国出口贸易成本上升这一情况，鼓励OFDI的发展无疑是一个有效的途径。因此，针对不同出口环节的成本上升问题，应该鼓励不同类型、不同投资目的的对外直接投资。广泛而言，通过鼓励中国对外直接投资密切中国同更多国家的往来，降低中国的出口隐形成本。同时，针对存在不同生产环节成本上升问题的行业，鼓励不同类型的对外直接投资。对于因为土地、劳动力成本上升而出口受阻的行业，鼓励这类行业转移生产，将中间品的生产转移至具有更低劳动力、土地成本的国家，以此降低最终产品的生产成本，促进最终产品的出口。对于一些因原材料价格上升而成本居高不下的行业，则鼓励其寻找新的原材料来源，并鼓励相应的资源寻求型直接投资，为这类行业的生产保驾护航。最后，对于一些整体技术水平落后的行业，通过鼓励技术寻求型对外直接投资，推动行业整体技术升级，为行业的生产管理成本下降提供助力，最终降低其总成本，有助于其出口的进一步发展。

第七章

要素成本上升背景下中间品贸易与技术进步

改革开放以来,中国利用廉价劳动力优势参与国际市场竞争,加工贸易出口比重长期处于50%左右①,成为"世界工厂",出口成为拉动中国经济快速增长的"三驾马车"之一。但是,随着中国人口红利逐渐消失,中国对外出口出现了新的约束——劳动力成本约束。据国家统计局统计数据显示,2014年中国有19个省份提高了最低工资标准,平均增幅14.1%,最低工资标准大幅上调和平均工资水平的快速增长,使得中国劳动力成本的比较优势正在减弱。与此同时,"高能耗、高污染、低效率"等问题使得我国原有的粗放式经济增长模式难以为继。再加上2008年以来的全球经济危机也给我国外向型的经济敲响了警钟。在劳动力成本不断上升、资源环境约束持续强化、出口压力倍增的背景下,技术进步成为我国突破目前困境的必然选择。为此,本章将先探讨要素成本上升背景下进口中间品是否促进中国制造业全要素生产率,然后考察中间品贸易自由化对中国制造业企业的生产技术选择的影响。

---

① 根据2009年《中国统计年鉴》数据计算,2000~2007年加工贸易出口比重分别为55.24%、55.41%、55.26%、55.19%、55.28%、54.66%、52.67%、50.71%。金融危机之后降到50%以下,2008年为47.19%。

第一节 要素成本上升背景下进口中间品与中国制造业全要素生产率[①]

众所周知,生产要素除了包含劳动力和资本这两个最主要的因素外,还包括土地和自然资源、技术等成分。在给定劳动力和资本的前提下,采用更先进的技术将生产更多的产出。如前所述,我国目前面临劳动力成本上升、资源环境约束持续强化和出口压力倍增等不利局面,唯有通过取得技术突破才能摆脱桎梏。目前加工贸易仍在中国对外贸易中占据重要比重,而加工贸易"进口—出口—进口"三环节环环相扣,使得中间品的进口必不可少。因此,我们选择进口中间品作为切入点,探讨进口中间品和技术的内在联系。

另外,本节将以全要素生产率作为衡量中间品进口对外贸中长期发展有效性的效率指标,找出进口中间品对全要素生产率的影响机制,补充检验进口中间品对全要素生产率的作用机理,最终透过全要素生产率论证中间品进口对我国外贸乃至经济发展的重要意义,并为下节进一步考察中间品贸易自由化水平和制造业企业技术选择的关系做铺垫。

一、问题的提出

在经济全球化和国际垂直专业化分工的背景下,中间品贸易成为全球化生产过程中不可或缺的重要环节。2012年,中国制造业中间品的进口分别占所有货物总进口和制造业总进口的45.6%和77.6%,[②] 中间品进口已成为中国经济发展的重要支撑。由于劳动力成本等优势,中国成为当今的"世界工厂"和全球商品价值的增值平台,加工贸易发展迅速,加工贸易在中国对外贸易中的比重从1981年的5.98%提高到2012年的35.9%,[③] 而加工贸易的"进口—加工—出口"三环节缺一不可,使得加工贸易必须依赖于中间品的进口。另外,由于中国现处的经济发展阶段的限制,生产技术水平不高,一些关键零部件和机器设备相对匮乏,进口此类中间品可为中国的技术进步、产业壮大和产品链的延伸做出重要

[①] 本节内容已发表在《世界经济》2015年第9期。
[②] 作者根据UN Comtrade数据库计算得出。
[③] 1981年的数据是根据《2011中国贸易外经统计年鉴》的数据计算而得,2012年的数据来自商务部的《中国对外贸易形势报告(2012年春季)》。

贡献。

　　此外，改革开放以来中国经济取得了快速增长，但粗放型增长方式造成的负面影响也逐渐凸显。我们应当更加关注经济的长远发展，而作为衡量生产活动的效率指标——全要素生产率（total factor productivity，TFP）被认为是经济长期增长的一个决定因素（López－Pueyo et al.，2008），因此，探究影响全要素生产率的因素成为学界研究的热点问题。其中，国际贸易就是提升全要素生产率的重要途径之一，同时已有学者意识到进口中间品作为新知识和技术的载体之一，是影响全要素生产率的重要因素（Romer，1990；Grossman and Helpman，1991；Coe and Helpman，1995；Broda and Weinstein，2006；Amiti and Konings，2007；Halpern et al.，2009；Goldberg et al.，2010；Mendoza，2010）。

　　笠原和罗德里格（Kasahara and Rodrigue，2008）利用智利制造业的数据检验了进口贸易与生产率的关系，发现企业成为中间品进口者后全要素生产率显著提高了。Amiti and Konings（2007）研究了关税降低对印度尼西亚企业生产率的作用。研究表明，10%出口关税的降低提高了企业1%的生产率，相同幅度进口关税的降低能提高企业3%的生产率，而对于进口中间品的企业，生产率的提高可达到11%。与阿米蒂和柯宁斯（Amiti and Konings，2007）的研究结果类似，哈尔彭等（Halpern et al.，2009）发现1993～2002年进口对匈牙利制造业生产率的提升作用超过了1/3，其中一半的贡献源于进口中间品数量的不断提高，而且随着关税的下降，进口更多种类中间品的企业的生产率提升更为明显。阿尔托蒙特等（Altomonte et al.，2008）则进一步将进口中间品分为本行业和上游行业两类，分别考察它们对生产率的影响，结果表明上游行业的进口中间品比本行业的进口中间品更有效地提高本行业企业的生产率。而阮氏和帕森斯（Nguyen and Parsons，2009）基于日本的进口数据得出了与阿尔托蒙特等（2008）相反的结论，即本行业进口的水平效应（level effect）要大于上游行业进口的直接竞争效应（direct competition effect）。基于比利时企业数据的研究发现，企业的进口强度会对生产率产生促进作用（Muûls and Pisu，2009）。有学者将进口、创新与企业的出口行为联系起来，发现企业主要通过进口获得生产率的提升（即学习效应），从而促进企业进行研发与创新，然后再出口（Damijan and Kostevc，2010）。然而，也有个别文献（Biesebroeck，2003；Muendler，2004）发现进口中间品对企业的生产率没有促进作用。综合来看，无论从进口贸易的自由化还是从企业进口决策的角度，已有的经验研究基本支持这样的结论：进口中间品有助于全要素生产率的提升。

　　而另外一些学者着重探讨进口中间品促进全要素生产率的途径和机制，归纳起来有以下几点：首先是学习效应（Romer，1990；Coe and Helpman，1995；

Mendoza，2010），进口中间品可能包含了来源国更为先进的技术，企业可以通过进口中间品包含的新知识学习到这些技术，从而有助于提高企业的生产率水平。其次是水平效应（Grossman and Helpman，1991；Broda and Weinstein，2006；Halpern et al.，2009），通过贸易，可以使用更多种类的中间投入品，从而促进全要素生产率的增长（钱学锋等，2011）。最后是价格效应（Melitz and Ottaviano，2008；Goldberg et al.，2010），进口中间品和本国中间品的竞争有助于提高中间品生产企业的效率，在二者存在一定替代性的情况下，相对价格的变动会影响使用企业的生产成本和生产率水平。

国内方面，受长时间出口导向思维的影响，国内学者更多地将研究重点集中于出口与经济发展的研究方向上（张杰等，2009；李春顶，2010；戴觅和余淼杰，2011），对进口的作用重视不够。然而自2008年金融危机以来，人们越来越充分认识到中国过度依赖外需的经济发展模式的脆弱性，逐步改变外贸政策，并重新审视和重视进口的作用。从已有研究来看，高凌云和王洛林（2010）、钱学锋等（2011）及陈勇兵等（2012）与本书的相关性较大。高凌云和王洛林（2010）利用中国3位码工业行业数据，发现进口贸易对工业行业的全要素生产率和技术效率产生"负溢出效应"，而进口竞争通过提高工业行业的技术效率提高了全要素生产率。钱学锋等（2011）利用BACI数据考察了进口贸易对中国制造业全要素生产率的影响，结果显示上游行业和下游行业进口种类的变动对全要素生产率有不同的影响，而影响机制和作用程度的差异取决于进口来源国和行业的技术水平。陈勇兵等（2012）利用中国工业企业数据分析了进口中间品对全要素生产率的影响，得到了与笠原和岁德里格（2008）类似的结论，即企业进口中间品对生产率有显著的促进作用，而且对人均资本较低的企业和西部企业尤为明显。

可以看出，关于进口影响全要素生产率的文献近年来不断丰富，为本书的研究奠定了一定的基础，但是目前的研究还有一些不足之处。首先，从理论层面看，已有文献将进口中间品影响全要素生产率的机制分割开来划分为三类，然而这些机制实际上并不是孤立存在的，而现有的理论机制和模型通常只讨论其中的一个或两个，忽略了其他途径的影响。其次，从经验分析看，关于进口中间品影响生产率的文献较为匮乏，特别是中国，相关研究还处于起步阶段。高凌云和王洛林（2010）与钱学锋等（2011）的研究没有将进口中间品的数据分离出来专门进行分析，陈勇兵等（2012）的研究考察了企业进口状态的改变对生产率的影响，而未对影响的机制进行检验。

鉴于此，本书对已有研究做了以下推进：首先，对已有的理论模型进行改进，使其能够更全面地解释进口中间品对全要素生产率的影响机制，并提出了待检验的命题。其次，本书在已有研究和本书理论框架的基础上对进口中间品影响全要素生产率的作用机理做了更为全面地经验检验。在 COMTRADE 数据库提供的产品层面数据的基础上，本书按照联合国 BEC 分类法将中间品分离出来进行经验分析，弥补了之前将中间品与最终品数据合在一起研究的不足。另外，为了得到每个行业使用的进口中间投入额，本书还利用 WIOD 数据库中的非竞争型投入产出表计算得到每个行业实际使用的进口中间品金额，因此本书的经验研究也是对目前国内已有文献对作用机理检验缺乏关注的一个有益补充。

二、中国制造业进口中间品的特征性事实

从中国制造业进口中间品①的总体情况来看（见图 7-1），2003~2011 年，中间品的进口总额总体呈增长趋势，年均增长 15.56%。2009 年由于受金融危机的影响，中国制造业中间品的进口额下滑了 5.6%，但随着全球经济的逐渐复苏，2010 年强劲增长，增速达到 30.6%。

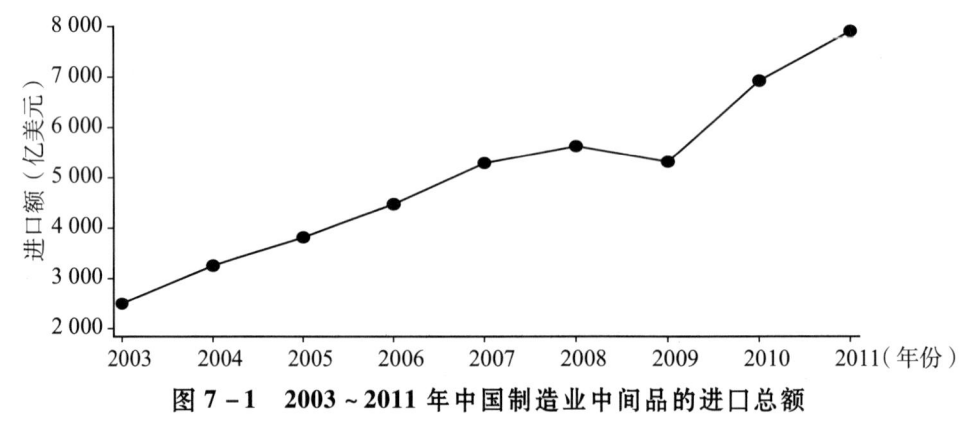

图 7-1　2003~2011 年中国制造业中间品的进口总额

资料来源：作者根据 UN COMTRADE 数据库计算得到。

为了考察中国各制造业实际生产所使用的进口中间品的情况，本书进一步利用 WIOD 数据库提供的非竞争型投入产出表②测算了各行业进口中间品占其中间品的比重（见表 7-1），不难发现，各行业利用进口中间品的差别较为明显。石

---

① 图 7-1 的进口中间品数据来自联合国 COMTRADE 数据库提供的 HS（Rev.2002）六位码进口数据。按照联合国 BEC 分类，111、121、21、22、31、322、42 和 53 项下的产品类别为中间产品，而联合国提供了 BEC 产品类别与 HS（Rev.2002）六位码的匹配表。

② WIOD 数据库中的进口中间品投入数据也是来自 COMTRADE 数据库的 HS 6 位码数据，并依据 BEC 进行划分的。

油加工、炼焦及核燃料加工业，化学原料及化学制品业，橡胶及塑料制品业，金属制品业，机械制造业，电气及电子机械器材业六个行业的进口中间品比重的平均值大于10%，对进口中间品依赖度较强，特别是石油加工、炼焦及核燃料加工业和电气及电子机械器材业。从各行业进口中间品比重的变化趋势来看，一方面，与图7-1类似，2009年所有行业的进口中间品比重都发生了不同程度的下降，这与当年中国外贸总体变动情况相一致；另一方面，除食品饮料制造及烟草业，石油加工、炼焦及核燃料加工业和金属制品业外，其他行业的进口中间品比重基本都处于下降通道中，说明中国对进口中间品的依赖性在下降，本国生产的中间品对进口中间品的替代性在加强。

表7-1 2003~2011年中国制造业进口的中间品比重

行业名	2003年	2005年	2007年	2008年	2009年	2011年
食品、饮料制造及烟草业	0.042	0.048	0.045	0.052	0.043	0.050
纺织及服装制造业	0.104	0.092	0.061	0.051	0.042	0.045
皮革、毛皮及鞋类制品业	0.098	0.094	0.069	0.064	0.050	0.050
木材加工及木制品业	0.077	0.084	0.080	0.064	0.054	0.071
造纸、印刷和记录媒介的复制	0.098	0.095	0.095	0.083	0.076	0.087
石油加工、炼焦及核燃料加工业	0.267	0.335	0.360	0.433	0.311	0.446
化学原料及化学制品业	0.131	0.144	0.129	0.127	0.099	0.125
橡胶及塑料制品业	0.120	0.131	0.111	0.095	0.082	0.092
非金属矿物制品业	0.069	0.074	0.066	0.061	0.052	0.067
金属制品业	0.113	0.140	0.135	0.138	0.117	0.153
机械制造业	0.109	0.144	0.122	0.084	0.074	0.101
电气及电子机械器材业	0.257	0.296	0.235	0.190	0.156	0.158
交通运输设备业	0.099	0.117	0.098	0.077	0.071	0.085
其他制造业及废料回收加工业	0.094	0.095	0.082	0.071	0.063	0.072

资料来源：作者根据WIOD数据库计算得出。

注：限于篇幅，省略了2004年、2006年和2010年的数据，有兴趣的读者可向作者索取。

三、进口中间品影响全要素生产率的内在机理与理论模型

（一）内在机理

正如前文所提到的，从现有文献看，人们将进口中间品对生产率的影响渠道

归纳为三种：学习效应、水平效应和价格效应。然而，学习效应可通过数量和种类两个维度影响全要素生产率，进口中间品种类的提升可通过水平效应和学习效应两种渠道影响生产率的变化。因此，结合中间产品的特殊属性以及已有的相关研究，本书把进口中间品影响全要素生产率的机制重新归类为数量效应、种类效应和价格效应。在这种分类下进口中间品对全要素生产率的具体作用机理如下：

1. 数量效应

罗默（Romer，1990）提出的内生增长模型表明一个国家经济增长的速度取决于人力资本的数量。在一个开放的经济中，通过进口，该国相当于利用了更多的人力资本，经济增长的速度比封闭条件下更快。因此，罗默认为应该通过扩大贸易开放程度以提高经济增长的速度。科埃和埃尔普曼（Coe and Helpman，1995）认为，研发对生产率的作用不仅局限于国内，还通过学习效应对进口国的生产率产生促进作用，而学习效应的大小与进口量密切相关，因此可通过提高进口规模促进全年要素生产率的提升。科埃和埃尔普曼（1995）的思想与罗默（1990）有相似之处，认为通过进口贸易，一国相当于利用其他国家的研发资本存量促进全要素生产率，而扩大贸易规模有利于加强这种促进作用。

2. 种类效应

与体现中间品进口水平差异的数量效应相对应，中间品进口的种类效应反映的则是中间品进口的垂直差异。在已有的研究中，格罗斯曼和埃尔普曼（Grossman and Helpman，1991）已经对中间品对全要素生产率的影响进行了理论推导。他们最终得出了全要素生产率的表达式为 $TFP = n^{\frac{1-\alpha}{\alpha}}$，其中 n 表示中间投入的种类，且 $0 < \alpha < 1$。因此，随着可获得的中间投入种类 n 的增加，全要素生产率会随之上升。虽然该文并没有区分中间投入的来源（国内生产或从国外进口），但我们仍可从中推断，进口中间品作为中间投入的组成部分，其种类的变化无疑会影响中间投入种类的变化，从而对全要素生产率产生影响。布罗达和威斯坦因（Broda and Weinstein，2006）、哈尔佩恩等（Halpern et al.，2009）通过与格罗斯曼和埃尔普曼（1991）类似的模型也得到了同样的结论。进口中间品种类的增加可以提高生产率的原因在于通过贸易，企业获得了更多种类的中间投入品，从而促进产出水平和生产率的提高，布罗达和威斯坦因（2006）将之称为"水平效应"。同时，里韦拉·鲍蒂兹和罗默（Rivera–Batiz and Romer，1991）认为，追求利润最大化的创新者研发新的中间品，这样新的中间品包含了更加先进的技术。因此通过进口新种类的中间品，一国可从中学到国外先进的知识和技术，从而有利于提高生产率水平。总而言之，进口中间品种类的变化可通过"水平效应"和"学习效应"对全要素生产率产生作用，本书称之为进口中间品的种类效应。

3. 价格效应

进口竞争提高了国内产品市场的竞争程度，在任意给定的需求水平下提高了企业的需求价格弹性，导致生产率最低企业的退出，并降低企业的产品价格和加成率（Melitz and Ottaviano，2008），因此中间品的进口会通过竞争效应导致国内中间品的价格发生改变。戈尔德贝尔格等（Goldberg et al.，2010）的模型进一步表明在假定国内与进口中间品存在一定替代性和竞争性的情况下，相对价格的变动可以通过改变企业的生产成本影响生产率水平。

（二）理论模型

关于中间品进口对全要素生产率的影响机制分析还不完善，本书试图在其他学者研究的基础上，通过模型的推导，更为全面地描述进口中间品对全要素生产率的影响。笔者对哈尔佩恩等（2009）的模型进行改进，以体现进口中间品的数量、种类和价格效应。假设代表性厂商的生产函数形式为：

$$Y = \Phi K^{\beta_k} L^{\beta_l} \prod_{i=1}^{N} M_i^{\gamma_i} \tag{7.1}$$

其中，K 和 L 分别代表资本和劳动，M_i 为用于生产的中间投入品 i，Φ 为希克斯中性全要素生产率，γ_i 是生产过程中第 i 种中间投入品的比重，γ_i 对于不同的中间投入品是不相同的，生产过程中所有中间投入品的比重为 $\gamma = \sum_i \gamma_i$。假定中间产品 M_i 由国内和国外企业共同提供，以 CES 函数的形式表示为：①

$$M_i = \left[(B_i M_{iF})^{\frac{\rho-1}{\rho}} + M_{iD}^{\frac{\rho-1}{\rho}} \right]^{\frac{\rho}{\rho-1}} \tag{7.2}$$

其中，M_{iF} 和 M_{iD} 分别表示进口中间品和国内中间品的数量，其价格分别为 P_{iF} 和 P_{iD}，$\rho > 1$ 为替代弹性，ρ 越大，进口中间品和国内中间品的区别越小。B_i 为效率参数，这里假定 $B_i \geqslant 0$，意味着国外中间品质量好于国内中间品。与哈尔佩恩等（2009）模型的一个不同点是本书生产函数的效率参数 Φ 是进口中间品种类 n 和数量 M_{iF} 的函数，即 $\Phi = \Phi(n, M_{iF})$，其含义在于企业通过进口提高了中间品的集约和扩展边际，外国技术在国内生产中被使用得越多，越有助于企业通过学习效应提高生产效率。假定 Φ 对于种类 n 和数量 M_{iF} 都是严格单调递增且凹的，这样本书的生产函数最终为如下形式：

$$Y = \Phi(n, M_{iF}) K^{\beta_k} L^{\beta_l} \prod_{i=1}^{N} \left\{ \left[B_i M_{iF}^{\frac{\rho-1}{\rho}} + M_{iD}^{\frac{\rho-1}{\rho}} \right]^{\frac{\rho}{\rho-1}} \right\}^{\gamma_i} \tag{7.3}$$

如果企业只用国内中间品生产产品，其中间品价格指数 P_i 即为国内中间品价格 P_{iD}；如果企业同时使用进口和国内中间品，则其价格指数可以根据式

---

① Goldberg 等（2010）使用了类似的中间品生产函数。

(7.2) 通过成本最小化条件得到，为 $P_i = [P_{iD} + (P_{iF}/B_i)^{1-\rho}]^{1/1-\rho}$。因此：

$$P_i = \begin{cases} [P_{iD} + (P_{iF}/B_i)^{1-\rho}]^{1/1-\rho} & n > 0 \\ P_{iD} & n = 0 \end{cases} \quad (7.4)$$

为简便起见，将国内中间品价格标准化为1，则：

$$P_i = \begin{cases} [1 + (P_{iF}/B_i)^{1-\rho}]^{1/1-\rho} & n > 0 \\ 1 & n = 0 \end{cases} \quad (7.5)$$

由于 $B_i > 0$ 且 $\rho > 1$，当 $n > 0$ 时 $P_i < 1$，因此当存在国内中间品和进口中间品相互竞争的时候，企业所使用的全部中间品的价格指数要比本国中间品的价格更低，而且 P_{iF} 越低价格指数越小，对买方企业越有利。所以，企业同时使用进口中间品和本国中间品要比单纯使用国内中间品的成本更低。此时，企业使用进口中间品 i 带来的成本下降的百分比 a_i 可表示为：

$$a_i = \frac{\ln[1 + (P_{iF}/B_i)^{1-\rho}]}{\rho - 1} \quad (7.6)$$

在给定的柯布—道格拉斯（Cobb—Douglas，C—D）生产函数条件下，花费在中间品的总支出 X 如下所示：

$$X = \prod_{i=1}^{N} P_i^{\gamma_i/\gamma} \prod_{i=1}^{N} M_i^{\gamma_i/\gamma} \quad (7.7)$$

将式（7.7）与式（7.1）和式（7.4）联立并取对数得：

$$y = \beta_k k + \beta_l l + \gamma x + \sum_{i=1}^{n} a_i \gamma_i + \phi \quad (7.8)$$

其中，小写字母 y、k、l、x、ϕ 为对数形式，式（7.8）右侧中的前3项分别代表了资本、劳动和中间投入品对总产出的贡献。因为企业的全要素生产率为产出中不能被投入解释的部分，所以根据式（7.8），企业的生产率水平 TFP 可表示为：

$$TFP = y - \beta_k k - \beta_l l - \gamma x = \sum_{i=1}^{n} \gamma_i a_i + \phi \quad (7.9)$$

$\sum_{i=1}^{n} \gamma_i a_i$ 为进口中间品对 TFP 的"直接"贡献，其含义在于进口中间品的企业会导致它们在中间品上的支出减少、成本降低，其中第 i 种进口中间品带来的支出减少为 $a_i \gamma_i$，且进口种类越多，支出减少得越多。

将 a_i 和 ϕ 的函数形式代入式（7.9）得到企业全要素生产率的具体函数形式：

$$TFP = \frac{1}{\rho - 1} \sum_{i=1}^{n} \gamma_i \ln[1 + (P_{iF}/B_i)^{1-\rho}] + \phi(n, M_{iF}) \quad (7.10)$$

$\phi(n, M_{iF})$ 为进口中间品对全要素生产率的"间接"贡献，即学习效应。不难看出 $a_i = \ln[1 + (P_{iF}/B_i)^{1-\rho}]$ 是大于零的，又由于 $\phi(n, M_{iF})$ 是关于 n 递增

的，因此，随着 n 的增加，等式右边的两项都会增加，据此可以得到本书的第一个命题：

命题 1：全要素生产率随进口中间品种类的增加而提高，即 $\partial TFP/\partial n > 0$。

因为 $\phi(n, M_{iF})$ 关于 M_{iF} 是递增的，因此 $\partial TFP/\partial M_{iF} > 0$。所以本书的第二个待检验命题为：

命题 2：全要素生产率随着进口中间品数量的增加而提高，即 $\partial TFP/\partial M_{iF} > 0$。

因为 a_i 关于 P_{iF} 是减函数，因此在给定国内中间品价格的情况下，全要素生产率 TFP 关于 P_{iF} 是递减的，即 $\partial TFP/\partial P_{iF} < 0$，或者全要素生产率 TFP 随着国外进口品与国内进口品相对价格的上升而降低，这体现了进口中间品的价格效应。同时，另外一个含义是贸易自由化和进口关税的降低会通过加强竞争、降低企业获取中间品的相对价格而提高全要素生产率。至此提出本书的第三个命题：

命题 3：全要素生产率随着进口中间品与国内中间品相对价格的下降而提高。

四、计量模型、度量指标和描述性统计

（一）计量模型的设定

根据上述的理论模型，笔者建立的基准回归模型为

$$TFP_{st} = \beta_0 + \beta_1 V_{st} + \beta_2 VAR_{st} + \beta_3 P_{st} + \beta_4 X_{st} + \delta v_t + \varepsilon_{st} \quad (7.11)$$

其中，下标 s 和 t 分别代表行业和时期。被解释变量 TFP_{st} 为全要素生产率，V_{st} 是中间产品进口额[①]，VAR_{st} 表示进口中间品种类，P_{st} 为进口中间品与本国中间品的价格比，X_{st} 为其他控制变量，β_0、v_t 和 ε_{st} 分别为行业固定效应、时间趋势项和经典误差项。

（二）度量指标与数据说明

1. 数据匹配及样本时期选择

在利用 COMTRADE（Rev. 2002）HS 6 位码数据测算进口中间品时，由于 HS6 位码的产品分类与中国国民经济行业分类并未直接对应，因此按照国家统计局发布的《国民经济行业分类注释》提供的《国民经济行业分类（GB/

[①] 由于产品层面数据单位不统一，没有办法将产品的数量直接加总到行业层面，因此这里使用中间品进口额作为数量的代理变量，作为一个近似。另外，COMTRADE 数据库中缺乏一些产品的数量，这也是本书使用中间品金额作为数量代理变量的另一个原因。Coe 和 Helpman（1995）也使用了类似的做法。

T4754 – 2002)》与《国际标准产业分类》（ISIC Rev. 3）对照表（4 位码）以及联合国关于 HS6 位码与《国际标准产业分类》（ISIC Rev. 3）4 位码对照表，将 HS 6 位码与中国的国民经济行业分类匹配起来，然后再归并到国民经济行业分类的 2 位码。类似做法可参见钱学锋等（2011）和鲁晓东（2014）的研究。

根据 OECD STAN 数据库的行业表（STAN industry list）说明，ISIC Rev. 3 与 NACE Rev. 1 是相匹配的（在 2 位码层面是一致的），而 WIOD 数据的行业分类也是使用 NACE Rev. 1，为此，我们将国民经济行业分类 2 位码的数据归并为 NACE Rev. 1 的 2 位码行业数据。实际上，ISIC Rev. 3 起媒介作用，考虑到国民经济行业分类里的通用设备制造业（代码 35）、专用设备制造业（代码 36）、电气机械及器材制造业（代码 39）、通信设备、计算机及其他电子设备制造业（代码 40）和仪器仪表及文化、办公用机械制造业（代码 41）所对应的 ISIC Rev. 3 的前 2 位代码有交叉，无法区分开，因此将 WIOD 里的机械电气制造业（代码 29）和电子及光学设备制造业（代码 30 ~ 33）合并为一个行业。另外，国民经济行业分类里的纺织业（代码 17）、纺织服装、鞋、帽制造业（代码 18），皮革、毛皮、羽毛（绒）及其制品业（代码 19）所对应的 ISIC Rev. 3 的前 2 位代码也有交叉，故将 WIOD 的纺织和纺织品制造业（代码 17、18）和皮革、皮毛和鞋类制造业（代码 19）合并为一个行业，合并后的 WIOD 制造业为 12 个行业，这 12 个行业分别为：食品、饮料制造及烟草业，纺织、皮毛及鞋类制造业，木材加工及木制品业，造纸、印刷和记录媒介的复制业，石油加工、炼焦及核燃料加工业，化学原料及化学制品业，橡胶及塑料制品业，非金属矿物制品业，金属制品业，机械、电子及光学设备制造业，交通运输设备制造业，其他制造业及废料回收加工业。具体的国民经济行业、WIOD 行业与本书行业的对应关系见表 7 – 2。同时，由于国民经济行业分类在 2002 年进行了调整，为保证数据的可比性，本书将研究时期定为 2003 ~ 2010 年。

表 7 – 2　国民经济行业、WIOD 与本文产业的对应关系

NACE Rev. 1（WIOD）		本文的产业分类	GB/T4754 – 2002	
代码	类别名称		代码	类别名称
15t16	食品、饮料制造及烟草业	食品、饮料制造及烟草业	13	农副食品加工业
^	^	^	14	食品制造业
^	^	^	15	饮料制造业
^	^	^	16	烟草制品业

续表

NACE Rev.1（WIOD）		本文的产业分类	GB/T4754-2002	
代码	类别名称		代码	类别名称
17t18	纺织及纺织品制造业	纺织、皮毛及鞋类制造业	17	纺织业
			18	纺织服装、鞋、帽制造业
19	皮革、皮毛和鞋类制造业		19	皮革、毛皮、羽毛（绒）及其制品业
20	木材加工及木制品业	木材加工及木制品业	20	木材加工及木、竹、藤、棕、草制品业
21t22	造纸、印刷和记录媒介的复制业	造纸、印刷和记录媒介的复制业	22	造纸及纸制品业
			23	印刷和记录媒介的复制业
23	石油加工、炼焦及核燃料加工业	石油加工、炼焦及核燃料加工业	25	石油加工、炼焦及核燃料加工业
24	化学原料及化学制品业	化学原料及化学制品业	26	化学原料及化学制品制造业
			27	医药制造业
			28	化学纤维制造业
25	橡胶及塑料制品业	橡胶及塑料制品业	29	橡胶制品业
			30	塑料制品业
26	非金属矿物制品业	非金属矿物制品业	31	非金属矿物制品业
27t28	金属制品业	金属制品业	32	黑色金属冶炼及压延加工业
			33	有色金属冶炼及压延加工业
			34	金属制品业
29	机械电气制造业	机械、电子及光学设备制造业	35	通用设备制造业
			36	专用设备制造业
			39	电气机械及器材制造业
30t33	电子及光学设备制造业		40	通信设备、计算机及其他电子设备制造业
			41	仪器仪表及文化、办公用机械制造业

续表

NACE Rev.1 （WIOD）		本文的产业分类	GB/T4754-2002	
代码	类别名称		代码	类别名称
34t35	交通运输设备制造业	交通运输设备制造业	37	交通运输设备制造业
36t37	其他制造业及废料回收加工业	其他制造业及废料回收加工业	21	家具制造业
			24	文教体育用品制造业
			42	工艺品及其他制造业
			43	废弃资源和废旧材料回收加工业

注：由于国民经济行业中的家具制造业和文教体育用品制造业所对应的 ISIC 代码多为 36××，与其他制造业的 ISIC 代码重叠，故将这两个产业归到其他制造业中。

2. 度量指标

（1）全要素生产率（TFP）。

由式（7.8）可以看出，由于希克斯中性生产率 Φ 与进口中间品数量相关，进口中间品数量又可能与中间投入总量 x 是相关的，所以，Φ 可能与中间投入 x 是相关的。如果直接用 OLS 估计生产函数可能会因内生性问题而导致投入要素的估计系数和由式（7.9）得到的全要素生产率是有偏的。为避免内生性问题和人为设定生产函数及其具体参数带来的估计误差（高凌云和王洛林，2010；毛其淋和盛斌，2011），本书以各行业的工业总产值作为产出变量，以劳动投入、中间投入、固定资产存量作为投入变量，估算各行业的 Malmquist 生产率指数，即全要素生产率的变化率。之后以 2003 年为基年，根据每年的 Malmquist 生产率指数推算出各年份的全要素生产率。

具体地，本书用工业品出厂价格指数将各行业的工业总产值平减为 2003 年的可比价，各行业全部从业人员年均人数（万人）作为劳动投入指标，数据来源于《中国统计年鉴》。中间投入变量，本书根据 WIOD 数据库得到每个行业每年的中间投入金额，按照 2003~2010 年人民币对美元年度汇率均值将其换算成人民币计价金额，再按照工业品出厂价格指数平减为 2003 年的可比价。① 资本投入变量利用固定资产价值通过永续盘存的方法转为资本存量（黄勇峰等，2002），数据来源于《中国统计年鉴》。资本存量的构造需要以下三个步骤：

---

① 对于那些合并了的行业，笔者以该行业当年的工业增加值与合并行业总增加值的比例为权重，对价格指数进行加权平均，然后得到合并行业的价格指数。

首先，投资序列的构造采用陈诗一（2011）针对投资序列的构造方法，由 t 年和（t-1）年的固定资产原值之差作为当年价的投资，再利用固定资产投资价格指数将其平减为 2003 年的可比价。在计算资本存量过程中涉及折旧率的确定问题时，已有的多数研究在不同行业、不同时期都采用一个不变的折旧率，如均采用 7%（黄先海和石东楠，2005）。这种方法虽然便捷，但过于粗糙，降低了资本存量估算的精度。本书则利用陈诗一（2011）的方法，构造出随行业和时期不同而不同的可变折旧率。这种可变折旧率的构造主要利用了统计年鉴中固定资产原值（原价）和固定资产净值之间的内在关系推算出各行业的折旧率。具体计算方法如下：

$$累计折旧_t = 固定资产原值_t - 固定资产净值_t$$
$$本年折旧_t = 累计折旧_t - 累计折旧_{t-1}$$
$$折旧率_t = 本年折旧_t / 固定资产原值_{t-1}$$

其次，在构造了投资序列和分行业的折旧率之后，采用永续盘存法计算固定资本存量，即：

$$资本存量_t = 可比价全部口径投资额_t + (1-折旧率) \times 资本存量_{t-1}$$
$$基期资本存量 = 基期投资额 / (基期折旧率 + g)$$

g 是 2003~2010 年固定资产投资额的平均增长率，依次利用永续盘存法即可得到所需的固定资本存量。

最后，对已确定的产出和投入变量，本书利用产出导向的数据包络方法，采用 Malmquist 指数法计算得出全要素生产率的变化率，再以 2003 年为基期，对各年份全要素生产率进行推算。

（2）中间产品进口额（V）。

本书根据 WIOD 数据库得到每个行业每年的进口中间投入金额，按照 2003~2010 年人民币对美元年度汇率均值将其换算成人民币计价金额，再按照工业品出厂价格指数平减为 2003 年的可比价数额。

（3）进口中间产品种类（VAR）。

首先笔者把每一个 HS 六位码视作一种产品种类，但产品种类绝对值的变化实际上无法反映旧产品的退出和新产品的加入，因此本书在芬斯特拉（Feenstra，1994）的方法基础上构造进口产品净种类变化指数：

$$\ln VAR = \ln \left(\frac{\sum_{i \in I} V_{it-1}}{\sum_{i \in I_{t-1}} V_{it-1}} \Big/ \frac{\sum_{i \in I} V_{it}}{\sum_{i \in I_t} V_{it}} \right) \quad (7.12)$$

其中，I_t 表示 t 期所有进口中间品的种类集合；I 是 t 期和（t-1）期都存在的进口中间品集合,即 $I \subseteq I_t \cap I_{t-1}$；$V_{it}$是中间品 i 在 t 期的进口额。显然,如果 t 期和（t-1）期的进口中间品种类不变时,该指数为 0；如果进口中间品种类增加,则该指数大于 0,反之则小于 0。

（4）中间品进口价格效应指标（P）。

COMTRADE 数据库提供了部分进口品的进口总额及数量,两者相除则可以得到进口品的价格,而对于没有提供数量的产品,则利用各类进口中间品占该行业进口总量的比重为权重,对各类进口品的进口价格进行简单加权平均得到该行业的进口价格水平。其进口额占该行业总进口额的比重也相当小时,可以适当予以剔除。

国内生产的中间品价格没有直接的数据可以得到,本书采用各制造业工业品出厂价格指数作为代理变量,以 2003 年的价格指数为基准,然后根据每年的价格指数推算当年该行业工业品出厂价格。对于需要合并计算的行业,笔者以该行业当年的工业增加值与合并行业总增加值的比例为权重,对价格指数进行加权平均,然后得到合并行业的价格指数,再推算工业品出厂价格。所有制造业行业的工业品出厂价格指数来自《中国城市（镇）生活与价格年鉴》。

最后,将进口中间品价格与国内中间品价格之比作为中间品进口价格效应的指标,然后取对数进入本文的计量方程。

（5）其他控制变量。

国内分行业研发（R&D）资本存量（RD）。由于 R&D 资本存量统计数据的缺失,一般都采取用流量（R&D 支出）代替存量的方法,利用永续盘存法进行计算（李小平和朱钟棣,2006；吴延兵,2006）。本书的 R&D 支出借鉴了李小平和朱钟棣（2006）的方法,即国内各行业每年的 R&D 支出包括技术开发经费内部支出和其他技术活动经费支出（技术开发经费、技术改造经费、技术引进经费、消化吸收经费和购买国内技术经费）等 5 项的加总,各行业的 R&D 支出数据均来自《中国科技统计年鉴》。之后,利用构造的 R&D 支出价格指数将支出数据平减为 2003 年的不变价数额,[①] 再利用永续盘存法得到国内 R&D 资本存量。国外分行业 R&D 资本存量（RF）。国外分行业的资本存量无法直接获取,本书借鉴 LP（Lichtenberg and van Pottelsberghe de laPotterie,1998）的做法,选择 R&D 支出的绝对数据进行计算,而在全球范围内,R&D 支出大部分来自 OECD 的发达国家,因此本书选取了 16 个主要的发达国家数据来代替全球 R&D 资本存

---

① R&D 支出价格指数的构造参见李小平等（2008）,是利用消费者物价指数和固定资产投资价格指数加权而得的,前者权重为 0.55,后者为 0.45。

量。① 这些国家都是技术创新的领先国，而技术溢出的方向往往是从这些国家向技术水平相对落后的发展中国家；同时国外的大部分研发支出都集中在这些国家并且中国的进口中间品多来自这些国家。利用进口中间品构造的 LP 资本存量为：

$$S_o^f = \sum_{o \neq j} \frac{IM_{ojt}}{Y_{jt}} S_{jt}^d \qquad (7.13)$$

其中，S_o^f 为国外 R&D 资本，IM_{ojt} 为本国 t 时期从 j 国进口的中间品的数额，Y_{jt} 是 j 国 t 时期的 GDP，利用消费物价指数平减为 2003 年不变价进口额和 GDP；国外 R&D 资本 S_{jt}^d 为利用永续盘存法计算的 j 国 R&D 资本存量，其中折旧率设定为 5%，16 个国家的 GDP 以及 R&D 支出占 GDP 比重数据分别来自 UNCTAD 和 OECD 网站。② 此外，外资参与度（FDIP）。我们用外资企业在行业中的资产比重表示外资参与度，该指标描述 FDI 通过竞争与模仿产生的行业内技术溢出效应。外资企业与所有企业的资产总值来自各年份的《中国统计年鉴》。

（三）描述性统计

为了减少异方差对回归结果的影响，本书将除外资参与度外的所有解释变量取其自然对数，各变量的描述性统计结果见表 7－3。

表 7－3　　　　　　　主要变量的描述性统计结果

变量	观测值	平均值	标准差	最小值	最大值
TFP	96	1.089	0.214	0.614	1.906
lnV	96	12.040	1.181	9.483	14.539
lnVAR	96	0.635	0.518	-0.050	1.609
lnP	96	2.564	1.402	0.399	5.481
lnRD	96	5.341	0.855	3.331	6.949
lnRF	96	6.528	0.958	4.173	8.133
FDIP	96	0.326	0.122	0.117	0.606

---

① 这 16 个国家分别是美国、日本、英国、法国、德国、澳大利亚、加拿大、韩国、意大利、比利时、奥地利、捷克、芬兰、丹麦、土耳其和瑞典（瑞士是 R&D 投入很高的国家，但由于数据缺失较多，故没有采用）。

② 各国 R&D 支出占 GDP 的比重见 http://www.oecd-ilibrary.org/science-and-technology/gross-domestic-expenditure-on-r-d-2012_rdxp-table-2012-1-en。

五、经验研究结果分析

本书利用 2003~2010 年中国 12 个制造业行业的面板数据进行分析,由于所选行业并不是随机抽取的,同时为了控制个体效应可能带来的估计偏误,本书采用固定效应法对模型 (7.11) 的参数进行估计。

为了避免变量间可能存在的多重共线性导致估计结果丧失有效性,本书进行了普通 OLS 回归,然后计算各个变量的方差膨胀因子 VIF,结果显示,变量中 VIF 的最大值为 8.53,小于 10 的临界值,相应的容忍度为 0.117,说明变量间不存在明显的多重共线性问题。

本书将中间品进口额、中间品进口种类以及中间品价格比作为主要的解释变量,然后将国内行业研发存量、国外行业研发存量和外资参与度作为控制变量逐个添加到模型中,估计结果如表 7-4 所示。

表 7-4　　　　　　　　　　基本估计结果

变量	(1)	(2)	(3)	(4)
lnV	0.139 (0.084)	0.113 (0.083)	0.119 (0.085)	0.145 (0.088)
lnVAR	-0.399 (0.597)	-0.342 (0.604)	-0.370 (0.610)	-0.431 (0.612)
lnP	-0.195** (0.081)	-0.179** (0.084)	-0.173** (0.086)	-0.158* (0.087)
lnRD		0.139 (0.192)	0.200 (0.237)	0.112 (0.250)
lnRF			0.128 (0.285)	0.126 (0.285)
FDIP				0.348 (0.315)
年份效应	是	是	是	是
模型类型	固定效应	固定效应	固定效应	固定效应
R^2	0.290	0.295	0.306	0.334
观测值	96	96	96	96
行业数目	12	12	12	12

注:***、**、*、分别表示在1%,5%和10%的水平下具有显著性,括号中为异方差稳健标准误,下表同。

从表 7-4 的估计结果可以初步得出以下结论。对于本书主要关注的进口中间品相关变量来说，模型（1）~模型（4）中 lnV 的系数为正，但没有通过显著性检验，说明进口中间品的数量与全要素生产率不存在显著的相关关系，并未证实本书的命题 1，且与某些研究的结论稍有区别（Halpern et al.、Muûls and Pisu，2009）。中间品进口种类 lnVAR 反作用于全要素生产率，但没有通过显著性检验，并没有证实本书的命题 2，且与哈尔佩恩等（2009）、阮氏和帕森斯（2009）的研究结论有所差异。[①] 对于以上两变量回归结果的分析，笔者认为中国存在大量的加工贸易企业，很多行业并未掌握该行业的核心生产技术，需要进口国外中间品进行生产，由于加工贸易"体外循环"和"飞地效应"现象[②]突出，并与廉价劳动力结合，使得进口中间品带来的学习效应有限。特别是对来料加工企业来说，其中间品的来源和用途是单一的，企业没有自由选择的余地，企业选择进口中间品并不是为了优化中间品资源的配置、降低中间品使用成本，而是为了进一步发挥廉价劳动力的优势，因而进口中间品数量和种类的增加并不能有效促进生产率的提高。因此，"为出口而进口"的加工贸易可能是与国外学者研究结论不同的重要原因。最后，发达国家对高技术产品出口的限制（钱学锋等，2011；鞠建东等，2012）以及专利技术的垄断和掌控，阻碍了中国充分吸收和利用国外进口品来提高技术水平，这可能也是进口品数量和种类的提高并未对全要素生产率产生促进作用的另一个因素。行业进口中间品的价格效应显著，制造业总体的估计结果显示进口中间品价格 lnP 通过了显著性检验，其系数的符号为负号，说明中间品价格比与全要素生产率的关系呈反向变动关系，该结果与余淼杰（2010）、勃兰特等（Brandt et al.，2012）的结论有相似之处，这些文献表明关税水平的下降促进了中国制造业生产率水平的提高，而关税的下降在一定程度上反映了中间品相对价格的下降，同时该结果也与本书命题 3 的结论相符。其原因在于无论中间品的用途如何，中间品在激烈的市场竞争下，通过相对价格的下降使得企业能够在一定的投入下获得更多质优价廉的中间投入品，从而有利于生产率水平的提高。因此，中国进一步降低中间品的进口关税有助于增加国外进口中间品的竞争程度，降低企业购买进口中间品的成本，优化行业资源配置。

由表 7-4 的模型（2）~模型（4）可以看出，国内本行业的研发（lnRD）对全要素生产率的提高作用不显著，与张海洋（2005）、李小平和朱钟棣

---

① Halpern 等（2009）与 Muûls andPisu（2009）发现进口中间品数量与全要素生产率存在显著的正相关关系，Halpern 等（2009）与 Nguyen andParsons（2009）发现进口中间品种类与全要素生产率存在显著的正相关关系。

② 即外商的贸易活动只为利用发展中国家的优惠条件和低廉的要素成本，它们既不使用东道国国内原材料，也不会对东道国国内企业产生示范效应。

(2006)、高凌云和王洛林（2010）的结论基本一致，反映了中国企业的研发绩效还比较低，有待进一步提高，而对知识产权保护的进一步加强可能是提高研发绩效的关键因素之一。模型（3）和模型（4）显示国外研发资本存量（lnRF）对全要素生产率变化率的影响为正，但没有通过显著性检验，说明国外的研发活动对中国全要素生产率的提升没有显著的促进作用，与谢建国和周露昭（2009）的结论类似。这可能也与发达国家高技术产品出口限制导致其出口到中国的设备和资本品等中间产品未包含最先进的技术有关，使得国外R&D 投资对中国的溢出效应不明显。模型（4）显示外资参与度变量（FDIP）没有通过显著性水平检验，说明外资通过技术溢出对中国制造业生产效率的作用并不明显，与沈坤荣和耿强（2001）、陈涛涛（2003）和邱斌等（2008）的结论不一致，原因可能在于本书模型中加入的中间品变量 lnV、lnVAR 和国外研发变量 lnRF 都一定程度上反映了国外的技术溢出作用，对外资的技术溢出作用有一定的吸收。

六、稳健性讨论

（一）稳健性检验

为了检验主要解释变量与全要素生产率之间关系的稳健性，本书运用不同的方法进行稳健性检验。

1. 差分模型

差分模型通过使用每个变量时间上的差分值形成新变量进行回归。与固定效应模型类似，差分模型的优点在于消除了不随时间变化的个体效应的影响。而且在对数模型中，由于差分模型相当于以变量的增长率（$\Delta \ln x \approx \Delta x / x$）而不是以绝对值进行回归分析，能够在一定程度上缓解变量的内生性问题。一阶差分后形成的差分模型为：

$$\Delta TFP_{st} = \delta + \beta_1 \Delta V_{st} + \beta_2 \Delta VAR_{st} + \beta_3 \Delta P_{st} + \beta_4 \Delta X_{st} + \Delta \varepsilon_{st} \qquad (7.14)$$

由于数据在时间上进行了一阶差分，因此样本在时间跨度上减少了一期。表7-5 报告了差分模型的估计结果。与表7-4 的模型4 相比，本书关注的主要变量 lnV 和 lnVAR 除了系数大小有一定变化外，它们的符号和显著性水平都没有发生变化，说明进口中间品数量和种类的变化对全要素生产率的影响不显著。lnP 系数的绝对值有所增加，显著性水平由 5% 变为 1%，说明进口中间品与国内中间品的相对价格与全要素生产率的变动呈反向变化，该结论同表7-4 的结果基本一致，基准回归得出的主要结论依然成立，其他控制变量回归结果也与表

7-4 差别不大。

表 7-5　　　　　　　　　　差分模型的估计结果

变量	(1)	(2)	(3)	(4)
ΔlnV	0.075 (0.107)	0.079 (0.109)	0.045 (0.121)	0.061 (0.123)
ΔlnVAR	-0.452 (0.438)	-0.445 (0.441)	-0.449 (0.442)	-0.472 (0.445)
ΔlnP	-0.292*** (0.073)	-0.289*** (0.074)	-0.291*** (0.074)	-0.289*** (0.074)
ΔlnRD		0.172 (0.600)	0.038 (0.634)	0.024 (0.636)
ΔlnRF			0.253 (0.376)	0.208 (0.382)
ΔFDIP				0.267 (0.358)
R^2	0.175	0.175	0.180	0.186
观测值	84	84	84	84
行业数目	12	12	12	12

2. 划分子样本

除了将样本按照总体回归外，本书将样本进一步划分为两个子样本进行估计，这两个子样本分别由出口依存度较大的行业和出口依存度较小的行业构成。这样划分的目的在于中国"两头在外"的加工贸易模式，出口是其产品的最终目的，因此出口依存度较大的行业有可能是那些加工贸易企业占比较多的行业，划分两个子样本有利于检验本书基准回归的结果是否受贸易模式的影响。各行业的出口依存度指标是由其出口交货值与工业总产值之比得到，结果如表 7-6 所示。无论是较大出口依存度子样本还是较小出口依存度子样本，lnV 和 lnVAR 的系数都不显著，进口中间品的数量和种类效应作用不明显。lnP 在较小出口依存度的行业显著为负，而在较大出口依存度的行业中没有通过显著性检验。这说明进口中间品的价格效应在加工贸易比重较大的行业作用并不大，原因在于对来料加工贸易企业而言，进口中间品是给定的，企业没有选择中间品的自由，国内和国外中间品价格的变化对其选择更有效的要素组合作用不明显，从而价格的相对变动难以作用于生产率的提高。FDIP 变量在较小出口依存度子样本中的系数是正的且通过了显著性检验,外资的技术溢出效应明显。而在出口依存度较大的行业 FDIP 变量不显著,这是因为这些外资主要是基于资源与要素导向的投资动机,只是将中国作为制造与出口平台(盛斌等,2011),它们多是一些劳动密集型企业,技术溢出效应非常有限。

表 7-6　　　　　　子样本估计结果与内生性问题处理结果

变量	较小出口依存度	较大出口依存度	滞后 1 期	SYS - GMM
TFP_{it-1}				0.036 (0.150)
lnV	0.258 (0.229)	-0.145 (0.229)	-0.225 (0.130)	0.128 (0.124)
lnVAR	-2.505 (4.049)	-0.109 (0.612)	-0.232 (0.389)	-0.489 (0.375)
lnP	-0.198** (0.093)	0.096 (0.184)	-0.148*** (0.046)	-0.331*** (0.065)
lnRD	0.869 (0.987)	0.296 (0.814)	-0.189 (0.530)	-0.158 (0.151)
lnRF	-0.714 (0.533)	0.040 (1.317)	0.445* (0.239)	0.468*** (0.159)
FDIP	6.486** (3.009)	-0.535 (2.242)	-1.685 (1.287)	0.212 (0.678)
年份效应	是	是	是	是
模型类型	固定效应	固定效应	固定效应	—
AR(2) 检验 p 值	—	—	—	0.410
Sargan 检验 p 值	—	—	—	0.699
R^2	0.513	0.615	0.356	
观测值	56	40	84	84
行业数目	7	5	12	12

(二) 内生性问题的处理

影响行业全要素生产率的因素众多,本书因为数据的限制没有加入其他变量，如人力资本对全要素生产率的提高有显著的作用（Benhabib and Spiegel，1994；Bronzini and Piselli，2009），而被遗漏变量如果与本书所选取的变量相关，则使得主要解释变量或其他控制变量与残差项相关，从而引起内生性问题，导致本书之前的估计结果有偏。同时，全要素生产率还可能因与进口中间品的相关变量存在着同时性或双向因果关系而导致内生性问题。

对于可能存在的内生性问题，本书首先将表7－4中模型（4）所使用的各个解释变量滞后一期，仍然采用固定效应模型进行估计。由于滞后一期的变量已经前定，不受当期冲击的影响，解释变量可能与误差项不相关，从而可以在一定程度上克服内生性问题。表7－6给出了估计结果，对比表7－4中模型（4）的估计结果可以看出，滞后一期的估计结果并没有发生根本性变化，对于本书的主要解释变量来说，lnV 的估计系数由 0.145 下降到 -0.225，降幅较大，但显著性水平没有变化。lnVAR 的估计系数由 -0.431 上升到 -0.232，变化不大，lnP 的估计系数由 -0.158 上升到 -0.148，变化也很小。其他控制变量方面，lnRD 的符号发生了变化，但该变量在统计上仍不显著。lnRF 系数由 0.126 上升到 0.445 且在滞后模型中通过了显著性检验，说明国外本行业研发对本国对应行业全要素生产率的促进作用有一定的滞后性。FDIP 的系数由 0.348 下降到 -1.685，但仍没有通过显著性检验，因此从总体上看，外资对全要素生产率的促进作用不明显。

由于经济变量通常具有时间上的延续或持续性，全要素生产率很可能与前期有高度的相关性，仅用上文的静态面板可能会导致估计结果存在偏差。同时，由于将解释变量滞后一期并不能完全克服内生性问题，所以本书利用动态面板模型对模型（4）的估计结果进行进一步的检验。本书采用阿雷拉诺和博韦尔（Arellano and Bover，1995）与布伦德尔和邦德（Blundell and Bond，1998）提出的系统广义矩估计方法（System GMM）。相对于此前的一阶差分广义矩估计法，此方法进一步加入了水平方程和更多的矩条件。系统广义矩估计法由于更加充分利用了样本信息，其估计量的小样本偏误明显降低（Bun and Windmeijer，2010）。运用系统广义矩估计方法进行计量检验的一个前提是差分后的干扰项不存在二阶自相关，所以在后面的估计结果中会报告与该检验相关的 AR（2）统计量。同时，为了检验工具变量与被解释变量的正交性条件，结果中还会给出过度识别约束的 Sargan（1958）统计量。

在工具变量的设置上，本书做了如下处理：将全要素生产率滞后一期作为内生变量，从最小的滞后阶开始，并在通过 Sargan 检验和 AR（2）检验的基础上选择适合的滞后阶数工具变量。表7－6 的最后一列为动态面板模型的估计结果。AR（2）统计量的 P 值大于临界值，说明差分后的干扰项不存在二阶自相关，由于 Sargan 统计量的 P 值也大于临界值，说明模型以及工具变量的选择是合理的，不存在过度识别的问题。本书关注的主要变量的符号和显著性水平都没有发生太大变化,说明估计结果基本稳健,表7-4中模型(4)的估计基本可靠。

第二节　中间品贸易自由化与中国制造业企业生产技术选择[①]

上节的结果表明了继续鼓励中间品进口和提高贸易自由化水平的必要性,但因为限于篇幅和角度,没能深入探讨促进中间品贸易自由化对技术进步带来的意义,所以有必要作进一步的探究。

本节将在上节已知结论的基础上,进一步考察中间品贸易自由化与生产技术选择的内在关系,从而真正地将中间品贸易与"要素成本上升背景下中国寻求技术进步"这个核心论题挂钩,同时把关注点逐步转移到研发上来,为下节验证研发对增加值率的作用埋下伏笔。

一、问题的提出

自2001年正式加入世界贸易组织,中国开始大范围逐步削减进口关税,并于2010年彻底实现关税削减承诺。一直以来,以生产为导向的进口贸易政策使中国有选择地降低了关键零部件等中间品的进口关税水平,这无疑会对中国企业的生产产生重要影响。作为企业生产过程的核心,技术直接影响产品的成本和质量,进而对产品的供给侧起到至关重要的作用。党的十八大[②]与改革领导小组第十二次会议[③]将企业生产技术列为核心内容,经济增长的持续动力不是资本积累,更不是劳动力规模扩张,而是生产技术持续进步(Romer,1990;Grossman and Helpman,1991)。因此,本书以2001年中国"入世"的进口关税削减这一准自然实验为契机考察中间品贸易自由化对中国制造业企业生产技术选择的影响。更重要的是,本书以中间品贸易自由化为典型案例的量化研究不仅能厘清中间品贸易自由化对企业生产技术选择的影响及其作用机理,在实践中也可为未来宏观贸

[①] 本节内容已发表在《经济研究》2016年第8期。

[②] 十八大报告指出:"科技创新是提高社会生产力和综合国力的战略支撑,必须摆在国家发展全局的核心位置。"科技创新可以被分成三种类型:知识创新、技术创新和现代科技引领的管理创新,技术创新是科技创新的重要组成部分。

[③] 会议指出,在部分区域系统推进全面创新改革试验,是贯彻落实《中共中央、国务院关于深化体制机制改革加快实施创新驱动发展战略的若干意见》的重要举措,要紧扣创新驱动发展目标,以推动科技创新为核心。网址:http://www.gov.cn/xinwen/2015-05/05/content_2857332.htm。

易政策调整提供翔实的数据支持与经验证据。

目前，国内外学者关于贸易自由化对企业微观行为的研究主要侧重贸易自由化对企业出口行为与绩效的影响。一些文献认为中间品贸易自由化能够提高企业的生产率（Amiti and Konings，2007；Luong，2011；毛其淋和盛斌，2013），提升企业出口产品质量（Bas and Strauss – Kahn，2015；Fan et al.，2015b；Amiti and Khandelwal，2013）、增加企业加成率（Fan et al.，2015a）。研究生产技术的文献大多从行业层面进行剖析，主要从要素禀赋结构（覃成林和李超，2012）、贸易成本（刘晴和郑基超，2013）和环境规制（张成等，2011）等视角展开分析，然而行业分析中"同质性企业"假定与现实经济存在一定程度的背离，无法分析同一行业的异质性企业对同一政策的差异化应对行为。少量文献尝试从企业层面分析生产技术，但大都采用全要素生产率分解（张成等，2011）、技能型劳动密集度（刘杨，2009）和"资本劳动比偏离程度"（陈晓华和刘慧，2015）等方式衡量生产技术。迄今为止，贸易自由化与技术进步在各自领域的研究已趋于成熟，但将这两个重要的研究话题联系在一起的研究较少，尤其是从企业层面研究中间品贸易自由化对技术选择影响的文献更为稀少，因此本书尝试在此方面做出些许贡献。

耶普尔（Yeaple，2005）通过构建一般均衡模型得出了贸易自由化促进企业采用更高技术含量生产工艺的结论。刘杨（2009）将厂商的差异性引入理论模型并使用中国制造业上市公司数据分析，发现贸易自由化并非使所有出口厂商实现技术升级。比斯托（Bustos，2011）通过构建两国的异质企业模型与使用阿根廷企业数据分析，认为贸易一体化促进出口企业升级，且仅促进中等生产率企业进行技术升级。然而，以上文献并未区分中间品贸易自由化与最终品贸易自由化对企业技术选择的影响。巴斯和贝尔图（Bas and Berthou，2013）建立了纳入投入品的局部均衡模型，认为投入品贸易自由化并非促进全部企业的技术升级。他们采用印度企业数据得出投入品贸易自由化只促进中等生产率企业技术升级的结论，但未区分投入品贸易自由化对生产率不同的出口企业与非出口企业的不同作用。

那么，中国的中间品贸易自由化政策主要影响出口企业还是非出口企业的技术选择[①]，中间品贸易自由化对中国企业技术选择的影响是否具有特殊性？为此，本书将在前人的基础上建立理论模型，并使用中国 2000～2006 年高度细化的关税数据、海关数据和中国工业企业数据进行实证分析。本书可能的贡献主要有：

---

① 通过文献梳理，中间贸易自由化政策对企业技术选择的影响对象有两类：出口企业和非出口企业。

第一，本书在前人理论基础上建立同时纳入异质性企业、中间品进口与生产技术选择的理论模型，不仅明确了中间品贸易自由化对出口企业与非出口企业之间技术选择促进作用不同，还预测出口企业内部由于生产率不同导致中间品贸易自由化对其生产技术水平作用呈现出较大的差异性；第二，本书是首篇系统阐述"入世"后中间品贸易自由化影响中国制造业出口企业生产技术选择的作用及其机理的文献，并且使用企业微观数据验证了理论模型的结论；第三，由于企业的生产技术不可观测，以往文献往往采用全要素生产率等方法存在较大的测量误差，而本书除采用资本劳动比外，还基于巴斯和贝尔图（2013）的方法建立两个代理变量①，通过详细的海关产品信息从企业生产技术设备视角直接识别企业是否应用高技术生产技术，可有效减少由于所有制等复杂因素对识别企业生产技术水平的干扰，因此可作为对中国此命题相关分析的补充研究。

二、理论模型

本书在梅里兹（Melitz, 2003）、巴斯托（2011）与巴斯和贝尔图（2013）理论模型的基础上进行改进，构建同时纳入进口中间品、中间品关税与企业生产技术的理论模型，分析中间品贸易自由化对企业生产技术选择的影响及其作用机理。模型具体设定如下：

（一）国内需求和生产

1. 国内需求

代表性消费者的效用函数为常替代弹性（CES）效用函数：

$$U = \left[\int_{\omega \in \Omega} q(\omega)^{\frac{\sigma-1}{\sigma}} d\omega\right]^{\frac{\sigma}{\sigma-1}} \quad (7.15)$$

其中，q 为消费商品的数量，ω 为差异性产品种类，Ω 代表可获得的消费集，σ 代表产品之间的替代弹性（σ > 1），代表性消费者的总消费量为 Q，则总体价格指数 P 与差异化商品 ω 的消费量 q(ω) 表达式分别为：

$$P = \left[\int_{\omega \in \Omega} p(\omega)^{1-\sigma} d\omega\right]^{\frac{1}{1-\sigma}} \quad (7.16)$$

$$q(\omega) = Q\left[\frac{p(\omega)}{P}\right]^{-\sigma} \quad (7.17)$$

2. 国内生产

模型为两国模型，每个国家存在两个经济部门：中间品生产部门与最终品生

---

① 进一步的说明请见下文计量模型的设定部分。

产部门。中间品生产部门中唯一投入要素是劳动,生产同质性中间品,但各国之间生产的中间品不同,规模报酬不变,单位中间品产出需要一个数量的劳动投入,市场结构为完全竞争市场,因此国内中间品的价格为1。第二个部门使用中间品生产如同梅里兹(2003)所描述的连续差异化的最终产品,生产时须同时使用国内中间品与所有国外中间品。假定最终产品生产企业在中间品市场均是价格接受者,进口中间品时面临国内进口关税 τ_m。参照巴斯和贝尔图(2013)将中间品引入生产,假定生产函数为常替代弹性的 CES 函数,具体为:

$$q_i(\varphi) = \varphi(x_{di}^{\alpha} + \gamma_i^{\alpha} x_{mi}^{\alpha})^{1/\alpha}, \ i = (l, h) \tag{7.18}$$

其中,φ 代表企业的生产率,x_d 和 x_m 分别表示国内中间品和国外中间品,γ_i 为企业 i 利用进口中间品的效率水平,代表企业的生产技术水平。l,h 分别表示低生产技术与高生产技术,假定 $\gamma_h > \gamma_l = 1$。企业采用的生产技术水平越高,企业面临的边际生产成本越低,即高生产技术企业的边际生产成本 c_h 低于低生产技术企业的边际生产成本 c_l,且相对边际生产成本 c_h/c_l 为中间品关税 τ_m 的增函数。证明如下:

在 CES 形式生产函数的假定下,企业的边际生产成本 c_i 为:

$$c_i = \left[1 + \left(\frac{1+\tau_m}{\gamma_i}\right)^{\alpha/(\alpha-1)}\right]^{(\alpha-1)/\alpha} \tag{7.19}$$

上式说明企业的边际生产成本与其生产技术水平和中间品关税有关,企业的生产技术水平 γ_i 越高或者企业进口中间品的关税越低,企业的边际生产成本越低。由上式可得高技术生产企业的相对边际生产成本 c_h/c_l 的表达式为:

$$\frac{c_h}{c_l} = \left[\frac{(1+\tau_m)^{\alpha/(1-\alpha)}+1}{(1+\tau_m)^{\alpha/(1-\alpha)}+\gamma_h^{\alpha/(1-\alpha)}}\right]^{(1-\alpha)/\alpha} \tag{7.20}$$

将式(7.20)对进口中间品关税 τ_m 求导,可证明相对边际生产成本 c_h/c_l 为进口中间品关税 τ_m 的增函数,中间品贸易自由化将会降低高生产技术企业的相对边际生产成本 c_h/c_l,为描述此关系,在下文中将相对边际生产成本 c_h/c_l 统一记为 $\lambda(\tau_m)$。

如巴斯托(2011)所述,根据企业的出口状态和生产技术水平,可将企业利润分为以下四种情况:

第 I 类企业的企业利润:仅服务国内市场并且使用低生产技术

$$\pi_l^d(\varphi) = \frac{1}{\sigma}Ac_l^{1-\sigma}\varphi^{\sigma-1} - f \tag{7.21}$$

第 II 类企业的企业利润:仅服务国内市场并且使用高生产技术

$$\pi_h^d(\varphi) = \frac{1}{\sigma}Ac_l^{1-\sigma}\varphi^{\sigma-1}[\lambda(\tau_m)]^{1-\sigma} - f - f_h \tag{7.22}$$

第 III 类企业的企业利润:同时服务国内市场与国际市场且采用低生产技术:

$$\pi_l^x(\varphi) = \left[1 + (1+\tau_x)^{1-\sigma}\right]\frac{1}{\sigma}Ac_l^{1-\sigma}\varphi^{\sigma-1} - f - f_x \qquad (7.23)$$

第Ⅳ类企业的企业利润：同时服务国内市场与国际市场且采用高生产技术：

$$\pi_h^x(\varphi) = \left[1 + (1+\tau_x)^{1-\sigma}\right]\frac{1}{\sigma}Ac_h^{1-\sigma}\varphi^{\sigma-1}[\lambda(\tau_m)]^{1-\sigma} - f - f_h - f_x \qquad (7.24)$$

其中，$A = P^{\sigma-1}R[(\sigma-1)/\sigma]^{\sigma-1}$[①]，$\tau_x$ 为本国的出口关税，f 为企业生产的固定成本，f_x 为企业出口时须承担的固定成本，f_h 为企业由低生产技术升级到高生产技术企业时需额外支付的固定成本。

假定采用高生产技术的企业为出口企业[②]，可得到图 7-2。

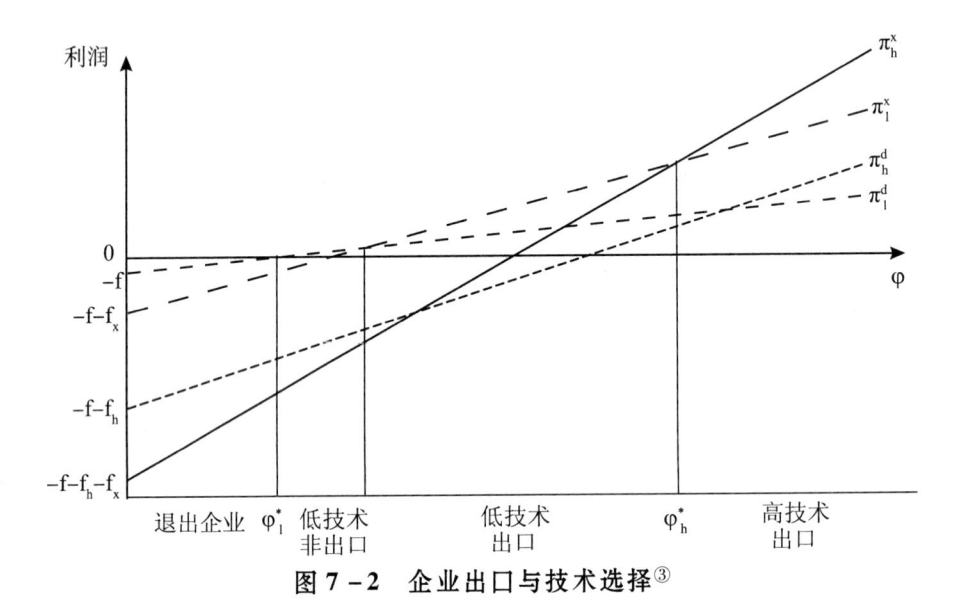

图 7-2 企业出口与技术选择[③]

如图 7-2 所示，生产率低于 φ_l^* 的企业将退出本国市场，低生产率企业（$\varphi_l^* < \varphi < \varphi_x^*$）使用生产技术但不出口，中等生产率企业（$\varphi_x^* < \varphi < \varphi_h^*$）使用低生产技术并且出口，高生产率企业（$\varphi > \varphi_h^*$）使用高生产技术并且出口[④]。

（二）企业决策

1. 进入退出国内市场的决策

本书中的进入退出国内市场决策由仅服务国内市场并且使用低生产技术的企

[①] R = PQ，为代表性消费者的总支出。
[②] 此假设是由数据决定，在实证分析中将给予验证。
[③] 在 Bustos（2011）论文中图一的基础上修改得到。
[④] 详细讨论见 Bustos（2011）论文。

业决定，其选择是否退出国内市场的临界条件为企业利润为零，即：

$$\pi_1^d(\varphi_1^*) = \frac{A}{\sigma} c_1^{1-\sigma} (\varphi_1^*)^{\sigma-1} - f = 0 \qquad (7.25)$$

2. 是否出口国际市场的决策

企业选择是否出口国际市场的临界条件为出口与不出口时利润相同，即 $\pi_1^d(\varphi) = \pi_1^x(\varphi)$，进而可得到出口临界生产率 φ_x^*。

3. 是否采用高生产技术的决策

只有生产率足够高时企业才会应用高生产技术，应用高生产技术的临界条件为企业选择高生产技术的利润与选择低生产技术的利润相同，即 $\pi_h^x(\varphi_h^*) = \pi_1^x(\varphi_h^x)$，可得下式：

$$r_h^x(\varphi_h^*) - r_1^x(\varphi_h^*) = \sigma f_h \qquad (7.26)$$

上式中 γ 代表企业的收益，通过整理式（7.11）与式（7.12）可得到高技术临界生产率 φ_h^* 的表达式：

$$\varphi_h^* = \varphi_1^* (f/f_h)^{1/(1-\sigma)} \{[\lambda(\tau_m)]^{1-\sigma} - 1\}^{1/(1-\sigma)} [1 + (1+\tau_x)^{1-\sigma}]^{1/(1-\sigma)} \qquad (7.27)$$

上式需满足条件 $(f/f_h)^{1/(1-\sigma)} \{[\lambda(\tau_m)]^{1-\sigma} - 1\}^{1/(1-\sigma)} [1 + (1+\tau_x)^{1-\sigma}]^{1/(1-\sigma)} > 1$，以保证 $\varphi_h^* > \varphi_1^*$。由于相对边际生产成本 c_h/c_1 为中间品关税 τ_m 的增函数，因此中间品关税可通过相对边际生产成本直接影响高技术临界生产率。与此同时，中间品关税也通过影响生产临界生产率 φ_1^* 间接影响高技术临界生产率，需通过市场均衡求得生产临界生产率的具体表达式。

（三）市场均衡

假定生产率服从帕累托分布，概率密度函数为 $g(\varphi) = k\varphi_{min}^k/(\varphi^{k+1})$，累计分布函数为 $G(\varphi)$。企业的自由进出条件（FE）与零利润条件（ZCP）分别为：

$$\bar{\pi} = \frac{\delta f_e}{1 - G(\varphi_1^*)} = \left(\frac{\varphi_1^*}{\varphi_{min}}\right) \delta f_e \qquad (7.28)$$

$$\bar{\pi} = \rho_{11} \pi_1^d(\overline{\varphi_{11}}) + \rho_{12} \pi_1^x(\overline{\varphi_{12}}) + \rho_h \pi_h^x(\overline{\varphi_h}) \qquad (7.29)$$

其中，δ 表示折旧率，f_e 为企业进入国内市场时支付的固定成本。企业采用高生产技术的概率 $\rho_h = [1 - G(\varphi_h^*)]/[1 - G(\varphi_1^*)]$；$\rho_{11}$ 为 I 类型企业的概率；ρ_{12} 为 III 类型企业的概率。$\pi_1^d(\overline{\varphi_{11}})$、$\pi_1^x(\overline{\varphi_{12}})$ 和 $\pi_h^x(\overline{\varphi_h})$ 分别代表第 I 类企业、第 III 类企业和第 IV 类企业的平均利润。通过联立式（7.14）与式（7.15）可得

到生产临界生产率 φ_l^* 的表达式①。再将生产临界生产率 φ_l^* 的表达式代入 (7.13) 式,可得到高技术临界生产率 φ_h^* 与中间品关税 τ_m 的关系式。

通过以上表达式,可证明高技术临界生产率 φ_h^* 随着中间品关税的降低而降低,即 $\partial \varphi_h^*/\partial \tau_m > 0$;生产临界生产率 φ_l^* 随中间品关税的降低而升高,即 $\partial \varphi_l^*/\partial \tau_m < 0$,进而可得到中间品贸易化前后的对比情况,具体情形见图 7-3。

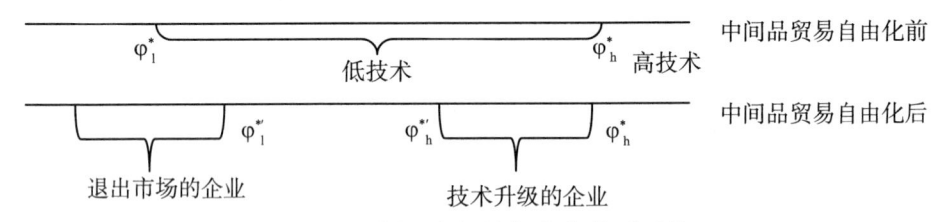

图 7-3 中间品贸易自由化前后对比

注:本图引自 Bas and Berthou (2013)。

如图 7-3 所示,在中间品关税降低后,应用高技术临界生产率水平 φ_h^* 降低至 $\varphi_h^{*'}$,生产率位于 $\varphi_h^{*'}$ 与 φ_h^* 之间的企业将由低生产技术升级到高生产技术,从而实现技术升级。

通过以上分析,可得到本书理论模型的命题。

命题:中间品贸易自由化将促进出口企业应用高生产技术,且该促进作用取决于企业自身的初始生产率,仅中等生产率的出口企业进行技术升级。

证明略②。

三、计量模型、度量指标和数据说明

(一) 计量模型的设定

为检验"入世"后中间品贸易自由化是否促进中国制造业出口企业技术升级,本书根据上述的理论模型建立如下实证模型:

$$Y_{it} = \alpha + \beta_1 \text{intertariff}_{it-1} + Z_{i,t} + v_j + v_p + v_t + \varepsilon_{it} \quad (7.30)$$

其中,下标 i、j 和 t 分别代表企业、行业与年份,Y_{it} 为企业 i 在 t 年的生产技术水平,intertariff 为企业的中间品关税;v_j、v_p 和 v_t 反映产业(两位码)、省份(两位码)和年份对企业生产技术的影响,ε_{it} 为随机干扰项。控制变量 Z 包括

---

① 具体形式可向作者索取。
② 限于篇幅,具体证明可向作者索取。

企业规模、企业年限、上年度企业的生产技术水平、企业加权最终品关税与赫芬达尔指数。

为检验"入世"后中间品贸易自由化对中国制造业出口企业技术的促进作用是否取决于企业的初始生产率水平,本书根据企业在2002年的全要素生产率将企业等分为五组,检验中间品贸易自由化对初始生产率不同的企业生产技术的差异化作用。模型具体设定如下:

$$Y_{it} = \alpha + \sum_{\rho=1}^{5} \beta^\rho \text{intertariff}_{it} \times Q_i^\rho + \sum_{\rho=2}^{5} \gamma^\rho Q_i^\rho + Z_{i,t} + \nu_j + \nu_p + \nu_t + \varepsilon_{it} \quad (7.31)$$

其中,ρ为企业i的组别,Q是按照企业生产率分组生成的组别虚拟变量,交互项由企业加权中间品关税与组别虚拟变量相乘得到。根据此交互项参数的显著性和系数大小可判别中间品关税减让是否影响各组别的企业生产技术选择以及影响程度。

需要指出的是,当企业的生产技术水平代理变量为虚拟变量(firm_cap1与firm_cap2)时,应用的计量模型为非线性probit模型;当企业的生产技术水平代理变量为资本劳动比时,应用的计量模型为固定效应模型。

(二) 指标说明

1. 企业生产技术的代理变量

由于中国工业企业数据库中并无直接衡量企业生产技术水平的指标,本书将采用多种代理变量间接反映企业生产技术水平,具体说明如下:

巴斯和贝尔图(2013)采用是否进口资本品虚拟变量衡量企业生产技术,本书稍做修改,得到代理变量1和代理变量2:

(1) 代理变量1(firm_cap1):参照巴斯和贝尔图(2013)的做法[①],在2000~2006年期间,在企业第一次进口资本品前,代理变量firm_cap1的取值为0;当企业第一次进口资本品时,代理变量firm_cap1的取值为1;在企业第一次进口资本品后,之后年份的企业代理变量firm_cap1均取值为1。

(2) 代理变量2(firm_cap2):与代理变量1标准选用不同,本书将代理变量2的标准设定为进口资本品总额是否高于1 000美元,以减少由于少量资本品进口对代理变量有效性的干扰。

本书选用与进口资本品相关指标作为企业生产技术代理变量的主要依据是:国外资本品在技术水平和质量具有显著优势,中国制造业企业对进口设备等高技术产品存在依赖性。资本品主要为企业用于生产的机器设备等耐用品,在企业会

---

① 采用当年是否进口资本品的虚拟变量作为企业生产技术水平的代理变量。

计信息中为固定资产,与非资本品相比,资本品内含的技术含量更高,是国际贸易中承载技术扩散的重要媒介(Xu and Wang,1999)。有学者(Eaton and Kortum,2002;Mutreja,2014)通过研究发现,全球大多数资本品的生产集中在少数研发密集的国家,这些国家是资本品的出口国,而其他国家(包括中国)则进口资本品。因此,我们有理由相信采用高生产技术的中国制造业企业更可能进口资本品。此外,通过特征事实分析,本书发现进口资本品企业的劳动生产率和全要素生产率均高于没有进口资本品企业的劳动生产率和全要素生产率,而且企业进口资本品的行为并未呈现较大的行业差异性[1]。另外,通过回归分析发现企业在进口资本品后,劳动生产率与全要素生产率得到了较大提高,也支撑本书代理变量的合理性。

(3) 代理变量3—资本劳动比(KL):由于生产技术与劳动之间存在一定的替代,同一行业内高生产技术的企业往往表现出更高的资本劳动比,因此本书也选取资本劳动比指标作为企业生产技术的代理变量。

2. 中间品贸易自由化指标

现有文献通常将行业中间品关税作为企业的中间品关税,这存在一定的测量误差,且不能反映同一行业中异质性企业的中间品关税差异。因此,本书参照近期文献(Bas and Strauss - Kahn,2015;田巍和余淼杰,2013)的做法,计算企业层面的加权平均关税,从而能够更好地反映贸易自由化对异质性企业进口成本的影响,具体计算公式为:

$$\text{intertariff}_{it} = \sum \theta_{ict} \text{intertariff}_{ct} \qquad (7.32)$$

其中,intertariff_{it} 表示企业 i 在 t 年进口中间品(HS 六位码)的关税,intertariff_{ct} 表示在 t 年通过一般贸易方式进口的中间品 c 的进口税率[2],是产品层面的进口税率,θ_{ict} 为 t 年产品 c 的进口额占企业 i 的中间品进口总额的份额。

3. 企业加权最终品关税

企业最终品关税反映由于最终品关税水平变动引致的来自国外厂商的竞争程度。其计算公式为 $\text{contariff}_{it} = \sum \theta_{ict} \text{contariff}_{ft}$,$\text{contarifff}_{ft}$ 表示 t 年进口最终品 f 的进口税率,θ_{ict} 为 t 年产品 f 的进口额占企业 i 的最终品进口总额的份额。企业最终品关税越低,代表来自国外厂商的竞争程度越高。

---

[1] 虽然企业进口资本品的行为呈现一定的行业异质性,但是差异不是很大,其中劳动密集型、资源密集型和资本密集型企业进口资本品的比例分别为23%、29%和35%,只是技术密集型企业的比例比较高,达49%。

[2] 中国企业进口模式分为一般贸易进口和加工贸易进口,加工贸易通常指来料加工和进料加工,前者是完全免征关税,后者则是"先征后退",因此企业无须支付通过加工贸易方式进口的中间品关税。

4. 全要素生产率

目前测度企业全要素生产率的主要方法有 OLS、OP、LP 和 GMM 等。OLS 方法同时存在内生性偏差和样本选择性偏差问题；OP 方法较好地处理变量相互决定所引起的内生性偏差和样本选择偏差问题（Olley and Pakes, 1996），但样本量损失较多，LP 方法则有效解决了数据损失问题（Levinsohn and Petrin, 2003）；GMM 方法避免了内生性带来的困扰（鲁晓东和连玉君，2012）。本书将选取 OP 方法与 LP 方法分别估算中国制造业企业的全要素生产率。在估计企业生产率过程中，本书用各企业从业人员年平均人数衡量劳动力投入，分别用工业增加值和固定资产年平均值来衡量企业的产出与资本投入，并用勃兰特等（Brandt et al., 2012）提供的以 1998 年为基期的平减指数进行调整。

5. 企业规模

新贸易理论强调了规模经济对国际贸易模式与企业地理分布的影响，同时新新贸易理论也认为企业规模是企业异质性的重要来源，对企业行为具有重要影响。有学者（Swamidass and Kotha, 1998）利用美国工业企业数据研究了企业规模、企业高生产技术与企业市场表现之间的关系，而且李（Lee, 2009）通过研究也发现企业规模对企业技术选择具有重要影响，因此本书需要控制企业规模对企业技术选择的影响。企业规模越大，相同的升级生产技术需支付的固定成本占其总成本的比重越低，因此预期企业规模的估计系数为正值。本书采用企业雇用劳动人员的对数来衡量企业的规模。

6. 企业年限

依据企业的生命周期理论，在发展初期随着企业年龄的增长，企业的营业额与利润不断增长，企业年限越长也意味着生产设备等硬件设备可能会出现老化，越有可能更换先进生产设备采用先进生产技术（毛其淋和盛斌，2013），从此视角分析可推测年限越长的企业越有可能采用先进生产技术。然而随着企业年龄的增长，当企业进入衰退期时，企业年限增大反而会限制企业更新生产技术。在实证研究中，巴斯和贝尔图（2013）也发现企业年限对企业技术选择具有重要的影响。本书中企业年限等于当年年份与企业成立年份之差再加 1。

7. 赫芬达尔指数

赫芬达尔指数的计算公式为 $HHI_{jt} = \sum_{i \in j}(sale_{it}/sale_{jt})^2 = \sum_{i \in j}(S_{it})^2$。其中，$sale_{it}$ 代表 i 企业 t 年的营业额，$sale_{jt}$ 代表两位码行业 j 在 t 年的总营业额，S_{it} 表示企业 i 在 j 行业 t 年的市场占有率。赫芬达尔指数越高，表明市场集中度越高。

（三）数据说明

本书的企业信息来自 2000~2006 年中国工业企业数据库。参照谢千里等

（2008）与 Cai and Liu（2009）的做法，笔者删除了数据中符合以下条件的样本：（1）职工人数少于10人或缺失；（2）总资产小于流动资产；（3）总资产小于固定资产净值；（4）累计折旧小于当期折旧；（5）工业总产值小于0；（6）成立年份早于记录年份或缺失。另外，中国在2003年调整了"国民经济行业分类"，导致行业代码在2003年前后有所差异，本书按照勃兰特等（2012）的方法对行业代码进行了统一。对该数据库中的所有名义变量，笔者使用勃兰特等（2012）提供的以1998年为基期的平减指数进行了调整。

本书的关税数据来自 WTO 的 Tariff Download Facility 数据库。由于 HS 六位码的协调版本不一致[①]，笔者通过联合国统计司提供的 HS1996 版本与 HS2002 版本之间的转换表将产品关税统一为 HS1996 版本，进而根据 HS1996 与 BEC[②] 对照表将进口产品细分为中间品、最终消费品和资本品。因本书采用企业层面中间品关税，只有通过一般贸易方式进口中间品的企业才有中间品关税，因此本书的分析样本为通过一般贸易方式进口中间品的企业。

本书的产品层面信息来自中国海关数据库，该数据库记录了2000~2006年企业每个月在进出口报关时的每一笔统计数据，包含企业税号、进出口产品的 HS 八位码、运输方式等信息。本书需将该数据库与包含企业信息的工业企业数据库相匹配，匹配方法如下：（1）直接用企业名称作为匹配字段；（2）使用邮政编码和电话号码字段后7位作为匹配字段。只要企业通过任一字段匹配成功，笔者就将其纳入合并数据中。

四、实证分析

（一）中间品贸易自由化对中国制造业企业技术选择的影响

1. 按照出口状态分析

本书理论模型中假定高技术临界生产率高于企业临界出口生产率，在此假设下中间品贸易自由化将只促进出口企业技术升级。为验证此关键假设的合理性，笔者根据出口交货值将企业划分为非出口企业样本与出口企业样本，并分别应用式（7.30）进行实证分析。所有模型控制了时间、产业与地区的影响，估计结果

[①] 2000~2001年产品进口关税采用 HS1996 年版本，2002~2006年采用 HS2002 年版本。
[②] 按照联合国 BEC 分类法，将代码为111、121、21、22、31、322、42和53的产业类别归为中间品，代码为61、62、63、112、122和522的产业类别归为最终消费品，将代码41和521的产业类别归为资本品。

见表 7 - 7。其中，第（1）和第（2）列的因变量为代理变量 firm_cap1，第（3）和第（4）列的因变量为代理变量 firm_cap2，第（5）和第（6）列的因变量为代理变量资本劳动比 KL，第（1）、第（3）和第（5）列的样本为非出口企业，第（2）、第（4）和第（6）列的样本为出口企业。

表 7 - 7 基准结果

因变量	（1）firm_cap1	（2）firm_cap1	（3）firm_cap2	（4）firm_cap2	（5）KL	（6）KL
样本	非出口企业	出口企业	非出口企业	出口企业	非出口企业	出口企业
中间品关税	0.003 (0.003)	-0.007*** (0.002)	0.003 (0.003)	-0.007*** (0.002)	0.003 (0.002)	-0.001 (0.001)
赫芬达尔指数	-3.605 (2.205)	3.113* (1.594)	-3.963* (2.303)	2.749* (1.556)	0.106 (0.956)	-0.466 (0.301)
最终品关税	0.014*** (0.003)	0.013*** (0.002)	0.011*** (0.003)	0.013*** (0.002)	0.006*** (0.002)	0.001*** (0.000)
企业年限	-0.006* (0.003)	-0.005*** (0.002)	-0.004 (0.003)	-0.003* (0.001)	-0.001 (0.002)	-0.002*** (0.001)
企业规模	0.149*** (0.022)	0.145*** (0.013)	0.164*** (0.022)	0.143*** (0.012)	0.043*** (0.012)	0.648*** (0.009)
时间效应	是	是	是	是	是	是
产业效应	是	是	是	是	是	是
地区效应	是	是	是	是	是	是
观测值	5 068	13 880	5 440	15 711	9 666	32 926

注：***、**、*分别表示在1%、5%和10%的水平下具有显著性，括号中为异方差稳健标准误。下表同。

本书主要关注的是企业加权中间品关税的估计系数。对于非出口企业样本，使用不同代理变量的模型（1）、模型（3）与模型（5）中的企业加权中间品关税的系数均为正值且不显著，未发现中间品贸易自由化促进中国制造业非出口企业应用高生产技术的证据，此结果与巴斯和贝尔图（2013）中间品贸易自由化促进印度全部企业（包括非出口企业）应用高生产技术的结论相悖。对于出口企业样本，使用不同代理变量的模型（2）、模型（4）与模型（6）中的企业加权中间品关税的系数均为负值，且前两个模型的系数显著为负，表明中间品贸易自由化显著促进了中国制造业出口企业采用高生产技术，这与巴斯托（2011）贸易—

体化促进出口企业技术升级的结论一致。

控制变量方面。企业最终品关税的系数均显著为正，表明来自国外同类企业的竞争会减少企业的利润，从而降低中国制造业企业使用高生产技术的概率；赫芬达尔指数的系数有正有负，无法确定国内市场结构对企业技术选择的影响；企业规模的系数均显著为正，表明规模越大的企业越可能应用高生产技术，此结论与常识相符；企业年限的系数多显著为负，表明经营年限越长越有可能抑制企业采用高生产技术，经营年限长的企业可能市场竞争力较强，没有强动力进行技术升级，也可能是企业进入衰退期[①]，从而限制企业更新生产技术。另外，新企业采用更为先进的生产设备（张杰等，2011）可能也是原因之一。

2. 按照要素密集度分类分析

企业的生产技术往往与企业生产的产品属性及所处行业有关，那么中间品贸易自由化对中国制造业出口企业生产技术的促进作用是否会因产品属性与行业属性不同而不同呢？为此，本书参照袁其刚等（2015）的分类方法，根据要素密集度将出口企业划分为劳动密集型、资本密集型、资源密集型与技术密集型四种类型企业，分别进行实证分析。

结果表明，"入世"后中国实施的中间品贸易自由化政策对出口企业生产技术选择的影响与企业的要素密集程度有关。资源密集型出口企业中的企业加权中间品关税的估计系数为正且不显著，原因可能为此类型企业的样本量较小，误差较大；其余类型企业的企业加权中间品关税的系数均在1%的水平上显著且为负值，表明中间品贸易自由化促进该三种类型的企业应用高生产技术。此外，从系数绝对值的大小分析，中间品贸易自由化对劳动密集型出口企业的促进作用强度最低，对资本密集型出口企业的促进作用强度次之，对技术密集型出口企业的促进强度最强，此结论与预期相符。

（二）对出口企业的差异性作用

上文已验证中间品贸易自由化促进中国制造业出口企业采用高生产技术，本部分将验证中间品贸易自由化的促进作用取决于企业的初始生产率水平。为验证此命题，本书应用公式（7.17）对中国制造业出口企业进行分析[②]，结果如表7-8所示。

[①] 根据2013年国家工商总局发布的《全国内资企业生存时间分析报告》，2000~2012年49.4%的企业生存时间在5年以下。

[②] 依据OP方法计算的2002年的企业生产率将全部年份的出口企业等分为五组，使出口企业获得唯一的分组，其中第一组为生产率最低的组别，第五组为生产率最高的组别。非出口企业的分组也是如此。

表 7-8　　　　　　　　差异性作用的估计结果

因变量	(1) firm_cap1	(2) firm_cap1	(3) firm_cap2	(4) firm_cap2	(5) KL	(6) KL
第一分组	-0.006 (0.006)	-0.008 (0.006)	-0.007 (0.006)	-0.009 (0.006)	0.002 (0.002)	0.002 (0.002)
第二分组	-0.009* (0.005)	-0.012** (0.005)	-0.005 (0.005)	-0.006 (0.004)	0.000 (0.001)	0.001 (0.001)
第三分组	-0.012** (0.005)	-0.012*** (0.005)	-0.016*** (0.006)	-0.016*** (0.006)	-0.002 (0.002)	-0.002 (0.001)
第四分组	-0.002 (0.005)	-0.003 (0.005)	0.002 (0.005)	0.001 (0.005)	-0.003** (0.001)	-0.003*** (0.001)
第五分组	-0.008 (0.006)	-0.007 (0.006)	-0.008 (0.007)	-0.007 (0.006)	0.002 (0.002)	-0.001 (0.001)
控制变量	否	是	否	是	否	是
时间效应	是	是	是	是	是	是
产业效应	是	是	是	是	是	是
地区效应	是	是	是	是	是	是
观测值	8 412	8 412	9 628	9 628	22 381	22 381

注：由于企业的分组是按照 2002 年企业的初始生产率进行划分的，导致没有在 2002 年存活的企业就没有分组的变量，从而使得样本量大幅减少；另外，也有不少企业由于缺少相关变量等原因无法估算全要素生产率，从而也使得样本量减少。

不难发现，无论是否加入控制变量，使用不同代理变量的实证模型中，生产率处于产业中端的企业加权中间品关税的估计系数显著为负，生产率处于分组两端的估计系数不显著，表明中间品贸易自由化仅促进生产率处于产业中端的中国制造业出口企业进行技术升级，与本书的理论预测吻合，也与巴斯托（2011）贸易自由化仅促进中等生产率出口企业技术升级的结论一致。

五、稳健性分析

为检验上述实证结果的可信性，本书将使用多种方式进行稳健性分析。

(一) 分组检验中间品贸易自由化对中国制造业非出口企业生产技术的影响

将非出口企业细分为不同组别,进一步验证"入世"后中间品贸易自由化未显著促进中国制造业非出口企业采用高生产技术,实证结果如表7-9所示。

通过表7-9可知,对中国制造业非出口企业的分组分析中,无论是否添加了控制变量,使用多种代理变量的实证结果中,企业加权中间品关税的估计系数绝大部分不显著,仅有一小部分系数显著,但显著为正值,所有系数均未显著为负值,未发现"入世"后中间品贸易自由化显著促进不同生产率的非出口企业应用高生产技术的证据,稳健支撑了表7-7的结果。

表7-9　　　　对非出口企业分组分析的稳健性估计结果

因变量	(1) firm_cap1	(2) firm_cap1	(3) firm_cap2	(4) firm_cap2	(5) KL	(6) KL
第一分组	-0.002 (0.005)	-0.003 (0.006)	0.002 (0.008)	-0.002 (0.008)	0.002 (0.003)	0.005* (0.003)
第二分组	0.003 (0.006)	0.001 (0.007)	-0.001 (0.007)	-0.002 (0.007)	0.002 (0.004)	0.002 (0.003)
第三分组	0.010 (0.008)	0.007 (0.007)	0.008 (0.007)	0.008 (0.007)	-0.001 (0.002)	-0.003 (0.002)
第四分组	0.013*** (0.005)	0.013*** (0.005)	0.010* (0.006)	0.008 (0.006)	-0.000 (0.003)	-0.002 (0.002)
第五分组	-0.008 (0.007)	-0.009 (0.008)	0.011* (0.006)	0.009 (0.006)	-0.002 (0.002)	-0.003 (0.002)
控制变量	否	是	否	是	否	是
年份效应	是	是	是	是	是	是
产业效应	是	是	是	是	是	是
地区效应	是	是	是	是	是	是
观测值	2 648	2 648	3 164	3 164	7 396	7 396

(二) 不同的贸易自由化指标

为避免企业中间品关税测算对实证结果的影响,本书采用非加权企业中间品关税对分组企业重新进行分析,结果如表7-10所示。

在表 7-10 中，第（1）~第（3）列为采用非加权企业中间品关税的实证结果，与表 7-8 应用加权企业中间品关税的实证结果基本相同，即生产率处于产业中端的企业中间品关税估计系数显著为负，生产率处于产业两端的企业估计系数均不显著，稳健地支撑了采用企业加权中间品关税的实证结果，也验证了本书理论模型的预期。

（三）不同的企业分组

上文对出口企业分析时采用 OP 方法估算企业的全要素生产率，测算误差可能导致企业被错误分组，进而影响差异化作用的实证结果。为排除生产率估算误差对实证结论的干扰，笔者采用 LP 方法重新估算企业的全要素生产率，对企业重新分组并进行实证分析，结果见表 7-10 的第（4）列与第（5）列。

表 7-10　不同的贸易自由化指标与不同企业分组的稳健性估计结果

因变量	（1）firm_cap1	（2）firm_cap2	（3）KL	（4）firm_cap1	（5）firm_cap2
样本	出口企业	出口企业	出口企业	出口企业	出口企业
第一分组	-0.009 (0.007)	-0.009 (0.007)	-0.000 (0.002)	-0.002 (0.006)	-0.005 (0.006)
第二分组	-0.012* (0.007)	-0.016** (0.007)	0.002 (0.002)	-0.019*** (0.005)	-0.018*** (0.006)
第三分组	-0.010* (0.005)	-0.007 (0.005)	-0.000 (0.001)	-0.015*** (0.006)	-0.015*** (0.006)
第四分组	-0.010 (0.006)	-0.005 (0.006)	-0.004** (0.002)	0.011** (0.005)	0.009* (0.005)
第五分组	-0.001 (0.007)	0.008 (0.007)	-0.002 (0.002)	-0.001 (0.004)	0.003 (0.004)
控制变量	是	是	是	是	是
年份效应	是	是	是	是	是
产业效应	是	是	是	是	是
地区效应	是	是	是	是	是
观测值	6 875	7 836	18 982	8 190	9 349

表中第（4）列与第（5）列的实证结果与差异化作用的基准结果基本一致，

生产率处于产业中端的企业加权中间品关税的估计系数显著为负,生产率处于分组两端的估计系数不显著,稳健地支撑了中间品贸易自由化只促进中等生产率的出口企业由低生产技术转向高生产技术的结论。

第三节 本章小结及政策启示

本章的第一节将进口中间品影响全要素生产率的机理纳入一个模型框架,构建了进口中间品通过数量、种类和价格效应影响全要素生产率的理论模型,并利用 COMTRADE 和 WIOD 数据库 2003~2010 年中国制造业的相关数据对进口中间品影响中国全要素生产率的机理进行了检验。结果表明,中国中间品进口数量和种类的增加并没有显著促进全要素生产率的提升,一是中国高比例的加工贸易致使进口中间品数量和种类的学习效应不明显,同时加工贸易的存在使得中间品进口的种类变动不能促进中间品的使用成本降低;二是发达国家对中国高科技产品出口的限制。价格效应对出口依存度较小的行业是显著的,但对出口依存度较大的行业不显著,说明价格效应是否起作用受贸易模式的影响。对于出口依存度较小的行业而言,进口中间品价格的相对下降更有利于企业购买质优价廉的中间品,从而促进了生产率水平的提高;而对于出口依存度较大的行业,特别是来料加工贸易企业而言,国内外中间品价格的变化难以改变其要素组合,从而无助于全要素生产率的提升。

当然,本书的研究仍然有一些改进的空间,特别是在经验研究的数据方面。本书采用的是产品层面的数据且行业划分较为粗泛,估计结果可能会受到加总偏误和内生性问题的影响,有待今后利用微观层面的数据进一步研究。

本章的第二节通过理论模型的建立将中间品贸易自由化、企业技术选择与生产率联系起来。理论模型表明中间品关税减让使应用高生产技术的企业拥有更低的边际生产成本、获得更多的利润,从而促使生产率较高的企业由低生产技术转向高生产技术。实证结果发现,"入世"后中国实施的中间品贸易自由化政策主要促进出口企业技术升级,并且只促进中等生产率的企业技术升级,较好地验证了本书理论模型的假定与结论。通过行业异质性分析,我们也发现中间品贸易自由化对技术密集型企业生产技术的促进作用最强,对劳动密集型企业技术选择的影响最弱。

本章的政策含义可能有以下几点。

第一,应当继续鼓励中间品进口。虽然中间品进口在数量和种类两个维度上并未明显提升中国制造业的全要素生产率，对经济增长质量的提升并不明显，进口中间品中相当一部分只是为了满足加工贸易的需要，但这是中国发挥劳动力优势、扩大就业、参与全球竞争的一个重要途径，也是现阶段中国经济发展不可或缺的组成部分。

第二，本书发现中间品贸易自由化促进了中国制造业出口企业选择高生产技术，而长期以来的出口导向型战略使得中国进口管理体制还存在阻碍进口的不甚合理的规定和要求（陈勇兵等，2014）。为此，应进一步完善进口政策，着力优化中间品进口结构，把进口贸易作为供给管理的重要手段（裴长洪，2013），鼓励企业进口关键零部件和技术设备，以改善供给面。

第三，需要进一步消除不必要的贸易壁垒，提高贸易自由化水平，加强中间品市场的竞争程度，从而有利于企业以更低的成本获得国外先进的机器、设备和零部件，这对企业技术水平和生产率的提升有重要作用。

第四，由于发达国家对高技术产品出口的限制（钱学锋等，2011）以及专利技术的垄断和掌控阻碍了中国利用进口资本品来提高技术水平（张翊等，2015），我们应该鼓励企业加大研发投入，提升自主创新能力，克服发达国家限制高技术产品出口对中国制造业企业技术升级的阻碍。

第八章

企业研发、GVC与我国贸易竞争力

在现有的全球国际分工和全球价值链利益分配控制格局中,如何破除发达国家对中国经济的"结构封锁",扭转"被锁定""被导向"等比较优势陷阱倾向,实现外贸的中长期可持续发展,避免重蹈拉美国家"贫困化增长"的覆辙是我国积极发展的重中之重。为此,本章将先考察企业的研发是否提升其增值能力,然后再探讨全球价值链下中国所处的地位、贸易收益与竞争力。

第一节 研发是否提升了中国工业企业的增值能力

根据上一章得出的结论,要想促进企业技术升级,不仅要完善进口政策,优化中间品进口结构,鼓励企业进口国外先进的关键的零件、机器和设备,发挥学习效应,还需从根本上攻克轻视技术创新的顽疾,加大企业自身研发投入,提升自主创新能力。

本节将考察当前我国企业研发状况,并试图探究研发与企业发展的内在联系,为此引入增加值率作为衡量标准,分析企业增加值率和研发的动态变化,并细分不同性质企业增值能力与研发的关系,以进一步对研发影响增值内容的途径进行实证分析。

一、问题的提出

增加值率是一个经济体新创造的价值与总产出之间的比率，它是从总体上度量一个经济体投入产出效益的综合指标，反映了经济体在一定的投入下价值创造的能力，是经济增长质量的直接反应。近年来，国内一些学者用增加值率这个指标来分析我国经济增长的质量，取得了比较初步和有价值的研究成果。沈利生和王恒（2006）、沈利生（2009）率先使用增加值率来度量经济体投入产出效益及增长质量，从投入产出的角度出发，通过对指标的分解与构造，认为新增加中间投入品贡献系数的下降以及第二产业比重上升、第三产业比重下降是造成我国近年来增加值率下降的主要原因。更进一步，刘瑞翔（2011）将对增加值率的研究纳入非竞争型投入产出框架下，并考虑了最终需求对增加值率的影响，认为我国增加值率的下降既与我国产业结构的两次变迁有关，又与在这个过程中进口中间投入品比例的增加有关。除了以上这些从投入产出表角度研究增加值率的文献外，也有个别文献运用计量手段对我国增加值率的影响因素进行了研究。姚利民和王峰（2006）研究了跨国公司对江浙两地工业增加值率的影响，认为江浙两地外商直接投资的流入并不能通过技术溢出促进江浙内资企业增加值率的提升，政府需要更有选择地引进外资项目。张杰等（2013）则利用微观企业数据对我国企业的出口行为与增加值率的关系做了实证研究，发现出口对我国企业的增加值率产生了抑制作用，而政府补贴和税收优惠使得企业出口对增加值率的负面影响更为严重，并认为当前政府应调整出口政策，减少对企业出口行为的干涉，增强出口企业获取收益的内在能力。

通过已有的文献可以看到，国内对增加值率的研究逐渐丰富和深入，研究的对象从宏观的投入产出视角进入微观的企业异质性视角，但目前的研究还没有充分重视研发对增加值率的影响。企业研发活动是企业自主创新能力的体现，企业通过人员和经费的投入，可使其产品或者生产技术得到革新，革新的结果最终会体现在企业的绩效上。研发对企业绩效的作用已被许多研究所证实。例如，已有研究从生产率角度（Lichtenberg and Siegel，1991；Lusigi and Thirtle，1997；Hall et al.，2012；吴延兵，2008；田巍和余淼杰，2012）、企业盈利角度（陆国庆，2011；García-Manjón and Romero-Merino，2012）、增加值角度（Hall and Mairesse，1995；周亚虹等，2012）讨论了研发提高企业绩效的作用，但研发对增加值率影响的相关研究还没有出现。与增加值相比，增加值率作为无量纲指标，不受统计单位的影响，从而降低了研究中的误差和变量波动，是一个更好的企业绩效和经济增长质量指标。那么，企业的研发活动会对增加值率产生什么影响？其产生影响的途径是什么？企业的异质性是否会影响两者的关系呢？为此，本书将运用微观层面的数据进行分析，以回答上述问题。

二、典型事实

（一）企业增加值率和研发的动态变化

利用 2005~2007 年中国工业企业数据库[①]，本书首先对企业增加值率与研发活动以及两者间关系的特征性事实进行初步描述[②]。企业增加值率（%）= 工业增加值/工业总产值×100% =（工业总产值 - 工业中间投入 + 应交增值税）/工业总产值×100%。本书根据微观企业增加值公式用工业增加值除以工业总产值得到每个企业每年的增加值率。通常情况下企业研发投入费用很大程度上是企业进行研发和自主创新能力的有效测度（Dosi et al., 1988），为此，我们采用研究开发费的自然对数来衡量企业的研发投入力度。

本书首先对每年企业是否有研发活动进行了统计，结果如图 8-1 所示。可以看出，2005~2007 年，我国企业的数量不断增加，参与研发活动的企业也不断增多，由 2005 年的 9.73% 上升到 2007 年的 10.43%，但参与研发活动的企业仍然很少，仅占到 10% 左右，增幅也不大。

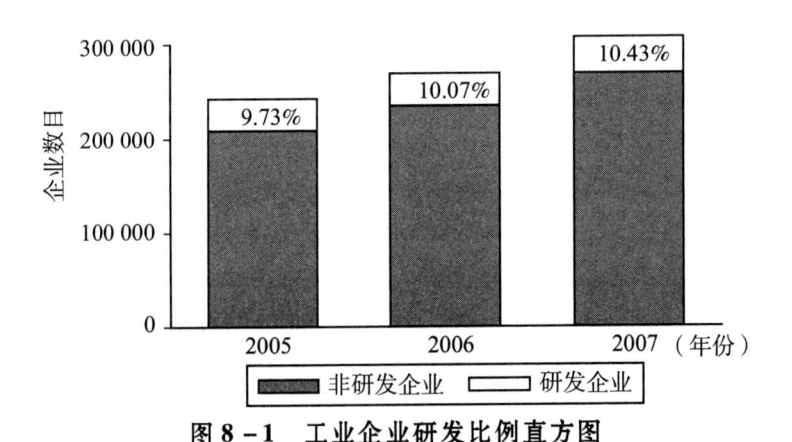

图 8-1 工业企业研发比例直方图

剔除掉研发支出为零的企业，我们进一步得到了研究开发费与企业增加值率分布的动态变化图，如图 8-2 和图 8-3 所示。可以看出，两者的分布都比

[①] 由于该数据库是从 2005 年开始才有研发费用这一指标的，因此本书的研究仅包含了这三年的数据。
[②] 所用数据已经按照一些规则和方法进行了处理，具体处理步骤可见下文数据处理的相关内容。

较近似于正态分布,且研究开发费的离散程度要大于企业增加值率的离散程度。图 8-2 中的研究开发费分布逐年向右移动,说明企业的研发支出每年都在增加。图 8-3 中的增加值率分布也逐年向右移动,但不如企业研发的位移明显。两者的同向移动表明增加值率与企业研发是存在一定程度的正相关关系的。在 2005~2007 年这三年中,研发企业的平均增加值率分别为 29.51%、29.57%、29.70%,略有上升。全样本企业的增加值率分别为 28.45%、28.93% 和 29.38%,也在逐年增加。

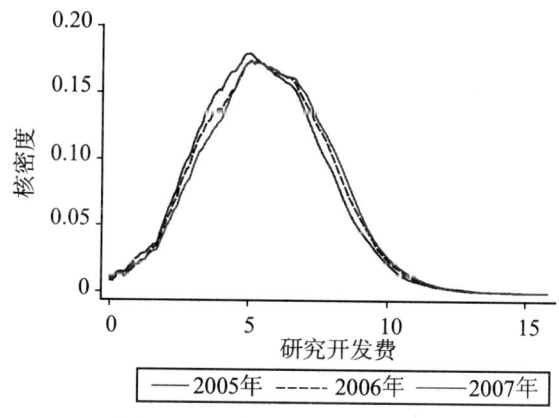

图 8-2 企业研发支出分布

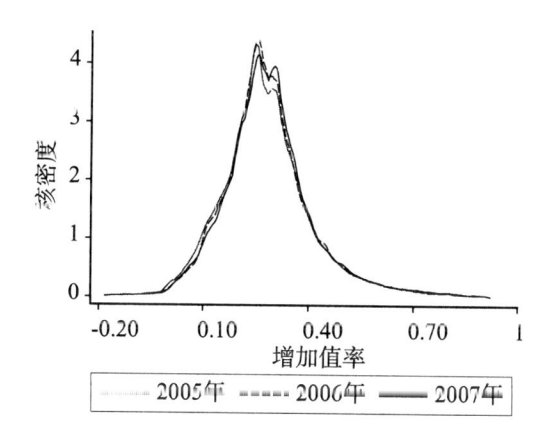

图 8-3 企业增加值率分布

(二) 不同性质企业增加值率与研发的关系

图 8-4 展示了不同研发特征企业的平均研发支出与增加值率的差异。由该图可以看出,持续进行研发活动的企业平均研发支出和增加值率均大于非持续研

发企业,而非持续研发企业的相关指标数值又大于非研发企业。

从所有制分类来看,国有企业的平均增加值率最高,其次是集体企业、私营企业和外资企业,如图 8-5 所示。但平均研究开发费没有与增加值率一致的变化规律,虽然国有企业的平均研发费依然最高,但平均增加值率位于第二位的集体企业平均研发费用最低,而且,增加值率最低的外资企业研发费用却比集体企业、私营企业都高,位于第二位。

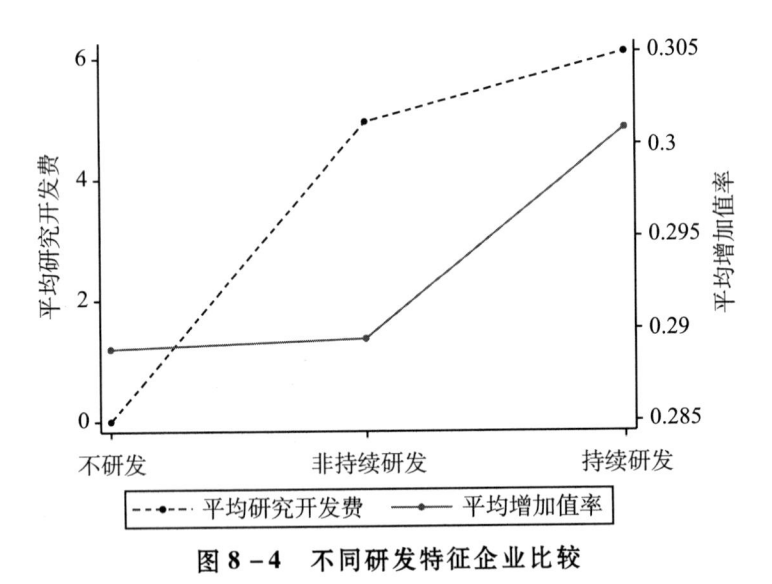

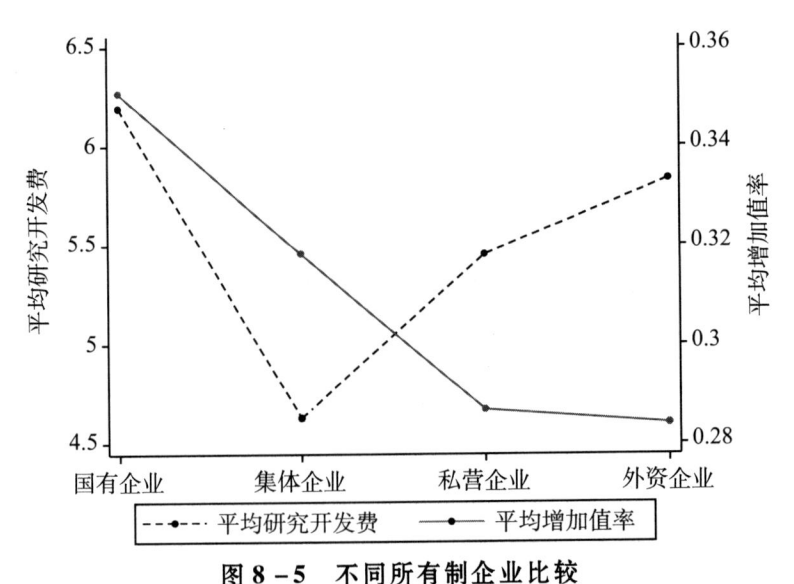

图 8-4 不同研发特征企业比较

图 8-5 不同所有制企业比较

根据二位数行业分类代码，全部工业企业分属 39 个行业，我们分析了不同行业平均增加值率与研发的关系，如图 8-6 所示（图中纵轴之间的虚线表示所有企业增加值率的平均值）。可以看出，增加值率与企业研发的关系也受到行业属性的影响，有些行业增加值率与研发表现出很强的一致性，如代码 07、16、44 所代表的石油和天然气开采业、烟草制品业、电力和热力的生产和供应业；有些行业增加值率较高，研发支出较低，如 08~10 所代表的金属和非金属采矿业，45 和 46 所代表的燃气、水的生产和供应业；有些行业增加值率很低，但研发支出比较高，如代码 20~40 之间所代表的各类制造业。

当然以上这些只是基于统计方法的增加值率与企业研发的关系，更准确的两者关系需要更进一步的计量手段的检验。

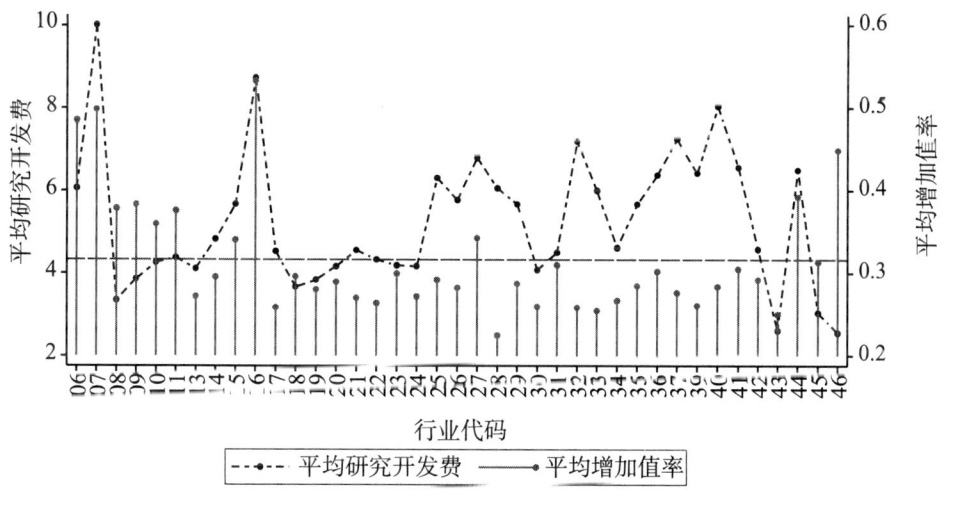

图 8-6 不同行业比较

三、数据处理及计量模型

（一）数据处理

本书的分析建立在国家统计局 2005~2007 年中国工业企业数据库的基础上，该数据库包括了我国所有国有及规模以上工业企业的相关信息。这些信息分为两类，一是企业经营成果有关的信息，包括资金流量表、资产负债表和损益表的主要信息以及雇用员工和生产活动信息；二是对企业身份、生产经营活动内容和状态进行定性描述的信息，如行业属性、所有制属性、所在地区等。该数据库未包括规模以下企业的数据,但数据库所涵盖样本的工业总产值已经占到中国工业总产值的95%左右,能够近似地反映工业部门产业组织的概况。由于原始数据库还存在统计方面的误差和错漏(Brandt et al.,2012;聂辉华等,2012),使用之时需要对其进行一些筛选和处理。(1)对于存在企业更改代码(例如在重组和发生并购之后)的情况和不同企业共享代码而造成企业代码不能唯一识别企业的情况,我们按照聂辉华(2012)的方法,对企业代码和企业名称两次分组进行匹配,使得企业代码能够唯一识别企业。在2005~2007年的观测样本中,总共有910 563个观测值,经过匹配后,我们处理了75 534个观测值,占到观测总数的8.29%,剩余观测值为835 029个。(2)与谢千里(2008)的研究类似,在对观测值进行匹配后,笔者将按照以下标准去除异常值。首先,重要指标(如资产总计、固定资产净值、工业销售值、工业总产值、员工人数)有遗漏的样本被剔除(0个);其次,剔除了不满足"规模以上"标准的观测值,即销售额低于500万元或雇员人数在8人以下的企业(32 974个)。(3)如同Cai and Liu(2009)、芬斯特拉等(Freenstra et al.,2011)的研究一样,遵循一般公认会计准则(GAPP),本书还剔除了发生以下情况的企业样本:①流动资产超过总资产的企业(813个);②固定资产净值超过总资产的企业(380个);③没有识别编号的企业(1个);④成立时间无效的企业,即成立时间在12月之后或在1月之前(共129个)。(4)最后,剔除本书所使用关键数值型变量的极端观测值(前后各0.5%,共8 633个)。对于所有名义变量,我们以2005年为基期,按照各地区工业品出厂价格指数进行平减。以此为基础,我们构建了2005~2007年的大规模非平衡微观面板数据集,共计792 099个观测值。

(二)模型构建

本书考察的对象是增加值率与企业研发的关系,由图8-1可以看出,90%左右的企业没有研发支出。一种常见的做法是运用虚拟变量R&D = {0,1}来表示企业研发的状态。其中,取值为1表示有研发支出,取值为0表示没有研发支出,然后让该变量做解释变量进行OLS回归。另一种常见的做法是剔除研发为零的企业,仅用研发大于零的样本进行回归。前者的问题在于其得到无偏估计的前提是企业是否进行研发活动是外生决定的,但实际上企业的研发决策受到很多因素的影响(Arrow,1962;Dasgupta and Stiglitz,1980;Aghion and Howitt,1999)。企业是否进行研发是企业的经营策略之一,是企业自我选择的结果。如果这些影响企业研发的因素与增加值率相关而又没有被纳入模型中作为控制变量,则解释变量与随机误差项是相关的。特别是研发对产出的作用是存在滞后效应的,而企业的研发决策也与过去是否研发密切相关(Hall and Mairesse,1995;Hausman et al., 1984; Lang, 2009)。因此, 忽略企业研发状态的内生性而直接进行 OLS 回归会得到有偏的估计结果。后者的问题在于, 由于研发是企业自我选择的结果, 除去研发为零的企业会使样本是非随机选择的, 也会引起内生性问题。

解决解释变量内生性问题的通常做法是找到一个工具变量, 该变量影响企业的研发决策但不影响增加值率, 然后运用两阶段最小二乘法 (2SLS) 进行估计。但赫克曼 (Heckman, 1997) 讨论了在这种自我选择的问题中, 直接运用工具变量法的效果对于经济主体处理信息的方式和假设条件过于苛刻和敏感, 对内生变量的估计是非一致的, 以至于其在处理该问题时通常是失效的。

解决自我选择问题的更为普遍方法是运用处理效应模型 (treatment effect model) 对增加值率与企业研发的关系进行研究。模型设定如下:

第一阶段构建 Probit 模型:

$$R\&D_{it} = \begin{cases} 1 & \text{if } y_{it}^* > 0 \\ 0 & \text{otherwise} \end{cases} \quad (8.1)$$

$$y_{it}^* = z\gamma + \mu_{it}, \quad u_{it} \sim N(0, 1) \quad (8.2)$$

$R\&D_{it}$ 是一个虚拟变量, 表示企业是否进行研发活动, 如果企业 i 在第 t 年有研发费用支出则取值为 1, 否则取值为 0。y_{it}^* 为潜伏变量 (latent variable), 无法获得实际观测值, 只能观测到其性状, 如 $y_{it}^* > 0$ 或 $y_{it}^* \leq 0$。$ratio_{it}$ 表示企业的增加值率, 即企业 i 在第 t 年工业增加值与工业总产值的比值。方程 (8.2) 是处理效应模型的选择方程 (selection equation), 向量 z 为影响企业是否研发的控制变量集合。

由该 Probit 模型估计出逆米尔斯比率 (Inverse Mills Ratio) $\hat{\lambda}_{it} = \dfrac{\phi(z_{it}\hat{\gamma})}{\Phi(z_{it}\hat{\gamma})}$, 并把 $\hat{\lambda}_{it}$ 引入到第二阶段的方程中, 其中 $\phi(\cdot)$ 和 $\Phi(\cdot)$ 分别为标准正态分布的密度函数和累积分布函数。

第二阶段构建回归方程 (regression equation):

$$ratio_{it} = x\beta + \delta R\&D_{it} + \rho\sigma \hat{\lambda}_{it} + \varepsilon_{it} \quad (8.3)$$

其中, $\varepsilon_{it} \sim N(0, \sigma^2)$, 向量 x 为影响企业是否研发和增加值率的控制变量。μ_{it} 和 ε_{it} 分别为方程 (8.2) 和方程 (8.3) 的随机扰动项, 两者的相关系数为 $\rho = corr(\varepsilon_{it}, \mu_{it})$。$\varepsilon_{it}$ 和 μ_{it} 服从联合正态分 $\begin{pmatrix} \varepsilon_{it} \\ \mu_{it} \end{pmatrix} \sim N\left[\begin{pmatrix} 0 \\ 0 \end{pmatrix}, \begin{pmatrix} \sigma^2 & \rho \\ \rho & 1 \end{pmatrix}\right]$, 当 $\rho \neq 0$ 时, 选择方程和回归方程的误差项是相关的, 若逆米尔斯比率通过了显著性检验, 则表明直接运用 OLS 法估计是有偏的, 应选择处理效应模型进行估计。

另外, 为使模型两个阶段的方程可识别, 向量 z 所包括的变量中, 至少须有一个变量不包括在 x 中, 且该控制变量的选择需满足以下要求。一是相关性要求,即该额外变量与企业是否进行研发密切相关;二是排他性约束,即该变量只影响企业的研发决策,但不影响企业的增加值率。一些研究表明,融资约束也是企业是否进行研发活动的重要因素之一(Acemoglu and Zilibotti,1997;Benfratello et al.,2008;解维敏和方红星,2011)。特别是由于我国资本市场不完善导致许多企业不能在资本市场上自由借贷和融资,因此企业的研发投入更多地依赖内部融资渠道,此时,企业的资产流动性会影响其研发投入决策。按照这一思路,我们在选择方程时加入反映企业资产流动性的指标,方程(8.2)和(8.3)中的其他解释变量都相同。

(三) 变量选取

由增加值率的计算公式,要使得增加值率提高,或者减少中间投入,或者在中间投入一定的情况下提高工业总产值,而提高工业总产值可以从提高产品价格和提高产品产量入手,我们的变量选择主要是基于以上这些影响增加值率变化的因素。除了增加值率(ratio)为解释变量、研究开发费虚拟变量(R&D)为主要解释变量外,其他变量的选择分为两类。

$$
\begin{aligned}
工业增加值率(\%) &= \frac{工业总产值 - 中间投入 + 应交增值税}{工业总产值} \times 100\% \\
&= 1 - \frac{中间投入 + 应交增值税}{工业总产值} \times 100\% \\
&= 1 - \frac{中间投入 + 应交增值税}{产品产量 \times 产品销售价格} \times 100\% \quad (8.4)
\end{aligned}
$$

第一类为反映企业基本特征的控制变量。

1. 企业规模(lnscale)

企业规模使用企业年销售收入的自然对数来衡量。一般来说,因为规模经济的存在,随着企业规模的扩大,产品的边际成本变小,在产出一定的情况下,中间投入减少,增加值率变大。

2. 劳动生产率(lnp)

劳动生产率是衡量企业技术水平的最重要指标之一,劳动生产率较高的往往是那些具有较高技术含量、生产高附加值产品为主的企业,较高的劳动生产率使得在投入一定的情况下,产出也较高,从而增加值率提高。根据已有研究,本书采用应付工资总额/从业人员年平均数的对数值来衡量劳动生产率,因为员工收入通常取决于自身劳动生产率(Chatrerji and Sparks,1991)。

3. 无形资产虚拟变量(IA)

有无形资产的企业取值为1,没有无形资产的企业取值为零。在现代商业中,企业越来越重视无形资产(品牌、企业的良好形象等)的积累,无形资产的存在对加大产品差异化程度、提高产品市场价格、提高工业增加值,进而提高增加值率有着重要作用。

4. 资本密集度（lnkl）

采用固定资产净额与从业人员年平均数比值的对数来衡量企业的资本密集度,该指标用来考察企业要素投入组合的变化对增加值率的影响。

5. 企业成立年限（age）

企业成立年限以样本观测年份与企业成立初始年份的差值来衡量。企业随着经营时间年限的增加,通过干中学,不断地积累生产经营经验,有助于提高增加值率。

6. 所有制性质（ownerk）控制变量

本书用 ownerk = {0, 1}（k = 1, 2, 3）来表示企业的所有制性质,取值 1 分别表示集体企业、私营企业、外资企业,即以国有企业为基准,加入所有制控制变量用以研究不同所有制企业对增加值率影响的差异。

7. 资产流动性（lnliq）

资产流动性指标作为企业是否进行研发的影响因素,仅出现在处理效应模型第一阶段的选择方程中,本书用（流动资产 - 流动负债）/总资产的对数值来衡量。

第二类为反映企业属性特征的变量。

1. 行业控制变量（industry）

如同之前统计结果所显示的那样,不同行业可能对企业研发有不同的依赖程度,从而对增加值率的影响不同,加入行业控制变量用以控制行业因素。中国工业企业数据库是按照四位码进行行业分类,笔者将其转换为二位码的行业分类,在控制行业因素的同时尽可能减少自由度的损失。

2. 区位控制变量（geo）

由于研发存在外溢效应,不同地区产业的集聚可能具有不同的创新激励,从而对该地区研发与增加值率的关系产生影响。因此本书将地理位置作为变量控制这些因素。地理区位按照国务院发展研究中心的最新研究,分为东北综合经济区、北部沿海综合经济区、东部沿海综合经济区、南部沿海综合经济区、黄河中游综合经济区、长江中下游综合经济区、大西南综合经济区和大西北综合经济区。

3. 年度控制变量（year）

年度控制变量用以控制其他不随企业变化而随时间变化的因素。

（四）描述性分析

表 8-1 给出了本书主要变量的定义和描述性统计结果。其中所列数据为各个指标的均值,而括号内的数值为标准差。由表 8-1 可以看出,研发企业的企

业规模、劳动生产率、无形资产、资本密集度、企业成立年限都高于非持续研发企业，非持续研发企业的相同指标数值又高于非研发企业。

表 8 - 1　　　　　　　各控制变量的描述性统计结果

变量	非研发企业	非持续研发企业	持续研发企业	全部企业
企业规模 （lnscale）	10.11238 （1.125042）	10.77026 （1.362857）	11.25062 （1.691767）	10.241 （1.228804）
劳动生产率 （lnp）	2.575827 （0.5416382）	2.730246 （0.574575）	2.918384 （0.604361）	2.610092 （0.5555239）
无形资产 （IA）	0.1807446 （0.3848067）	0.3239001 （0.4679653）	0.3830056 （0.4861253）	0.206276 （0.4046312）
资本密集度 （lnkl）	3.594876 （1.373552）	3.897608 （1.28757）	4.047762 （1.279522）	3.65026 （1.366447）
企业成立年限 （age）	7.791858 （8.73818）	9.568261 （10.49774）	12.54924 （15.08214）	8.230158 （9.451353）
集体企业 （owner1）	0.0506203 （0.2192212）	0.0264057 （0.1603395）	0.0145513 （0.1197494）	0.0462013 （0.2099209）
私营企业 （owner2）	0.7155363 （0.451159）	0.6970215 （0.4595489）	0.6922035 （0.4615873）	0.712387 （0.45265）
外资企业 （owner3）	0.2057495 （0.4042486）	0.2388893 （0.4264076）	0.2299248 （0.4207892）	0.2104358 （0.4076184）
资产流动性 （lnliq）	-1.779449 （1.131108）	-1.808634 （1.120968）	-1.781348 （1.112692）	-1.782629 （1.129001）
观测值	668 507	80 778	42 814	792 099

四、实证结果分析

（一）OLS 估计结果

本书首先用 OLS 法对增加值率与企业研发的关系进行了估计。表 8-2 给出了估计结果。模型 1 仅加入了主要解释变量研究开发费虚拟变量（R&D），模型 2 加入了第二类控制变量，模型 3 仅加入了第一类控制变量，模型 4 为完整估计模型。4 个模型的主要解释变量和各控制变量系数没有发生很大的变化，符号也没有反转，说明变量之间的共线性程度较低，本书控制变量的选择比较合理。值得注意的是，加入第一类控制变量以后，R&D 估计系数的变化较大，可知这一类控制变量对企业增加值率的影响相比第二类更加明显。R&D 的估计系数为正且通过了显著性水平检验，表明企业研发活动对增加值率的提高有促进作用，在引入更多的控制变量后，这一结论仍然显著成立。但是，OLS 方法无法解决内生性问题，下面我们将运用处理效应模型来纠正 OLS 方法可能存在的估计偏误，以更准确地检验企业研发对增加值率的影响。

表 8-2   OLS 估计结果

解释变量	模型 1	模型 2	模型 3	模型 4
R&D	0.00717*** (0.000534)	0.00736*** (0.000514)	0.00770*** (0.000553)	0.00865*** (0.000551)
lnscale			-0.00628*** (0.000147)	-0.00747*** (0.000143)
lnp			0.0125*** (0.000342)	0.0190*** (0.000342)
IA			-0.00711*** (0.000405)	-0.000486 (0.000420)
lnkl			0.00412*** (0.000135)	0.000523*** (0.000134)
age			0.000357*** (2.75e-05)	0.000271*** (2.34e-05)
owner1			-0.0242*** (0.00146)	-0.00537*** (0.00141)
owner2			-0.0543*** (0.00131)	-0.000821 (0.00129)
owner3			-0.0575*** (0.00136)	-0.0100*** (0.00134)
industry	不控制	控制	不控制	控制
geo	不控制	控制	不控制	控制
year	不控制	控制	不控制	控制
观测值	792 099	792 099	791 215	791 215
R-squared	0.0002	0.124	0.015	0.132

注：***、**、* 分别代表 1%、5%、10% 的显著性水平；本表中括号内数值为相应估计系数的异方差稳健标准误，以下同。

（二）处理效应模型估计结果

处理效应模型的估计方法有极大似然估计（MLE）及两步法（Two Stage Method），两者各有优缺点。极大似然估计非常依赖方程误差项的联合正态分布，而两步法估计结果的有效性稍差，对于本研究来说，由于两者的估计结果非常接近，笔者仅给出了两步法的估计结果（见表8-3）。除了控制年份固定效应的全样本分析外，我们还进行了分年回归，结果表明无论是全样本还是分年回归，各变量的系数变化都很小。

表8-3　　　　　　　　　　处理效应模型估计结果

解释变量	全样本 选择方程	全样本 回归方程	2005年 选择方程	2005年 回归方程	2006年 选择方程	2006年 回归方程	2007年 选择方程	2007年 回归方程
R&D		0.041*** (0.0034)		0.047*** (0.0064)		0.040*** (0.0056)		0.043*** (0.0058)
lnscale	0.225*** (0.0022)	-0.009** (0.0002)	0.215*** (0.0043)	-0.009** (0.0004)	0.215** (0.0040)	-0.009*** (0.0003)	0.227*** (0.0040)	-0.009** (0.0004)
lnp	0.283*** (0.0050)	0.0186** (0.0004)	0.283*** (0.0097)	0.0246** (0.0008)	0.283*** (0.0090)	0.0206** (0.0007)	0.283*** (0.0076)	0.0128** (0.0006)
IA	0.374*** (0.0072)	0.00079 (0.0006)	0.378*** (0.0109)	0.00087 (0.0009)	0.417*** (0.0102)	-0.00078 (0.0008)	0.370*** (0.0104)	0.00096 (0.0009)
lnkl	0.026*** (0.0022)	0.002*** (0.0001)	0.024*** (0.0043)	0.001 (0.0002)	0.021*** (0.0040)	0.001 (0.0002)	0.028*** (0.0036)	0.003*** (0.0002)
age	0.009*** (0.0002)	0.0002** (2.57e-5)	0.009*** (0.0005)	0.0002** (4.70e-5)	0.010*** (0.0005)	0.0002** (4.45e-5)	0.009** (0.0003)	0.0002** (4.63e-5)
owner1	-0.54*** (0.0226)	0.00113 (0.0016)	-0.46*** (0.0392)	0.00173 (0.0027)	-0.55*** (0.0397)	0.00178 (0.0027)	-0.61*** (0.0384)	0.00106 (0.0028)
owner2	-0.15*** (0.0175)	-0.006** (0.0014)	-0.08*** (0.0310)	-0.009** (0.0024)	-0.16*** (0.0308)	-0.003 (0.0024)	-0.19*** (0.0285)	-0.004** (0.0024)
owner3	-0.41*** (0.0183)	0.005*** (0.0014)	-0.43*** (0.0328)	-0.001 (0.0026)	-0.45*** (0.0324)	0.008*** (0.0025)	-0.39*** (0.0296)	0.001*** (0.0025)
lnliq	0.017*** (0.0024)		0.022*** (0.0045)		0.018*** (0.0042)		0.010*** (0.0038)	

续表

解释变量	全样本		2005 年		2006 年		2007 年	
	选择方程	回归方程	选择方程	回归方程	选择方程	回归方程	选择方程	回归方程
mills		-0.01*** (0.0018)		-0.01*** (0.0033)		-0.01*** (0.0030)		-0.02*** (0.0031)
industry	控制	控制	控制	控制	控制	控制	控制	控制
geo	控制	控制	控制	控制	控制	控制	控制	控制
year	控制	控制	不控制	不控制	不控制	不控制	不控制	不控制
ρ		-0.12859		-0.14625		-0.12437		-0.14748
观测值	486 254	486 254	139 586	139 586	159 549	159 549	187 119	187 119

在第一阶段选择方程的回归中，可以发现 ownerk（k=1，2，3）的估计系数均在1%的显著性水平下为负，这表明在其他条件相同的情况下，非国有企业研发的概率要显著低于国有企业。如果假设国有企业所属行业有比较高的行政进入壁垒从而有较大的市场集中度，这一回归结果也在一定程度上印证了"熊彼特假说"，即企业自主创新与市场结构呈"U"型，或者说"越垄断越创新"，并与魏后凯（2002）、吴延兵（2007）、陈林和朱卫平（2011）的相关研究结果一致。当然，国有企业研发概率高可能并不是"熊彼特假说"所阐述的是由于企业自身的优势，更有可能是受到环境制度的影响。在当前我国知识产权保护力度还不够的情况下，由于研发的溢出效应，企业不能从研发中获得足够的收益补偿，从而不愿意进行研发，对私营企业和外资企业在我国的研发产生了抑制作用；国有企业由于受到政府更多的补贴、金融支持和承担更多的社会责任等原因，参与研发的积极性更大。lnliq 的估计系数在1%的显著性水平下为正，这表明企业资产的流动性越强，内部融资约束越小，企业进行研发的概率越大。第一阶段回归的其他控制变量符号都为正，这与统计性描述的结果一致，即它们都与企业研发支出呈正相关关系。

在第二阶段回归方程的回归中，解释变量 R&D 的估计系数在1%的显著性水平下显著为正，且全样本和分年回归的结果基本保持一致，继续表明了企业研发对增加值率的正向作用。控制变量 lnscale 的回归系数显著为负，说明企业规模与增加值率呈负相关关系，与笔者的预期不一致。但结合其他变量分析此结果，该结果具有其合理性。可以发现 lnkl 的估计系数为正且通过了1%显著水平的检验，这表明资本密集度与增加值率是呈正相关关系的，如果企业员工人数也作为企业规模的度量的话，那么资本密集度 lnkl 的估计系数也就表明企业规模与增加值率是负相关的，原因可能在于我国企业规模的扩大没有造成资本水平同样程度的扩大，从而规模效应带来的正效应被资本稀释带来的负效应抵消。企业规模与增加值率负相关的关系表明我国企业存在"大而不强""越大越弱"的现象。owner1的系数未能通过显著性检验，表明集体企业与国有企业增加值率的差异并不显著；owner2的系数都为负且通过了1%水平的显著性检验，表明在其他条件相同的情况下，私营企业的增加值率要比国有企业低；owner3的估计系数为正，表明在其他情况相同的情况下，外资企业增值能力要比国有企业强。IA的估计系数没能通过显著性检验，说明我国企业的品牌价值和企业形象对于企业的增值能力作用还不突出。至于其他变量，其回归结果与笔者的预期都比较一致，企业的劳动生产率水平及企业成立时间都与增加值率的提高正相关。

逆米尔斯比率的系数不为零，且通过了1%的显著性水平的检验，这表明使用OLS法进行估计是有偏的，应使用处理效应模型。比较处理效应模型回归方程与OLS的估计结果可以看出，这种偏差的确明显。与OLS回归相比，在处理效应模型中主要解释变量R&D的回归系数明显增加，其回归系数是前者的近5倍。企业所有制性质对增加值率的影响也不尽相同，在OLS回归结果中，所有制虚拟变量的符号均为负号，而在处理效应模型中，只有owner2私营企业虚拟变量的符号显著为负。

更进一步，笔者按照所有制性质将样本划分为4个子样本，运用处理效应模型进行单独回归，以进一步发现不同所有制企业的差异，见表8-4。由第一阶段选择方程的结果可以看出，只有国有企业信贷约束变量lnliq没有通过显著性检验，这表明国有企业内部融资约束对其研发活动未产生显著影响，从而印证了笔者之前的分析，即国有企业更有可能进行研发活动的原因来自外部环境，由于不同性质企业在国内市场上受到政府政策的差异，使得企业在获得关键要素的机会与成本方面存在不平等。国有企业由于更容易获得政府的研发支持和补贴，以较低的成本从银行和其他非银行金融机构获得融资，从而更有积极性和能力进行研发活动。在第二阶段的回归中，企业研发对增加值率的影响强度不尽相同，国有企业的研发对增加值率的提升作用最大，其次是外资企业和私营企业，而集体企业的研发对增加值率的贡献不显著，该结果与朱有为和徐康宁（2006）、冯根福等（2006）关于研发绩效的研究结果基本吻合，与张杰等（2013）的结果有较大出入。国有企业的研发之所以对企业的增加值率影响较大，很可能是因为国有企业占行业销售额比重较大的行业由于进入壁垒的原因处于垄断或垄断竞争的市场结构之中，减弱了由于研发溢出导致的研发收益损失。集体企业研发对增加值率的作用不显著也说明产权界定清晰与否对研发的绩效有很大的影响。

表8-4　　　　　　　　　　不同所有制企业回归结果

解释变量	国有企业 选择方程	国有企业 回归方程	集体企业 选择方程	集体企业 回归方程	私营企业 选择方程	私营企业 回归方程	外资企业 选择方程	外资企业 回归方程
R&D		0.080*** (0.0188)		0.02204 (0.0271)		0.033*** (0.0038)		0.063*** (0.0087)
lnscale	0.343*** (0.0136)	-0.02*** (0.0019)	0.196*** (0.0135)	-0.01*** (0.0010)	0.231*** (0.0028)	-0.01*** (0.0002)	0.216*** (0.0041)	-0.01*** (0.0005)
lnp	0.251*** (0.0293)	0.019*** (0.0030)	0.126*** (0.0298)	0.028*** (0.0017)	0.330*** (0.0062)	0.014*** (0.0004)	0.186*** (0.0097)	0.025*** (0.0008)
IA	0.201*** (0.0428)	-0.00109 (0.0044)	0.456*** (0.0443)	0.01273 (0.0035)	0.442*** (0.0089)	-0.00014 (0.0007)	0.234*** (0.0139)	0.003*** (0.0011)
lnkl	0.0140 (0.0146)	0.003** (0.0013)	0.054*** (0.0132)	-0.0009 (0.0007)	0.039*** (0.0028)	0.002*** (0.0001)	0.00187 (0.0044)	0.000256 (0.0003)
age	0.006*** (0.0008)	2.89e-05 (8.94e-5)	0.004*** (0.0014)	-5.21e-5 (9.37e-5)	0.011*** (0.0003)	0.0002** (3.03e-5)	0.002*** (0.0005)	0.0005** (5.86e-5)
lnliq	0.0189 (0.0141)		0.03*** (0.0131)		0.017*** (0.0028)		0.022*** (0.0050)	
mills		-0.04*** (0.0107)		-0.0188 (0.0129)		-0.01*** (0.0020)		-0.03*** (0.0046)
industry	控制	控制	控制	控制	控制	控制	控制	控制
geo	控制	控制	控制	控制	控制	控制	控制	控制
year	控制	控制	控制	控制	控制	控制	控制	控制
		-0.24418		-0.14034		-0.09431		-0.21204
观测值	11 570	11 570	23 618	23 618	333 674	333 674	117 392	117 392

对比表8-3和表8-4可以看出，虽然无形资产IA在总样本的系数并不显著，但在外资企业的子样本中却通过了显著性检验，表明外资企业更注重品牌和企业形象的培育，并对企业的收益产生了正面的影响，而国内的企业无形资产对企业的收益影响还不明显。同时，国有企业研发对增加值率的影响虽然更加明显，但表8-4的结果显示，在其他条件相同的情况下，外资企业对增加值率的影响却更为显著，这表明国有企业虽然因为各种优越的制度环境研发绩效比较高，但由于在管理、经营能力以及品牌影响力与外资企业还有一定的差距，企业的整体增值能力弱于外资企业。

(三) 稳健性检验

本书主要通过指标替代对上述处理效应模型基准回归结果进行稳健性检验。由于企业的研发活动可以由不同的角度选取不同的变量进行度量，其回归结果可能会有所不同，为了检验企业研发与增加值率的关系是否会因为选取的变量不同而发生改变，笔者分别用新产品产值虚拟变量（np）、职工教育费用虚拟变量（edu）作为解释变量代替企业的研发费用。新产品作为研究开发的结果，其产值能够在一定程度上反映企业的研发水平。职工教育费用体现了企业对人力资本的开发，而人力资本是研发创新的重要投入要素（Xu，2000；李平等，2007；吴延兵和刘霞辉，2009），是企业研发活动的另一体现，也可作为研发支出的替代变量。与企业研发费用一样，两变量存在大量为零的观测值，所以本书依然将取值大于0的观测值记为1，否则记为0。将两变量作为解释变量重新进行处理效应模型两阶段回归，结果如表8-5所示（模型1解释变量为np，模型2解释变量为edu）。逆米尔斯比率都通过了显著性水平检验，说明内生性问题仍然存在，OLS方法下仍然会产生估计偏误。两个解释变量都在1%的显著性水平下通过了检验且都为正数，由此说明企业研发活动会提高企业增加值率的结论并不受企业研发衡量指标变化的影响。所有制性质虚拟变量的符号有所变化，owner1的符号显著为负，基准回归的系数是不显著的。owner2在模型1中的系数变得不显著，而在基准回归中是显著为负的，其他控制变量的符号以及显著性与基准回归相比保持一致。而这些符号发生变化的变量并不会对笔者之前的基本结论有较大影响。

表8-5　　　　　　　　稳健性检验结果

解释变量	模型1 选择方程	模型1 回归方程	模型2 选择方程	模型2 回归方程
np		0.0501*** (0.00733)		
edu				0.0394*** (0.00784)
lnscale	0.154*** (0.00438)	-0.00878*** (0.000393)	0.139*** (0.00175)	-0.00475*** (0.000432)
lnp	0.166*** (0.00993)	0.0263*** (0.000762)	0.188*** (0.00379)	0.0247*** (0.000642)

续表

解释变量	模型1 选择方程	模型1 回归方程	模型2 选择方程	模型2 回归方程
IA	0.202*** (0.0114)	0.00327 (0.000872)	0.346*** (0.00547)	0.0114 (0.00116)
lnkl	−0.00230 (0.00427)	0.00174*** (0.000293)	0.0213*** (0.00158)	0.00271*** (0.000171)
age	0.00691*** (0.000558)	0.000317*** (4.62e−05)	0.0122*** (0.000254)	0.000569*** (3.83e−05)
owner1	−0.187*** (0.0378)	−0.000736 (0.00276)	0.363*** (0.0162)	−0.0108*** (0.00193)
owner2	0.0422 (0.0324)	−0.0105*** (0.00248)	−0.264*** (0.0144)	−0.0142*** (0.00165)
owner3	0.143*** (0.0341)	−0.00433* (0.00258)	−0.432*** (0.0150)	0.00858*** (0.00196)
lnliq	0.0322*** (0.00461)		0.0177*** (0.00170)	
mills ratio		−0.0155*** (0.00384)		−0.0388*** (0.00477)
industry	控制	控制	控制	控制
gco	控制	控制	控制	控制
year	控制	控制	控制	控制
ρ		−0.11764		−0.29124
观测值	486 254	486 254	486 254	486 254

（四）影响途径分析

由增加值率的计算公式可知，增加值率与中间品投入是负相关关系，而与工业总产值是正相关关系。所以，如果企业研发提高增加值率这一结论具有稳健性，则可预期企业研发或者通过降低中间品投入提高增加值率，或者在中间产品投入一定的情况下，通过提高工业增加值提升增加值率，又或者两种途径都有。基于此，笔者对企业研发与中间投入品和工业总产值之间的关系做了进一步的检验，以得到企业研发影响增加值率的途径。笔者继续使用之前的处理效应基准回归模型，并把之前的被解释变量 ratio 分别替换成中间品投入的对数（lninter）以及工业总产值的对数（lnoutput）进行回归，由于第一阶段的回归结果与基准回归一致，故不再显示，第二阶段回归方程的结果如表 8-6 所示。

表 8-6　　　　　　　企业研发影响增加值率途径分析

变量	lninter 回归方程	lnoutput 回归方程
R&D	-0.0240*** (0.00621)	0.0305*** (0.00307)
lnscale	1.003*** (0.000417)	0.993*** (0.000206)
lnp	-0.0265*** (0.000748)	0.00460*** (0.000370)
IA	0.00523*** (0.00108)	0.00568*** (0.000532)
lnkl	0.000306 (0.000279)	0.00242*** (0.000138)
age	-0.000128*** (4.60e-05)	-0.000109*** (2.28e-05)
owner1	0.00225 (0.00289)	0.00180 (0.00143)
owner2	0.0130*** (0.00254)	0.00387*** (0.00126)
owner3	-0.0186*** (0.00267)	-1.91e-06 (0.00132)
mills ratio	0.0147*** (0.00330)	-0.0113*** (0.00163)
industry	控制	控制
geo	控制	控制
year	控制	控制
ρ	0.06296	0.09749
观测值	486 254	486 254

由回归结果可以看出,两个模型中 R&D 的系数都在 1% 的显著性水平下通过了检验,但是,两个模型中的符号相反,在被解释变量为 lninter 的模型中符号为负,在被解释变量为 lnoutput 的模型中符号为正,这说明企业研发能够从减少中间投入和增加工业总产值两个维度对增加值率的提高产生影响。两个模型中 lnscale 的系数都为正且都接近 1,说明企业规模与中间投入和工业总产值都存在几乎一对一的正相关关系,但由于在第一个模型的系数较大,所以表明随着企业规模的扩大,中间投入和总产出不成比例地增加。由于中间投入增加得快,所以企业规模对增加值率总的影响是负的。

第二节 全球价值链分工对我国贸易竞争力的影响[①]

上节末尾提到,企业研发与中间投入负相关,而与企业总产值呈正相关,由此说明企业研发是通过降低中间产品投入的同时增加总产值来提高增加值率的。当前中国对外贸易仍以加工贸易为主,大量加工贸易企业过度依赖进口中间品以便进一步发挥廉价劳动力的优势,由此带来的学习效应有限,并且也不利于我国贸易地位和竞争力的提高。

本节将从全球价值链分工这个视角出发,从国家层面和行业层面审视当前我国在全球价值链中的地位、贸易收益和竞争力,通过实证分析得出"当前中国制造业和服务业贸易竞争力亟待提高,应摆脱比较优势陷阱倾向,增强企业增值能力和培育竞争新优势"的结论,从而佐证和支持"当前要素成本上升背景下技术进步和外贸的中长期发展"这一核心命题。

一、问题的提出

作为加工贸易大国,2014 年中国加工贸易进出口额为 8.65 万亿元人民币,占同期中国进出口总值的 32.7%,[②] 但是传统的贸易统计方法并没有反映出我国对外贸易中包含了大量加工贸易产品的事实,夸大了我国的贸易规模和利得。在全球价值链分工背景下,以关境为统计基础的传统贸易统计方法无法回答"谁为

[①] 本节内容已发表在《国际商务研究》2017 年第 4 期。
[②] 数据来源见中华人民共和国中央政府门户网站 http://www.gov.cn/xinwen/2015-01/13/content_2803769.htm。

谁生产"（who produce for whom）问题（Daudin et al.，2011），而且其所体现的贸易对经济增长和收入的重要性是"所见并非所得"（what you see is not what you get）（Maurer and Degain，2012）。与此同时，经济全球化的不断深入使得国际分工越来越深化，国家间的经济竞争已不单是在产品层面上展开，还上升至全球价值链中进行角力。虽然生产链条日益延伸和扩散，各国获得了进入全球市场的机会，但是不同国家参与全球价值链的程度，在全球价值链中所处的地位、所获得的贸易收益及真实的竞争力水平却并不相同。因此，对一国在全球价值链中的地位、贸易收益与竞争力水平的真实把握显得意义重大。那么，在增加值贸易核算方法下，中国融入全球价值链的程度有多深？在全球价值链分工中的地位怎样？贸易利得如何？在全球价值链中的贸易竞争力究竟怎样呢？为此，本节将基于增加值贸易（trade in value-added，TiVA）核算方法，考察中国在全球价值链中的地位、贸易收益和竞争力。

传统贸易统计方法是以各国海关统计的出入境数据作为统计基础，而增加值贸易核算方法仅计算一国参与全球产业链中的真实增加值部分，通过跟踪各国最终消费中直接或间接所含的一国创造的增加值进行测算（Stehrer，2012；陈雯和李强，2014）。由于不需要单独测算中间产品部分，因此，增加值贸易核算方法避免了中间产品多次跨越国境所造成的重复计算问题，能够更好地反映一国的贸易规模。实际上，格罗斯曼和罗西·汉斯伯格（Rossi-Hansberg）在2008年就提出当一国参与到全球供应链时，总量的统计方法不恰当，应该了解产品中的增加值来源及其最终所用之处，这与多丹等（Daudin et al.，2011）的观点类似。鲍德温和罗伯特·尼库（Baldwin and Robert-Nicoud，2014）试图将增加值贸易的概念整合进产品贸易的理论中。玛图等（Mattoo et al.，2011）对估计一国出口中的国内、外增加值的方法进行了梳理，并提出改变目前国际贸易统计框架，引入增加值统计方式的一些建议。格罗斯曼（2013）也从为何需要一个新的理论、新理论是什么以及该理论是否真的有效三个角度来说明增加值贸易测算这一国际贸易新理论的重要性。迪安（Dean，2013）也十分认可这种新的贸易核算方式，认为增加值贸易可以防止贸易保护主义者的反弹，并促进一个更加开放的市场形成。

全球价值链分工是近年来学界、国际组织与政府关注的重要领域之一。库普曼等（Koopman et al.，2010）（简称KPWW）构建了反映一国参与全球价值链的程度指标（GVC_Participation）和在全球价值链中的地位指标（GVC_Position），并分析了2009年中国、日本、美国等24个国家和地区在电子设备、金属制成品等12个行业的全球价值链地位。一些学者（Backer and Miroudot，2012；Banga，2013）采用KPWW指标测算了一些国家参与全球价值链的程度。科斯提诺等

(Costino et al., 2013) 则构建了全球价值链生产的一般均衡模型,认为价值链上的专业化模式选择影响了全球收入分配的跨国传递。詹森等 (Jensen et al., 2013) 则研究了全球价值链的参与程度与反倾销诉讼之间的关系。蒂默等 (Timmer et al., 2013) 构建了全球价值链收益 (global value chain income) 指标和全球价值链的显性比较优势指标 (revealed comparative advantage in GVC),分析欧洲国家的竞争力问题。国内学者也开始利用增加值贸易核算方法分析中国在全球价值链中的地位和竞争力问题。[①] 张海燕 (2013) 基于增加值核算方法,通过国内增加值率和产业开放度来说明中国各产业的国际竞争力,而聂聆和李三妹 (2014) 基于蒂默等 (2013) 构建的全球价值链收益指标和显性比较优势指标测算了制造业的全球价值链利益分配和中国的竞争力问题。基于同样的全球价值链显性比较优势指标,戴翔 (2015) 分析了中国服务业的出口竞争力,而张定胜等 (2015) 比较了中国各产业两种显性比较优势的差异。樊茂清和黄薇 (2014) 则在库普曼等 (2012) 的基础上分析了中国产业在全球价值链中的价值创造与结构变动。岑丽君 (2015) 也利用 TiVA 数据库的数据和 KPWW 的全球价值链参与程度指标与地位指标分析了中国参与全球生产网络的程度和国际分工地位。而刘维林 (2015) 从产品嵌入和功能嵌入两个维度分析了中国出口的价值构成及其变动情况。实际上,KPWW 在 2010 年构建全球价值链参与程度指标与地位指标时,对传统关境口径的总出口的分解还没有考虑到纯重复计算 (pure double counting, PDC) 问题,因此,两个指标的构建存在不足。为此,笔者基于 Wang et al. (2013) 总出口的分解对 KPWW 的指标进行了改进,应用修正后的指标测算了中国参与全球价值链的程度、所处位置和增值能力,并分析了中国在全球价值链中的贸易收益和竞争力。

本书的主要贡献在于如下几点:第一,本书可以说是首本从增加值贸易核算角度全面探讨了中国参与全球价值链的程度、位置、增值能力、贸易收益和竞争力的研究型著作,虽然个别学者也涉及了中国参与全球价值链的程度与地位(聂聆和李三妹,2014;岑丽君,2015)和竞争力(张海燕,2013;戴翔,2015),但是不全面而且方法还有待商榷。另外,之前的相关研究主要是基于传统关境统计口径的贸易数据,利用出口复杂度(邱斌等,2012;于津平和邓娟,2014;鲁晓东,2014)、出口价格(施炳展,2010;胡昭玲和宋佳,2013)、显性比较优势指标 (Revealed Comparative Advantage, RCA) 或贸易竞争力指数 (Trade Competitiveness Index, TCI) (张小蒂和孙景蔚,2006;文东伟和冼国明,2009) 等

---

① 笔者曾请教过王直老师(KPWW 中的作者之一),其认为他们的指标有问题,正在改进。

分析中国的国际分工地位或竞争力问题,① 而传统关境统计方法的不足上文已作了交代。第二,鉴于 KPWW (2010) 构建的全球价值链参与程度和位置指标没有考虑到复进口所包含的国内增加值部分实际上也参与了全球价值链的生产,而且国外增加值包含了纯重复计算部分,因此本书改进了 KPWW 构建的指标,而国内的相关研究都是基于 KPWW 的指标进行的。第三,本书构建了一国总出口所包含的国内增加值比重(EXGRDVA)指标来体现其在全球价值链中的增值能力。第四,由于蒂默等 (2013) 的全球价值链收益指标(GVC_Income)包括了不属于全球价值链生产的本国生产本国最终消费所包含的国内增加值,本书设计了一个新的全球价值链收益指标。第五,本书利用 Wang et al. (2013) 构建的新的显性比较优势指标分析了中国各个制造业产业 1995~2011 年的竞争力变化以及 2011 年世界 40 个国家与地区各个制造业产业的竞争力排名。

本书测算的数据来自 WIOD 数据库。该数据库收集了 1995~2011 年的数据,包括 35 个行业,覆盖 40 个国家及地区(包括欧盟 27 国、土耳其、加拿大、美国、墨西哥、日本、韩国、中国台湾、澳大利亚、巴西、俄罗斯、印度、印度尼西亚和中国),这 40 个国家及地区的贸易总额生产总值占到了世界 GDP 的 85%②。

二、中国在全球价值链中的地位分析

(一) 指标测算方法

王等 (Wang et al., 2013) 构建了一个三国模型,将 r 国对 s 国的出口 (E) 分解为以下 16 项:

$$E_{rs} = \underbrace{(V_r L_{rr})^T \# F_{rs}}_{T1} + \underbrace{(V_r B_{rr})^T \# (A_{rs} L_{ss} F_{ss})}_{T2} + \underbrace{(V_r B_{rr})^T \# (A_{rs} L_{st} F_{tt})}_{T3}$$

$$+ \underbrace{(V_r B_{rr})^T \# (A_{rs} L_{ss} F_{st})}_{T4} + \underbrace{(V_r B_{rr})^T \# (A_{rs} L_{st} F_{ts})}_{T5}$$

$$+ \underbrace{(V_r B_{rr})^T \# (A_{rs} L_{ss} F_{sr})}_{T6} + \underbrace{(V_r B_{rr})^T \# (A_{rs} L_{st} F_{tr})}_{T7}$$

$$+ \underbrace{(V_r B_{rr})^T \# (A_{rs} L_{sr} F_{rr})}_{T8} + \underbrace{(V_r B_{rr})^T \# [A_{rs} L_{sr} (F_{rs} + F_{rt})]}_{T9}$$

---

① 还有的则是通过增加值率指标(杨高举和黄先海,2013)和行业上游度指标(鞠建东和余心玎,2014)分析中国在全球价值链中所处的地位。行业上游度指标由 Fally (2011) 和 Antràs 等 (2012) 提出,是以某一行业与最终产品间的加权平均距离进行度量的。

② 相关数据来源于 UN COMTRADE 数据库,由笔者测算得出。

$$+ \underbrace{\left[V_r(L_{rr} - B_{rr})\right]^T \#(A_{rs}X_s)}_{T10} + \underbrace{(V_sL_{sr})^T\#F_{rs}}_{T11} + \underbrace{(V_sL_{sr})^T\#(A_{rs}B_{ss}F_{ss})}_{T12}$$

$$+ \underbrace{(V_sL_{sr})^T\#(A_{rs}B_{ss}E_{s*})}_{T13} + \underbrace{(V_tL_{tr})^T\#F_{rs}}_{T14} + \underbrace{(V_tL_{tr})^T\#(A_{rs}B_{ss}F_{ss})}_{T15}$$

$$+ \underbrace{(V_tL_{tr})^T\#(A_{rs}B_{ss}E_{s*})}_{T16} \tag{8.5}$$

其中，下标为国家，V 是直接国内增加值系数向量，L 为里昂惕夫逆矩阵，F_{mn} 是 m 国出口到 n 国的最终产品矩阵（m, n = s, t, r），A_{rs} 是从 r 出口到 s 国的中间投入品消耗系数矩阵，X_s 是总产出矩阵，B 表示本地里昂惕夫逆矩阵（local Leontief inverse matrix）①，符号"#"表示矩阵对应项相乘，与矩阵的直接相乘不同。

这 16 项按照中间产品的流向和最终产品的消耗地归为 5 类。其中，第一类为最终产品出口所包含的国内增加值，用 FDV 表示，由 T1 构成；第二类表示为他国消费所提供的中间产品出口所包含的国内增加值，用 IV 表示，由 T2、T3、T4 和 T5 构成；第一类和第二类之和称为被外国最终吸收的国内增加值出口（domestic value added exports, DVA）；第三类是被他国用作中间投入品进行生产后又出口回本国并在本国被最终消耗的产品中所包含的国内增加值部分，即复进口增加值（RDV），由 T6、T7 和 T8 构成；被外国最终吸收的国内增加值出口和复进口增加值共同组成国内增加值（domestic value added, DV）；第四类是本国出口中被他国最终吸收的外国增加值，用 FVA 表示，由 T11、T12、T14 和 T15 构成；第五类是中间产品贸易导致的纯重复计算部分（PDC），即中间产品重复跨越国境所引起的总出口重复统计，包含国内增加值重复计算（DDC）和国外增加值重复计算（FDC）两部分，由 T9、T10、T13 和 T16 构成；第四类和第五类中的外国增加值重复计算部分共同构成了总出口中来自其他国家的增加值（FV）。

为了衡量一国在全球价值链所处的位置（上游或下游）和参与全球价值链的程度，KPWW（2010）构建了 GVC_Positionr 指标和 GVC_Participationr 指标。GVC_Positionr 指标将 r 国为他国出口生产所提供的中间品出口份额与该国使用的进口中间品份额进行比较，若该国处于全球价值链的上游，则它的参与方式应该是为他国出口生产投入品，提供原材料（如俄罗斯）或中间品（如日本），或者同时提供二者，间接增加值出口占总出口的份额会比外国增加值占总出口的份额高，即 GVC_Positionr 大于 0。同理，若一国处于全球价值链的下游，则会进口大量他国的中间品进行生产并出口，外国增加值占总出口的比重会高于间接的国内增加值出口所占的比重，即 GVC_Positionr 小于 0。该指标越大，说明一国在全球

---

① 本地逆矩阵指本国不同部门之间的完全消耗系数矩阵，其与里昂惕夫逆矩阵的差别请见 Wang 等（2013）附录 D9。

价值链中所处的位置就越上游,否则表明该国在全球价值链中所出的位置越下游。

$$GVC\_Position_r = Ln\left(1 + \frac{IV_r}{E_r}\right) - Ln\left(1 + \frac{FV_r}{E_r}\right) \qquad (8.6)$$

另外,各个国家参与全球价值链的程度是不同的,为此,KPWW(2010)还构造了 GVC_Participationr 指标:

$$GVC\_Participation_r = \frac{IV_r}{E_r} + \frac{FV_r}{E_r} \qquad (8.7)$$

该指数的值越大,说明该国参与全球价值链的程度越高。

KPWW(2010)提出的全球价值链指标 GVC_Positionr 有两点欠缺:一是未考虑返回国内的增加值(RDV),虽然这部分增加值作为重复计算部分不构成该产业的增加值出口,但是在考虑全球价值链地位时,这部分增加值也可以反映一国出口至他国用于产品生产并最终回到国内的中间产品贸易。例如,中国向美国出口的电子产品中往往隐含着中国从美国进口的芯片、软件等,复进口的国内增加值越多越能说明该产业处于全球价值链的上游;二是在考察他国为本国出口所提供的中间品包含的外国增加值时,KPWW(2010)直接以本国总出口中蕴含的国外增加值(FV)来衡量产业参与后向一体化的程度,殊不知在 FV 中也包含了国外增加值重复计算部分(FDC),FDC 的上升只能说明全球价值链的深化,对于解释产业在全球价值链的位置没有太大的帮助,因此本书在构建全球价值链地位指标时剔除本国出口蕴含外国增加值的重复计算部分。

改进后的 GVC_Positionr 和 GVC_Participationr 指标如下:

$$GVC\_Position_r = Ln\left(1 + \frac{IV_r + RDV_r}{E_r}\right) - Ln\left(1 + \frac{FVA_r}{E_r}\right) \qquad (8.8)$$

$$GVC\_Participation_r = \frac{IV_r + RDV_r}{E_r} + \frac{FVA_r}{E_r} \qquad (8.9)$$

实际上,我们还可以用一国出口中所包含的国内增加值比重(EXGRDVA)来看其在全球价值链中的增值能力,这在一定程度上也反映了一国在全球价值链中所处的地位。

$$EXGRDV_r = \frac{DV_r}{总出口} \times 100\% \qquad (8.10)$$

(二)计算结果与分析

1. 国家层面

表 8-7 是 1995 年、2000 年、2005 年和 2011 年各国或地区在全球价值链所处的位置,表 8-8 则是各国或地区参与全球价值链的程度和出口的增值能力。

表8-7　　1995~2011年各国/地区的全球价值链位置排序

排序	1995年 国家或地区	GVC位置	2000年 国家或地区	GVC位置	2005年 国家或地区	GVC位置	2011年 国家或地区	GVC位置
1	俄罗斯	0.1724	俄罗斯	0.1882	俄罗斯	0.2752	俄罗斯	0.2840
2	巴西	0.1079	美国	0.1371	美国	0.1284	澳大利亚	0.1273
3	美国	0.1054	日本	0.1148	日本	0.1156	巴西	0.1173
4	日本	0.0989	巴西	0.0850	澳大利亚	0.1144	印尼	0.1012
5	澳大利亚	0.0609	澳大利亚	0.0695	巴西	0.1058	美国	0.0855
6	德国	0.0337	英国	0.0465	印尼	0.0738	日本	0.0638
7	波兰	0.0312	印度	0.0275	英国	0.0712	英国	0.0525
8	印度	0.0247	印尼	0.0168	意大利	0.0040	土耳其	0.0124
9	印尼	0.0101	德国	0.0098	德国	0.0025	罗马尼亚	0.0123
10	英国	0.0085	中国	0.0051	希腊	0.0006	拉脱维亚	-0.0021
11	法国	-0.0007	芬兰	0.0034	印度	-0.0017	加拿大	-0.0139
12	土耳其	-0.0034	波兰	-0.0023	芬兰	-0.0075	中国	-0.0151
13	奥地利	-0.0067	意大利	-0.0053	法国	-0.0138	德国	-0.0246
14	芬兰	-0.0078	奥地利	-0.0115	塞浦路斯	-0.0200	意大利	-0.0376
15	意大利	-0.0198	拉脱维亚	0.0124	波兰	-0.0218	印度	-0.0383
16	拉脱维亚	-0.0260	土耳其	-0.0134	拉脱维亚	-0.0282	葡萄牙	-0.0395
17	西班牙	-0.0263	法国	-0.0175	西班牙	-0.0302	希腊	0.0411
18	中国	-0.0267	瑞典	-0.0394	奥地利	-0.0308	法国	-0.0431
19	希腊	-0.0315	罗马尼亚	-0.0399	罗马尼亚	-0.0351	芬兰	-0.0433
20	斯洛伐克	-0.0337	西班牙	-0.0539	瑞典	-0.0378	奥地利	-0.0472
21	罗马尼亚	-0.0344	韩国	-0.0677	韩国	-0.0418	瑞典	-0.0478
22	瑞典	-0.0351	丹麦	-0.0782	中国	-0.0514	爱沙利亚	-0.0512
23	韩国	-0.0411	爱沙利业	-0.0838	土耳其	-0.0593	西班牙	-0.0553
24	捷克	-0.0522	希腊	-0.0854	荷兰	-0.0626	波兰	-0.0554
25	匈牙利	-0.0782	葡萄牙	-0.0856	保加利亚	-0.0665	塞浦路斯	-0.0796
26	荷兰	-0.0884	捷克	-0.0937	葡萄牙	-0.0707	斯洛文尼亚	-0.0841
27	丹麦	-0.0937	荷兰	-0.0957	中国台湾	-0.0743	斯洛伐克	-0.0850
28	葡萄牙	-0.1008	立陶宛	-0.1042	丹麦	-0.0751	立陶宛	-0.0869

续表

排序	1995年 国家或地区	GVC位置	2000年 国家或地区	GVC位置	2005年 国家或地区	GVC位置	2011年 国家或地区	GVC位置
29	墨西哥	-0.1056	中国台湾	-0.1083	爱沙利亚	-0.0848	保加利亚	-0.0883
30	爱沙利亚	-0.1072	斯洛文尼亚	-0.1085	加拿大	-0.0859	荷兰	-0.0938
31	加拿大	-0.1076	斯洛伐克	-0.1153	立陶宛	-0.0891	墨西哥	-0.1031
32	立陶宛	-0.1138	保加利亚	-0.1167	比利时	-0.1044	中国台湾	-0.1239
33	比利时	-0.1232	比利时	-0.1246	捷克	-0.1073	韩国	-0.1259
34	斯洛文尼亚	-0.1337	加拿大	-0.1269	墨西哥	-0.1117	丹麦	-0.1262
35	中国台湾	-0.1371	塞浦路斯	-0.1334	斯洛伐克	-0.1144	马耳他	-0.1282
36	保加利亚	-0.1407	墨西哥	-0.1407	斯洛文尼亚	-0.1187	比利时	-0.1337
37	塞浦路斯	-0.1440	马耳他	-0.1755	匈牙利	-0.1226	捷克	-0.1374
38	卢森堡	-0.1570	匈牙利	-0.1839	马耳他	-0.1397	匈牙利	-0.1483
39	爱尔兰	-0.1922	爱尔兰	-0.2047	爱尔兰	-0.1801	爱尔兰	-0.2162
40	马耳他	-0.2138	卢森堡	-0.2611	卢森堡	-0.2730	卢森堡	-0.3007

资料来源：笔者根据王直和王飞老师提供的总出口16项分解数据计算得出，表8-8、表8-9、表8-11、表8-12同。

注：由于篇幅的关系，本书只列出了四个年份的相关数值。

表8-8　　　1995~2011年各国/地区全球价值链的参与度与出口增值能力

国家或地区	1995年 GVC参与度	增值比	2000年 GVC参与度	增值比	2005年 GVC参与度	增值比	2011年 GVC参与度	增值比
澳大利亚	0.265	87.736	0.286	86.646	0.328	86.471	0.344	86.142
奥地利	0.352	76.011	0.391	71.628	0.408	68.050	0.411	65.524
比利时	0.442	60.781	0.461	58.059	0.451	58.985	0.469	53.681
保加利亚	0.366	67.548	0.405	63.456	0.408	65.581	0.413	65.271
巴西	0.246	92.104	0.287	87.940	0.303	88.065	0.313	88.048
加拿大	0.321	74.575	0.332	72.588	0.317	75.878	0.317	79.461
中国	0.245	84.013	0.286	82.463	0.345	73.511	0.324	77.422
塞浦路斯	0.316	73.146	0.369	67.728	0.334	77.613	0.342	72.775
捷克共和国	0.386	69.801	0.439	61.443	0.463	56.513	0.481	53.208

续表

国家或地区	1995年 GVC参与度	增值比	2000年 GVC参与度	增值比	2005年 GVC参与度	增值比	2011年 GVC参与度	增值比
德国	0.307	82.109	0.348	76.817	0.362	74.580	0.374	71.443
丹麦	0.331	73.621	0.382	69.806	0.412	67.287	0.441	62.606
西班牙	0.308	79.292	0.367	72.544	0.371	73.359	0.387	70.058
爱沙利亚	0.442	62.051	0.473	55.415	0.444	60.212	0.416	66.697
芬兰	0.354	76.474	0.400	72.333	0.414	69.487	0.425	65.443
法国	0.309	80.092	0.354	75.088	0.360	74.776	0.377	71.029
英国	0.316	80.376	0.341	80.644	0.349	81.961	0.380	78.100
希腊	0.277	80.893	0.375	69.326	0.378	73.779	0.336	75.685
匈牙利	0.359	71.151	0.479	51.909	0.463	54.651	0.468	53.904
印尼	0.269	84.526	0.321	80.846	0.360	81.133	0.341	85.284
印度	0.208	89.489	0.269	85.324	0.329	79.805	0.326	78.226
爱尔兰	0.419	61.397	0.464	55.090	0.448	57.827	0.463	55.344
意大利	0.286	81.063	0.323	78.939	0.343	77.579	0.366	72.656
日本	0.213	93.488	0.261	91.266	0.306	87.863	0.326	82.704
韩国	0.335	75.839	0.379	70.001	0.408	67.374	0.443	59.445
立陶宛	0.384	67.054	0.396	66.036	0.428	63.633	0.388	66.049
卢森堡	0.465	54.766	0.547	41.591	0.549	41.081	0.574	38.682
拉脱维亚	0.360	74.893	0.375	73.810	0.399	69.780	0.358	75.315
墨西哥	0.337	73.793	0.370	69.394	0.372	69.878	0.386	69.700
马耳他	0.465	49.149	0.458	47.421	0.437	56.048	0.426	60.346
荷兰	0.385	68.206	0.412	65.185	0.419	65.947	0.449	60.132
波兰	0.305	82.733	0.380	73.626	0.403	69.657	0.417	65.462
葡萄牙	0.347	72.404	0.375	69.920	0.385	69.206	0.375	72.026
罗马尼亚	0.329	76.664	0.367	73.266	0.390	70.406	0.363	76.008
俄罗斯	0.305	92.517	0.358	89.706	0.422	92.352	0.416	93.673
斯洛伐克	0.406	68.178	0.466	57.155	0.481	54.104	0.471	57.814
斯洛文尼亚	0.392	66.123	0.428	63.081	0.448	59.634	0.431	63.442
瑞典	0.364	74.143	0.399	69.959	0.400	69.704	0.411	67.917

续表

国家或地区	1995 年 GVC 参与度	增值比	2000 年 GVC 参与度	增值比	2005 年 GVC 参与度	增值比	2011 年 GVC 参与度	增值比
土耳其	0.232	86.138	0.301	80.073	0.337	74.200	0.353	77.710
中国台湾	0.379	66.816	0.412	63.687	0.461	56.043	0.481	52.404
美国	0.266	89.739	0.311	88.443	0.327	86.764	0.327	84.399

可以看出，1995~2011 年，中国在全球价值链所处的位置呈现阶段性变化。中国全球价值链位置指标由 1995 年的 -0.027 上升到 2000 年的 0.005，在 40 个国家或地区中的排名从第 18 位上升到第 10 位，这是因为自 20 世纪 90 年代以来，中国凭借廉价的劳动力优势积极参与国际分工，切入到全球价值链分工体系中，成为贸易大国和世界工厂。但是，2005 年中国的全球价值链位置指标发生反转，降低至 -0.0514，排名出现了大幅下滑，下降到第 22 位，这可能与 2001 年底中国加入世界贸易组织（World Trade Organization, WTO）有关。"入世"的头几年，中国廉价的劳动力优势发挥到了极致，加工贸易的比例不断上升，2005 年加工贸易占比达到 48.55%，其中加工贸易出口占总出口的 54.66%，[①] 中国在全球价值链分工中主要处于下游的生产环节。2011 年，中国在全球价值链所处的位置排在第 12 位，比 2005 年提升了十个名次，体现了向全球价值链上游攀升的趋势，这可能与这些年中国政府推动产业升级、提升我国全球价值链地位的举措有关。随着外贸企业竞争力的逐步增强，中国在巩固传统比较优势的同时，加强外贸转型基地和国际营销网络建设，促进加工贸易转型升级，着力培育以技术、品牌、质量和服务等为核心的外贸竞争新优势（商务部，2012）。中国出口增值能力的变动趋势则与全球价值链位置的变化相类似。中国出口增值能力在 2000~2005 年也出现大幅度的下降，减少了近 9 个百分点。随着中国外贸企业的竞争力增强，中国出口增值能力有所增强，从 2005 年的 73.51% 提高到 2011 年的 77.42%，在 40 个国家或地区中排第 11 位。全球价值链位置和增值能力排在中国前面的国家主要有两类，即主要依靠出口原材料的国家（如巴西、俄罗斯、澳大利亚、印尼等）和出口大量高端中间产品的国家（如日本、美国等）。从全球价值链参与度看，中国参与全球价值链的程度不断加深，这在一定程度上反映了我国贸易模式的特点。作为一个出口导向型发展中国家，中国一方面大量出口

---

① 根据商务部的《中国对外贸易形势报告（2006 年春季）》的数据计算得来。

初加工产品和制成品（组装），另一方面，也进口了大量的原材料和中间产品，从而使我国深入融入全球价值链体系中，参与度不断上升。但是，受国际金融危机、欧洲主权债务危机、西亚北非局势动荡等国际环境因素和国内要素成本上升的影响，2008 年开始，中国参与全球价值链的程度有所下降。

2. 产业层面

表 8-9 是 1995 年和 2011 年中国各产业在全球价值链的位置指标。可以看出，2011 年中国制造业主要还是处于全球价值链的下游生产环节，只是纺织及服装业（C4）、造纸及印刷业（C7）、化学原料及制品业（C9）和金属制品业（C12）略微处于全球价值链的上游生产环节，而且造纸及印刷业（C7）和金属制品业（C12）的排名在 40 个国家或地区中处在比较靠后的位置，分别为第 25 名和第 28 名。值得注意的是，中国的交通运输设备制造业（C15）位居第 5，这主要得益于这些年来中国交通基础设施的高速发展，但是，该产业的全球价值链位置指标仍为负。特别是中国的机械制造业（C13）和电子及光学仪器制造业（C14）的全球价值链位置指标为负，而且 2011 年所处的位置比 1995 年所处的位置还倒退了，说明中国装备制造业在 1995～2011 年与发达国家的差距在扩大，这是值得关注的问题。服务业（除航空运输业 C25、房地产业 C29 和卫生及社会工作 C33 外）的全球价值链位置指标则为正，这与服务业的特性有关。中国的陆路运输业（C23）和水路运输业（C24）排位较前，这主要得益于中国自身的经济规模和"世界工厂"角色，特别是水路运输业（C24）的排名从 1995 年的第 12 名上升至 2011 年的第 2 名。但是，中国的商务服务业（C30）、教育（C32）及卫生和社会工作（C33）的全球价值链位置滞后，分别位居 40 个国家或地区的第 37 名、第 33 名和第 36 名。

表 8-9　1995 年和 2011 年中国各产业的全球价值链位置

产业		C1	C2	C3	C4	C5	C6	C7	C8	C9	C10	C11
1995 年	数值	0.037	0.103	-0.065	-0.059	-0.132	-0.082	-0.022	-0.003	0.016	-0.026	-0.038
	排名	15	19	9	17	23	33	28	5	19	24	16
2011 年	数值	0.020	0.173	-0.077	0.004	-0.102	-0.005	0.002	-0.156	0.059	-0.011	-0.041
	排名	18	26	9	7	15	27	25	17	9	23	19
产业		C12	C13	C14	C15	C16	C17	C18	C20	C21	C22	C23
1995 年	数值	0.023	-0.055	-0.058	-0.049	-0.114	0.089	-0.039	—	—	0.059	0.090
	排名	26	10	16	8	16	16	14	—	—	13	12
2011 年	数值	0.046	-0.077	-0.066	-0.032	-0.016	0.099	-0.070	0.172	0.015	0.020	0.140
	排名	28	12	21	5	4	14	21	6	26	23	8

续表

产业		C24	C25	C26	C27	C28	C29	C30	C31	C32	C33	C34
1995年	数值	0.055	-0.010	0.201	0.047	0.176	—	-0.002	0.001	0.032	-0.091	0.184
	排名	12	15	9	32	4	—	37	20	32	32	3
2011年	数值	0.228	-0.072	0.281	0.092	0.145	-0.034	0.029	0.040	0.023	-0.121	0.130
	排名	2	20	7	17	10	35	37	21	33	36	8

注：WIOD 数据里汽车及摩托车的销售、维护及修理业（C19）和家政业（C35）没有数据，表8-11和表8-13同。1995年中国的燃油零售批发业（C20）、零售业（C21）和房地产业（C29）同世界各国或地区（中国大陆除外）的交易数据为零。

三、中国在全球价值链中的贸易收益分析

（一）指标测算方法

蒂默等（2013）提出了全球价值链收益指标（GVCI）。该指标将最终产品的价值分解为生产链中每个国家产生的增加值，用以衡量一个国家参与全球价值链所获得的收益。然而，此指标包括本国生产本国最终消费所包含的国内增加值，而该部分增加值仅在国内各行业间流动，未能反映该国参与全球价值链的真实收益，因此该指标过度评估了一国的全球价值链收益。本书充分考虑中间产品在全球价值链中的流向，基于王等（Wang et al., 2013）的分解方法提出一国参与全球价值链的新收益指标（NGVC_Income）。假设有 N 个部门和 G 个国家，每个国家的每个部门（下文简称"国家—部门"）只生产一种产品。根据投入产出表，每种产品的生产都要用到国内的生产要素以及中间投入品（国内外），并且每种产品的生产等于该产品的国内外消费之和，由此可得：

$$X = AX + F \tag{8.11}$$

可以推知：

$$X = (1-A)^{-1}F \tag{8.12}$$

为了将一国某部门最终需求的价值归结到直接或间接参与生产过程的某国某部门的增加值，把增加值系数的对角矩阵 $\hat{V}_r$ 和里昂惕夫逆矩阵结合起来可以得到一个 NG×NG 的增加值矩阵，其中 $\hat{V}_r$ 表示 r 国 N 个部门增加值系数的对角矩阵，且该矩阵的任意一排横向元素表示其中一个国家/部门所创造的增加值（GDP）在全球所有国家和部门的分配。

$$\hat{V}L\hat{F} = \begin{bmatrix} v_1^1 l_{11}^{11} f_1^1 & \cdots & v_1^1 l_{11}^{1N} f_1^N & v_1^1 l_{12}^{11} f_2^1 & \cdots & v_1^1 l_{12}^{1N} f_2^N & \cdots & v_1^1 l_{1G}^{11} f_G^1 & \cdots & v_1^1 l_{1G}^{1N} f_G^N \\ \vdots & \ddots & \vdots & \vdots & \ddots & \vdots & \cdots & \vdots & \ddots & \vdots \\ v_1^N l_{11}^{N1} f_1^1 & \cdots & v_1^N l_{11}^{NN} f_1^N & v_1^N l_{12}^{N1} f_2^1 & \cdots & v_1^N l_{12}^{NN} f_2^N & \cdots & v_1^N l_{1G}^{N1} f_G^1 & \cdots & v_1^N l_{1G}^{NN} f_G^N \\ v_2^1 l_{21}^{11} f_1^1 & \cdots & v_2^1 l_{21}^{1N} f_1^N & v_2^1 l_{22}^{11} f_2^1 & \cdots & v_2^1 l_{22}^{1N} f_2^N & \cdots & v_2^1 l_{2G}^{11} f_G^1 & \cdots & v_2^1 l_{2G}^{1N} f_G^N \\ \vdots & \ddots & \vdots & \vdots & \ddots & \vdots & \cdots & \vdots & \ddots & \vdots \\ v_2^N l_{21}^{N1} f_1^1 & \cdots & v_2^N l_{21}^{NN} f_1^N & v_2^N l_{22}^{N1} f_2^1 & \cdots & v_2^N l_{22}^{NN} f_2^N & \cdots & v_2^N l_{2G}^{N1} f_G^1 & \cdots & v_2^N l_{2G}^{NN} f_G^N \\ \vdots & & \vdots & \vdots & & \vdots & \ddots & \vdots & & \vdots \\ v_G^1 l_{G1}^{11} f_1^1 & \cdots & v_G^1 l_{G1}^{1N} f_1^N & v_G^1 l_{G2}^{11} f_2^1 & \cdots & v_G^1 l_{G2}^{1N} f_2^N & \cdots & v_G^1 l_{GG}^{11} f_G^1 & \cdots & v_G^1 l_{GG}^{1N} f_G^N \\ \vdots & \ddots & \vdots & \vdots & \ddots & \vdots & \cdots & \vdots & \ddots & \vdots \\ v_G^N l_{G1}^{N1} f_1^1 & \cdots & v_G^N l_{G1}^{NN} f_1^N & v_G^N l_{G2}^{N1} f_2^1 & \cdots & v_G^N l_{G2}^{NN} f_2^N & \cdots & v_G^N l_{GG}^{N1} f_G^1 & \cdots & v_G^N l_{GG}^{NN} f_G^N \end{bmatrix}$$

(8.13)

对于任意一个国家 r 的任意一个行业 i 而言,

$$GDP_r^i = v_r^i \left(\sum_j^N l_{rr}^{ij} f_r^j + \sum_{s \neq r}^G \sum_j^N l_{rs}^{ij} f_s^j \right)$$

$$= v_r^i \sum_j^N l_{rr}^{ij} f_{rr}^j + v_r^i \sum_{s \neq r}^G \sum_j^N l_{rs}^{ij} f_{sr}^j + v_r^i \sum_{t \neq r}^G \sum_s^G \sum_j^N l_{rs}^{ij} f_{st}^j \quad (8.14)$$

这里 i, j = 1, 2, …, N 表示产品种类(部门), s, r, t = 1, 2, …, G 表示国家。式(8.10)第二个等号右边第一项表示本国生产本国最终消耗的国内增加值;第二项为直接进口国加工后又出口到本国并被最终消耗的国内增加值,即国内增加值中基于前向联系的复进口,用 rdv_f_r^i 表示;第三项表示内嵌于其他国家最终消费的国内增加值,即基于前向联系的增加值出口,用 vax_f_r^i 表示。蒂默等(2013)提出的全球价值链收益指标实质上包含上述三项内容,显而易见,第一项并未参与全球价值链生产,以此衡量的收益显然高于一国在全球价值链中实际获得的收益,因此本书提出新的全球价值链收益指标:

$$NGVC\_income = v_r^i \sum_{s \neq r}^G \sum_j^N l_{rs}^{ij} f_{sr}^j + v_r^i \sum_{t \neq r}^G \sum_s^G \sum_j^N l_{rs}^{ij} f_{st}^j$$

$$= vax\_f_r^i + rdv\_f_r^i \quad (8.15)$$

上述分解方法只是一个统计的框架而非完整的经济模型,该统计是在外生给定的最终需求基础上进行的。因此,为了计算 NGVC_Income,需要利用 WIOD 数据库中各国的总产出、各产业的增加值、世界投入产出矩阵及最终产品需求。

(二)中国参与全球价值链的收益分析

1. 国家层面

表 8-10 为中国参与全球价值链的收益占比数据。结合图 8-7,不难发现中

国参与全球价值链的贸易利得有以下特点：第一，1995年到2011年中国参与全球价值链的收益在全球范围内的占比逐年递增，说明中国参与全球价值链所获得的贸易利得越来越大，从1995年的3.21%增加到2011年的11.76%，提高了2.66倍，中国"入世"之后获得了更多的贸易利得，这与中国"入世"后出口占世界份额的大幅提高有关。第二，中国制造业参与全球价值链的贸易利得远高于服务业，2011年中国制造业和服务业参与全球价值链的贸易收益占比分别为15.75%和9.40%，这是因为中国制造业出口世界的占比高于服务业。不过，2010年和2011年服务业的贸易收益增速超过了制造业。第三，中国参与全球价值链获得了更多的收益，因为其贸易所得占比超过了传统口径的出口占比。第四，虽然中国服务业参与全球价值链的贸易收益所占的份额小于制造业，但是，相对于传统口径的出口占比，服务业参与全球价值链可以带来比制造业更高的贸易收益。第五，Timmer指标高估了参与全球价值链的收益。

表8-10　　中国参与全球价值链的收益占比（国家层面）　　单位：%

年份	1995	1998	2001	2004	2008	2009	2010	2011
本书测算方法的总收益占比	3.21	3.91	4.79	6.45	9.58	10.37	11.32	11.76
本书测算方法的制造业收益占比	3.67	4.50	5.83	7.82	13.00	13.83	15.02	15.75
本书测算方法的服务业收益占比	2.06	2.76	3.54	4.65	7.12	7.63	8.60	9.09
传统口径的中国总出口占比	2.32	3.02	3.91	5.78	7.96	8.32	9.15	9.28
传统口径的中国制造业出口占比	2.88	3.33	4.30	6.44	8.86	9.58	10.32	10.38
传统口径的中国服务业出口占比	1.57	1.71	2.19	2.82	3.76	3.64	4.15	4.20
本书测算方法的制造业收益占比*	4.02	4.87	6.56	8.78	14.80	15.70	17.18	17.89
Timmer指标测算的制造业收益占比*	4.74	6.24	7.47	8.81	15.07	17.49	18.23	19.81

资料来源：传统口径的出口占比数据来源于UNCTAD数据库，Timmer指标测算的数据来自Timmer等（2013）提供的数据，其他则是笔者根据WIOD数据库的数据计算得出。

注：这些占比是指中国制造业收益占WIOD数据库中的40个国家和地区的占比。

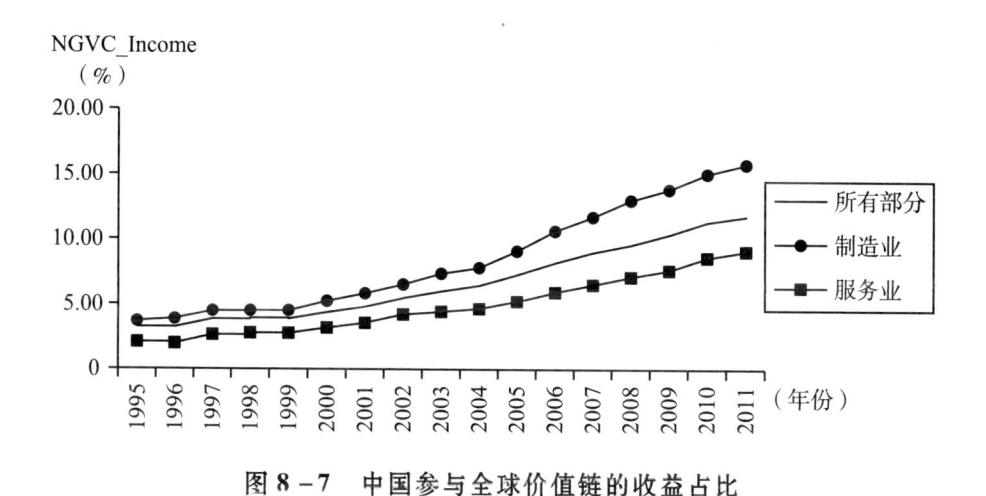

NGVC_Income
(%)

图 8-7 中国参与全球价值链的收益占比

2. 产业层面

从产业层面看，中国各个产业参与全球价值链的收益是不同的。2011 年收益占比排在前五位的产业为皮革及鞋类制品业（C5）、纺织及服装制造业（C4）、水路运输业（C24）、电子及光学仪器制造业（C14）和木材加工及制品业（C6），分别为 36.74%、35.41%、21.63%、21.24% 和 19.79%；收益占比排在倒数五位的产业为公共管理和国防及社会保障业（C31）、建筑业（C18）、采矿业（C2）、旅行社业务（C26）和商务服务业（C30），分别为 1.35%、3.37%、3.99%、4.87% 和 5.08%。不难发现，中国参与全球价值链获得比较大收益的产业主要还是劳动密集型制造业和电子及光学仪器制造业（C14），而水路运输业（C24）主要得益于中国对外贸易的"大进大出"和制造业的"世界工厂"角色。

表 8-11　中国参与全球价值链的收益占比（产业层面）　　单位：%

产业	C1	C2	C3	C4	C5	C6	C7	C8	C9	C10	C11
1995 年	9.00	2.90	4.02	12.79	12.63	5.03	1.92	3.69	2.61	4.65	6.99
2011 年	19.60	4.87	11.77	35.41	36.74	19.79	9.97	7.41	13.22	18.72	19.35
产业	C12	C13	C14	C15	C16	C17	C18	C20	C21	C22	C23
1995 年	3.44	2.16	3.27	0.83	3.38	3.73	1.37	2.50	1.21	6.29	3.87
2011 年	15.32	12.74	21.24	7.07	17.09	17.44	3.37	13.24	6.66	16.80	10.96
产业	C24	C25	C26	C27	C28	C29	C30	C31	C32	C33	C34
1995 年	1.96	2.98	3.48	1.73	2.76	1.99	0.48	0.25	2.39	1.26	2.76
2011 年	21.63	9.97	3.99	13.25	10.06	8.43	5.08	1.35	8.32	16.67	10.06

四、中国产业的全球价值链竞争力分析

(一) 指标测算方法

显性比较优势（RCA）常用于分析一个国家或地区的某种产品或某个产业是否具有比较优势，能否从全球开放市场中获得收益。但是，传统的显性比较优势分析基于总出口流量，不能反映全球生产环节的分割现实以及一国产业实际参与全球价值链的真实出口规模，并且忽略了该产业增加值在本国其他部门总出口中所做的贡献。蒂默等（2013）提出了全球价值链的显性比较优势指数。该指数是基于全球价值链收益（GVC_Income）构建的，虽然考虑了本国在全球价值链中的真实收益，但是忽略了本国产品消耗对显性比较优势分析的扭曲，即本国生产本国最终消费所包含的国内增加值不能反映该国参与全球价值链的比较优势。因此，王等（Wang et al., 2013）在基于前向联系的增加值出口的基础上提出了修正的显性比较优势，根据总出口流量的分解，在全球生产分工的背景下，一国某产业的真实出口规模应该包括被国外吸收的国内增加值和返回并被本国吸收的国内增加值，为了衡量一国某产业的所有增加值在该国的总出口中所做的贡献，笔者用基于前向联系的增加值出口和复进口项来构建显性比较优势指标：

$$NRCA_r^i = \frac{vax\_f_r^i + rdv\_f_r^i}{\sum_{i=1}^{n}(vax\_f_r^i + rdv\_f_r^i)} \bigg/ \frac{\sum_{r}^{G}(vax\_f_r^i + rdv\_f_r^i)}{\sum_{i}^{n}\sum_{r}^{G}(vax\_f_r^i + rdv\_f_r^i)} \quad (8.16)$$

其中，$NRCA_r^i$ 表示 r 国 i 产品（行业）的修正型显性比较优势，$NRCA_r^i > 1$ 表示 r 国 i 产品（行业）相对于其他国家来说能够为本国的其他部门做出更大的贡献，具有比较优势，因此该国在参与全球价值链时应发挥该产品（行业）的优势，投入更多的要素资源；$NRCA_r^i < 1$ 则表示 r 国 i 产品（行业）在参与全球价值链时不具备比较优势。

(二) 中国制造业在全球价值链中的竞争力

通过式（8.16）可得 1995~2011 年中国 13 个制造业产业的全球价值链显性比较优势指标。由表 8-12 可知，2011 年中国造纸及印刷业（C7）、石油加工、炼焦及核燃料加工业（C8）和交通运输设备业（C15）的 NRCA 值小于 1，说明这三个行业在全球价值链中处于比较劣势，而其他行业的 NRCA 值大于 1，说明这 10 个行业在全球价值链生产中具有比较优势。

表8-12　2011年40个国家/地区制造业的全球价值链显性比较优势

产业 国家 或地区	C3	C4	C5	C6	C7	C8	C9	C10	C11	C12	C13	C14	C15
中国排名	22	2	4	15	25	22	10	5	10	9	13	3	24
澳大利亚	0.953	0.122	0.148	0.479	0.415	0.166	0.228	0.165	0.259	0.777	0.208	0.105	0.187
奥地利	1.093	0.389	0.519	2.935	1.530	0.262	0.787	0.996	1.470	1.359	1.716	0.883	1.228
比利时	1.661	0.577	0.165	0.842	0.881	1.738	1.631	0.858	1.513	0.960	0.628	0.345	0.688
保加利亚	1.295	1.935	0.521	1.259	0.596	1.368	0.530	0.593	2.248	1.133	0.674	0.347	0.250
巴西	2.533	0.397	2.041	1.359	1.381	1.043	0.749	0.870	0.928	1.092	0.501	0.293	0.840
加拿大	0.946	0.264	0.169	2.334	1.914	0.378	0.713	1.126	0.681	1.063	0.716	0.350	1.584
中国	1.001	3.012	3.125	1.683	0.848	0.631	1.124	1.593	1.646	1.303	1.083	1.807	0.602
塞浦路斯	1.435	0.503	0.142	1.222	0.339	0.000	0.649	0.441	0.724	0.513	0.248	0.245	0.135
捷克共和国	0.978	0.731	0.643	2.416	1.239	0.185	0.691	2.649	2.490	1.374	1.556	1.229	2.232
德国	0.831	0.454	0.420	0.876	1.324	0.368	1.303	1.530	1.219	1.409	2.293	1.276	2.154
丹麦	2.375	0.235	0.037	0.735	0.772	0.251	1.034	0.923	0.805	0.488	1.399	0.833	0.093
西班牙	1.310	0.884	1.460	0.871	1.300	0.941	1.190	1.273	1.622	1.230	0.782	0.382	1.355
爱沙尼亚	1.420	1.291	0.659	7.583	1.238	0.595	0.411	0.705	1.761	0.572	0.501	0.892	0.385
芬兰	0.552	0.242	0.421	2.704	4.807	1.127	1.152	0.904	1.003	1.232	2.148	1.066	0.346
法国	1.120	0.618	1.017	0.635	0.971	0.728	1.042	1.013	1.021	0.976	1.044	0.586	1.424
英国	1.052	0.397	0.344	0.375	1.117	0.633	0.951	0.788	0.684	0.627	0.910	0.599	1.235
希腊	1.155	0.606	0.248	0.254	0.392	0.867	0.419	0.421	0.866	0.582	0.254	0.119	0.214
匈牙利	0.716	0.289	0.777	0.526	0.751	1.321	0.969	1.561	1.115	0.570	3.069	1.249	1.604
印度尼西亚	2.859	1.390	2.016	1.881	0.872	3.122	0.599	1.129	0.376	0.219	0.364	0.445	0.480
印度	0.443	1.652	0.994	0.957	0.275	0.969	0.797	0.449	0.744	0.881	0.505	0.567	0.733
爱尔兰	2.671	0.083	0.107	0.316	3.229	0.132	3.624	0.262	0.291	0.131	0.211	1.013	0.082
意大利	1.010	1.568	4.769	1.061	0.872	0.354	0.877	1.135	1.842	1.548	2.136	0.699	0.735
日本	0.304	0.310	0.071	0.424	0.937	1.136	0.987	1.548	1.321	1.776	1.437	1.583	2.398
韩国	0.296	0.780	0.383	0.230	0.711	1.350	1.349	1.639	1.292	1.736	1.329	2.716	2.853
立陶宛	2.242	1.541	0.433	4.425	1.001	1.563	0.723	1.082	0.689	0.240	0.397	0.392	0.373
卢森堡	0.463	0.230	0.000	0.283	0.510	0.000	0.089	0.752	0.905	0.591	0.223	0.097	0.041
拉脱维亚	1.432	0.621	0.172	8.500	0.698	0.000	0.434	0.411	0.922	0.472	0.251	0.279	0.421

续表

国家或地区\产业	C3	C4	C5	C6	C7	C8	C9	C10	C11	C12	C13	C14	C15
墨西哥	0.796	0.639	0.888	0.427	0.599	0.286	0.395	0.812	1.209	1.143	0.447	0.938	3.065
马耳他	0.945	0.316	0.084	0.069	1.418	0.002	0.853	0.822	0.209	0.083	0.115	1.466	0.543
荷兰	2.786	0.241	0.160	0.418	1.087	0.917	1.494	0.604	0.730	0.554	0.954	0.284	0.494
波兰	1.718	1.033	0.747	2.844	1.273	1.119	0.674	1.817	2.287	1.040	0.820	0.441	1.154
葡萄牙	1.112	2.276	4.474	3.537	2.424	0.613	0.475	1.177	2.739	0.724	0.698	0.593	0.968
罗马尼亚	1.137	2.151	4.504	3.646	0.564	0.738	0.493	1.407	1.080	0.906	0.821	0.895	1.434
俄罗斯	0.106	0.044	0.065	0.896	0.474	3.665	0.549	0.211	0.404	0.860	0.270	0.096	0.126
斯洛伐克	0.898	0.750	1.808	3.723	1.134	0.525	0.467	1.543	2.124	1.417	0.861	1.079	2.235
斯洛文尼亚	0.778	0.802	1.551	3.002	1.571	0.014	1.710	2.188	1.717	1.412	1.754	0.824	1.138
瑞典	0.550	0.193	0.000	1.824	2.459	0.408	1.110	0.701	0.711	0.942	1.573	0.876	1.246
土耳其	1.077	5.132	1.154	0.688	0.741	0.935	0.615	1.312	2.960	1.219	0.980	0.352	1.321
中国台湾	0.160	0.729	0.447	0.125	0.537	1.553	2.036	1.138	0.490	1.109	0.973	3.050	0.443
美国	0.634	0.260	0.079	0.493	1.167	1.465	0.980	0.725	0.581	0.721	1.153	1.507	0.812

从图8-8可以看出，纺织与服装业（C4）和皮革与鞋类制品业（C5）的NRCA指标一直维持在较高的水平。这两个产业是中国传统的优势产业，在改革开放浪潮的带动下，凭借劳动力资源丰富、劳动力成本低廉以及产业集群配套的发展优势，中国纺织与服装业和皮革与鞋类制品业的出口量一直处于世界前列。但是，近些年来，随着国内要素成本特别是劳动力成本的上升和其他发展中国家在劳动力成本方面的竞争，中国纺织与服装业和皮革鞋类制造业面临较大的压力，耐克、阿迪达斯等跨国公司将工厂迁至东南亚的行为也从侧面反映了中国劳动密集型产业面临的困境。

电子及光学仪器制造业（C14）、机械制造业（C13）、金属制品业（C12）和交通运输设备制造业（C15）的NRCA值基本上呈现出上升的趋势，而且这种趋势近几年来更加明显。1998~2006年电子及光学仪器制造业处于高速发展的轨道，全球价值链竞争力在40个国家或地区中的排名由1995年的第10位上升至第3位，2007年开始由于受经济危机的影响而有所下降。机械制造业的竞争力排名由第20位提高到第13位，金属制品业的排名亦由第17位攀升至第9位。但

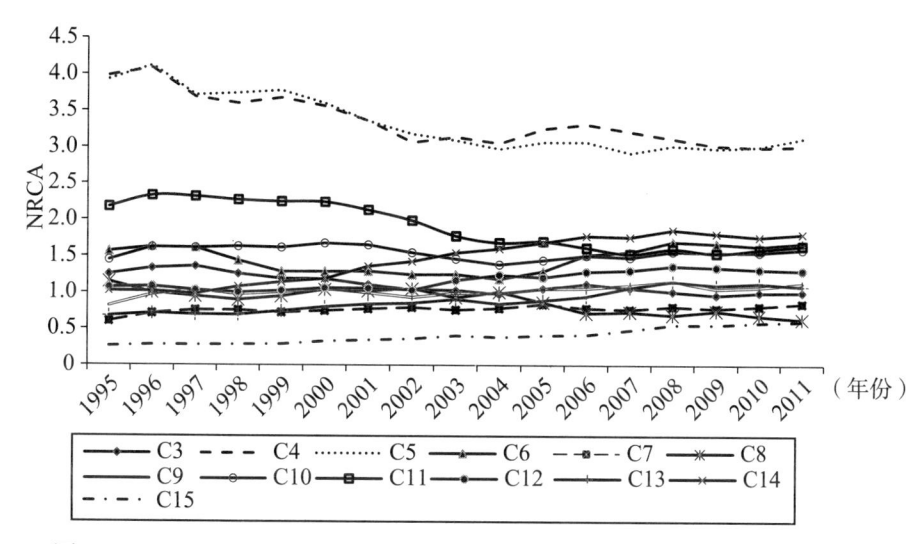

图 8-8 1995~2011 年中国各制造业的全球价值链显性比较优势走势

是受国际金融危机影响，金属制品业的全球价值链比较优势自 2009 年开始有所下降，而机械制造业 2007 年开始在国内拉动内需政策及 2008 年四万亿救市政策的共同作用下由比较劣势产业转为比较优势产业。经过多年的国家政策扶持，交通运输设备制造业的竞争力排名则由 1995 年的第 33 位升至 2011 年的第 24 位，且发展步伐不断加快，特别是近年来中国政府的基础设施建设和对轨道交通、高铁的扶持政策推动了该产业的发展。

另外，食品、饮料制造及烟草业、石油加工、炼焦及燃料加工业和非金属矿物制造业的 NRCA 值不断下降，在 40 个国家或地区中的竞争力排名也都比 1995 年下降了 5~7 位。目前中国的食品制造业处于完全竞争的局面，行业的集中度较低，主要是对农副食品的原料进行初加工，产品同质现象严重，在精细加工方面的发展程度较低。同时，食品制造业里的中小企业所占比重较高，这些企业的生产技术水平普遍偏低，导致了在价格层面上的竞争非常激烈，挤压了利润空间，因此整个行业的竞争力较弱。而中国石油加工业的发展水平、发展机制和管理水平还比较落后，与发达国家存在较大差距，国际竞争力水平低下，在全球价值链竞争中处于比较劣势。

化学原料及化学制品制造业的全球价值链竞争力在 1 上下窄幅波动，橡胶及塑料制品业的全球价值链竞争力也相对比较平稳，2011 年在 40 个国家或地区中的排名比较靠前。化学原料及化学制品制造业也是遭受国际金融危机冲击最大的行业之一，近年来受世界经济总体减速的影响，化工制品的主要下游行业，如房地产、家电、纺织等各产业链终端需求均呈现增长放缓或需求下降的现象，使得化学制品制造业的成本转嫁能力减弱，产业的增长继续放缓。总体上看，我国的化工产业竞争力有待提高。

(三) 中国服务业在全球价值链中的竞争力

表 8-13 为中国服务业的全球价值链显性比较优势指标及排名。根据各个产业的特点，服务业可分为生产性服务业、生活性服务业和公共服务业三类，具体分类见表 8-13（袁志刚和饶璨，2014）。不难发现，总体而言，2011 年中国服务业在全球价值链中的竞争力弱于制造业，而且在 40 个国家和地区中的排名比较靠后。除了燃油零售批发（C20）、住宿和餐饮业（C22）、水路运输业（C24）、邮政通信业（C27）和卫生与社会工作（C33）5 个产业在全球价值链中具有比较优势外，其他 10 个产业则处于比较劣势。也正是因为中国服务业在全球价值链中的竞争力比较弱，使得服务业的贸易收益比较少。值得注意的是，中国的生产性服务业（水路运输业和邮政通信业除外）在全球价值链中的竞争力比较弱，特别是商务服务业（C30）的全球价值链显性比较优势指标还很低且排名在第 34 位，不利于中国制造业国际竞争力的提升。

表 8-13　1995 年和 2011 年中国服务业的全球价值链显性比较优势

产业		生活性服务业					公共服务业			
		C19	C20	C21	C22	C26	C35	C31	C32	C33	C34
1995 年	数值	—	0.777	0.376	1.956	1.083	—	0.077	0.743	0.393	0.858
	排名	—	21	39	6	23	—	35	32	32	15
2011 年	数值	—	1.127	0.566	1.429	0.340	—	0.115	0.708	1.418	0.856
	排名	—	16	38	14	39	—	37	26	15	23

产业		生产性服务业						
		C23	C24	C25	C27	C28	C29	C30
1995 年	数值	1.204	0.611	0.928	0.538	0.858	0.621	0.149
	排名	19	21	18	38	21	33	39
2011 年	数值	0.932	1.840	0.848	1.127	0.856	0.718	0.433
	排名	27	8	23	23	20	31	34

结合图 8-9 和图 8-10，1995~2011 年，卫生与社会工作（C33）、水路运输业（C24）、邮政通信业（C27）和燃油零售批发（C20）在全球价值链中的竞争力由最初的比较劣势产业转变为比较优势产业，而旅行社业务（C26）和陆路运输业（C23）则由比较优势产业转变为比较劣势产业。

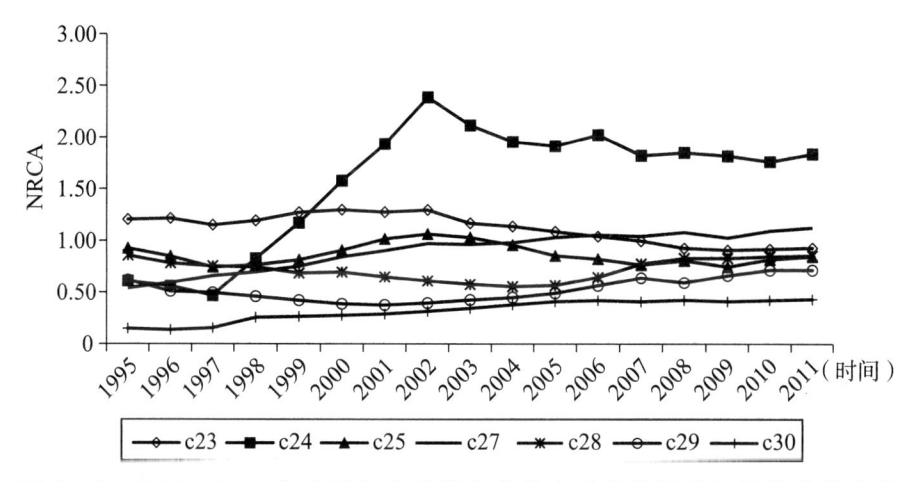

图 8–9　1995~2011 年中国生产性服务业的全球价值链显性比较优势走势

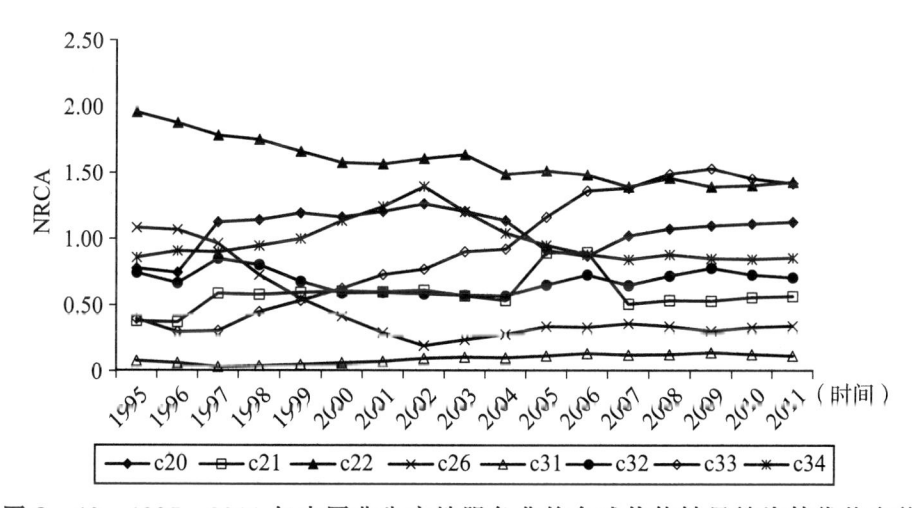

图 8–10　1995~2011 年中国非生产性服务业的全球价值链显性比较优势走势

第三节　本章小结

本章第一节利用 2005~2007 年中国工业企业数据，实证考察了企业增值能力与企业研发之间的关系。通过处理效应模型以及稳健性检验，笔者发现企业研发活动能够提高企业的增值能力。具体结论如下：

（1）从统计结果来看，我国的企业研发比例不高，仅为 10% 左右且增长幅度不大。如果仅考察有研发的企业，这些企业总体上每年的平均研发支出都在增加，其平均增加值率也有所提高。同时，持续研发企业比非持续研发企业的增加值率要高，而非持续研发企业的增加值率又高于不研发企业，不同所有制和行业的增加值率与研发之间的密切程度存在差异。

（2）企业研发支出对增值能力有着显著的提升作用，但传统的 OLS 方法对企业研发与增加值率的检验是有偏差的。实证分析表明，处理效应模型回归方程中的逆米尔斯比率均在严格的显著性水平下不为 0，系数与 OLS 有较大差别，而且个别控制变量结果与 OLS 方法的结果差异更加明显，这表明直接运用 OLS 方法对企业研发与增值能力的估计存在偏误，而处理效应模型能够很好地解决该问题。稳健性检验结果证明，企业研发对增值能力的作用是稳健的，不会随度量指标及内生性问题发生改变。

（3）通过对处理效应模型选择方程的估计，笔者发现国有企业进行研发的概率要高于非国有企业，且研发绩效要好于其他所有制企业，造成这些现象的原因在于国有企业获取关键要素的能力更强，进入壁垒造成的垄断因素使国有企业在当前知识产权保护有限的情况下能够获得更高的收益。但在控制了其他因素后，国有企业与外资相比增值能力仍然不足。同时，企业规模与增加值率负相关的结果表明，我国企业规模的扩大是劳动驱动型的，由于资本扩张的不足导致企业增加值率下降。最后，与外资企业相比，我国在企业品牌和企业形象的影响力方面处于落后地位，不利于企业增值能力的提升。

（4）在稳健性结果的基础上，本书进一步对研究开发影响增值能力的途径进行了实证分析。结果表明，企业研发与中间产品投入负相关，而与企业总产值呈正相关，这表明企业研发是通过降低中间产品投入的同时增加总产值来提高增值能力的。在两个回归模型中，企业规模变量回归系数的不同也说明当前我国企业规模的扩大会造成增值能力的下降。

本章第二节基于增加值贸易核算方法，利用 WIOD 1995~2011 年的数据测算了中国参与全球价值链的程度、所处位置和增值能力，并分析了中国在全球价值链中的贸易竞争力。主要结论如下：

（1）中国凭借劳动力资源禀赋优势参与全球价值链分工，随着参与全球价值链分工程度的不断加深，1995~2011 年中国的全球价值链收益逐年递增，所获得的贸易利得也越来越大。但是，中国仍处于全球价值链的下游，说明中国企业参与的主要是全球价值链的中低端环节，不能成为占据高附加值与战略环节的价值链领导者，在全球价值链体系中还只是处于一种从属和被支配的地位，增值能力比较弱。

（2）中国制造业在全球价值链中的竞争力强于服务业，而且所获得的贸易收益也高于服务业，不过 2010 年和 2011 年服务业的贸易收益增速超过了制造业。

（3）虽然中国是"世界工厂"，但是在制造业中，2011年只有纺织及服装业（C4）、造纸及印刷业（C7）、化学原料及制品业（C9）和金属制品业（C12）略微处于全球价值链的上游。

当前世界经济处于深刻调整与变革中，全球处于产业结构重构和重组中，国际经贸格局和全球治理模式正在生变，中国经济增长开始结构性减速。在"新常态"背景下，中国对外贸易和经济发展面临新的压力、动力、机遇与空间。中国应努力摆脱"被锁定"和"被导向"等比较优势陷阱倾向，推动服务业发展，缩小与发达经济体之间的差距，增强企业的增值能力，培育竞争新优势以提高中国在全球价值链中的地位和竞争力。

第九章

要素成本上升背景下人民币汇率调整方式对出口商品结构的影响

一国货币的汇率变动，一方面会改变该国生产要素的价格，影响该国参与国际分工的成本，引起国内资源在进出口行业间重新分配，最终对贸易结构的调整产生影响；另一方面，作为外部价格信号，会传递国外市场信号，对国内生产和消费产生影响，引导资源流向利润率更高的部门，驱动对外贸易结构发生变化。

我国对外贸易的发展不仅受到汇率因素的影响，任何一种对经济的冲击都会引起对外贸易发生变化。对外贸易的变化又会反过来对我国经济的长期发展产生冲击，尤其是近几年来要素价格不断上升，对我国外贸中长期发展——对外贸易结构的转型升级提出了更高的要求。由于劳动力和资本等要素价格不断上涨，导致众多外贸企业融资困难，生产成本上升，出口竞争力削弱，出口总量下降，严重影响了我国对外贸易的中长期发展。出口贸易竞争力的变化，是贸易结构改革和调整的主要推动力量。汇率的变动导致一国商品在国际市场上的相对价格发生变动，价格变动会增强或者减弱其竞争力，从而影响贸易结构。

在要素价格不断上升的背景下，人民币汇率作为影响宏观经济运行的重要变量之一，对我国对外贸易结构的影响逐渐受到关注，成为经济领域的热点问题。要素价格的变动会影响汇率，而汇率水平的变化同样会影响要素价格。在要素价格不断上升的背景下，厘清汇率的价格传导机制，通过汇率政策优化我国对外贸易的商品结构，推动我国外贸中长期发展，提出具有针对性的政策建议，具有重要的理论价值和现实意义。

本章首先从价格弹性、生产投入、要素价格三个方面探讨汇率变动影响出口商品结构的理论机制。其次，从价格弹性、贸易结构的长短期关系以及未来变动的视角对其进行实证检验。最后，在总结本章研究结论的基础上，就要素成本上升背景下如何推动我国出口商品结构优化升级，推动我国的外贸中长期发展提出组合式政策建议。

第一节　汇率变动影响出口商品结构的理论分析

一、比较优势中的汇率限制

出口商品结构理论研究隐含在各种国际贸易理论中，尤其以建立在比较优势基础上的出口商品结构理论为代表。最早对出口商品结构的研究可以追溯到英国古典经济学家亚当·斯密（Adam Smith）于1776年在《国民财富的性质和原因的研究》一书中提出的绝对优势理论（theory of absolute advantage）。另一位英国古典经济学家大卫·李嘉图（David Richardo）发展了斯密的观点，在1817年出版的《政治经济学与赋税原理》一书中提出了比较优势理论（theory of comparative advantage），证明了最有效和最有利的国际分工是各国集中生产比较成本最有利的产品，也就是说，一国应该多生产并出口那些本国相对来说更具有生产效率的产品，以换取那些本国最不具有相对优势的产品。因此，一国的出口结构由比较优势决定。瑞典经济学家俄林（Bertil Ohlin）和他的老师赫克歇尔（Hecksher）克服了斯密和李嘉图贸易模型中的某些局限性，共同创立了要素禀赋理论（factor endowment theory），提出要素禀赋是产生比较优势的原因，为出口贸易商品结构的决定提出了另一种解释。依据该理论，各国应当充分利用现有资源，以便从国际贸易中获利。上述代表性理论都表明，建立在比较优势基础上的出口商品结构优化理论寻求的是对外贸易静态效益的最大化。但经过各国经济学家的演绎和发展，而后又逐渐形成了新要素论、产品生命周期论、产业内贸易论、动态优势论、战略贸易政策论、贸易保护论等理论。这些理论的主要特点是强调比较优势的重要性以及影响比较优势的生产要素或投入要素的变动性与多样性，强调国家的贸易政策对保护、扩大和促进本国比较优势形成与发展的重要性。可见，比较优势理论经过历代经济学家的演绎和发展，已经发生了很大变化，他们对比较优势理论进行了进一步的补充和演化。

如今，随着以货币为交易媒介的国际贸易的不断发展，现代意义上的比较优势论逐渐引入了货币关系，以相对价格的比较取代实物交换条件和相对劳动耗费的比较，这样，货币就将比较优势理论与现实世界联结起来。但是这种货币关系的引入是不彻底的，因为它没有考虑不同货币之间的交换比价，即汇率问题。缺少汇率方面考虑的比较优势论不能在现实情况下得到完全实现，因为在引入汇率因素后，决定一种商品从一个国家流向另一个国家的因素不再是比较优势所体现的相对价格优势，而是从比较优势所体现的相对价格优势转换到竞争优势所体现的经汇率转化得到的绝对价格优势。下面通过两个理论模型分析汇率水平的变动对一国参与国际贸易的比较优势基础产生的影响。

（一）两国两产品情形

根据比较优势原理，如果 $P_a/P_b < P_a^*/P_b^*$，则表明本国在商品 A 的生产上具有比较优势，而在商品 B 的生产上处于比较劣势，本国应出口商品 A 而进口商品 B。但引入汇率之后，情形发生了改变。

为了体现国内外商品价格优势的比较情况，这里引进以直接标价法表示的名义汇率 e。带 * 号的记为外国，不带 * 号的记为本国。那么由相对价格转化为绝对价格的情况有以下三种。

第一种：$P_a < eP_a^*$，$P_b < eP_b^*$；

第二种：$P_a > eP_a^*$，$P_b > eP_b^*$；

第三种：$P_a < eP_a^*$，$P_b > eP_b^*$。

在第一种情况下，本国在两种产品的生产上都具有竞争优势，将出口两种产品；在第二种情况下，本国在两种产品的生产上都处于劣势地位，将进口这两种产品；而在第三种情况下，本国在生产商品 a 上具有以绝对价格水平衡量的竞争优势，在商品 b 上处于竞争劣势地位，因而将商品 a 出口而进口商品 b。显然，前两种情况不符合比较优势原则，不利于资源的优化配置。只有在第三种情况下，比较优势与竞争优势相吻合。

通过第三种可求得由比较优势转为竞争优势的汇率条件：

$$P_a/P_a^* < e < P_b/P_b^*$$

该汇率条件表明，引入货币因素后，汇率水平将会影响比较优势向竞争优势的转化，不同的汇率水平会使一国的比较优势和竞争优势发生偏离。因此，汇率水平对一国的进出口商品种类结构和进出口方向都具有重要的影响。

(二) 两国多产品情形[①]

接下来考虑两国多产品的情形。在分析开始之前，首先引入一个概念，即绝对购买力平价（absolute purchasing power parity）。绝对购买力平价表示相同商品篮子的本币价格和外币价格之比，记为 E_{ppp}，则 $E_{ppp}=(\alpha P_a+\beta P_b)/(\alpha P_a^*+\beta P_b^*)$，其中 $\alpha、\beta>0$ 且 $\alpha+\beta=1$。假设开始绝对购买力平价关系成立。由于本国在生产产品 a 上具有竞争优势，则由两国两产品模型可以推出：

$$E_{ppp}\in(P_a/P_a^*,\ P_b/P_b^*)$$

因此，绝对购买力平价位于比值区间内部是比较优势转化为竞争优势的一般汇率条件。

首先，假定本国和外国都能够生产和消费 n 种不同的产品，将每一种产品从 1 到 n 进行编号。其次，用 P_i 和 P_i^* 分别表示第 i 种产品的国内外价格。最后，我们将每一种产品的相对价格计算出来，并按从小到大排序。用不等式表示如下：

$$P_1/P_1^*<P_2/P_2^*<P_3/P_3^*<\cdots<P_a/P_a^*<\cdots<$$
$$P_b/P_b^*<\cdots<P_c/P_c^*<\cdots<P_n/P_n^*\ （假设 a<b<c）$$

因此，贸易流动的法则就是根据两国的汇率水平所处不等式的位置来判断。汇率左边的所有产品因竞争优势的存在而出口，汇率右边的所有产品因竞争劣势的存在而进口。若国内外相对价格恰好等于汇率，则处于竞争均衡的状态，没有新的贸易增量出现。

假设一国一开始的汇率水平等于绝对购买力平价水平，并且 $E_{ppp}\in(P_b/P_b^*,P_{b+1}/P_{b+1}^*)$，由上述分析可知，国内外相对价格低于购买力平价 E_{ppp} 的第 1-b 种产品是本国具有竞争优势的产品，而国内外相对价格高于购买力平价 E_{ppp} 的第 (b+1)-n 种产品是本国具有竞争劣势的产品。

若此时汇率水平发生了改变，假定汇率 $e<E_{ppp}$ 且 $e\in(P_a/P_a^*,P_{a+1}/P_{a+1}^*)$，则本国仅有第 1-a 种产品仍具有竞争优势，而本来具有竞争优势的第 (a+1)-b 种产品却丧失原有的竞争优势，从而降低了本国的贸易竞争力水平。

相反，若汇率 $e>E_{ppp}$ 且 $e\in(P_c/P_c^*,P_{c+1}/P_{c+1}^*)$，则本国会有第 1-c 种产品具有竞争优势，而原先处于竞争劣势地位的第 (b+1)-(c-1) 种产品反而获取了竞争优势，从而提高了本国的贸易竞争力水平。

可见，汇率水平的变动使得名义汇率水平与绝对购买力平价水平发生了偏离，从而对一国的产品出口和竞争力水平产生重要的影响。

[①] 模型来源：杜进朝《汇率变动与贸易发展》，上海财经大学出版社 2004 年版。

（三）小结

由上述分析可知，汇率变动是比较优势理论实现的一个不可回避的重要因素，不适当的汇率水平将导致比较优势利益无法实现。反之，若将代表不同货币之间比价的汇率因素引入到比较优势论中，国际贸易的基础就从传统的比较优势向竞争优势转化。具有比较优势的产品才可能具有竞争优势和竞争力，以比较优势理论为基础的分工贸易才可以实现。模型结论表明，绝对购买力平价关系成立是比较优势向竞争优势转化的一般汇率条件。但是，在现实情况中，若名义汇率与绝对购买力平价发生了偏离，则一国的竞争优势和比较优势也发生偏离。名义汇率上升（意味着本币贬值，外币升值），则原先处于竞争劣势的产品获得了竞争优势；名义汇率下降（意味着本币升值，外币贬值），则原先拥有竞争优势的产品将转为竞争劣势的地位，而引起这种竞争优劣势地位发生转变的直接原因则是汇率变动导致商品本外币价格的比较发生改变。

二、有关汇率非中性的讨论

出口商品结构的变动取决于经济体内部各类产品产出结构的变动，而产出水平受制于贸易价格竞争力，如果汇率变动在事实上形成了对经济体内部各种贸易产业或贸易产品的贸易价格竞争力的不同影响，那么它也一定会带来出口商品结构的变动。但是产出结构的变化在短期内通常是不能实现的，因此我们更应该关注汇率水平的变动对出口商品结构带来的长期影响。理论界将汇率对出口贸易商品结构的长期影响效果区分为两类：中性论和非中性论。

中性论认为，由汇率变动将比较优势转化成的价格竞争优势只能在短期内存在，而在一个较长的时期内，随着需求不断发生转移，原先价格相对下降的产品的价格会上升，而原先价格相对上升的产品的价格会下降，从而逐步抵消由汇率变动形成的价格竞争优势。汇率水平的变动以相同幅度改变了经济体内所有产品的国内外相对价格，它们的贸易价格竞争力变化是相同的。因而，一个经济体内部的所有价格是相对独立于汇率的，汇率变动对国际贸易的影响趋向于零，也就不会改变出口商品的结构。

非中性论认为，汇率水平的变动对出口贸易的影响不仅表现为短期内价格竞争优势的形成，更重要的是，汇率水平的变动有利于动态比较竞争优势的各因素发挥作用，进而推动出口商品结构的升级和贸易的稳定持续增长。

关于汇率的贸易效应是否中性，学者们通过各类模型的构建和论证，理论上更为支持非中性论的观点。例如，李晓峰、钱利珍（2010）的测算传导渠道模型和蓝乐琴、仇喜雪（2009）的状态空间模型均得出汇率非中性现象是比较常见的结论。代表性理论认为，一国的商品可以分为贸易品和非贸易品，在引入非贸易品的模型中，汇率水平的变动改变了其与贸易品的相对价格水平。即使在贸易品内部，由于不同类别商品的品牌价值、生产成本、价格弹性和沉没成本等因素存在差异，更常出现汇率不完全传递的情形，此时不同类别商品的价格就会对汇率的变动做出不同的反应。因此，汇率非中性现象不仅存在于贸易品和非贸易品之间，而且同样存在于贸易品内部。从现实中各国汇率变动之后的商品结构变动情况来看，汇率中性论所强调的汇率变动不会影响经济内相对价格的观点也是不太符合实际的。

汇率非中性的贸易效应预示着汇率变动所引起的不同价格变动将产生不同的价格压力和盈利差异，这会对社会资源配置产生影响，从而影响各种贸易产业或贸易产品的产出结构，并最终决定了开放经济条件下的出口商品结构的变化。

可见，一国出口商品结构发生改变并非由汇率变动本身造成，而是以汇率水平的变动为导火线，通过对价格产生影响这一传递过程，将比较优势向竞争优势转化，最终实现商品结构的调整。

三、汇率影响出口商品结构的机制

汇率作为一种相对价格，通过调节生产、市场和交易行为对出口贸易商品结构产生影响。虽然汇率是统一的政策变量，汇率水平的变动对各类产品具有一致性，但是由于各产品的生产投入、市场结构等因素存在差异，汇率水平的变动对各类产品的生产具有差异化的影响。本节主要分析汇率影响出口商品结构的机制，由于机制众多，基于本节的研究视角，这里主要在汇率的价格传递机制基础上，进一步探讨汇率变动对出口商品结构的传导机制。

如图 9-1 所示，汇率水平的变动对出口商品结构的影响主要通过作用于目标国产品需求市场、投入品市场和生产要素市场来实现。因此有必要结合我国国情分别从产品需求价格弹性、成本结构和要素价格三个方面对汇率变动的出口商品结构效应进行探讨，为后文进行汇率变动的出口商品结构效应的实证分析提供理论基础。

（一）基于价格弹性的分析

假设 P_d 为以本币表示的出口商品的价格，e 为直接标价法下的汇率水平，因此 $P_f = P_d/e$ 为以外币表示的出口商品的价格。D 为出口需求量，S 为出口供给量

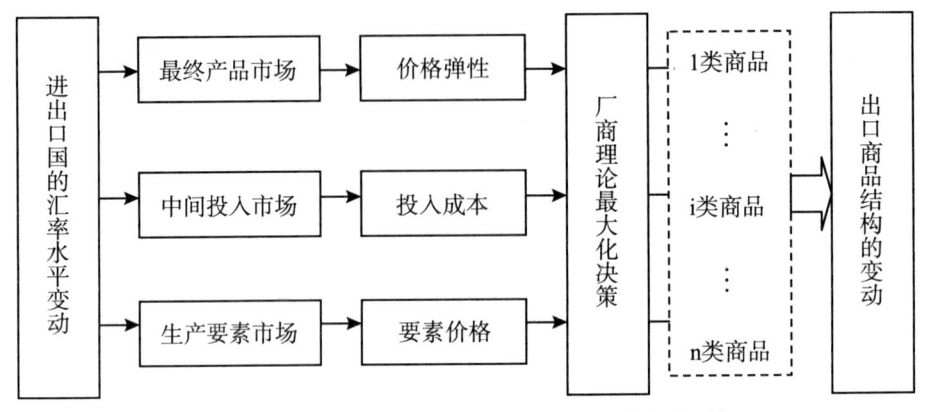

```
┌─────────┐   ┌──────────┐   ┌────────┐   ┌──────┐ ┌─────────┐   ┌──────┐
│进       │──▶│最终产品市场│──▶│价格弹性│──▶│厂    │ │1类商品  │   │出    │
│出       │   └──────────┘   └────────┘   │商    │ │  ⋮      │   │口    │
│口       │   ┌──────────┐   ┌────────┐   │理    │ │i类商品  │   │商    │
│国       │──▶│中间投入市场│──▶│投入成本│──▶│论    │ │         │──▶│品    │
│的       │   └──────────┘   └────────┘   │最    │ │  ⋮      │   │结    │
│汇       │                               │大    │ │         │   │构    │
│率       │   ┌──────────┐   ┌────────┐   │化    │ │n类商品  │   │的    │
│水       │──▶│生产要素市场│──▶│要素价格│──▶│决    │ │         │   │变    │
│平       │   └──────────┘   └────────┘   │策    │ │         │   │动    │
│变       │                               └──────┘ └─────────┘   │      │
│动       │                                                      │      │
└─────────┘                                                      └──────┘
```

图 9-1 汇率变动影响出口商品结构的机制

资料来源：张正荣、顾国达：《人民币汇率变动与贸易结构优化》，浙江大学出版社 2010 年版，第 65 页归纳整理。

且 $D = S$；η 为出口需求价格弹性（即 $\eta = (dD/D)/(dP_f/P_f)$），ε 为出口供给价格弹性（即 $\varepsilon = (dS/S)/(dP_d/P_d)$），X 为出口额，$X = D \cdot P_d$，则

$$\begin{aligned}
dX/de &= d(D \cdot P_d)/de = P_d \cdot (dD/de) + D \cdot (dP_d/de) \\
&= (P_f \cdot e) \cdot (dD/de) + D \cdot [d(e \cdot P_f)/de] \\
&= (P_f \cdot e) \cdot (dD/de) \cdot (dP_f/dP_f) + D \cdot e \cdot (dP_f/de) + D \cdot P_f \\
&= D \cdot e \cdot (dD/D) \cdot (P_f/dP_f) \cdot (dP_f/de) + D \cdot e \cdot (dP_f/de) + D \cdot P_f \\
&= D \cdot e \cdot (dP_f/de)[1 + (dD/D)/(dP_f/P_f)] + D \cdot P_f \\
&= D \cdot e \cdot (1 + \eta)(dP_f/de) + D \cdot P_f
\end{aligned} \tag{9.1}$$

其中，dP_f/de 为汇率变化对出口价格（以外币表示）的影响。下面讨论该弹性，并将其代入上式。

假设出口供需均衡，则 $G(P_f, e) = D(P_f) - S(e \cdot P_f) = 0$ $\qquad$ (9.2)

根据隐函数定理，$\quad dP_f/de = -(\partial G/\partial e)/(\partial G/\partial P_f)$ $\qquad$ (9.3)

将 $\partial G/\partial e$ 和 $\partial G/\partial P_f$ 代入式 (9.2)，并将 $S'(e \cdot P_f)$ 和 $D'(P_f)$ 简记为 S' 和 D'，经整理可得：

$$dP_f/de = S' \cdot P_f/(D' - e \cdot S') \tag{9.4}$$

由于出口供需平衡 $D = S$，式 (9.4) 分子分母同乘 P_d/S，则：

$$\begin{aligned}
dP_f/de &= S' \cdot P_f \cdot (P_d/S)/[D' \cdot (P_d/S) - e \cdot S' \cdot (P_d/S)] \\
&= S' \cdot P_f \cdot (P_d/S)/[D' \cdot (P_f \cdot e/D) - e \cdot S' \cdot (P_d/S)] \\
&= [(dS/S) \cdot (P_d/dP_d) \cdot P_f]/[(dD/D) \cdot (P_f/dP_f) \cdot e - (dS/S) \\
&\quad \cdot (P_d/dP_d) \cdot e] \\
&= [(dS/S)/(dP_d/P_d) \cdot P_f]/[(dD/D)/(dP_f/P_f) \cdot e - (dS/S) \\
&\quad /(dP_d/P_d) \cdot e]
\end{aligned}$$

$$= \varepsilon \cdot P_f / [e(\eta - \varepsilon)] = (P_f/e) \cdot [\varepsilon/(\eta - \varepsilon)] \tag{9.5}$$

将式（9.5）代入式（9.1），有

$$\begin{aligned}
dX/de &= D \cdot P_f + D \cdot e \cdot (1+\eta) \cdot (dP_f/de) \\
&= D \cdot P_f + D \cdot e \cdot (1+\eta) \cdot (P_f/e) \cdot [\varepsilon/(\eta-\varepsilon)] \\
&= (X/e)[D \cdot P_f \cdot (e/X) + D \cdot e \cdot (e/X) \cdot (P_f/e) \cdot (1+\eta) \cdot \varepsilon/(\eta-\varepsilon)] \\
&= (X/e)[1 + (1+\eta) \cdot \varepsilon/(\eta-\varepsilon)] = (X/e)[\eta(1+\varepsilon)/(\eta-\varepsilon)]
\end{aligned}$$

所以：$(dX/de)/(X/e) = \eta(1+\varepsilon)/(\eta-\varepsilon)$

$(dX/dX)/(de/e) = \eta(1+\varepsilon)/(\eta-\varepsilon)$

由于 $\eta < 0$，$\varepsilon > 0$，可知 $\eta(1+\varepsilon)/(\eta-\varepsilon) > 0$，所以该机制表明了汇率变动与出口额的关系是：本币贬值（$de > 0$），则出口额增加；本币升值（$de < 0$），则出口额减少。

另外，从结论可以看出，汇率水平的变动对出口的影响大小和产品的出口需求价格弹性与出口供给价格弹性大小有关。对于不同类别的产品而言，因产品特征不同，其出口需求价格弹性和供给价格弹性是不同的，因而汇率的变动对其出口额的影响也不同，长期则会影响出口商品结构。一般来说，资本技术密集型产品因其创新性较强，产品的差异性较大，受到专利权、知识产权及其他壁垒的保护，在国际市场上处于不完全竞争状态，市场需求价格弹性较小，出口商具有较强的定价能力，因此一定程度上汇率波动对其出口贸易的影响并不显著。而劳动密集型产品由于技术附加值低，同质性较强，缺乏独立的知识产权和品牌，可替代性强，市场需求价格弹性较大，出口商定价能力较弱，往往难以承受汇率波动带来的冲击，其出口额的变化对于汇率水平变动的反应更加敏感。我国劳动力资源丰富，以工业制成品为主的出口主要为劳动密集型产品，其所含技术含量较低，并且我国出口的产品大部分为外商投资企业所有，参与加工贸易商品生产的环节大多数处于国际产业链的生产、装配阶段，因而其价格弹性较大。当人民币升值时，这些劳动密集型产业受到的冲击较大，出口额下降较多，而资本技术密集型产品出口额下降较小，长期则会优化出口商品结构。

（二）基于生产投入的分析

1. 基本假定

（1）只考虑汇率的变动对进出口贸易流量的影响；

（2）进出口的供给与需求均衡；

（3）不同类型的商品需求是商品价格的函数；

（4）汇率对进出口商品的价格完全传递；

（5）世界由两个国家构成，本国和外国；

（6）忽略产品的国内贸易，只考虑一国的对外贸易情况；

（7）一国生产并同时出口两类商品，每种商品的生产既需要本国投入，也需要进口外国投入，其价格取决于投入品价格。

2. 简单的数理逻辑推理

假设一国生产并同时出口的两类产品分别记为产品 A 和产品 B。假设 F_A 和 F_B 分别代表两种产品的每单位产品以外币计价的进口投入；C_A 和 C_B 分别代表两种产品以本币计价的单位产品本国投入；e 表示以直接标价法表示的本币汇率；Q_A 和 Q_B 分别代表两种产品的单位产品进口投入和本国投入数量的总和，即单位产品总投入数量。我们假设 A 产品的单位产品进口投入数量比例（θ）大于 B 产品（β），且某种产品的单位产品进口投入与本国投入比例保持不变，即 θ > β 保持不变。同时，P_1 和 P_2 分别代表以外币计价的国外投入平均价格指数和以本币计价的国内投入平均价格指数。以本币计价的两类产品的单位成本价格分别为：

$$P_A = eF_A + C_A = e\theta P_1 Q_A + (1-\theta)P_2 Q_A \qquad (9.6)$$

$$P_B = eF_B + C_B = e\beta P_1 Q_B + (1-\beta)P_2 Q_B \qquad (9.7)$$

但是，如果一国参加国际贸易，商品应该以外币计价的单位成本价格作为衡量价格竞争力的工具，在本节中，两种商品的单位成本价格以外币计价表示为：

$$P_A^W = 1/e \times P_A = \theta P_1 Q_A + (1-\theta)P_2 Q_A/e \qquad (9.8)$$

$$P_B^W = 1/e \times P_B = \beta P_1 Q_B + (1-\beta)P_2 Q_B/e \qquad (9.9)$$

此外，根据新古典国际贸易理论，该国两种产品的出口量结构取决于两种产品的相对投入价格，我们可以用以下形式表达：

$$EXP_{A/B} = f(P_{A/B}^W) \qquad (9.10)$$

其中，$EXP_{A/B}$ 表示该国 A 产品和 B 产品出口量之比，它与两种产品的成本价格成函数关系，$P_{A/B}^W$ 表示两种商品的相对成本价格。按照比较优势原则，容易得到两者的关系为：

$$\partial EXP_{A/B}/\partial P_{A/B}^W < 0 \qquad (9.11)$$

式（9.11）表明两类产品各自的国际竞争力与其成本价格成反比，所以它们的出口额之比与其相对价格呈反方向变动。由以上分析可知，按照我们的假设模式，一国商品结构的变化根源在于两种商品的相对成本价格变动。下面我们首先集中考察汇率变动对两种产品相对成本价格的影响。

按照以上设定，初始状态下某国 A 和 B 两种产品的相对成本价格为：

$$P_{A/B}^{'W} = P_A^{'W}/P_B^{'W} = [\theta P_1 Q_A + (1-\theta)P_2 Q_A/e]/[\beta P_1 Q_B + (1-\beta)P_2 Q_B/e]$$
$$(9.12)$$

假设由于某些原因，汇率 e 发生变化，变为 e^*，此时 A 和 B 两种产品的相对成本价格为：

$$P_{A/B}^{*W} = P_A^{*W}/P_B^{*W} = [\theta P_1 Q_A + (1-\theta)P_2 Q_A/e^*]/[\beta P_1 Q_B + (1-\beta)P_2 Q_B/e^*]$$
(9.13)

此时变动后 A 和 B 两种产品的相对成本价格与初始状态的变化量为：

$$P_{A/B}^{*W} - P_{A/B}^{'W} = [(\beta-\theta)(1/e^* - 1/e)P_1 P_2 Q_A Q_B]/[\beta P_1 Q_B + (1-\beta)P_2 Q_B/e]$$
$$[\beta P_1 Q_B + (1-\beta)P_2 Q_B/e^*]$$
(9.14)

由式（9.14）我们可以看到，当本币升值，即 $e^* < e$ 时，$P_{A/B}^{*W} - P_{A/B}^{'W} < 0$；此时，根据式（9.11），产品 A 的出口量与产品 B 的出口量的比值比初始状态有了提高，即 $EXP_{A/B}^* > EXP_{A/B}'$。反之，当本币贬值，有 $EXP_{A/B}^* < EXP_{A/B}'$。由此，我们可以得到，本币升值使在生产过程中较多依赖进口投入的产品的生产成本相对降低，出口量结构（以较多利用进口投入的产品出口量与较少利用进口投入的产品出口量的比值表示）得到提高。这种效应可以部分抵消汇率升值带来的该商品出口竞争力的下降。换句话说，更多的使用进口投入的产品所面临的货币升值导致的实际贸易价格竞争力的削弱会小些，而较少的使用进口投入的产品所面临的实际贸易价格竞争力的削弱会较大。因此，本币升值将有利于较多利用进口投入品的产品的价格竞争力，从而刺激该产品的出口，提高该产品在出口商品结构中的比例和地位。

对于大多数发展中国家来说，初级产品和劳动密集型产品成本构成中劳动要素成本占较大的比例，对进口原材料的需要有限，其所需要的进口投入所占的比重较小，而资本技术密集型产品采用国外的先进科技较多，成本构成比例中进口投入较多，对进口投入的依赖在一般意义上要更强于初级产品和劳动密集型产品。因此，汇率变动通常会导致初级产品和劳动密集型产品更大幅度的进出口变化，而对资本技术密集型产品的影响却不大。另外，在长期盈利目标的驱使下，资源将由利润水平受较大影响的贸易产业流向利润水平受影响较小的贸易产业，从而促进这些部门的生产和贸易的发展，推动行业或贸易商品结构的优化升级。

这一理论模型的结论对于解释我国的现实情形提供了很大的帮助。虽然，人民币升值使商品出口的外币价格上升，但是，在我国"两头在外"的加工贸易为主的贸易模式下，大部分原材料来自进口，人民币升值会使进口中间产品价格和企业成本下降，这便可抵消一部分因人民币升值给出口带来的消极影响。

通过上述理论模型的分析，不同产品对进口投入的依赖程度就直接决定了该产品生产成本对汇率变动的不同反应。由于不同出口贸易商品具有不同的投入结构，当汇率上升或下降时，不同类别商品的相对投入成本发生了改变，使得其参与国际竞争的相对价格水平发生改变，出口量受到影响，最终使一国的出口商品结构发生改变。

(三) 基于要素价格的分析

由于各国要素禀赋的不同，不同要素密集度产品的要素投入比例是不同的。一般来说，劳动密集型产品的劳动要素投入较多，而资本密集型产品的资本要素投入较多。换句话说，对于一个劳动力资源富裕的国家而言，其资本要素相对匮乏，因而劳动密集型产品的生产需要进口的资本较少，而资本密集型产品的生产依赖的进口资本要素较多。而不同的进口投入比例导致总成本受到汇率变动的影响程度不同。这里考虑劳动力禀赋充裕的国家。由前文分析可得，若该国货币升值，则劳动力密集型产品的相对成本提高，进而导致劳动密集型产品的相对价格上升。根据斯托帕—萨缪尔森定理：某一商品相对价格的上升，将导致该商品密集使用的生产要素的实际价格或报酬提高，进而通过生产要素相对价格的变化来引起资本和劳动在产业部门间的大量移动。因此，该国货币的升值主要导致了劳动价格 w 的上升，而资本的价格 r 可以通过国际流动来消除，从而本币汇率的升值提高了国内工资/利率比。

由图 9-2 可知：工资利率相对价格的上升引起资本和劳动在产业部门间的大量移动，使得可贸易品部门的劳动存量相对减少，资本存量相对增加。

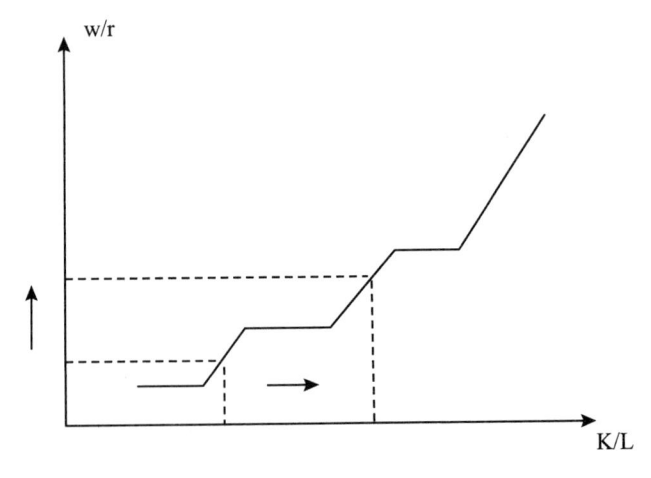

图 9-2 要素禀赋比例

如图 9-3 所示，Q_2 代表劳动密集型产品的要素相对价格曲线，Q_1 代表资本密集型产品的要素相对价格曲线，纵轴代表工资率，横轴代表利率。在不完全专业化分工的情况下，两个产品各自的要素相对价格曲线在 E_0 点上相交，如果本币发生升值现象，则主要导致工资/利率比相对提高。劳动密集型产品成本价格相对资本密型产品成本上升较快，这会使劳动密集型产品对外竞争力下降，行业生产规模减少，从而引起劳动密集型产品的相对要素价格曲线向左下方平行移动。与此同时，劳动密集型产品生产萎缩过程中剩余的资本会转移到资本密集型产品的生产，使得资本密集型产品的边际生产力提高，资本密集型产业规模增加，最终导致商品结构的变化。

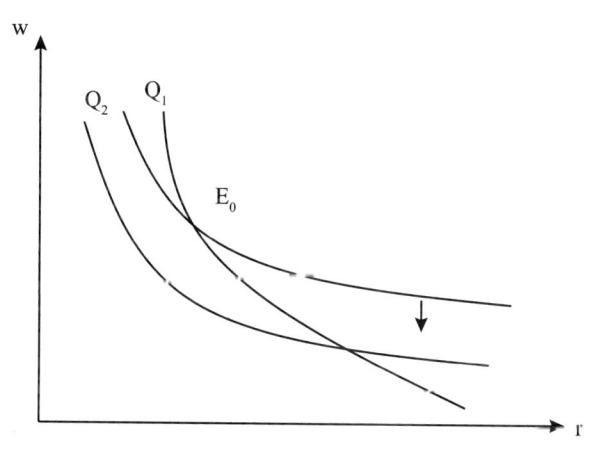

图 9 – 3　要素相对价格曲线

在图 9 – 4 中，X_1 表示资本密集型产品的产量，X_2 表示劳动密集型产品的产量。我们假设该国资本存量为 K，劳动存量为 L，则存在如下约束：

$$K_1 X_1 + K_2 X_2 \leqslant K$$
$$L_1 X_1 + L_2 X_2 \leqslant L$$

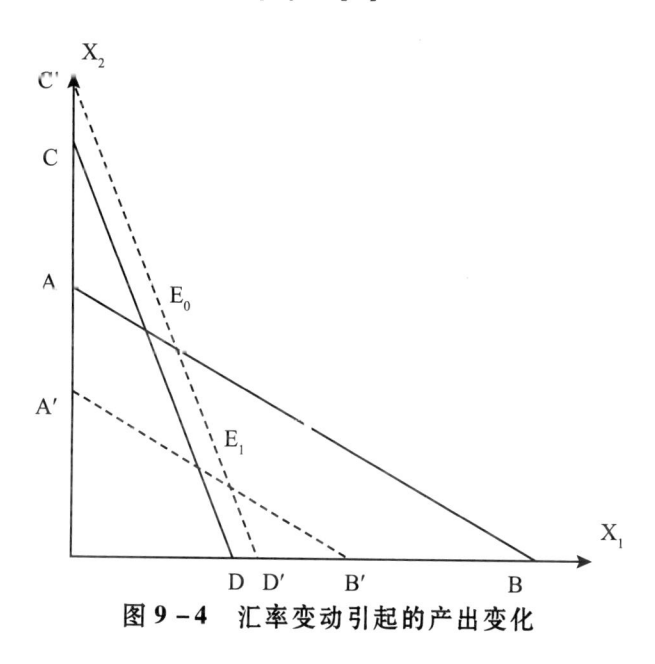

图 9 – 4　汇率变动引起的产出变化

AB 表示所有的劳动要素可以生产的 X_1 及 X_2 的各种组合，CD 表示所有的资本要素可以生产的 X_1 及 X_2 的各种组合。AB 曲线和 CD 曲线的相对位置如图 9-4。因此，我们有如下表达式：

$$AB: X_2 = \frac{L}{L_2} - \frac{L_1}{L_2}X_1$$

$$CD: X_2 = \frac{K}{K_2} - \frac{K_1}{K_2}X_1$$

E_0 表示两种要素被完全利用时所生产的产量水平。此时的生产可能性曲线为 AE_0D。当本币汇率升值时，国内的劳动力成本相对上升，对劳动力需求下降，可贸易品部门的劳动存量 L 减少，资本存量 K 增加，于是 AB 曲线向左下方平行移动，移至 A′B′，CD 曲线向右上方平行移动，移至 C′D′。E_1 表示两种要素重新被完全利用时所生产的产量水平。此时的生产可能性曲线为 $A'E_1D'$。所以劳动密集型产品 X_2 的产量相对下降，相反，本密集型商品 X_1 的产量相对增加。所以出口商品结构受实际汇率升值而优化。

四、小结

汇率变动是比较优势理论实现的一个不可回避的重要因素。若将汇率因素引入到比较优势论中，国际贸易的基础就从传统的比较优势向竞争优势转化，而引起这种竞争优劣势地位发生转变的直接原因则是汇率变动导致商品本外币价格的比较发生改变。

关于汇率变动在长期是否会引起价格竞争优势发生变化的问题，汇率非中性理论认为，汇率变动对出口贸易的促进作用不仅表现为短期内价格竞争优势的形成；更重要的是，汇率变动引起了国内各产品的差异价格反应，由此造成了国内价格结构发生变化，进而影响一国的出口贸易商品结构。在汇率价格传递的基础上，本节通过理论分析，分别从价格弹性、生产投入和要素价格三个角度，揭示了汇率变动影响不同类型产品相对价格进而改变出口商品结构的内在机理。

对于我国而言，在要素成本上升的背景下初级产品和劳动密集型产品的价格进一步上升，且这类产品在国际市场上有诸多相似的替代品，受价格影响波动强，出口需求价格弹性大，并且相对来说对非进口投入需求更多，所以汇率波动会导致初级产品和劳动密集型产品更大幅度的出口变化，而资本技术密集型产品对进口投入的依赖在一般意义上要强于初级产品和劳动密集型产品，因而汇率波动仅导致资本技术密集型产品较小幅度的出口变化。

本节基于汇率价格传递机制分别从价格弹性、生产投入和要素价格三个角度揭示了汇率变动影响不同类型产品相对价格进而改变出口商品结构的内在机理。由此，有待进一步实证检验的理论命题是：由于不同类别产品生产过程中国内外中间投入差异和汇率价格传递弹性的不同，人民币汇率的上升（或下降）将减少（或增加）初级产品和劳动密集型产品的出口，同时增加（或减少）部分资本、技术密集型产品的出口，人民币汇率波动对劳动密集型产品出口的影响大于对资本密集型产品的影响，因此人民币汇率升值有利于我国出口商品结构的优化。而这一问题将在本章以下实证部分加以探究。

第二节 人民币汇率变动影响我国出口商品结构的实证检验

改革开放以来，随着出口总额的不断提升，我国出口商品结构从开放初期的初级产品为主演变成以工业制成品占绝对主导地位。2015 年，出口商品中工业制成品占出口总额的比例高达 95.43%，虽然在工业制成品中劳动密集型产品的出口仍然占有较大的比重，但是资本技术密集型产品占总出口的比重已从 1980 年的 10.83% 上升到 2014 年的 51.54%。其中，015 年劳动密集型产品出口占比降至 20.7%，而机电产品出口占比已达 57.7%[1]。结合汇率的变动趋势可以明显看出，1994 年以前的人民币汇率贬值使我国能够充分利用劳动要素禀赋充裕的优势，劳动密集型产品取代资源密集型初级产品成为出口的主力产品，推动了出口商品结构的转型。1994 年以后人民币汇率出现了波动，但总体呈现不断升值的态势，与我国出口商品结构高度化形成一致的变动趋势。

实际汇率可以作为一个概括性的指标来度量两国商品和劳务的相对价格。1994 年起，中国建立了以市场供求为基础的单一有管理的浮动汇率制度，推进了人民币汇率改革的新进程。而从 2005 年 7 月 21 日开始，人民币汇率不再盯住单一美元，形成以市场供求为基础、参考"一揽子"货币进行调节、有管理的更具有弹性的浮动汇率制度。汇改之后，银行可以自行决策基准汇率，一定程度上扩大了人民币的浮动区间。2005 年以来，人民币对美元汇率在总体呈现"小步上扬"的过程中也存在着明显的"有升有降"的双向波动特征。

贸易竞争力的变化是贸易结构改革和调整的根本推动力量。汇率的变动导致

---

[1] 2015 年数据来自《海关总署介绍 2015 年全年进出口情况》（http://www.gov.cn/xinwen/2016-01/13/content_5032553.htm）2016 年 8 月 20 日访问。2014 年数据来自中国国家统计局（http://data.stats.gov.cn/easyquery.htm? cn = C01）2016 年 8 月 20 日访问，按 SITC 分类，笔者整理。

一国商品在国际市场上的相对价格发生变动，会增强或者减弱其价格竞争力，从而影响贸易结构。汇率对贸易结构的这种影响途径，在前文的理论机理分析中已经得到较为充分的论述。简单来说，人民币的实际有效汇率与进口产品结构之间存在显著的正相关关系，而与出口产品结构之间是显著的负相关关系。一般来说，短期的汇率微调对贸易结构不会产生重大影响，汇率变动引致的贸易结构调整通常与长期可维持的趋势性汇率变动相关。关于汇率变动影响出口商品结构，国内外研究者也有较为丰富的研究成果。

一、文献回顾

汇率变动会对一国商品的进出口产生影响，这一结论已经被众多文献证实。但现有文献在讨论汇率变动对国际贸易的影响时，大多是从进出口总量出发。而正如奥布斯特菲尔德（Obstfeld，2002）所说："相关研究表明，对于货币贬值在产品相对价格上的影响，在工业产品分类之间存在相当大的差异。有关 SITC 产品分类之间的差异需要更多的理论及实证研究。"这意味着，不同类型的贸易品由于具有不同的价格弹性，汇率变动造成的价格变化幅度也不尽相同，进而导致贸易结构发生变化。因此，分析汇率变动对贸易的影响时，有必要对不同的行业和产品进行区分。

具体来说，汇率变动影响出口商品结构的途径主要有三个：一是出口商品的生产成本差异，即不同类型的出口商品由于对进口中间品的依赖程度不同，会对不同商品的贸易条件产生非对称的影响，导致出口商品结构的变化（Klein，1990）。二是出口商品的定价方式差异。在不完全竞争市场中，大部分贸易品是差异性产品，当货币贬值时，出口厂商并不立刻调整其出口产品的价格，而是根据市场上产品的需求价格弹性来制定不同的价格（Dornbusch，1987）。克鲁格曼（Krugman，1987）也指出，由于定价方式的差异，出口商品的价格往往不能完全反映汇率的变动，即当汇率发生变动时，出口厂商会自行调整出口产品的加成份额，抑制汇率变动对出口产品价格造成的过度影响。三是出口商品的要素密集度差异。资本与劳动力的国际流动，加剧了要素禀赋的差异，进而引发国家间国际贸易结构的变迁与失衡，而实际汇率与均衡汇率的差异进一步加快了资本要素与商品的流动。因此，汇率变动可以通过改变一国出口商品以及资本的国际相对价格，改变一国的要素禀赋结构与比较优势，进而对该国的出口商品结构产生影响（Rogoff，2003）。

国外针对汇率变动影响贸易商品结构的实证研究可以大体归为以下三个方面：第一，汇率变动的传递效应（pass-through）。马拉兹等（Marazzi et al.，

2005）考察了 20 世纪 80 年代中期到 90 年代早期汇率变动对美国进口商品价格变动的传递效应，明确了汇率变动对进口价格的直接作用以及通过改变商品价格的间接作用。博达尔等（Bodart et al.，2015）也指出，很多发展中国家存在汇率对出口商品价格的传递效应，且二者的关联度很大程度上取决于汇率制度、金融和贸易开放度、出口集中度和出口商品种类等结构性因素。乔德里和哈库拉（Choudhri and Hakura，2015）用不同的方法验证了汇率的出口价格传递效应在很多国家存在，且汇率对出口价格的影响比进口价格小。第二，汇率变动与贸易商品结构的总体变迁。迈克利（Michaely，1983）指出，1973 年以来更为灵活的汇率制度等对外经济政策有助于遏制周期性的国际贸易下滑以及贸易商品结构从工业品向初级产品的恶化。奥布斯特菲尔德和罗格夫（Rogoff，1996）研究发现，一国经济的持续增长会导致该国货币的升值，这会导致资本密集型产品的竞争力增强而劳动密集型产品的竞争力减弱，从而促使该国贸易商品结构的优化。艾肯格林（Eichengreen，1998）认为，汇率变动可以通过影响该国的贸易条件促使其资源配置状况甚至贸易商品结构发生变化。第三，人民币汇率变动与中国贸易商品结构。Chou（2000）检验了实际汇率变动对我国进出口的影响，结果显示汇率变动对贸易具有负面影响，但不同类别商品影响并不相同。塞拉等（Cerra et al.，2003）利用 1985~2001 年季度数据估计了中国出口供给的价格弹性，发现外贸体制改革后出口供给弹性随着时间改变，提出中国贸易弹性应对加工贸易和一般贸易区别对待。

  国内学者结合中国的数据做了大量的实证工作，但尚未达成一致。第一，汇率变动与我国出口商品结构没有因果关系。欧元明和王少平（2005）指出，人民币实际有效汇率与中国内资企业出口之间没有因果关系，无论是长期还是短期前者的变动均不能显著影响贸易结构升级。第二，汇率升值不利于出口商品结构的优化。刘舜佳（2004）、马丹和许少强（2005）分析认为，人民币汇率升值会恶化出口商品结构，中国贸易结构的变化在一定程度上可以解释人民币实际有效汇率的变化。第三，汇率升值有利于出口商品结构的优化。曾铮和张亚斌（2007）研究发现，汇率升值对中国整体出口影响较小，同时对劳动密集型产品出口的影响大于资本密集型产品，总体上优化了出口商品结构。第四，汇率变动会对出口商品结构产生影响，但影响程度和方向视商品性质而定。林玲和余娟娟（2011）认为，在我国大部分出口商品国内附加值比重偏低的情况下，汇率变动将通过进口中间产品的成本变化显著削弱我国出口产品价格及数量的波动，最终造成汇率的不完全传递。这种不完全汇率传递效应在具有低附加值特征的高科技产品中表现最为明显，其次是劳动力密集型产品，最后是资源密集型产品。陈斌开等（2010）利用分布滞后模型分析发现，各产业出口价格的汇率传递程度存在很大差异,短期内汇率升值会导致皮革、食品、非金属、纺织品和木材产品的出口价格下降,长期内则导致绝大多数产品出口价格降低。

综上,目前国内关于汇率传递问题的理论和实证研究已经比较丰富,但是仍然存在以下问题。第一,不预先处理1994年人民币汇率的结构断点和双轨制问题会影响时间序列计量方法的应用。第二,虽然以往研究的结论不尽相同,但大多采用出口总量或大类商品数据,采用细分商品数据或针对特定产品的研究还不多见。本书认为,基于加总数据的分析无法准确辨别汇率变动对细分商品的不同影响。第三,少量研究围绕人民币汇率变动与出口商品结构总体变化的关系展开,但忽视了二者的内在相关性,即汇率通过中间变量可能产生的间接作用。

本书接下来的内容安排如下:首先,就人民币汇率变动和中国出口商品结构的长、短期关系对前者之于后者的影响进行实证检验;其次,提出未来人民币实际汇率变动的五种情景,在此基础上粗略刻画2013~2017年中国出口商品结构的变化;最后,在本章的总结中还将提出如何推动中国出口商品结构优化升级的组合式政策建议。

二、人民币汇率变动影响我国出口商品结构的实证检验

以下考察汇率变动在我国出口商品结构的形成和变化中所起的作用。本书将出口商品结构分为两个层次:第一层次为传统分类方法衡量的出口结构,即工业制成品出口占总出口的比重;第二层次为要素密集度视角衡量的出口结构,即资本、技术密集型产品出口与劳动密集型产品出口的比值。

在此选取的影响因素除了人民币实际有效汇率(REER)、国内生产总值(GDP)之外,还有外商直接投资(FDI)。原因在于,外商直接投资能够引起资本和技术等"一揽子"生产要素的流入,不仅可能促进东道国的贸易结构升级,而且随着外商投资企业出口额的不断增加,会对东道国当地企业形成示范和竞争效应,在一定程度上提升了出口企业的竞争力。所以,以下涉及五个基本变量,其中三个数值型变量,两个比例型变量,分别是人民币实际有效汇率(REER)、外商直接投资(FDI)、国内生产总值(GDP)、出口总量中工业制成品占比(JG)和资本、技术密集型产品出口与劳动密集型产品出口的比值(ZL)。考虑到本书研究目标和数据的可得性,我们采用月度数据。由于1994~1997年我国实行了汇率并轨,统一了外汇市场并实现了经常项目可兑换。因此,本书选取1997年1月~2014年11月共215期的数据建立样本。

人民币实际有效汇率(REER)。具体计算公式为 $REER = ER \times CPI^*/CPI$。

其中，ER 表示中美双边名义汇率，即人民币兑美元双边名义汇率；CPI 为以 1997 年为基期的中国消费物价指数，根据《中国统计年鉴》和统计公报中的环比 CPI 换算所得；CPI* 为以 1997 年为基期的美国城市消费物价指数，根据美国劳工部 1997 年的定基 CPI 换算所得。数据来自国际清算银行（BIS），原始数据以 2010 年为基期，我们将其调整为以 1997 年 1 月为基期。

外商直接投资（FDI）。采用实际使用额来衡量，数据来自商务部。

国内生产总值（GDP）。由于国家统计局发布的 GDP 数据最低频度是季度，而以往文献研究发现 GDP 与工业增加值之间存在显著相关性，并且季度工业增加值占季度 GDP 的比重相对稳定。因此，可以利用如下方法计算得到月度 GDP 数据：计算季度工业增加值占季度 GDP 的比重，假设每一季度三个月的工业增加值占 GDP 的比重相同，根据月度工业增加值，即可换算月度 GDP 数据，再将人民币单位数据除以人民币外汇月度中间价，折算成等额美元标价的 GDP 数据以便与其他数据单位保持一致。以上数据来自万得（Wind）资讯。

出口商品结构。基于国际贸易标准分类（SITC）考察我国第一层次出口商品结构的变化，以 1997 年 1 月～2014 年 11 月工业制成品在总出口中所占比重代表出口商品结构，记为 JG。考察我国第二层次出口商品结构的变化，将第 5 类商品（化学成品及有关产品）和第 7 类商品（机械及运输设备）归为资本、技术密集型商品（EXZ），用工业制成品出口总额减去第 9 类（未分类其他商品）和资本、技术密集型商品的出口额以表示劳动密集型商品出口（EXL），则 $ZL = E_{XZ}/E_{XL}$。以上数据来自 CEIC。

为了剔除季节因素的影响，本书采用 X11 方法对数据进行季节调整。另外，为了消除在时间序列中可能出现的异方差现象，本书对调整后的数据进行对数转换，这并不改变时间序列的性质，而且能使数据的波动更平稳。对数处理后的数据分别表示为 ln(GDP)、ln(FDI)、ln(REER)、ln(JG) 和 ln(ZL)。[①]

(一) 模型建立

向量自回归模型 VAR[②] 的好处在于克服了模型的不稳定性，不需要对变量的

---

① 原始数据整理及其预处理过程不在此列出，如有需要作者可另行提供。
② 传统的经济计量方法以经济理论为基础来描述变量关系，但经济理论通常并不足以对变量之间的动态联系提供一个严密的说明，而且内生变量既可以出现在方程的左端又可以出现在方程的右端，使得估计和推断变得更加复杂。1980 年，Sims 提出向量自回归（vector autoregression，VAR）模型和向量误差修正（vector error correction model，VEC）模型来解决这些问题，当然其明显的缺点就是本身抛弃了复杂的经济理论作为基础，只是关注多个变量之间的关系。

内生性和外生性做出事先的判定,避免了因为数据的不平稳性和内生性带来的偏误,能够分析多个经济变量之间的相互影响,特别适用于研究无须提出先验假设的复杂问题。由于 VAR 模型没有明确的解释变量和被解释变量,故而建立如下函数形式的向量自回归模型:

模型一:$Y_t = A_0 + A_1 Y_{t-1} + A_2 Y_{t-2} + \cdots + A_k Y_{t-k} + \varepsilon_t$,反映我国出口商品结构变化的第一个层次,它解释了 REER 变动对工业制成品出口占比的影响。

其中,$Y_t = \begin{pmatrix} \ln JG_t \\ \ln REER_t \\ \ln GDP_t \\ \ln FDI_t \end{pmatrix}$,$\varepsilon_t = \begin{pmatrix} \varepsilon_{1t} \\ \varepsilon_{2t} \\ \varepsilon_{3t} \\ \varepsilon_{4t} \end{pmatrix}$,$A_i$ 为相应的系数矩阵,ε_t 为白噪声向量。

模型二:$Y'_t = A'_0 + A'_1 Y'_{t-1} + A'_2 Y'_{t-2} + \cdots + A'_k Y'_{t-k} + \varepsilon'_t$,反映我国出口商品结构变化的第二个层次,它解释了 REER 变动对资本、技术密集型产品出口比值的影响。

其中,$Y'_t = \begin{pmatrix} \ln ZL_t \\ \ln REER_t \\ \ln GDP_t \\ \ln FDI_t \end{pmatrix}$,$\varepsilon'_t = \begin{pmatrix} \varepsilon'_{1t} \\ \varepsilon'_{2t} \\ \varepsilon'_{3t} \\ \varepsilon'_{4t} \end{pmatrix}$,$B_i$ 为相应的系数矩阵,ε'_t 为白噪声向量。

(二) 平稳性检验和估计 VAR 模型

经过对变量进行单位根平稳性检验,$\ln(GDP)$、$\ln(FDI)$、$\ln(REER)$、$\ln(JG)$ 和 $\ln(ZL)$ 的 ADF 统计量均大于 5% 临界值,不能拒绝原假设,说明都不是平稳的,而一阶差分在 5% 显著性水平下平稳,即为一阶单整时间序列。同样的,通过比较对应的 AIC 值和 SC 值来确定水平 VAR 模型的最佳滞后阶数。基于最大滞后期 3 以及比较 0~3 阶滞后期的检验值,对于模型一,AIC 的最小值是三阶滞后期值(-14.39998),SC 的最小值也是三阶滞后期值(-13.55707),所以模型一的最优滞后阶数为三阶;对于模型二,AIC 的最小值是三阶滞后期值(-9.958323),SC 的最小值也是三阶滞后期值(-9.115413),所以模型二的最优滞后阶数为三阶(见表 9-1)。

表 9－1　模型估计结果

模型一	lnJG	lnREER	lnGDP	lnFDI
lnJG(-1)	0.286001 [4.09408]	-0.115125 [-0.81205]	2.845546 [1.01427]	-0.959011 [-0.60105]
lnJG(-2)	0.393413 [6.02050]	-0.077586 [-0.58505]	-0.62036 [-0.23635]	1.259047 [3.84357]
lnJG(-3)	0.215449 [3.17124]	0.099234 [0.71974]	0.835782 [0.30632]	1.391008 [0.89642]
lnREER(-1)	-0.010039 [-0.28650]	1.250296 [17.5824]	-0.407135 [-0.28932]	0.456927 [0.57093]
lnREER(-2)	-0.013871 [-0.25348]	-0.351912 [-3.16893]	-0.253083 [-0.13336]	1.202623 [0.95223]
lnREER(-3)	0.014753 [0.42326]	0.071051 [1.00446]	0.541577 [0.38690]	-1.389296 [-1.74514]
lnGDP(-1)	0.000446 [0.39998]	0.001554 [0.68678]	-0.043262 [-0.96597]	0.203628 [0.33874]
lnGDP(-2)	-6.84E-05 [-0.06115]	-0.003683 [-1.62228]	-0.014855 [-0.33065]	0.051496 [2.01538]
lnGDP(-3)	-0.000382 [-0.34276]	-0.001672 [-0.73887]	0.784654 [17.5190]	-0.004154 [-0.16309]

模型二	lnZL	lnREER	lnGDP	lnFDI
lnZL(-1)	0.356539 [5.06513]	-0.004827 [-0.30052]	0.337627 [1.05658]	0.095376 [0.52584]
lnZL(-2)	0.392843 [5.76390]	0.000863 [0.05551]	0.003177 [0.01027]	0.158535 [0.90272]
lnZL(-3)	0.210078 [3.00791]	-0.010667 [-0.66932]	-0.056423 [-0.17796]	-0.065829 [-0.36579]
lnREER(-1)	0.263886 [0.83973]	1.241434 [17.3120]	-0.166795 [-0.11692]	0.623452 [0.76994]
lnREER(-2)	-0.8689 [-1.77269]	-0.348155 [-3.11269]	-0.544201 [-0.24457]	1.131608 [0.89596]
lnREER(-3)	0.585324 [1.88271]	0.070187 [0.98934]	0.628771 [0.44552]	-1.409411 [-1.75936]
lnGDP(-1)	0.005999 [0.59152]	0.002590 [1.11914]	-0.050616 [-1.09946]	0.003999 [0.15302]
lnGDP(-2)	0.000245 [0.02389]	-0.002573 [-1.09905]	-0.021819 [-0.46850]	0.044422 [1.68038]
lnGDP(-3)	0.001605 [0.15755]	-0.000719 [-0.30947]	0.778631 [16.8379]	-0.009716 [-0.37018]

续表

	模型一				模型二			
	lnJG	lnREER	lnGDP	lnFDI		lnZL	lnREER	lnGDP	lnFDI
lnFDI(-1)	8.17E-05 [0.02663]	0.004919 [0.79010]	0.050941 [0.41344]	0.309091 [4.41087]	lnFDI(-1)	0.022324 [0.81787]	0.006566 [1.05412]	0.051107 [0.41245]	0.312863 [4.44825]
lnFDI(-2)	0.006209 [2.02827]	-0.001616 [-0.26013]	0.032590 [0.26510]	0.324471 [4.64076]	lnFDI(-2)	0.012820 [0.46944]	-0.000407 [-0.06534]	0.032201 [0.25974]	0.323809 [4.60150]
lnFDI(-3)	-0.000365 [-0.11725]	0.012204 [1.93100]	-0.038403 [-0.30706]	0.156895 [2.20579]	lnFDI(-3)	-0.037789 [-1.39174]	0.011227 [1.81199]	-0.023418 [-0.18999]	0.145779 [2.08365]
C	-0.015693 [-0.45283]	0.039006 [0.55460]	3.240298 [2.32816]	0.153029 [0.19333]	C	0.047318 [0.16918]	0.028010 [0.43887]	2.710668 [2.13492]	-0.098512 [-0.13669]
R-squared	0.955126	0.984415	0.810147	0.905215	R-squared	0.970128	0.984553	0.809834	0.905429
R-squared	0.952393	0.983466	0.798583	0.899441	R-squared	0.968309	0.983612	0.798251	0.899668
S.E. equation	0.005990	0.012156	0.240558	0.136812	S.E. equation	0.053035	0.012102	0.240756	0.136657
F-statistic	349.4240	1036.939	70.05387	156.7817	F-statistic	533.1592	1046.349	69.91161	157.1738

注：[ ] 中的数值为 t 统计量。

为了考察变量之间构成的 VAR 模型是否稳定，需要检验 VAR 的单位根。模型一和模型二分别在滞后两期时 AR 单位根的根模倒数都小于1，说明两个 VAR 模型是稳定的。

（三）协整关系

由于变量具有明显的时间趋势，因而确定协整向量中含有截距项。另外，Johansen 检验的滞后阶数设定为2。根据模型一的检验结果，[ln(JG)，ln(GDP)，ln(FDI)，ln(REER)]在5%的显著水平上存在协整关系，意味着各个变量都是遵循随机游走的非平稳序列且协整个数为1。可见，人民币实际有效汇率、工业制成品出口占比、外商直接投资和国内生产总值之间具有长期的均衡关系（见表9—2）。

表9—2　　　　　　　　正规化后的协整方程

模型一					模型二			
lnJG	lnREER	lnGDP	lnFDI	C	lnZL	lnREER	lnGDP	lnFDI
1.000000	0.176034 (0.05565)	0.027137 (0.01524)	-0.108098 (0.01889)	-0.076816 (0.23639)	1.000000	1.787819 (0.18769)	0.062598 (0.11385)	-1.037409 (0.14491)

注：( ) 中的数值为标准差。

结果表明，协整方程的估计系数通过了显著性检验，变量之间的协整关系是稳定的。另外，由于协整方程采用的是对数形式，所以各个变量的系数可以直接反映变量之间弹性的大小。长期内，FDI 每上升1%，工业制成品出口占比下降0.108%。国内生产总值上升1%，工业制成品出口占比上升0.027%。REER 每上升1%，工业制成品出口占比提高0.176%，说明汇率升值将促进我国出口商品结构在第一层面上的优化，与上文理论分析结果一致。而且，人民币实际有效汇率对出口商品结构的优化作用要强于国内生产总值和外商直接投资。

根据模型二的检验结果，[ln(ZL)，ln(GDP)，ln(FDI)，ln(REER)]在5%的显著水平上存在协整关系，意味着各个变量都是遵循随机游走的非平稳序列且协整个数为1。可见，人民币实际有效汇率、资本、技术密集型产品出口比值、外商直接投资和国内生产总值之间具有长期的均衡关系。

结果表明，人民币实际有效汇率弹性系数仅为1.787819，在其他变量保持不变的条件下，REER 每上升1%，资本、技术密集型产品出口占比提高1.787819%，说明 REER 的升值将微弱提高资本、技术密集型产品的出口比值, 在第二层面改善我国出口商品结构。长期内, 国内生产总值对资本、技术密集型产品出口具有正向作用, 而外商直接投资作用为负, GDP 每上升 1%, 资本、技术密集型产品出口比值上升 0.062598%, FDI 每上升 1%, 资本、技术密集型产品出口比值下降 1.037409%。人民币实际有效汇率对资本、技术密集型产品出口比值的促进作用要强于国内生产总值。

(四) 短期波动关系

接下来, 构建误差修正模型 (VECM) 来考察变量之间的短期波动关系。估计结果包含了四个误差修正模型, 以下分别列出两个模型中第一个误差修正模型的估计结果 (见表 9-3)。

误差修正模型刻画了工业制成品出口占比衡量的出口商品结构与 REER 之间复杂的动态联系。具体变现为: 第一, 误差修正系数为 -0.075458, 负值符合误差修正机制, 意味着校正上一年非均衡的程度为 7.5%, 说明 REER 对工业制成品出口占比的传递效应具有由短期波动向长期均衡调整的动态自我修正机制, 并且是一种长期均衡关系对短期波动 "负反馈" 的调整。一旦短期遭受一次冲击, 误差修正项便会削弱这种影响, 使其回归到长期均衡路径。第二, 在其他变量保持不变的情况下, 上一期工业制成品出口占比每增加 1%, 本期工业制成品出口占比下降 0.612909%, 说明预期对出口的负向作用。第三, 人民币实际有效汇率对工业制成品出口占比的短期弹性系数为 -0.002540, 意味着在短期变化关系中, 它对我国第一层次出口商品结构的优化不具有促进作用, 这与长期表现不一致, 但是考虑到产品市场无法迅速调整, 这一结果也在意料之中。

误差修正模型刻画了资本、技术密集型产品出口比值与 REER 之间复杂的动态关系。具体变现为: 第一, 误差修正系数为 -0.006557, 负值符合误差修正机制, 意味着校正上一年非均衡的程度为 6.56%, 说明 REER 对资本、技术密集型产品出口比值的传递效应具有由短期波动向长期均衡调整的动态自我修正机制, 并且是一种长期均衡关系对短期波动 "负反馈" 的调整, 但是负向修正速度并不高。第二, 在其他变量保持不变的情况下, 上一期资本、技术密集型产品出口占比每增加 1%, 本期资本、技术密集型产品出口比值下降 0.583263%, 说明预期对出口的负向作用。第三, 国内生产总值、外商直接投资和人民币实际有效汇率对我国出口商品结构的短期弹性系数分别为 0.004113、0.021385 和 0.303226, 意味着在短期变化关系中, 它们对我国资本、技术密集型产品的出口具有促进作用, 并且人民币实际有效汇率在短期对第二层面出口商品结构的作用小于国内生产总值和外商直接投资, 这与长期表现是一致的。

表 9-3 VECM 估计结果

	模型一				模型二			
	D(lnJG)	D(lnREER)	D(lnGDP)	D(lnFDI)	D(lnZL)	D(lnREER)	D(lnGDP)	D(lnFDI)
CointEq1	-0.07546 [-3.43768]	-0.12969 [-2.93121]	-0.5407 [-0.71680]	1.485955 [2.96443]	-0.00656 [-0.30133]	-0.01656 [-3.41934]	-0.01919 [-0.19468]	0.199681 [3.65302]
D(lnJG(-1))	0.51291 [9.09680]	-0.00739 [-0.05442]	2.805869 [1.02415]	-2.09904 [-1.36424]	-0.58326 [-8.11782]	0.011860 [0.74181]	0.326335 [1.00265]	-0.0786 [-0.43548]
D(lnJG(-2))	-0.20834 [-3.12629]	-0.09685 [-0.72100]	0.302120 [0.29558]	-0.89286 [-0.58670]	-0.17868 [-2.55768]	0.012073 [0.77669]	0.211142 [0.66720]	0.086039 [0.49027]
D(lnREER(-1))	-0.03254 [-0.07368]	0.285259 [4.10561]	-0.24178 [-0.17224]	0.198828 [0.25258]	0.303226 [0.96746]	0.280072 [4.01594]	-0.03266 [-0.02300]	0.348335 [0.44241]
D(lnREER(-2))	-0.01512 [-0.43673]	-0.07036 [-1.00838]	-0.52257 [-0.37426]	1.390182 [1.75858]	-0.59501 [-1.89318]	-0.0716 [-1.02480]	-0.57878 [-0.40692]	1.442196 [1.82840]
D(lnGDP(-1))	0.001847 [1.97170]	0.005176 [2.74091]	-0.9357 [-24.6291]	-0.03565 [-1.66597]	0.004113 [0.53163]	0.003546 [2.05982]	-0.95192 [-27.1648]	-0.01661 [-0.85457]
D(lnGDP(-2))	0.001099 [1.24628]	0.001583 [0.89052]	-0.86867 [-24.1751]	0.010780 [0.53532]	0.001429 [0.18405]	0.000863 [0.49936]	-0.87452 [-24.8593]	0.018897 [0.96866]
D(lnFDI(-1))	-0.00716 [-2.09577]	-0.00926 [-1.34504]	-0.03463 [-0.33364]	-0.50364 [-5.45404]	0.021385 [0.70392]	-0.01009 [-1.49270]	0.031027 [0.22546]	0.47094 [-6.17081]
D(lnFDI(-2))	-0.00017 [-0.05530]	-0.01145 [-1.82783]	0.033773 [0.26681]	-0.6315 [-2.29837]	0.037261 [1.35539]	-0.01061 [-1.73429]	0.051074 [0.41012]	-0.14394 [-2.08419]

续表

模型一

	D(lnJG)	D(lnREER)	D(lnGDP)	D(lnFDI)
R-squared	0.353627	0.121871	0.824008	0.338137
S. E. equation	0.006010	0.012114	0.244733	0.137247
F-statistic	13.74575	3.486979	117.6369	12.83600

模型二

	D(lnZL)	D(lnREER)	D(lnGDP)	D(lnFDI)
R-squared	0.308323	0.133159	0.823580	0.351226
S. E. equation	0.054091	0.012036	0.245030	0.135883
F-statistic	11.19973	3.859563	117.2912	13.60188

注：[ ] 中的数值为 t 统计量。

通过比较协整方程和误差修正模型的系数，可以认为第一层面出口商品结构优化的主要推动作用来自人民币实际有效汇率，而第二层面出口商品结构优化的主要推动作用来自国内生产总值。此外，比较模型一和模型二汇率的长、短期系数可以看出，短期作用并不明显，而长期弹性大于短期弹性，表明通过汇率升值促进我国出口商品结构优化是一个长期的过程。究其原因，在追求利润最大化的动机下，企业会不断根据市场需求来调整商品附加值及其要素含量，依靠国际竞争力提升抵消升值带来的负面影响，但是企业从出口受挫到投入更多要素进行转型的过程非常漫长，短期内汇率变动的出口商品结构效应并不明显，长期内增加商品附加值以提升国际竞争力才能使企业在国际市场上有更好的表现。所以长期来看，人民币实际有效汇率的升值有利于我国出口商品结构的优化（见表 9-4）。

表 9-4　　　　　　　出口商品结构弹性系数的比较

模型	变量	长期弹性	短期弹性
I	ln(REER)	0.176034	-0.002540
	ln(GDP)	0.027137	0.001847
	ln(FDI)	-0.108098	-0.007162
II	ln(REER)	1.787819	0.303226
	ln(GDP)	0.062598	0.004113
	ln(FDI)	-1.037409	0.021385

（五）动态关系

为了反映人民币实际有效汇率与出口商品结构之间的动态关系，可以在 VAR 模型的基础上运用脉冲响应函数和方差分解进行分析。分别对模型一和模型二中工业制成品出口占比和资本、技术密集型产品出口比值做脉冲响应分析，被解释变量（lnJG、lnZL）对自身的影响力远大于其他解释变量。人民币有效汇率的上升对工业制成品出口占比的影响始终为负，但人民币有效汇率上升对资本、技术密集型产品出口比值在反映初期为正，随后才变为负向影响，这反映出不同出口产品对人民币有效汇率变动的反应的不一致。而在短期来看，人民币有效汇率上升有利于出口商品结构的改善，表现为资本、技术密集型产品出口比值上升与工业制成品比值的小幅下降。

另外，经过方差分解考察各个变量分别对两个层面出口商品结构的贡献度（10期）可以发现：工业制成品出口占比（92.62088%）＞外商直接投资（6.468048%）＞

人民币实际有效汇率（0.770018%）>国内生产总值（0.141057%），这一顺序代表了各个变量对工业制成品出口占比变动的可能影响程度。具体来看，工业制成品出口占比自身的贡献最大，均超过90%，这说明第一层面出口商品结构的优化不是短期就能完全的。剩余影响因素的贡献度非常稳定，有0~0.770018%可由人民币实际有效汇率的变动来解释，而国内生产总值和外商直接投资大约可以分别解释变动的0~0.141057%和0~6.468048%。按照各个变量对资本、技术密集型产品出口占比的长期（10期）贡献度排序：资本、技术密集型产品出口占比（98.38074%）>人民币实际有效汇率（0.925947%）>外商直接投资（0.384720%）>国内生产总值（0.308595%）。具体来看，资本、技术密集型产品出口比值自身的贡献仍是最大，均超过90%。剩余影响因素的贡献度较为稳定，其中贡献度最大的是人民币实际有效汇率，逐渐增大到第10期的0.925947%，外商直接投资的贡献度居中，而贡献度最小的是国内生产总值，仅为0.308595%，说明REER相比于FDI和GDP更能解释资本、技术密集型产品出口比值变动。

三、未来变动的五种情景：2016~2020年

为了模拟人民币实际有效汇率变动对中国出口商品结构的影响，以下设计五种汇率变动的未来情景，进而探讨2016~2020年中国出口商品结构的变化。

情景1：保持2016年变动前的水平。根据国际清算银行的数据，2015年12月人民币实际有效汇率为130.27（2010年为基期），以此作为2016~2020年的汇率水平。

情景2：按照预期的渐进方式升值。参考苏格兰皇家银行（2015）的做法，我们假设从2016年开始人民币实际有效汇率按照年度1.9%的固定规则升值，至2020年12月升值到121.1183[①]。

情景3：同幅度的"一揽子"方式升值。升值的幅度与情景2相同，但是采取"一揽子"升值的方式（广场协议式升值），即2016年1月实际汇率水平直接升值到121.1183，之后在2020年之前保持不变。

情景4：保持实际汇率增长率趋势。假定人民币实际有效汇率按照2010年1月~2015年12月的增长率趋势变动，根据2010~2015年国际清算银行的月度数据（2010年为基期），基于2016年1月~2020年12月的汇率变动得到序列$REER_f$。我们把人民币实际有效汇率序列视为平稳序列，滞后阶数为2，利用对

[①] 由于采用的是月度数据，需将年度增长率转化为月度增长率来求解。

REER = $c_0 + c_1 \times$ REER$(-1) + c_2 \times$ REER$(-2) + \varepsilon$ 的回归模拟人民币实际有效汇率的变动①。

情景5：保持实际汇率变动趋势。利用实际有效汇率月度数据的滤波序列 REER$_{hp}$，粗略刻画实际汇率变动趋势，回归方程为 REER$_{hp}$ = $c_0 + c_1 *$ REER$_{hp}$$(-1) + c_2 *$ REER$_{hp}$$(-2) + \varepsilon$。②

各个情景的人民币实际有效汇率指数变动路径的汇总如图9-5所示，表示保持不变的情形（路径1）、通常探讨的情形（路径2、路径3）以及正在进行的情形（路径4、路径5）。从2016年1月开始，考察2020年12月以前的情况，可以发现人民币汇率总体呈升值趋势，但是升值幅度不同，由大到小分别是路径5＞路径2＞路径3＞路径1＞路径4。

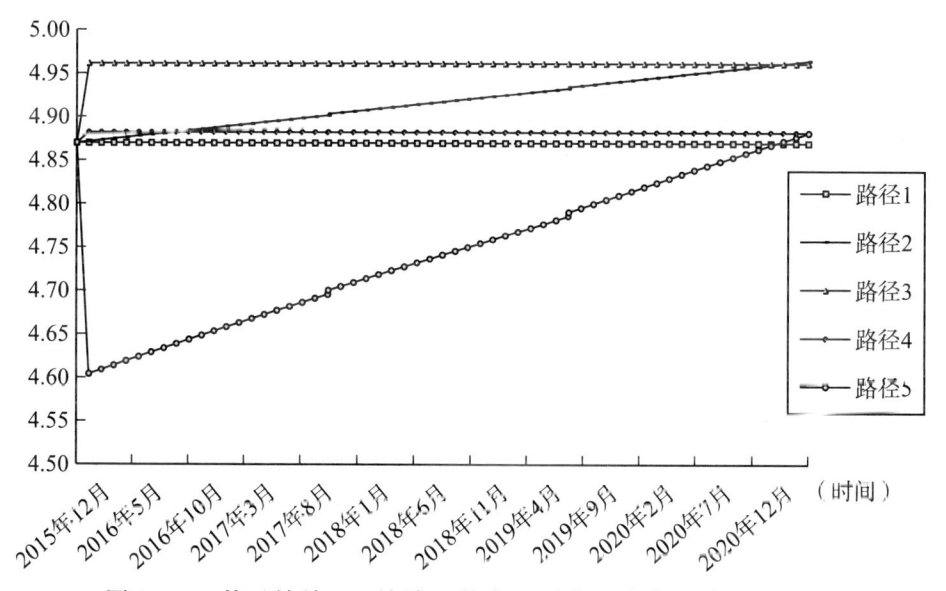

图9-5 基于情境1~情境5的人民币实际有效汇率升值路径

注：纵轴数值表示人民币实际有效汇率指数的对数值。

由于前述实证分析表明，人民币汇率对工业制成品出口占比的提升作用更为明显，接下来我们在模型一的基础上建立不同汇率变动路径下针对出口商品结构变动的情景分析系统。这里，除了人民币实际有效汇率之外，还有国内生产总值、外商直接投资和出口商品结构的对数序列。对于这些序列，我们按照VAR模型一获得情景分析数据，如图9-6所示。

---

①② 限于篇幅，不在此报告人民币实际有效汇率增长率的结果，如有需要作者可另行提供。

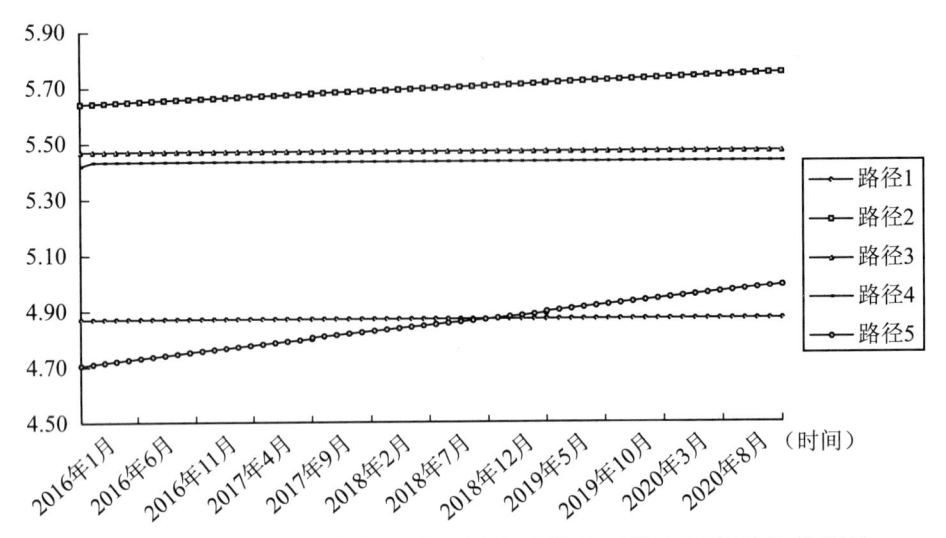

图 9-6　人民币实际有效汇率不同变动路径下的出口商品结构情景

注：纵轴数值表示工业制成品出口占比对数值的绝对值。

可以看出，在各种汇率变动路径下，出口商品结构的变动存在差异，但是差别并不明显。总体上看，大部分变动路径（路径 1、路径 2、路径 4 和路径 5）表明在我国未来出口商品结构中，工业制成品出口在总出口中所占的比重仍然继续上升，而初级产品在总出口中所占的比重逐渐下降。因此，人民币升值总体上有利于提高工业制成品的出口占比，促进出口商品结构的优化。但是，不同的升值幅度和升值方式所引起的出口商品结构变动是不同的。

基于不同的升值幅度进行比较，可以明确升值幅度的差异对出口商品结构的影响。路径 1、路径 2、路径 4 和路径 5 均采用渐进温和的升值方式，但是最终实现的升值幅度和方式各不相同。路径 5 最终实现的出口商品结构比值最高，变动幅度也最大；其次是路径 1，其保持 2016 年底的汇率水平，出口商品中工业制成品的比重较高；路径 4 可以看作基于当前的升值路径进行变动，其所引起的商品结构变动比较缓和，变动幅度居中；路径 2 按照固定规则升值，升值幅度虽然较大，但引起出口商品结构的变动幅度不大，工业制成品占比仅上升 1.98%，基本保持出口商品结构变动的连续性。

就相同升值幅度、不同升值方式而言，路径 2 和路径 3 最终均实现相同的升值目标，但引起出口商品结构变动的路径却不相同。两者出口商品结构在 2016 年之后差别不大，逐渐趋于平稳上升，但是早期的波动幅度路径 2 较小。这是因为路径 2 采取逐月渐进的升值策略，而路径 3 采取广场协议式的"一揽子"大幅升值，这说明短期内"一揽子"大幅升值方式对我国出口商品结构具有一定的不利影响。

因此，通过以上情景模拟可以得出如下直观结论：人民币实际有效汇率的升值能够优化我国出口商品结构，其中升值方式的选择十分关键，因为不同的升值策略引起出口商品结构变动的路径是不同的。除了路径3，其余路径虽然所代表的升值幅度以及最终实现的工业制成品出口占比都不相同，但是基本都保持了出口商品结构变动的连续性，而路径3采取"一揽子"大幅升值的方式，对出口商品结构的冲击最大，导致我国工业制成品出口占比的较大波动。所以，为了实现出口贸易的稳定发展，渐进的升值方式是较好的选择。

四、小结

本节进行的实证检验表明：在要素成本上升的背景下，人民币汇率升值微弱抑制我国整体出口，不同商品受到影响的程度不同，资源密集型产品大于劳动密集型产品以及资本、技术密集型产品。升值将减少初级产品和劳动密集型产品的出口，增加部分资本、技术密集型产品的出口，长期内将提高工业制成品和资本、技术密集型产品出口占比。

由于人民币汇率的长期弹性要大于短期，这种结构优化将是一个长期过程，第一层面的优化主要依靠人民币实际有效汇率，第二层面的优化主要依靠国内生产总值和外商直接投资。在这一影响过程中，不同商品具有的汇率价格传递弹性大小不同，绝对值均在0和1之间，所以汇率变动对我国出口商品价格存在不完全传递效应。不同的升值方式和升值幅度所导致的出口商品结构变动是不同的，为实现我国对外贸易的中长期的稳定发展，渐进的升值方式是较好的选择。

第三节 本章结论与政策启示

贸易竞争力的变化是贸易结构改革和调整的根本推动力量。汇率的变动导致一国商品在国际市场上的相对价格发生变动，会增强或者减弱其竞争力，从而影响贸易结构。

本章就当前我国要素成本不断上升的背景，从汇率价格传递的视角建立了汇率变动影响出口商品结构的理论分析框架，较为系统的梳理汇率的价格传导机制，分别从价格弹性、生产投入和要素价格三个角度，揭示了汇率变动影响不同类型产品相对价格进而改变出口商品结构的内在机理。在此基础上就价格弹性、贸易结构的长短期关系以及未来的变动对其进行了实证分析。

本章的研究认为，首先，绝对购买力平价关系成立是比较优势向竞争优势转化的一般汇率条件，但在现实中如果名义汇率与绝对购买力平价发生了偏离，则竞争优势和比较优势会发生偏离，而引起这种竞争优劣势地位转变的直接原因就是汇率变动导致商品本外币价格的比较发生改变。汇率的升值或贬值会改变国内外商品的相对价格，从而影响国内商品在国际市场上的贸易条件，长期来看将改变一国出口商品结构。具体而言，本币升值有利于较多利用进口投入品的产品的价格竞争力，提高该产品在出口商品结构中的比重。本币升值提高了国内工资和利率之比，劳动密集型产品的成本相对资本密型产品上升较快，使劳动密集型产品的国际竞争力下降、资本密集型产品的边际生产力提高，结果是劳动密集型产品的产量下降、资本密集型产品的产量增加，所以出口商品结构受实际汇率升值而优化。

其次，通过实证分析表明，在要素成本上升的背景下，人民币汇率升值微弱抑制我国整体出口，不同商品受到影响的程度不同。升值将减少初级产品和劳动密集型产品的出口，增加部分资本、技术密集型产品的出口，长期内将提高工业制成品和资本、技术密集型产品出口比例。由于人民币汇率的长期弹性要大于短期，这种结构优化将是一个长期过程，在这一影响过程中，不同商品具有的汇率价格传递弹性大小不同，不同的升值方式和升值幅度所导致的出口商品结构变动是不同的，为实现我国对外贸易的中长期稳定发展，渐进的升值方式是较好的选择。

再次，本书认为自 2005 年 7 月以来，人民币汇率市场化形成机制改革已经初见成效，实际有效汇率不断升值，在此背景下应综合运用汇率政策、利率政策和财税政策等多种调控措施进一步优化我国出口商品结构，推动我国外贸中长期发展。

最后，在当前我国要素成本不断上升的背景下，就如何提升出口商品结构，推动我国外贸中长期发展，本研究给出的具体政策建议是：

第一，在完善汇率市场化形成机制的过程中，可以适当增强汇率弹性使其双向浮动更加明显，在实现货币政策有效性的同时强化汇率对进出口贸易的调节效应。

第二，升值幅度过大会使原本处于比较劣势的出口行业遭受打击，所以汇率市场化应是渐进的、自主的和可控的，稳健和小幅调整才能减少汇率变动对出口商品结构乃至进出口贸易的不利影响。

第三，应在总量分析的基础上区别对待不同商品，政策制定要充分考虑对汇率风险的敏感性和规避能力的不同可能导致的对不同商品出口产生的差别影响。

第四，可以利用汇率升值带来的进口成本下降这一时机，结合利率政策和财税政策以适宜行业可持续发展为原则进行资源重配，调整进出口商品结构，以达到优化国内生产布局、转变外贸发展方式的目的。

第十章

中国外贸中长期发展的趋势：
基于贸易竞争力和贸易结构的分析

第一节 中国要素成本变化的中长期趋势分析

一、问题的提出

改革开放以来，我国经济发展迅速，40 年间国民生产总值年增长率基本维持在 7% 以上[1]，进出口贸易额增长近 20 倍[2]。有很多学者认为，过去我国产业形成的国际竞争力，尤其是制造业拥有的比较优势，与我国低廉的要素成本密切相关。国务院发展研究中心课题组（2013）指出，1978 年以来，我国充分利用低成本优势，长期依靠低劳动成本、低环境成本、低技术含量、低价格竞争的产业，形成了世界规模的加工制造业。在过去的 40 年间，我国充分利用自身比较优势，刺激了贸易与经济的快速增长，这一比较优势归根结底是要素成本优势使然（李丹，2014）。低廉的劳动力与环境资源成本被认为是我国制造业竞争力的

---

[1] 根据世界银行数据计算所得。
[2] 数据来自世界银行数据库。

关键因素（许召元和胡翠，2014）。因此，要素成本的变化将对我国出口产业竞争力以及经济可持续发展的能力产生影响。

近几年，我国面临着各类要素投入增加、要素价格逐步上升的局面。针对这一问题，国内的学者也进行了相关研究。近年来，伴随国内各类要素成本进入集中上升期，传统低成本优势逐步弱化却并未逻辑地催生新型比较优势的形成，在产业层面上即突出表现为面临价值链低端锁定特征明显、产品品质提升困难等断档风险（任志成等，2017）。陈彬（2016）指出，要素成本过快上升使我国部分产品的出口竞争力明显下降，特别是劳动密集型和中低端制造业产品的出口受阻，欧美等我国传统优势市场逐步被东南亚、南亚等国家和地区蚕食。许召元、胡翠（2014）认为，在国家大力推进各项惠农政策的同时，聚集了潜在劳动力的我国农村可转移劳动力却在大幅度地减少，而目前的经济增长依然对劳动力保持着高需求。在这种供求失衡的状态下，2009年以来，剔除了价格因素的实际工资增长率已经超过10%。此外，我国政府为招商引资，采用低成本甚至零成本的土地政策，但随着工业化和城镇化进程的加快，土地价格不断攀升，2013年的综合地价成本环比上涨7%（董海华，2014）。与此同时，成本负外部化日益严重，主要表现为环境污染和重复建设。自20世纪90年代以来，我国经济增长中的2/3是在环境污染和生态破坏的基础上实现的，为治理环境污染采取的一些低效率方案又会进一步加大企业成本（黄莹莹和张明之，2007）。

伴随着经济的发展以及开放程度的深化，我国吸引了大量外商直接投资（FDI），这不仅弥补了我国改革开放初期投入资金的缺口，还引进了大量先进的技术与设备，促进产业发展与经济增长。国内学者就FDI的流入对我国经济的影响这一问题进行了深入的分析。刘晨等（2018）发现，跨国公司对城镇和流动人口的工资均有显著作用，城市外商直接投资存量增加10%，流动人口工资提升1.8%，城镇劳动者工资提升2.9%。罗军（2016）表明，随着金融发展程度的提高，FDI对人均实际GDP的拉动作用会逐渐增加；在金融发展程度较低地区，FDI主要通过促进国内投资及增加物质资本积累来实现经济增长；在金融发展程度中等地区，FDI可以通过物质资本积累和人力资本积累两种方式来实现经济增长；在金融发展程度较高地区，FDI既可以通过提高全要素生产率来实现经济增长，也可以通过要素积累来实现经济增长。在发展初期，FDI引导我国发展最终消费品产业，促进产业结构变动。赖永剑（2014）使用2002~2007年的企业数据研究发现，外商直接投资流入我国后，不仅对国内企业产生了技术溢出效应，而且还产生了要素重配效应，这将会优化国内的资源配置，促使生产率的提高。陈继勇等（2010）通过构建贝叶斯空间层级模型和结构模型，实证分析得出自主创新能力较强且知识溢出效应明显的地区能够更多地吸引FDI，实现三者的良性互动。但当产业发展到一定阶段后，FDI 与国内产业在要素市场的竞争加剧，有可能阻碍国内产业发展（龚里等，2008）。

虽然我国外商直接投资额的总量很大，有力地推动了经济增长，但其区域和产业分布上极不平衡，一定程度上减缓了产业结构与市场结构的进一步优化调整。我国实际利用 FDI 高度集中于东部地区，中西部地区占比不大；FDI 的产业分布领域主要是工业行业尤其是制造业，第三产业占比近年来呈现出逐渐增长的态势（林基，2014）。韩刚（2010）基于 1992~2008 年主要国家对我国的外商直接投资，实证分析得出水平型 FDI 正在增多，部分原因是要素成本的上升使垂直型 FDI 的利润减少。

基于以上分析可以看出，改革开放以来，我国要素成本逐渐上升，外商直接投资也在不断扩大。鉴于劳动力成本问题极为突出，我们接下来将选取劳动要素成本指标，利用马尔可夫链模型对该指标以及实际利用外商直接投资额进行动态分析。

二、马尔可夫链模型

（一）马尔可夫链模型介绍

马尔可夫链因安德雷·马尔可夫（Andrey Markov）而得名，是指时间和状态都是离散的马尔可夫过程，当前它在经济学时间序列分析领域得到了比较多的应用。

马尔可夫过程具有的性质是，系统在下一时刻的状态取决于系统现在所处的状态，而与之前所处的状态无关，也即系统具有无后效性。马尔可夫链用数学语言可表达为，设时间序列 $\{X_t, t \in T\}$，T 为离散的时间参数集，$I = \{i_1, i_2, i_3, \cdots\}$ 为其状态空间；若对任意的正整数 n 以及 $0 \le t_1 < t_2 < \cdots < t_{n-1} < t_n$，序列都满足 $P\{X_{t_n} = j / X_{t_{n-1}} = i, X_{t_k} = i_k, k = 1, 2, \cdots, n-2\} = P\{X_{t_n} = j / X_{t_{n-1}} = i\} = P_{ij}(t_{n-1}, t_n)$，也即 X_{t_n} 对过去状态的概率分布仅是 $X_{t_{n-1}}$ 的一个函数。$P_{ij}(t_{n-1}, t_n)$ 称为该马氏链的一步转移概率，如果它与初始时间无关，即 $P_{ij}(t_{n-1}, t_n) = P_{ij}$，则称该马尔可夫链关于时间是齐次的。假设离散的状态空间是有限的，共有 m 个状态。分别计算各个状态之间相互的转移概率之后，就可以建立一个 m×m 的系统一步转移概率矩阵 $P = [P_{ij}]_{m \times m}$，且对每一个行向量有 $\sum_{j=1}^{m} P_{ij} = 1$。

一个马尔可夫链模型有三个要素，除上述状态空间 I、转移概率矩阵 P 外，还有系统初始概率分布 λ。设系统初始概率分布 $\lambda_0 = [\lambda_1, \lambda_2, \cdots, \lambda_m]$，其中 λ_m 表示系统处于状态 i_m 的概率，则有 $\sum_{i=1}^{m} \lambda_i = 1$，$\lambda_i \ge 0$。对于一个齐次马尔可夫链，若已经知道初始状态概率 λ_0 和一步转移概率矩阵 P，就可以求出任意时刻系统处于某种状态的概率。P 是一步转移概率矩阵，则 P^k 就是 k 步转移概率矩阵，于是经过 k 步后系统所处状态的概率分布 $\lambda_k = \lambda_0 P^k$。如果存在一个状态分布 $\lambda^* = [\lambda_1^*, \lambda_2^*, \cdots, \lambda_m^*]$，满足 $\lambda^* P = \lambda^*$ 或 $\lambda_j^* = \sum_{i=1}^m \lambda_i^* P_{ij}$（j = 1, 2, …, m），则 λ^* 为该马氏链的稳态概率分布向量。由 λ^* 可对经济序列的长期稳定状态进行预测。

应用马尔可夫链模型分析经济问题，可以按照如下步骤进行：

第一，验证时间序列变量满足马尔可夫性质；

第二，划分系统状态并计算状态转移概率、构建一步转移概率矩阵；

状态转移概率的计算一般采用统计估算的方法。设系统状态空间 I 包含 m 个不同的状态，用 $N_{ij}(i, j \in I)$ 表示序列由 i 状态一步转移到 j 状态的频数。由 N_{ij} 构成的矩阵 $(N_{ij})_{m \times m}$ 称为转移频数矩阵。用 N_{ij} 除以 i 行各元素的和，记 $P_{ij} = N_{ij} / \sum_{i=1}^m N_{ij}$，则 P_{ij} 为状态 i 到状态 j 的一步转移频率，实践中可近似为状态 i 到状态 j 的一步转移概率。

第三，求解系统的稳态概率分布，对经济现象的长期趋势进行预测分析。

（二）马尔可夫链效应验证

在利用马尔可夫模型进行预测时，首先需要验证指标序列具有马尔可夫性质。我们将采用 AR（1）模型验证实际平均工资与实际利用外商直接投资额两组指标是否具有马尔可夫性质。利用 Eviews 8.0 的计量回归结果如表 10-1 所示。

根据表 10-1，实际平均工资和实际利用外商直接投资额分别与各自滞后一期的回归结果表明，在 1% 的显著性水平下，两项指标都与上一期的指标密切相关。据此可认为，选取的指标即实际平均工资和实际利用外商直接投资额具有马尔可夫性质，可以利用马尔可夫链模型对其进行动态预测。

表 10-1 实际平均工资、实际利用外商投资额的一期回归结果

	C	t-1	F	DW
实际平均工资	-0.2788 *** (-2.8448)	1.1002 *** (224.0000)	50 211.9800	0.6960
实际利用外商直接投资额	265 461.6 (1.6509)	1.0211 *** (37.1286)	1 378.5340	1.8362

注：其中 C 为常数项，t 代表时期，括号中的值为 t 统计量，***、**、* 分别表示统计量在 1%、5%、10% 水平上显著，数值均保留四位小数。

资料来源：原始数据来自 CEIC 数据库，经计算所得。

三、指标介绍与数据来源

（一）指标介绍

我们选取实际工资反映劳动要素成本，利用 1952~2014 年的实际工资额进行劳动要素成本变化分析；同时对 1983~2014 年的实际利用外商直接投资额进行动态分析。实际工资是城镇非私营单位的平均工资并用居民消费价格指数（CPI）平减后得到的结果。

根据国际劳工组织（ILO）定义，劳动要素成本不仅包括以货币形式表示的工资薪酬，还包括雇主承担的社会保障等物质及非物质形式的费用支出，但平均工资是在实践中可度量的，其变化能够大体反映劳动力成本的变化态势（张二震和戴翔，2016）。现有研究表明，人口素质提高、农民工工资水平随物价增长而提升、社会保障体系日益健全等因素使得我国劳动要素成本上升，随之而来的是我国出口企业要素成本的上升，这会削弱企业在国际市场上的价格竞争优势（唐敬仙和于妍，2015）。20 世纪 90 年代以来，我国吸引 FDI 的规模与层次结构不断提高，尽管 FDI 存在分布不均衡的问题，但 FDI 的进入不仅扩大了地区进出口贸易的规模，推动了区域产业结构的转型，还创造了大量的就业机会，极大地促进了我国的经济发展（陈继勇等，2010）。因此，选用平均工资与 FDI 进行动态分析是合适且有价值的。

（二）数据来源

1952~2014 年城镇非私营单位的平均工资来自国家统计年鉴，消费价格指数（CPI）来自 CEIC 数据库，1983~2014 年实际利用外商直接投资金额来自国家统计年鉴。

（三）指标的描述性统计分析

1. 实际工资

从图 10-1 可以清晰地看出，1952~1978 年，实际工资无明显波动趋势，说明实际工资基本保持稳定；1979~1997 年，曲线呈现缓慢上升趋势，反映了在改革开放以后，我国实际工资上涨的现象，但上升幅度较小；1998~2014 年，该曲线明显上升，实际工资增长迅速，显示了劳动力成本的上升。我们将从人口结构的三个方面分析上述现象。

(千元)

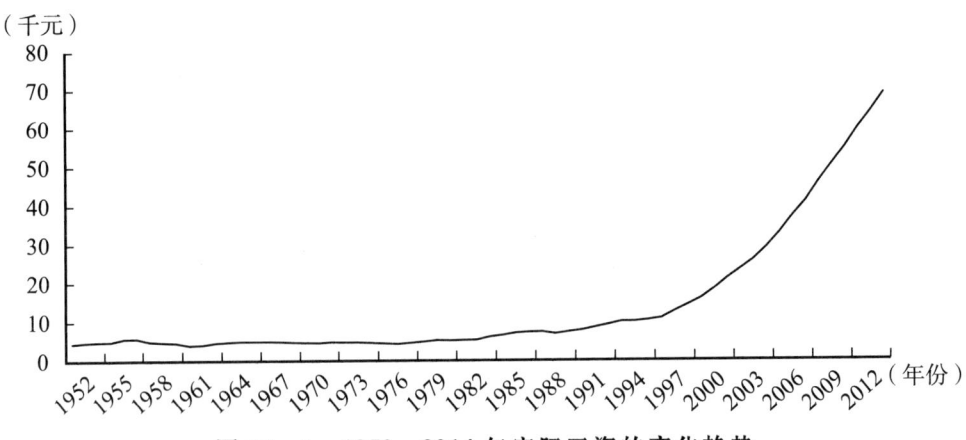

图 10-1　1952~2014 年实际工资的变化趋势

资料来源：原始数据来自国家统计年鉴，经计算所得。

首先，我国虽为人口大国，劳动要素丰裕，但在实施了严格的计划生育政策后，人口自然结构发生改变。据国家统计局公布，2000~2010 年，少儿（0~14 岁）占总人口比重下降 6.3%；2014 年底，我国老年人（60 岁及以上）达到 2.12 亿，占总人口的 15.5%，成为世界第一个老龄人口突破 2 亿的国家。在低生育率水平和人口老龄化的共同作用下，我国可转化为劳动力的潜在人群正在逐渐缩小。其次，从人口社会结构来看，在实施义务教育政策后，我国以中等教育为主，2014 年平均受教育水平的年限达到 9.28 年[1]，劳动力结构发生改变，高素质劳动力供给增加，同时教育投入的增加也促使收入增加。最后，人口地域结构是相对稳定的，但城镇居民数量伴随着城镇化而增多。有研究表明，1978~1999 年，我国从农村向城镇的人口迁移占城镇人口增长总量的 85%，而我国城镇居民的消费水平是农村居民消费水平的 3 倍[2]。

2013 年，为应对"用工荒"及维护劳工权益，全国有 27 个省市调整了最低工资标准，平均增幅为 17%。2005~2015 年，北京、上海、深圳和河南的最低工资水平分别上涨了 164%~338%。这些事实均表明，劳动力成本在迅速上升，且中国社会科学院公布的《中国前景分析报告》显示，长期内工资将保持上涨的趋势。

2. 实际利用外商直接投资金额

1992 年，我国开始推进社会主义市场经济体制建设，对外开放进一步扩大和深化，吸引了大量外商直接投资，特别是以珠三角和长三角为代表的东部沿海

---

[1] 数据来自国家教育部网站。
[2] 资料来自《中国统计年鉴》。

地区，获得的外商直接投资远远超过了中西部地区，约占我国 FDI 的 93.45%。受 1998 年亚洲金融危机的影响，1999 年 FDI 首次出现回落。但是，自 2001 年我国加入 WTO 后，经济开放程度进一步提高，外商直接投资的规模达到前所未有的数量。2008 年，美国次贷危机引发的全球金融危机导致次年我国 FDI 的小幅下降，2010 年 FDI 开始重新上升。然而 2011 年爆发的欧债危机再次使我国的 FDI 出现了小幅的波动。近几年，我国外商直接投资额的增长速度较为缓慢。

尽管我国的外商直接投资额受到经济危机的冲击，短期内出现了投资额下降的现象，但从长期来看，我国实际利用外商投资额上升趋势是十分明显的。如图 10-2 所示，1983~2014 年，我国实际利用外商直接投资额增长近 130 倍。

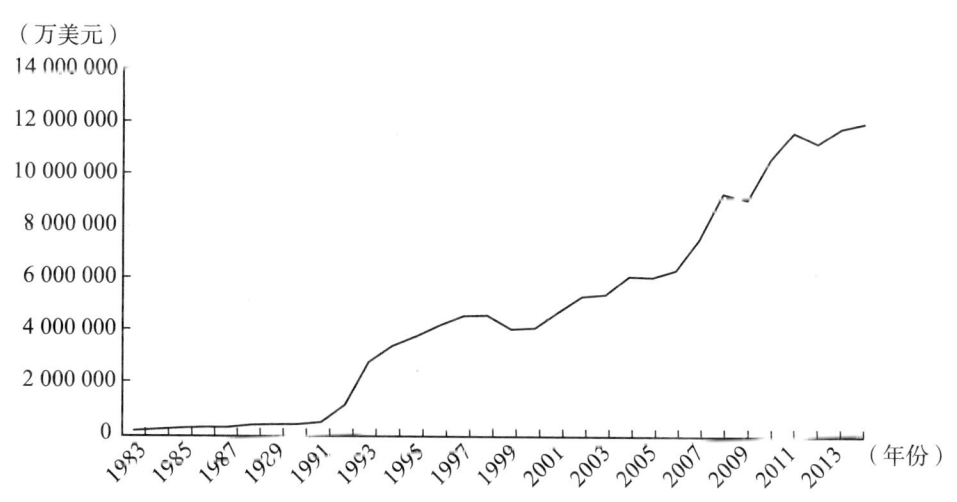

图 10-2　1983~2014 年实际利用外商直接投资金额的变化趋势
资料来源：国家统计年鉴。

3. 能源使用量

依据世界银行的官方解释，能源使用量是指初级能源在转化为其他最终用途的燃料之前的用量。从图 10-3 可以明显地看出，从改革开放时期到 20 世纪末，我国的能源使用量上升较为缓慢；21 世纪以来，能源使用量涨幅较大，反映出我国对能源的需求逐渐增加。自 2000 年来，煤炭、原油占我国能源使用量的 80% 以上，其中有 50% 以上用于发电。据世界著名的企业咨询顾问麦肯锡（McKinsey）预测，在未来的 20 年中，亚洲将占全球石油需求总量的 50%。

当然，世界能源价格的影响因素是十分复杂的。国际政治社会多极化，全球经济一体化等因素无不影响着能源价格。从需求角度看，2014 年全球能源消费增长为 0.9%，低于过去 10 年 2.1% 的平均水平，但依旧保持增长态势。反观能源供给，早在 2007 年，全球有 2/3 的石油生产国的产量已经出现不可逆转的递减趋势，23 个最大石油生产国中的 15 个进入全面递减期，提供世界石油产量 20% 的前 14 个油田中的 6 个已迈过了产量高峰的界点。2014 年，全球风能发电增长量（+10.2%，+65 万亿瓦时）不及过去 10 年平均水平的一半。全球生物燃料产量增长 7.4%[①]，低于平均水平。各类新能源的开发也影响着其他能源的价格。

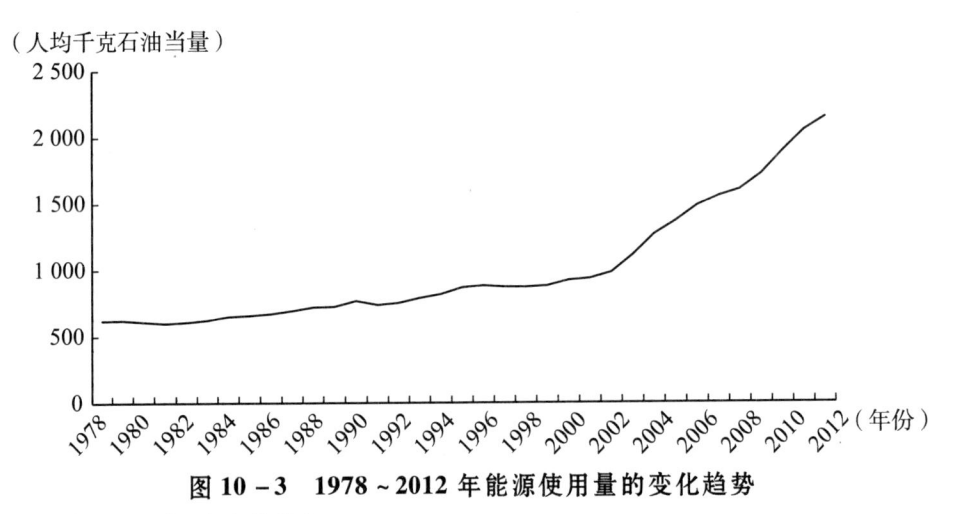

图 10-3　1978~2012 年能源使用量的变化趋势

资料来源：世界银行数据库。

综上所述，我国劳动、能源要素成本增长趋势明显；与此同时，外商直接投资的增长态势也十分明显。可以看出，外商直接投资的原因不再是单一追求廉价的劳动生产要素。

四、要素成本变化的中长期趋势分析

首先，分别计算指标的转移概率矩阵，再利用 WINQSB 软件计算两类指标的稳态概率分布，最后求出指标期望值。

在计算转移概率矩阵时，我们采用实际平均工资增长率与实际利用外资直接投资额的增长率，并对其进行状态划分。将两类指标增长率的马尔可夫链分别划分为 3 个状态区间 $S_i(i=1,2,3)$，区间均值用 $\overline{S_i}$ 表示，增长率在稳态处于 S_i 的概率用 P_i 表示，则指标增长率的期望为 $\sum_{i=1}^{3}\overline{S_i}P_i$，表 10-2 列示了两类指标当前的增长率以及利用模型计算得到的期望值。如表 10-2 所示，两项指标的当前

---

① 本段数据来自《BP 世界能源统计年鉴》。

增长率与期望增长率均呈现为正数。这表明，实际平均工资与实际利用外商直接投资额不仅在当期上涨，且根据马尔可夫链模型计算结果，期望增长率分别为1.22%与23.31%，也就是说，平均工资与实际利用外商直接投资额在中长期内依旧会上涨。

表10-2　　　　　　　　指标当前增长率与期望增长率对比

指标	当前增长率	期望增长率
实际平均工资	0.0733	0.0122
实际利用外商直接投资额	0.0168	0.2331

资料来源：原始数据源自CEIC数据库，经计算所得。

五、结论

我们首先阐述了我国要素成本与外商直接投资逐渐上升的事实，并利用马尔可夫链模型，测度了实际工资与实际利用外商直接投资额两项指标，结果清晰地表明，劳动要素成本与外商直接投资在中长期内依旧呈现上升的趋势。

长期以来，我国的经济增长、特别是对外贸易的扩大主要依托了廉价的要素成本，但面对国内要素成本上升的事实，政府须逐步以服务业、技术密集型产业为重心积极促进产业结构升级，企业需要对生产策略做出调整。黄莹莹和张明之（2007）认为，通过产业价值链延伸和整合、产业集聚地的形成与创新，大力发展服务业与技术密集型产业，可以达到产业结构优化升级、经济增长模式转型的目的，以此来改变依靠低要素成本比较优势的传统路径。李丹（2014）指出，我国对外贸易中长期发展战略是从成本方面的基础优势转化为要素质量优势，推动各要素由粗放到集约，以质取胜。

在要素成本上升的背景下，我国应以此为契机，适时地进行结构调整，淘汰低技术、高耗能的产业，大力进行中高端产业的研发与生产，走技术创新的发展道路，提高全要素生产率，完成产业结构升级，将技术密集型产业作为我国国际竞争优势基础，促进对外贸易与经济发展，稳固我国在世界的经济地位。与此同时，在应对要素成本上升时，也应合理利用FDI，适当调整企业的税率，减轻企业的成本压力，积极引导企业完成转型升级，以提高国内产业的整体竞争力，保持我国出口大国的国际贸易地位。

第二节　要素成本上升背景下中国贸易竞争力的中长期趋势分析[①]

一、问题的提出

近几年来，包括劳动力成本、土地成本、资本成本、环境成本等在内的广义要素成本上涨，已经对我国的出口产业及其可持续发展能力产生了重要影响。由中国社会科学院公布的《中国经济前景分析报告》指出，我国劳动力和其他要素成本上升的趋势会在较长时间内存在，对出口将有长期的影响。

一直以来，我国都是对外贸易依存度很高的国家，而低价的劳动力、土地和自然资源等生产要素禀赋是我国贸易体系中的传统比较优势。近年来，劳动力成本持续上升，2005~2015年，北京、上海、深圳和河南的最低工资水平分别上涨了164%~338%，"刘易斯拐点"情形下劳工标准、社会保障等要求不断提高。我国商务部发布的《2014中国对外贸易发展环境分析》指出，沿海地区出口企业劳动力成本在连续多年上涨后，2014年以来又上涨了10%~15%，目前已相当于越南、印度、柬埔寨等周边国家的2~3倍甚至更高。土地成本也急剧上涨。2015年第一季度，全国主要监测城市地价总水平为3 541元/平方米，是2005年的2.8倍。其中，商业地产、住宅、工业地价分别上涨225%、330%和51.6%。2014年，中国房地产百强企业研究报告显示土地价格持续上涨，土地成本上升超过30%，与此同时，环境与生态恶化导致其使用及保护成本的上升，信贷约束融资成本上升和人民币升值等因素也会对外贸企业生产经营构成不利影响，国际金融危机使我国长期以来形成的高投入、高环境成本、低技术含量的对外贸易形式难以为继，倒逼产业结构升级，预示着要素成本上升背景下我国对外贸易转型时代的到来。

现有文献对影响我国对外贸易状况的不同因素，如劳动力市场、生态环境、金融危机及外汇市场等进行了研究分析。我国劳动力成本快速上涨的成因包括农民工工资上涨、农村剩余劳动力减少以及人口增长放缓和教育发展。近年来，我国劳动力成本上涨速度显著超过生产率提升速度，低成本劳动力的比较优势正逐步缩小，这会通过成本增加及技术进步机制影响我国制造业出口企业。陈雯和孙

[①] 本节内容发表于《数理统计与管理》2017年第5期。

照吉（2016）研究发现，劳动力成本对中国制造业企业出口二元边际具有显著负效应，但影响程度较小。同时，劳动力成本对企业出口二元边际的影响，由于企业异质性在不同企业存在明显差异。唐志（2007）指出我国出口部门的边际要素生产率低下，甚至低于非出口部门的要素生产率。在现阶段，我国出口企业的产品结构不合理，整体经济效率不高。张先锋等（2014）从创新补偿及创新拉动效应分析，得出了劳动力成本上升可以显著提升劳动密集型行业出口技术复杂度，而在资本、技术密集型行业中并不显著的结论。目前世界各国都在努力协调国际贸易和环境保护之间的关系，课征环境附加税、制造绿色贸易壁垒及采用环境贸易制裁等相应的环境管制措施，势必会影响我国高投入、高污染、高能耗的粗放型对外贸易生产模式。帅传敏和郭晴（2014）通过计算加入碳要素后的比较优势，发现原有的国际贸易比较优势将发生逆转。随着经济一体化程度的加深，国际金融危机对我国外贸环境的影响也不可小觑。颜海明和李强（2016）在马诺瓦（Manova，2013）理论模型中引入次贷危机冲击变量，利用中国2005～2009年企业层面的数据对理论模型的结论进行了检验。实证结果表明，美国"次贷危机"明显降低了中国企业的出口参与和出口收入，并额外降低了行业外部融资依赖较高企业的出口收入，从而证实了"次贷危机"确实通过融资渠道对中国企业的出口收入造成了负面影响。石红莲（2010）指出，国际金融危机通过贸易在世界范围内传导，导致贸易量锐减及贸易条件恶化，对外贸易依存度较高的国家对外贸易受损状况会更加明显。杜晓蓉（2014）认为，美国金融危机通过贸易传染渠道与金融传染渠道对我国产生了溢出作用，且贸易传染渠道的作用更为强烈和持续时间更长。而在后危机时代，外需疲软，贸易保护主义抬头及贸易摩擦加剧严重影响了我国以低附加值产品为主的贸易形式。陈守东和刘琳琳（2013）分析认为，美国金融危机对我国外贸影响的价格效应大于收入效应，因而人民币汇率是影响我国进出口贸易相当重要的因素。由于美元量化宽松压力及国内双顺差影响，人民币面临较大的升值压力，人民币币值上升虽然有利于缓解贸易摩擦，但与此同时会影响我国出口产品的国际竞争优势。杨雪峰（2013）通过实证分析得出人民币汇率升值对我国出口总额的短期影响并不显著，但长期累计效应不可忽视，并且对加工贸易的影响程度要大于一般贸易的结论。

  从上述分析来看，在要素成本上升及其他约束条件存在的背景下，我国出口贸易受到了显著的负面影响，但我们不难发现这些文献都集中于某一因素对我国某一行业或某一地区贸易状况的影响。除大部分理论分析外，采用模型分析的学者们都集中于使用部分行业数据探讨影响我国对外贸易的因素，但预测未来的趋势比着眼过去的影响更具有现实意义，因此我们将创新性地采用HS98章商品2010～2014年的月度数据，基于马尔可夫链模型在要素成本上升的背景下对我国外贸趋势进行动态预测。在要素成本上升背景下来考察我国外贸的中长期发展趋势,进而为我国产业升级和对外贸易转型提出相应的政策建议,具有重要的现实指导意义。

本节基于显示性比较优势指数(RCA),利用马尔可夫链模型对我国出口产品的国际竞争力进行动态预测。与之前的研究相比,我们的贡献主要体现在:(1)创新性地使用马尔可夫链动态模型,研究要素成本上升背景下我国出口产品国际竞争力的动态趋势,明确我国外贸的中长期发展趋势;(2)运用显示性比较优势指数表征我国出口产品的贸易绩效,结合马尔可夫链模型的有效预测,提出我国未来贸易发展的路径选择和方向。

本节其余部分安排如下:首先,分析我国出口产品国际竞争力的现状;其次,建立模型以及使用马尔可夫链模型对我国出口产品国际竞争力进行动态预测;最后,根据模拟结果,分析我国对外贸易未来发展的趋势并给出相应的政策建议。

二、中国贸易竞争力的现状分析

(一)指标介绍和数据来源

1. 商品分类标准

按照世界关务组织制定的 HS(2007 版)编码对货物贸易的分类和我国《国民经济行业分类》(GB/T 4754—2011)对三次产业的划分,我们将 HS 1~15 章归入第一产业,HS 16~98 章(77 章作为备用章除外)归入第二产业,并通过上述 HS 各章商品来研究第一、第二产业的竞争力水平。

2. 显示性比较优势指数(RCA)

我们选用美国经济学家巴拉萨(Balassa)于 1965 年提出的显示性比较优势指数(revealed comparative advantage index,RCA 指数),旨在定量地描述我国各个产业(产品组)的相对出口表现,衡量其在国际市场的竞争力。所谓显示性比较优势指数是 i 国家 j 产业(品)出口额占其出口总值的份额与世界出口总额中该类商品出口额所占份额的比率。公式为:

$$RCA_{ij} = (X_{ij}/X_i)/(X_{wj}/X_w) \tag{10.1}$$

RCA_{ij} 等于我国 j 产品出口额(X_{ij})占我国出口总额(X_i)的份额除以世界 j 产品出口额(X_{wj})占世界总出口额(X_w)的比值。

3. 数据来源

2007~2014 年我国及世界贸易商品年度及月度出口数据来自联合国贸易商品统计数据库(UN Comtrade)。

(二) 现状分析

1. 第一产业的竞争力现状

表 10-3 显示了 2007~2014 年我国第一产业中竞争力排名前六位商品的 RCA 指数（HS 2 位码）。图 10-4 显示了 2007~2014 年农产品 RAC 指数年度趋势图。

从表 10-3 和图 10-4 中可以发现，我国第一产业的产品均无明显的比较优势，仅有 HS05（其他动物产品）处于较强比较优势行列，但从 2008 年开始受金融危机影响下滑。HS14（编结用植物材料；其他植物产品）的 RCA 值在 2010 年达到最低点并开始回升，但上涨速度平缓。HS07（食用蔬菜、根及块茎）的 RAC 值仅在 2008 年短暂下滑并很快回弹，但在 2012 年跌幅明显，不能保持一定的竞争优势。HS13（虫胶；树胶、树脂及其他植物液、汁）是唯一没有在 2008 年下跌的产品，比较平稳，但同样在 2012 年跌幅明显。HS03（鱼、甲壳动物、软体动物及其他水生无脊椎动物）除去 2008~2009 年度的短暂下滑，始终保持十分微弱的比较优势。长期处于比较劣势的 HS09（咖啡、茶、马黛茶及调味香料）的 RCA 值呈持续走低状态，虽然 2013 年后有所回弹，但基本不具有国际市场的竞争优势。

表 10-3　2007~2014 年第一产业排名前六位商品的 RCA 指数

2007 年		2008 年		2009 年		2010 年	
商品	RCA	商品	RCA	商品	RCA	商品	RCA
HS5	1.927	HS5	1.952	HS5	1.821	HS5	1.772
HS14	1.728	HS14	1.243	HS13	1.097	HS7	1.218
HS7	1.043	HS13	1.069	HS3	1.001	HS13	1.063
HS3	0.876	HS7	0.909	HS7	0.992	HS3	1.01
HS9	0.798	HS3	0.818	HS14	0.927	HS14	0.659
HS13	0.643	HS9	0.467	HS9	0.47	HS9	0.411
2011 年		2012 年		2013 年		2014 年	
商品	RCA	商品	RCA	商品	RCA	商品	RCA
HS5	1.913	HS5	1.869	HS5	1.913	HS5	1.869
HS7	1.307	HS14	1.098	HS7	1.307	HS14	1.098
HS13	1.149	HS3	1.044	HS13	1.149	HS3	1.044
HS3	1.08	HS7	1.026	HS3	1.08	HS7	1.026
HS14	0.926	HS13	0.687	HS14	0.926	HS13	0.687
HS9	0.367	HS8	0.352	HS9	0.367	HS8	0.352

资料来源：根据联合国贸易商品统计数据库（UN Comtrade）数据整理得到。

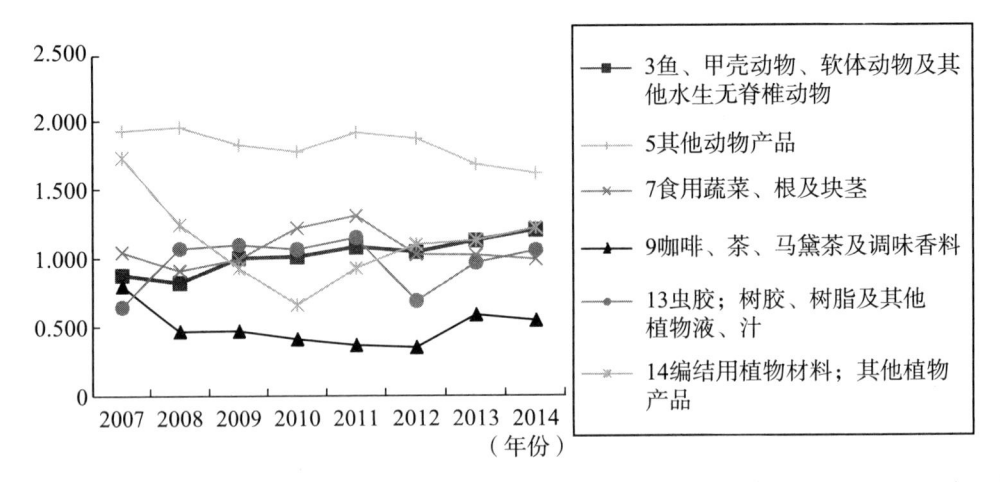

图 10-4 2007~2014 年农产品 RCA 指数年度趋势图

农业初级产品的竞争优势下降源于我国城市化进程进一步加快，从事农业生产的劳动力向其他产业转移，而科学规模化种植养殖尚在起步阶段，农产品更多地供应国内市场，导致出口量下降。竹作为最主要的编结用植物材料，其出口量随我国竹林资源面积的增加而上升。我国是世界上最大的产竹国，经过多年的发展，我国的竹林面积扩展迅猛，竹林经营管理水平大大提高，竹林竹种结构也在不断优化。水产养殖业经过几十年的发展，也逐渐实现优胜劣汰，加剧了散养群体的退出。养殖户开始理智放苗、理智投喂，加上近几年饲料成本降低，而对水产品的需求与日俱增，水产养殖业发展良好，竞争力增强。

总体上来看，由于金融危机影响，全球供求结构有所改变，大部分产品竞争优势在 2008 年有明显下降，部分产品在 2010 年达到最低点后稍有回升，但在我国劳动力及土地等要素成本不断上涨、人民币升值以及全球生态保护加强的背景下，我国农产品的国际竞争力明显呈下降趋势，但这将促使我国调整产业结构，向资源节约型、技术密集型和环境友好型发展。

2. 第二产业的竞争力现状

表 10-4 显示了 2007~2014 年，我国第二产业中排名前十位商品的 RCA 指数（HS 2 位码）。

由表 10-4 可知，进入第二产业 RCA 指数排名前十位的产品均属于制造业，其排名基本维持不变，因此我们对这些制造业产品进行分类并按照时间序列分别做趋势图（HS 产品的分类情况见本章附表）。木制品及纸制品里只有 HS46（稻草、秸秆、针茅或其他编结材料制品；篮筐及柳条编结品）排进前十，虽然 HS46 具有极强的比较优势，但除 2008 年及 2011 年 RCA 值有极小的回升外，其竞争优势基本上呈现逐年下降的趋势（见图 10-5）。对纺织原料及纺织品项下四章商品的 RCA 指数按照时间序列进行作图（见图 10-6），我们发现 HS50（蚕丝）RCA 值有微小波动，但始终维持在 4.5 左右，国际竞争力基本维持平稳水平。但 2013 年起该值大幅下降，并保持这一趋势。HS60（针织物及钩编织物）的 RCA 值在八年内上涨了近 50%，除在 2012 年略有下滑外，一直保持良好的增长趋势。与 HS60 相反的是 HS63（其他纺织制成品；成套物品；旧衣着及旧纺织品；碎织物），其 RCA 值从 2007 年到 2014 年下降了近 18.6%，竞争优势明显下滑。HS58（特种机织物；簇绒织物；花边；装饰毯；装饰带；刺绣品）RCA 值自 2009 年起波动不大，虽然 2011 年有略微回涨但相较于金融危机前，其国际竞争力依旧处于下降趋势。其中，HS60（针织物及钩编织物）所代表的针织业，作为国内市场化程度最高的行业，经过激烈的市场竞争，其行业的创新与快速反应能力、盈利能力、发展能力、资产素质、人力素质、规模水平都有所提高。并且 2009 年服装出口的退税率上调 1%，反映了政府政策在稳定外部需求与国内就业中起到的重要作用。

表 10-4　2007~2014 年第二产业排名前十位商品的 RCA 指数

2007 年		2008 年		2009 年		2010 年	
商品	RCA	商品	RCA	商品	RCA	商品	RCA
HS46	7.405	HS46	7.75	HS46	7.082	HS66	6.753
HS66	6.196	HS66	6.676	HS66	6.647	HS46	6.396
HS67	5.533	HS67	6.223	HS67	6.185	HS67	5.82
HS50	4.659	HS50	4.545	HS50	4.407	HS50	4.499
HS63	4.168	HS65	4.16	HS65	4.141	HS65	4.137
HS61	4.018	HS58	4.017	HS63	3.836	HS63	3.675
HS65	3.984	HS63	4.008	HS42	3.38	HS42	3.584
HS58	3.596	HS61	3.631	HS64	3.352	HS61	3.36
HS64	3.398	HS42	3.552	HS61	3.328	HS64	3.305
HS42	3.299	HS95	3.427	HS58	3.325	HS95	3.159
2011 年		2012 年		2013 年		2014 年	
商品	RCA	商品	RCA	商品	RCA	商品	RCA
HS66	6.998	HS66	6.603	HS66	6.998	HS66	6.603
HS46	6.606	HS67	6.099	HS46	6.606	HS67	6.099
HS67	6.312	HS46	6.057	HS67	6.312	HS46	6.057
HS50	4.654	HS50	4.484	HS50	4.654	HS50	4.484
HS65	4.367	HS65	4.337	HS65	4.367	HS65	4.337

续表

2011 年		2012 年		2013 年		2014 年	
商品	RCA	商品	RCA	商品	RCA	商品	RCA
HS42	3.67	HS63	3.632	HS42	3.67	HS63	3.632
HS63	3.665	HS61	3.626	HS63	3.665	HS61	3.626
HS61	3.488	HS42	3.406	HS61	3.488	HS42	3.406
HS95	3.414	HS95	3.364	HS95	3.414	HS95	3.364
HS60	3.376	HS64	3.347	HS60	3.376	HS64	3.347

资料来源：根据联合国贸易商品统计数据库（UN Comtrade）的数据整理得到。

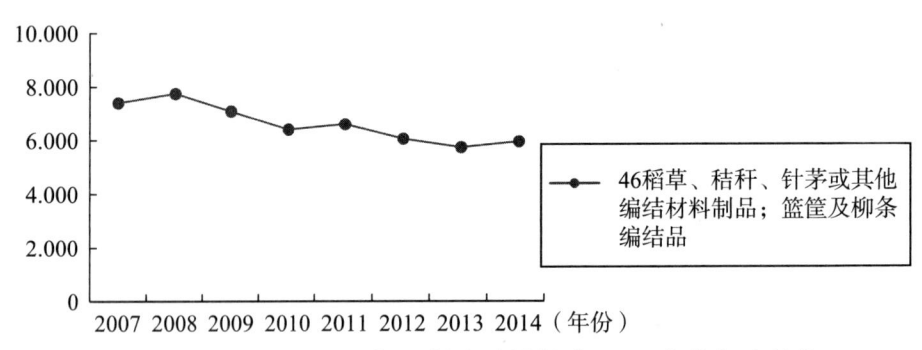

图 10-5　2007~2014 年木制品及纸制品 RCA 指数年度趋势

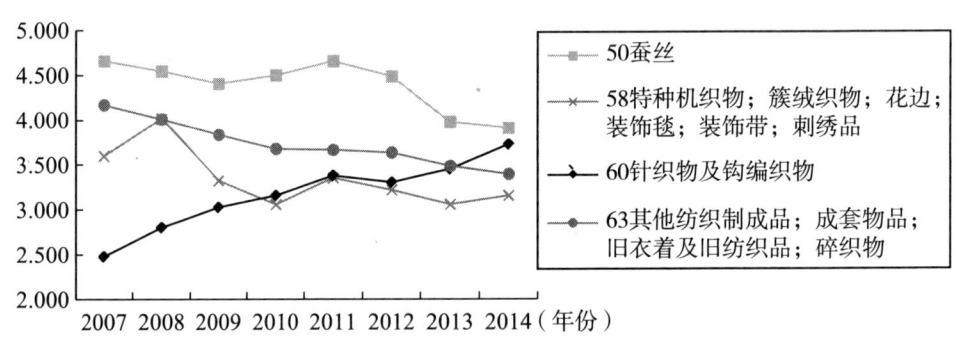

图 10-6　2007~2014 年纺织原料及纺织品 RCA 指数年度趋势

与波动较大的木制品及纸制品、纺织原料及纺织品两项相比，综合来看，我国轻工业产品的比较优势地位相对稳定（图 10-7），RCA 值均大于 2.5，处于极强的比较优势行列。HS64（鞋靴、护腿和类似品及其零件）及 HS95（玩具、游戏品、运动用品及其零件、附件）比较相似，RCA 值在 3.5 左右小范围波动，能够维持一定的国际竞争优势；HS42［皮革制品；鞍具及挽具；旅行用品、手提包及类似容器；动物肠线（蚕胶丝除外）制品］近年来比较优势呈现下降趋势。HS65（帽类及其零件）及 HS66（雨伞、阳伞、手杖、鞭子、马鞭及其零件）的 RCA 指数都是小波幅震荡下降，比较优势略有减弱。HS67（已加工羽毛、羽绒及其制品；人造花；人发制品）自 2008 年起 RCA 值大幅下滑并在 2010 年止跌回升，相较于金融危机前，其国际竞争优势有所提升。

虽然轻工业产品的比较优势维持度比较好，但总体来看，第二产业排名前十位的商品的 RCA 值均在 2012 年有所降低，反映人民币汇率上涨会降低我国制造业产品出口竞争优势。受金融危机的波及，部分商品的 RCA 值在 2009 年大幅下跌，竞争力明显下降，这多由于外需不足引起。HS46、HS58、HS63 更有明显的逐年下滑的趋势，要素成本上涨的约束作用凸显。因此，后危机时期及时调整我国对外贸易区位结构是很有必要的。

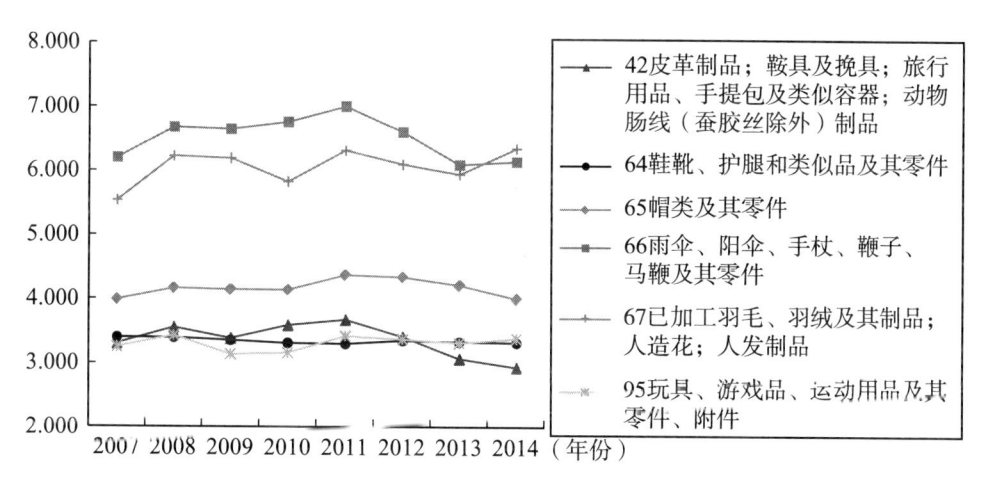

图 10-7 2007-2014 年轻工业产品 RCA 指数年度趋势

三、中国贸易竞争力的动态预测

（一）马尔可夫性质检验

我们采用 AR（2）模型对我国 97 章商品的 RCA 指数序列进行分析，主要验证其是否满足马尔可夫性质。回归数据选用我国 97 章商品的总体月度 RCA 指数和分章商品月度 RCA 指数，时间跨度取 2010 年 1 月~2014 年 11 月。我们首先采取二次指数平滑方法对 59 个月的数据进行处理，以避免月度数据的波动性及季节性，然后对其 59 组平滑后数值进行计量回归。Eviews6.0 的计量分析结果如表 10-5 所示（以 HS02 为代表）。

如表 10-5 所示,首先对我国 97 章商品的总体 RCA 值做滞后一期回归。滞后一阶系数在 1% 的水平下显著,回归的 F 检验显著,DW 值也在接受域内,这说明当期的总体 RCA 受到滞后一期的显著影响。在二阶滞后回归里,t 统计量并不显著,并且回归的 F 统计量明显降低,因此我们认为在一阶滞后模型里引入二阶滞后项是不恰当的。根据逐步回归法,应当将模型中 AR(2)剔除只保留 AR(1)。上述回归验证了当期总体的 RCA 只与其滞后一期的状态显著相关,而与之前的状态无关,即我国 97 章商品总体的 RCA 值构成的时间序列均具有马尔可夫性质。上述是对商品总体 RCA 指数的一般性分析,对各章节商品 RCA 指数分别检验,同样得出其满足马尔可夫无后效性的结论,因此马尔可夫链模型适用于我们所选指标。

表 10-5　我国 HS02 章商品 RCA 滞后一期、二期回归结果

	C	t-1	t-2	F	DW
总体	0.0215 (3.3060)	-0.6972 *** (7.6476)		58.4861	1.7467
总体	0.0255 (3.6101)	-0.8145 *** (6.4685)	-0.1734 (-1.3753)	30.0102	1.9661

注:括号中为 t 值,***,**,* 分别表示统计量在 1%、5%、10% 水平上显著,数值均保留四位小数。

资料来源:根据 UN Comtrade 数据库数据计算得到。

(二)我国贸易产品竞争力的动态预测

我们首先要对每章商品的 RCA 值进行状态划分,以确定马尔可夫链模型的状态空间。我们使用传统的样本均值—标准差分级法,从统计的角度对指标值进行分类,将每组样本均值作为指标值的中心,这样可以根据每组数据变化区间的大小,对划分节点进行自动调整。设第 i 章商品的 RCA 值序列为 x_{i1},x_{i2},…,x_{in},序列均值为 $\bar{x}_i$,标准差为 s_i,最小值为 $\min(x_i)$,最大值为 $\max(x_i)$。我们按照第 i 章商品的 RCA 值是否落在区间 $(\min(x_i), \bar{x}_i - 0.5s_i)$,$(\bar{x}_i - 0.5s_i, \bar{x}_i + 0.5s_i)$,$(\bar{x}_i + 0.5s_i, \max(x_i))$ 内,把指标分成 3 组,使每个状态均能涵盖若干月度数据。我们假定,马尔可夫链预测模型的取值范围不会超出我们假定的最大取值 $\max(x_i)$。

按照上述划分标准,我们将 2010 年 1 月 ~ 2014 年 11 月的 59 个月我国 97 章商品 RCA 指数数据进行状态划分,分别计算了转移概率矩阵,并用 WINQSB 软件计算每种商品的稳态概率分布。

在此基础上，我们进一步计算了各章商品稳态 RCA 指数期望值，方法如下：设第 i 章商品的 3 个马尔可夫链模型状态区间为 $s_i(i=1,2,3)$，区间均值为 $\bar{s}_i$，稳态处于 s_i 状态的概率用 p_i 表示，则第 i 章商品稳态的 RCA 期望值为 $\overline{RCA} = \sum_{i=1}^{3} \bar{s}_i p_i$，表 10－6 列示了 RCA 的当前值（2010～2014 年 59 个月 RCA 的均值）及 $\overline{RCA}$ 的计算结果。

表 10－6　　　　　　　　RCA 期望值及其与当前值的比较

商品	当前值	期望值	差值	商品	当前值	期望值	差值
HS01	0.209	0.210	0.001	HS50	4.325	4.243	－0.082
HS02	0.071	0.070	－0.001	HS51	1.427	1.430	0.003
HS03	1.176	1.193	0.017	HS52	2.172	2.142	－0.030
HS04	0.047	0.047	0.000	HS53	2.613	2.620	0.008
HS05	1.683	1.675	－0.008	HS54	2.810	2.813	0.003
HS06	0.109	0.114	0.005	HS55	2.394	2.377	－0.017
HS07	1.130	1.110	－0.020	HS56	1.238	1.241	0.003
HS08	0.358	0.367	0.009	HS57	1.311	1.301	－0.010
HS09	0.515	0.515	0.000	HS58	3.104	3.058	－0.046
HS10	0.040	0.041	0.001	HS59	2.325	2.316	0.009
HS11	0.274	0.278	0.004	HS60	3.593	3.564	－0.029
HS12	0.248	0.247	－0.002	HS61	3.720	3.656	0.063
HS13	0.990	0.996	0.007	HS62	3.002	2.931	－0.071
HS14	1.127	1.123	－0.004	HS63	3.614	3.595	－0.019
HS15	0.057	0.058	0.001	HS64	3.391	3.295	－0.095
HS16	1.532	1.542	0.011	HS65	4.179	4.197	0.018
HS17	0.244	0.256	0.011	HS66	6.515	6.404	－0.111
HS18	0.071	0.072	0.000	HS67	6.263	6.212	－0.052
HS19	0.190	0.187	－0.004	HS68	1.377	1.364	－0.014
HS20	1.022	1.020	－0.002	HS69	2.483	2.457	－0.026
HS21	0.294	0.295	0.001	HS70	1.582	1.583	0.001
HS22	0.084	0.082	－0.002	HS71	0.545	0.634	0.089
HS23	0.303	0.304	0.001	HS72	0.814	0.836	0.022
HS24	0.232	0.229	－0.003	HS73	1.398	1.395	－0.003

续表

商品	当前值	期望值	差值	商品	当前值	期望值	差值
HS25	0.721	0.723	0.002	HS74	0.361	0.381	0.020
HS26	0.021	0.022	0.000	HS75	0.362	0.378	0.016
HS27	0.167	0.167	0.001	HS76	0.990	0.987	-0.003
HS28	0.999	1.015	0.015	HS77			
HS29	0.759	0.764	0.004	HS78	0.183	0.176	-0.007
HS30	0.080	0.080	0.000	HS79	0.179	0.189	0.010
HS31	1.022	1.043	0.022	HS80	0.221	0.244	0.023
HS32	0.520	0.518	-0.001	HS81	1.538	1.548	0.010
HS33	0.220	0.220	0.000	HS82	1.496	1.493	-0.003
HS34	0.398	0.399	0.001	HS83	1.700	1.689	-0.011
HS35	0.607	0.609	0.002	HS84	1.327	1.321	-0.006
HS36	1.393	1.443	0.050	HS85	1.954	1.986	0.032
HS37	0.526	0.529	0.003	HS86	2.176	2.209	0.032
HS38	0.509	0.511	0.002	HS87	0.311	0.311	0.001
HS39	0.783	0.816	0.032	HS88	0.043	0.045	0.002
HS40	0.908	0.905	-0.004	HS89	2.291	2.300	0.009
HS41	0.121	0.122	0.001	HS90	0.976	0.977	0.001
HS42	3.078	3.015	-0.063	HS91	0.733	0.762	0.029
HS43	1.779	1.905	0.126	HS92	2.157	2.125	-0.032
HS44	0.827	0.817	-0.010	HS93	0.068	0.067	-0.001
HS45	0.065	0.068	0.004	HS94	2.697	2.682	-0.015
HS46	6.495	6.372	-0.123	HS95	3.179	3.191	0.012
HS47	0.026	0.027	0.001	HS96	2.430	2.286	-0.144
HS48	0.610	0.645	0.035	HS97	0.150	0.176	0.026
HS49	0.564	0.564	0.000	HS99	0.058	0.059	0.002

资料来源：根据 UN Comtrade 数据库数据计算得到。

我们根据表 10-6 中 RCA 当前值与期望值的差值对商品进行划分得到表 10-7，对各区间内差值进行排序得到表 10-8，基于处在 $|\Delta| \leq 0.01$ 区间的商品占比约为 50%，我们以 0.01 为临界值预测我国出口商品国际市场未来竞争力的变动趋势。由表 10-7 可知，整体 RCA 指数明显减弱的产品有轻工业产品、

纺织原料与纺织品以及陶瓷、玻璃制品。纺织原料及纺织品的长期市场竞争力下降最明显，其中有 9 种商品的 RCA 指数长期来看将会显著降低且差值都在 0.03 以上。其次是轻工业产品，尽管 HS43 的 RCA 值增幅最大，增加了 0.126，但其中 HS96 和 HS66 的稳定 RCA 值相较均值分别相差 0.144 和 0.111，在区间 $\Delta \leqslant -0.01$ 分别排在第一位和第三位。陶瓷、玻璃制品竞争优势有所下降。农产品、矿产品、木制品和纸制品、普通和精密机械的 RCA 指数总体上变化不大，仅个别产品渐具比较优势或比较劣势。化学工业产品、食品饮料未出现下降的 RCA 指数，并且化学工业产品中的 H36 与 HS39 的增幅排在第三位与第七位。RCA 指数长期上涨趋势明显的还有电气设备和运输设备，其中 HS85、HS86 的 RCA 值增加幅度相同，长期预计上涨幅度均达到 0.032。而贱金属及其制品类中大部分商品的 RCA 值保持平稳上升状态，其中 HS80 竞争优势明显提升，但 HS83 长期竞争优势下降。

表 10 – 7　　　　　　　我国 RCA 长期动态分析

产品分类	RCA 显著提升 ($\Delta \geqslant 0.01$)	RCA 显著减弱 ($\Delta \leqslant -0.01$)	RCA 基本不变 ($|\Delta| \leqslant 0.01$)
农产品	HS03	HS07	HS01，HS02，HS04，HS05，HS06，HS08，HS09，HS10，HS11，HS12，HS13，HS14，HS15
食品饮料	HS16，HS17		HS18，HS19，HS20，HS21，HS22，HS23，HS24
矿产品			HS25，HS26，HS27；
化学工业产品	HS28，HS31，HS3*，HS39*		HS29，HS30，HS32，HS33，HS34，HS35，HS37，HS38，HS40
轻工业产品	HS43*，HS65，HS95	HS42*，HS64*，HS66*，HS67*，HS94，HS96*	HS41
木制品和纸制品	HS48*	HS44，HS46*	HS45，HS47，HS49

续表

产品分类	RCA 显著提升 ($\Delta \geq 0.01$)	RCA 显著减弱 ($\Delta \leq -0.01$)	RCA 基本不变 ($|\Delta| \leq 0.01$)
纺织原料及纺织品		HS50※，HS52，HS55，HS57，HS58※，HS60，HS61※，HS62※，HS63	HS51，HS53，HS54，HS56，HS59
陶瓷、玻璃制品		HS68，HS69	HS70
贱金属及其制品	HS72，HS74，HS75，HS79，HS80※，HS81	HS83	HS73，HS76，HS78，HS82
普通和精密机械	HS91※	HS92	HS84，HS90
电气设备	HS85※		
运输设备	HS86※		HS87，HS88，HS89

注：※表示 RCA 长期变动分别在 $\Delta \leq -0.01$ 和 $\Delta \geq 0.01$ 区间内排名前十位商品。
资料来源：笔者测算得出。

从整体上看，轻工业、纺织业等劳动密集型产业的国际竞争力将下降，而电气设备、运输设备、普通和精密机械、化学工业产品等资本或技术密集型产业的国际竞争力有望提升，表明我国的产业结构正处于转型升级的阶段（见表10-8）。

表 10-8　　我国 RCA 长期变化量排名前十位的商品

$\Delta \leq -0.01$		$\Delta \geq 0.01$	
HS96	-0.144	HS43	0.126
HS46	-0.123	HS71	0.089
HS66	-0.111	HS36	0.050
HS64	-0.095	HS48	0.035
HS50	-0.082	HS86	0.032
HS62	-0.071	HS85	0.032
HS61	-0.063	HS39	0.032
HS42	-0.063	HS91	0.029
HS67	-0.052	HS97	0.026
HS58	-0.046	HS80	0.023

资料来源：笔者测算得出。

我国纺织行业在国际市场的竞争优势主要来自低成本优势。近年来，随着原材料价格、劳动力成本和能源价格不断上涨，原有的比较优势日趋缩减。由于缺乏自主研究与开发新材料的能力，缺乏可以引领时尚潮流的设计，缺乏在国际市场上知名的自主品牌，我国纺织行业在中高端市场上极度缺乏竞争力，整个行业仍处于价值链的底端，难以向两侧延伸。我国轻工业产品的出口以贴牌加工为主，产品附加值较低，创新能力不强。虽然近年来一般贸易的比重逐步提升，加工贸易份额有所下降，但随之而来的技术性贸易摩擦和贸易壁垒的增加限制了我国轻工业产品的出口，加之简单劳动密集型商品逐步向东南亚等周边国家转移，我国传统制造业商品在欧、美、日等主要国际市场的份额可能有所降低。

近年来，随着计算机技术、数据处理技术、信息传感器技术、通信和数据存储技术、电力电子技术等的发展及各学科间的融合，电气设备正向智能化逐步迈进，通过引进并消化国外发达国家的先进管理经验和技术，进行自主研发及创新，进入了发展的新时期。我国人均电力占有量远远落后于发达国家，受我国自然资源以及环境因素的制约，火力发电的占比将会逐渐减小，风能发电、核能发电等将逐渐提升各自的比重。同时，随着"一带一路"倡议的实施，亚洲的发展中国家同样有着巨大的潜在需求，使得相关工业发展空间很大，而我国电气设备的性价比较高，有利于进一步扩大出口，增强竞争力。

在运输设备制造业中，高铁无疑是最具代表性的，推动高铁加速"走出去"已经上升为国家战略。运输设备制造业是资金和技术密集型产业，随着持续多年的双顺差，我国已经有了充分的资金积累。通过招标、学习国外先进的技术并重新进行整合与创新，以丰富而优质的人力资源为基础，完成了设计、制造与营销的联动，具有突出的产业示范作用。

此外，我国对人才培养十分重视，受高等教育及职业教育的人数比例逐渐上升，提升了资产与技术密集型产业的人力资本。对于知识产权的重视，也是增强行业竞争力的另一要素。

在要素成本上升的背景下，从短期效应看，第一产业大部分产品的 RCA 值均随特殊的国际贸易环境变动而变动，如 2008 年的美国金融危机爆发及量化宽松政策的推行、2009 年开始的欧债危机以及推行人民币汇率制度改革后的汇率大幅波动等。由于农产品出口企业的议价能力薄弱，短期内要素成本上升使得长期以来形成的低成本、低价格的竞争优势被削弱，挤压企业的利润空间，并且国际市场需求低迷，造成企业出口增速减缓。长期来看，可能由于第一产业仍有大量剩余劳动力，其国际竞争优势并没有受到要素价格波动的大幅影响，只有少数商品的比较优势明显变动，如 HS03（鱼、甲壳动物、软体动物及其他水生无脊椎动物）的比较优势略有提升，HS07（植物产品：食用蔬菜、根及块茎）的竞争优势明显减弱，第一产业中绝大部分商品的国际竞争力几乎保持平稳水平。因此，要素成本上升的经济环境对我国第一产业的短期效应比较显著，但长期效应并不明显。

我国出口商品结构中第二产业的商品占主要份额，凭借着低廉的劳动力成本优势，形成了以加工贸易和出口低附加值产品为主的贸易形式，随着近年来多种要素成本持续上涨，我国劳动密集型行业的国际竞争优势势必受到影响。

从短期效应看，第二产业部分商品国际竞争力随全球贸易环境变化而明显波动，比较优势排行前十位的商品中 HS46（稻草、秸秆、针茅或其他编结材料制品；篮筐及柳条编结品）、HS58（特种机织物；簇绒织物；花边；装饰毯；装饰带；刺绣品）、HS63（其他纺织制成品；成套物品；旧衣着及旧纺织品；碎织物）三类商品的 RCA 值下跌幅度比较大，而属于轻工业产品类别下的 HS42、HS64 和 HS95 的 RCA 值并没有明显变化，前期综合成本的上涨对其国际竞争优势的影响并不明显，轻工业产品比较优势基本保持稳定。从长期效应来看，第二产业中纺织原料及纺织品、轻工业产品以及陶瓷、玻璃制品的比较优势下跌明显，木制品和纸制品中 HS46 的 RCA 值明显降低，化学工业产品、电气设备和运输设备的 RCA 值有所提升，矿产品、普通和精密机械、贱金属及其制品的竞争优势保持稳定，同时劳动密集型的食品饮料行业的国际竞争优势也基本维持稳定。因此，第二产业中广义要素成本上升的经济环境对制造业出口的影响效应在长期而言更为明显。

四、结论与政策建议

我们使用联合国贸易商品统计数据库（UN Comtrade）中按照 HS 编码（2007 年版）分类的我国货物贸易数据，通过显示性比较优势指数（RCA）和马尔可夫链模型，在广义要素成本上涨的背景下对我国出口产品的影响进行了动态预测。我们的研究得出以下结论：（1）从短期效应看，我国第一产业大部分商品的国际竞争优势变化明显，第二产业中纺织原料及纺织品的比较优势明显下降，但轻工业品的比较优势基本保持稳定。（2）基于马尔可夫链模型的中长期趋势预测，第一产业商品的比较优势基本维持稳定，在广义要素成本上涨的背景下，第二产业中纺织原料及纺织品、轻工业产品、陶瓷、玻璃制品的国际竞争优势长期呈明显下跌趋势，而矿产品、普通和精密机械、贱金属及其制品的国际竞争优势并没有明显变化。

通过我们的实证分析，在广义要素成本上升的背景下为我国对外贸易发展提供了如下启示。

第一，过去我们凭借低廉的生产成本，通过大量要素投入带来规模效益的发展方式不可持续，随着要素成本优势降低，国际竞争优势来源需要从要素投入量转变为要素效率。许多发达国家在发展过程中经历了从要素驱动转向资本和创新驱动的阶段，然而我国目前创新能力不足，我国必须优化现有产业结构，在原有优势产业加强技术研发，实现产业内升级；同时发展附加值高的产业，在全球产业价值链上逐渐从低端走向中高端，提升企业的国际市场竞争力。

第二，要加快优化出口商品结构。深入实施科技兴贸和以质取胜战略，扩大技术和资本密集型的机电产品、高技术高附加值产品和节能环保产品出口。支持企业技术改造，提高劳动密集型产品出口质量、档次和附加值。随着碳排放不断增加及国外对安全性和环境友好性标准要求的不断提高，在考察生产成本时应当加入环境及资源成本，加强循环经济和绿色生态发展，控制高能耗、高污染和资源性产品的出口，通过关税政策倾斜等措施鼓励绿色贸易企业扩大生产和出口。

第三，实现多元市场格局。受国际金融市场波动影响，欧、美、日等主要国际市场需求低迷，因此应加大新兴市场如非洲、拉美、东南亚、中东欧等地区的开拓力度，增加新兴市场出口份额，实现多元市场格局。加快建设外贸基地，培育一批基础条件好辐射能力强的会展平台、内外贸结合的商品市场平台、电子商务平台和进口促进平台，鼓励企业建立国际营销网络。

第四，扩大贸易融资与降低贸易融资成本。出口企业，尤其是中小型企业在后金融危机时期面临较强的融资约束问题，因此政府要支持商业银行按照"风险可控、商业可持续"原则，拓宽出口企业融资渠道、扩大贸易融资规模、降低贸易融资成本、加大出口信用保险支持力度。

第五，完善人民币汇率市场化形成机制。由于我国汇率机制调整及国际压力，从长期观察，人民币相较竞争对手货币仍有大幅升值的趋势，出口企业面临较高的亏损不确定性及转型压力。因此应当完善人民币汇率市场化形成机制，出口企业在发展新的竞争优势的同时，也应当选择合适的汇率避险工具，降低外汇风险带来的损失。

第六，灵活、积极应对国际摩擦。针对全球贸易保护主义抬头，我国出口企业面临贸易摩擦及贸易限制措施增加的情况，应当提升行业的技术含量，降低雷同度，规范企业行为；同时积极应诉，加大谈判力度，反对歧视性贸易，并充分利用WTO的争端解决机制。

第三节　要素成本上升背景下中国贸易结构的中长期趋势分析：基于产品多样性视角[①]

一、问题的提出

加入 WTO 的近 15 年来，我国对外贸易增长迅速，传统的对外贸易依赖于廉价劳动力，通过专业化从事劳动密集型产品获利，以进口原材料出口制成品为主要形式的加工贸易在我国对外贸易中占重要地位。2008 年金融危机前，我国对外贸易总额的全球排名由 1978 年的第 29 位跃升为第 3 位，此后各年我国的贸易总额在世界范围内名列前茅，已成为名副其实的贸易大国。

金融危机给我国对外贸易带来负面冲击，增加贸易产品多样性是我国对外贸易转型升级的必经之路。据统计数据显示，2010~2014 年我国对外贸易额增幅由 30% 降到 6.1%，增幅下降，增速放缓。金融危机以及贸易保护主义的抬头给我国对外贸易的复苏带来阻力。我国长期依靠生产要素优势发展加工贸易，随着要素价格如工资、融资、土地租赁等成本的上升，进一步压缩了现有贸易模式的生存发展空间，贸易转型势在必行，增加贸易产品多样性是我国对外贸易转型升级的必经之路。通过逐步增加进出口产品的多样性，减少低端加工品的出口，逐步发展相关产业的自主技术，可为我国贸易发展转型提供引擎。

为合理考察我国现阶段贸易产品的多样性，并预测其未来发展的趋势，我们采用新的测算方法对我国 HS 六位编码的进出口产品多样性进行测度，并使用马尔可夫链动态模型对其未来发展趋势进行动态分析。我们有以下几点创新：第一，使用 2000~2013 年 HS 六位编码进、出口产品的贸易额数据对我国进、出口各章产品的多样性进行测度，详尽的考察货物贸易中各类别产品的贸易多样性现状；第二，使用马尔可夫链模型对我国 HS 编码下共 97 章产品的贸易多样性进行动态分析，了解未来我国贸易多样性的稳态状况，为我国贸易转型、结构调整建言献策。我们的研究为了解我国进出口贸易结构，评价我国进出口贸易质量提供了更为全面地分析；为克服要素成本上涨、制定转型贸易方针提供了有效的参考依据；同时也为国内外企业进入、退出某一产品市场或是增减产品线等战略计划

---

① 本节内容发表于《数量经济技术经济研究》2016 年第 7 期。

提供决策参考。

本节的结构安排如下：首先对相关研究的现状进行梳理，其次，在简要介绍我们使用的贸易多样性测度方法后，对 HS 六位编码分类的 97 章共 5053 种产品 2000~2013 年贸易多样性的测算结果进行统计分析，进而运用马尔可夫链模型分别对 97 章贸易产品的进（出）口多样性进行动态分析，最后是结论与政策建议。

国际贸易理论对国际贸易产品多样性进行了系统研究。新贸易理论指出，在规模经济和比较优势下各国会选择专业化大规模生产数种产品，并利用国际贸易解决消费者对多样性产品的需求，即国际贸易解决"差异专业化"和"同质规模化"之间的矛盾。克鲁格曼（1979）对垄断竞争条件下国际贸易模式的探讨，在国际贸易研究中引入了产业内差异化产品的研究范畴。此后，芬斯特拉（Feenstra，1994）的研究丰富了对产品多样性理论的实证考察。新新贸易理论从更加微观的角度进行分析，梅里兹（2003）从微观企业生产率水平不同来解释企业是否进入出口市场以及是否增加更多种类产品满足消费者和市场需求。新新贸易理论的出现从异质性和企业内生增长边界这一更微观的角度解释了企业进出口产品多样性的原因。

国内外学者对贸易产品多样性的研究主要集中于贸易产品多样性测度，贸易产品多样性与贸易发展及经济发展之间的关系等方面。在贸易产品多样性的测度及其影响因素的研究中，尹斯斯等（2017）对梅里兹分析框架的社会福利分解证明开放经济总的产品多样性与自由贸易负相关。芬斯特拉（2004）构建多样性指标，利用发达国家以及发展中国家跨部门的非总量数据，测算美国出口与其贸易伙伴国间的相对多样性。张明志等（2013）采用 Gini – Hirschman 系数的变形公式方法测算 1962~2011 年我国出口多样性指数，研究发现现阶段我国的出口多样性已经发展到较高水平且收敛到相对稳定的状态，我国出口产品的结构调整升级有利于促进我国经济快速增长。肖光恩和金圣华（2014）用简单加总法和赫芬达尔指数法测算了 1995~2010 年我国出口产品的多样性。其测算结果表明，尽管我国出口产品种类存在变化且出口产品绝对数量有一定的减少，但出口产品多样性持续增加，我国各类产品的出口额趋于均等化，降低了我国出口对某些产品依赖过大带来的风险。

出口二元边际[①]与贸易多样性是另一个研究的热点问题。卡马塔（Kamata）和 Yang（2007）构建理论模型，证明产品中要素比例决定了贸易的外延边际，进一步实证分析发现，具有要素优势的行业在出口多样性方面具有更好表现。欧

---

① 出口二元边际指出口的集约边际和外延边际；集约边际强调出口产品数量上扩张，外延边际强调出口产品种类。

阳健欢（2016）研究了进口竞争与多产品企业出口二元边际的关系。研究发现，进口竞争显著提高了多产品企业出口的集约边际和扩展边际，且对集约边际的促进作用更强，相比于一般贸易，进口竞争对加工贸易的边际促进效应更加显著。刘斌和王乃嘉（2016）深入分析了制造业投入服务化与企业出口"二元边际"的相关性。结果表明，制造业投入服务化通过生产率提升、创新激励、范围经济、规模经济等效应对中国企业出口"二元边际"的优化产生重要影响。制造业投入服务化增加了企业出口概率，扩大了企业出口产品种类和市场范围，且制造业投入服务化对出口产品价格的正向提升效应明显大于对出口数量的负向效应。盛斌和吕越（2014）对我国2001~2010年贸易数据分析发现，我国贸易增长主要来自贸易的集约边际，金融危机后贸易额下降主要是由于集约边际受损。因此，增加出口的外延边际是未来发展我国出口贸易的关键。

进口产品多样性方面。赵永亮（2013）测算了2000~2009年我国省际层面的初级品和制成品的进口多样性。测算结果显示，初级品和制成品的进口多样性总体保持增长态势。戴翔和张二震（2010）对我国1992~2008年中间产品进口与贸易净额进行实证研究发现，我国中间品进口的增加通过"出口产品能力扩张效应"和"出口多样化效应"对贸易顺差产生了显著的积极影响。

贸易产品多样性对经济发展的影响是许多学者关注的问题。大多数研究通过考察贸易产品多样性与全要素生产率（TFP）间的关系来阐明这一影响。芬斯特拉和基（Kee，2008）研究了48个国家1980~2000年8个部门的数据，发现贸易产品种类年平均增长3.3%，而对于样本内所有国家而言，其出口产品种类增长平均带来各国全要素生产率约3.3%的增长。易靖韬和蒙双（2017）基于多产品企业的垄断竞争模型，构建多产品出口企业产品范围内生决定因素的分析框架，研究多产品企业选择产品范围时的资源配置问题。研究结果表明，企业的出口产品范围与其所占的市场份额呈倒"U"型关系，企业生产率的提高促进了市场份额的增加，进而企业的出口产品范围与企业的生产率呈倒"U"型关系。赵永亮和朱英杰（2011）认为，贸易多样性与生产率增长存在双向关联，贸易多样性是我国生产率得以提高的一个重要因素。钱学锋等（2011）利用1995~2005年HS六位码的贸易产品数据，研究进口产品种类对制造业全要素生产率的作用机制，发现进口产品多样性的增加可能产生水平促进效应和直接竞争效应。这两种效应的影响机制和作用程度的差异取决于进口来源国和行业的技术水平。洪世勤和刘厚俊（2013）发现我国制成品出口多样性对GDP增长的贡献不大，指出我国虽是贸易大国，但是出口广度有限，还没有形成出口多样性促进经济增长的良性机制。

经济学预测是经济学研究的一个重要领域。近年来，国内经济学预测相关的研究主要集中于宏观经济、能源消费和需求以及股票市场价格波动等方面，对于贸易领域的预测研究较为缺乏，尚没有文献采用规范合理的方法对我国贸易多样性发展趋势进行预测，现有的贸易多样性研究也大多限于经验分析。外国学者对于贸易领域的预测研究也较为有限。具体考察而言，最近运用马尔可夫预测方法的国外研究集中在资产市场价格波动如股票市场价格指数波动（Khalifa et al., 2014）、期货价格波动（Chuang et al., 2013）、能源价格波动预测（Brigida, 2014）；国家宏观经济层面如国家汇率波动的预测（Nikolsko‐Rzhevskyy and Prodan, 2012）等。然而，运用马尔可夫过程进行预测的方法正被推向更广的领域，如沃尔科夫等（Volkov et al., 2017）将马尔科夫过程和多时段测量的财务比率一同纳入银行破产预测模型中。达米科等（D'Amico et al., 2012）将泰尔系数与马尔可夫过程相结合，对欧洲部分国家国内收入不平等进行动态预测，取得了良好的效果。在实证研究中，马尔可夫预测方法被认为对于与其他因素有一定关联的价格波动，或者经济指数波动能够进行较好的预测（Khalifa et al., 2014）。因此我们认为，将其运用于具有经济指数特征的贸易多样性的趋势预测是可行的。

目前，国内外研究文献中尚缺乏按照产品原料或在用途细分角度下，对我国进口和出口产品多样性进行测算的成果，也缺乏对我国进出口贸易产品多样性的动态分析范例。本节中，我们按照 HS 编码分类的特点，调整传统测算多样性指数的方法，采用更为合理的方法考察我国贸易产品的多样性，并进一步运用马尔可夫链模型对我国贸易产品多样性进行动态分析。

二、中国贸易结构的测度：基于产品多样性视角

（一）数据选取

我们主要关注我国贸易产品的现状与未来产品多样性的发展趋势。数据选用我国 2000~2013 年 HS 六位编码的进、出口贸易总额年度数据。该数据来自 UN Comtrade，这也是目前国际上通行的产品分类最为详尽的货物贸易统计数据。世界海关组织按 HS 编码把全部国际贸易产品分为 22 类，98 章[①]。我们采用的数据为 HS 1~97 章（77 作为备用章除外），共 21 大类项下的 5 053 种贸易产品数据。

[①] 第一、第二位数码代表"章"，第三、第四位为"目"，第五、第六位代表"子目"。我们采用前 6 位数的 HS 国际标准编码。在 HS 中，"类"基本上是按经济部门划分，"章"分类基本采取两种办法：一是按产品原材料的属性分类，相同原料的产品一般归入同一章；二是按产品的用途或性能分类。

（二）贸易产品多样性的测度方法介绍

我们采用的贸易产品多样性测度方法是在赫芬达尔指数（HHI）基础上进行变形，其目的是更好地与 HS 分类标准相吻合，使结果更为准确可靠。具体而言，计算贸易产品多样性时，我们以按章划分的 HS 六位编码下进口和出口产品的贸易额占该章总贸易额的比的平方之和的倒数构建指数，测量产品在更细分水平上的多样性程度。该方法与 HS 分类相结合，考察同原材料来源或是用途接近的某类产品所处的整个产品链的产品多样性，能从产业角度反映我国贸易结构的变化。

出口产品多样性的具体测算方式如下：

$$\text{Herfindal}_{i,t}^1 = \sum_{p=1}^{np} \left(\frac{X_{p,t}}{X_{i,t}} \right)^2 \quad (10.2)$$

$$ED_{i,t} = 1/\text{Herfindal}_{i,t}^1 \quad (10.3)$$

其中，$ED_{i,t}$ 代表我国在 t 年（2000~2013 年）第 i 章产品出口的多样性指数；$X_{p,t}$ 表示产品 p 在 t 年的出口额；$X_{i,t}$ 表示在 t 年第 i 章的总出口额（其中 p 产品属于第 i 章，这里 i 代表 HS 前两位，表示产品按章分属的类别；p 为 i 相同时所有的 HS 六位码）。赫芬达尔指数是反向测算指数，我们最终选取其倒数形式表示多样性指数，多样性指数 ED 值越大，出口产品集中度越低，产品多样性程度越大；反之，指数值越小，则多样性程度越小。

类似地，进口产品多样性的具体测算方式如下：

$$\text{Herfindal}_{i,t}^2 = \sum_{p=1}^{np} \left(\frac{Y_{p,t}}{Y_{i,t}} \right)^2 \quad (10.4)$$

$$ID_{i,t} = 1/\text{Herfindal}_{i,t}^2 \quad (10.5)$$

其中，$ID_{i,t}$ 代表我国在 t 年（2000~2013 年）第 i 章产品进口的多样性指数，$Y_{p,t}$ 表示产品 p 在 t 年的进口额；$Y_{i,t}$ 表示在 t 年第 i 章的总进口额。测算的进口产品指数值越大，表明进口产品集中度越低，则多样性程度越大。

（三）贸易产品多样性的统计分析

按我国《国民经济行业分类》（GB/T4754-2002）对于三次产业的划分，我们将 HS 1~15 章归入第一产业，HS 16~97 章归入第二产业。我们接下来对计算出的 HS 各章产品的多样性程度进行统计分析。

1. 第一产业进、出口产品多样性分析

总体来看，2011 年前我国第一产业的出口产品多样性保持上升的趋势，之后出现一定程度的下降。这与我国出口重心进一步向工业制成品等具有更高技术、资本附加值的产品转移有关。具体而言，第一产业中各类产品的出口多样性指数在不同时间区间、不同产品类型中存在较大差异。根据2000~2013年第一产业出口产品多样性指数平均值，出口产品多样性居于前三位的分别是：HS07（食用蔬菜、根及块茎）、HS15（动、植物油脂及其分解产品；精制的食用油脂；动、植物蜡）、HS03（鱼、甲壳动物、软体动物及其他水生无脊椎动物），表明我国第一产业出口主要以水产品、果蔬和畜产品等劳动密集型农产品为主（见图10-8）。

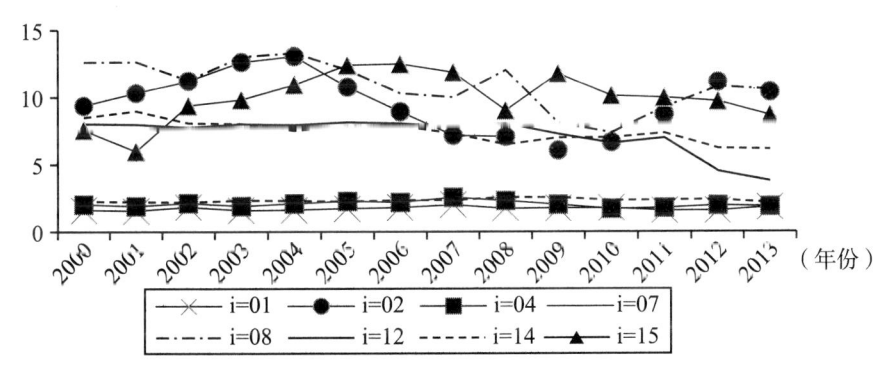

图10-8　2000~2013年第一产业出口产品多样性指数（代表性产品）

注：i 表示 HS 前两位码。

初级农业产品出口多样性有所下降，以多样性水平最高的 HS07 和 HS03 为例。这两类产品的多样性指数在2004年前处于较高水平，并且一直以上升趋势为主，但自2004年起都出现震荡下行。其中 HS03 的多样性值自2004年后开始下降，下跌持续时间更长、幅度更明显。这类农业初级产品的出口多样性下降源于我国城市化进程进一步加快，从事农业生产的劳动力减少，而科学规模化种植养殖尚在起步阶段，农产品更多的供应国内市场以保证国内需求，因此出口多样性下降。同时，各国出于贸易保护、国家利益安全等考虑，对于农产品等进口提出更高的技术要求，这也在一定程度上影响了我国初级农产品的出口多样性。

具有较高技术要求的精加工产品的出口多样性水平则出现显著上升。HS15 出口多样性水平在2008年金融危机前达到最高水平，这是由于随着国内企业在压榨、分离、溶解等方面生产技术的提高，可以大规模提炼生产食用油并用于出口，使得 HS15 产品出口多样性迅速增加。这类产品的贸易具有一定的加工贸易特征，因此随着更多的熟练劳动力投入、机器和设备等支持，这类产品的出口多样性将增加。

针对一些我国自身生产优势不明显、且大力促进技术创新的产品而言，增加其生产投入对于我国的经济发展并无显著意义，这类产品的出口多样性一直较低且维持稳定不变。如 HS01（活动物）、HS04（乳品；蛋品；天然蜂蜜；其他食用动物产品）、HS14（编结用植物材料；其他植物产品），这三类产品即是其中代表。

我国具有生产优势，但此前缺乏出口市场的部分产品，在"入世"后多样性指数均出现较快增长。其中，较明显的有 HS15、HS07 和 HS08（食用水果及坚果；柑橘属水果或甜瓜的果皮）。以 HS08 为例，"入世"后出口退税等优惠政策使这类产品在国际市场上更有竞争力，推动企业将更多原本在国内市场销售的农副产品推向国外市场。同时，我国国土大部分位于温带，独特的气候条件辅之劳动力优势、农业技术支持等，这类产品生产优势明显，市场开放后出口多样性随即上升。

我国第一产业进口产品的多样性指数总体呈现上升趋势。2000~2013 年，进口产品多样性指数均值最大的集中在 HS08 和 HS03，并且这两类产品在 2007~2009 年，其进口多样性均表现出较大的波动性。其中，HS08 类产品受 2008 年金融危机的影响有所下降，但在 2011 年前均保持了较高的产品多样性，之后其多样性降幅明显。这一系列变化与我国人民生活水平提升有关。在人民生活水平改善的情况下，进口水果、坚果受到更多人的青睐。但是随着国内农业生产技术、食品加工技术的进步，这种对进口水果、坚果的需求逐渐被国内生产的产品替代，因而近年来出现了相应产品的进口多样性下降的情况（见图 10-9）。

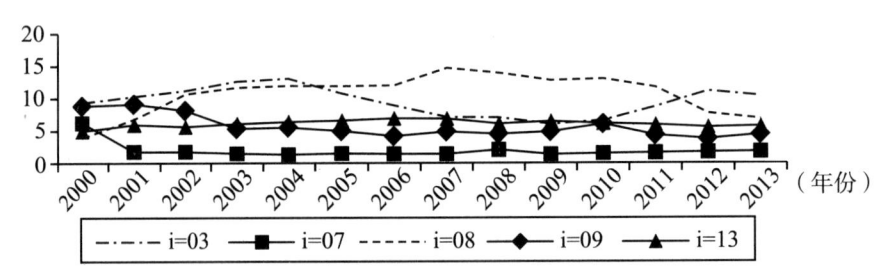

图 10-9　2000~2013 年第一产业进口产品多样性指数（代表性产品）
注：i 表示 HS 前两位码。

相反，HS03 类产品则从 2004 年起一路下跌，2009 年该类产品的进口多样性跌到最小，而且这类产品的出口多样性与进口多样性的变化趋势接近。该类产品受原产地气候变化的影响供应波动较大，国内市场的需求也会相应受到国内生产能力的影响。这种产品进出口多样性一致性的变化表明，在 2010 年前国内外市场上该产品的供需都有所下降，此后该类产品市场再度活跃，进出口产品多样性才再次回升。类似地，HS09（咖啡、茶、马黛茶及调味香料）产品供给同样受到自然条件等不可控生产因素的较大影响，其进口多样性指数波动也较明显。这类产品进口多样性程度不高，国内咖啡、茶、调味香料等产品市场近年来发展迅速，产品种类也更加齐全，由此进一步降低了对进口产品的需求。

第一产业出口产品多样性无论是水平或是波动幅度，都明显大于进口产品的多样性。出口产品多样性逐步上升表明我国第一产业出口质量的提升，在不断开拓市场的同时也寻求差异化产品生产，丰富了出口产品的多样性。但是出口贸易受国际市场价格、需求、汇率、贸易壁垒等因素的影响，较国内市场竞争也更为激烈、风险更高，因此出口产品多样性波动明显。

2. 第二产业进、出口产品多样性分析

2000~2007年，我国第二产业绝大部分产品的出口多样性在波动中稳步上升。我国"入世"以来在加工制造业领域取得不断进步，这主要得益于我国劳动力要素资源的优势和产品自主创新能力的提高，加之市场需求进一步扩大、国际运输成本降低等，对我国第二产业出口产品多样性的上升产生了重要的促进作用。出口贸易在获得更大利润的同时，也使我国经济更加紧密地与世界市场变化相联系。最典型、直接的表现是2007~2009年，由于美国次贷危机和全球金融危机的影响，出口产品多样性有所下降，出口多样性水平长期较高的产品受到的冲击更大。HS29（有机化学）、HS28（无机化学品；贵金属、稀土金属、放射性元素及其同位素的有机及无机化合物）、HS62（非针织或非钩编的服装及衣着附件）、HS82（贱金属工具、器具、利口器、餐匙、餐叉及其零件）、HS96（杂项制品），均在这一时期出现出口多样性水平较大程度的下滑。这类产品多样性指数很高，反映其出口产品种类繁多，因而更易受国际市场环境变化的影响。出口多样性最高的前五种产品集中为化工产品、服装、金属加工等。化工产业及金属加工产业出口种类较多，与我国对这类技术、资本密集型产业的扶持政策息息相关，而服装制造业的多样性反映了我国劳动力优势在这类产业中依然存在，加工贸易依然是我国贸易发展现阶段不可或缺的一个重要组成部分（见表10-9）。

表10-9　2000~2013年第二产业产品出口多样性平均前5种和后5种产品

HS	出口产品多样性前五位					出口产品多样性后五位				
	i=29	i=28	i=62	i=96	i=82	i=80	i=88	i=89	i=86	i=36
2000	47.73	29.60	39.74	31.87	21.80	1.47	1.91	1.86	1.16	1.27
2001	52.58	32.85	39.63	30.54	21.60	1.57	1.45	1.70	1.07	1.30
2002	65.20	31.85	35.85	29.75	22.73	1.62	1.15	1.83	1.17	1.32
2003	63.23	29.55	35.03	29.20	22.94	1.58	1.45	2.02	1.10	1.28
2004	68.92	30.23	35.60	27.40	22.99	1.37	1.27	1.89	1.15	1.33
2005	74.12	35.20	30.73	26.47	25.47	1.66	1.26	1.78	1.19	1.28

续表

	出口产品多样性前五位					出口产品多样性后五位				
HS	i = 29	i = 28	i = 62	i = 96	i = 82	i = 80	i = 88	i = 89	i = 86	i = 36
2006	70.84	38.82	29.02	26.58	24.31	1.63	1.96	1.73	1.23	1.30
2007	64.92	35.84	30.00	27.08	25.22	1.70	1.50	1.78	1.18	1.35
2008	41.36	30.90	28.76	25.80	26.42	1.40	2.04	1.82	1.27	1.39
2009	58.07	35.95	26.77	26.00	26.35	1.94	1.56	1.88	2.15	1.35
2010	62.59	30.51	25.08	26.50	27.60	1.66	2.24	1.48	1.51	1.37
2011	69.26	29.18	25.69	26.34	28.16	2.49	3.01	1.45	1.56	1.39
2012	66.62	38.74	24.17	26.43	28.40	2.81	2.25	1.29	2.28	1.39
2013	70.02	35.53	24.01	25.98	28.60	2.83	2.70	1.36	1.92	1.35
均值	62.53	33.20	30.72	27.57	25.18	1.84	1.84	1.70	1.43	1.34

资料来源：由 UN Comtrade 提供的原始数据和作者计算得到。

出口多样性平均水平最低的产品[1]多样性趋于稳定，受经济波动的影响不明显。HS36、HS86、HS88、HS89 类产品属于关乎国家安全或战略规划的一些重要产品原件或成品，一方面其出口受到国家的严格控制；另一方面，其生产行业要求具有较高的技术或是生产原材料的独占性，导致具有一定的垄断特征。从事此类产品生产的企业少，生产企业体量较大，在产品差异化生产出口上具有优势的中小企业无力生产这种大型的高技术产品，因而这类产品多样化生产的可能性减小，出口多样性自然较低。此外，我国在高度精密制造领域的技术水平和竞争力相对薄弱，因此这类出口产品多样性也不高。

表 10-10 反映了我国第二产业进口产品的多样性。与第一产业类似，第二产业进口多样性较其出口产品多样性指数低。我国进口产品多样性程度最高的五位是 HS72（钢铁）、HS84（核反应堆、锅炉、机器、机械器具及其零件）、HS48（纸及纸板；纸浆、纸或纸板制品）、HS39（塑料及其制成品）、HS62（非针织或非钩编的服装及衣着附件）。值得注意的是，HS62 产品的进出口多样性都较高，这与此类产品高度发达的产品内贸易有关，该类产品制造技术成熟，产品间差异性易于产生，并且种类多样，运输难度低，国内外市场均具有很高的需求，因此进出口多样性均很高。钢铁、塑料、机械等类产品也易于依据材质、固

---

[1] 排在后五位的产品种类有：HS36（炸药；烟火制品；火柴；引火合金；易燃材料制品）、HS86（铁道及电车道机车、车辆及其零件；铁道及电车道轨道固定装置及其零件；附件）、各种机械（包括电动机械、交通信号设备）、HS88（航空器、航天器及其零件）、HS89（船舶及浮动结构体）、HS80（锡及其制成品）。

有属性、形状等不同而有很多细化的分类，作为中间品的这类产品其制成品更精细、技术含量更高，所以对原材料的要求也较多，这是这类产品进口多样性高的重要原因。相反，一些技术含量低或原材料需求种类较少的产品①，表现出进口多样性指数较低。以 HS67 为代表的中间品环节，大多有固定用途，所以进口该类产品相对可选性少，多样性低。

表 10 – 10　　2000~2013 年第二产业产品进口多样性平均前 5 和后 5 种产品

编码	进口产品多样性前五位					进口产品多样性后五位				
	i = 72	i = 84	i = 48	i = 39	i = 62	i = 27	i = 88	i = 89	i = 24	i = 67
2000	32.14	25.45	13.22	14.60	4.84	1.31	1.90	1.53	1.85	1.91
2001	29.12	24.54	12.54	14.23	5.67	1.39	2.70	2.03	1.69	1.67
2002	31.26	21.99	23.98	15.78	7.02	2.10	2.11	1.93	1.41	1.54
2003	23.14	23.00	24.19	18.29	9.99	2.00	1.56	1.14	1.40	1.41
2004	29.05	23.53	23.83	19.28	14.66	1.86	1.44	1.14	1.52	1.39
2005	25.09	19.93	25.99	20.09	13.30	1.72	1.37	2.10	1.39	1.25
2006	30.12	18.96	26.08	21.02	13.62	1.71	1.37	1.36	1.28	1.24
2007	32.75	24.84	27.64	21.97	13.48	1.67	1.37	1.31	1.31	1.15
2008	30.97	28.99	28.33	22.30	18.26	1.64	1.40	1.19	1.26	1.17
2009	19.95	27.48	25.53	19.91	27.72	1.86	1.34	1.05	1.30	1.15
2010	26.68	28.86	25.65	22.74	27.64	1.89	1.40	1.73	1.29	1.13
2011	24.44	34.90	25.05	23.43	28.32	1.90	1.46	1.75	1.26	1.11
2012	25.82	27.23	25.22	23.02	28.58	1.91	1.37	1.54	1.24	1.11
2013	25.34	32.62	24.07	21.90	26.79	1.93	1.33	1.10	1.25	1.20
均值	27.56	25.88	23.67	19.90	17.14	1.78	1.58	1.48	1.39	1.32

资料来源：由 UN Comtrade 提供的原始数据和数据整理得到。

综合考察我国进出口贸易产品的多样性，可以看出我国现阶段的对外贸易仍然具有显著的加工贸易特征。进口钢铁原料的产品种类很多，但最终出口的制成品种类较单一，体现出我国金属类加工制成品大多是来料加工，许多国内企业作为产品的制造商，既是进口商也是出口商；在纺织品领域，依靠廉价劳动力的加工贸易形式为我国贸易增长做出了巨大贡献，但这种低附加值、低技术含量的产

---

① 多样性指数最低的后五位是 HS88（航空器、航天器及其零件）、HS89（船舶及浮动结构体）、HS27（矿物燃料、矿物油及其蒸馏产品；沥青物质；矿物蜡）、HS24（烟草、烟草及烟草代用品的制品）、HS67（已加工羽毛、羽绒及其制品；人造花；人发制品）。

业由于具有高模仿性和替代性,势必会被更具有劳动力资源禀赋的国家所取代。所以,未来发展中需要对该类加工贸易产品制定相对应的转型升级战略。

三、中国贸易结构的中长期趋势分析

(一) 马尔科夫效应验证

为考察产品多样性指数序列是否满足马尔科夫链性质,我们采用 AR (2) 模型,对所研究的有关数据共 97 章产品的多样性指数序列进行分析。具体回归中,我们利用逐步回归法规避一期和二期滞后项之间可能存在的高度多重共线性,保证回归结果稳健。回归数据选用我国与世界总体进出口贸易额有关的年度产品多样性指数和分章产品多样性指数,时间跨度为 2000~2013 年。考虑到年度数据间波动较大可能影响回归结果,我们采取二次指数平滑方法对这 14 年的数据进行处理,之后进行回归分析。具体回归分析结果见表 10-11。

表 10-11　　我国 97 章总体贸易产品出口多样性滞后一期、二期回归结果

	C	t-1	t-2	F	DW
总体	8.983487 *** (7.543808)	0.757231 *** (11.09941)		123.1970	1.7747
总体	9.348107 *** (9.777546)	0.696193 * (2.153522)	-0.009282 (-0.036311)	123.1980	2.032745

注:其中 C 为常数项,t 代表时期,括号中的值为 t 统计量,***、** 和 * 分别表示统计量在 1%、5% 和 10% 水平上显著,数值均保留四位小数。

资料来源:原始数据来自 UN Comtrade,后经笔者计算得到。

将 97 章产品总体的多样性指数对其滞后一期回归。各项检验均表明当期的多样性指数值受到滞后一期值的显著影响,即当期的贸易多样性指数受到前一期的显著影响。进一步进行二阶滞后项的检验表明,在 1% 的显著性水平下,其滞后二期的系数不显著,另外滞后二期 DW 值显示存在伪回归可能,根据逐步回归法,在 AR (1) 模型中加入滞后二期是不恰当的,应当将其剔除。当期总体的多样性指数与滞后一期直接显著相关,当期值所处的状态主要取决于滞后一期的状态,证明分章产品的多样性指数构成的时间序列具有马尔科夫性质。

(二) 贸易产品多样性的动态分析

为合理进行预测,必须确定系统的状态空间并计算转移概率矩阵。在计算系

统转移概率矩阵之前，必须对系统进行状态划分。在具体经济问题研究实践中，可以视时间序列的特点判断划分的节点。

我们在对数据进行划分时，考虑到状态划分的便利性及可行性，将每组数据划分为3个状态区间，其中间两个节点为每组平均值±0.5倍该组方差，同时考虑到每组数据变化幅度的不同，对节点进行灵活调整，使每个状态均能包含若干月度数据。另外，为使系统包含的多样性指数在预测时间范围内所有取值有效，在状态划分时，为各时间序列取值的变动设定了合理的缓冲区间，具体为：系统最大取值＝过去最大有效值＋过去13年最大增加值，同理也设定了系统最小取值。我们假定在运用马尔可夫链模型预测的有效时间范围内，系统取值范围不会超出这个最大取值。

按照上述划分标准，结合对马尔科夫有效性检验，我们选取2000~2013年间共97章产品进出口多样性指数数据进行状态划分，分别计算了转移概率矩阵，运用WINQSB软件计算每章产品的稳态概率分布以及到达稳态的期数。

接着进一步方法如下：设对第i章产品的马尔可夫链分析中划分的3个状态区间S_i(i=1,2,3)，区间均值用$\bar{S_i}$表示，系统在稳态处于S_i的概率用P_i表示，则第i章产品稳态的多样性期望值为$\sum_{i=1}^{3}\bar{s_i}p_i$。按上述方法计算出了进、出口各章产品的期望值，而各章产品的当前值用2000~2013年多样性指数均值来表示。表10-12和表10-14分别列出了出口和进口产品多样性的当前值与期望值之间的差值统计。此处差值的临界值选取基于$|\Delta|$的占比为50%的值确定，据统计出口的差值临界值为0.52，进口临界为0.53（趋势分析中此值仅作为参考）。

表10-12　　出口产品多样性期望值及其当前的差值比较

HS	当前值	期望值	差值	HS	当前值	期望值	差值	HS	当前值	期望值	差值
1	1.31	1.72	0.41	33	7.51	12.39	4.88	65	1.99	3.61	1.63
2	4.09	7.13	3.04	34	4.03	7.58	3.56	66	2.41	3.68	1.27
3	7.16	9.84	2.67	35	4.20	4.67	0.47	67	3.36	5.61	2.25
4	1.59	2.06	0.47	36	1.01	1.34	0.32	68	3.31	5.11	1.80
5	1.80	2.44	0.64	37	2.89	3.75	0.86	69	5.27	8.07	2.80
6	2.70	3.59	0.88	38	6.66	8.97	2.31	70	16.16	23.55	7.38
7	7.86	10.55	2.70	39	13.93	23.28	9.35	71	5.05	3.36	-1.69
8	5.27	7.09	1.82	40	3.76	5.20	1.44	72	16.71	22.48	5.77
9	4.07	5.66	1.58	41	4.18	4.42	0.25	73	15.83	22.80	6.97
10	2.66	3.44	0.78	42	3.60	5.04	1.44	74	5.46	7.78	2.32

续表

HS	当前值	期望值	差值	HS	当前值	期望值	差值	HS	当前值	期望值	差值
11	4.04	7.36	3.33	43	2.28	2.64	0.36	75	1.72	2.00	0.29
12	4.68	3.91	-0.77	44	7.96	12.71	4.75	76	7.64	10.19	2.55
13	2.46	2.89	0.43	45	2.02	2.17	0.14	78	1.60	2.22	0.62
14	1.73	2.33	0.60	46	2.97	2.00	-0.97	79	1.69	2.13	0.44
15	7.47	10.40	2.93	47	1.74	1.48	-0.26	80	1.66	2.88	1.22
16	4.96	7.67	2.70	48	16.83	24.90	8.08	81	7.71	11.48	3.77
17	1.86	2.56	0.70	49	3.35	5.58	2.24	82	17.95	28.76	10.80
18	2.70	3.71	1.01	50	2.10	2.49	0.38	83	10.01	14.07	4.05
19	3.33	4.95	1.62	51	6.68	10.55	3.87	84	6.98	9.41	2.43
20	7.99	12.76	4.77	52	15.36	21.87	6.51	85	14.52	12.83	-1.69
21	2.65	4.22	1.58	53	4.17	5.67	1.50	86	1.75	2.01	0.26
22	3.32	4.61	1.29	54	4.67	6.10	1.43	87	22.12	29.03	6.91
23	3.17	4.44	1.27	55	16.59	25.87	9.28	88	2.73	3.84	1.11
24	1.88	2.52	0.64	56	10.76	17.07	6.31	89	2.36	1.9	-0.46
25	8.61	12.16	3.54	57	3.88	4.27	0.40	90	4.95	1.58	-3.37
26	2.68	5.87	3.19	58	7.30	12.94	5.64	91	7.91	9.7	1.79
27	3.38	2.29	-1.09	59	3.60	4.71	1.11	92	7.89	8.04	0.15
28	24.14	35.12	10.98	60	4.42	7.82	3.41	93	2.11	2.30	0.18
29	45.45	67.12	21.66	61	14.34	23.60	9.26	94	11.41	17.53	6.13
30	4.01	6.45	2.44	62	20.90	23.55	2.64	95	4.23	5.24	1.02
31	3.84	4.87	1.03	63	10.23	14.86	4.63	96	18.80	25.58	6.78
32	7.83	11.03	3.20	64	4.27	5.29	1.02	97	1.84	1.89	0.06

资料来源：笔者计算。

通过观察发现，我国的出口产品中较多产品的多样性长期内趋于增加，但是部分产品特别是一些原有的优势出口产品的多样性在长期内趋于下降。尤其是我国的传统出口优势产业如轻工业制品类、纺织制品类中部分产品出口多样性趋向于下降。这两大类产品是我国的传统出口优势产品，但从长期来看，其劳动力密集型产业的性质决定了这两类产品不可能长期具有依靠低廉工资进行生产的优势，产品多样性趋于下降。具体而言，其典型代表如HS72（钢铁）。进口铁矿石成本日益上升，而钢铁初级冶炼制造势必带来较大环境污染资源损耗，在国家经济转型和经济结构调整的背景下，简单的钢铁冶炼出口将会逐步下降。此外，HS85（电气设备；录音机及放声机、电视图像、重放设备及其零件）、HS90（精密仪器及设备等）由于国际市场竞争激烈，同时我国出口这类产品大都属于组装加工的性质，不具有生产技术优势，因此未来这些产品的出口多样性也会出现较为显著地降低。一些资源消耗、加工类消费品的出口多样性也趋于下降。以资源为主的初级产品，由于自然资源或原材料的成本上涨，出口种类也相对缩减，反映出我国出口产品结构由资源投入为主的初级品向以技术创新为主的制成品转型。

从长远看，更多第二产业产品的出口多样性将显著增加。化学工业制品的出口多样性指数明显上升，这些产品中有些产业具有较为成熟的产业链条，技术开发难度不高，如日化产品①；另一些则对原材料资源有较大的需求②。此外，其他的如HS30（药品）等出口多样性上升则既有赖于科技创新、新药研发，也与我国药品生产市场将进一步开放，药品成为新的加工产品生产的可能性上升有关。总体来看，这类产品出口多样性上升有利于我国出口结构完善，但同时也应警惕其高速发展可能带来的环境污染、资源过度开采等问题。

纺织原料及纺织制品中也有一部分产品③未来出口多样性将进一步上升。纺织产品市场非常广阔，即使我国因为人口红利的丧失将失去一些低端产品的出口优势，但是仍然有一部分产品对加工熟练程度、原料乃至生产技术等有一定要求，利用这方面的优势，未来的纺织品中仍将有一些产品具有出口竞争力。值得注意的是，金属制品中大部分产品④的出口多样性将继续上升。这源于我国在化工原料、化学纤维制造业、金属制品业、有色金属品等方面的大规模投资以及技术能力的提升。在这类深加工产品领域，我国的技术创新优势、资本投入优势等将继续酝酿发力，有助于我国的出口结构完善和经济结构调整。

引人注目的是，在机械设备、运输设备⑤这类对技术资本有较高要求的领域，我国出口的多样性也将增加。这类产品的生产制造需要大量技术资本的支持，同时也需要及时地更新产品、创新技术，我国在这些领域特别是铁路运输及相关配件领域近年来发展迅速，未来势必可以将这些研发资本投入逐渐转化为产品优势并将之推向国际市场，带来此类产品出口多样性的增加（见表10-13）。

---

① HS33（精油及香膏；芳香料制品及化妆盥洗品）、HS34（肥皂、洗涤剂、润滑剂、人造蜡、调制蜡、"牙科用蜡"及牙科用熟石膏制剂）、HS39（塑料及其制品）。

② 具体的化学工业产品有HS28（无机化学品；贵金属、稀土金属、放射性元素）、HS29（有机化学品）。

③ HS51（羊毛、动物细毛或粗毛；马毛纱线及其机织物）、HS55（化学纤维短纤）、HS56（线、绳、索、缆及其制品）、HS58（特种机织物；装饰带/毯；刺绣品）、HS60（针织物及钩编织物）、HS61（针织或钩编的服装）。

④ 贱金属及其制品：HS73（钢铁制品）、HS80（锡及其制品）、HS81（其他贱金属、金属陶瓷及其制品）、HS82（贱金属工具、器具、利口器、餐匙、餐叉及其零件）。

⑤ 普通和精密机械设备：HS91（钟表及其零件）；运输设备：HS87（车辆及其零件、附件，但铁道及电车道车辆除外）、HS88（航空器、航天器及其零件）。

表 10-13　　我国出口产品多样性的动态分析

多样性显著提升 ($\Delta \geq 0.52$)		多样性显著减弱 ($\Delta \leq -0.52$)		多样性基本不变 ($|\Delta| \geq 0.52$)	
化学工业制品	HS30, HS28, HS33, HS34, HS29, HS39	纺织原料及纺织制品	HS62, HS57	纺织原料及纺织制品	HS50*, HS59*, HS52, HS53*, HS54*, HS63
纺织原料及纺织制品	HS51, HS56, HS60, HS55, HS58, HS61	农产品	HS12	化学工业制品	HS31, HS40*, HS38*, HS36, HS32, HS37
贱金属及其制品	HS73, HS80, HS81, HS82	木制品和纸制品	HS46	贱金属及其制品	HS74, HS75, HS76, HS78, HS79, HS83*
轻工业制品	HS94, HS65, HS67	化学工业制品	HS35	轻工业制品	HS41, HS42*, HS43*, HS66
农产品	HS2, HS11	轻工业制品	HS64, HS95, HS96	农产品	HS3, HS6, HS7*, HS8*, HS10, HS13*, HS14*, HS1*, HS5*, HS4*, HS9, HS15
食品饮料	HS20, HS21, HS16	电气设备	HS85		
矿产品	HS25, HS26	矿产品	HS27	食品饮料	HS18, HS19, HS24*, HS22, HS23
普通和精密机械	HS91	贱金属及其制品	HS72	普通和精密机械	HS84*, HS92
木制品和纸制品	HS48, HS49, HS44	普通和精密机械	HS90	木制品和纸制品	HS45*, HS47*
陶瓷玻璃制品	HS68, HS69	食品饮料	HS17	陶瓷玻璃制品	HS70
运输设备	HS88, HS87	其他	HS71	运输设备	HS86, HS89*
				其他	HS97*, HS93*

注：※表示多样性指数微降。

资料来源：笔者根据表 10-12 统计得到。

我国未来出口多样性总体波动不大,部分产品出现多样性下跌,但是总体出口多样性将保持上升趋势①。长期来看,我国出口的产品种类将更齐全,一些传统的产品大类如食品、纺织品、加工制造的部分产品依旧保持较高的产品多样性增长态势,而新兴的以资本和技术为主的产品行业也表现出了较高的产品多样性增长。

表 10-14 是笔者计算得到的我国进口产品多样性的当前值与期望值的差值,表 10-15 反映的是我国进口产品多样性的动态分析。

对比分析我国出口与进口产品多样性变化趋势,可以发现一些产品的进出口多样性均增加②,这类产品的进出口多样性同时增加可能有两类原因。一部分是中间产品,进出口多样性同时增加主要源于该类加工贸易进一步发展;一部分是消费品,如蔬菜、粮食等,进口多样性增加是源于我国经济发展市场需求增加。出口需求增加则说明我国生产技术提高,检验检疫标准与国际标准更加接轨,进一步扩大了产品市场。

表 10-14   进口产品多样性期望值及其当前的差值比较

HS	当前值	期望值	差值	HS	当前值	期望值	差值	HS	当前值	期望值	差值
1	2.31	3.15	0.84	33	4.13	3.83	-0.30	65	2.73	3.72	0.99
2	2.50	3.59	1.09	34	6.25	8.45	2.21	66	1.82	3.23	1.41
3	6.82	9.84	3.01	35	2.76	3.15	0.40	67	1.03	1.15	0.12
4	2.12	2.50	0.38	36	1.63	2.00	0.36	68	6.42	6.92	0.50
5	1.99	2.70	0.71	37	4.51	4.43	-0.08	69	8.74	13.32	4.58
6	1.95	2.60	0.66	38	4.26	5.00	0.74	70	6.90	11.55	4.65
7	1.72	1.34	-0.38	39	14.14	22.72	8.58	71	5.43	8.20	2.78
8	7.40	10.82	3.43	40	8.20	9.04	0.84	72	18.55	25.80	7.25
9	3.92	4.27	0.35	41	6.24	8.95	2.71	73	11.87	16.50	4.62
10	2.19	2.71	0.52	42	4.73	6.59	1.86	74	3.21	2.67	0.54
11	1.65	1.63	-0.02	43	3.14	4.31	1.17	75	2.24	2.59	0.35
12	1.27	1.43	0.17	44	4.43	5.58	1.16	76	4.36	3.73	-0.63

---

① 除书中具体分析外,所有样本中,仍有 13 章产品的多样性将显著上升,其余 48 章产品的多样性指数相对当前值基本处于稳定状态,且多数产品多样性表现为小幅增加。

② 化学工业制品类的 HS39(塑料及其制品),纺织原料及纺织品类:HS60(针织物及钩编织物)、HS61(针织或钩编的服装);此外还有 HS20(蔬菜、水果、坚果或植物其他部分的制品)、HS48(纸及纸板制品;纸浆)、HS69(陶瓷产品)。

续表

HS	当前值	期望值	差值	HS	当前值	期望值	差值	HS	当前值	期望值	差值
13	4.39	6.27	1.88	45	2.39	2.66	0.27	78	2.39	2.95	0.56
14	1.79	2.50	0.71	46	2.21	4.61	2.40	79	2.13	2.81	0.69
15	2.34	3.10	0.75	47	4.09	5.73	1.64	80	1.93	2.71	0.77
16	3.41	4.13	0.72	48	17.14	26.19	9.05	81	5.47	6.50	1.03
17	1.91	2.42	0.51	49	4.55	6.52	1.97	82	7.17	8.05	0.87
18	4.36	6.23	1.88	50	1.48	1.92	0.44	83	10.38	15.98	5.60
19	2.18	2.88	0.70	51	2.30	1.71	-0.59	84	18.24	25.66	7.42
20	4.17	7.94	3.77	52	5.69	4.28	-1.41	85	8.57	4.47	-4.10
21	1.62	1.17	-0.44	53	3.30	3.76	0.46	86	4.74	4.24	-0.50
22	2.87	4.11	1.24	54	9.18	16.42	7.24	87	2.86	2.36	-0.50
23	1.68	3.12	1.43	55	10.13	13.75	3.63	88	1.17	0.9	-0.27
24	1.08	1.29	0.21	56	6.70	9.14	2.44	89	6.04	5.9	-0.14
25	4.01	5.76	1.75	57	2.79	3.49	0.71	90	5.18	3.2	-1.98
26	1.72	1.82	0.10	58	6.86	8.74	1.88	91	6.76	5.77	-0.99
27	1.41	2.04	0.63	59	3.92	5.95	2.04	92	5.27	4.69	-0.58
28	4.19	5.92	1.73	60	5.62	8.24	2.62	93	3.02	4.17	1.15
29	11.03	15.24	4.21	61	8.87	17.54	8.67	94	4.27	5.85	1.58
30	2.70	3.80	1.10	62	14.05	29.84	15.79	95	3.93	5.32	1.39
31	1.70	1.55	-0.15	63	7.47	16.20	8.74	96	11.75	19.88	8.12
32	11.89	17.09	5.20	64	3.10	5.01	1.91	97	2.57	3.79	1.22

资料来源：笔者计算。

表10-15　　　　　我国进口产品多样性的动态分析

多样性显著提升 ($\Delta \geq 0.53$)		多样性显著减弱 ($\Delta \leq -0.53$)		多样性基本不变 ($|\Delta| \leq 0.53$)	
化学工业制品	HS39	纺织原料及纺织制品	HS51，HS52，HS58，HS53，HS55	纺织原料及纺织制品	HS50*，HS56*，HS57*
纺织原料及纺织制品	HS54，HS59，HS60，HS61，HS62，HS63	化学工业制品	HS33，HS40，HS37，HS38，HS31，HS35，HS29	化学工业制品	HS30，HS32，HS34*，HS36*

续表

多样性显著提升 ($\Delta \geq 0.53$)		多样性显著减弱 ($\Delta \leq -0.53$)		多样性基本不变 ($|\Delta| \leq 0.53$)	
轻工业制品	HS41，HS64，HS66，HS96	食品饮料	HS16，HS21	农产品	HS1，HS2，HS3，HS4※，HS5，HS6，HS8，HS10※，HS11※，HS12，HS13，HS14，HS15※
贱金属及其制品	HS83	农产品	HS7，HS9	轻工业制品	HS42※，HS43※，HS65，HS67※，HS94※，HS95※
		贱金属及其制品	HS74，HS76，HS82，HS72，HS81	贱金属及其制品	HS73，HS75※，HS79※，HS78※，HS80
食品饮料	HS20，HS23	木制品和纸制品	HS45	食品饮料	HS17，HS18，HS19，HS22，HS24※
		矿产品	HS26	矿产品	HS25，HS27，HS28
		普通精密机械	HS93，HS91，HS92	普通精密机械	HS84※
木制品和纸制品	HS46，HS48	陶瓷，玻璃制品	HS68，	木制品和纸制品	HS44※，HS47，HS49
陶瓷，玻璃制品	HS69，HS70	电气设备	HS85	运输设备	HS89※，HS88※，HS86※，HS87※
其他	HS71，HS97			其他	HS93

注：※表示多样性指数微降。
资料来源：笔者根据表 10-14 统计得到。

还有一部分产品进口多样性显著下降的同时出口多样性上升①。这些产品主要集中在我国具有传统优势的出口领域，进一步扩展这些产品的出口种类是这类产品未来继续保持较强竞争力的重要路径。一些产品②则表现出进口多样性上升而出口多样性下降的发展趋势。其中，HS71 产品的多样性明显增多，表明我国对珠宝、贵金属等奢侈品的需求在增加且产品种类不断增多，也侧面反映了我国经济实力和人民生活水平的提高。最后，部分产品③的进出口多样性同时减少，如钢铁类产品。这类产品进出口多样性的减少与新能源材料继续加快发展有关，对于钢铁需求减少以及钢铁生产带来的污染，能源损耗等降低了我国生产出口的趋势。由于我国在化学研究领域、冶钢领域和普通及精密仪器制造领域技术水平的提高，未来精密仪器、化学产品等可以更多地由国内提供，因此进口多样性下降。

四、结论及政策建议

我们使用我国 2000～2013 年 HS 六位码的产品进出口贸易数据，首先计算各章产品多样性指数，之后运用马尔可夫链模型对我国进出口贸易产品多样性进行动态分析。进出口产品多样性数据表明，第二产业进出口产品多样性总体水平高于第一产业且波动幅度较小。我国贸易的出口多样性明显优于进口多样性，在第二产业表现得更为明显。从长期趋势看，我国贸易产品多样性绝大部分都在增加，有些产品的进出口多样性同时快速增加。我国贸易倚重加工贸易的发展模式将出现转变。

我国受要素成本上升、国际市场竞争日益激烈等因素的影响，贸易产品波动尤其是出口产品的结构调整仍将持续一段时间。我国应进一步扩展出口贸易的外延边际，增加出口产品的多样化与出口地区的多元化，以此降低对出口贸易中集约边际的依赖，增加出口贸易对国际经济波动的抵抗。具体看，我国应改变现阶

---

① 包括 HS29（有机化学品）、HS33（精油及香膏；芳香料制品及化妆盥洗品）；纺织原料及纺织制品有：HS51（羊毛、动物细毛或粗毛；马毛纱线及其机织物）、HS55（化学纤维短纤）、HS58（特种机织物；装饰带/毯；刺绣品）；贱金属及其制品：HS81（其他贱金属、金属陶瓷及其制品）、HS82（贱金属工具、器具、利刃器、餐匙、餐叉及其零件）；食品饮料：HS16（肉、鱼、甲壳动物、软体动物及其他水生无脊椎动物的制品）、HS21（杂项食品）；此外还有 HS26（矿砂、矿渣及矿灰）、HS68（石料、石膏、水泥、石棉、云母及类似材料的制品）、HS91（钟表及其零件）。

② 具体产品有 HS64（鞋靴、护腿和类似品及其零件）、HS62（非针织或非钩编的服装及衣着附件）、HS46（稻草、秸秆、针茅或其他编结材料制品）、HS71（珍珠、宝石或半宝石、贵金属、包贵金属及其制品；仿首饰；硬币）、HS96（杂项制品）等。

③ HS35（蛋白类物质；改性淀粉；胶；酶）、HS72（钢铁）、HS85（电气设备；录音机及放声机、电视图像、重放设备及其零件）、HS90（精密仪器及设备等）。

段主要出口劳动密集型产品而进口土地、资本密集型产品的贸易模式。对于一些具有"两头在外"特征的重要出口贸易产品，如机械加工、制造等产品，应努力延长加工贸易在我国境内的生产链条；在加工贸易形式上，要鼓励来样加工，限制来件、来料及进料加工，实现向自创品牌（OBM）的跃升。在做好产业链纵深延伸的同时，通过国家实力，尽最大可能实现对原材料、能源等上游产品一定的定价权，在为企业节约生产成本的同时有助于增加企业创新资金，提高出口产品技术含量，有助于差异化生产，促进产品出口多样性的增加。对于以稀土金属（HS28）为代表的资源性产品的出口也应加以关注，目前这类产品出口量大，出口多样性较高，在第二产业产品出口中占重要地位。未来应更加注重出口质量管控以实现此类产品可持续创汇。以 HS28 为例，2015 年 1 月前我国使用出口关税、出口配额等措施对这类产品出口加以限制，但此后这些措施逐步取消。对于此类不可再生性以及大量出口可能带来国际市场价格波动的产品，我们应该考虑通过细化出口产品质量分类、区分不同品级产品出口标准等方法，差异化出口此类产品，在避免国际市场价格大幅波动的同时通过标准设定明确按质量划分的产品的出口种类，保证其出口良性发展。此外，第二产业出口结构的转型升级中应注意不能轻视传统劳动密集型行业的作用，这一方面是因为资本密集型行业风险较大，传统行业出口波动性较小，因而有助于平衡资本密集型行业出口波动带来的整体贸易水平波动。另一方面，对于因为劳动力成本上升较快可能出口受损的劳动密集型产业，如 HS60（针织物及钩编织物）、HS61（针织或钩编的服装）等，可以考虑将劳动密集型的、难以靠机械完成的部分外包给东南亚等劳动力成本较低的国家，通过境外加工①后再出口的方式，在保证国内出口产品质量与数量的同时，也有利于实现产业转移与升级。而农产品则注重以深加工的出口为发展重点。以动植物油（HS15）为例，应鼓励其向高端市场发展，强调原料的安全性、健康性，进一步区分不同类型的产品，建立品牌特色帮助其扩大出口。

  进口贸易具有技术外溢的重要作用，该作用能刺激经济增长。因此，我国现阶段应增加有效进口，尤其是除了对国内急需的能源进口外，对于关键技术、重要设备和重要原材料的进口应当进一步加强，积极引进科技含量高、原创成分高的关键零部件和重大技术。将进口贸易结构的调整与推动战略性新兴产业发展目标结合起来，在优化进口结构的过程中提升我国工业制成品出口产品的技术，使进口贸易成为我国产业转型升级的催化剂和推动器。我国应加强铁矿石、石油、粮食等重要战略性原材料的进口安全保障，扩宽进口来源国，稳定进口渠道，提

---

① "出境加工"是指境内发货人将原材料、零部件、包装物料等货物运往境外加工，并复运进境的经营活动，在整个过程中海关只对出境加工成品增值部分征税。

升进口产品广度边际和进口多样性。

我国对外贸易发展应与我国"一带一路"倡议相结合,利用这一契机积极寻找新的出口市场,进一步出口符合新市场需求的产品,提升出口的多样性。同时通过与这些国家展开合作,也有利于摆脱我国目前油、气等进口来源单一的困境,同时积极进口沿线国家具有比较优势的产品,如手工艺制品、香料等,在提升进口多样性的同时也为战略的实施提供支持。进一步,我们可以通过向这些地区进行对外直接投资,通过出口我国科技含量较高的产品,如高铁、电力设备等,为我国出口贸易良性发展提供帮助。

第四节　本章小结与政策启示

长期以来,依托国内低要素成本优势,我国经济取得长足发展,对外贸易不断扩大;但近年来,我国已面临着各类要素投入增加,要素价格逐步上升的局面。低要素成本优势的丧失促使企业为提高竞争力必须做出调整,淘汰低技术、高耗能的产业,提高全要素生产率,走技术创新的发展道路,培养科技尖端的新兴产业发展,积极升级产业结构,从劳动密集型向技术集约型发展;同时政府也应合理利用外商直接投资,减缓企业的成本压力,积极引导企业完成转型,以提高国内产业的整体竞争力,保持我国出口大国的国际贸易地位。

在要素成本上升背景下,本书从贸易产品的竞争力和贸易产品的多样性两个角度分析了贸易产品的中长期趋势。主要结论为:

以竞争力来看:(1)短期效应,我国第一产业大部分商品的国际竞争优势变化明显,第二产业中纺织原料及纺织品的比较优势明显下降,但轻工业品的比较优势基本保持稳定。(2)基于马尔可夫链模型的中长期趋势预测,第一产业商品的比较优势基本维持稳定,在广义要素成本上涨的背景下,第二产业中纺织原料及纺织品、轻工业产品、陶瓷、玻璃制品的国际竞争优势长期呈明显下跌趋势,而矿产品、普通和精密机械、贱金属及制品的国际竞争优势没有明显变化。

以多样性来看:进出口产品多样性数据表明,第二产业进出口产品多样性总体水平高于第一产业且波动幅度较小。我国贸易的出口多样性明显优于进口多样性,在第二产业表现得更为明显。从长期趋势看,我国贸易产品多样性绝大部分都在增加,有些产品的进出口多样性同时快速增加。我国贸易倚重加工贸易的发展模式将出现转变。

为应对要素成本上升给我国贸易产品竞争力带来的挑战和贸易产品波动尤其

是出口产品的结构调整,使得贸易发展可持续,可以从以下几个方面做出努力。

第一,实现产业升级,做好产业链纵深延伸。将国际竞争优势来源需要从要素投入量转变为要素效率,优化现有产业结构,在原有优势产业加强技术研发,实现产业内升级;同时发展附加值高的产业,在全球产业价值链上逐渐从低端走向中高端,提升企业的国际市场竞争力;在做好产业链纵深延伸的同时,通过国家实力,最大可能对原材料、能源等上游产品有一定的定价权,在为企业节约生产成本的同时有助于增加企业创新资金,提高出口产品技术含量,差异化生产,促进产品出口多样性的增加。

第二,多样化产品出口,优化出口商品结构。为应对贸易产品波动尤其是出口产品的结构调整,我国应进一步扩展出口贸易的外延边际,增加出口产品的多样化与出口地区的多元化,以此降低对出口贸易中集约边际的依赖,增加出口贸易对国际经济波动的抵抗。同时,提高劳动密集型产品出口质量、档次和附加值,深入实施科技兴贸和以质取胜战略,支持企业技术改造,扩大技术和资本密集型的机电产品、高技术高附加值产品和节能环保产品出口。随着碳排放不断增加及国外对安全性和环境友好性要求的不断提高,在考察生产成本时应当加入环境及资源成本,加强循环经济和绿色生态发展,控制高能耗、高污染和资源性产品的出口,通过关税政策倾斜等措施鼓励绿色贸易企业扩大生产和出口。

第三,调整进口结构,实现技术溢出。进口贸易具有技术外溢的重要作用,能有效刺激经济增长。因此,我国现阶段应增加有效进口,调整进口贸易结构。一方面,应加强铁矿石、石油、粮食等重要战略性原材料的进口安全保障,扩宽进口来源国,稳定进口渠道,提升进口产品广度边际和进口多样性;另一方面,积极引进科技含量高、原创成分高的关键零部件和重大技术,将进口贸易结构的调整与推动战略性新兴产业发展的目标结合起来,在优化进口结构的过程中提升我国工业制成品出口产品的技术,使进口贸易成为我国产业转型升级的催化剂和推动器。

第四,开拓新兴市场,市场布局多元化。受国际金融市场波动影响,欧、美、日等主要国际市场需求低迷,因此应加大新兴市场如非洲、拉美、东南亚、中东欧等地区的开拓力度,实现多元市场格局,增加新兴市场出口份额;出口地区的多元化也会降低出口贸易受经济影响的波动性。主要工作包括加快建设外贸基地,培育一批基础条件好辐射能力强的会展平台、内外贸结合的商品市场平台、电子商务平台和进口促进平台,鼓励企业建立国际营销网络,开拓新兴市场;为出口企业提供支持,提高其国际竞争力,突出的是中小型企业在后金融危机时期面临较强的融资约束问题,因此政府要支持商业银行按照"风险可控、商业可持续"原则,拓宽出口企业融资渠道、扩大贸易融资规模、降低贸易融资成本、加大出口信用保险支持力度。

第五，防范汇率风险，规避贸易摩擦。由于我国汇率机制调整及国际压力，人民币相较竞争对手货币大幅升值，出口企业面临较高的亏损及转型压力。因此应当完善人民币汇率市场化形成机制，出口企业在发展新的竞争优势的同时，也应当选择合适的汇率避险工具，降低外汇风险带来的损失。针对全球贸易保护主义抬头，我国出口企业面临贸易摩擦及贸易限制措施增加的情况，应当提升行业的技术含量，降低雷同度，规范企业行为；同时积极应诉，加大谈判力度，反对歧视性贸易，并充分利用WTO的争端解决机制。

第六，抓住契机，参与"一带一路"。未来的贸易发展可与我国"一带一路"建设相结合，利用这一契机积极寻找新的出口市场，进一步出口符合新市场需求的产品，提升出口的多样性。同时也可以积极与这些国家展开合作，摆脱我国目前油气等进口来源单一的困境，同时积极进口沿线国家具有比较优势的产品，如手工艺制品、香料等，在提升进口多样性的同时也为战略规划的实施提供支持。进一步，我们可以通过向这些地区进行对外直接投资、出口我国的科技含量较高的产品，如高铁等，为我国出口贸易良性发展提供帮助。

第七，在产业升级过程中应注意不能轻视传统劳动密集型行业的作用，一方面是因为资本密集型行业风险较大，传统行业出口波动性较小，因而有助于平衡资本密集型行业出口波动带来的整体贸易水平波动；另一方面，对于因为劳动力成本上升较快可能出口受损的劳动密集型产业，如HS60（针织物及钩编织物）、HS61（针织或钩编的服装）等，可以考虑将劳动密集型难以机械完成部分外包给东南亚国家等劳动力成本较低的国家，通过出境加工后再出口的方式，在保证国内出口质量与数量的同时，也有利于实现产业转移与升级。

附表　　　　　　　　　产品分类（HS编码）

产品分类	HS章（2位码）
农产品	01~15
食品饮料	16~24
矿产品	25~27
化学工业产品	28~40
轻工业产品	41~43，64~67，94~96
木制品和纸制品	44~49
纺织原料及纺织品	50~63
陶瓷、玻璃制品	68~70
贱金属及其制品	72~83

续表

产品分类	HS 章（2 位码）
普通和精密机械	84，90~92
电气设备	85
运输设备	86~89
其他	71，93，97~98

注：参考 Kyoji Fukao、Ishido and Keiko Ito（2003）。

第十一章

中国外贸中长期发展的前景、目标与路径

《对外贸易发展"十三五"规划》指出,"'十二五'时期,国际金融危机深层次影响持续显现,外需持续低迷,国内要素成本大幅上升,外贸形势十分复杂严峻,下行压力明显加大"。在外部环境与内部要素成本变化双重作用下,我国经济发展进入了充满机遇与挑战的结构和模式调整期,对外贸易作为改革开放以来长期发挥重要引擎作用的"三驾马车"之一,其结构和模式调整的要求最为迫切,为经济模式转换创造条件的任务最为艰巨,其寻求和创新内在自主新动力的难度也是空前的。换言之,我们必须在科学判断中国外贸中长期发展趋势的基础上,合理确定对外贸易发展的中长期目标,准确把握其实现路径和施行务实高效的战略对策。本章在总结前述各章研究得出的主要结论的基础上,讨论中国对外贸易发展"十三五"规划乃至中长期的总体目标、实现路径,提出若干具有针对性的对策建议。

第一节 基于要素成本上升背景的中国外贸发展前景展望

中国对外贸易在经历高速增长之后不得不面对的一个基本事实是:中国在国际生产与贸易体系中,主要依靠自身在劳动力、土地和自然资源等低端要素禀赋方面的优势,专业化于国际生产与贸易体系中低附加值的分工环节,由此产生了

"被锁定""被导向"等比较优势陷阱倾向，并造成了产业失衡、区域失衡、环境失衡、收入失衡和国际收支失衡等内外部失衡问题。2008年国际金融危机使我国对外贸易面临的形势发生了新变化，上述问题与矛盾更加显性和激化，昭示了要素成本上升背景下中国对外贸易减速、转型时代的正式到来。

一、中国对外贸易面对的要素成本上升是一个长期趋势

近年来，中国劳动力、土地、能源等要素成本延续上升态势，严重削弱了中国外贸企业的出口竞争力。2004~2014年，中国的制造业成本不断上升，相对美国的工厂制造业成本优势已经减弱。以工资、税收、厂房租金、能源、运费等项目综合计算，在美国直接设厂的生产成本与国内已相差无几。而与此同时，东南亚、南亚等新兴经济体承接出口加工产能转移，劳动密集型制造业能力提升，在发达国家市场对中国产品形成了竞争和替代的态势。

从劳动力工资成本看，尽管中国与发达国家工人之间的工资仍然存在巨大差异，但快速上涨的工资已经极大地削弱了中国的出口竞争优势。2004~2014年，全球前25位出口国的制造业工资都出现上涨，但中国年均工资增长率达到10%~20%的情况已经持续超过10年，其他经济体的年均工资增长率仅为2%~3%。

在能源成本方面，自2004年来，由于页岩天然气资源的大规模开采，北美天然气的价格已经下降了25%~35%。相比之下，中国的天然气价格却大幅度上升。这对使用天然气作为生产进料的化工产业产生巨大影响。类似地，中国的工业用电价格也大幅上升。因此，中国的整体能源成本都比2004年上升了50%~200%。

土地成本持续、急剧上升。2008年金融危机以来，超量宽松的货币涌入房地产市场，快速上升的房价使以住房为核心的不动产升值远超其他资产。房地产市场脱离居住需求，成为巨大的投资和融资市场，反过来推动了地价的迅速上升。从制造业企业的角度分析，土地征用拆迁成本快速增加，在国有垄断城市建设用地体制与农村集体建设用地流转权改革滞后的制约下，市场机制难以较好发挥调节土地供求关系与抑制地价过快飙升的功能。

国际气候谈判压力和国内生态文明建设要求增加了企业的环境成本。2015年APEC会议期间，中美气候变化联合声明公布了各自2020年后的减排目标，减排达标的压力较大。同时，经过三十多年的高速发展，中国的环境污染确已达到非常严重的程度，各地的环境污染总体呈加重态势，生态环境压力增加已逼近红线，不仅给经济可持续发展造成巨大压力，在某些区域还直接威胁着民众的现实生存。

在上述成本因素作用下，中国外贸的传统比较优势正在不断弱化。尽管经过三十多年努力，中国外贸已经成功跻身于世界前列，占全球市场的份额已高达13.5%以上，但是由于身处全球价值链的相对低端位置，全产业链行业较少，只有20%的企业有自己的出口品牌，从2012年起中国出口额和外贸总额增速开始下降放缓。2015~2016年，中国外贸总额和出口额甚至出现下连续下滑，2016年外贸总额下降6.8%，出口降幅高达7.7%，整体行业遭受重创。

二、中国对外贸易面临的国际环境更加复杂化

本来，就中国外贸已经达到的总量基数和存在的结构问题而言，其贸易增速下降属于情理之中，但是2008年金融危机以来外部环境的变化造成了雪上加霜的后果。2016年以后，随着欧美政经形势变化、新兴经济体增长乏力和国际若干区域热点纷呈局面的形成，世界经济充满了不确定性因素，未来一个时期内中国对外贸易发展面临着巨大的考验和挑战。

最为关键的是，进入21世纪以来，世界经济的服务化趋势大大加强。发达国家服务业增加值占GDP的比重进一步上升，英美等国这一比例甚至高达70%以上。发展中国家服务业增加值的GDP占比平均水平也达到50%以上。服务业的劳动生产率低于制造业是一个规律性现象，经济服务化是隐藏在金融危机背后全球经济增长放缓的结构性原因。然而，国际社会对此认知并不一致，作为对金融危机以来世界经济失衡与各国国内经济、社会矛盾丛生的综合和极端反应，"全球化"成为一些国家和利益集团宣泄不满和转移矛盾视线的借口。以英国"脱欧"公投和美国新一届政府大选特朗普获胜上台为标志性事件，主要国家形成了"逆全球化"浪潮和"新民粹主义"泛滥的局面。一时之间，政治上的保守主义，经济上的保护主义和社会乃至全球治理的无政府主义甚嚣尘上。

以美国新一届政府的战略与政策取向为例，"特朗普经济学"九大方面主张的内在逻辑是一致的。在外交方面，他主张废弃TPP、重新谈判NAFTA，反对新移民和"修筑长城"，主张将中国定为"汇率操纵国"和征收"惩罚性关税"，声言减少国外驻军与增加同盟国的军费负担；在内政领域，特朗普力主"让美国重新伟大"（make America great again），主张通过降税增加制造业回流与国内投资（包括基础设施投资）、创造就业，废除奥巴马政府的"医改"方案和削减部分高福利以遏制联邦政府的债务膨胀。基于"商人的哲学"，特朗普在一定程度上改变了传统精英信仰和追捧的价值观，倾向于短期逐利和不择手段，即所谓"不按规则出牌"。从已有的追踪分析来看，特朗普甚至将着手对美国政府的贸

易、财政等部门的人事和权力架构进行较大力度的改造重组，摆出了强化贸易保护主义和准备开打"贸易战""货币战"的姿态。从特朗普秉持的"商人哲学""特朗普经济学"的粗暴逻辑和初现端倪的执政风格来看，尽管美国固有的法律和政治体制对总统权力有所限制，但新总统的部分竞选主张和新一届政府的政策倾向仍将在较短的时间内陆续成为美国对外关系的基调。美国新一届政府的政策基调必然在全球范围内产生广泛、深刻的影响，引发全球主要国家和地区对外经济关系的一轮连带性或应对性调整变化。贸易保护主义若得不到有效遏制，全球化进程短期、甚或中长期内都会受到阻击，国际政治热点区域与经济核心地带的新老问题、矛盾势必进一步被激发并复杂化，导致全球化出现明显的倒退。如此，主要国家包括美国自身的经济复苏步伐也会受到迟滞和干扰。这种状况显然对中国外贸中长期发展造成了巨大的困扰。

在"逆全球化"浪潮干扰下，作为20世纪80年代以来世界贸易得以迅速发展的最重要动力机制之一的国际直接投资，也将不可避免地受到严重影响。首先，美国新一届政府主导的"制造业回流"和对外移制造业产品返销课征重税的政策，以及美联储主导的强势美元政策势必减缓甚至减少世界第一对外投资大国美国的资本外流，进而改变国际资本的流向，并影响到制造业的全球布局与技术外溢效果，产生贸易流量与流向的转移效应；其次，其他发达国家和地区对美国政策的仿效和被迫采取的守势战略会放大上述效应，对包括中国在内的发展中国家制造业发展、产业升级与对外贸易造成不利影响；再次，发展中国家和新兴经济体利用这一进程，对国际资本与制造业转移资源展开激烈的争夺和"截流"，同样会影响中国利用外资促进制造业升级、增强对外贸易竞争力的效果；又次，一些落后的发展中国家实现工业化、促进经济社会发展的强烈愿望和积极努力，也会在国际资本流动、跨国公司投资和制造业转移中分一杯羹；最后，中国已经成为世界主要的对外直接投资国和净资本输出国，在对外投资和国际产能合作过程中，局部地区和某些时期可能出现的资本过度外流、产业龙头外移也会削弱对外贸易的竞争力。所以，今后一个时期围绕着国际资本流动、跨国公司投资和制造业国际转移，将演绎出一轮全球价值链重构——产业链或供应链全球化与区块化、外部化与内部化、一体化与分散化相互动态交织的复杂局面，对外贸易竞争的格局也会随之复杂化。

国际贸易摩擦呈现立体、交叉错综复杂的态势。近年来，国际贸易摩擦在增加频率的同时，其对象国范围和产业领域也在不断扩大，贸易摩擦的工具和手段呈多样化趋势。从对象国范围来看，从发达国家逐步扩大到新兴经济体、发展中国家和一些经济落后的国家或地区。从产业领域观察，除了从纺织品、服装鞋帽、箱包等传统的劳动密集型产品向钢铁、汽车、电子类资本密集型产品延伸外，还迅速向高科技产业领域蔓延；此外特别值得注意的是，国际贸易摩擦从货物贸易向服务贸易领域扩展。据统计，从 1995 年至今，国际服务贸易领域的摩擦案件已经多达 23 起，涉及的国家越来越多，中国（6 起）仅次于美国（17 起）排在涉诉榜的第二位且全部以败诉告终。案件涉及的服务部门包括分销服务、金融服务、通用服务、通信、娱乐、期刊等。此外，随着贸易保护主义倾向的增强，贸易摩擦的工具和手段从传统的关税和非关税措施、倾销和反倾销手段、补贴和反补贴方法向着货币汇率、境内财税和金融、法律法规等工具发展，有时甚至多管齐下、多法并用。因此，国际贸易摩擦已经形成立体、交叉的错综复杂态势。

三、中国对外贸易发展不乏有利因素

当然，从积极面和主动面分析，中国对外贸易发展也存在许多有利的因素，构成外贸中长期稳定增长、优化结构、进出平衡与增进效益的基础。

（1）中国加入世界贸易组织已满 15 年，并成功跻身于世界贸易的前列，其对外贸易的规模和地位乃至国际经贸规则重构中的话语权已不同于以往。2000 年，中国在全球出口贸易和进口贸易中所占比重分别只有 3.9% 与 3.4%，到 2014 年已分别上升到 12.4% 与 10.5%，2016 年的出口贸易所占比重更是超过了 13.5%。与此同时，中国已经成为世界第二大进口贸易国。中国经济对世界经济增长的贡献率达到 30% 左右，可谓举足轻重。2017 年 2 月 23 日，世界贸易组织的《货物贸易便利化协定》获得 2/3 成员方批准正式生效。在现有世界贸易格局基础上，随着国内体制改革与对外开放步伐的加快，中国在多边贸易组织和国际经贸规则维护、修订、重构、谈判中的话语权日益增多，越来越多的国家也将陆续承认中国的市场经济国家地位，中国维护和推动自身对外贸易发展的能力将逐步增强。

（2）巨额的外国直接投资源源不断地注入中国经济，为中国对外贸易增添新动能。2000～2016 年，中国吸引外资近 1.5 万亿美元。外汇储备猛增，2001 年仅为 2 121.6 亿美元，2014 年 6 月达到 39 932.1 亿美元的历史峰值，增长 18 倍。外国直接投资不仅带来新的资本，也带来了先进的技术、管理和产能，增强世界市场的中国依存度和全球价值链联系，这就形成了中国外贸可靠的"安全垫"。

（3）中国的"供给侧结构性改革"促进了产业结构的转型升级，区域平衡战略实施过程中的要素流动和优化配置，将释放出更大的生产力和提升不同要素的生产率，形成有效供给和外贸竞争力。过去三十多年高速增长的过程中，"高投入、高耗能、高污染"的粗放模式和落后的经营体制造成了生产要素配置的扭曲状态,"去产能、去库存、去杠杆、降成本、补短板"的供给侧结构性改革施策,以及创新、创业中新动能、新技术、新产业、新业态与电子商务、市场采购贸易新模式等的兴起,将有效地促进产业结构转型升级;同时,在国内区域经济平衡战略的实施过程中,外资分布更加均衡和劳动密集型产能向中西部地区转移,城镇化和反贫脱困,教育和培训等也将改变生产要素的质量与配置效果,达到提升要素边际生产率和提升外贸竞争力的目的。

(4)借助"一带一路"倡议"走出去"战略和自贸区战略的实施,出口市场多元化仍然有较大的潜力或空间。近年来,中国对外贸易出口市场多元化指数虽有上升,但主要出口方向和主要贸易顺差来源基本没有变化,过度依赖欧美市场的基本格局依旧如故。金融危机以来,由于采取了积极主动的调整措施,对美欧的出口依赖度下降了4%~5%,对东盟国家的贸易上升;在中日贸易关系停滞不前的背景下,韩国日益挤占原先日本在华的市场份额,成为仅次于欧盟、东盟的第三大对华出口国。虽然中国大量增加俄罗斯和中亚的石油、天然气进口和扩大了对中东欧国家的出口,但由于能源和大宗商品价格走低以及其他方面的原因,从这些区域进口贸易额增加缓慢。此外,近年来中国对"一带一路"沿线国家与拉美、非洲等区域的直接投资迅速增加,2016年中国对外投资总额超过1 700亿美元。随着国家"一带一路"倡议和"走出去"战略的加快实施,投资与贸易一体化程度的提高有助于对外贸易规模的稳定和市场多元化结构的进一步完善。特别要提出的是,现阶段中国已经与相关国家和地区签署了14个自由贸易协定(FTA),"十三五"期间还将"不断扩大我国自由贸易区网络覆盖范围,逐步形成立足周边、辐射'一带一路'、面向全球的高标准自由贸易区网络"。而据统计表明,国内企业对自贸协定的利用率普遍不高,这也昭示着对外贸易巨大的潜力和空间。

(5)开放型经济发展中其他贸易便利化措施的实施,也将推动对外贸易更好地发展。商务部《对外贸易发展"十三五"规划》提出要"积极履行世界贸易组织《贸易便利化协定》。推进大通关建设,全面实现口岸管理相关部门信息互换、监管互认、执法互助"等贸易便利化措施。开放型经济体制的建设、完善和贸易便利化具体措施的落定,无疑有助于中国对外贸易制度性交易成本的降低,增强对外贸易活力与提高竞争力。

第二节 要素成本上升背景下中国外贸中长期发展的总体目标与趋势

《对外贸易发展"十三五"规划》在明确中国对外贸易发展指导思想、新发展理念的同时,提出了"外贸结构进一步优化,发展动力加快转换,外贸发展的质量和效益进一步提升,贸易大国地位巩固,贸易强国建设取得重要进展"的非量化发展目标。这既指明了中国对外贸易发展的关键方向,也充分体现了在对外贸易环境不确定性增强,内外因素和条件发生复杂变化背景下,政府和主管部门的谨慎态度。

本课题组基于要素成本上升这一主要背景,从贸易产品的竞争力和贸易产品的多样性两个角度分析了贸易产品的中长期趋势,得出关于要素成本上升背景下中国外贸中长期发展的总体趋势判断如下。

一、对外贸易产品竞争力及其中长期趋势

要素成本上升的经济环境对我国第一产业的短期效应比较显著,但长期效应并不明显。短期来看,第一产业大部分产品的国际竞争力均随特殊的国际贸易环境变动而变动,如2008年的美国金融危机爆发及量化宽松政策的推行、2009年开始的欧债危机,以及推行人民币汇率制度改革后的汇率大幅波动等,由于农产品出口企业的议价能力薄弱,短期内要素成本上升使得长期以来形成的低成本、低价格的竞争优势被削弱,挤压企业的利润空间,并且国际市场需求低迷,造成企业出口增速减缓。但从长期来看,由于第一产业仍有一定量剩余劳动力且劳动生产率趋向于不断提高,其国际竞争优势并没有受到要素价格波动的大幅影响,只有少数商品的比较优势明显变动,如HS03(鱼、甲壳动物、软体动物及其他水生无脊椎动物)的比较优势略有提升,HS07(植物产品:食用蔬菜、根及块茎)的竞争优势明显减弱,第一产业中绝大部分商品的国际竞争力几乎保持平稳水平。因此要素成本上升的经济环境对我国第一产业的短期效应比较显著,但长期效应并不明显。

制造业结构正处于转型升级的阶段。作为"制造大国",第二产业即制造业是中国具有较强比较优势的领域,但具体到不同行业则其表现各不相同。第一,纺织原料及纺织品经过激烈的市场竞争,其行业的创新与快速反应能力、盈利能

力、发展能力、资产素质、人力素质、规模水平都有所提高，但是由于劳动力成本的快速上升，造成近年来比较优势的明显下降；第二，我国轻工业产品的比较优势地位相对稳定，处于极强的比较优势行列，能够维持一定的国际竞争优势；第三，电气设备、运输设备、普通和精密机械、化学工业产品等资本或技术密集型产业的国际竞争力稳定提升，表明我国的产业结构正处于转型升级的阶段。

我国纺织行业在国际市场的竞争优势主要来自低成本优势。随着原材料价格、劳动力成本和能源价格不断上涨，原有的比较优势日趋缩减。由于缺乏自主研究与开发新材料的能力，缺乏可以引领时尚潮流的设计，缺乏在国际市场上知名的自主品牌，在中高端市场上极度缺乏竞争力，整个行业仍处于价值链的底端，难以向两侧延伸。

我国轻工业产品的出口以贴牌加工为主，产品附加值较低，创新能力不强。虽然近年来一般贸易的比重逐步提升，加工贸易份额有所下降，但随之而来的技术性贸易摩擦和贸易壁垒的增加限制了我国轻工业产品的出口，加之简单劳动密集型商品逐步向东南亚等周边国家转移，我国传统制造业商品在欧美日等主要国际市场的份额可能有所降低。

随着计算机技术、数据处理技术、信息传感器技术、通信和数据存储技术、电力电子技术等的发展及各学科间的融合，电气设备正向智能化逐步迈进，通过引进并消化国外发达国的先进管理经验和技术，进行自主研发及创新，进入了发展的新时期。同时，随着"一带一路"倡议的实施，亚洲的发展中国家同样有着巨大的潜在需求，使得相关工业发展空间很大，而我国电气设备的性价比较高，有利于进一步扩大出口，增强竞争力。

在运输设备制造业中，高铁无疑是最具代表性的，推动高铁加速"走出去"已经上升到国家战略。运输设备制造业是资金和技术密集型产业，随着持续多年的双顺差，我国已经有了充分的资金积累。通过招标、学习国外先进的技术并重新进行整合与创新，以丰富而优质的人力资源为基础，完成了设计、制造与营销的联动，具有突出的产业示范作用。此外，我国对人才培养十分重视，受高等教育及职业教育的人数比例逐渐上升，提升了资产与技术密集型产业的人力资本。对知识产权的重视，也是增强其行业竞争力的另一要素。

二、对外贸易产品的多样性及其中长期趋势

（一）第一产业进、出口产品多样性分析

总体来看，2011年前我国第一产业的出口产品多样性保持上升的趋势，之

后出现一定程度的下降。这与我国出口重心进一步向工业制成品等具有更高技术、资本附加值的产品转移有关。具体而言，第一产业中各类产品的出口多样性指数在不同时间区间、不同产品类型中存在较大差异。

（1）初级农业产品出口多样性有所下降。农业初级产品的出口多样性下降源于我国城市化进程进一步加快，从事农业生产的劳动力减少，而科学规模化种植养殖尚在起步阶段，农产品更多的供应国内市场以保证国内需求，因此出口多样性下降。同时，各国出于贸易保护、国家利益安全等考虑，对农产品等进口提出更高的技术要求，这也在一定程度上影响了我国初级农产品的出口多样性。

（2）具有较高技术要求的精加工产品的出口多样性水平出现显著上升。典型例子如HS15（动、植物油脂及其分解产品；精制的食用油脂；动、植物蜡），这类产品的贸易具有一定的加工贸易特征，因此随着更多的熟练劳动力投入、机器和设备等支持，这类产品的出口多样性将增加。

（3）我国具有生产优势但此前缺乏出口市场的部分产品，在"入世"后多样性指数均出现较快增长。其中，较明显的如HS08（食用水果及坚果；柑橘属水果或甜瓜的果皮）。"入世"后出口退税等优惠政策使这类产品在国际市场上更有竞争力，推动企业将更多原本在国内市场销售的农副产品推向国外市场。同时，我国国土大部分位于温带，独特的气候条件，辅之劳动力优势、农业技术支持等，这类产品生产优势明显，市场开放后出口多样性随即上升。

我国第一产业进口产品的多样性指数总体上也呈现上升趋势，但第一产业出口产品多样性无论是水平或是波动幅度，都明显大于进口产品的多样性。出口产品多样性逐步上升表明我国第一产业出口质量的提升，在不断开拓市场的同时也寻求差异化产品生产，丰富了出口产品的多样性。

（二）第二产业进、出口产品多样性分析

在制造业领域，我国出口多样性最高的前五种产品集中为化工产品、服装、金属加工等。化工产业及金属加工产业出口种类较多，与我国对这类技术、资本密集型产业的扶持政策息息相关，而服装制造业的多样性反映了我国劳动力优势在这类产业中依然存在，加工贸易依然是我国贸易发展现阶段不可或缺的一个重要组成部分。出口多样性平均水平最低的产品有HS36（炸药；烟火制品；火柴；引火合金；易燃材料制品）、HS86［铁道及电车道机车、车辆及其零件；铁道及电车道轨道固定装置及其零件、附件；各种机械（包括电动机械）交通信号设备］、HS88（航空器、航天器及其零件）、HS89（船舶及浮动结构体）、HS80（锡及其制成品）。这类产品属于关乎国家安全或战略规划的一些重要产品原件或成品，一方面其出口受到国家的严格控制，另一方面，其生产行业要求具有较高

的技术或生产原材料的独占性，导致具有一定的垄断特征。从事此类产品生产的企业少，生产企业体量较大，在产品差异化生产出口上具有优势的中小企业无力生产这种大型的高技术产品，因而这类产品多样化生产的可能性减小，出口多样性自然较低。此外，我国在高度精密制造领域的技术水平和竞争力相对薄弱，因此这类出口产品多样性也不高。

从进口多样性角度看，我国进口产品多样性程度最高的五位是 HS72（钢铁）、HS84（核反应堆、锅炉、机器、机械器具及其零件）、HS48（纸及纸板；纸浆、纸或纸板制品）、HS39（塑料及其制成品）、HS62（非针织或非钩编的服装及衣着附件）。值得注意的是，HS62 产品的进出口多样性都较高，这与此类产品高度发达的产品内贸易有关，该类产品制造技术成熟，产品间差异性易于产生，并且其种类多样，运输难度低，国内外市场均具有很高的需求，因此进出口多样性均很高。钢铁、塑料、机械等类产品也易于依据材质、固有属性、形状等不同而有很多细化的分类，作为中间品的这类产品其制成品更精细、技术含量更高，所以对原材料的要求也较多，这是这类产品进口多样性高的重要原因。相反，一些技术含量低或原材料需求种类较少的产品①，表现出进口多样性指数较低。

我国第二产业绝大部分产品的出口多样性在波动中稳步上升。我国"入世"以来，加工制造业领域取得不断进步。这主要得益于我国劳动力要素资源的优势和产品自主创新能力的提高，加之市场需求进一步扩大，国际运输成本降低等，对我国第二产业出口产品多样性的上升产生了重要促进作用。

本课题组对我国进出口产品多样性的测度和研究表明，第二产业进出口产品多样性总体水平高于第一产业且波动幅度较小。我国贸易的出口多样性明显优于进口多样性，在第二产业表现得更为明显。从长期趋势看，我国贸易产品多样性绝大部分都在增加，有些产品的进出口多样性同时快速增加。这种状况和趋势有利于我国对外贸易的中长期稳定和发展。

综合中国对外贸易的环境条件和内部因素变化，并从产品竞争力和进出口多样性角度分析来看，就"十三五"期间乃至中长期的趋势而言，中国对外贸易可望保持相对稳定的规模水平，其产品结构和区域分布也向优化完善的方向继续发展，外贸生产融入国际分工和全球产业链的程度不断加深。随着自主科技和知识产权能力的提高、品牌和渠道影响力的有效增加，以及服务贸易规模与结构的提升，制造与生产环节的信息化、服务化程度得以加强，将能够有效地克服国内要素成本持续上升带来的阻力和困难，向贸易强国的目标稳步迈进。

---

① 多样性指数最低的后五位是 HS88（航空器、航天器及其零件）、HS89（船舶及浮动结构体）、HS27（矿物燃料、矿物油及其蒸馏产品；沥青物质；矿物蜡）、HS24（烟草、烟草及烟草代用品的制品）、HS67（已加工羽毛、羽绒及其制品；人造花；人发制品）。

第三节 要素成本上升背景下中国外贸中长期发展的可行路径

从马克思主义唯物史观和政治经济学的基本原理出发，生产力决定生产关系，经济基础决定上层建筑，而生产关系和上层建筑又对生产力、经济基础有能动的反作用。国际经济关系的实质同样莫过于此。要素生产率的不断提高是对外贸易竞争力持续增强的最根本动力，因此，中国对外贸易中长期发展的可行路径应是围绕着提升要素生产率的目标来合理地加以选择。

一、坚持全球化立场，推进贸易自由化和技术进步是中国对外贸易可持续发展的基本前提

本课题的研究结论表明，从人口规模变动、贸易自由化和技术进步等情形的反事实分析和政策效应模拟结果来看，中国的对外开放使得世界各国消费者用于购买中国产品的比例支出上升，用于本国产品的支出比例下降。因此，积极保持贸易开放对于中国及世界其他国家而言都至关重要。更为重要的是，从福利分析结果来看，各国消费者均能从与中国的双边贸易自由化中得益，因此积极主张自由贸易是贯穿我国中长期贸易发展的主线。从人口规模变动的效应观测结果显示，人口规模下降所引起的中国劳动力成本上升会促进中国对外开放程度上升，然而中国的贸易利得并不必然下降，而中国人口规模下降也并非总是使其他国家的贸易利得上升。类似地，中国人口规模上升不必然改善中国自身的贸易利得。产生这一结果的原因除了人口规模之外，决定贸易模式和贸易利得的因素还包括技术进步、贸易成本等。因此，理性看待人口规模变动对于一国贸易利得的影响至关重要。即使存在人口规模减小等不利因素，中国依然可以通过降低贸易成本、提高生产技术等方式实现贸易的中长期发展。

二、着力提升国内价值链的质量，实现我国全球价值链地位的不断攀升

一国要素成本是伴随着经济发展水平的提高而不断提升的，需要客观看待要素成本上升这一事实的合理性。除了从外部增加资源和要素的摄取能力，增加资源与要素供给能力外，从一国内部来看，化解要素成本上升的最为直接的对策，

就是想方设法、千方百计地节约要素，提高要素质量和优化要素的配置效果，从而提升每个单位要素的生产率。在全球价值链的视角下，这一过程的实现要依赖于国内产业链、供应链进而价值链质量的提升。

第一，增强技术研发能力，提升生产要素的质量和配置能力。作为世界贸易大国，经过40年的改革开放，中国产业发展已经深刻地融入国际分工体系和全球价值链。世界各国中，中国零部件进出口的规模最大、种类最多，世界生产网络对中国依存度高。亚太经济体对中国依存度高，其中美国对中国的价值链依存度高达19%，超过对欧盟的依存度（13%）。以最具代表性的装备制造业产值及其制造业占比为例，图11-1表明，2011年中国装备制造业产出近4万亿美元，是美国的2.6倍，日本的3.1倍，德国的3.4倍，但是装备制造业产值在制造业总产值中的比重低于德国、日本，仅仅略高于美国的同一指标。这就说明，中国制造业大而不强。事实上，中国作为"贸易大国"立身基础的"制造大国"，大量出口产品生产的关键技术和装备依赖于国外进口，这就决定了中国在全球价值链中所处的位次较低。究其原因，主要是我国生产要素质量和配置水平不高，对外贸易及其产业技术与管理基础实力不够雄厚，长期处于国际分工"微笑曲线"的低端，产品质量、品牌和渠道营销缺乏，研发能力更是极为不足，因而国内产业链短小、供应链不发达、国内价值链的整体质量不济，产品附加值不高，嵌入全球价值链的位置不理想。所以，提升国内价值链的质量，实现我国全球价值链地位的不断攀升的第一步，就是要增强技术研发能力，提升生产要素的质量和配置能力。

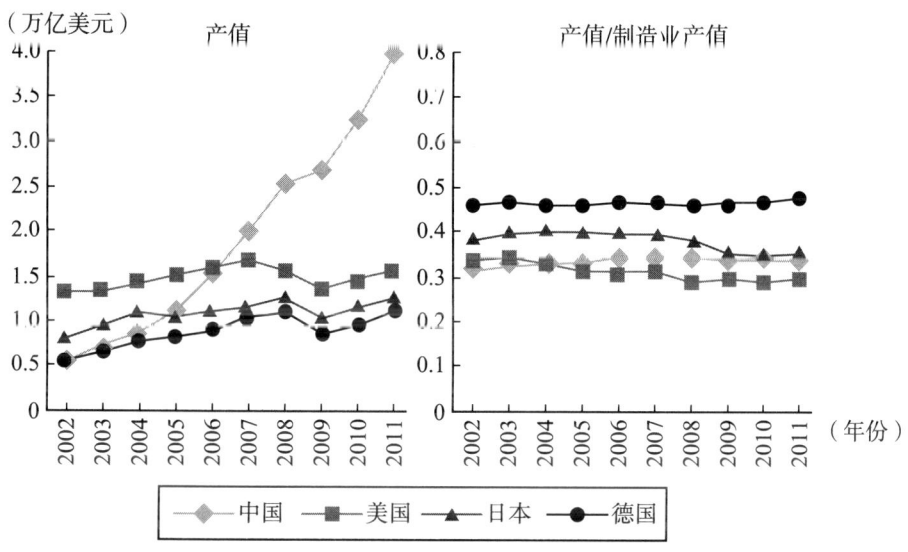

图 11-1　中美日德装备制造业产值及其制造业产值占比

资料来源：作者整理。

第二，实现人才、技术和资本的自由流动与优化配置，有效提高中国技术发明、专利的产业化、商业化转化及应用能力。要增强技术研发能力，提升国内价值链的质量，实现全球价值链地位攀升，关键在于实现人才、技术和资本的自由流动与优化配置，有效提高中国技术发明、专利的产业化、商业化转化及应用能力。日本对外贸易的调整与该国经济发展不同阶段的要素成本变动特征密切相关，其贸易发展经验给我们的重要启示在于技术进步和产业升级始终是一国经济与对外贸易长期发展的重要支撑力量。近年来，中国已经成为继美国之后技术发明和专利申请的大国。随着"中国制造2025"战略的推进，自主知识产权的数量也在急剧上升。但是总体上看，中国风险资本与技术开发之间的联系体制和联动机制不灵活，技术发明和专利的产业化、商业化转化能力较弱。其结果是，制造业技术和装备基础更新缓慢，国内价值链的质量难以迅速提升，造成对外贸易比较优势产品有效供给的不足。

第三，应当充分发挥庞大的国内市场优势，利用最终产品、标准化和模块化中间品生产与贸易的规模性特征，努力实现零部件标准化和产品模块化的规模经济效应，实现"中国制造"的竞争优势。因为国内市场庞大且需求层次趋于多样化，从理论上说，凡是具备规模经济特征和要求的产品，中国相对于大多数出口国而言都具有更加突出的比较优势。所以，应当设法加快破除国内市场一体化的各种障碍，积极充分地发挥国内大市场优势，为实现规模经济、国内价值链质量提高和全球价值链攀升创造有利的条件。

三、继续扩大利用外资和推动外商投资产业结构升级，不断改善中间品投入质量

改革开放和我国对外贸易发展的基本经验表明，利用外资、发展加工贸易与扩大中间品贸易有利于中国产业升级，从而改善对外贸易商品结构与提高外贸竞争力。具体而言：

第一，虽然中间品进口在数量和种类两个维度上并未明显提升中国制造业的全要素生产率，对经济增长质量的提升并不明显，进口中间品中相当一部分只是为了满足加工贸易的需要，但这是中国发挥劳动力优势、扩大就业、参与全球竞争的一个重要途径，也是现阶段中国经济发展不可或缺的组成部分。

第二，进一步消除不必要的贸易壁垒，提高贸易自由化水平，才能加强中间品市场的竞争程度，有利于企业以更低的成本获得国外先进的机器、设备和零部件，这对企业技术水平和生产率的提升有重要作用。中间品贸易自由化促进了中国制造业出口企业选择高生产技术，而长期以来的出口导向型战略使得中国进口

管理体制还存在阻碍进口的不甚合理的规定和要求。为此，应进一步完善进口政策，着力优化中间品进口结构，把进口贸易作为供给管理的重要手段，鼓励企业进口关键零部件和技术设备，以改善供给面。

第三，利用外资、发展加工贸易和促进加工贸易转型升级是中国对外贸易稳定规模、优化商品结构与区域市场分布的有效途径。近年来，由于国内劳动力、土地成本上升和环境保护力度的加强，以及周边国家对国际产业转移争夺的加剧，中国加工贸易在对外贸易中的占比有明显的下降。但是经验和事实表明，利用外资、发展加工贸易和促进加工贸易转型升级，利用外商投资的技术和管理溢出效应，进而通过学习、模仿、创新来丰富中间投入品的种类，提高中间投入品质量，对于国内的产业升级仍然具有十分重要的战略意义。中国作为世界最主要的和发展中国家最大的利用外资东道国，利用外资发展加工贸易与促进其转型升级的基础厚实、经验丰富，应当加以充分利用和总结提高。

与此同时，由于发达国家对高技术产品出口的限制以及专利技术的垄断和掌控，阻碍了中国利用进口资本品来提高技术水平的努力，我们应该鼓励企业加大研发投入，提升自主创新能力，克服发达国家限制高技术产品出口对中国制造业企业技术升级的阻碍。

四、着力推进"一带一路"倡议和"亚太自贸区"战略

"一带一路"倡议是 21 世纪全球最宏伟壮丽的战略构想之一。以中国为主导、海陆沿线贯穿 60 余国的"海上丝绸之路"和"陆上丝绸之路"倡议引起全球广泛关注，"亚投行""G20 杭州峰会""金砖国家银行""上海合作组织"等中国主导或积极参与的经济和国际安全机制备受世界各国的热捧。在美国新一届政府宣布退出"跨太平洋经济合作伙伴协定"（TPP），欧美"反全球化"浪潮逆袭之际，中国领导人在达沃斯论坛上高调倡导坚持全球化方向，并提出了一系列推进、引领全球化发展的贸易自由化、投资便利化主张。随着世界贸易组织《货物贸易便利化协定》于 2017 年 2 月 23 日正式生效，亚太地区"10+6"国家和地区参与的"区域经济合作伙伴协定"（RCEP）谈判开始升温，中国倡导和推动的"亚太自贸区"目标变得日益清晰可见。以上合作组织的形成和运作机制的不断成形、成熟，无疑将促进中国对外贸易更加稳定、持续的发展。因此，我国理论界和智库应当加快研究论证，提出系统集成的全球经济合作、国际经贸规则重构与全球化经济治理的"中国方案"，中国政府和企业应当更加积极地推动或参与"一带一路"倡议和"亚太自贸区"战略进程。

五、着力转变对外贸易经营组织模式

在 2008 年国际金融危机前的 30 多年间,中国对外贸易获得了前所未有的高速增长。但是,我国对外贸易的高耗能、拼数量,低价格、低质量和低效益,备受国外"反倾销""反补贴"摩擦之害的状况迟迟未能得到根本改变。许多国内外学者在新新贸易理论和 Melitz 模型框架下,对中国出口企业的"生产率悖论"进行研究并提出了"异质性生产要素""国内市场不统一""企业诚信不足"和国家退税等财政补贴、金融信贷约束等种种解释,唯独尚未有人关注到中国企业对外出口贸易组织模式存在的问题及其导致的落后竞争效果。

长期以来,我国对外贸易并行着收购制、自营制和代理制三种经营组织模式。受传统外贸统制和计划经济体制的惯性影响,收购制仍然是外贸经营的主流模式。那么,我们从表 11-1 可以大致观察出这种组织模式的关键弊病。如表 11-1 所示,相对外贸代理制和自营制而言,收购制下的外贸出口商与生产商之间存在着主体、地位、竞争、责任、风险方面的差异,尤其是在利益关系上存在着"此消彼长"的对立关系。因而外贸生产商生产的产品要出口,首先要受到来自外贸出口商的第一次压价,而外贸出口商最终要完成产品出口获取利润则要面对国外进口商的第二次压价。如此反复,外贸出口长期处于低价运行状态,外贸生产商利润微薄而无力投资和更新生产设备,甚至被迫粗制滥造或不惜制假售假,中国对外贸易陷入与国外激烈的贸易摩擦和国内的拼资源、拼价格,低质低价状态。在"价格竞争、以量取胜"经营模式和出口创汇、补贴退税等激励政策的刺激下,这种极不经济和不可持续的外贸经营组织模式得以长期存续,造就了中国"出口企业生产率悖论"的制度性背景条件。

表 11-1 中国对外出口贸易三种经营模式比较

	主体	风险	地位	竞争	责任	利益关系
代理制	生产商	生产投入	经营主体	国际竞争	生产制造	利润
	外贸企业	销售收入	代理方		销售	佣金（共赢共损）
收购制	生产商	生产、销售	供货方	国内竞争	生产、销售	利润
	外贸企业	收购及外销	经营主体	国际竞争	收购、外销	利润（此消彼长）
自营进出口制	生产商	全部过程	经营主体	国际竞争	全部过程	利润

转引自:黄建忠、刘莉《中国对外贸易概论》(第 3 版)第 80 页,高等教育出版社 2013 年版。

显然地，中国企业对外出口贸易组织模式亟待转变。从国际经验来看，代理制是一项国际通行的惯例。由表 11-1 同样可见，在代理制条件下，生产商和外贸企业之间的专业化分工程度更高，责任明确，且面对同一的国际竞争时二者是一个"共赢共损"的命运共同体，容易形成竞争合力，提高彼此的经济效益。因此，积极倡导和推行外贸代理制是促进中国对外贸易中长期稳定发展的一个重要政策选项。

六、着力实现对外贸易发展方式的根本转变

综上所述，中国对外贸易长远发展的最终基础，在于尽快实现对外贸易发展模式的根本转变。这一转变既是我国国民经济整体发展模式转变的重要内涵，也是后者得以最终完成和实现的先导。

根据《对外贸易发展"十三五"规划》要求，对外贸易发展方式的转变应当从根本上有利于推动我国从"贸易大国"向"贸易强国"转变，有利于实现全球价值链地位的持续攀升，有利于实现对外贸易新动能的形成，克服传统的粗放型、廉价低质弊病，向着稳增长、调结构、增效益方向迈进。为此，首先要将对外贸易增长方式从单纯数量型转变到"质量并举、以质取胜"的效益型上来，妥善解决经济发展、环境保护与要素成本变动之间的冲突和矛盾，提高进出口商品的技术含量，努力拓展对外贸易品牌和渠道，提高市场多元化指数；其次，通过扩大发展国内市场，降低对外部市场的依赖度，切实利用好"两个市场、两种资源"，实现"进出平衡、适度顺差"，将对外贸易增长方式从单纯外向型转变为内、外并重型；再次，发挥国际战略大买家的作用，利用庞大的进口市场和规模经济优势，通过生产、加工组装环节的外包和主导定价，发展逆向加工贸易，争取全球价值链的"链主"或"链头"地位；又次，利用国际服务贸易发展的迅猛趋势，通过承接服务外包发展服务业，扩大服务贸易规模和优化服务贸易结构，实现商品贸易与服务贸易的协调发展；最后，不断提升国际经贸规则中的话语权。

第四节 稳步推进开放型经济的供给侧结构性改革

开放经济的供给侧结构性改革，是指政府主导的、围绕着加快构建开放型经济新体制和扩大开放采取的各种顶层设计、宏观调控政策措施和实现手段。开放

经济的供给侧结构性改革是"新常态"下深化国内经济体制改革的有机组成部分和重要延伸,主要包括以下几个方面。

一、通过对外直接投资实现国际产能合作和输出部分过剩的生产能力

本课题研究得出的结论认为,我国对外直接投资具有显著的贸易促进作用,具体表现为随着我国"走出去"企业的增多,在国内成本上升的背景下,为我国提供了更为稳定便利的原材料来源,并有助于通过向外转移过剩产能、提高当地销售比例和收购兼并技术密集型项目,实现我国国内的产业升级。需要特别指出的是,与通常人们所认知的"过剩产能"即落后产能不同,现阶段我国通过直接投资对外输出的很多产能恰恰都属于国际先进产能,如高铁、光伏、电力设备、清洁煤产品或技术等,均属世界或国际先进行列,在许多国家都属于稀缺或不足产能,为东道国经济和社会发展所迫切需要,因而大大有利于双方经贸合作关系的扩大和深化。

当然,我们有必要提醒众多"走出去"企业的是,对外直接投资面临的风险因素在不断增加。因此首先,中国政府应当强化与东道国政府的合作,在加强侨民、侨资保护的同时,为中国企业"走出去"提供各种必要的政治、法律权益保障;其次,中国企业在投资决策上须更加谨慎,加强风险防范和危机的应急处理能力;最后,在外投资形成的资产要尽可能地在当地或国际资本市场实现证券化,由此既发挥了对外初始投资的杠杆化效益,又同时分散、降低了投资风险。

二、通过对外签订自由贸易协定、"大通关"改革推进国际贸易"单一窗口"建设,不断提高货物贸易便利化水平

一方面,近年来我国与相关发达国家、发展中国家或地区缔结了越来越多的自贸区(FTA),逐步形成自贸区网络,各种零关税、关税减让等"早收计划"和投资便利化措施,中小企业促进、知识产权保护等政策制度不断出台,大大提高了货物贸易便利化的水平;另一方面,继多年来经济特区、各类开发区、产业园区和保税区、综合试验区等海关特殊监管区建设之后,2013年以来我国陆续设立了上海、天津、福建和广东自贸试验区,近期又增加了浙江、河南、湖北、四川、重庆、陕西、辽宁等自贸试验区,逐步加快的"大通关"改革持续推进国际贸易"单一窗口"建设迈上新台阶,不断提高货物贸易便利化水平。通过货物贸易便利化、服务贸易开放、金融自由化、外商投资便利化、事中事后监管改革

和法制化建设,日益形成了有利于对外贸易发展的国际化、市场化、法制化营商环境。此外,我国服务外包和跨境电商迅猛发展。这些供给侧结构性改革,都十分有利于推动对外贸易的稳步发展。

三、人民币互换和离岸人民币数量增加,均有利于促进对外贸易发展

根据我们初步研究,人民币互换对于我国与货币互换伙伴国之间的贸易产生了明显有益的效果;另据预测,香港、台湾两地人民币市场中离岸人民币规模预期将以较高的速率逐年增长,并成为海外离岸人民币流转聚散的中心。由此带动其余离岸人民币次中心的出现与发展。当离岸人民币的规模不断壮大时,理论上该市场中的消费者或企业会更多地购买我国产品,我国的出口贸易会因此受益。所以,离岸人民币的规模越大,越能在一定程度上促进我国的外贸出口增长。

四、保持人民币汇率在适度弹性和灵活波动基础上的微弱、渐进式升值,有利于促进我国出口商品结构升级

国内外均有大量的研究成果证明,人民币汇率变动尤其是贬值不是中国大量贸易顺差的主要导因。因此,本书第九章集中探讨了人民币汇率波动对外贸商品结构的影响。得到的结论是,在要素成本上升的背景下,人民币汇率升值微弱抑制我国整体出口,但能够优化我国出口商品结构,其中升值方式的选择十分关键,因为不同的升值策略引起出口商品结构变动的路径是不同的。采取"一揽子"大幅升值的方式,对出口商品结构的冲击最大,会导致我国工业制成品出口占比的较大波动。具体而言,本币升值提高了国内工资和利率之比,劳动密集型产品的成本相对资本密集型产品上升较快,使劳动密集型产品的国际竞争力下降、资本密集型产品的边际生产力提高,结果是劳动密集型产品的产量下降、资本密集型产品的产量增加。由于人民币汇率的长期弹性要大于短期,这种结构优化将是一个长期过程。所以,为了实现出口贸易的稳定发展,渐进的升值方式是较好的选择。

五、财政和金融政策的扶持及其政策组合、搭配对外贸发展具有重大影响

第一,降低名义关税率,优化实际有效关税结构,促进出口产品国内增加值的提升。加入世界贸易组织以来,中国关税水平和结构发生了一系列的变化。特

别是区域和双边自由贸易协定的谈判、缔结进程中，各种"零关税"、关税减让和"早期收获计划"安排对关税水平和结构产生了重要的影响。然而事实上，我国名义关税率仍然存在"虚高"现象，实际有效关税率尤其是关税结构并不合理，因而影响到进口中间品的价格成本和下游产品的竞争优势。所以，我们应当继续实施关税制度改革，在降低名义关税率的过程中优化实际有效关税结构，促进出口产品国内增加值的提升。

第二，我国出口退税制度是广受争议的对象，尽管它是一个国际惯例而具有中性政策性质，但是实践表明我国出口退税存在严重的不经济性。大量的出口退税落入国外进口商的口袋，且成为国内出口商品低价竞销、引致贸易摩擦的肇因。因此，必须对出口退税制度作出适当调整。

第三，在"营改增"税制改革条件下，要细化考量这一改革对出口商品价格、结构的影响，特别要加快研究实施一套促进服务贸易出口的退税、保税制度，加快服务贸易出口和弥补不断扩大的服务贸易逆差。

第四，我国外贸企业普遍存在融资难和融资成本高问题，在当前国内资本市场片面强调固定资产比例和营业规模达到较高水平的条件下，外贸企业的间接融资与股权融资都受到极大限制。因此，国内银行和非银行金融机构要有效扩大外贸生产和出口商，尤其是中小外贸生产、出口企业的融资支持。

第五，在对外贸易的宏观调控上，财政与货币、金融政策的组合协调十分重要。理论界和政策制定机构要加强相应的研究设计能力，出台实施一套更加有效组合的对外贸易促进宏观调控政策。

当然，开放经济的供给侧结构性改革内涵十分丰富，而现阶段我国这一领域的改革在许多方面尚有不足，存在巨大的制度创新和政策运作空间。例如，我国的对外援助尚处于政治、外交和人道主义目的阶段，对外援助如何促进对外贸易和投资，实现与商业利益的结合互动？又如，目前我国企业对自贸协定的利用率不高，如何分阶段充分地利用FTA提供的零关税、关税减让与减少非关税壁垒的便利扩大出口？再如，如何提高对外投资、并购的对外贸易促进效果？如何加快、放活境内关外自贸试验区（FTZ）的制度创新，更好地发挥对外贸易促进作用？此外，即便我国已经成为对外直接投资大国，如何才能切实提高中国跨国公司的国际化经营效果？等等，都有待于在实践中进一步发挥作用和提高经济效益。

参考文献

[1] 艾书琴：《人民币升值对我国进出口贸易的影响及对策》，载《企业经济》2012年第9期。

[2] 包俊：《当前台湾对外贸易政策之考察》，载《国际贸易问题》1995年第9期。

[3] 毕玉江、朱钟棣：《人民币汇率变动对中国商品出口价格的传递效应》，载《世界经济》2007年第5期。

[4] 蔡昉、王美艳：《中国劳动力市场发育与就业变化》，载《经济研究》2007年第10期。

[5] 蔡昉：《人口转变、人口红利与刘易斯转折点》，载《经济研究》2010年第4期。

[6] 蔡昉：《中国劳动力市场发育与就业变化》，载《经济研究》2011年第3期。

[7] 岑丽君：《中国在全球生产网络中的分工与贸易地位》，载《国际贸易问题》2015年第1期。

[8] 曾贵等：《台湾加工贸易转型升级的路径、机制及其启示》，载《世界经济与政治论坛》2010年第5期。

[9] 曾国华、王跃梅：《劳动力成本与工业竞争力——理论模型及实证检验》，载《财经论丛》2011年第3期。

[10] 曾铮、张亚斌：《人民币实际汇率升值与中国出口商品结构调整》，载《世界经济》2007年第5期。

[11] 陈斌开、万晓莉、傅雄广：《人民币汇率、出口品价格与中国出口竞争力——基于产业层面数据的研究》，载《金融研究》2010年第12期。

[12] 陈国进、陈创练、陈娟：《汇率调整之谜：基于产业内贸易的新解释》，载《厦门大学学报》（哲学社会科学版）2011年第5期。

[13] 陈继勇等：《知识溢出、自主创新能力与外商直接投资》，载《管理世

界》2010 年第 7 期。

[14] 陈俊聪、黄繁华：《对外直接投资与贸易结构优化》，载《国际贸易问题》2014 年第 3 期。

[15] 陈林、朱卫平：《创新、市场结构与行政进入壁垒——基于中国工业企业数据的熊彼特假说实证检验》，载《经济学（季刊）》2011 年第 2 期。

[16] 陈六傅、钱学锋、刘厚俊：《人民币实际汇率波动风险对我国各类企业出口的影响》，载《数量经济技术经济研究》2007 年第 7 期。

[17] 陈诗一：《中国工业分行业统计数据估算：1980～2008》，载《经济学（季刊）》2011 年第 3 期。

[18] 陈守东、刘琳琳：《美国金融危机对中国进出口贸易的影响》，载《当代经济研究》2013 年第 6 期。

[19] 陈涛涛：《中国 FDI 行业内溢出效应的内在机制研究》，载《世界经济》2003 年第 9 期。

[20] 陈雯、李强：《全球价值链分工下我国出口规模的透视分析——基于增加值贸易核算方法》，载《财贸经济》2014 年第 7 期。

[21] 陈晓华、刘慧：《外需疲弱、生产技术革新与制造业劳动力价格扭曲》，载《统计研究》2015 年第 10 期。

[22] 陈勇兵、李伟、钱学锋：《中国进口种类增长的福利效应估算》，载《世界经济》2011 年第 12 期。

[23] 陈勇兵、仉荣、曹亮：《中间品进口会促进企业生产率增长吗？——基于中国企业微观数据的分析》，载《财贸经济》2012 年第 3 期。

[24] 陈勇兵、赵羊、李梦珊：《纳入产品质量的中国进口贸易利得估算》，载《数量经济技术经济研究》2014 年第 12 期。

[25] 陈云、何秀红：《人民币汇率波动对我国 HS 分类商品出口的影响》，载《数量经济技术经济研究》2008 年第 3 期。

[26] 程承坪、张旭、程莉：《工资增长对中国制造业国际竞争力的影响研究——基于中国 1980～2008 年数据的实证分析》，载《中国软科学》2012 年第 4 期。

[27] 戴觅、余淼杰：《企业出口前研发投入、出口及生产率进步——来自中国制造业企业的证据》，载《经济学（季刊）》2011 年第 1 期。

[28] 戴淑庚、董斌、曾维翰：《汇率调整与中美经贸关系改善》，载《财经科学》2011 年第 9 期。

[29] 戴翔、张二震：《中间产品进口、出口多样化与贸易顺差——理论模型及对中国的经验分析》，载《国际经贸探索》2010 年第 7 期。

[30] 戴翔：《中国服务出口竞争力：增加值视角下的新认识》，载《经济学家》2015年第3期。

[31] 丁可：《全球价值链，还是国家链条？——从日本经验看中国制造的转型升级》，日本亚洲经济研究所工作论文，2008年。

[32] 董海华：《我国要素成本上升对企业出口竞争力的影响及对策》，载《对外经贸实务》2014年第10期。

[33] 董艳丽：《美国量化宽松货币政策对中国经济影响研究》，载《现代经济信息》2013年第1期。

[34] 都阳、曲玥：《劳动报酬，劳动生产率与劳动力成本优势——对2000~2007年中国制造业企业的经验研究》，载《中国工业经济》2009年第5期。

[35] 杜进朝：《汇率变动与贸易发展》，上海财经大学出版社2004年版。

[36] 杜强等：《基于Logistic模型的中国各省碳排放预测》，载《长江流域资源与环境》2013年第2期。

[37] 杜晓蓉：《美国金融危机对中国溢出的传染渠道检验》，载《数理统计与管理》2014年第6期。

[38] 樊海潮、郭光远：《出口价格、出口质量与生产率间的关系：中国的证据》，载《世界经济》2015年第2期。

[39] 樊茂清、黄薇：《基于全球价值链分解的中国贸易产业结构演进研究》，载《世界经济》2014年第2期。

[40] 封思贤：《人民币实际有效汇率的变化对我国进出口的影响》，载《数量经济技术经济研究》2007年第4期。

[41] 封思贤等：《金融状况指数预测通胀趋势的机理与实证——基于中国1999~2011年月度数据的分析》，载《中国工业经济》2012年第4期。

[42] 冯根福、刘军虎、徐志霖：《中国工业部门研发效率及其影响因素实证分析》，载《中国工业经济》2006年第11期。

[43] 高凌云、王洛林：《进口贸易与工业行业全要素生产率》，载《经济学（季刊）》2010年第2期。

[44] 耿德伟：《劳动力成本上升对我国竞争力的影响分析》，载《发展研究》2013年第4期。

[45] 宫崎义一著、孙汉超等译：《日本经济的结构和演变：战后40年日本经济发展的轨迹》，中国对外经济贸易出版社1990年版。

[46] 龚里等：《FDI、要素成本与东道国产业发展》，载《海南大学学报》2008年第1期。

[47] 辜岚：《人民币双边汇率与我国贸易收支关系的实证研究：1997~

2004》，载《经济科学》2006 年第 1 期。

[48] 国际能源署：《世界能源展望 2007 中国选粹》，http：//www.iea.org。

[49] 国务院发展研究中心课题组：《要素成本上涨对我国制造业的影响》，载《中国国情国力》2013 年第 11 期。

[50] 韩刚：《外商直接投资类型转变的实证分析》，载《常州工学院学报》2010 年第 5 期。

[51] 韩会朝、徐康宁：《中国产品出口"质量门槛"假说及其检验》，载《中国工业经济》2014 年第 4 期。

[52] 韩剑：《出口多样化与经济增长：理论及对中国的经验研究》，载《国际贸易问题》2009 年第 8 期。

[53] 韩琳：《后危机时代我国外贸企业发展的策略与机遇》，载《学术交流》2014 年第 3 期。

[54] 行政院、经济建设委员会、经济研究处：《中华民国台湾地区经济现代化的历程》，台北市：行政院经济建设委员会经济研究处 1987 年工作报告。

[55] 贺聪、尤瑞章、莫万贵：《制造业劳动力成本国际比较研究》，载《金融研究》2009 年第 7 期。

[56] 贺菊煌等：《碳税与二氧化碳减排的 CGE 模型》，载《数量经济技术经济研究》2002 年第 10 期。

[57] 洪世勤、刘侯俊：《我国制成品出口技术结构变化与变迁的经济效应——基于动态分类的我国制成品出口技术结构的定量分析》，载《国际贸易问题》2013 年第 4 期。

[58] 侯东民、王德文、白南生等：《从"民工荒"到"返乡潮"：中国的刘易斯拐点到来了吗?》，载《人口研究》2009 年第 2 期。

[59] 侯继明，陈抱秀：《造成目前经济问题之原因与政府应采之因应政策》，台北市：《中华经济研究院 1987 年工作报告》。

[60] 胡冬梅、郑尊信、潘世明：《汇率传递与出口商品价格决定：基于深圳港 2000～2008 年高度分解面板数据的经验分析》，载《世界经济》2010 年第 6 期。

[61] 胡昭玲、宋佳：《基于出口价格的中国国际分工地位研究》，载《国际贸易问题》2013 年第 3 期。

[62] 黄满盈、高志存：《人民币汇率水平变动和波动对中美出口价格的传递效应研究》，载《统计研究》2012 年第 2 期。

[63] 黄启才：《我国工业制成品的对外贸易发展现状及政策适变》，载《福建论坛》2011 年第 2 期。

[64] 黄先海、石东楠：《对外贸易对我国全要素生产率影响的测度与分

析》，载《世界经济研究》2005年第1期。

［65］黄小兵：《异质企业、汇率波动与出口——基于中国企业的实证研究》，载《国际金融研究》2011年第10期。

［66］黄莹莹、张明之：《要素成本依赖型产业的困境与升级——兼论我国高成本增长模式的转型》，载《南京政治学院学报》2007年第1期。

［67］黄勇峰、任若恩、刘晓生：《中国制造业资本存量永续盘存法估计》，载《经济学（季刊）》2002年第2期。

［68］IPCC：《气候变化2013：综合报告》，政府间气候变化专门委员会第五次评估报告第一、第二和第三工作组的报告，核心撰写组、Pachauri，R.K和Reisinger，A.（编辑）。

［69］贾先文、黄正泉：《"刘易斯拐点"离我们究竟还有多远》，载《统计与决策》2010年第15期。

［70］姜茜、李荣林：《人民币汇率对中美双边贸易的影响——基于多边汇率与双边汇率的研究》，载《世界经济研究》2010年第3期。

［71］蒋冠宏、蒋殿春：《中国企业对外直接投资的"出口效应"》，载《经济研究》2014年第5期。

［72］金三林、朱贤强：《劳动力成本上升对制造业出口竞争力的影响》，载《开放导报》2013年第1期。

［73］鞠建东、马弘、魏自儒、钱颖一、刘庆：《中美贸易的反比较优势之谜》，载《经济学（季刊）》2012年第3期。

［74］鞠建东、余心玎：《全球价值链上的中国角色——基于中国行业上游度和海关数据的研究》，载《南开经济研究》2014年第3期。

［75］匡增杰：《台湾加工贸易转型升级的经验及其启示》，载《经济体制改革》2013年第4期。

［76］Lawrence J. Lau等：《非竞争型投入占用产出模型及其应用——中美贸易顺差透视》，载《中国社会科学》2007年第5期。

［77］李春顶：《中国出口企业是否存在"生产率悖论"：基于中国制造业企业数据的检验》，载《世界经济》2010年第7期。

［78］李丹：《要素成本约束下的中国外贸困境与发展路径研究》，载《中国特色社会主义研究》2014年第6期。

［79］李非：《台湾对外贸易模式的转变》，载《国际贸易》1994年第4期。

［80］李非等：《台湾经济发展规律探析——以经济增长、产业结构演变及对外贸易为视角》，载《厦门大学学报（哲学社会科学版）》2009年第4期。

［81］李宏彬、马弘、熊艳艳、徐嫄：《人民币汇率对企业进出口贸易的影

响——来自中国企业的实证研究》，载《金融研究》2011 年第 2 期。

[82] 李继峰、张亚雄：《基于 CGE 模型定量分析国际贸易绿色壁垒对我国经济的影响——以发达国家对我国出口品征收碳关税为例》，载《国际贸易问题》2012 年第 5 期。

[83] 李平、崔喜君、刘建：《中国自主创新中研发资本投入产出绩效分析——兼论人力资本和知识产权保护的影响》，载《中国社会科学》2007 年第 2 期。

[84] 李莎莎：《后危机背景下我国对外贸易面临的困境与区位选择》，载《科学决策》2013 年第 2 期。

[85] 李小平、卢现祥、朱钟棣：《国际贸易、技术进步和中国工业行业的生产率增长》，载《经济学（季刊）》2008 年第 2 期。

[86] 李小平、周记顺、卢现祥等：《出口的"质"影响了出口的"量"吗？》，载《经济研究》2015 年第 8 期。

[87] 李小平、朱钟棣：《国际贸易、R&D 溢出和生产率增长》，载《经济研究》2006 年第 2 期。

[88] 李月：《刘易斯转折点的跨越与挑战——对台湾 20 世纪 60～70 年代经济政策的分析及借鉴》，载《财经问题研究》2008 年第 9 期。

[89] 李志斌：《人民币实际有效汇率调整及其波动率与中美贸易收支》，载《国际贸易问题》2009 年第 1 期。

[90] 廖炳才：《韩国对外贸易与经济合作》，东方出版社 1994 年版。

[91] 林基：《改革开放以来我国外商直接投资的发展历程及现状特征分析》，载《特区经济》2014 年第 10 期。

[92] 林玲、余娟娟：《生产分割条件下人民币汇率出口传递效应研究》，载《世界经济研究》2012 年第 9 期。

[93] 林清泉、杨丰：《中国进出口贸易的 J 曲线效应分析》，载《数量经济技术经济研究》2007 年第 11 期。

[94] 林毅夫、蔡昉、李周：《中国的奇迹：发展战略与经济改革》，上海三联书店：上海人民出版社 1994 年版。

[95] 刘晴、郑基超：《贸易成本技术选择和外资出口企业转型》，载《财贸经济》2013 年第 7 期。

[96] 刘瑞翔：《中国的增加值率为什么会出现下降？基于非竞争型投入产出框架的视角》，载《南方经济》2011 年第 9 期。

[97] 刘舜佳：《外商直接投资与我国出口商品结构优化》，载《财经科学》，2004 年第 2 期。

[98] 刘维林：《中国式出口的价值创造之谜：基于全球价值链的解析》，载

《世界经济》2015 年第 3 期。

［99］刘武兵、黄昕炎：《2012 年中国农产品贸易状况》，载《世界农业》2013 年第 6 期。

［100］刘杨：《贸易自由化、厂商技术升级与技能型劳动力需求——关于中国制造业厂商层面数据的实证检验》，载《经济评论》2009 年第 6 期。

［101］鲁晓东、连玉君：《中国工业企业全要素生产率估计：1999～2007》，载《经济学》（季刊）2012 年第 2 期。

［102］鲁晓东：《技术升级与中国出口竞争力变迁：从微观向宏观的弥合》，载《世界经济》2014 年第 8 期。

［103］陆国庆：《中国中小板上市公司产业创新的绩效研究》，载《经济研究》2011 年第 2 期。

［104］罗小兰、丛树海：《基于攀比效应的中国企业最低工资标准对其他工资水平的影响》，载《统计研究》2009 年第 6 期。

［105］罗小兰：《我国最低工资标准农民工就业效应分析》，载《财经研究》2007 年第 11 期。

［106］吕政：《论中国工业的比较优势》，载《中国工业经济》2004 年第 4 期。

［107］马丹、许少强：《中国贸易收支、贸易结构与人民币实际有效汇率》，载《数量经济技术经济研究》2005 年第 6 期。

［108］马君潞、王博、杨新铭：《人民币汇率变动对我国出口贸易结构的影响研究——基于 SITC 标准产业数据的实证分析》，载《国际金融研究》2010 年第 12 期。

［109］马双、张劼、朱喜：《最低工资对中国就业和工资水平的影响》，载《经济研究》2012 年第 5 期。

［110］毛其淋、盛斌：《对外经济开发、区域市场整合与全要素生产率》，载《经济学（季刊）》2011 年第 1 期。

［111］毛其淋、盛斌：《贸易自由化、企业异质性与出口动态——来自中国微观企业数据的证据》，载《管理世界》2013 年第 3 期。

［112］聂辉华、江艇、杨汝岱：《中国工业企业数据库的使用现状和潜在问题》，载《世界经济》2012 年第 5 期。

［113］聂聆、李三妹：《制造业全球价值链利益分配与中国的竞争力研究》，载《国际贸易问题》2014 年第 12 期。

［114］牛玉静等：《全球多区域 CGE 模型的构建及碳泄漏问题模拟分析》，载《数量经济技术经济研究》2012 年第 11 期。

［115］欧元明、王少平：《汇率与中国对外出口关系的实证研究》，载《国

际贸易问题》2005 年第 9 期。

［116］裴长洪：《进口贸易结构与经济增长：规律与启示》，载《经济研究》2013 年第 7 期。

［117］钱学峰、王菊蓉、黄云湖、王胜：《出口与中国工业企业的生产率——自我选择效应还是出口学习效应？》，载《数量经济技术经济研究》2011 年第 2 期。

［118］钱学锋、王胜、黄云湖、王菊蓉：《进口种类与中国制造业全要素生产率》，载《世界经济》2011 年第 5 期。

［119］钱学锋、熊平：《中国出口增长的二元边际及其因素决定》，载《经济研究》2010 年第 1 期。

［120］卿涛、杨仕元、岳龙华：《"Minami 准则"下的刘易斯转折点研究》，载《中国人口科学》2011 年第 2 期。

［121］邱斌、杨帅、辛培江：《FDI 技术溢出渠道与中国制造业生产率增长研究：基于面板数据的分析》，载《世界经济》2008 年第 8 期。

［122］邱斌、叶龙凤、孙少勤：《参与全球生产网络对我国制造业价值链提升影响的实证研究》，载《中国工业经济》2012 年第 1 期。

［123］日本经济产业省：《日本新经济增长战略》（林家彬等译），中信出版社 2009 年版。

［124］日本经济企划厅：《国民收入倍增计划：1961～1970 年度》（孙执中，郭士信译），商务印书馆 1980 年版。

［125］商务部：《中国对外贸易形势报告（2012 年春季）》，http：//zhs.mofcom.gov.cn/aarticle/cbw/201204/20120408093758.html。

［126］沈坤荣、耿强：《外国直接投资、技术外溢与内生经济增长——中国数据的计量检验与实证分析》，载《中国社会科学》2001 年第 5 期。

［127］沈镭等：《2050 年中国能源消费的情景预测》，载《自然资源学报》2015 年第 3 期。

［128］沈利生、唐志：《对外贸易对我国污染排放的影响——以二氧化硫排放为例》，载《管理世界》2008 年第 6 期。

［129］沈利生、王恒：《增加值率下降意味着什么》，载《经济研究》2006 年第 3 期。

［130］沈利生：《中国经济增长质量与增加值变动分析》，载《吉林大学社会科学学报》2009 年第 3 期。

［131］盛斌、吕越：《对中国出口二元边际的再测算：基于 2001～2010 年中国微观贸易数据》，载《国际贸易问题》2014 年第 11 期。

［132］盛斌、钱学锋、黄玖立、东艳：《入世十年转型：中国对外贸易发展

的回顾与前瞻》，载《国际经济评论》2011年第5期。

[133] 盛斌：《中国对外贸易政策的政治经济分析》，上海三联书店：上海人民出版社2002年版。

[134] 施炳展、邵文波：《中国企业出口产品质量测算及其决定因素——培育出口竞争新优势的微观视角》，载《管理世界》2014年第9期。

[135] 施炳展、冼国明：《要素价格扭曲与中国工业企业出口行为》，载《中国工业经济》2012年第2期。

[136] 施炳展：《中国出口产品的国际分工地位研究——基于产品内分工的视角》，载《世界经济研究》2010年第1期。

[137] 施炳展：《中国企业出口产品质量异质性：测度与事实》，载《经济学》（季刊）2014年第1期。

[138] 石红莲：《国际金融危机对我国对外贸易的传导效应》，载《国际贸易问题》2010年第1期。

[139] 帅传敏、郭晴：《全球碳减排背景下国际贸易比较优势理论模型的新探索》，载《宏观经济研究》2014年第1期。

[140] 孙楚仁、田国强、章韬：《最低工资标准与中国企业的出口行为》，载《经济研究》2013年第2期。

[141] 孙楚仁、张卡、章韬：《最低工资一定会减少企业的出口吗》，载《世界经济》2013年第8期。

[142] 孙立新、曾国华、吴雯雯：《劳动力成本的激励效应与结构优化——基于浙江省面板数据的实证分析》，载《宏观经济研究》2013年第7期。

[143] 孙林、卢鑫、钟钰：《中国出口产品质量与质量升级研究》，载《国际贸易问题》2014年第5期。

[144] 孙晓莹、李晓静：《数据挖掘在股票价格组合预测中的应用》，载《计算机仿真》2012年第7期。

[145] 覃成林、李超：《要素禀赋结构、技术选择与中国城市现代产业发展》，载《产业经济研究》2012年第3期。

[146] 唐海燕、张会清：《中国崛起与东亚生产网络重构》，载《中国工业经济》2008年第12期。

[147] 唐敬仙、于妍：《要素成本上升对出口企业竞争力的影响研究》，载《价格月刊》2015年第1期。

[148] 唐茂华：《工资上涨是中国经济转型的重要契机如何看待刘易斯转折点》，载《经济界》2008年第1期。

[149] 唐志：《我国出口外溢效应的经验研究》，载《数理统计与管理》

2007年第5期。

[150] 田巍、姚洋、余淼杰等：《人口结构与国际贸易》，载《经济研究》2013年第11期。

[151] 田巍、余淼杰：《企业出口强度与进口中间品贸易自由化：基于中国企业的实证分析》，载《管理世界》2013年第6期。

[152] 田巍、余淼杰：《企业生产率和企业"走出去"对外直接投资：基于企业层面数据的实证研究》，载《经济学（季刊）》2012年第2期。

[153] 佟家栋、周燕：《二元经济，刘易斯拐点和中国对外贸易发展战略》，载《经济理论与经济管理》2011年第1期。

[154] 汪进、钟笑寒：《中国的刘易斯转折点是否到来——理论辨析与国际经验（英文）》，载 Social Sciences in China 2012年第3期。

[155] 王德复：《新兴经济学：观念、制度与发展——韩国经济起飞实证研究》，中国经济出版社2006年版。

[156] 王德文、蔡昉、高文书：《全球化与中国国内劳动力流动：新趋势与政策含义》，载《开放导报》2005年第4期。

[157] 王建等：《韩国加工贸易政策及对山东省加工贸易转型升级的启示》，载《山东经济》2007年第4期。

[158] 王金营、顾瑶：《中国劳动力供求关系形势及未来变化趋势研究——兼对中国劳动市场刘易斯拐点的认识和判断》，载《人口学刊》2011年第3期。

[159] 王胜、田涛、谢润德：《中国对外直接投资的贸易效应研究》，载《世界经济研究》2014年第10期。

[160] 王卫、佟光霁：《异质性，技术进步偏向性与刘易斯转折》，载《人口与经济》2014年第2期。

[161] 王燕武、李文溥、李晓静：《基于单位劳动力成本的中国制造业国际竞争力研究》，载《统计研究》2011年第10期。

[162] 魏浩：《中国进口商品的国别结构及相互依赖程度研究》，载《财贸经济》2014年第4期。

[163] 魏后凯：《企业规模、产业集中与技术创新能力》，载《经济管理》2002年第4期。

[164] 文东伟、冼国明：《垂直专业化与中国制造业贸易竞争力》，载《中国工业经济》2009年第6期。

[165] 吴延兵、刘霞辉：《人力资本与研发行为——基于民营企业调研数据的分析》，载《经济学（季刊）》2009年第7期。

[166] 吴延兵：《R&D与生产率——基于中国制造业的实证研究》，载《经

济研究》2006 年第 11 期。

[167] 吴延兵：《市场结构、产权结构与 R&D——中国制造业的实证分析》，载《统计研究》2007 年第 5 期。

[168] 吴延兵：《自主研发、技术引进与生产率——基于中国地区工业的实证研究》，载《经济研究》2008 年第 8 期。

[169] 项本武：《中国对外直接投资的贸易效应研究——基于 Panel Data 的地区差异检验》，载《统计与决策》2007 年第 24 期。

[170] 项本武：《中国对外直接投资的贸易效应研究——基于面板数据的协整分析》，载《财贸经济》2009 年第 4 期。

[171] 肖光恩、金圣华：《中国出口贸易多样性的度量及政策建议》，载《郑州航空工业管理学院学报》2014 年第 6 期。

[172] 谢建国、周露昭：《进口贸易、吸收能力与国际 R&D 技术溢出：中国省区面板数据的研究》，载《世界经济》2009 年第 9 期。

[173] 谢千里、罗斯基、张轶凡：《中国工业生产率的增长与收敛》，载《经济学季刊》2008 年第 3 期。

[174] 许召元、胡翠：《成本上升的产业竞争力效应研究》，载《数量经济技术经济研究》2014 年第 8 期。

[175] 杨高举、黄先海：《内部动力与后发国分工地位升级——来自中国高技术产业的证据》，载《中国社会科学》2013 年第 2 期。

[176] 杨雪峰：《人民币汇率对我国出口影响的实证研究》，载《世界经济研究》2013 年第 6 期。

[177] 姚利民、工峰：《跨国公司对江浙两地工业企业增加值率影响的分析》，载《国际贸易问题》2006 年第 6 期。

[178] 姚先国、曾国华：《劳动力成本的激励效应与合理区间》，载《经济学家》2012 年第 8 期。

[179] 姚先国、曾国华：《劳动力成本对地区劳动生产率的影响研究》，载《浙江大学学报》（人文社会科学版）2012 年第 5 期。

[180] 姚先国、黎煦：《效率工资理论的微观假定及其对报酬激励的启示》，载《广东社会科学》2004 年第 6 期。

[181] 于津平、邓娟：《垂直专业化、出口技术含量与全球价值链分工地位》，载《世界经济与政治论坛》2014 年第 2 期。

[182] 余淼杰：《中国的贸易自由化与制造业企业生产率》，载《经济研究》2010 年第 12 期。

[183] 袁其刚、刘斌、朱学昌：《经济功能区的"生产率效应"研究》，载

《世界经济》2015 年第 5 期。

[184] 袁志刚、饶璨:《全球化与中国生产服务业发展——基于全球投入产出模型的研究》,载《管理世界》2014 年第 3 期。

[185] 岳振、刘志彪:《"用工荒"-转型路线的自动纠偏》,载《中国经济时报》2011 年第 5 期。

[186] 张冰:《台湾加工贸易的转型升级及启示》,载《对外经贸实务》2011 年第 5 期。

[187] 张成、陆旸、郭路、于同申:《环境规制强度与生产技术升级》,载《经济研究》2011 年第 2 期。

[188] 张定胜、刘洪愧、杨志远:《中国出口在全球价值链中的位置演变——基于增加值核算的分析》,载《财贸经济》2015 年第 11 期。

[189] 张二震、戴翔:《要素成本上升背景下的江苏外贸转型》,载《唯实》2016 年第 1 期。

[190] 张海燕:《基于附加值贸易测算法对中国出口地位的重新分析》,载《国际贸易问题》2013 年第 10 期。

[191] 张海洋:《R&D 两面性、外资活动与中国工业生产率增长》,载《经济研究》2005 年第 5 期。

[192] 张纪凤、黄萍:《替代出口还是促进出口——我国对外直接投资对出口的影响研究》,载《国际贸易问题》2013 年第 3 期。

[193] 张季风:《挣脱萧条:1990~2006 年的日本经济》,社会科学文献出版社 2006 年版。

[194] 张杰、李克、刘志彪:《市场化转型与企业生产效率——中国的经验研究》,载《经济学季刊》2011 年第 2 期。

[195] 张杰、李勇、刘志彪:《出口促进中国企业生产率提高吗?》,载《管理世界》2009 年第 12 期。

[196] 张杰、刘元春、郑文平:《为什么出口会抑制中国企业增加值率?基于政府行为的考察》,载《管理世界》2013 年第 6 期。

[197] 张杰、郑文平、翟福昕:《中国出口产品质量得到提升了吗?》,载《经济研究》2014 年第 10 期。

[198] 张明志、铁瑛、林娟:《宏观经济学的经验研究方法:校准与估计之争》,载《经济学动态》2014 年第 1 期。

[199] 张明志等:《出口专业化、出口多样化与中国经济增长——兼谈中国经济增长出口驱动力的转换》,载《国际贸易问题》2013 年第 6 期。

[200] 张文城、彭水军:《不对称减排、国际贸易与能源密集型产业转移——

碳泄漏的研究动态及展望》，载《国际贸易问题》2014 年第 7 期。

[201] 张先锋等：《劳工成本、双重创新效应与出口技术复杂度》，载《国际贸易问题》2014 年第 3 期。

[202] 张小蒂、孙景蔚：《基于垂直专业化分工的中国产业国际竞争力分析》，载《世界经济》2006 年第 5 期。

[203] 张晓莉、刘啟仁：《汇率弹性、货币篮设计与政策实效分析》，载《经济研究》2011 年第 11 期。

[204] 张欣：《可计算一般均衡模型的基本原理与编程》，上海人民出版社 2010 年版。

[205] 张翊、陈雯、骆时雨：《中间品进口对中国制造业全要素生产率的影响》，载《世界经济》2015 年第 9 期。

[206] 张友国：《中国贸易增长的能源环境代价》，载《数量经济技术经济研究》2009 年第 1 期。

[207] 张友国等：《征税标准与碳关税对中国经济和碳排放的潜在影响》，载《世界经济》2015 年第 2 期。

[208] 张正荣、顾国达：《人民币汇率变动与贸易结构优化》，浙江大学出版社 2010 年版。

[209] 赵锦春、谢建国：《需求结构重叠与中国的进口贸易——基于收入分配相似的实证分析》，载《国际贸易问题》2014 年第 1 期。

[210] 赵永亮、朱英杰：《我国贸易多样性的影响因素和生产率增长——基于动态分类的我国制成品出口技术结构的定量分析》，载《世界经济研究》2011 年第 2 期。

[211] 赵永亮：《国内生产率与进口多样性收益分析》，载《世界经济研究》2013 年第 10 期。

[212] 郑励志、陈建安：《战后日本对外贸易》，航空工业出版社 1988 年版。

[213] 郑斯日古楞：《灰色神经网络在股票价格预测中的应用》，载《计算机仿真》2012 年第 2 期。

[214] 郑挺国等：《通货膨胀实时预测及菲利普斯曲线的适用性》，载《经济研究》2012 年第 3 期。

[215] 中华人民共和国环境保护部：《2014 年中国环境状况公报》。

[216] 中华人民共和国商务部国际贸易经济合作研究院：《中国对外贸易形势报告（2015 年秋季）》。

[217] 钟笑寒：《劳动力流动与工资差异》，载《中国社会科学》2006 年第 1 期。

[218] 周天勇：《中国的刘易斯拐点并未来临》，载《江苏农村经济》2010 年第 11 期。

[219] 周天勇：《中国劳动力是否过剩——刘易斯拐点来临或待 2020 年后》，载《上海经济》2010 年第 11 期。

[220] 周昕、牛蕊：《中国企业对外直接投资及其贸易效应——基于面板引力模型的实证研究》，载《国际经贸探索》2012 年第 5 期。

[221] 周亚虹、贺小丹、沈瑶：《中国工业企业自主创新的影响因素和产出绩效研究》，载《经济研究》2012 年第 5 期。

[222] 周燕、佟家栋：《"刘易斯拐点"、开放经济与中国二元经济转型》，载《南开经济研究》2012 年第 5 期。

[223] 朱有为、徐康宁：《中国高技术产业研发效率的实证研究》，载《中国工业经济》2006 年第 11 期。

[224] Acemoglu D. and Zilibotti F.. 1997. Was Prometheus Unbound by Chance? Risk, Diversification and Growth. *Journal of Political Economy*, 105 (4): 709 – 751.

[225] Acemoglu, D.. 2003. Patterns of Skill Premia. *Review of Economic Studies*, 70 (2): 199 – 230.

[226] Ahking, F. W. and Miller, S. M.. 1988. Models of Business Cycles: A Review Essay. *Journal of Monetary Economics*, 22 (3): 523 – 542.

[227] Altomonte, C., Barattieri, A. and Rungi, A.. 2008. *Import Penetration, Intermediate Inputs and Productivity: Evidence from Italian Firms.* DYNREG Working Paper。

[228] Alvarez, Fernando., Lucas Jr and Robert E.. 2007. General equilibrium analysis of the Eaton – Kortum model of international trade. *Journal of Monetary Economics*, 54 (6): 1726 – 1768.

[229] Amighini, Alessia and Sanfilippo, Marco. 2013. Impact of South – South FDI and Trade on the Export Upgrading of African Economies. *World Development*, 65 (14): 1 – 17.

[230] Amiti, M. and Khandelwal, A. K.. 2013. Import Competition and Quality Upgrading. *Review of Economics and Statistics*, 95 (2): 476 – 490.

[231] Amiti, M. and Konings, J.. 2007. Trade liberalization, Intermediate Inputs, and Productivity: Evidence from Indonesia. *American Economic Review*, 97 (5): 1611 – 1638.

[232] Amiti, M. and Davis, D. R.. 2008. Trade, Firms, and Wages: Theory

and Evidence. *Review of Economic Studies*, 79（1）：1-36.

［233］Arellano, M. and Bover, O.. 1995. Another Look at the Instrumental Variable Estimation of Error – component Models. *Journal of Econometrics*, 68（1）：29-52.

［234］Arize, A. C.. 1997. Conditional Exchange – Rate Volatility and the Volume of Foreign Trade：Evidence from Seven Industrialized Countries. *Southern Economic Journal*, 1：235-254.

［235］Arkolakis, C., Costinot, A. and Rodríguez – Clare, A.. 2010. New Trade Models, Same Old Gains?. *American Economic Review*, 102（1）：94-130.

［236］Asiedu, Elizabeth and Lien, Donald. 2011. Democracy, Foreign Direct Investment and Natural Resources. *Journal of International Economics*, 84（1）：99-111.

［237］Auer, R. and Chaney, T.. 2008. *Cost Pass Through in a Competitive Model of Pricing – to – Market*. Swiss National Bank Working Paper.

［238］Backer, K. D. and Miroudot, S.. 2013. *Mapping Global Value Chains*. OECD Trade Policy Papers, No. 159.

［239］Backus, D. K., Kahoe, P. J. and Kydland, F. E.. 1994. Dynamics of the Trade Balance and the Terms of Trade：The J – Curve?. *American Economic Review*, 84（1）：84-103.

［240］Bahmani – oskooee, M. and Ratha, A.. 2010. S – Curve Dynamics of Trade between U. S. and China. *China Economic Review*, 21：212-223.

［241］Baldwin, R. and Robert – Nicoud, F.. 2014. Trade in – Goods and Trade – in – Tasks：an Integrating Framework. *Journal of International Economics*, 92（1）：51-62.

［242］Baldwin, R. E. and Ito, T.. 2011. Quality Competition Versus Price Competition Goods：An Empirical Classification. *Journal of Economic Integration*, 26（1）：110-135.

［243］Baldwin, R. and Harrigan, J.. 2011. Zeros, Quality, and Space：Trade Theory and Trade Evidence. *American Economic Journal Microeconomics*, 3（2）：60-88.

［244］Bas, M. and Berthou, A.. 2013. Does Input – Trade Liberalization Affect Firms' Foreign Technology Choice? *CEPII Working Papers*, No. 2013 – 11.

［245］Bas, M. and Strauss – Kahn, V.. 2015. Input – trade Liberalization, Export Prices and Quality Upgrading. *Journal of International Economics*, 95（2）：250-

262.

[246] Bastos, P., Silva, J. and Verhoogen, E.. 2014. *Export destinations and input prices*. Social Science Electronic Publishing.

[247] Belman, D., and Wolfson, P.. 1997. *A Time - series Analysis of Employment, Wages and the Minimum Wage*. Unpublished paper.

[248] Benfratello L. Schiantarelli, F. and Sembenelli, A.. 2008. Banks and innovation: Microeconometric Evidence on Italian Firms. *Journal of Financial Economics*, 90 (2): 197 - 217.

[249] Benhabib, J. and Spiegel, M. M.. 1994. The Role of Human Capital in Economic Development: Evidence from Aggregate Cross - country Data. *Journal of Monetary Economics*, 34 (2): 143 - 173.

[250] Berman, N., Martin, P. and Mayer, T.. 2012. How do Different Exporters React to Exchange Rate Changes? *The Quarterly Journal of Economics*, 127 (1): 437 - 492.

[251] Bernard, A. B., Jensen, J. B., Redding, S. and Schott, P. K.. 2007. Firms in International Trade. *Journal of Economic Perspectives*, 21 (3): 105 - 130.

[252] Bernard, A. B., Redding, S. J. and Schott, P. K.. 2011. Multiproduct Firms and Trade Liberalization. *The Quarterly journal of economics*, 126 (3): 1271 - 1318.

[253] Biesebroeck, V. J.. 2003. *Revisiting Some Productivity Debates*. NBER Working Paper, No. 10065.

[254] Blomstrom, Magnus, Kokko, Ari., and Zejan, Mario. 2000. Intra - firm Trade and Swedish Multinationals. *Review of World Economics*, 125 (4): 814 - 833.

[255] Blonigen, Bruce A.. 1999. In Search of Substitution Between Foreign Production and Exports. *Journal of International Economics*, 53 (1): 81 - 104.

[256] Blundell, R. W. and Bond, S.. 1998. Initial Conditions and Moment Restrictions in Dynamic Panel Data Models. *Journal of Econometrics*, 87 (1): 115 - 143.

[257] Bodart, V., Candelon, B. and Carpantier, J. F.. 2015. Real Exchanges Rates, Commodity Prices and Structural Factors in Developing Countries. *Journal of International Money and Finance*, doi: 10.1016/j.jimonfin.2014.11.021.

[258] Boyd, D., Caporale, M. G. and Smith, R.. 2001, Real Exchange Rate

Effects on the Balance of Trade: Cointegration and the Marshall - Lerner Condition. *International Journal of Finance and Economics*, 6: 201 - 216.

[259] Brada, J. C., Kutan, A. and Zhou, S.. 1993. China's Exchange Rate and the Balance of Trade. *Economics of Planning*, 26: 229 - 242.

[260] Brambilla, I. and Porto, G. G.. 2016. High - Income Export Destinations, Quality and Wages. *Journal of International Economics*, 98: 21 - 36.

[261] Brambilla, I., Lederman, D. and Porto, G.. 2012. *Exports, Export Destinations, and Skills*. NBER Working Paper, No. 15995.

[262] Brandt L. Van Biesebroeck, J. and Zhang, Y. F.. 2012. Creative Accounting or Creative Destruction? Firm - level Productivity Growth in Chinese Manufacturing. *Journal of Development Economics*, 97 (2): 339 - 351.

[263] Brecher, R. A.. 1974. Minimum Wage Rates and the Pure Theory of International Trade. *Quarterly Journal of Economics*, 88 (1): 98 - 116.

[264] Brecher, R. A.. 1974. Optimal Commercial Policy for a Minimum - wage Economy. *Journal of International Economics*, 4 (2): 139 - 149.

[265] Brigida, M.. 2014. The Switching Relationship between Natural Gas and Crude Oil Prices. *Energy Economics*, 43 (2): 48 - 55.

[266] Broda, C. and Weinstein, D. E.. 2006. Globalization and the Gains from Variety. *The Quarterly Journal of Economics*, 121 (2): 541 - 585.

[267] Broer, P. and Huizinga, F.. 2004. *Wage Moderation and Labour Productivity*. CPB Netherlands Bureau for Economic Policy Analysis, 2004.

[268] Bruce, C.. 2002. *The Connection between Labour Productivity and Wages*. Economica LTD, The Expert Witness, 7 (2): 68 - 74.

[269] Bun, M. and Windmeijer, F.. 2007. The Weak Instrument Problem of the System GMM Estimator in Dynamic Panel Data Models. *Econometrics Journal*, 13 (1): 95 - 126.

[270] Burniaux, J. M. and Truong, T. P.. 2002. *GTAP - E: an Energy - Environmental Version of the GTAP Model*. GTAP Technical Papers.

[271] Bustos, P.. 2011. Trade Liberalization, Exports, and Technology Upgrading: Evidence on the Impact of MERCOSUR on Argentinian Firms. *American Economic Review*, 101 (1): 304 - 340.

[272] Cai H. B. and Liu Q.. 2009. Competition and Corporate Tax Avoidance: Evidence from Chinese Industrial Firms. *The Economic Journal*, 119 (537): 764 - 795.

[273] Campbell, C. M.. 1993. Do Firms Pay Efficiency Wages? Evidence with Data at the Firm Level. *Journal of Labor Economics*, 11 (3): 442 – 470.

[274] *Center for Global Trade Analysis*, Purdue University. GTAP Data Base 9.0.

[275] Cerra, V., Soikkeli, J. and Saxena, S.. 2003. How Competitive is Irish Manufacturing? *Economic and Social Review*, 34: 173 – 193.

[276] Chaney, Thomas.. 2008. Distorted Gravity: The Intensive and Extensive Margins of International Trade. *American Economic Review*, 98 (4): 1707 – 1721.

[277] Chatrerji, M. and Sparks, R.. 1991. Real Wages, Productivity, and the Cycle: an Efficiency Wage Model. *Journal of Macroeconomics*, 13 (3): 495 – 510.

[278] Chen, Yu – chin and Rogoff, K.. 2003. Commodity Currencies. *Journal of International Economics*. 60 (1): 133 – 160.

[279] Chou, W. L.. 2000. Exchange Rate Variability and China's Exports. *Journal of Comparative Economics*, 28: 61 – 79.

[280] Choudhri, E. and Dalia S. Hakura.. 2015. The Exchange Rate Pass – through to Import and Export Prices: The Role of Nominal Rigidities and Currency Choice. *Journal of International Money and Finance*, 51: 1 – 25.

[281] Chuang, W I., Huang, T C. and Lin, B H.. 2013. Predicting Volatility Using the Markov – Switching Multifractal Model: Evidence from S&P 100 Index and Equity Options. *North American Journal of Economics & Finance*, 25: 168 – 187.

[282] Claudia and Kemfert. 1998. Estimated Substitution Elasticities of a Nested CES Production Function Approach for Germany. *Energy Economics*, 20 (3): 249 – 264.

[283] Coe, D. T. and Helpman, E.. 1995. International R&D Spillovers. *European Economic Review*, 39 (5): 859 – 887.

[284] Costinot, A. Vogel, J. and Wang, S.. 2013. An Elementary Theory of Global Supply Chains. *Review of Economic Studies*, Vol. 80: 109 – 144.

[285] Costinot, Arnaud. and Rodriguezclare, A.. 2013. *Trade Theory with Numbers: Quantifying the Consequences of Globalization*. National Bureau of Economic Research, Inc, 4: 97 – 261.

[286] Crespo, Nuno and Fontoura. Maria, Paula. 2007. Determinant Factors of FDI Spillovers – What Do We Really Know? *World Development*, 35 (3): 410 – 425.

[287] Culem, Claudy G.. 1988. The Locational Determinants of Direct Investments among Industrialized Countries. *European Economic Review*, 32 (4): 885 – 904.

[288] D'Amico, G., Biase, G D. and Manca, R.. 2012. Income Inequality Dynamic Measurement of Markov Models: Application to Some European Countries. *Economic Modelling*, 29 (5): 1598 – 1602.

[289] Damijan, J. P. and Kostevc, Č.. 2010. *Learning From Trade Through Innovation: Causal Link Between Imports, Exports and Innovation in Spanish Microdata*. LICOS Discussion Papers, No. 264.

[290] Dasgupta, Nandita. 2009. Examining the Long Run Effects of Export, Import and FDI Inflows on the FDI Outflows from India: A Causality Analysis. *Journal of International Business and Economy*. 10 (1): 65 – 88.

[291] Davis, Donald. 1998. Does European Unemployment Prop up American Wages? National Labor Markets and Global Trade. *American Economic Review*, 88 (3): 478 – 494.

[292] Dekle, R., Eaton, J. and Kortum, S.. 2007. *Unbalanced Trade*. National Bureau of Economic Research, Inc, 53: 351 – 355.

[293] Dekle, R., Eaton, J. and Kortum, S.. 2008. Global Rebalancing with Gravity: Measuring the Burden of Adjustment. *IMF Economic Review*, 55 (3): 511 – 540.

[294] Deng, Ping. 2004. Outward Investment by Chinese MNCs: Motivations and Implications. *Business Horizons*, 47 (3): 8 – 16.

[295] Dixit, A. K. and Stiglitz, J. E.. 1975. Monopolistic competition and optimum product diversity. *American Economic Review*, 67 (3): 297 – 308.

[296] Dornbusch, R.. 1987. Exchange Rates and Prices. *American Economic Review*, 77: 93 – 106.

[297] Dosi G, et al. 1988. Sources, Procedures, and Microeconomic Effects of Innovation. *Journal of Economic Literature*, 26 (3): 1120 – 1171.

[298] Dumont, M., Rayp, G., Thas, O. and Willemé, P.. 2005. Correcting Standard Errors in Two – stage Estimation Procedures with Generated Regressands. *Oxford Bulletin of Economics and Statistics*, 67 (3): 421 – 433.

[299] Eaton, J. and Kortum, S.. 2002. Technology, Geography, and Trade. *Econometrica*, 70 (5): 1741 – 1779.

[300] Egger, H., Egger, P. and Markusen, J. R.. 2012. International Welfare and Employment Linkages Arising from Minimum Wages. *International Economic Review*, 53 (3): 771 – 790.

[301] Eichengreen, B.. 1998. Exchange Rate Stability and Financial Stability.

Open Economies Review, 9 (1): 569 - 608.

[302] Fajgelbaum, P. and Helpman, E.. 2009. Income Distribution, Product Quality, and International Trade. *Social Science Electronic Publishing*, 119 (4): 721 - 765.

[303] Fally, T.. 2012. *On the Fragmentation of Production in the US*. https://editorialexpress.com/cgi-bin/conference/download.cgi?db_name=MWITSpring2012&paper_id=99.

[304] Fan, H. C., Y. A. Li and Yeaple, S. R.. 2015. Trade Liberalization, Quality, and Export Prices. *The Review of Economics and Statistics*, 97 (5): 1033 - 1051.

[305] Fan, H. C., Y. A. Li and Luong, T. A.. 2015. *Input-Trade Liberalization and Markup*. HKUST IEMS Working Paper, No. 2015 - 2026.

[306] Feenstra, R. C. and Hanson, G. H.. 1998. The Impact of Outsourcing and High-technology Capital on Wages: Estimates for the United States, 1979 - 1990. *Quarterly Journal of Economics*, 114 (3): 907 - 940.

[307] Feenstra, R. C.. 1994. New Product Varieties and the Measurement of International Prices. *The American Economic Review*, 84 (1): 157 - 177.

[308] Feenstra, Robert C.. Advanced International Trade: Theory and Evidence. *Free trade under fire*. Princeton University Press, 823 - 825.

[309] Feenstra, R C., Madani, D. and Yang, T H., et al.. 1999. Testing endogenous growth in South Korea and Taiwan. *Journal of Development Economics*, 60 (2): 317 - 341.

[310] Feenstra, R C.. *Advanced International Trade: Theory and Evidence*, Princeton University Press.

[311] Feenstra, R. and Kee, H L.. 2008. Export Variety and Country Productivity: Estimating the Monopolistic Competition Model with Endogenous Productivity. *Journal of International Economics*, 74 (2): 500 - 518.

[312] Flug, K. F. and Galor, O.. 1986. Minimum Wage in A General Equilibrium Model of International Trade and Human Capital. *International Economic Review*, 27 (1): 149 - 164.

[313] Fontagne, Lionel and Pajot, M.. 1997. *How Foreign Direct Investment Affects International Trade and Competitiveness: An Empirical Assessment*. CEPII Working Paper.

[314] Freenstra, R., Li Z. Y. and Yu, M. J.. 2011. *Exports and Credit Con-*

straints under Incomplete Information: Theory and Evidence from China. NBER Working Paper No. 16940.

[315] Friedman, M.. 1953. *The Methodology of Positive Economics.* Cambridge Books, 73 (4): 554 – 575.

[316] García – Manjón J. V. and Romero – Merino M. E.. 2012. Research, Development, and Firm Growth. Empirical Evidence from European Top R&D Spending Firms. *Research Policy*, 41 (6): 1084 – 1092.

[317] Goldberg, P. Khandelwal, A. Pavcnik, N. and Topalova, P.. 2010. Imported Intermediate Inputs and Domestic Product Growth: Evidence from India. *The Quarterly Journal of Economics*, 125 (4): 1727 – 1767.

[318] Goldstein, M. and M. Khan. 1985. Income and Price Elasticities in Foreign Trade Handbook of International Economics. *Amsterdam: North – Holland*, 2: 1041 – 1105.

[319] Greenaway, D. and Kneller, R.. 2007. Firm Heterogeneity, Exporting and Foreign Direct Investment: A Survey. *The Economic Journal*, 117 (517), F134 – F161.

[320] Gregory, A. W. and Smith, G. W.. 1987. Calibration as Estimation. *Econometric Reviews*, 9 (1): 57 – 89.

[321] Grossman, G. M. and Rossi – Hansberg, E.. 2008. Trading Tasks: a Simple Theory of Offshoring. *American Economic Review*, 98 (5): 1978 – 1997.

[322] Grossman, G. M. and Helpman, E.. 1991. *Innovation and Growth in the Global Economy.* Cambridge, MA: MIT Press.

[323] Grubert, Harry and John, Mutti. 1991. Taxes, Tariffs and Transfer Pricing in Multinational Corporate Decision Making. *The Review of economics and Statistics*, 73 (2): 285 – 293.

[324] Hall B. H., Lotti, F. and Mairesse, J.. 2012. *Evidence on the Impact of R&D and ICT Investment on Innovation and Productivity in Italian Firms.* NBER Working Papers No. 18053.

[325] Hall B. H. and Mairesse, J.. 1995. Exploring the Relationship between R&D and Productivity in French Manufacturing Firms. *Journal of Econometrics*, 65 (1), 263 – 293.

[326] Hallak, J. C.. 2006. Product Quality and the Direction of Trade. *Journal of International Economics*, 68 (1): 238 – 265.

[327] Hallak, J. C.. 2010. A Product – quality View of the Linder Hypothesis, *The Review of Economics and Statistics*, 2010, 92 (3): 453 – 466.

[328] Hallak, J. C. and Sivadasan, J.. 2009. *Productivity, Quality and Exporting Behavior under Minimum Quality Requirements*. NBER Working Paper, No. 14928.

[329] Halpern, L., Koren, M. and Szeidl, A.. 2009. *Imported Inputs and Productivity*. Center for Firms in the Global Economy (CeFiG) Working Papers, No. 8.

[330] Hansen, G. D. and Sargent, T. J.. 1988. Straight Time and Overtime in Equilibrium. *Journal of Monetary Economics*, 21 (2): 281 – 308.

[331] Hansen, L. P. and Heckman, J. J.. 1996. The Empirical Foundations of Calibration. *Journal of Economic Perspectives*, 10 (1): 87 – 104.

[332] Harding, Torfinn, and Javorcik, Beata Smarzynska. 2012. Foreign Direct Investment and Export Upgrading. *Review of Economics and Statistics*, 94 (4): 964 – 980.

[333] Harris, J. R. and Todaro, M. P.. 1970. Migration, Unemployment, And Development: A Two – Sector Analysis. *American Economic Review*, 60 (1): 126 – 142.

[334] Haskel, J. E. and Slaughter, M. J.. 2003. Have Falling Tariffs and Transportation Costs Raised US Wage Inequality? *Review of International Economics*, 11 (4): 630 – 650.

[335] Head, Keith and Mayer, Thierry. 2002. *Illusory Border Effects: Distance Mismeasurement Inflates Estimates of Home Bias in Trade*. CEPII working paper.

[336] Head, Keith and Ries, J.. 2001. Increasing Returns versus National Product Differentiation as an Explanation for the Pattern of U. S. – Canada Trade. *American Economic Review*, 91 (4): 858 – 876.

[337] Helpman, E., Melitz, M. and Rubinstein, Y.. 2008. Estimating Trade Flows: Trading Partners and Trading Volumes. *Quarterly Journal of Economics*, 123 (2): 441 – 487.

[338] Hoover, K. D.. 1995. *Facts and Artifacts: Calibration and the Empirical Assessment of Real – Business – Cycle Models*. Oxford Economic Papers, 47 (1): 24 – 44.

[339] Hummels, D. and Klenow, P. J.. 2005. The Variety and Quality of A Nation's Exports. *American Economic Review*, 95 (3): 704 – 723.

[340] Hummels, David, Ishii, Jun, and Yi, Kei – Mu. 2001. The Nature and Growth of Vertical Specialization in World Trade. *Journal of International Economics*, 54 (1): 75 – 96.

[341] Johnson, R. C.. 2012. Trade and Prices with Heterogeneous Firms. *Jour-

nal of International Economics, 86 (1): 43 – 56.

[342] Jones, R., H. Kierzkowski and Chen., Lurong. 2005. What Does Evidence Tell Us about Fragmentation and Outsourcing? *International Review of Economics and Finance*, 14 (3): 305 – 316.

[343] Kaldor, N.. 1978. *Further Essays on Applied Economics*. Duckworth.

[344] Kamata, I. and Yang, N.. 2007. *Explaining Export Varieties: The Unexplored Role of Comparative Advantage*. Preliminary Draft, March.

[345] Kaplinsky, R. and Morris, M.. 2006. *A Handbook for Value Chain Research*. Prepared for The IDRC, http://www.ids.ac.uk/global.

[346] Kasahara, H. and Rodrigue, J.. 2008. Does the Use of Imported Intermediates Increase Productivity? Plant – Level Evidence. *Journal of Development Economics*, 87 (1): 106 – 118.

[347] Kellman, M.. 1983. Relative Prices and International Competitiveness: An Empirical Investigation. *Empirical Economics*, 8 (3), 125 – 138.

[348] Khalifa, A., Hammoudeh, S. and Otranto, E.. 2014. Extracting Portfolio Management Strategies from Volatility Transmission Models in Regime – Changing Environments: Evidence from GCC and Global Markets. *Economic Modelling*, 41: 365 – 374.

[349] Klein, Michael W.. 1990. Macroeconomic Aspects of Exchange Rate Pass – through. *Journal of International Money and Finance*, 9 (4): 376 – 387.

[350] Klinger, Bailey. 2009. *Is South – South Trade a Testing Ground for Structural Transformation?* UN Policy Issues in International Trade and Commodities Study, 2009 (40).

[351] Koi, Nyen Wong and Goh, Soo Khoon. 2013. Outward FDI, Merchandise and Services Trade: Evidence from Singapore. *Journal of Business Economics and Management*, 14 (2): 276 – 291.

[352] Koopman, R., Wang, Z. and Wei, S J. 2012. *Tracing Value – Added and Double Counting in Gross Exports*. NBER Working Paper, No. 18579.

[353] Krueger, A. B. and Summers, L. H.. 1988. Efficiency Wages and the Inter – Industry Wage Structure. *econometrica*, 56 (2): 259 – 293.

[354] Krugman, P.. 1987. *Pricing to Market When the Exchange Rate Changes, Real – financial Linkages among Open Economies*. MIT Press, Cambridge, MA.

[355] Krugman, P.. 1980. Scale Economies, Product Differentiation, and the Pattern of Trade. *American Economic Review*, 70 (5): 950 – 959.

[356] Krugman, P. R.. 1979. Increasing Returns, Monopolistic Competition, and International Trade. *Journal of International Economics*, 9 (4): 469-479.

[357] Kugler, M. and Verhoogen, E.. 2012. Prices, Plant Size, and Product Quality. *The Review of Economic Studies*, 79 (1): 307-339.

[358] Kydland, F. E. and Prescott, E. C.. 1982. Time to Build and Aggregate Fluctuations. *Econometrica*, 50 (6), 1345-1370.

[359] Kydland, F. E. and Prescott, E. C.. 1991. The Econometrics of the General Equilibrium Approach to Business Cycles. *Scandinavian Journal of Economics*, 93 (2): 161-178.

[360] Lall, Sanjaya. 2000. The Technological Structure and Performance of Developing Country Manufactured Exports, 1995-1998. *Oxford Development Studies*, 28 (3): 407-432.

[361] Leamer, E. E.. 1982. Let's Take the Con out of Econometrics. *American Economic Review*, 73 (1): 31-43.

[362] Lee, J.. 2009. Does Size Matter in Firm Performance? Evidence from US Public Firms. *International Journal of the Economics of Business*, 16 (2): 189-203.

[363] Levine, D. I.. 1993. Fairness, Markets, and Ability to Pay: Evidence from Compensation Executives. *American Economic Review*, 83 (5): 1241-1259.

[364] Levinsohn, J. and Petrin, A.. 2003. Estimating Production Functions Using Inputs to Control for Unobservables. *Review of Economic Studies*, 70 (2): 317-341.

[365] Lewis, W. A.. 1954. *Unlimited Supplies of Labour*, Manchester School.

[366] Li, Aijun and Zhang, Aizhen. 2012. Will Carbon Motivated Border Tax Adjustments Function as a Threat? *Energy Policy*, 47 (10): 81-90.

[367] Liang, Qiaomei et al.. 2015. Addressing the Competitiveness Effects of Taxing Carbon in China: Domestic Tax Cuts versus Border Tax Adjustments. *Journal of Cleaner Production*, 112 (2): 1568-1581.

[368] Lichtenberg, F. R. and Siegel, D.. 1991. *The Impact of R&D Investment on Productivity—New Evidence Using Linked R&D - LRD Data*, NBER Working Paper No. 2901.

[369] Lichtenberg, F. R. and Pottelsberghe de la Potterie, B.. 1998. International R&D Spillovers: a Comment. *European Economic Review*, 42 (8): 1483-1491.

[370] Lipsey, Robert E. and Weiss, Merle Yahr. 1981. Foreign Production and

Exports in Manufacturing Industries. *The Review of Economics and Statistics*, 63 (4): 488 – 494.

[371] López – Pueyo, C. Barcenilla – Visús, S. and Sanaú, J.. 2008. International R&D Spillovers and Manufacturing Productivity: A Panel Data Analysis. *Structural Change and Economic Dynamics*, 19 (2): 152 – 172.

[372] Lucas, R. E.. 1976. Econometric Policy Evaluation: A Critique. *Carnegie – Rochester Conference Series on Public Policy*.

[373] Lucas, R. E.. 1980. Methods and Problems in Business Cycle Theory. *Journal of Money Credit & Banking*, 12 (4): 696 – 715.

[374] Luong, T. A.. 2011. The Impact of Input and Output Tariffs on Firms' Productivity: Theory and Evidence. *Review of International Economics*, 19 (5): 821 – 835.

[375] Lusigi, A. and Thirtle, C.. 1997. Total Factor Productivity and the Effects of R&D in African Agriculture. *Journal of International Development*, 9 (4): 529 – 538.

[376] Machado, Giovani, Schaeffer, Roberto and Worrell, Ernst. 2001. Energy and Carbon Embodied in the International Trade of Brazil: An Input – Output Approach. *Ecological Economics*, 39 (3): 409 – 424.

[377] Machado, Giovani. 2000. Energy Use, CO2 Emissions and Foreign Trade: An IO Approach Applied to the Brazilian Case. *International Conference on Input – Output Techniques*, Macerata, Italy.

[378] Magee, S. P.. 1976. *International Trade and Distortions in Factor Markets*. Marcel Dekker New York.

[379] Maizels, Alf. 2000. *The Manufactures Terms of Trade of Developing Countries with the United States*. http://www.qeh.ox.ac.uk/pdf/qehwp/qehwps36.pdf.

[380] Mani, Sunil. 2000. *Exports of High Technology Products from Developing Countries: Is It a Real or Statistical Artifact?* http://citeseerx.ist.psu.edu/viewdoc/download?doi=10.1.1.17.2377&rep=rep1&type=pdf.

[381] Marazzi, M., Sheets, N. and Vigfusson, R.. 2005. *Exchange Rate Pass – through to U. S. Import Prices: Some New Evidence*. Board of Governors of the Federal Reserve System International Finance Discussion Papers, No. 833.

[382] Markusen, J.. 1995. The Boundaries of Multinational Enterprises and the Theory of International Trade. *Journal of Economic Perspectives*, 9: 169 – 189.

[383] Marquetti, A.. 2004. Do Rising Real Wages Increase the Rate of Labor – saving Technical Change? Some Econometric Evidence. *Metroeconomica*, 55 (4): 432 –

441.

[384] Mas‑Colell, Andreu., Whinston, M. D. and Green, J.. 1995. *Microeconomic theory*. Oxford University Press.

[385] Maurer, A. and Degain, C.. 2012. Globalization and Trade Flows: What You See is not What You Get. *Journal of International Commerce*, Economics and Policy, 3 (3): 1–27.

[386] Mauro, Francesca Di. 2000. *The Impact of Economic Integration on FDI and Exports: A Gravity Approach*. Capital Goods Services Workers.

[387] Mayer, Jorg. 2002. The fallacy of composition: A review of the literature. *The World Economy*, 25 (6): 875–894.

[388] Melitz, M. J.. 2003. The Impact of Trade on Intra‑industry Reallocations and Aggregate Industrway Productivity. *Econometrica*, 71 (6): 1695–1725.

[389] Melitz, M. J. and Ottaviano, G. I. P.. 2008. Market Size, Trade, and Productivity. *Review of Economic Studies*, 75 (1): 295–316.

[390] Melitz, M. J. and Redding, S. J.. 2014. *Heterogeneous Firms and Trade*. Handbook of International Economics.

[391] Mendoza, R. U.. 2010. Trade‑induced Learning and Industrial Catch‑up. *The Economic Journal*, 120 (546): F313–F350.

[392] Michaely, M.. 1983. Trade in a Changed World Economy. *World Development*, 11 (5): 397–403.

[393] Muendler, M. A.. 2004. *Trade, Technology, and Productivity: A Study of Brazilian Manufacturers*, 1986–1998. CESifo Working Paper, No. 1148.

[394] Mukhopadhyay, Kakali. 2004. Impact of Liberalized Trade on Energy Use and Environment in India. *Journal of Environment and Ecology Management*, 1 (1): 75–104.

[395] Mundell, Robert A.. 1957. International Trade and Factor Mobility. *The American Economic Review*, 47 (3): 321–335.

[396] Mutreja, P.. 2014. Equipment and Structure Capital: Accounting for Income Differences, *Economic Inquiry*, 52 (2): 713–731.

[397] Muûls, M. and Pisu, M.. 2009. Imports and Exports at the Level of the Firm: Evidence from Belgium. *The World Economy*, 32 (5): 692–734.

[398] Neary, J. P.. 1985. International Factor Mobility, Minimum Wage Rates, and Factor‑Price Equalization: A Synthesis. *Quarterly Journal of Economics*, 100 (3): 551–570.

［399］Negro, M. D. and Schorfheide, F.. 2004. Priors from General Equilibrium Models for Vars. *International Economic Review*, 45 (2): 643 – 673.

［400］Negro, M. D. and Schorfheide, F.. 2006. How Good Is What You've Got? DESG – VAR as a Toolkit for Evaluating DSGE Models. *Economic Review*, 91 (2): 21 – 37.

［401］Németha, Gabriella et al.. 2011. Estimation of Armington Elasticities in a CGE Economy – Energy – Environment Model for Europe. *Economic Modelling*, 28 (4): 1993 – 1999.

［402］Nguyen, A. T. and Parsons, C. R.. 2009. Import Variety and Productivity in Japan. *Center for International Trade Studies* (CITS) working paper.

［403］Nikolsko – Rzhevskyy, A. and Prodan, R.. 2012. Markov Switching and Exchange Rate Predictability. *International Journal of Forecasting*, 28 (2): 353 – 365.

［404］Novy, Dennis. 2008. Gravity Redux: Measuring International Trade Costs with Panel Data. University of Warwick, *Department of Economics*, 51 (1): 101 – 121.

［405］Obstfeld, M.. 2002. Exchange and Adjustment: Perspectives from the New Open – Economy Macroeconomics. *Monetary and Economic Studies* (Special Edition).

［406］Obstfeld, M. and Rogoff, K.. 1996. *Foundations of International Macroeconomics*. MIT Press, Cambridge, MA.

［407］Olley, G. S. and Pakes, A.. 1996. The Dynamics of Productivity in the Telecommunications Equipment Industry. *Econometrica*, 64 (6): 1263 – 1297.

［408］Ozawa, Terutomo. 1992. Foreign Direct Investment and Economic Development. *Transnational Corporations*, 1 (1): 27 – 54.

［409］Pesaran, M. H., Shin, Y. and Smith, R. P.. 1999. Pooled Mean Group Estimation of Dynamic Heterogeneous Panels. *Journal of the American Statistical Association*, 94: 621 – 634.

［410］Pradhan, Jaya Prakash. 2007. *Growth of Indian Multinationals in the World Economy: Implications for Development*. ISID Working Paper: No. 2007/04.

［411］Ranis, G. and Fei, J. C. H.. 1961. A Theory of Economic Development. *American Economic Review*, 51 (4): 533 – 565.

［412］Rhee, Hae – Chun and Chung, Hyun – Sik. 2005. Change in CO_2 emission and its transmissions between Korea and Japan using international input-output analysis. *Ecological Economics*, 58 (4): 788 – 800.

［413］Rivera – Batiz, L. and Romer, P. . 1991. Economic Integration and Endogenous Growth. *Quarterly Journal of Economics*, 106 (2): 531 – 555.

［414］Robert, McDougall and Alla, Golub. 2007. GTAP – E: a Revised Energy Environmental Version of the GTAP Model. *GTAP Research Memorandum*.

［415］Rogoff, K. . 2003. Globalization and Global Disinflation. *Economic Review*, Federal Reserve Bank of Kansas City, Issue Q4: 45 – 78.

［416］Romer, P. M. . 1990. Endogenous Technological Change, *Journal of Political Economy*, 98 (5): S71 – S102.

［417］Ruggiero, R. . 1996. Foreign Direct Investment and the Multilateral Trading System. *Transnational Corporations*, 5: 1 – 8.

［418］Sargan, J. D. . 1958. The Estimation of Economics Relationships Using Instrumental Variables. *Econometrica*, 26 (3): 393 – 415.

［419］Sayan, Serdar. 2005. Heckscher – Ohlin revisited: implications of differential population dynamics for trade within an overlapping generations framework. *Journal of Economic Dynamics & Control*, 29 (9): 1471 – 1493.

［420］Schmitz, Andrew. and Helmberger, Peter. 1970. Factor Mobility and International Trade: The Case of Complementarity. *The American Economic Review*, 60 (4): 761 – 767.

［421］Schmitz, H. . 2004. *Local Upgrading in Global Chains: Recent Findings*. Paper to be presented at the DRUID Summer Conference.

［422］Schott, P. K. . 2004. Across – Product Versus Within – Product Specialization in International Trade. *Quarterly Journal of Economics*, 119 (2): 647 – 678.

［423］Shapiro, C. and Stiglitz, J. E. . 1984. Equilibrium Unemployment as A Worker Discipline Device. *American Economic Review*, 74 (3): 433 – 444.

［424］Shiells, C. R. et al. . 1986. Estimates of the Elasticities of Substitution between Import and Home Goods for the United States. *Review of World Economics*, 122 (3): 497 – 519.

［425］Shui, Bin, Harriss and Robert, C. . 2006. The Role of CO_2 Embodiment in US – China Trade. *Energy Policy*, 34 (18): 4063 – 4068.

［426］Smets, F. and Wouters, R. . 2007. Shocks and Frictions in US Business Cycles: A Bayesian DSGE Approach. *Social Science Electronic Publishing*, 97 (3): 586 – 606.

［427］Solow, R. M. . 1979. Another Possible Source of Wage Stickiness. *Journal* of Macroeconomics, 1 (1): 79 – 82.

［428］ Spence, M.. 1974. Competitive and Optimal Responses to Signals: An Analysis of Efficiency and Distribution. *Journal of Economic Theory*, 7 (3): 296 – 332.

［429］ Srholec, Martin. 2007. High – Tech Exports from Developing Countries: A Symptom of Technology Spurts or Statistical Illusion? *Review of World Economic*, 143 (2): 227 – 255.

［430］ Srinivasan, T. N. , Bhagwati, J.. 1973. Alternative Policy Rankings in a Large, Open Economy with Sector – specific, Minimum Wages. *Journal of Economic Theory*, 11 (3): 356 – 371.

［431］ Stehrer, R.. 2012. *Trade in Value Added and the Value Added in Trade*. WIOD Working Paper, No. 8.

［432］ Stiglitz, J. E.. 1974. Alternative Theories of Wage Determination and Unemployment in LDC's: The Labor Turnover Model. *Quarterly Journal of Economics*, 88 (2): 194 – 227.

［433］ Swamidass, P. M. and Kotha, S.. 1998. Explaining Manufacturing Technology Use, Frm Size and Performance Using a Multidimensional View of Technology. *Journal of Operations Management*, 17 (1): 23 – 37.

［434］ Swenson, Deborah L.. 2004. Foreign Investment and The Mediation of Trade Flows. *Review of International Economics*, 12 (4): 609 – 629.

［435］ Takebe, Misa, and Mlachila, M.. 2011. *FDI from BRICs to LICs: Emerging Growth Driver?* IMF Working Papers, No. 11/178.

［436］ Thirlwall, A. P.. 2011. *The Balance of Payments Constraint as An Explanation of International Growth Rate Differences*. Social Science Electronic Publishing, 64 (259): 429 – 438.

［437］ Thomas, Hertel et al.. 2007. How Confident Can We Be of CGE – Based Assessments of Free Trade Agreements? *Economic Modelling*, 24 (4): 611 – 635.

［438］ Timmer, M. P. , Los, B. , Stehrer, R. and de Vries, G J.. 2013. Fragmentation, Incomes and Jobs: an Analysis of European Competitiveness. *Economic Policy*, 28 (76): 615 – 661.

［439］ Verhoogen, E. A.. 2008. Trade, Quality Upgrading, and Wage Inequality in the Mexican Manufacturing Sector. *Quarterly Journal of Economics*, 123 (2): 489 – 530.

［440］ Vernon, Raymond. 1966. International Investment and International Trade in the Product Cycle. *The Quarterly Journal of Economics*, 80 (2): 190 – 207.

[441] Walmsley, Terrie L. et al. . 2012. *Introduction to the Global Trade Analysis Project and the GTAP Data Base.* GTAP Working Paper.

[442] Wang, Z. Wei, S. J. and Zhu, K. F. . 2013. *Quantifying International Production Sharing at the Bilateral and Sector Levels.* NBER Working Paper, No. 19677.

[443] Wei, Shangjin. 1995. Attracting Foreign Direct Investment: Has China Reached Its Potential? *China Economic Review*, 6 (2): 187 – 199.

[444] Wei, Shang Jin. 2012. Give Credit Where Credit is Due: Tracing Value Added in Global Production Chains. *Ssrn Electronic Journal* (2010). 28.

[445] Wei, Y. , Liu, Parker, D. and Vaidya, K. . 1999. The Regional Distribution of Foreign Direct Investment in China. *Regional studies*, 33 (9): 857 – 867.

[446] Wilamoski, Peter and Tinkler, Sarah. 1999. The Trade Balance Effects of US Foreign Direct Investment in Mexico. *Atlantic Economic Journal*, 27 (1): 24 – 37.

[447] Xiao, X. Y. and Xiang, B. L. . 2009. The Impact of Minimum Wage Policy on Wages and Employment in China. *International Conference on Information Management, Innovation Management and Industrial Engineering.*

[448] Xu B. . 2000. Multinational Enterprises, Technology Diffusion, and Host Country Productivity Growth. *Journal of Development Economics*, 62 (2): 477 – 493.

[449] Xu, B. and J. M. Wang. 1999. Capital Goods Trade and R&D Spillovers in the OECD. *Canadian Journal of Economics*, 32 (5): 1258 – 1274.

[450] Yan, Dong and Walley, J. . 2012. How Large Are the Impacts of Carbon Motivated Border Tax Adjustments? *Climate Change Economics*, 3 (1): 1 – 28.

[451] Yeaple, S. R. . 2005. A Simple Model of Firm Heterogeneity, International Trade, and Wages. *Journal of International Economics*, 65 (1): 1 – 20.

[452] Zha, Donglan and Zhou, Dequn. 2014. The Elasticity of Substitution and the Way of Nesting CES Production Function with Emphasis on Energy Input. *Applied Energy*, 130 (5): 793 – 798.

[453] Zoryana, Olekseyuk and Schruenberg – Frosch, Hannah. 2016. Are Armington Elasticities Different across Countries and Sectors? a European Study. *Economic Modelling.*

教育部哲学社会科学研究重大课题攻关项目成果出版列表

序号	书 名	首席专家
1	《马克思主义基础理论若干重大问题研究》	陈先达
2	《马克思主义理论学科体系建构与建设研究》	张雷声
3	《马克思主义整体性研究》	逄锦聚
4	《改革开放以来马克思主义在中国的发展》	顾钰民
5	《新时期 新探索 新征程——当代资本主义国家共产党的理论与实践研究》	聂运麟
6	《坚持马克思主义在意识形态领域指导地位研究》	陈先达
7	《当代资本主义新变化的批判性解读》	唐正东
8	《当代中国人精神生活研究》	童世骏
9	《弘扬与培育民族精神研究》	杨叔子
10	《当代科学哲学的发展趋势》	郭贵春
11	《服务型政府建设规律研究》	朱光磊
12	《地方政府改革与深化行政管理体制改革研究》	沈荣华
13	《面向知识表示与推理的自然语言逻辑》	鞠实儿
14	《当代宗教冲突与对话研究》	张志刚
15	《马克思主义文艺理论中国化研究》	朱立元
16	《历史题材文学创作重大问题研究》	童庆炳
17	《现代中西高校公共艺术教育比较研究》	曾繁仁
18	《西方文论中国化与中国文论建设》	王一川
19	《中华民族音乐文化的国际传播与推广》	王耀华
20	《楚地出土戰國簡册〔十四種〕》	陈 伟
21	《近代中国的知识与制度转型》	桑 兵
22	《中国抗战在世界反法西斯战争中的历史地位》	胡德坤
23	《近代以来日本对华认识及其行动选择研究》	杨栋梁
24	《京津冀都市圈的崛起与中国经济发展》	周立群
25	《金融市场全球化下的中国监管体系研究》	曹凤岐
26	《中国市场经济发展研究》	刘 伟
27	《全球经济调整中的中国经济增长与宏观调控体系研究》	黄 达
28	《中国特大都市圈与世界制造业中心研究》	李廉水

序号	书 名	首席专家
29	《中国产业竞争力研究》	赵彦云
30	《东北老工业基地资源型城市发展可持续产业问题研究》	宋冬林
31	《转型时期消费需求升级与产业发展研究》	臧旭恒
32	《中国金融国际化中的风险防范与金融安全研究》	刘锡良
33	《全球新型金融危机与中国的外汇储备战略》	陈雨露
34	《全球金融危机与新常态下的中国产业发展》	段文斌
35	《中国民营经济制度创新与发展》	李维安
36	《中国现代服务经济理论与发展战略研究》	陈 宪
37	《中国转型期的社会风险及公共危机管理研究》	丁烈云
38	《人文社会科学研究成果评价体系研究》	刘大椿
39	《中国工业化、城镇化进程中的农村土地问题研究》	曲福田
40	《中国农村社区建设研究》	项继权
41	《东北老工业基地改造与振兴研究》	程 伟
42	《全面建设小康社会进程中的我国就业发展战略研究》	曾湘泉
43	《自主创新战略与国际竞争力研究》	吴贵生
44	《转轨经济中的反行政性垄断与促进竞争政策研究》	于良春
45	《面向公共服务的电子政务管理体系研究》	孙宝文
46	《产权理论比较与中国产权制度变革》	黄少安
47	《中国企业集团成长与重组研究》	蓝海林
48	《我国资源、环境、人口与经济承载能力研究》	邱 东
49	《"病有所医"——目标、路径与战略选择》	高建民
50	《税收对国民收入分配调控作用研究》	郭庆旺
51	《多党合作与中国共产党执政能力建设研究》	周淑真
52	《规范收入分配秩序研究》	杨灿明
53	《中国社会转型中的政府治理模式研究》	娄成武
54	《中国加入区域经济一体化研究》	黄卫平
55	《金融体制改革和货币问题研究》	王广谦
56	《人民币均衡汇率问题研究》	姜波克
57	《我国土地制度与社会经济协调发展研究》	黄祖辉
58	《南水北调工程与中部地区经济社会可持续发展研究》	杨云彦
59	《产业集聚与区域经济协调发展研究》	王 珺

序号	书　名	首席专家
60	《我国货币政策体系与传导机制研究》	刘　伟
61	《我国民法典体系问题研究》	王利明
62	《中国司法制度的基础理论问题研究》	陈光中
63	《多元化纠纷解决机制与和谐社会的构建》	范　愉
64	《中国和平发展的重大前沿国际法律问题研究》	曾令良
65	《中国法制现代化的理论与实践》	徐显明
66	《农村土地问题立法研究》	陈小君
67	《知识产权制度变革与发展研究》	吴汉东
68	《中国能源安全若干法律与政策问题研究》	黄　进
69	《城乡统筹视角下我国城乡双向商贸流通体系研究》	任保平
70	《产权强度、土地流转与农民权益保护》	罗必良
71	《我国建设用地总量控制与差别化管理政策研究》	欧名豪
72	《矿产资源有偿使用制度与生态补偿机制》	李国平
73	《巨灾风险管理制度创新研究》	卓　志
74	《国有资产法律保护机制研究》	李曙光
75	《中国与全球油气资源重点区域合作研究》	王　震
76	《可持续发展的中国新型农村社会养老保险制度研究》	邓大松
77	《农民工权益保护理论与实践研究》	刘林平
78	《大学生就业创业教育研究》	杨晓慧
79	《新能源与可再生能源法律与政策研究》	李艳芳
80	《中国海外投资的风险防范与管控体系研究》	陈菲琼
81	《生活质量的指标构建与现状评价》	周长城
82	《中国公民人文素质研究》	石亚军
83	《城市化进程中的重大社会问题及其对策研究》	李　强
84	《中国农村与农民问题前沿研究》	徐　勇
85	《西部开发中的人口流动与族际交往研究》	马　戎
86	《现代农业发展战略研究》	周应恒
87	《综合交通运输体系研究——认知与建构》	荣朝和
88	《中国独生子女问题研究》	风笑天
89	《我国粮食安全保障体系研究》	胡小平
90	《我国食品安全风险防控研究》	王　硕

序号	书名	首席专家
91	《城市新移民问题及其对策研究》	周大鸣
92	《新农村建设与城镇化推进中农村教育布局调整研究》	史宁中
93	《农村公共产品供给与农村和谐社会建设》	王国华
94	《中国大城市户籍制度改革研究》	彭希哲
95	《国家惠农政策的成效评价与完善研究》	邓大才
96	《以民主促进和谐——和谐社会构建中的基层民主政治建设研究》	徐 勇
97	《城市文化与国家治理——当代中国城市建设理论内涵与发展模式建构》	皇甫晓涛
98	《中国边疆治理研究》	周 平
99	《边疆多民族地区构建社会主义和谐社会研究》	张先亮
100	《新疆民族文化、民族心理与社会长治久安》	高静文
101	《中国大众媒介的传播效果与公信力研究》	喻国明
102	《媒介素养：理念、认知、参与》	陆 晔
103	《创新型国家的知识信息服务体系研究》	胡昌平
104	《数字信息资源规划、管理与利用研究》	马费成
105	《新闻传媒发展与建构和谐社会关系研究》	罗以澄
106	《数字传播技术与媒体产业发展研究》	黄升民
107	《互联网等新媒体对社会舆论影响与利用研究》	谢新洲
108	《网络舆论监测与安全研究》	黄永林
109	《中国文化产业发展战略论》	胡惠林
110	《20世纪中国古代文化经典在域外的传播与影响研究》	张西平
111	《国际传播的理论、现状和发展趋势研究》	吴 飞
112	《教育投入、资源配置与人力资本收益》	闵维方
113	《创新人才与教育创新研究》	林崇德
114	《中国农村教育发展指标体系研究》	袁桂林
115	《高校思想政治理论课程建设研究》	顾海良
116	《网络思想政治教育研究》	张再兴
117	《高校招生考试制度改革研究》	刘海峰
118	《基础教育改革与中国教育学理论重建研究》	叶 澜
119	《我国研究生教育结构调整问题研究》	袁本涛 王传毅
120	《公共财政框架下公共教育财政制度研究》	王善迈

序号	书　名	首席专家
121	《农民工子女问题研究》	袁振国
122	《当代大学生诚信制度建设及加强大学生思想政治工作研究》	黄蓉生
123	《从失衡走向平衡：素质教育课程评价体系研究》	钟启泉 崔允漷
124	《构建城乡一体化的教育体制机制研究》	李　玲
125	《高校思想政治理论课教育教学质量监测体系研究》	张耀灿
126	《处境不利儿童的心理发展现状与教育对策研究》	申继亮
127	《学习过程与机制研究》	莫　雷
128	《青少年心理健康素质调查研究》	沈德立
129	《灾后中小学生心理疏导研究》	林崇德
130	《民族地区教育优先发展研究》	张诗亚
131	《WTO主要成员贸易政策体系与对策研究》	张汉林
132	《中国和平发展的国际环境分析》	叶自成
133	《冷战时期美国重大外交政策案例研究》	沈志华
134	《新时期中非合作关系研究》	刘鸿武
135	《我国的地缘政治及其战略研究》	倪世雄
136	《中国海洋发展战略研究》	徐祥民
137	《深化医药卫生体制改革研究》	孟庆跃
138	《华侨华人在中国软实力建设中的作用研究》	黄　平
139	《我国地方法制建设理论与实践研究》	葛洪义
140	《城市化理论重构与城市化战略研究》	张鸿雁
141	《境外宗教渗透论》	段德智
142	《中部崛起过程中的新型工业化研究》	陈晓红
143	《农村社会保障制度研究》	赵　曼
144	《中国艺术学学科体系建设研究》	黄会林
145	《人工耳蜗术后儿童康复教育的原理与方法》	黄昭鸣
146	《我国少数民族音乐资源的保护与开发研究》	樊祖荫
147	《中国道德文化的传统理念与现代践行研究》	李建华
148	《低碳经济转型下的中国排放权交易体系》	齐绍洲
149	《中国东北亚战略与政策研究》	刘清才
150	《促进经济发展方式转变的地方财税体制改革研究》	钟晓敏
151	《中国—东盟区域经济一体化》	范祚军

序号	书名	首席专家
152	《非传统安全合作与中俄关系》	冯绍雷
153	《外资并购与我国产业安全研究》	李善民
154	《近代汉字术语的生成演变与中西日文化互动研究》	冯天瑜
155	《新时期加强社会组织建设研究》	李友梅
156	《民办学校分类管理政策研究》	周海涛
157	《我国城市住房制度改革研究》	高 波
158	《新媒体环境下的危机传播及舆论引导研究》	喻国明
159	《法治国家建设中的司法判例制度研究》	何家弘
160	《中国女性高层次人才发展规律及发展对策研究》	佟 新
161	《国际金融中心法制环境研究》	周仲飞
162	《居民收入占国民收入比重统计指标体系研究》	刘 扬
163	《中国历代边疆治理研究》	程妮娜
164	《性别视角下的中国文学与文化》	乔以钢
165	《我国公共财政风险评估及其防范对策研究》	吴俊培
166	《中国历代民歌史论》	陈书录
167	《大学生村官成长成才机制研究》	马抗美
168	《完善学校突发事件应急管理机制研究》	马怀德
169	《秦简牍整理与研究》	陈 伟
170	《出土简帛与古史再建》	李学勤
171	《民间借贷与非法集资风险防范的法律机制研究》	岳彩申
172	《新时期社会治安防控体系建设研究》	宫志刚
173	《加快发展我国生产服务业研究》	李江帆
174	《基本公共服务均等化研究》	张贤明
175	《职业教育质量评价体系研究》	周志刚
176	《中国大学校长管理专业化研究》	宣 勇
177	《"两型社会"建设标准及指标体系研究》	陈晓红
178	《中国与中亚地区国家关系研究》	潘志平
179	《保障我国海上通道安全研究》	吕 靖
180	《世界主要国家安全体制机制研究》	刘胜湘
181	《中国流动人口的城市逐梦》	杨菊华
182	《建设人口均衡型社会研究》	刘渝琳
183	《农产品流通体系建设的机制创新与政策体系研究》	夏春玉

序号	书　名	首席专家
184	《区域经济一体化中府际合作的法律问题研究》	石佑启
185	《城乡劳动力平等就业研究》	姚先国
186	《20世纪朱子学研究精华集成——从学术思想史的视角》	乐爱国
187	《拔尖创新人才成长规律与培养模式研究》	林崇德
188	《生态文明制度建设研究》	陈晓红
189	《我国城镇住房保障体系及运行机制研究》	虞晓芬
190	《中国战略性新兴产业国际化战略研究》	汪　涛
191	《证据科学论纲》	张保生
192	《要素成本上升背景下我国外贸中长期发展趋势研究》	黄建忠
……		